COMPTES
DE
L'ARGENTERIE
DES ROIS DE FRANCE
AU XIVe SIÈCLE

PUBLIÉS

POUR LA SOCIÉTÉ DE L'HISTOIRE DE FRANCE

D'APRÈS DES MANUSCRITS ORIGINAUX

PAR L. DOUËT-D'ARCQ

A PARIS
CHEZ JULES RENOUARD ET Cie
LIBRAIRES DE LA SOCIÉTÉ DE L'HISTOIRE DE FRANCE

RUE DE TOURNON, N° 6

M. DCCC. LI

COMPTES
DE L'ARGENTERIE

DES ROIS DE FRANCE

AU XIV⁰ SIÈCLE

A PARIS

DE L'IMPRIMERIE DE CRAPELET
RUE DE VAUGIRARD, 9

M. DCCC. LI

COMPTES

DE

L'ARGENTERIE

DES ROIS DE FRANCE

AU XIVe SIÈCLE

PUBLIÉS

POUR LA SOCIÉTÉ DE L'HISTOIRE DE FRANCE

D'APRÈS DES MANUSCRITS ORIGINAUX

PAR L. DOUËT-D'ARCQ

A PARIS

CHEZ JULES RENOUARD ET Cie

LIBRAIRES DE LA SOCIÉTÉ DE L'HISTOIRE DE FRANCE

RUE DE TOURNON, N° 6

M. DCCC. LI

EXTRAIT DU RÈGLEMENT.

Art. 14. Le Conseil désigne les ouvrages à publier, et choisit les personnes les plus capables d'en préparer et d'en suivre la publication.

Il nomme, pour chaque ouvrage à publier, un Commissaire responsable, chargé d'en surveiller l'exécution.

Le nom de l'Éditeur sera placé à la tête de chaque volume.

Aucun volume ne pourra paraître sous le nom de la Société sans l'autorisation du Conseil, et s'il n'est accompagné d'une déclaration du Commissaire responsable, portant que le travail lui a paru mériter d'être publié.

Le commissaire responsable soussigné déclare que l'Édition des Comptes de l'Argenterie *préparée par M.* Douët-d'Arcq, *lui a paru digne d'être publiée par la* Société de l'Histoire de France.

Fait à Paris, le 26 mars 1851.

Signé N. de WAILLY.

Certifié,

Le Secrétaire de la Société de l'Histoire de France,

J. DESNOYERS.

NOTICE

SUR LES

COMPTES DE L'ARGENTERIE.

A partir du xive siècle, on voit apparaître dans la maison de nos rois un officier particulier, qui, sous le titre d'Argentier, était chargé spécialement de tout ce qui regardait l'habillement et les meubles à l'usage du roi et du reste de sa maison. Cet officier rendait des comptes, où l'on trouve une foule de détails qui peuvent intéresser l'histoire de la vie privée, et celle du commerce et de l'industrie. Il va sans dire, qu'antérieurement à la création de l'office d'Argentier, il y avait toujours quelqu'un à la cour qui était chargé de soins analogues. Seulement c'était sans titre d'office, et probablement sans attributions bien fixes. Une ordonnance de l'Hôtel de l'an 1285 mentionne pourtant des fonctions qui se rapprochent beaucoup de celles qu'exerça plus tard l'Argentier.

« Gentiens achera tous les dras et les pannes pour le Roy et pour Madame, et gardera les clés des aumaires où li drap seront; et saura combien il baudra de drap au tailleur pour le Roy et pour Madame, et prendra le remanant des dras; et sera au compte quant li tailleur compteront de la façon des robes.

« Li tailleires le Roy apèlera avec lui, toutes fois que il taillera les robes le Roy, Robert de Paris, quant il y porra estre; et penra, cil Robert, louier de cousturier[1]. »

[1] Arch. nat., Trésor des Chartes, reg. coté J 57, fol 7 v°.

Des dispositions semblables se trouvent dans une autre ordonnance de l'Hôtel de l'an 1296 :

« L'en pourverra un preudomme qui achetera dras, tiretaines et fourreures, pour le Roy et pour Madame, et pour donner; et cire, en Flandres. Et rendra compte d'ices choses, comme il seront dépensées, au Temple devant les maistres, et par qui. Et autel fera-il des dras d'or et cendaus.

« Victor et Lambert ne porront riens tailler sanz celui qui sera ordenez, et rendront compte de leurs recepte et de leurs mises, et en tèle manière comme cil fera[1]. »

Voilà bien une partie des attributions de l'Argentier et même avec une sorte de contrôle déjà établi; mais pour voir la charge bien constituée et désignée par son véritable nom il nous faut descendre jusqu'aux premières années du xive siècle. Le premier qui ait porté le titre d'Argentier, d'après les documents qui nous restent, est Geoffroi de Fleuri. Ses lettres de nomination sont du 20 janvier 1317, bien que son premier compte, celui que nous donnons ici, soit de l'année 1316; car il exerça les fonctions d'Argentier avant d'en avoir le titre. Une note importante émanée de la chambre des comptes, et qui se trouve en tête du compte dont nous venons de parler, nous apprend, qu'il n'y avait pas encore alors de Compte particulier pour l'Argenterie, et que les dépenses de cette nature étaient comprises dans le compte général de l'Hôtel.

« Sit memoria quod de officio Argentariæ non debet computari
« ad partem, nec de eo fieri compotus particularis, pro eo quod
« debet incorporari in compotis Hospitii regis et reginæ; et imo,
« totum illud quod in eisdem compotis continetur, a tempore insti-
« tutionis dicti officii, exceptis illis qui tangunt corpori regis et
« reginæ et liberorum, non debet teneri pro ordinario, nec pro
« aliquo jure acquisito personis servientibus regi, reginæ et liberis,
« quia totum quod invenietur in dictis compotis capi super regem
« pro eisdem personis, factum est eis de gratia et non de jure; et

[1] Arch. nat., Trésor des Chartes, reg. coté J. 57, fol. 17 v°.

« imo non adhibeatur fides contentis in eisdem. Et sic pro isto
« compoto et aliis præcedentibus hujusmodi conditionis. »

Remarquons en passant que cette expression *et aliis præcedentibus*, de même que celle de *ad vadia consueta* qui se trouve dans les lettres de nomination de Geoffroi de Fleuri[1], impliquent qu'il y avait eu avant lui un ou plusieurs autres Argentiers. Quoi qu'il en soit, comme leurs noms ne sont pas venus jusqu'à nous et que nous n'avons plus leurs comptes, nous sommes bien obligés de considérer ce Geoffroi de Fleuri comme le premier Argentier en titre, et son compte de 1316 comme le premier compte de l'Argenterie. Sept ans plus tard fut rendue une ordonnance spéciale, dont nous devons rapporter le texte.

C'est l'ordonnance de l'Argenterie.

« Premièrement. Pierre de Toussac sera chargié de toute l'office de l'Argenterie, sans ce que nul autre que lui s'en entremecte, sauf ce qu'il ne pourra faire riens, ne achacter, que les trésoriers ne voient et saichent; et, veues les besongnes, et sceu le pris que elles cousteront, par lesdits trésoriers, ilz délivreront et paieront ce qui sera achacte par ledit Pierre, et non autrement.

« Item, il n'y aura nulz espéciaulx pelletiers, ne drappiers, aincois sera pourveu de draps et de pelleteries par tout où l'on verra que l'on pourra mieulx faire le proffit du seigneur, soit en Flandres, ou ailleurs, par commun assentement des trésoriers et dudit Pierre.

« Item, les tailleurs seront tenuz de tailler toutes choses appartenans à leur offices en la présence dudit Pierre, et n'auront nulz remanans de chose que ilz taillent, aincois seront gardées au Louvre par ledit Pierre en unes aumoires, au proffit du seigneur. Et est ainsi à entendre des fourreures et des cendaus, draps d'or et de soye, ou toutes autres choses, comme des draps et robes.

« Item, il ne prandra nul proffit en chose qu'il ait achatté ou achatte à cause de son office, come que il se soit aucunes fois vanté d'avoir certains proffiz pour chascune livre. Et de toutes ces choses a fait serement, ledit Pierre, le jeudi avant Noel, l'an ccc vingt-trois, en la chambre des Comptes[2]. »

[1] On les trouvera plus bas, à la page 73.
[2] Nous donnons cette ordonnance d'après un ancien registre de la

Il paraîtrait d'après cette ordonnance que l'Argenterie avait été auparavant en plusieurs mains, puisqu'il y est dit expressément que Pierre Toussac en restera seul chargé, *sans ce que nul autre que lui s'en entremecte*. On remarquera que l'Argentier ne pouvait faire aucun achat sans l'intervention des trésoriers, et que c'étaient eux, et non pas lui, qui soldaient les marchands. Il n'y a rien dans les deux comptes de l'Argenterie que nous donnons ici, qui vienne infirmer ou confirmer cette disposition. Mais on la voit clairement établie dans d'autres comptes postérieurs. En voici un exemple entre plusieurs autres, pris dans un compte de Gaucher de Vannes, successeur d'Étienne de La Fontaine. « Bernart Belnaty, pour 10 pièces de velluaux, des fors, de plusieurs couleurs, et pour 4 pièces de cendaulx vermeulx en graine, des larges, avec 3 livres de soye de plusieurs couleurs, *tout acheté de li par les trésoriers de France*, et baillé par eulx à Eustace du Brulle, tailleur du roy, par lettre d'iceli tailleur, de laquelle mencion est faicte dessus ou chapitre de draps de laine, en la partie : Pour le Roy [1]. » En d'autres termes, Gaucher de Vannes, ayant eu besoin d'étoffes de soie pour le service de l'Argenterie, s'était adressé aux trésoriers; ceux-ci avaient acheté les étoffes au marchand, et les avaient livrées au tailleur du roi, qui en avait donné son reçu. On voit par là que le rôle de l'Argentier, au moins à l'époque dont il s'agit, se bornait à choisir les étoffes, à calculer la quantité qu'il en fallait, et à convenir des prix avec les marchands. Et encore, pour ce qui est du choix et de la dispo-

---

chambre des Comptes, du xivᵉ siècle, appartenant aujourd'hui à la Bibliothèque nationale (n° 8406, fol. 125). Elle se trouve aussi dans les Mémoriaux de la chambre des Comptes, actuellement conservés aux Archives nationales (t. I, p. 328).

[1] Compte de Noel 1355. (Arch. nat., reg. coté K. 8, fol 196 v°.)

sition, il est évident qu'il devait recevoir les instructions des officiers attachés de plus près à la personne royale, tels que les chambellans et maîtres de l'hôtel. Il est vraisemblable que les opérations de l'Argentier ne furent pas soumises pendant longtemps à une telle surveillance. On trouve déjà dans le compte de Geoffroi de Fleuri, un certain nombre d'articles qui sont achetés sur des mandements exprès ou escroes du roi. Au reste, il faut bien se garder de prendre à la lettre, pour tout ce qui regarde l'administration de la maison royale, ces principes qui paraissent au premier abord si arrêtés. Nul doute qu'ils ne fussent souvent enfreints, ou par la volonté du maître, ou par ceux qui l'approchaient. Pour en revenir à notre ordonnance de 1323, on y voit qu'il n'y aura plus pour l'Argenterie de marchands attitrés, mais que les achats se feront en Flandre ou ailleurs; que l'Argentier sera tenu à surveiller les tailleurs et autres fournisseurs de l'Argenterie; et qu'enfin, il ne s'arrogera aucun profit sur ses marchés. C'est sans doute pour éviter la possibilité de ces profits qu'il fut statué dans une ordonnance sur les finances, du 25 septembre 1443, que désormais l'Argentier ne ferait plus ses dépenses sur de simples mandements de chancellerie, mais bien sur des rôles ou états signés de la main du roi.

« Et pareillement nostre Argentier comptera ainsi qu'il a accoustumé; et si sur la somme qu'il aura receue de nostredit receveur général, il faisoit aucune despence dont luy convient avoir mandement, voulons et ordonnons, qu'en lieu d'iceus mandemens, soit tenu de compter doresanavant par estats ou roolles signez de nostre main, avec pareil mandement seelle du seel de nostre chancellerie comme dessus; et autrement ne sera receu à compter en nostre chambre[1]. »

La charge d'Argentier conduisait souvent à de grands

[1] Ordonn., t. XIII, p. 375.

offices de finance. Geoffroi de Fleuri devint trésorier du roi en 1339; il avait été anobli en 1320. Étienne de La Fontaine fut nommé maître des eaux et forêts le 1ᵉʳ mai 1353. Guillaume Brunel, Argentier en 1387, obtint l'année suivante la charge de général sur le fait des aides[1]. Il eut pour successeur Arnoul Boucher, valet de chambre du roi, qui ne tarda pas à devenir trésorier des guerres.

Quelquefois l'Argentier était, pour ainsi dire, pris à l'essai. Nous en avons un exemple dans les lettres de nomination de Pierre Burdelot, en octobre 1458.

« Charles, etc. Comme depuis l'arrest fait par nostre ordonnance de la personne d'Octo Castellan, nostre Argentier, nous eussions commis nostre amé et féal notaire et secrétaire, maistre Pierre Burdelot, au fait de nostre Argenterie jusques au derrenier jour de septembre derrenier passé, sans ce que nous ayons encore commis, ne ordonné aucun, pour tenir le compte d'icelle nostre Argenterie pour ceste présente année, commencée le premier jour de ce présent moys d'octobre et fénissant le derrenier jour de septembre prouchainement venant, savoir faisons, que pour considéracion des bons et agréables services que ledit maistre Pierre Burdelot nous a fait le temps passé, *en ladite commission,* confians par ce, de ses sens, loyauté et bonne diligence, icelluy, pour ces causes et autres à ce nous mouvans, avons commis et commettons par ces présentes, à faire, conduire et exercer le fait de nostredite Argenterie pour ceste dicte présente année, et à tenir le compte des assignations, etc.[2] »

Une fois nommé, l'Argentier, avant d'entrer en charge prêtait serment devant la chambre des Comptes, de laquelle il devait recevoir son institution définitive. Quant au titre de ses fonctions, il varia peu. Geoffroi de Fleuri et Étienne de La Fontaine s'appelaient sim-

---

[1] On trouve dans son compte de l'Argenterie pour l'année 1387, qu'il lui fut remboursé une somme de 500ˡ tournois, *pour cause de prest par luy fait audit seigneur* (Charles VI) *pour l'armée et passaige de la mer.* (Voy. K. reg. 18, fol. 88 v°.)

[2] Arch nat., K. reg. 51, fol. 1.

plement Argentiers du roi. En 1388, Guillaume Brunel s'intitulait Trésorier et Argentier du roi. En 1463, Guillaume de Varie, qui avait été l'un des principaux facteurs du fameux Jacques Cœur, et qui s'était montré fidèle à son maître malheureux, prenait le titre de Conseiller et général des finances du roi, commis à faire et exercer le fait de son Argenterie. Pendant le xvie siècle, les Argentiers s'appelèrent Conseillers et Argentiers du roi, et, à partir du xviie, Trésoriers généraux de l'Argenterie. Au xviiie siècle, il y en eut deux, dont l'un s'intitulait ancien et alternatif Trésorier de l'Argenterie du roi. Cet office ne fut aboli qu'à l'époque de la Révolution.

Nous avons déjà dit que les fonctions de l'Argentier consistaient à tenir la maison royale pourvue de tout ce qui était nécessaire pour l'ameublement et l'habillement à l'usage du roi, de sa famille et de ses officiers. Il devait donc, sous la direction et la surveillance des maîtres de l'hôtel et des chambellans, s'entendre avec les différents marchands et fournisseurs et conclure avec eux des marchés qui étaient soldés sur des fonds spéciaux assignés pour l'Argenterie. On voit par une foule de passages de nos comptes, que l'Argentier était obligé à faire de fréquents voyages. C'était, tantôt pour faire ses achats dans les foires et les marchés célèbres, tantôt pour précéder ou suivre le roi dans ses différentes résidences, ou bien encore pour aller chercher dans les châteaux royaux de la vaisselle d'or et d'argent, des joyaux, des étoffes précieuses, etc. On lit dans un compte de l'an 1400 : « Pour les despens du dit Argentier, ses gens, chevaulx, le 24e jour de mars 1400, pour un voyage par lui fait de Paris à Compiègne, à la foire du mi karesme à Compiengne, en la compaignie de Jacques de Caulers, contrerolleur de l'Argenterie du Roy nostredit seigneur, pour achetter audit lieu de Compiengne, plusieurs parties de pelleterie, comme gris, menuvair et autre pelleterie, tant pour mettre ès garnisons de l'Argenterie, comme pour fourrer les robes, etc.[1] » Il est souvent question d'achats faits par l'Argentier à la célèbre foire du Landit qui se tenait dans la plaine de Saint-Denis. On entendait par *Garnisons de l'Argenterie,* les étoffes, fourrures, meubles et objets de toute sorte emmagasinés chez l'Argentier pour les besoins prévus de son office. C'est à peu près l'ancien Garde-Meuble de la couronne. Un compte de 1392 nous apprend, qu'alors, l'Argentier ne demeurait pas à la cour. « Pour avoir fait porter du Louvre en l'ostel de l'Argentier une chambre de camocas pour ycelle appareillier, et deux tappiz à fleurs de liz, laquelle estoit ordonnée pour les noces de madame de Naimur[2]. » On voit dans le même compte, l'Argentier aller chercher des joyaux au château de Melun, en compagnie d'un maître des comptes et d'un secrétaire du roi[3]. Il va aussi trouver le roi à Amiens, à Beauvais, à Gisors, à Creil, à Saint-Germain en Laye, etc. C'est sous Charles VI, et l'on se rappelle les fréquents déplacements de la cour à cette époque. Au reste, la chose était si bien prévue, que dans les lettres de nomination de Charles Poupart, qui sont de l'an 1390, le roi lui assigne quatre francs d'or par jour « pour les despens de lui, de ses clers et chevaux par chascun jour qu'il chevauchera pour le fait de sondit office[4]. » Dans un compte de 1458, on trouve une somme de 360¹ t. affectée au service de chariot de l'Argenterie. « Audit commis (l'Argentier) que le roy

---

[1] Arch. nat., K. reg. 27, fol 168.
[2] K. reg. 23, fol. 173 v°.
[3] *Ibid.*, fol. 174 v°.
[4] K. reg 21, fol. 2 v°. Le même document nous apprend que le franc d'or valait alors 16ˢ parisis.

nostredit seigneur lui a ordonnées pour l'entretenement d'un chariot, la despense de quatre grans chevaulx, et les gaiges d'un charretier et son varlet, que le roy nostredit seigneur a estably pour porter, quant il chevauche, les coffres de ladite Argenterie où sont la vaisselle dudit seigneur et autres choses nécessaires à sa personne[1]. » On a vu dans une de nos précédentes citations que l'Argentier avait son logis séparé de la cour, et que c'était chez lui que se faisaient certains travaux ; c'était aussi là que se passaient les marchés et que se réglaient les comptes. En voici la preuve, pour l'année 1395 : « Item, pour avoir fait tout de neuf en l'ostel dudit Argentier un petit comptoir et deux formes pour besoigner aux marchans[2]. » Nous avons trouvé, dans un Censier de Saint-Germain l'Auxerrois, l'emplacement de la maison d'un Argentier. Elle était située près de l'église *in fossato Sancti Germani*, et appartenait à Guillaume de Montreuil, prédécesseur d'Étienne de La Fontaine. *Domus quæ fuit Petri de Vannes, et est ad presens Guillelmi de Monsteriolo, quondam Argentarii domini regis*[3].

Dès l'origine l'Argentier avait eu sous lui un clerc pour l'aider dans ses fonctions. Ce clerc, qu'il ne faut pas confondre avec d'autres clercs que l'on trouve plus tard, et qui n'étaient que les commis de l'Argentier, devint, et probablement assez promptement, le contrôleur de l'Argenterie. Il remplaça sans doute les trésoriers dans la surveillance que nous les avons vus exercer sur les opérations de l'Argentier. C'était le contrôleur qui débattait les prix avec les marchands. Il tenait aussi un papier de contrôle qu'il remettait à la chambre des Comptes en même temps que l'Argentier

---

[1] Arch. nat., K. reg. 51, fol. 118.
[2] K. reg. 41, fol. 69 v°.
[3] Reg. coté L. 149ᵉ, fol. 2 v°.

remettait ses comptes. Nous trouvons ce contrôleur pour la première fois en 1388, dans un des comptes de Guillaume Brunel, trésorier et argentier du roi. Ce compte est dressé « en la présence de Pierre Poquet, clerc et contrerolleur de ladicte Argenterie, si comme il appert par son pappier de contrerolle, baillié à court, à l'audicion de ce présent compte[1]. » Ici il s'intitule clerc et contrôleur de l'Argenterie, plus tard il s'appelle seulement contrôleur de l'Argenterie, et au xvie siècle, contrôleur général de l'Argenterie. Il faut observer ici que la règle ne fut pas toujours suivie, et parmi les comptes de l'Argenterie qui nous restent, il en est plusieurs où il n'est fait aucune mention du contrôleur. Au reste, on a vu dans les ordonnances de l'Hôtel de 1285 et de 1296, un véritable contrôle déjà établi pour les achats de draps et de fourrures.

Il se fit en 1533, un changement notable dans l'Argenterie. François Ier retira du département de l'Argentier tout ce qui concernait le linge et le mobilier, pour le donner au maître de la Chambre aux deniers. Voici les considérants de son ordonnance.

« Comme nous aions esté deuement advertiz par nos amez et féaulx conseillers et maistres de nostre hostel, que par cy devant les payemens du linge et autres meubles et choses nécessaires pour les offices de nostredit hostel ayant acoustumé estre faicz par nostre Argentier par les pris et marchez du contrerolleur de nostre Argenterie, et que à iceulx noz maistres d'hostel appartient la congnoissance des affaires de nostredit hostel, et scavent mieulx que nulz autres ce qui est nécessaire, et aussi que, au moyen que nostredit Argentier pour estre suffisamment occupé aux payemens des affaires concernant noz personne, chambre et garderobbe, ne peut vacquer ausdits payememens des affaires de nostredit hostel, lesquelz dépendent plus du fait de nostre Chambre aux deniers que nostredite Argenterie, il seroit et est besoing, et très nécessaire qu'ils fussent faitz par le maistre de nostredite Chambre aux

[1] Arch. nat., K. reg. 19, fol. 2.

deniers par les ordonnances, pris et marchez d'iceulz nosditz maistres d'hostel, avec lesquelz, pour le devoir de son office, il est et assiste ordinairement; scavoir vous faisons, etc.[1] »

Au XVIe siècle, la dépense de l'Argenterie, qui se faisait auparavant par chapitres, se fait par quartiers. A partir du dix-septième, on ne trouve plus que les noms des fournisseurs et les sommes sans le détail des articles fournis. Il y a cependant des exceptions dans quelques comptes.

Dans l'origine l'Argentier eut 400[l] parisis de gages[2]. On le voit dans plusieurs comptes, et notamment dans celui de l'année 1388. *Vadia antiqua ordinaria Argentarii regis, sunt* 400[l] *p. per annum*[3]. Ce mot *ordinaria* s'explique en ce que, indépendamment de ses gages il avait, en certaines occasions, des livraisons en nature. En 1400, Charles Poupart, Argentier de Charles VI, reçoit de cette manière pour 200 francs de draps, d'or et de fourrures; ce qui était un don considérable. D'ailleurs les rois avaient bien des moyens de reconnaître les services de leurs Argentiers. En 1317, Philippe le Long donna à Geoffroi de Fleuri une boutique de changeur située sur le pont au Change près le Châtelet[4].

Comme tous les autres comptables, c'était à la chambre des Comptes que l'Argentier devait venir compter. Quant au temps, il n'y eut rien de bien fixe,

[1] Arch. nat., K. reg. 93. fol. 2 v°.

[2] Tant que l'on compta en parisis dans l'Argenterie, et 500[l] tournois quand on compta en tournois. C'est la même chose, la livre parisis étant d'un quart plus forte que la livre tournois.

[3] K. reg. 20, fol. 2 v°.

[4] « Item concessit Gauffrido de Flori, argentario suo, intuitu servicio-
« rum, etc., tercium cambium deversus Castelletum, quod tenet ad præ-
« sens Michael le Flament, tenendum ab eodem G. quamdiu vixerit, sol-
« vendo quolibet anno decem libras turonenses receptori regis Parisiensi.
« Datum Parisius, die VIII octobris, anno quo supra. » (Trésor des Chartes, J. reg. 54, fol. 52 v°.)

surtout dans les commencements. Le compte de Geoffroi de Fleuri est rendu pour cinq mois et dix-huit jours, celui d'Étienne de La Fontaine, pour quatre mois et vingt-six jours. On trouve des comptes de l'Argenterie rendus pour six mois, pour huit et même pour dix-huit mois, mais le plus ordinairement c'était pour un an. D'abord l'Argentier venait rendre ses comptes par lui-même; dans la suite, ce fut par procureur.

Il y avait deux sortes de comptes de l'Argenterie, les comptes ordinaires et ceux dits de l'*Extraordinaire de l'Argenterie*. Ces derniers portaient sur des dépenses non fixes, telles que celles d'un sacre, de noces, d'obsèques, de fêtes et réjouissances, etc. Ce n'est, au reste, qu'à partir de l'année 1398, que l'on voit l'Extraordinaire de l'Argenterie former des comptes particuliers. Auparavant, les dépenses de cette nature faisaient seulement des chapitres à part dans les comptes de l'Argenterie, ainsi qu'on le verra dans notre volume.

Il faut encore distinguer dans ces comptes, ceux de *l'Argenterie du roi*, et ceux de *l'Argenterie de la reine*. Réunis dans l'origine, ils furent séparés dans la suite. Le premier compte de l'Argenterie des reines, à nous connu, date de 1393. Cette année-là, Charles VI ordonne à son Argentier, Charles Poupart, de prélever sur les 30 000 francs d'or de l'Argenterie, une somme de 10 000 francs «pour le fait de l'Argenterie de la Reine.» Hémon Raguier, qui était clerc de la Chambre aux deniers de cette princesse, fut nommé son Argentier, aux gages de 100^l p. par an. Il nous reste plusieurs des comptes de cette dernière espèce, et même quelques-uns de l'Argenterie des dauphins et des princes du sang. Au fond, tous ces différents comptes de l'Argenterie rentrent dans un cadre commun, et c'est ce cadre que nous avons à étudier ici. Nous prendrons pour type le compte d'Etienne de La Fontaine que nous donnons dans ce volume.

Comme tous les autres, les comptes de l'Argenterie se divisent en partie des recettes et partie des dépenses. Chacun de ces objets offre un intérêt différent. Le chapitre des recettes peut servir à l'histoire des finances, et celui des dépenses, à l'histoire de la vie privée, du commerce, des arts et de l'industrie. Nous allons examiner à ces différents points de vue les deux comptes que nous donnons ici. Voyons d'abord quelle était la nature des recettes.

Dans le compte de Geoffroi de Fleuri, la recette est faite presque exclusivement sur le Trésor, car ce qui est pris sur le maître de la monnaie d'or ne sert qu'à la fabrication d'un bijou. On remarquera que cette recette n'est faite qu'en trois payements et que le premier ne part que du dernier septembre 1317, lorsque son compte commence au 12 juillet précédent. Il semblerait par là qu'il avait fait des dépenses pour l'Argenterie, avant d'avoir touché les fonds nécessaires à ces dépenses, et que par conséquent il avait dû faire des avances de fonds. Cela serait vrai si l'Argentier avait dû payer les marchandises au moment de la livraison. Mais cela ne se passait pas ainsi. Il prenait aux marchands les différents objets dont il avait besoin tantôt au comptant et tantôt à crédit. Souvent même les marchands n'étaient pas encore payés, lors de la reddition du compte. Ils avaient alors pour garantie la cédule ou le billet de l'Argentier. Voici un des nombreux exemples qu'en fournissent les comptes de l'Argenterie.

« De laquelle somme de 369^l 10^s p. je Martin de Toussy[1] (tail-

---

[1] Et non pas Martin de *Coussy*, comme j'ai imprimé par erreur dans

leur du Dauphin) ai receu de Estienne de La Fontaine, Argentier dessus nommé, la somme de 123¹ 5ˢ p. *comptant*, à plusieurs fois et parties, en ceste partie. Et, du demourant, c'est assavoir de 246¹ p. ledit Estienne m'a baillié sa cédule. En tesmoing des choses dessusdictes, j'ai séellé cest présent compte de mon propre séel, le premier jour de septembre, l'an mil ccc liii[1]. »

En règle générale, les assignations de l'Argenterie portaient sur le Trésor, et cela dura jusqu'au xvi⁰ siècle, époque à laquelle on les voit porter sur l'Épargne. C'était là la partie principale des recettes. Cependant il y en avait d'autres, par exemple sur le profit des monnaies, sur le revenu des amendes, et plus ordinairement encore sur les Aides : la pénurie du Trésor obligeait de recourir à ces expédients. En 1353, Étienne de La Fontaine fut nommé receveur des amendes adjugées au roi en parlement. Sa nomination est motivée sur les besoins de l'Argenterie. « *Ut de hiis quæ pro nobis tuo sunt officio neccessaria celerius valeas satisfacere, ut decet, omnes emendas per nostrum parlamentum nobis adjudicatas, in solutionem dictorum neccessariorum ordinavimus convertendas*[2]. »

Dans le compte d'Étienne de La Fontaine que nous donnons ici, la recette est faite en partie sur le Trésor, en partie sur divers receveurs, mais toujours par assignation des trésoriers. Quant aux sommes, les unes sont destinées aux dépenses générales, les autres à des dépenses spéciales. C'est ainsi qu'une somme de 1920¹ parisis est affectée à l'achat de vaisselle d'or et d'argent pour la reine de Navarre. On voit encore dans ce compte un autre genre de recette. Ce sont des joyaux que l'Argentier reconnaît avoir reçus, et qu'il justifie

---

le texte. On sait que, dans les écritures du xiv⁰ siècle, le *t* et le *c* se confondent entièrement. Un passage où j'ai trouvé ce nom écrit par une majuscule m'a permis de rectifier cette erreur.

[1] Arch. nat., K. reg. 8, fol. 189 v°.
[2] J. reg. 82, n° 16.

avoir délivrés, par les chapitres de sa dépense. Ces sortes de recettes en nature se présentent assez souvent dans les comptes de l'Argenterie. Par exemple, en 1388, Guillaume Brunel reçoit « certaine vaisselle d'argent blanc et doré, rompue et despéciée, pour convertir et employer en certaine vaisselle d'argent blanc et doré, neufve, pour le service du Roy[1]. » Cette vaisselle est estimée en argent, à tant le marc. Mais il reçoit aussi des fourrures, qui ne sont pas évaluées en argent et qui entrent dans sa recette par compte de pièces. Dans un autre compte de la même année, la recette, indépendamment des assignations en argent, comprend encore une certaine quantité de perles, de saphirs, de rubis et de diamants. Plus, diverses pièces de draps et des fourrures d'hermines.

On remarquera dans le compte de Geoffroi de Fleuri que la recette totale n'est que de 1171^l parisis, tandis que la dépense se monte à 12 564^l 7^d parisis. C'est là, au reste, un cas fréquent, pour ne pas dire habituel, dans la comptabilité de l'Argenterie. Ainsi, dans celui des comptes d'Étienne de La Fontaine que nous donnons, la recette n'est que de 9637^l par. et 4456 écus et demi, tandis que la dépense est de 23 258^l 7^s 11^d p., plus 4593 écus et demi et un tiers. Dans un autre compte du même Argentier, qui va du 1er juillet 1352 au 1er janvier suivant, c'est-à-dire pour six mois pleins, la recette n'est que de 14 371^l 5^s 4^d p. et 3000 écus, tandis que la dépense se monte à 37 568^l 18^s 11^d p. et 18 480 écus $\frac{3}{4}$. Enfin dans son dernier compte, qui est du 1er janvier (1352) jusqu'au 1er mai 1353, on voit encore la recette n'être que de 13 326^l 3^s 2^d et 730 écus $\frac{3}{4}$, quand la dépense monte encore à 19 189^l 14^s 8^d et 11 424 écus. Il est vrai que sous son

---

[1] Archives nationales, K. reg. 19.

successeur, Gaucher de Vannes, les choses s'améliorent un peu. Dans le compte qui nous reste de lui, et qui n'est que son cinquième compte, lequel est rendu pour les six derniers mois de l'année 1355, la recette est de 19 091^l 3^s 10^d obole parisis et 10 841 écus, et la dépense de 10 427^l 2^s p. et 17 199 écus. Nous donnerons encore quelques preuves de cette disproportion entre la recette et la dépense dans la comptabilité de l'Argenterie, seulement, pour plus de clarté, nous négligerons les fractions. Le dix-septième compte de Guillaume Brunel pour les six premiers mois de 1387, donne une recette de 13 724^l et une dépense de 18 723^l. Son dix-huitième compte, pour les six derniers mois de la même année, porte une recette de 9023^l et une dépense de 17 265^l. Nous ne pousserons pas plus loin nos citations ; elles suffisent pour établir que la plupart du temps l'Argenterie était obérée comme les autres services.

Tous les comptes de l'Argenterie que nous avons vus comprennent à peu près les mêmes divisions et sont, pour ainsi dire, taillés sur le même patron. Celui d'Étienne de La Fontaine, que nous prenons pour type, est divisé en un grand nombre de chapitres, dont voici les titres :

Draps de laine.
Tonture de draps.
Façons de robes.
Draps d'or et de soie.
Chanevacerie.
Pennes et fourrures.
Chambres.
Tapisserie.
Cofrerie, malles et bahus.
Orfèvrerie.

Madres et cailliers.
Joyaux d'or et d'argent.
Broderie.
Coutellerie.
Chapeaux de bièvre.
Coifferie, peignes.
Gans et braiers.
Communes choses.
Chaucemente.
Chapelle.

Ces différents chapitres se retrouvent dans tous les

comptes de l'Argenterie, et à peu près dans le même ordre. Ils s'appliquent aux dépenses du Roi et aussi à celles de la Reine et des enfants de France[1]. Vient ensuite la partie des dons ordinaires où se trouve la répétition de tous les chapitres qu'on vient de voir; c'est ce qu'il ne faut pas oublier quand on recherche dans ces comptes un objet spécial. Si, par exemple, on veut connaître ce qui concerne les draps de laine, il faut, après le chapitre qui porte ce titre dans la première partie, passer au chapitre correspondant de la seconde partie, c'est-à-dire au chapitre des draps de laine pour les dons du Roi. Après la partie dite des Dons ordinaires, vient celle des dépenses extraordinaires, et cela jusqu'au moment où elles forment, comme il a été déjà dit, des comptes à part, sous le nom de comptes de l'Extraordinaire de l'Argenterie. A la suite de la plupart des comptes de l'Argenterie se trouvent des comptes séparés des tailleurs, fourreurs, couturières, tapissiers, orfévres, etc. Ils donnent en détail ce qui est compris en gros dans le compte principal et servent souvent à l'éclairer. Enfin, on trouve encore un chapitre des dettes accrues, c'està-dire de toutes les fournitures faites pendant la durée du compte sans avoir été payées.

ÉTOFFES.

Tous les comptes de l'Argenterie s'ouvrent par un chapitre des draps de laine, dans lequel on trouve le détail de leurs prix, de leurs couleurs, de leur fabrication et de leurs provenances. Sur tous ces points, grande est la diversité. Cependant, quant à leur fabrication, on peut tout d'abord les diviser en deux

---

[1] Plus tard, il y eut des comptes spéciaux pour les dépenses de la Reine et des enfants.

classes, les draps pleins et les draps rayés. Au-dessus des uns et des autres se placent les écarlates. Une première observation à faire, c'est que dans nos documents le mot drap se trouve le plus souvent sous-entendu. On dit : *des marbrés, des rayés*, pour dire des draps marbrés ou rayés. On trouve même des expressions telles que celle-ci : pour dix aunes de fleur de pêcher, c'est-à-dire dix aunes de drap couleur fleur de pêcher. Même ellipse pour ce qui est de la teinture. On dit, par exemple : un bon marbré de graine, pour dire un bon drap marbré, teint en graine. Nous allons énumérer les diverses sortes de draps qui se rencontrent dans notre volume, renvoyant pour les prix aux tableaux qui le terminent.

Les écarlates tiennent le premier rang parmi les étoffes de laine. C'étaient les draps les plus riches et les plus estimés. On s'en parait dans les occasions solennelles. C'est ainsi qu'aux réceptions de la chevalerie, les nouveaux chevaliers étaient presque toujours revêtus de manteaux d'écarlate[1]. Les Flandres, et surtout Bruxelles, semblent avoir excellé dans la fabrication des écarlates. On n'en trouvera, dans notre volume, que de cette dernière provenance. Mais, dans d'autres comptes de l'Argenterie, on voit des écarlates d'Angleterre, des écarlates de Paris et d'autres lieux. Les écarlates étaient fabriquées avec les laines les plus fines, et on les teignait avec une matière colorante de prix connue sous le nom de graine d'écarlate, et qui est le kermès[2]. Il y avait des écarlates de plusieurs

---

[1] On trouve pourtant des cas, mais fort rares, où ils sont vêtus de drap d'or.

[2] Le kermès et la cochenille sont les deux principales substances que l'on emploie aujourd'hui pour la teinture en rouge. Le kermès (*coccus*) est un petit insecte qui vit sur une espèce de chêne appelé *quercus coccifera*, dont les feuilles sont semblables à celles du houx, mais plus petites. Cet arbre est commun en Languedoc et en Provence. Le petit insecte qu'il

nuances. On en trouvera ici de vermeilles, de rosées, de violettes, de morées, de sanguines et de paonnaces. Leur prix était toujours supérieur à celui des autres draps. Ici, il varie de 36 à 68ˢ l'aune. La pièce d'écarlate, ou ce qu'on appelait une escarlate entière, contenait en général vingt-quatre aunes. On en voit cependant qui n'ont que dix-huit aunes, d'autres que dix. Il y avait des écarlates dites de la grant moison, c'est-à-dire de la grande mesure, ce qu'il faut entendre de la largeur. Je ne puis la déterminer ici; seulement j'ai trouvé, dans un compte de 1387, une écarlate vermeille d'Angleterre contenant sept quartiers et demi de large.

Les marbrés étaient des draps tissus avec des laines de diverses couleurs. « Tous draps tixus de diverses laines, comme marbrés et camelins, » est-il dit dans une ordonnance de 1360. Il est vrai que cette expression *de diverses laines*, n'est pas suffisamment claire, puisqu'elle peut s'appliquer, soit à des laines de diverses qualités, soit à des laines de diverses couleurs. C'est ce dernier cas pour les marbrés; mais le premier, au contraire, à ce que je crois, pour les camelins. On conçoit facilement que ce mélange des laines devait produire dans les draps marbrés une grande variété de nuances. Dans notre volume on verra des marbrés bruns, vermeils, violets, verdâtres; des marbrés brussequins roses; d'autres tirant sur le caignet, que je crois être un gris cendré; d'autres tirant sur l'impérial, qui est un bleu éclatant, comme le pers est un bleu sombre; des marbrés longs de Bruxelles, mêlés

---

porte se vend desséché et ayant alors l'apparence d'une petite graine rouge. Aussi a-t-on cru longtemps que c'en était une, que l'on désignait sous le nom de graine d'écarlate, à cause de son emploi. Les Provençaux l'appelaient *vermeou*, du latin *vermiculus* (*vermillon*). La cochenille est aussi un petit insecte, mais l'arbre qui le porte est un arbre d'Amérique.

de pers et de vermeil; des marbrés dosien, peut-être d'un vert pâle, etc. Les prix varient depuis 14 jusqu'à 48ˢ l'aune ; on en trouve même à 50ˢ : c'est un marbré violet et teint en graine comme les écarlates. Quant aux provenances, c'est surtout Bruxelles, puis Doullens, Aumale, Hesdin et Saint-Omer. De tous les draps dont il est question dans le compte d'Étienne de La Fontaine, ce sont les marbrés qui reviennent le plus fréquemment. Dans les comptes postérieurs, ce sont les draps tannés, c'est-à-dire fauves, qui tiennent le principal rang.

Les draps rayés sont aussi très-souvent mentionnés dans notre volume. On en trouve de bruns, de violets, de nuance fleur de pêcher, etc. Quelquefois la raie était en soie. On trouve des rayés châssis, ce qui semble indiquer des draps à carreaux. Quant au prix, il est en général moins élevé que celui des draps marbrés : on en trouve depuis 12 jusqu'à 24ˢ l'aune. Presque tous les draps rayés dont il est question dans notre volume proviennent de Gand. Et en effet, on trouve établie dans cette ville, en 1315, une confrérie qui s'était réservé exclusivement la fabrication des draps rayés[1]. Dans le compte de Geoffroi de Fleuri, il est question de rayés de Douai.

Les camelins paraissent avoir été une sorte de draps à part. Ils étaient fort employés à l'époque qui nous occupe. Je suppose que c'était un drap dans la fabrication duquel il entrait du poil de chèvre; car de penser, comme le veulent tous les glossateurs, que ce fut une étoffe faite uniquement de poil de chameau, c'est, je crois, ce qu'on se persuadera difficilement. Peut-être aussi que le mot de camelin ne désignait qu'une couleur. Mais quelle couleur ? Ce n'est pas celle

---

[1] Voy. dans le reg 52 du Trésor des Chartes la pièce 153

du chameau, qui est gris blanc. Il est vrai qu'on a fort bien pu le confondre avec le dromadaire, qui a le poil brun. J'observerai encore qu'une sauce fort employée au moyen âge, et connue sous le nom de sauce camelin, devait, d'après sa composition, être brune. Le mot camelin désignerait alors une couleur brune ou marron. Mais il y a à cela une difficulté, c'est qu'on trouve précisément dans notre texte, des camelins blancs. Faudrait-il les assimiler à la couleur du poil du chameau proprement dit? Quoi qu'il en soit, au reste, du vrai sens du mot, les draps nommés camelins faisaient, comme nous l'avons déjà dit, une espèce à part; on les trouve souvent désignés sous l'expression de camelins à bois, c'est-à-dire pour aller aux bois. Il est question, dans le compte de Geoffroi de Fleuri, des camelins de Château-Landon.

Pour en finir avec ce qui concerne les draps, il faut encore nommer ceux qui ne sont désignés dans notre texte que par leur couleur; tels sont les blancs, les jaunes, les encendrés, les fleur de pêcher, les soucis, les tannés, les pers (très-fréquents), et les verts de différentes nuances. Il faut encore ranger dans cette catégorie les brunettes, sorte d'étoffes lisses et très-fines qui étaient de nuances très-sombres et souvent noires. Les iraignes me paraissent se rapprocher beaucoup des brunettes; mais il n'en est pas question dans notre texte, et on ne les trouve que dans des comptes postérieurs. Quant aux serges, c'étaient aussi des étoffes lisses mais grossières. Les serges sont toujours vertes ou rouges.

Dans tous les comptes de l'Argenterie le chapitre des draps est immédiatement suivi d'un autre, qui est intitulé : Tonture de draps. Car presque tous les draps qui étaient achetés pour l'Argenterie, avaient à subir cette dernière et importante opération. Dans les cas d'exception, qui sont rares, il est dit que le drap a été acheté mouillé et tondu, ou encore qu'il est tout prêt, c'est-à-dire apprêté. Dans le compte de Geoffroi de Fleuri, c'est une femme, Aalès la retonderesse, qui fait ce métier. Au reste, ces chapitres de tonture de draps ne sont pas à négliger; ils sont quelquefois fort détaillés et l'on y trouve d'utiles renseignements sur les qualités, les noms, les couleurs et surtout les aunages des draps.

Le chapitre des draps d'or et de soie est toujours fort détaillé et fort étendu. Il porte pour titre : *Draps d'or et cendaus*, ou bien : *Draps d'or et de soye, cendaus et autre mercerie*, parce que c'étaient les merciers qui les vendaient. C'est là qu'on trouve les somptueuses étoffes désignées sous le nom de cendaux, de samits, de camocas, de veluiaux ou velours, draps de soie et draps d'or ou d'argent. Nous allons les passer rapidement en revue.

Le cendal était une étoffe de soie, d'un tissu léger et uni, et qui sans doute se rapprochait beaucoup de notre taffetas. J'avais d'abord cru que c'était absolument la même chose, et je fondais mon opinion sur ce que je n'avais guère trouvé le nom de taffetas apparaître dans les comptes qu'à partir du xvie siècle, époque où précisément on voit disparaître le nom du cendal. Je croyais pouvoir regarder encore comme une raison d'assimiler entre elles ces deux étoffes le passage suivant d'un compte de 1541. « A luy, la somme de 27[l] tournoys, pour deux aulnes *taffetas rouge cramoisy* large, *pour faire cendal* pour couvrir ladicte vraye croix. » Mais il se trouve dans le compte de Geoffroi de Fleuri, une mention de taffetas; et bien qu'elle soit unique, elle suffit pour exclure l'hypothèse à laquelle je m'étais arrêté. Averti par ce passage de Geoffroi de Fleuri, j'ai fait de nouvelles recherches dans les comptes du xive siècle, et j'y ai trouvé quelques mentions de taffetas ; seulement je crois pouvoir affirmer qu'elles sont rares jusqu'au xvie siècle, et qu'à partir de là, c'est le contraire, si bien qu'on ne trouve plus que des taffetas et que les cendaux ont disparu totalement. On employait beaucoup le cendal : on en faisait certains vêtements, des corsets, par exemple ; mais plus ordinairement, on s'en servait pour doubler d'autres riches étoffes, quelquefois même de simples draps. Philippe le Long eut à son sacre une cotte de samit, doublée, ou comme on disait alors, fourrée de cendal. On en recouvrait aussi des vêtements en fourrure, comme les pelisses ; mais le principal emploi du cendal était pour tendre les chambres ; on en trouve rarement qui soient faites d'autres étoffes. Le cendal se vendait tantôt au poids, comme dans le compte de Geoffroi de Fleuri, tantôt à la pièce, comme dans celui d'Étienne de La Fontaine, quelquefois même à la botte, qui contenait six pièces. En général on disait un cendal, un demi-cendal, pour dire une pièce ou une demi-pièce de cendal ; c'est la même ellipse qu'on a déjà vue employée pour les draps. On distinguait dans les cendaux, des forts et des faibles, des étroits et des larges. Ce qu'on appelait du cendal battu, était l'étoffe sur laquelle on avait appliqué de minces feuilles de métal, or ou argent, découpées en diverses figures[1].

On trouvera dans le compte de Geoffroi de Fleuri des cendaux noirs, des cendaux verts, des cendaux indes, c'est-à-dire bleu de ciel, et des cendaux vermeils ; ces derniers étaient les plus chers ; les noirs coûtaient moins que tous les autres. Le poids de la pièce de cendal, dans ce compte, varie depuis 16 onces

---

[1] Par exemple, a la page 327, du cendal azuré *batu* à fleurs de lis d'or.

jusqu'à 21 onces, les prix depuis 2ˢ 4ᵈ jusqu'à 4ˢ l'once. Dans le compte d'Étienne de La Fontaine, où ils se vendent à la pièce, les moins chers sont à 8 écus, et les plus chers à 11 écus. On y voit, indépendamment de ceux qui ont été nommés plus haut, des cendaux azurés, des larges et des forts ; des cendaux blancs et des cendaux vermeils en graine. Nous remarquerons, quant à ces derniers, qu'il paraît qu'au commencement du xivᵉ siècle, on en fabriquait qui n'étaient pas teints en graine. Vers 1316, le prévôt en défendit la vente dans Paris ; il y eut vingt ans après une réclamation à ce sujet, « par le commun des marchands de Lucques demeurant à Paris. » Les merciers de Paris, consultés sur l'opportunité de lever cette défense, avancèrent que les cendaux qui n'étaient pas teints en graine, étaient cependant d'aussi bonne soie que les autres, qu'ils suffisaient à la consommation du peuple, étant à meilleur marché, et que depuis la prohibition, ils prenaient le chemin de la Champagne, de la Provence, de l'Allemagne, de l'Angleterre, de la Flandre et du Brabant, au détriment du commerce de Paris. En conséquence ils conclurent à la levée de la défense, ce que le roi leur accorda[1].

Le samit était une étoffe de soie plus forte, plus riche et par conséquent plus recherchée que le cendal ; il est probable qu'elle ressemblait au satin, comme le cendal au taffetas. Dans les premiers comptes de l'Argenterie, on trouve fréquemment des samits et point ou bien peu de satins ; mais le contraire a lieu dans les comptes suivants. Je dois faire observer, en outre, qu'on rencontre, dans notre volume, une étoffe appelée zatoni qui semble être tout à fait notre satin ; le samit s'en rapprocherait donc seulement beaucoup

[1] Voy. les lett. de Philippe de Valois, du mois de juillet 1336 (Ordonn., t. XII, p. 33).

sans être précisément la même chose. Nicot, cité par Ménage, dit que le samit était une espèce de drap demi-soie qui ressemblait au satin, mais qui était plus étroit et de plus de durée. Ducange le définit *pannus holosericus*, et je crois effectivement que c'était une étoffe toute de soie. On lit dans Muratori : « *Vermiculus hic est (Blatta) quo tinguntur pretiosissimi regum panni, sive serici ut Examiti, sive lanei, ut Scarlata*[1]. » On l'appelait en latin *examitus*, du grec *Hexamitos*, c'est-à-dire composé de six fils. Comme le samit était employé le plus souvent à couvrir les carreaux ou coussins des appartements, qui sont des meubles de fatigue, on en peut conclure que c'était une étoffe très-forte. Les grandes chroniques, dans le récit de la bataille de Cassel, disent que l'oriflamme était en samit vermeil. On en faisait aussi quelquefois des chemises de livres. Quant aux couleurs, on ne trouvera dans notre texte que des samits vermeils et des samits verts. Quant aux samits d'estive ou d'été, qu'on y rencontre également, ils étaient probablement d'une fabrication plus légère. Philippe le Long, à son sacre, portait une cotte faite d'un demi-samit d'estive vermeil, doublé de cendal de même. Quant aux prix, il nous est difficile de dire quelque chose de précis[2]. Dans le compte de Geoffroy de Fleuri, une pièce de samit vermeil, ou, comme on disait, un samit vermeil n'est payé que 9^l, tandis qu'un demi-samit d'estive en coûte 12, on y voit aussi du samit à 32^s l'aune. Dans le comte d'Étienne de La Fontaine, une pièce de samit vermeil en graine est payée 20 écus, ce qui est presque le double de ce que coûtait une pièce de cendal. Il y avait une autre

---

[1] Antiq. Ital. medii ævi, t. II, diss. XXIV.

[2] Au reste, comme ces prix sont le plus souvent donnés par pièces, il est bon de remarquer qu'elles contenaient fort peu d'aunage.

sorte de samit beaucoup plus riche, qui était brodé ou broché. Le Dictionnaire de Furetière en parle : « C'est une étoffe fort riche qui vient de Venise, qui est lamée ou trémée de lames d'or et d'argent, en latin *auri samitum*. » Dans le *Roman de la Rose*, il est question d'un samit semblable, c'est en décrivant l'habillement d'un personnage qui s'appelle Déduit :

> « D'un samit portrait à oysiaus
> Qui ère tout à or batus,
> Fu ses corps richement vestus. »

Le camocas était une étoffe de soie, tantôt unie et tantôt brodée plus ou moins richement. Quant à l'étymologie du mot, voici ce qu'en dit Le Duchat dans ses *Additions au Dictionnaire étymologique de Ménage* : « Camocas est le nom d'un château situé dans ce que nos ancêtres appelloient la Terre Sainte, au bord oriental de l'Euphrate.... Nos chrétiens qui possédoient ce château donnèrent le nom du lieu à la belle étoffe qui s'y faisoit. » Et en effet, il est très-souvent question, dans les comptes de l'Argenterie, de camocas d'outre-mer. Dans celui de Geoffroi de Fleuri, on trouve des camocas azurés, plonquiés ou couleur de plomb, violets et indes ou couleur bleu de ciel. Ce sont là des camocas de la première espèce, c'est-à-dire unis. Les azurés et les violets sont à 3^l p. la pièce. Celui qui est dit plonquié est à 24^s l'aune. Dans le compte d'Étienne de La Fontaine, on trouve des camocas d'outre-mer de plusieurs soies valant 32 écus et demi la pièce. D'autres, sous le nom de camocas de Domasque, à 35 écus. Il n'est pas inutile de faire observer qu'ils sont compris dans un chapitre de draps d'or à faire offrandes aux églises. En effet, cette étoffe était souvent employée pour des vêtements et ornements sacerdotaux, ce qui est une preuve de l'estime où elle était.

On trouve dans un Inventaire des meubles du duc de Normandie, de l'an 1363, la description de plusieurs riches camocas, que nous donnerons ici. Elle vient immédiatement après les draps d'or dans un chapitre des draps d'argent.

« Premièrement, sept pièces de draps d'argent qui ne sont pas toutes entières.

« Item, deux grands camocas larges, que Édouart Tadelin donna à Monseigneur [1].

« Item, un camoquas de Luques qui a le champ ynde à feuilles de vigne vermeilles.

« Item, 36 camocas d'outre-mer, d'une moison. C'est assavoir, un camocas dont le champ est verd à oyselets, 3 camocas violets à oyselets tennez, 2 à champ violet et auves blanches, 4 dont le champ est violet à oyseaux jaunes, 5 dont le champ est blondet à feuilles verdes et rouges, 2 camoquas à champ blanc et oyselets verds, et 2 verdz à feuilles de coulour de feuilles de peschier, 2 à champ vermeil à œuvres rouges et yndes, 7 camoquas rosez ouvrez d'une soye, 1 camoquas tenné ouvré d'une soye, 2 cendrez ouvrez d'une soye, et 6 ouvrez d'une soye de couleur de fleur de peschier [2]. »

Roquefort, dans son *Glossaire de la langue romane*, au mot *Camocas* : « Étoffe fine faite de poil de chameau ou de chèvre sauvage. » Il a pris le camocas pour du camelin, ce qui est bien différent.

On peut encore placer ici le camelot. C'était, d'après le Dictionnaire de Furetière, une étoffe faite ordinairement de poil de chèvre, avec mélange de laine ou de soie. Ménage fait venir ce mot de *zambelot*, mot

---

[1] C'était un mercier qui est souvent nommé dans le compte d'Étienne de La Fontaine.

[2] Bibl. nat., Ms. fs Mortemart, vol. LXXIV, fol. 32. C'est une copie moderne.

lévantin qui se dit des étoffes faites d'un poil fort délié qui se tire de certaines chèvres qu'on trouve en quelques endroits de la Turquie, dont il est parlé dans Scaliger et dans les voyages de Busbec. Cependant il y avait du camelot de soie. Dans un inventaire de la Sainte-Chapelle de l'an 1480, il est parlé de chappes, « *quæ de camelloto de serico viridi, in circuitu, brodantur*[1]. » Quoi qu'il en soit, au reste, de sa fabrication, le camelot était une étoffe recherchée et d'un haut prix. Il est dit dans la farce de Pathelin :

> Si ont ceulx, qui de camelot
> Sont vestuz, et de camocas.

Il n'est pas question du camelot dans notre texte, mais on en trouve dans les comptes suivants. Des camelots blancs, des noirs, des violets, des tannés, dans un compte de 1468. Du camelot noir pour faire une robe gaulcourte doublée de taffetas noir, dans un compte de 1487. Enfin des camelots du Levant, des camelots de soie grise, des camelots de Lille, des camelots avec et sans ondes, des camelots sur fond d'argent, etc., dans les comptes du xvie siècle. Il ne faut pas confondre les camelots avec les camelins, dont il a été question au chapitre des draps de laine. Dans un tarif de 1366, la pièce de camelot paye autant que la pièce de cendal, moitié moins que la pièce de drap d'or, et deux fois plus que la pièce de drap de laine[2].

Les velours, ou veluiaus, forment un article important du chapitre des draps d'or et de soie. Dans le compte de Geoffroi de Fleuri, on trouve des velours verts, jaunes, azurés, vermeils, violets, et d'autres dé-

---

[1] Bibl. nat., Ms. du suppl. lat., n° 165⁶, fol. 11 v°.
[2] Ordonn., t. IV, p. 670.

signés sous la dénomination bizarre de veluiaus quoquès. Comme les prix des velours sont en général donnés par pièces, il est bon de remarquer qu'ils avaient peu de longueur : ceux dont il est question dans l'Inventaire de 1363 déjà cité avaient de 3 à 6 aunes. On distinguait des velours sur fil et des velours sur soie. Il y en avait aussi de rayés, et même de brochés en or. Dans l'inventaire de 1363 : « Deux veluiaux verds, ouvrez à arbres d'or, contenant douze aunes. » Dans un compte de 1387, une « demye aulne de veloux azur alexandrain, sur fil oysel » est payée 40^s p. Dans le compte d'Étienne de La Fontaine, on trouve des veluiaus fins en graine, des veluiaus azurés des forts, des veluiaus blancs des petits, des veluiaus paonnaces, etc. Au reste, la fabrication des velours, comme celle des autres étoffes de soie, semble avoir été fort avancée au XIVe siècle.

Au nombre des étoffes les plus somptueuses, il faut mettre ces draps d'outre-mer, draps de Turquie, draps de Damas, d'Ache, de Lucques, de Venise, etc., qu'on rencontre si fréquemment dans les comptes de l'Argenterie avec les draps d'or proprement dits. C'est qu'en effet la base de la fabrication de ces différentes étoffes devait être la même. C'était toujours un fil de soie, tantôt employé seul, tantôt mêlé à des fils d'or ou d'argent[1]. Le mélange de ces fils combiné avec la diversité du travail de la chaîne et de la trame donne aux tissus de ce genre les aspects les plus riches et les plus variés. De là vient que l'on trouve dans les comptes des draps d'or, par exemple, de diverses couleurs. C'est ainsi que, dans l'Inventaire des meubles du duc de Normandie que nous avons déjà cité, l'on voit : un drap d'or large de Damas ouvré à losanges et à oi-

---

[1] Voy. à la Table des mots techniques : *Or de Chippre*.

seaux, ayant le champ rouge; des draps d'or azurés de Damas d'un semblable travail; des draps d'or blancs de Damas, ouvrés à losanges et à lettres; des draps d'or jaunes semés de pommettes d'or; un grand drap vermeil rayé de raies d'or. C'était pour couvrir un banc pour les repas. On y trouve même des draps d'or noirs à têtes d'oiseaux, d'or. Mais, pour nous en tenir aux textes que nous donnons ici, nous signalerons : des draps de Turquie à 11^l p. la pièce; des draps d'or à fleurs de lis, à 7^l; des draps d'or de Turquie, à 12^l 10^s; des draps d'Ache, sans doute Acre? à 55^s la pièce; d'autres, de Venise, au même prix; des draps d'or sans désignation de provenance, à 106^s la pièce; des draps de Lucques au même prix. Enfin des naques vermeils à 11^l 10^s; un nachiz, dont le champ était de soie ardente semé de rosettes d'or, 28^l; deux rataz pour faire les carreaux d'un char, à 10^l 10^s pièce. Ce qui mérite d'être remarqué, c'est qu'il est fait mention, dans le compte de Geoffroi de Fleuri, de trois draps d'or ouvrés de Paris[1]. Le fait de trouver en 1316 des draps d'or fabriqués à Paris s'éloigne assurément de l'opinion généralement admise, et qui attribue à Louis XI l'importation en France de cette branche d'industrie. Il est vrai que son ordonnance du mois d'octobre 1480 est la première où il en soit question. Elle nous apprend que dix ans environ auparavant, c'est-à-dire vers 1470, Louis XI avait appelé en France divers artisans d'Italie et de Grèce, habiles à travailler la soie : un appareilleur de soie, un teinturier, un filateur, un tireur d'or; il y avait même une femme. Il les avait fait venir à Tours et les avait mis sous le gouvernement de Guillaume Briçonnet, secrétaire de ses finances. Les lettres de 1480 leur accordent exemp-

[1] Ils furent employés à faire une chappe pour la reine a son entrée à Reims.

tion pleine et entière de tailles et d'impôts, ce qui leur fut confirmé par Charles VIII en 1497. Dans cette dernière ordonnance, l'apprentissage est fixé à cinq ans, afin que ceux qui seront reçus maîtres *sachent besongner de l'un des quatre bons draps; c'est assavoir satin, damas, veloux ou drap d'or*[1]. Quoi qu'il en soit de cet encouragement donné par Louis XI à une importante industrie, on voit qu'il ne saurait en être considéré comme le créateur. On pourrait même la faire remonter bien plus haut que notre compte de 1316, c'est-à-dire jusqu'au temps d'Étienne Boileau. Car, bien qu'on ne trouve pas dans le Livre des métiers la mention expresse d'une fabrication de draps d'or à Paris, il y est question de plusieurs industries se rattachant à celle de la soie, et notamment de faiseurs de drap de soie. D'ailleurs on y trouve un titre spécial pour les batteurs d'or et d'argent à filer, sorte de travail dont le produit ne pouvait guère s'appliquer qu'à la fabrique des draps d'or et d'argent. Disons donc, pour nous résumer, qu'il y avait une fabrication de ce genre à Paris, peut-être dès le XIIIe siècle, et à coup sûr au commencement du XIVe, que probablement cette fabrication sera tombée dans la suite, et que Louis XI a eu le mérite de la relever; il est à croire que ses tentatives en ce genre n'auront pas été suivies d'un succès complet; car chacun sait que c'est à Henri IV que la France doit ses riches fabriques de Lyon. Au reste, si Paris fabriquait des draps d'or au XIVe siècle, c'était sans doute dans d'assez petites proportions, et cela ne l'empêchait pas d'être, sur ce point, tributaire de l'Italie et de l'Orient.

Nous ne quitterons pas ce chapitre de la soie sans dire un mot d'une marchandise dont il est question à

---

[1] Ordonn., t. XX, p. 598.

chaque page dans les comptes de l'Argenterie, et qui y est désignée sous le nom d'or de Chypre. C'était tout simplement de la soie recouverte d'un fil d'or. On s'en servait principalement pour les broderies. Cependant on en tissait aussi des draps qu'on nommait draps d'or de Chypre. On trouve aussi mentionné, mais bien plus rarement, de l'argent de Chypre. Au reste, cette industrie avait passé en Italie, et y avait même si bien réussi, qu'au commencement du xve siècle l'or *de Chippre* se faisait à Gênes.

Après avoir vu ce qui concernait les principales étoffes de laine ou de soie, dont il est question dans les comptes de l'Argenterie, nous passerons aux fourrures. Tout ce qui se rapporte à cet objet est compris dans des chapitres intitulés : *Pennes et Fourreures*. Tous ces chapitres témoignent d'un grand luxe et d'une excessive prodigalité en ce genre. On a même quelque peine à s'expliquer comment nos aïeux pouvaient supporter des vêtements aussi chauds. Il n'est pas rare de voir à l'article d'un seul costume, deux ou trois vêtements de drap ou d'étoffe de soie très-forte, lesquels se mettaient les uns par-dessus les autres, et qui tous étaient doublés d'épaisses fourrures. Tel habillement composé de six pièces, ou, comme on disait, telle robe de six garnements, n'employait pas moins de 2312 ventres de menu-vair. Soit que le climat de la France ait été jadis plus froid qu'aujourd'hui, soit qu'il faille attribuer le fait uniquement à la mode, il est certain qu'on faisait au moyen âge un grand usage des fourrures. Et cela n'était pas tellement propre aux princes et aux seigneurs, que l'on n'en trouve aussi des exemples pour le peuple. Alors même que les vêtements qu'il portait n'étaient pas fourrés, ils étaient toujours au moins doublés de drap ou d'autre étoffe chaude et épaisse.

Les fourrures dont il est question dans les comptes de l'Argenterie sont : l'hermine, la martre, le petit-gris désigné seulement sous le nom de gris, le vair, distingué en menu-vair et gros-vair, l'écureuil, le bièvre, la genette, l'agneau, le lièvre, le renard, le loup, le chien, le chat, et quelques autres encore.

L'hermine (*mustela erminea*) est une espèce de belette, que les naturalistes rangent dans la classe des martres (*mustela*). Sa fourrure, de rousse qu'elle est pendant l'été devient blanche en hiver. L'extrémité de sa queue est toujours d'un très-beau noir. Les pelletiers retranchent ces queues du reste de la peau, et les disposent symétriquement sur le reste de la fourrure pour en faire ressortir la blancheur. Souvent aussi, on remplaçait ces queues d'hermine par des mouches faites de petits morceaux de peaux d'agneaux noirs. Il n'est pas question d'hermines dans le compte de Geoffroi de Fleuri, mais on en trouve dans celui d'Étienne de La Fontaine. Elles sont employées, avec les létices, dont nous parlerons tout à l'heure, à border ou, comme on disait, à pourfiler certains vêtements. Leur prix est de 16^s p. la douzaine, ce qui est le double des létices. On trouve dans un compte de l'année 1387 des hermines neuves, à 5^s 4^d p. la pièce, et des queues d'hermine vendues séparément; 860 de ces queues sont payées 20^s p.[1] J'ai trouvé ailleurs un manteau d'hermine contenant 1000 hermines[2]. J'observerai ici, en passant, que sur les sceaux du moyen âge, on distingue fort bien le moucheté de l'hermine des espèces de cloches ou verres par lesquels on représentait le menu-vair. L'hermine était une fourrure très-estimée. Dans un compte de 1390, il est ques-

---

[1] K. reg. 18, fol. 29 et 32.

[2] Compt. de 1389. *K. reg.* 20, *fol.* 21. Le mot manteau s'entend ici non pas d'un vêtement, mais d'une certaine quantité de fourrures.

tion d'un manteau fourré d'hermines par dedans et par dehors, *si comme à duc appartient* [1].

La martre (*mustela martes*) est un petit animal très-semblable à la fouine. Elle a comme l'autre le poil brun, mais la tache de la gorge est plus jaune chez la marte. Il n'est pas question de cette fourrure dans les comptes que nous donnons dans ce volume; mais on la trouve assez souvent dans d'autres. Je citerai des martres à 8^s p. la pièce, dans un compte de 1387[2]; des manteaux de martres, contenant chacun 300 martres, à raison de 9^s 4^d le cent[3], des martres de Prusse, écrues, à 38^l 8^s p. le cent[4]. La martre appelée zibelline a la fourrure d'un brun fauve tirant sur le noir. Il en est question dans les comptes de l'Argenterie. Je citerai le passage suivant d'un compte de 1487. « Pour 29 peaulx de martres subellines.... par lui mises et employées à fourrer une robe de drap d'or à lé de Damas, sur soye tanné; avec cent et une peau de semblables martres subellines que les Hongres avoient données audit seigneur, Charles VIII, lesquelles martres estoient ès coffres d'icellui seigneur[5]. » Ces 101 peaux de martres zibellines étaient un présent des pelletiers hongrois établis à Paris. Les 29 qui sont achetées, sont payées 8^l 3^d t. la pièce.

Le petit-gris est un écureuil du nord, dont le poil devient cendré en hiver. Il y en a aussi des variétés brunes et noires. Voici ce qu'en dit l'abbé Pluche : « La quatrième fourrure qu'on tire du nord est le petit-gris. C'est la peau de l'écureuil des pays froids. Il diffère des nôtres, en ce qu'étant roux comme ceux-

---

[1] Arch. nationales, K. reg. 20, fol. 100.
[2] K. reg. 18, fol. 39.
[3] Compt. de 1392, K. 23, fol. 31 v°.
[4] Compt. de 1391, K. 22, fol. 22.
[5] K. reg. 70, fol. 55 v°.

ci en été, il devient gris en hiver et reste gris après sa mort. De cette peau on fait deux sortes de fourrures très-différentes. Du dos on fait le petit-gris; mais le ventre en est aussi blanc et plus luisant que l'hermine. Il est bordé de chaque côté d'une raye noire qu'on a grand soin de conserver, quand la fourrure est alternativement variée du ventre et du dos de l'animal, elle en est beaucoup plus riche : c'est ce qu'on appelloit autrefois le menu-vair. [1] » A cela il y a une difficulté, c'est que dans les anciens comptes il n'est jamais question que de *ventres* de menu-vair, de même que de *dos* de gris. D'un autre côté cependant, il est certain que le menu-vair était une fourrure composée de poils de deux couleurs, gris-bleuâtre et blanc. Peut-être ne tenait-on compte dans sa dénomination que de la couleur la plus voyante, c'est-à-dire du blanc, qui est celle du ventre. Rien de moins facile au reste, que de se reconnaître dans les désignations toujours si incomplètes des textes techniques du moyen âge. Tel est le cas, entre autres, pour une expression qui revient sans cesse dans les comptes de l'Argenterie, à partir de ceux d'Étienne de La Fontaine, c'est la létice. Je n'en ai trouvé nulle part l'explication; voici celle que je hasarderais. Il faut observer d'abord que les létices sont constamment et uniquement employées à border ou pourfiler des vêtements. Mais dans le compte de Geoffroi de Fleuri il n'en est pas fait mention une seule fois, et le pourfilage s'y fait toujours avec des ventres de menu-vair. Il y a donc analogie entre les létices et les ventres de menu-vair. Les létices ne seraient-elles pas ces raies noires de la fourrure du petit-gris dont il a été question dans le passage que nous avons cité tout à l'heure? Les létices

---

[1] *Spectacle de la nature*, t. VI, p. 558

se vendaient toujours à la douzaine, mais on disait indifféremment une létice ou une douzaine de létices. Pour en revenir au menu-vair, on le distinguait toujours du gros-vair. Un ancien auteur dit que : « le vair est une espèce d'écureuil de poil tirant sur le colombin par le haut du corps, et blanc sous le ventre; dont la peau sert de fourrure aux manteaux des Rois, laquelle on diversifie en quarreaux et tavellures, ores de plus grand, ores de moindre volume, qu'on appelle *grand-vair* ou *petit-vair*[1]. » J'aimerais mieux croire que cette distinction entre le gros-vair et le menu-vair était due à la différence de qualité des fourrures et que le menu-vair était la fourrure la plus fine. Ce qu'il y a de certain, c'est que le menu-vair était plus recherché et plus cher que le gros-vair. Quant à la fourrure nommée *gris*, elle fait moins de difficulté que le menu-vair. On a vu que c'était la dépouille d'une sorte d'écureuil appelé petit-gris. Et comme il y a plusieurs variétés d'écureuils, cela explique comment on trouve dans les comptes, des Gris roux, des Gris rouges, et même des Gris blancs. Dans ces derniers cas, cette fourrure peut se confondre avec celle d'écureuil, qui était aussi fort employée. On lit dans les statuts des pelletiers de Bourges de 1486 : « Plus ne feront d'ores en avant nul bel œuvre comme gris, menuvers, polaines, escorieulx d'Almeigne et de Calabre, qui ne soient bonnes, loyables, marchandes et de saison, et aussi ne mecteront dos ne ventres d'escorieulx parmi le ventre de menu-ver[2]. » Il est souvent question dans les comptes d'écureuils de Calabre. On trouve dans un compte de 1388 des aumuces, genre de vêtement fait en fourrure, qui sont fourrées elles-mêmes en écureuils de Calabre. « Onze aumuces d'escureux de Ca-

---

[1] Monot, cité par Ducange dans sa première dissertation sur Joinville.
[2] Ordonn., t. XIX, p. 665.

labre, fourrées par dedens de menuvair — 12¹ pièce¹. »
Et dans un autre compte, de l'an 1407. « Douze aulmuces de fins escureux noirs de Calabre, fourrés de menuvair — 14¹ 8ˢ pièce². »

Nous dirons encore un mot de deux sortes de fourrures, qui bien que ne se rencontrant pas dans notre volume, se trouvent cependant dans d'autres comptes, ce sont la genette et le bièvre. La genette est un petit animal du genre des civettes, son poil est d'un gris cendré, marqué de taches noires; Buffon le donne comme originaire d'Espagne. On trouve dans un compte de 1398 des genettes noires toutes prêtes, à 18ˢ p. la pièce³. Dans un compte de 1391, des genettes brunes et gouttées de taches⁴. Le bièvre est du genre des castors; on s'en servait surtout pour faire des chapeaux. Dans les comptes de l'Argenterie des XIVᵉ et XVᵉ siècles, les chapitres de chapellerie sont intitulés : *Chapiaus de bièvre;* on en faisait aussi, mais plus rarement, des fourrures; en voici un exemple : « Pour la fourreure d'une courte houppelande de bièvres, tenant la penne, par dehors 60 bièvres.... tenant la penne par dedans 360 dos de gris; pour ce, pour les diz bièvres, au pris de 10ˢ p. la pièce, valent 30¹ p. et pour les diz gris, au pris de 7¹ 4ˢ p. le cent, valent 35¹ 18ˢ ⁵. » Chappeaux de fin bièvre brun de Prusse, dans un compte de 1396⁶.

Nous arrêterons ici ce que nous avions à dire des fourrures, nous avons parlé des plus précieuses et de celles qui sont les moins connues; quant aux autres, celles de renards, de chats sauvages, de loups, de foui-

---

¹ Arch. nationales, K. reg. 19, fol. 96 v°.
² K. reg. 29, fol. 69 v°.
³ K. reg. 26, fol. 12 v°.
⁴ K. reg. 22, fol. 22 v°.
⁵ Compt. de 1391, K. reg. 22, fol. 47
⁶ K. reg 25, fol. 85 v°.

nes, etc., elles n'ont pas besoin d'explication. On trouvera dans notre volume des fourrures désignées d'après leur couleur sous le nom de poppres; dans d'autres comptes elles sont appelées pourpres : c'étaient probablement des fourrures d'agneaux.

Pour en finir avec ce qui est des étoffes, nous dirons un mot des toiles ; cet article forme dans les comptes de l'Argenterie un chapitre à part, sous le titre de *Chanevacerie ;* les différentes sortes de toiles qu'on y trouve, sont : la toile bourgeoise, la toile de Morigni, la toile de Reims et la toile de Compiègne, qui était la plus estimée de toutes; les toiles se vendent à l'aune ou à la douzaine quand ce sont des touailles, c'est-à-dire des serviettes.

Il y avait aussi des toiles de couleur, mais c'est un article d'ameublement dont nous parlerons plus loin.

HABILLEMENT.

S'il est, dans tout ce qui se rattache à l'étude des mœurs et des usages du passé une question difficile, c'est assurément celle du costume. Comment en effet, même par la lecture la plus attentive des textes et par leur comparaison la plus minutieuse, se rendre compte des mille détails que comporte une telle matière. Comment résoudre les difficultés qu'elle soulève ? Et pourtant ce ne serait pas là, à coup sûr, une histoire sans intérêt. Malheureusement il nous manquera toujours l'élément le plus essentiel, c'est-à-dire les objets eux-mêmes. Sans doute la sculpture d'une part, les peintures des vitraux et des manuscrits de l'autre, nous fournissent d'importants renseignements et d'utiles secours. Mais outre que les monuments figurés sont rares, ils sont disséminés de tous côtés, et quand même on les supposerait réunis, ils laisseraient encore bien des lacunes à combler. On doit donc essayer de chercher dans les textes la solution de quelques-uns de ces problèmes. A ce point de vue, les comptes de l'Argenterie offrent un intérêt tout particulier.

Tout ce qui concerne l'habillement, dans les comptes de l'argenterie, se trouve assez régulièrement réparti dans des chapitres spéciaux. Pour les habits, il faut consulter d'abord les chapitres des Draps de laine, en second lieu ceux des Draps d'or et cendaux, puis enfin ceux des Pennes et fourrures. Quant à la chaussure, à la coiffure et au linge, ils ont aussi leurs chapitres à part. Nous allons passer rapidement en revue les uns et les autres. Mais auparavant nous avons à déterminer le sens de quelques expressions qui se rencontrent habituellement dans ces sortes de documents.

Il faut d'abord remarquer que dans les comptes de l'Argenterie, on entend presque toujours par le mot *robe*, un habillement complet, c'est-à-dire composé de plusieurs pièces, ou, comme disent nos textes, de plusieurs *garnements*. Il y avait des robes de deux, de trois, de quatre, de cinq et jusqu'à six garnements, jamais davantage. Ces robes, ou habillements complets, étaient toujours d'une même étoffe. Les robes-parties ne faisaient pas exception. Car, bien qu'elles fussent composées de deux étoffes différentes, ces deux étoffes se retrouvaient toujours les mêmes dans chaque garnement ou pièce d'habillement. On appelait *doubles* les vêtements où l'étoffe était effectivement doublée, soit par elle-même, soit par une autre étoffe. Ceux qui n'étaient ni doublés, ni fourrés, s'appelaient *sengles* ou *sangles* (du latin *singulus*). En voici un exemple : « Pour la façon de celle du Roy (de la robe du Roi), qui est de quatre garnements : houce, seurcot clos, seurcot ouvert, coste simple et trois chaperons, l'un *double*, l'autre *sangle*, et l'autre pour fourrer[1]. » Ici les chaperons ne sont pas comptés pour garnements. Dans d'autres cas ils le sont, et même c'est le plus habituel. Il n'est pas inutile d'observer que ces habillements complets ou *robes*, étaient en général livrés la veille ou le jour des grandes fêtes. De là des expressions comme celles-ci : pour sa robe de la Toussaint, pour sa robe de la veille de Pâques, pour sa robe de Pâques, etc. Les robes qui n'étaient pas livrées à des époques fixées s'appelaient : *Robes hors livrée*. Cette remarque n'est pas à négliger quand on veut faire des recherches dans un compte de l'Argenterie. Ces noms de robes serviront à les faire reconnaître, de manière, par exemple, à pouvoir retrouver dans le chapitre des fourrures de quoi compléter ce qu'on aura vu dans le chapitre des étoffes. Entrons maintenant dans le détail de quelques-unes des robes dont il est question dans notre texte.

Philippe le Long eut pour les fêtes de Noël de l'année 1316, deux robes ; l'une, pour la veille, de quatre garnements, et l'autre de six garnements pour le jour même. Sa robe de la veille de Noël était faite d'un drap marbré mêlé de vert. Voici le détail de la fourrure de menu-vair employée pour chaque pièce :

1° Un manteau appelé Fons de cuve............	380 ventres.
2° Un surcot ouvert......................	226
3° Un surcot clos, 226 ventres ; les manches, 72.	298
4° Un chaperon.	60
Total...................	964 ventres.

Chaque ventre coûtant 14^d p., la fourrure totale revenait à 56^l 4^s 8^d p. Comme notre texte ne nous donne ici ni l'aunage, ni le prix du drap, nous n'avons

[1] Compt. de 1387, K. reg. 18, fol. 102.

pas le prix total de la robe. Mais le plus souvent tous ces éléments sont indiqués.

Sa robe de six garnements pour le jour de Noël était faite d'un drap accolé, et fourrée également de menu-vair. Elle comprenait :

1° La houce, 292, et ses ailes, 64............	356 ventres.
2° Le manteau............................	300
3° Le surcot ouvert......................	226
4° Un 1ᵉʳ surcot clos, 226 ventres; les manches, 72	298
5° Un 2ᵉ surcot clos, 226 ventres; les manches, 72	298
6° Deux chaperons, chacun de 60 ventres......	120
Total...................	1598 ventres.

Comparons cette dernière robe avec celle qu'eut le même jour la reine Jeanne de Bourgogne. Celle-ci était faite d'une écarlate rosée, et fourrée de menu-vair. Elle était composée de cinq garnements, savoir :

1° Un manteau...........................	350 ventres.
2° Un surcot ouvert......................	226
3° Un surcot clos, 226 ventres; les manches, 48.	274
4° Une chappe, 226 ventres; les manches, 200..	426
5° Un chaperon..........................	104
Et pour pourfiler toute la robe............	12
Total...................	1392 ventres.

Le drap de cette robe avait coûté 60^l, la fourrure 81^l 4^s; elle revenait par conséquent à 141^l 4^s p.

Dans le compte d'Étienne de La Fontaine, nous trouvons pour la personne du Roi Jean, en moins de cinq mois, huit *robes* ou habillements complets, non compris une robe *hors livrée*, dont la comtesse de Boulogne lui avait donné le drap, et sans compter non plus d'autres vêtements séparés. De ces huit robes, deux, celles de Pâques et de la Pentecôte, étaient de six garnements, les autres de quatre. La robe de Pâques était de drap marbré violet de Bruxelles, fourrée de menu-vair. Les six garnements comprenaient : deux surcots, une houce, une ganache, un chaperon, et un manteau à parer. La robe de la Pentecôte était d'écarlate rosée de Bruxelles, doublée de cendal azuré. On n'a pas le détail de ses six garnements[1]. Quant aux autres robes de quatre garnements, celle du Carême était de drap marbré brun, celle de Pâques-Fleuries, de marbré brussequin rose ; celle de la veille de Pâques, de marbré verdelet ; celle de la veille de la Pentecôte, de drap pers azuré ; et celle de la Saint-Jean, d'écarlate paonnace. Toutes comprenaient, chacune, deux surcots, une housse et un chaperon. Elles étaient fourrées de menu-vair, à l'exception de celle de la veille de la Pentecôte, qui était doublée de cendal.

Il ne semble pas hors de propos de remarquer ici que la quantité de fourrure nécessaire pour une robe est sensiblement plus grande au temps du Roi Jean qu'à celui de Philippe le Long. Car, en 1316, on n'employait que 1598 ventres de menu-vair pour fourrer une robe de six garnements, tandis qu'en 1352 il en fallait 2312. Pour la fourrure d'un surcot, par exemple, le nombre des ventres s'était élevé de 226 à 386. Nous en concluons que les différentes pièces d'un habillement avaient plus d'ampleur à l'époque du Roi Jean qu'à celle de Philippe le Long, et cette limite fut encore dépassée. On en pourra juger par le détail suivant, où il s'agit d'une robe d'écarlate vermeille de six garnements pour Charles VI[2] (année 1387).

1° Housse, elles et ellettes.................. 960 ventres.
2° Surcot clos........................... 576

A reporter.................... 1536 ventres.

[1] Ce détail n'est jamais que dans les chapitres de fourrure, et la robe n'était pas fourrée.
[2] K. reg. 18, fol. 156 v°.

SUR LES COMPTES DE L'ARGENTERIE.

Report..........................	1536 ventres.
3° Surcot ouvert........................	488
4° Garnache[1]...........................	492
5° Mantel à parer.......................	694
6° Chaperon............................	84
Manches de petite coste.................	60
Chapeaux de bièvre.....................	58
Total................	3412 ventres.

Dans les exemples que nous venons de donner, on voit figurer comme parties essentielles de ce qu'on appelait une *robe*, le surcot, la housse, la chappe, la ganache, le manteau et le chaperon.

Si maintenant on y ajoute la cotte, la houppelande, la cotte-hardie, le corset, le pourpoint et la jaquette, qui figurent presque toujours séparément, on aura à peu près les différentes espèces d'habits qui sont nommés dans nos comptes. Il est bien entendu qu'il ne s'agit ici que de l'époque qui nous occupe, c'est-à-dire le milieu du xive siècle. Car, le nom sinon la forme des vêtements, change, non pas d'un siècle à l'autre, mais d'un compte à l'autre. On sent qu'il ne nous serait pas possible, nous ne dirons pas de suivre, mais même d'indiquer ces variations. Tout ce que nous tenterons, ce sera de tâcher d'établir quelque différence caractéristique entre les divers vêtements dont il est question dans ce volume.

A l'époque qui nous occupe, la pièce la plus essentielle du costume semble avoir été le surcot. Son nom revient à chaque page dans les comptes de l'Argenterie du xive siècle. Il y en avait de deux sortes, le surcot clos et le surcot ouvert. Ces deux surcots font toujours partie des garnements d'une robe, qui quel-

---

[1] La ganache dont il a été question dans la robe de Pâques du Roi Jean n'employait que 386 ventres de menu-vair : c'est donc pour cette pièce seule une augmentation de 106 ventres.

quefois même en comporte trois. Mais, dans ce cas, il n'y en a jamais qu'un d'ouvert. Il paraît qu'en général, il fallait de cinq à six aunes de drap pour faire un surcot clos, et de trois à quatre seulement pour un surcot ouvert, parce qu'il n'avait pas de manches et qu'il devait tomber moins bas[1]. C'est peut-être de là que provient la dénomination de surcots longs et surcots ronds que l'on trouve dans des comptes de la fin du XIVe siècle. Quoi qu'il en soit, on peut se faire du surcot clos l'idée d'une sorte de robe longue tombant jusqu'aux pieds. Il n'est pas facile, au reste, de préciser en quoi le surcot clos différait de la cotte, qui, elle aussi, avait des manches. Je crois que la principale différence consistait en ce que les manches seules de la cotte étaient fourrées. Peut-être aussi la cotte ne descendait-elle que jusqu'aux genoux. Ce qui me le fait présumer, c'est qu'elle est presque toujours dite la petite cotte. On en trouve de lacées sur les côtés, tandis que le surcot clos se boutonnait par devant. Ce qu'il y a de sûr, c'est qu'en général la cotte était le vêtement de dessous, celui qui se mettait immédiatement sur la chemise, ou comme on disait alors, la robe-linge. Je dis en général, parce qu'on trouve des cottes à chevaucher qui étaient des vêtements de dessus. Au reste la cotte a dû souvent se confondre avec le surcot clos. Comme ce dernier se mettait sur la cotte, de là son nom de surcot (sur-cotte). Il faut encore remarquer, pour ce qui est de la cotte proprement dite, que quand elle se trouve mentionnée à part, elle est le plus souvent d'étoffe blanche.

Le surcot ouvert différait du surcot clos, en ce qu'à la place des manches il avait deux fentes allant de l'épaule à la ceinture. Il se passait par-dessus le surcot

---

[1] Voy. la Table, au mot *Surcot*.

clos et pouvait être moins long dans certains cas. On trouve encore assez fréquemment une troisième espèce de surcots appelés surcots à chevaucher. Par la quantité du drap ils paraissent avoir été aussi longs que les autres, ce qui devait les rendre un vêtement assez peu commode pour monter à cheval.

Par-dessus la cotte et le surcot, qui composaient le fond de l'habillement, se mettaient d'autres vêtements, tels que la housse, la garnache, la cloche, la chappe, etc. Mais le sens de ces mots est fort difficile à déterminer [1].

La housse était un vêtement de dessus et plus ample que le surcot. Nous avons vu qu'elle avait des ailes, qui étaient sans doute des espèces de manches ouvertes et pendantes, et de plus, un appendice désigné sous le nom de languettes dans notre texte, et d'ailettes, dans les textes postérieurs. Dans le compte de Geoffroi de Fleuri, il est souvent question d'un costume de cheval qui se composait d'une cotte-hardie et d'une housse : *Cote hardie et houce, de vert, à bois; Cote hardie et houce, de kamelin, à bois*, c'est-à-dire pour la chasse.

Je n'ai rien à dire de la garnache, sinon que c'était nécessairement un vêtement de la nature de la housse, c'est-à-dire destiné à être mis par-dessus le surcot. J'observerai seulement que dans une *robe* pour le Roi Jean, la garnache contient la même quantité de fourrure que le surcot, et qu'elle a des manches et des poignets. On a vu plus haut, par le détail de la *robe* de Charles VI, que la garnache devait être beaucoup moins ample que la housse.

La houppelande, que l'on ne trouvera mentionnée

---

[1] Le mot *housse*, par exemple, était tellement générique, que l'on trouve des expressions telles que celle-ci : tant d'aunes ce cendal pour housser une chapelle.

dans ce volume qu'à partir de 1359, était un vêtement très-usité dans la seconde moitié du xiv° siècle. Il était ouvert par devant et avait des manches. On le portait par-dessus, et l'on se plaisait à le couvrir de riches broderies. On trouve dans des comptes postérieurs à ceux que nous donnons ici, des houppelandes longues, des houppelandes bâtardes, des houppelandes à mi-cuisse' et d'autres ne descendant qu'aux genoux. Des houppelandes à chevaucher, etc. C'était certainement l'habit le plus porté du temps de Charles VI. J'imagine que le haincelain que l'on trouve fréquemment à la même époque, était fort rapproché de la houppelande. J'observerai à ce sujet que le fou de Charles VI se nommait Haincelin Coq. Le vêtement a-t-il pris son nom du fou ou le fou du vêtement? c'est là une question qui heureusement n'a pas grande importance, car elle risque de rester longtemps indécise.

La chappe, qui était un vêtement de dessus et qui était ouverte par devant, devait se rapprocher beaucoup de la houppelande. Seulement elle avait un chaperon, des manches beaucoup plus larges, et sans doute ouvertes et pendantes. La chappe semble avoir été un vêtement porté plus particulièrement par les femmes. Dans un compte de l'Argenterie de l'année 1387, il est souvent question des *robes à chappe* de la reine Isabeau de Bavière, comme aussi de ses *robes à soc*. Cependant on trouve une chappe dans une *robe* de velours que le Roi Jean porta aux noces de sa fille avec Charles le Mauvais [1]. Au reste la chappe était un vêtement grave et propre aux cérémonies. Il est dit dans les statuts de l'Université d'Angers de l'an 1410, que le recteur portera une chappe dans les occasions

---

[1] P. 96.

solennelles et une *cloche* dans les occasions ordinaires [1].

Le corset était encore un vêtement de dessus. Il était commun aux deux sexes. Pour notre époque, il est en général en cendal. Au reste, il est fort difficile de s'en faire une juste idée ; car le corset dont il est question dans notre volume, ne peut avoir rien de commun avec ce gracieux vêtement que portaient les femmes du temps de Valentine de Milan [2]. Dans le compte de Geoffroy de Fleuri, les corsets d'homme emploient autant de fourrures que les surcots : c'étaient par conséquent des vêtements amples ; ceux des femmes l'étaient encore plus ; ils avaient des manches.

La cotte-hardie me semble avoir été, pour notre époque, le vêtement que l'on portait le plus habituellement pour sortir, de même que le surcot était celui que l'on portait le plus dans son intérieur. C'était sans doute en cotte-hardie qu'on allait à la chasse, aux fêtes, aux tournois. Au reste, ce devait être un vêtement commode. Quand Blanche de France, fille de Philippe le Long, tomba malade à Carrières, en novembre 1316, on lui fit une cotte-hardie. La reine Isabeau de Bavière en portait dans ses grossesses. On trouve dans le trousseau qui fut donné à Blanche de Bourbon, lors de son mariage avec le roi de Castille, des cottes-hardies et des manteaux *à relever*, c'est-à-dire pour se lever la nuit [3]. La cotte-hardie se portait aussi sur l'armure et s'appelait cotte d'armes. Il y en avait de drap d'or, de drap d'argent, de fourrure. De

---

[1] « Cappa notabilis et apperta quæ panniculis minuti-varii forabitur.... Aliud autem vestimentum erit una cloqua, gallice *une cloque*, honorabilis atque decens. » (Ordonn., t. IX, p. 499.)

[2] Voy. la Table, au mot *Corset*.

[3] P. 288 et 291.

là les expressions de *porter* d'or, d'argent, de vair, etc. On disait aussi *cottes à chevaucher*.

Par-dessus tous ces habits, on mettait encore des manteaux. On en trouve de toutes sortes : des manteaux de cérémonie ou manteaux à parer, des manteaux à chevaucher, auprès desquels on peut ranger les fons de cuve et les cloches. Il y avait encore, pour la vie d'intérieur, des manteaux à *relever de nuit* et des manteaux à peigner. Quant au chaperon, il ne demande pas d'explication ; il faut seulement observer qu'il y en avait pour les surcots et les chappes, aussi bien que pour les manteaux.

Ce qui concerne la chaussure dans les comptes de l'Argenterie, se trouve au chapitre intitulé : *Chaucemente*. Des souliers, des estivaux, des bottes, sont, à notre époque, les seuls articles qu'on y rencontre ; plus tard, des brodequins, des patins, des galoches, etc.

Dans les chapitres intitulés : *Gans et braiers*, on trouve une grande diversité de gants : des gants de lièvre, de renard, de loup, de cerf, etc. ; des gants fourrés, d'autres doublés de drap ; des gants pour la chasse et la fauconnerie, parmi lesquels se rangent les moufles. Des braiers ou caleçons, les uns en soie, les autres en cuir ; en cuir de cerf, par exemple.

Quant à ce qui regarde la coiffure, on ne trouve guère, pour notre époque, que des chapeaux faits d'une sorte de castor ou loutre, qu'on appelait bièvre. Ainsi, dans les comptes du xve siècle, ces chapitres sont intitulés : *Chapiaus de bièvre*. On y trouve cependant aussi, mais plus rarement, des chapeaux de velours. Quant aux chapeaux de bièvre, ils sont assez souvent doublés de fourrure. Au xve siècle apparaissent les chapeaux de paille. Pour les femmes, il n'est question que de coiffes. Au reste, les chaperons faisaient le plus souvent l'office de chapeaux.

AMEUBLEMENT.

On avait peu de meubles au moyen âge, du moins de ce que nous appellerions de gros meubles. Des lits, des armoires, des coffres de différentes sortes, des bahus et des dressoirs, quelques tables, des bancs, des chaires ou chaises, des carreaux pour s'asseoir, sont, avec les rideaux et les tapis, à peu près tout ce que l'on rencontre en ce genre. A quoi il faut ajouter, il est vrai, une grande profusion d'objets d'orfévrerie, tant en vaisselle d'or et d'argent, qu'en joyaux. Tout cela, dans les comptes de l'Argenterie, se trouve dans des chapitres qui sont intitulés : Chambres, Tapisserie, Orfévrerie, Coffrerie et Communes choses.

On entendait encore, par le mot *chambre*, indépendamment de son acception habituelle, l'ensemble des étoffes et des tapisseries qui garnissaient les murs et les lits d'une chambre à coucher. De là vient qu'on disait, suivant les cas, *une chambre de cendal, une chambre de samit, de camocas, de velours, de drap d'or*, etc. On distinguait dans *les chambres* la coutepointerie et la tapisserie. La coutepointerie comprenait tout ce qui concernait la litterie, c'est-à-dire des coutes ou lits de plumes, des materas ou matelas, de grandes et de petites coutepointes, des ciels de lit, des cheveciels, cheveciers ou dosserets, etc. On trouve dans un Inventaire des meubles de Charles VI, « une chambre de tapisserie d'Arras, dont les trois pièces, c'est assavoir ciel, docier et couverture de lit, sont de soye, d'or et d'argent, de Cipre à petits ymages de plaisance et de soulaz, doublez de toille tainte d'azur. Item, six tappiz de fille d'Arras, à semblable devise [1]. » Dans l'Inventaire de 1363 que nous avons déjà cité : « La chambre de maistre Jehan le Fol; et est de deux pièces, c'est assavoir, la coutepointe et la pièce du dossier, qui fait ciel et dossier [2]. » Ces chambres se tendaient et se détendaient selon le besoin. Dans un compte de 1396, il est question d'une de ces chambres, « laquelle paravant avoit esté tendue en la grant chambre basse dessoubz celle où elle a esté tendue de présent, en laquelle avoit plusieurs pilliers et corbeaux de pierre, pour quoy elle avoit esté moult grandement dommagée [3]. » Un compte d'Étienne de La Fontaine nous apprend avec quel soin on veillait à la conservation de ces tentures : « Guillemette de la Pomme, pour 68 aunes de toile bourgeoise, dont l'argentier fist faire teillettes pour mettre entre les plois (les plis) de la coutepointe, ciel et cheveciel de la chambre à fleurs de lis à parer pour le Roy, dont mencion est faicte dessus, pour garder l'or de Chippre et tenir nettement ; et les sacs pour mectre et garder les quarreaux de ladicte chambre [4]. » Marie d'Anjou, femme de Charles VII, étant au château de Mehun, fit détendre sa chambre pour la faire porter dans les galetas afin d'y jouir d'un meilleur air. « Pour avoir tendue une chambre de tappicerie en ung des galetas du chasteau de Mehun où icelle dame se ala logier pour sa plaisance et pour avoir meilleur air [5]. » Il est souvent question des crochets et des cordes qui servaient à tendre ces chambres. « Pour soixante braces de cordes...., à tendre les

---

[1] Inv. de Charles VI, fol. 19.
[2] Bibl. nat., Ms. Mortemart, 74, fol. 48.
[3] K. reg. 41, fol. 133.
[4] K. reg. 8, fol. 116 v°.
[5] K. reg. 55, fol. 130 v°.

pavillons et chambres vermeilles du Roy.... pour avoir renforcé et doublé de toile.... les estaches d'une des chambres vermeilles du Roy.... afin de les garder de rompre, à les tendre[1]. » On les faisait voyager : « Pour mener la chambre du Roy, de Paris au val de Rueil, par 4 chevaux chargiez et 4 vallez, dont les deux estoient ouvriers, et les autres conduisoient les chevaux, pour les despens desdiz vallez et desdiz chevaux, alans, séjournans oudit voyage et retournans, pour 4 jours, 40^s par jour, 8^l parisis[2]. »

Nous avons vu que les robes se livraient en général pour les grandes fêtes. Il en était de même pour les chambres. Et l'on disait alors : la chambre de Pâques du Roi, la chambre de la Toussaint, la chambre de Noël, etc. Enfin on leur donnait différents noms, tirés, soit de leur destination, soit de leurs couleurs ou broderies. Dans un compte de l'Argenterie d'Isabeau de Bavière de l'an 1401, on lit l'énumération suivante : « La chambre de Paris, la chambre aux croix, la chambre aux chesnes, la chambre blanche à roses vermeilles, la chambre vert à lyons rampans, la chambre de Navarre, la chambre aux coulons[3]. »

Voici ce dont se composait la chambre du Roi Jean pour le jour de Pâques, ou pour parler comme notre texte, voici sa *chambre de Pâques* :

Les murs étaient tapissés de six tapis verts, armoriés aux quatre coins des armes de France, et contenant cinquante-quatre aunes carrées.

A l'une des parois de la pièce s'adossait un lit re-

---

[1] Compt. de 1458, K. reg. 51, fol. 60.
[2] Compt. de 1353, K. 8, fol. 190 v°.
[3] K. reg. 42, fol. 48 et 52. L'Inventaire de 1363 mentionne une chambre aux chauves-souris, dont les tapis étaient pourris. (Mortem., 74, fol. 49 v°.)

couvert d'une grande coutepointe et s'appuyant sur un cheveciel ou dossier, surmonté lui-même d'un ciel garni de trois courtines ou rideaux. Au bas du lit s'étendait une petite coutepointe pour les pieds. Le tout était de cendal vert doublé de toile inde, c'est-à-dire bleu de ciel. Les rideaux du lit étaient semés d'étoiles de broderie en velours, or et argent.

Non loin du lit se dressait un demi-ciel, sous lequel se faisait la toilette du Roi. Il avait pour s'asseoir deux chaières à orbevoies, c'est-à-dire travaillées à jour. Elles étaient peintes et recouvertes de velours. C'était l'ouvrage de son peintre, maître Gérard d'Orléans. Les siéges en étaient de velours azuré.

Il y avait encore, comme siéges, six carreaux, dits *les carreaux de la chambre*. Ils étaient de coutil, remplis de duvet et recouverts de samit vert. Entre le samit et le coutil, il y avait de la toile verte. Ces carreaux étaient renfermés dans des saies, pour les préserver.

Dans cette chambre se trouvait encore la bourse au sceau secret du Roi. Elle était de velours azuré, brodée d'or et de soie, et suspendue à une chaîne d'argent.

Les portes et les fenêtres étaient tendues de rideaux de serge verte.

C'est là, je pense, tout ce qui se trouvait dans la chambre à coucher du Roi, proprement dite. Mais ce qu'on appelle sa *chambre*, dans notre compte, comprenait encore .

Deux grands carreaux pour l'oratoire, l'un probablement pour s'agenouiller, et l'autre pour s'accouder. Un carreau, dit *le carreau des nappes*, pour le siége du Roi quand il se mettait à table ; car la *chambre des nappes*, c'est la salle à manger. Ces trois carreaux, de samit vert, comme ceux de la chambre.

Sept coutepointes de cendal vert pour les chambellans.

Deux tapis à champ d'azur semés de fleurs de lis d'or, *pour faire bahus à couvrir les deux sommiers du corps*, un troisième, semé d'écussons de France pour le sommier des armures.

Quatre tapis verts, armoriés aux quatre coins des armes de France, pour les quatre sommiers du commun.

Enfin deux selles nécessaires ou chaises percées, feutrées et couvertes de cuir et de drap.

On vient de voir ici ce qu'on peut appeler une chambre ordinaire, mais on en trouvera dans notre volume une beaucoup plus riche. C'est celle qui fut faite pour la reine Jeanne de Bourgogne, lors de son couronnement à Reims, en 1316; elle était de velours doublé de cendal vert, et richement brodé. On y employa 1321 pappegaus ou perroquets de broderie *amantelés des armes du roi*, 661 papillons ayant les ailes brodées aux armes des comtes de Bourgogne, et 7000 treffles d'argent. Il y avait dans cette chambre un riche *clotet* ou pavillon, de cendal rouge.

Lorsqu'en 1352, Blanche de Bourbon épousa dans l'abbaye de Preuilly, Pierre le Cruel, roi de Castille, le roi Jean lui fit présent d'une *chambre à parer*, on y employa vingt pièces de cendal vermeil. Elle comprenait une coutepointe, un cheveciel ou dossier, et un ciel garni de trois courtines; sur les rideaux retombaient des bandes d'étoffes armoriées aux armes d'Espagne et de Bourbon, pour en faire le *seurtail*. Il y avait dans cette chambre 8 carreaux de samit vermeil, plus une grande courtine faite de neuf pièces de cendal, pour tendre au travers de la pièce à laquelle elle était destinée; le lit se composait d'un materas ou matelas rempli de coton et d'un coussin ou oreiller rempli de duvet; il comportait encore un doublet[1], fait de 40 aunes de fine toile déliée. La princesse reçut encore plusieurs autres meubles et tentures, ce qui est ainsi exprimé dans notre texte : « Et aussi de plusieurs encourtinemens que ledit Thomas fist à Prully, aus noces et espousailles de ma dicte dame. »

J'ai rencontré dans un compte de 1491, la mention d'une chambre portative, faite en bois; elle servit à Charles VIII, au siége de Rennes. « Pour 15 aulnes 3/4 veloux rouge en greine, et 15 aulnes 3/4 veloux tanné, pour servir à mectre et tendre en une chambre toute de bois, que ledit seigneur a fait faire pour lui servir en son camp devers la ville de Rennes[2]. »

On trouve dans presque tous les comptes de l'Argenterie, de fréquentes mentions de ces belles tapisseries à sujets qui étaient de véritables œuvres d'art. Je citerai pour exemple, dans un compte de 1396 : « le tappiz du roi, de la bataille des xxx, ouvré d'or et d'argent; — un autre grant tappiz de la conqueste d'Angleterre; — un autre tappiz des III chevaliers de France qui joustèrent en Engleterre; — un grand tappiz de la royne Pentassillée; — un autre tappiz de deux preuses; — le tappiz d'Olivier le baron; — le tappiz de Cizac[3]. » Quelques années plus tard, la plupart de ces belles tapisseries étaient dans un assez mauvais état. « A Jehan de Jandomme, tapissier, demourant à Paris, pour sa paine et sallère d'avoir rappareillié et miz à point sept grans tappiz à ymagerie, d'or, c'est assavoir : le tappiz de messire Bertran, le tappiz de Stizac, le tappiz de Penthazillée, le tappiz Olivier le baron, le tappiz des rois de France, le tap-

---

[1] Le doublet était une sorte de coutepointe piquée et remplie de coton. Voy. la Table des mots techniques.

[2] K. reg. 72, fol. 36.

[3] K. reg. 25, fol. 51.

piz du duc Guillaume, et le tappiz de Mile de Beauvais; lesquelx tappiz estoient tous descirez et y avoit plusieurs troux, visaiges et carnacions despéciez, et avoir iceulx tappiz regarniz de toille et rubaner ainsi qu'il appartient.... pour fil d'or de Chippre, de laine, toille painte, et sallère et facon.... 8¹ parisis[1]. »

Nous ne pourrions, on le comprendra facilement, entrer ici dans la description de tous les meubles dont il est question dans les comptes de l'Argenterie, leur simple énumération même nous entraînerait trop loin. Nous nous contenterons d'avertir le lecteur que c'est principalement dans les chapitres intitulés : *Coffrerie* et *Communes choses* qu'il trouvera le plus de détails sur ce sujet; il arrive souvent, par exemple, qu'à propos d'un coffre ou d'un panier il est parlé de ce qu'il était destiné à contenir. Au reste, nous avons cherché à rendre compte dans notre Glossaire des principales difficultés qu'offrait notre texte, mais nous sommes loin d'espérer de les avoir résolues. Le terrain sur lequel nous marchions n'est pas encore frayé; nous n'avons pu y faire que les premiers pas.

Nous donnons à la suite de cette notice une liste des Argentiers que nous avons pu découvrir; nous marquons d'un astérisque, ceux dont il existe encore des comptes.

[1] Compt. de 1410, K. reg. 29, fol. 106.

LISTE DES ARGENTIERS.

ARGENTIERS DU ROI.

*Geoffroi de Fleuri.....	1316[1]	*Pierre Briconnet......	1487
Pierre Toussac........	1323	*Nicolas de Troyes.....	1535
Pierre des Essarts, avant	1327	*Julian de Boudeville...	1557
Jean Billouart........	1327	*Étienne Johenne......	1559
Guillaume de Montreuil,		*David Blandin........	1560
avant............	1348	*Claude de l'Aubespine..	1565
*Étienne de La Fontaine.	1348[2]	*Denis Fréron........	1570
*Gaucher de Vannes....	1353	*Jehan le Maistre	
*Guillaume Brunel.....	1388	*Pierre Rochon	1583
*Arnoul Boucher......	1389[3]	*Pierre de La Bruyère..	1591
*Charles Poupart......	1390	*Antoine Jossier......	1615[5]
Regnauldin Doriac....	1420	*Jacques Mandin......	1685
Jacques Cœur.		*Denis Aubry.........	1711
Octo Castellan.		*Gabriel-Etienne Aubry	
*Pierre Burdelot.......	1458[4]	des Lombards......	1734
*Guillaume de Varye...	1463	*Antoine-François Hé-	
*Alixandre Sextre......	1468	bert............	1749

ARGENTIERS DES REINES.

Hemon Raguier......	1393[6]	Loys Ruzé..........	1484
Jean le Blanc........	1402	Pierre Burdelot.......	1484
Robert Cistelle.......	1420	Charles Mesnagier....	1518
Jean Bochetel........	1454[7]	Pierre Forget........	1544
Pierre Artault........	1469	Pierre Leroux........	1607

[1] Voy. ses Lett. de nomination, p. 73.

[2] Le dernier compte d'Étienne de La Fontaine est du terme de la Saint-Jean 1353. Or, comme c'est le dixième de ses comptes, et qu'il en rendait deux par an, cela fait remonter le premier à l'an 1348. Nous avons donné (p. 191) des lettres de rémission accordées à Étienne de La Fontaine, au mois d'août 1358. Il parait qu'il mourut peu après, car il avait été nommé maître des eaux et forêts en 1353, et l'on ne retrouve plus son nom parmi les maîtres des eaux et forêts nommés dans une ordonnance de 1359.

[3] Nommé le 11 février 1388 *vieux style*.

[4] Nommé le 6 octobre 1458.

[5] Nommé le 13 avril.

[6] Nommé le 25 mai.

[7] Nommé le 10 juillet.

COMPTE
DE L'ARGENTERIE

DE GEOFFROI DE FLEURI.

AVERTISSEMENT.

C'est ici le premier compte de l'Argenterie à nous connu. C'était primitivement un rouleau de plusieurs peaux de parchemin cousues ensemble, lequel a été depuis coupé et partagé en trente-cinq feuillets, qui se trouvent reliés, avec d'autres comptes de dates antérieures et de nature différente, dans le neuvième volume des *Mélanges de Clérambault*, actuellement conservés au département des manuscrits de la Bibliothèque Nationale. On lit, au dos de ce qui fait maintenant le premier feuillet : PRIMUS COMPOTUS; et au-dessous, en gros caractères : *C'est le compte de moy Gieffroy de Flouri, du XIIe jour de juillet l'an IIIe et XVI, jusques au premier jour de jenvier ensuivant.* Puis, sous cette dernière ligne : S. JUSTUS J. C'est la signature de ce maître des comptes si connu qui s'appelait St Just. Nous donnons ici ce compte en entier et sans en retrancher un seul mot. Seulement, pour que l'on pût saisir plus facilement l'ensemble de son économie, nous l'avons séparé en parties, en sections, en paragraphes et en articles. Nous avons aussi cru devoir remplacer les chiffres romains du texte original par des chiffres arabes. Pour l'explication des termes techniques, on renverra le lecteur au glossaire qui termine le volume.

LE PREMIER COMPTE

DE

GEOFFROI DE FLEURI,

ARGENTIER DU ROI PHILIPPE LE LONG,

POUR LES SIX DERNIERS MOIS DE L'ANNÉE 1316.

C'est le compte de moy Gyeffroy de Flouri, des receptes et mises faites par moy pour pluseurs besoignes appartenanz aus Chambres nostre sire le Roy, madame la Royne, pour Philippe nostre jeune seignour, et nos jeunes dames filles le Roy, c'est assavoir : madame Jehanne, madame Ysabel, madame Marguerite et madame Blanche, leurs enfanz, et pour le petit Dauffin ; du XIIe jour de julet, l'an M. CCC. XVI, jusques au premier jour de janvier ensuivant[1].

---

[1] Il y a plusieurs choses à remarquer dans cet intitulé. D'abord, il ne porte pas le titre de Compte de l'Argenterie, bien que c'en soit bien réellement un. La raison en est que Geoffroi de Fleury exerça les fonctions d'argentier avant d'en avoir le titre. En effet, ses lettres de nomination, qui sont transcrites dans notre document et que nous donnerons a la fin de cette pièce, ne datent que du 20 janvier 1316, ou 1317 suivant notre manière de compter. On voit que c'est ici un compte des recettes et dépenses faites pour la chambre du roi, de la reine, etc. L'administration de la maison royale, ou, comme on disait anciennement, de *l'hôtel*, était, comme on sait, partagée en plusieurs départements. Le premier et le plus important était ce qu'on appelait *la chambre* ; venaient ensuite la paneterie, l'échansonnerie, la cuisine, la fruiterie, l'écurie et la fourrière. C'était ce qu'on appelait *les six offices ou mestiers de l'hostel.* Ici il ne s'agit que de la dépense de la chambre, ou, en d'autres termes, de *l'argenterie*, c'est-à-dire de ce qui regarde exclusivement l'habillement et l'ameublement, tant de la propre personne du roi que du reste de sa maison.

Pour Philippe nostre jeune seignour. Ces mots ne peuvent évidemment

[PREMIÈRE PARTIE.]

RECEPTES.

Premièrement. Des thrésoriers nostre sire le Roy, le derrenier jour de septembre en l'an dessus dit, 676¹ par.

Item, receu des diz thrésoriers, par la main Joudouin, clerc et sommelier de la chapèle le Roy, 15¹ par.

désigner ici que le fils du roi. S'il restait d'ailleurs le moindre doute sur ce point, il serait levé par un autre passage, que l'on trouvera plus loin, où il est question de dépenses faites pour monseigneur Philippe, *filz le Roy*. Le premier continuateur de Nangis ne donne à Philippe le Long qu'un fils, qu'il nomme Louis, ajontant qu'il mourut fort jeune, *puerulus*, le 26 février 1317. Les Grandes Chroniques, qui ne sont dans cet endroit que la traduction du continuateur de Nangis, disent la même chose. Ainsi, de deux choses l'une, ou bien le fils de Philippe le Long a eu deux noms, ou bien le continuateur de Nangis s'est trompé sur son véritable nom. Le père Anselme, qui avait eu l'éveil sur ce petit point de critique, n'en a pas moins fait fausse route, en donnant le Philippe dont il est ici question pour fils a Charles le Bel, au lieu de Philippe le Long. (Voy. t. Ier, p. 96.)

Les quatre filles de Philippe le Long ici nommées sont :

1º Isabelle de France, fiancée à Guignes VIII, dauphin de Viennois, par contrat passé à Lyon, le 18 juin 1316. Ce traité fut confirmé au château de Gray, en Franche-Comté, le 22 mars 1322, en présence de la reine Jeanne de Bourgogne, mère de la jeune princesse. Le contrat de mariage fut passé à Dôle, le 17 mai suivant.

2º Jeanne de France, mariée en 1318, a Eudes IV, duc de Bourgogne. On sait que Philippe le Long trouva dans ce mariage le moyen de se débarrasser des prétentions que voulait faire valoir ce duc sur la couronne de France, au nom de sa nièce Jeanne de France, fille unique de Louis le Hutin et de Marguerite de Bourgogne.

3º Marguerite de France, mariée en 1320, a Louis II, de Créci, comte de Flandre.

4º Blanche de France, qui prit l'habit religieux à Longchamp, en 1318. Le père Anselme, en disant qu'elle y fut mise dès 1315, s'est trompé de date.

Et pour le petit Dauffin. C'est ce Guignes VIII dont on vient de parler, et qui était fiancé a Isabelle de France depuis le 18 juin 1316.

Il est bon d'observer que ce compte de Geoffroi de Fleuri, en partant du 12 juillet 1316, commence précisément le jour où Philippe le Long, n'étant encore que comte de Poitiers, accourait à Paris pour recueillir le royal héritage de son frère, mort le 5 juin précédent.

Item, receu des diz thrésoriers, par la main Gautier Louvrier, le jour dessus dit, 400¹ ¹.

Item, de Guy de Caours, maistre de la monnoie d'or, 2 mars et demi d'or, dont l'on fist une fleur de lis, si comme il est contenu en cest roule ensuivant ; 40¹ tournois pour le marc, valent 80¹ par.

Somme de ceste recepte, 1171¹ par.².

[DEUXIÈME PARTIE.]

[DÉPENSES ORDINAIRES.]

[PREMIERE SECTION.]
MISES DES DITES RECEPTES

§ I⁰ʳ. PREMIEREMENT POUR LE CORS LE ROY.

Art. 1. *Ce sont les parties dame Ysabiau de Tramblay, drapière, a délivrées par le temps desus dit.*

Premièrement. Pour 14 aunes de marbré pour faire une robe pour nostres sire le Roy, que il ot à Lions, au sacre nostre père le pappe³, 33ˢ 4ᵈ l'aune, valent 23¹ 6ˢ 8ᵈ. Délivré à Toustain, tailleur nostre sire le Roy.

Item, pour 2 aunes de fleur de peschier, et 2 aunes d'acollé, pour chauces, délivré à Toutain, le xvᵉ jour d'octobre, par escroe du Roy⁴, 26ˢ l'aune, valent 104ˢ.

---

¹ Nous rejetons au bas des pages les corrections de la chambre des comptes, qui, dans l'original, se trouvent à la marge, comme celle qui suit :
Istæ 3 partes corriguntur in debitis hospitii, in quibus oneratus fuerat pro denariis captis per thesaurarium, ad Natale Domini cccxvi⁰.

² On lit à la marge : *Memoire que l'on sache de Jehan d'Evranches et de touz les autres mestiers pour qui l'on compte cy, combien chascun a receu d'argent.*

³ Jean XXII, élu pape à Lyon, le 7 août 1316, et couronné dans l'église cathédrale de cette ville, le 5 septembre suivant

⁴ *Par escroe du Roy*, c'est-a-dire sur un ordre signé du roi

Item, pour 6 aunes de camelin à bois pour une cote hardie et houce, délivrée à Toutain le derrenier jour de nouvembre, 28^s l'aune, valent 8^l 8^s.

Item, pour 18 aunes et demie de marbré, dont il ot une robe la veille de Nouël, délivré à Toutain le jour desus dit, 28^s l'aune, valent 25^l 18^{s1}.

Item, pour 1 marbré acollé tenant 24 aunes, pour sa robe du jour de Noël, délivré à Toutain le xve jour de décembre, 44^l.

Item, pour 6 aunes de drap, c'est assavoir : 2 aunes de fleur de peschier, 48^s; 2 aunes de broissequin, 48^s; et 2 aunes de marbré, 56^s; valent 7^l 12^s. Délivré, par escroe, à Toustain, pour chauces, le xviie jour de décembre.

Item, pour autres draps délivrez pour faire pairemenz aus granz chevaus le Roy. Premièrement : pour 8 aunes de pers, 28^s l'aune, valent 11^l 4^s. Item, pour 5 aunes de jaune, 100^s. Item, pour une aune et demie d'escarlate, 60^s. Item, pour aune et demie de blanc, 30^s. Item, pour aune et demie de pers, 12^s. Tout délivré à Nicholas de Tours, le xixe jour d'octembre, pour faire 2 paremenz aus dis chevaus.

Et pour couvrir le chariot, item, pour autres paremenz, 27 aunes de pers, 16^s l'aune, valent 21^l 12^s. Item, pour 22 aunes de jaune, 16^s l'aune, vallent 17^l 12^s; bailliez audit Nicholas le xviie jour de décembre.

Somme à dame Ysabiau de Tramblay, pour le cors le Roy, 174^l 18^s 8^d.

Art. 2. *Ce sont les parties Aalès la retondarresse, faites par le temps desus dit, dont les parties sont au dos*[2], 7^l 10^s.

Somme a par soy.

---

[1] Les livraisons d'habillements, soit pour la personne du roi, soit pour sa maison, avaient lieu le plus ordinairement la veille des grandes fêtes.

[2] *Sont au dos* du rouleau. Nous les mettons ici à la suite de cette mention du compte d'Alice, la tondeuse de draps.

Les parties des draps que Aalès la retondarresse a faites pour le Roy nostres sire, puis qu'il revint à Lion, par la main Geffroy de Fleury, l'an mil cccxvi.

Premièrement. Une escarllate et 1 broissequin, chascun de 24 aunes, pris à Provins.

Item, 2 pers et 3 aunes, pour les petiz clers[1].

Item, 18 aunes, par pièces, pour couvertouers et pour chauces.

Item, 2 marbrez, chascun de 24 aunes, et 30 aunes de rayé de Douay, pour lui et pour ses compaignons[2].

Item, 15 aunes de marbré, et 4 aunes de marbré, pour un fons de cuve[3] et pour sa robe de Noël.

Item, une brunète noire de Douay, pour son cors[4].

Item, 1 acolé de 24 aunes, pour son cors.

Item, une escarllate vermeille, pour son cors, de 24 aunes.

Item, 28 aunes de pers, et 10 aunes de jaune, pour les paremenz à chevaus.

Item, une escarllate de 24 aunes, pour couvertouers.

Item, 4 escarllates, pour chevaliers nouviaus.

Item, 2 aunes de brunète, pour une chaère.

Item, 6 aunes, en 3 pièces, pour chauces pour Laurain Ansselet.

Item, 1 encendré de 24 aunes, pour son cors.

Item, 2 escarllates, pour chevaliers nouviaus.

Item, 2 aunes de marbré.

Somme Aalès la retondarresse, 25 draps, 6^s le drap, valent 7^l 10^s.

Art. 3. *Ce sont les parties Guillaume Toutain et Ansselet de Corbueil, tailleurs nostres sire le Roy, pour*

---

[1] Les petits clercs, qui servaient sous les maîtres des comptes
[2] Pour le roi et sa suite.
[3] Sorte de manteau qui affectait cette forme.
[4] C'est-à-dire pour le propre usage du roi.

façon de robes que il ont faites pour nostres sire le Roy, dont les parties sont au dos de ce roolle, 55¹ 18ˢ.

Somme a par soy, 55¹ 18ˢ[1].

1º Ce sont les parties que Guillaume Toutain et Ansselet de Corbueil ont faites pour nostres sire le Roy, puis la mi-aoust, l'an mil ccc xvi, juques aus comptes de Noël prouchain enssuivant.

Premièrement. Pour le cors le Roy, cote hardie et houce de vert à bois.

Item, cote hardie et houce de kamelin à bois.

Item, une robe d'escarllate viollète de 3 garnemenz, fourrée de menuvair.

Item, 1 corsset de cendal, fourré de menuvair.

Item, corsset et houce de pers cler, fouré, le corsset, de menuvair.

Item, une robe de kamokas de 3 garnemenz, fouré de menuvair, dont le Roy fu vestu à Lions[2].

Item, un fons de cuve, doublé, de 2 draps.

Item, cote hardie de camelin blanc, fourée de griz.

Item, 1 couvertouer noir, qui fu fourré et deffourré, et appareilliée la pane[3].

Item, pour la Toussainz, une robe d'escarllate rosée, de 4 garnemenz, fourrée de menuvair, pour la veille[4].

Item, pour le jour, une robe de marbré, de 4 garnemenz, fourrée de menuvair.

Item, une robe de marbré de 4 garnemenz, fourrée de menuvair, que le Roy vesti à Compingne[5].

Item, une cote hardie, qui fu achetée à Lions, fourrée de menuvair.

Item, 1 corsset de cendal, fourré de menuvair.

---

[1] Même observation que plus haut.
[2] Lors de son voyage de Lyon, en juillet 1316.
[3] La fourrure.
[4] De cette fête.
[5] Compiègne.

Item, cote hardie et houce, de camelin à bois, fourré de menuvair.

Item, pour Noël, une robe de 4 garnemenz, de marbré mellé de vert, fourrée de menuvair.

Item, pour le jour, une robe d'un acollé, de 6 garnemenz, fourrée de menuvair.

Somme pour le cors du Roy, 43 garnemenz[1].

2° Pour 195[2] journées de vallès cousturiers qui ont cousu l'euvre dessus dite, 8^d à chascun, valent 14^l 12^s 6^d.

3° DONS. Pour 1 corsset de cendal fourré de menuvair, pour messire Pierres de Beffremont, que le Roy li donna, 6^s 6^d.

Pour 6 paires de robes, pour 6 chevailliers nouviaus, dont les 2 furent fais à Lions, et 4 à Amiens, 6^s 6^d la paire, vallent 39^s.

Pour une robe de 3 garnemenz, pour mestre Geffroy le fol, 12^s.

Pour 3 onces de soye, 4^s l'once, valent 12^s.

Pour 3 livres de fil, 7^s la livre, valent 21^s.

Pour 4 ataches à mantiaus, 6^d la pièce, vallent 2^s.

Pour une pièce de ruban de soye, à faire les croiz li Roy, 4^s.

Pour 4 jours que Toustain mist à aler à Amiens, à tout les besongnes le Roy; pour ses despens, 4^s par jour, valent 16^s.

Pour 23 jours que Toustain a esté à ceste oeuvre faire, 4^s par jour, vallent 4^l 12^s.

Somme 24^l 17^s.

4° *Pour le couronnement le Roy*[3]. Pour la veille,

---

[1] C'est-a-dire quarante-trois pièces d'habillement.
[2] *Le texte porte :* IX^{xx} XV, *suivant l'usage du temps.*
[3] Philippe le Long se fit sacrer à Reims, le 9 janvier 1317.

une robe de cendré, que la royne Marie[1] li donna, de 4 garnemenz, fourrée de menuvair. Pour le jour, une cote de samit, fourrée de cendal. Item, une robe de veluiau, de 4 garnemenz, fourrée de menuvair. Item, 2 couvertouers d'escarlate vermeille, 1 grant et 1 petit, fourrés de menuvair. Item, 1 cueuvrechief de veluiau vermeil, fourré de menuvair. Item, 1 peliçon de cendal vermeil, fourré de menuvair. Item, 1 surcot de kamokas, fourré de menuvair.

    Somme pour le cors le Roy, pour son couronnement, 14 garnemenz.

5° D'eus[2] pour 20 paire de robes d'escarllate vermeille pour chevaliers nouviaus, chascune de 2 garnemenz. Item, 3 paires de robbes de drap d'or, chascune de 2 garnemenz. Item, 2 paire de robes de samit vermeil, de 4 garnemenz.

    Somme, 50 garnemenz.

    Somme pour le couronnement, 64 garnemenz.

6° Pour 207 journées de vallès cousturiers qui ont cousu l'euvre dessus dite, chascune 18^d, valent $15^l\ 10^s\ 6^d$.

Pour la façon de 15 quarriaus de duvet pour 2 chambres, pour chascune 2^s, valent 30^s.

Pour 2 onces et demie de soie, 4^s pour livre[3], valent 10^s.

Pour 3 livres et demie de fil, 7^s pour livre, valent $24^s\ 6^d$.

Pour 6 couvertouers d'escarllate vermeille, fourrés de gros veir, pour chevaliers nouviaus, 4^s chascun, valent 24^s.

7° Voitures. Pour 2 chevaus qui portèrent les be-

---

[1] *La royne Marie.* C'est Marie de Brabant, la veuve de Philippe le Hardi, morte en 1321.

[2] C'est-à-dire des tailleurs du roi.

[3] *Lisez :* pour l'once.

songnes le Roy à Rains, pour 6 jours, alanz et venans, à chascun 3ˢ par jour, valent 36ˢ.

Pour 1 cheval qui aporta 2 draps pour le Roy, de Prouvins à Paris, pour 2 jours, 6ˢ.

Pour 15 journées que Toustain a esté à ceste oeuvre faire, 4ˢ par jour, valent 60ˢ.

Pour Ansselet, son compaignon, 12 jours, 4ˢ par jour, valent 48ˢ.

Pour les despens dudit Guillaume[1], alant à Rains, conduisant les somiers qui portèrent les besongnes le Roy, et demourant à Rains, à trois vallès avèques lui, par 11 jours avant que le Roy venist, 72ˢ.

Somme, 31ˡ 12ᵈ.

Somme toute, 55ˡ 18ˢ.

[FOURRURES.]

Art. 4. *Les parties Jehan d'Avranches, que il a livrées pour le cors nostre sire le Roy, par le temps desus dit.*

Premièrement. Pour 2 fourreures de menuvair, tenanz chascune 226 ventres, 14ᵈ pour ventre, pour une robe de quamocau que il ot à Lions, au sacre nostre père le pappe. Item, pour les manches, 72 ventres. Item, pour le chaperon, 60 ventres, audit pris; somme 584 ventres, au pris desus dit, valent 34ˡ 16ᵈ.

Item, pour sa robe de la Touzsains, d'une escarllate rosée; pour 1 fons de cuve, 384 ventres, 14ᵈ le ventre. Item, pour 2 fourreures à seurcos, chascune de 226 ventres. Item, pour les manches du seurcos clos, 72 ventres, et pour le chaperon, 60 ventres. Somme 968 ventres, 14ᵈ le ventre, valent 56ˡ 9ˢ 4ᵈ, délivré à Toustain, tailleur le Roy.

Item, pour une autre robe marbrée, de la Toussainz.

---

[1] Guillaume Toustain, l'un des tailleurs du roi.

Pour une houce, 312 ventres. Item, pour les elles de la houce, 64 ventres. Item, pour 2 fourreures à seurcos, chascune 226 ventres. Item, pour les manches du seurcot clos, 72 ventres. Item, pour le chaperon, 60 ventres. Somme 960 ventres, valent 56¹, délivré à Toustain.

Item, pour une autre robe de marbré, pour ladite Toussains. Pour une houce, 304 ventres; pour les helles, 64 ventres. Item, pour 2 fourreures à seurcos, chascune 226 ventres. Item, pour les manches du seurcot clos, 72 ventres. Item, pour 1 chaperon, 60 ventres. Somme 952 ventres, 14ᵈ le ventre, valent 55¹ 11ˢ 8ᵈ.

Item, pour 1 corsset de cendal, fendu aus costez, 226 ventres, 14ᵈ le ventre, valent 13¹ 3ˢ 8ᵈ. Item, pour une cote hardie, de camelin à bois, 226 ventres. Item, pour les manches, 72 ventres. Item, 1 chaperon tenant 60 ventres. Somme 358 ventres, 14ᵈ le ventre, valent 20¹ 17ˢ 8ᵈ.

Item, pour une fourreure de griz pour mettre en une autre cote hardie et 1 chaperon de menuvair, 16¹.

Item, pour sa robe de la veille de Noël, d'un marbré mellé. Pour 1 fons de cuve, 380 ventres. Item, pour 2 fourreures à seurcos, chascune 226 ventres. Item, pour les manches, 72 ventres. Item, pour le chaperon, 60 ventres. Somme pour ceste robe, 964 ventres, valent 56¹ 4ˢ 8ᵈ.

Item, pour sa robe du jour de Noël. Pour une houce, 292 ventres. Item, pour les helles, 64 ventres. Item, pour 1 mantel, 300 ventres. Item, pour 3 fourreures à 3 seurcos, tenanz chascune 226 ventres. Item, pour 2 paires de manches pour les 2 seurcos clos, tenanz chascune paire 72 ventres. Item, pour 2 chaperons, tenant chascun 60 ventres. Somme pour ceste robe : 1598 ventres, 14ᵈ pour ventre, valent 93¹ 3ˢ 4ᵈ.

Somme à Jehan d'Avranches pour le cors le Roy, 401¹ 11ˢ 8ᵈ.

Art. 5. POUR LA MERCERIE.

1° *Ce sont les parties de moy Geffroy de Fleury.*
Premièrement. Pour 4 cendaus noirs, pour faire 2 petites coustepointes, que il ot quant nostre sire le roy Loys fu trespassez[1], bailliez à Gautier Louvrier, le xxme jour de juingnet, pesanz 84 onces[2], 28^d pour l'once, valent 9^l 16^s.

Item, pour 6 cendaus vermeuz, pris celui jour par ledit Gautier, pour faire 3 coustepointes, pesanz 96 onces, 4^s l'once, valent 19^l 4^s.

Item, pour 6 pièces de toilles, dont l'en fist l'envers de ceste chambre, 16^s pour pièce, valent 4^l 16^s.

Item, pour demi cendal vert, délivré à Toutain, le tailleur, le xxiiime jour de juingnet, pour faire 1 corsset pour le Roy, pesant 9 onces, 3^s 6^d l'once, valent 31^s 6^d.

Item, pour 3 quamoquaus et demi, azurez, pris celui jour par ledit Toutain, pour faire une robe pour le Roy, que il ot à Lions, au sacre nostre père le pappe, 8^l pour pièce, valent 28^l.

Item, pour 4 orfrois de pelles, pris celui jour par ledit Toutain, pour orfraser ladite robe 6^l.

Item, pour 3 aunes de veluiau vert, délivré à Nicholas de Tours, armeurier, le vime jour d'octobre, pour faire 3 bracières pour le Roy, 40^s l'aune, valent 6^l.

Item, pour 18 cendaus vers, dont l'en fist une coustepointe, ciel et cheveciel, et courtines, pour la chambre de la Toussainz, délivrez à Gautier Louvrier, le xiiime jour d'octembre, pesanz 290 onces, 3^s 6^d pour l'once, valent 50^l 15^s.

Item, pour 5 pièces de toilles vers, bailliées celui jour audit Gautier, pour faire l'envers de ceste chambre, 15^s pour pièce, valent 75^s.

---

[1] Que Philippe le Long eut à la mort de Louis le Hutin. On voit par là que le deuil se portait en noir, et s'étendait à l'ameublement.

[2] Le cendal se vendait tantôt à l'once, tantôt à la pièce.

Item, pour 4 tessus d'argent pour le cors le Roy, délivrez à messire Adam Héron[1], le xiiime jour d'octembre, valent 6^l.

Item, pour 13 cendaus et 9 aunes, de pluseurs coulleurs, bailliées à Gautier de Laon, le xxvime jour de septembre, du coumandement le Roy, pour faire bracières, houce d'escu, chapelières, chanfrains, crilloueres et autres choses, pesanz 210 onces, 4^s l'once, valent 42^l.

Item, pour 2 toilles vers, pour fourrer cotes et bracières, 30^s.

Item, pour 4 treçons à pelles, pour orfraser les diz paremenz du tournoy de Compigne, 6^l.

Item, pour 2 seurceintes de cuir, ferrées d'argent, bailliées à Guillaume le cordouanier, le xvie jour d'octembre, pesant l'argent demi marc, valent, pour façon et pour tout, 40^s [2].

Item, pour demi cendal de 2 lez, baillié à Toutain, le xixe jour d'octobre, dont l'en fist 1 corsset pour le Roy, pesant 10 onces, 3^s 6^d l'once, valent 35^s.

Item, pour demi cendal vermeil, baillié à Nicholas de Tours, le xix jour d'octembre, pour fourrer les pissières et les chanfrains le Roy; et pour atourner les hernois à 12 chevailliers, pesant 8 onces et demie, 4^s l'once, valent 34^s.

Item, pour une once de soie de toutes coulleurs, pour ledit hernois appareillier, 4^s.

Item, pour demi aune et demi quartier de veluiau vermeil, pour couvrir le faus-d'estuef le Roy, pris par Martin Maallot, le xxxme jour de nouvembre, 30^s.

Item, pour 2 aunes et demie de franges pour ledit faus-d'estuef, 10^s.

Item, pour une bource de veluiau et une chaene d'ar-

---

[1] L'un de ses chambellans.
[2] *En marge :* S^a ix^{xx} vii^l vii^s vi^d.

gent pour le seel du secrè, baillié à messire Adan Hairon, le xxiiime jour de décembre, 24^s.

2° Item, pour lier les heures le Roy et pour paindre dehors des armes de France, 12^s.

Item, pour la couverture de son messel, et pour paindre lez dehors des armes de France; pour les fermouers d'argent, et pour une pippe d'argent, esmaillée à testes d'apostres, 4^l 8^s.

3° Item, pour 1 pingne et 1 mirouer, une gravouère et 1 fourrel de cuir, acheté de Jehan le seelleur, baillié à Huet le barbier, le xxvie jour de décembre, valent 74^s.

4° Item, pour 1 diamant acheté pour le Roy, de Jaquemin le lombart, le premier jour de l'an, 50^l tournois valent 40^l parisis, par escroe du Roy, baillié à misire Hugue Daugeron, du commandement du Roy et par escroe de misire Hugue, de reconnoissance que il l'avoit eu, donnée le derrenier jour de descembre[1].

Somme toute à Geffroy de Fleury, 242^l 18^s 6^d.

Ce sont les parties Gautier de Poullegni.

Premièrement. Pour 4 pièces de cendaus noirs [oultre les cendaus livrez par Gieffroy de Flori[2]], dont l'en fist une coustepointe pour nostres sire le Roy quant il revint de Lions, pesans 72 onces, l'once 2^s 6^d, valent 9^l.

Pour 2 pièces de toilles, dont l'en fist l'envers, 32^s.

Pour une livre de soie, de quoy la coustepointe fu cousue et faite, 36^s.

Pour la façon de celle coustepointe, et pour bourre qui y entra, 15^l.

Pour 4 pièces de cendaus noirs, dont l'en fist une grant courtine, pesant 74 onces, 2^s 6^d l'once, valent 9^l 5^s.

---

[1] En regard de cet article, il y a en marge dans le texte : S^t 55^l 11^s.
[2] Ces mots sont ajoutés au-dessus de la ligne dans le texte.

Pour la façon de celle grant courtine, pour corde, pour ruban et pour aniaus, 40ˢ.

Item, pour 10 tappiz faiz de bon fille, à 4 escuciaus au bous, tenanz 66 aunes quarrées, 10ˢ l'aune, valent 33ˡ.

Item, pour 3 pièces de cendaus noirs, dont l'en fist 1 clotet, pesant 55 onces, 2ˢ 6ᵈ l'once, valent 6ˡ 17ˢ 6ᵈ.

Item, pour la façon de ce clotet, et pour corde et ruban, et pour aniaus, 30ˢ.

Pour la façon de 4 coustepointes, 2 rouges et 2 noires, pour les chambellenz, dont les cendaus furent pris de Geffroy de Flori[1], 6ˡ.

Pour 4 pièces de toilles que ledit Gautier bailla, 64ˢ.

Somme, 89ˡ 4ˢ 6ᵈ.

Item, pour la façon d'une coustepointe vert, qui fu faite d'escuciaus de painture des armes de France, de Vallois, de la Marche et d'Évreus, et furent les dites armes traciées de soie de pluseurs coulleurs, et tout le champ fu fait de fueillage d'ierre trécé de fueillage de soie; pour la façon, 28ˡ.

Pour 2 livres et demie de soie, dont l'en fist ladite coustepointe et ladite armoierie trécée de soie de pluseurs couleurs, 45ˢ la livre, valent 112ˢ 6ᵈ.

Item, pour la façon d'un espevrier, de cendaus vers, pour cordes, pour ruban, pour aniaus, pour soie et pour façon, 100ˢ.

Somme, 38ˡ 12ˢ 6ᵈ.

Somme à Gautier de Poullegny, 67ˡ 17ˢ[2].

Art. 6. *Ce sunt les parties Jehanne la coeffière.*

Pour 2 dousainnes de coeffes, baillées à Huet le barbier, le xxvıᵉ jour de décembre, vallent 24ˢ.

Somme a par soy.

---

[1] C'est a-dire dans les *garnisons* ou magasins de l'argenterie.
[2] *Le texte porte :* vıˣ vıɪˡ xvɪɪˢ, *notation peu ordinaire*

Art. 7. *Ce sunt les parties Martin Maalot,* ymagier.
Pour 2 faus d'esteurs, que il a fet pour nostre sire le Roy, pour la façon, 6^l 10^s.

Ce sunt les parties Jehannot le tapissier. Premièrement. Pour la chambre de la Toussains, dont le chevecier est vert, bordé d'une bordeure de soucie tout entour, de compas des armes de France et de monsseigneur de Vallois, de monsseigneur d'Évreus et de monsseigneur de La Marche, tenant 9 aunes quarrées, 15^s l'aune, valent 6^l 15^s.

Item, pour 6 tapiz vers, dont les 3 tiennent 30 aunes, et les autres 3, 24 aunes, toutes quarrées, et sont à tiex esauciax comme le cheveciel, 11^s pour aune, valent 29^l 14^s.

Pour 4 petiz tappiz, 2 pour les sommiers, et 2 pour la chapelle, armoiez de mesmes la chambre, tenans 24 aunes quarrées, 11^s l'aune, valent 13^l 4^s.

Item, pour les escuz de Poitiers despecier et refaire de France, 30^s.

Somme à Jehannot le tapissier, 51^l 3^s.

Summe toute pour le cors le Roy, 1069^l 10^s 9^d [1].

§ II. POUR L'OBSÈQUE LE ROY LOYS.

Premièrement. A Gautier de Laon, sellier, pour la chapelle que nostre sire le Roy fist faire pour le trespassement du roy Loys, son frère, que Diex absoille; pour batre 14 aunes de cendal des armes nostre sire le Roy pour faire la bordeure du drap, et 16 aunes doubles, qui valent 32, pour faire la bordeure de ladite chapelle, 8^s l'aune, valent 18^l 8^s.

---

[1] Il y a en marge : S^a 1^a. Il devrait y avoir : *Grossa prima.*

Pour les vallès qui alèrent à Saint-Denis tendre la chappelle, et pour clos, 24ˢ.

Somme à Gautier de Laon, 19ˡ 12ˢ.

2° A Geffroy de Fleury pour ce mesmes, pour parties livrées pour le service que nostres sire li Roys fist faire à Saint-Denis pour son dit frère, que Dieus absoille, le xiiᵉ jour de juignet¹. Premièrement. Pour 2 draps de Turquie que l'on mist sus le cors, 22ˡ.

Pour 2 cendaus indes, pour housser la chappelle, pesanz 28 onces et demie, 3ˢ 6ᵈ l'once, valent 4ˡ 18ˢ.

Pour 5 cendaus noirs, pour faire le ciel de la chapelle, pesanz 96 onces, 32ᵈ pour l'once, valent 12ˡ 16ˢ.

Somme audit Geffroy, 39ˡ 14ˢ.

Somme toute pour l'obsèque le roy Loys, 59ˡ 6ˢ.

§ III. CE SONT LES PARTIES DE L'OBSÈQUE LE ROY JEHAN².

Livrées par Geffroy de Fleury, du coumandement messire Regnaut de Lor³, le samedi xxᵐᵉ jour de novembre. Premièrement. Pour 2 draps d'or à fleurs de liz, les quiex demourèrent à Saint-Germain l'Aucerrois, 14ˡ.

Item, pour chandeliers de fust, et pour le coffre où il fu mis, et le baart où il fu porté, et les trestiaus et les journées du charpentier, quant il ala à Saint-Denis, 40ˢ.

Item, pour 8 onces de cendal noir dont le coffre fu envellopé, 20ˢ; pour pos à cenz, 20ᵈ; pour 1 marchepié, qui demoura à Saint-Germain l'Ausserrois, 4ˡ.

Item, pour 2 draps d'or de Turquie, qui furent mis sus lui quant l'en le porta à Saint-Denis, 25ˡ.

---

¹ Le premier continuateur de Guillaume de Nangis dit que Philippe le Long vint a Paris le 12 juillet, et que ce ne fut que le lendemain, *die sequenti*, qu'il assista aux obsèques de son frère, à Saint-Denis. (Guillaume de Nangis, édit. de la Soc. de l'Hist. de France, t. Iᵉʳ, p. 427.)

² Né le 15 novembre 1316, mort quatre jours après, le 19.

³ L'un des chambellans de Philippe le Long.

Item, pour 2 draps linges, 36ˢ, dont l'un demoura à Saint-Germain l'Aucerrois, et l'autre fu porté à Saint-Denis.

Item, pour 35 onces de cendaus indes, que l'en bati dessus des armes de France, et en furent bordez les 2 draps de Turquie dessus dis, 4ˢ l'once, valent 7ˡ.

Item, pour une coustepointe noire, à metre sus lui, 100ˢ.

Item, pour 5 cendaus noirs, pour houssier la chapelle, pesanz 104 onces, 2ˢ 6ᵈ pour l'once, valent 13ˡ.

Item, par Gautier de Laon, 31 aune de cendal batu, pour la bordeure de la chapelle et du drap, 10ˢ pour l'aune, valent 15ˡ 10ˢ.

Item, pour clos[1], et pour les vallès qui tendirent la chapelle, 30ˢ.

Item, pour 3 marchepiez adzurez qui demourèrent à Saint-Denis, 10ˡ.

Item, pour les crieurs qui alèrent avec le cors à Saint-Denis, 60ˢ.

Item, pour despenz faiz à Saint-Denis pour pluseurs choses, par le coumandement messire Renaut[2], 70ˢ.

Item, par Simon d'Esparnon, espicier le Roy, pour 6 livres de coton, 9ˢ.

Item, pour une aune et demie de toille cirée, 6ˢ; pour une aune et demie de toille déliée blanche, 7ˢ 6ᵈ.

Item, pour 2 onces d'ambre, 40ˢ.

Item, pour demie-once de musc, 30ˢ.

Item, pour 4 onces d'estorat, calmite et mierre, 12ˢ.

Item, pour encenz et laudanon, 5ˢ 6ᵈ.

Tout par escroe messire Regnaut de Lor.

 Somme pour l'obsèque le roy Jehan, 111ˡ 17ˢ 8ᵈ.

 Summe toute pour les obsèques des 2 Roys, 171ˡ 3ˢ 8ᵈ.

---

[1] Clous.

[2] Renaut de Lor, l'un des chambellans.

§ IV. CE SUNT LES DONS NOSTRE SIRE LE ROY.

Art 1er. Premièrement à dame Ysabiau du Tramblay.

Pour monseigneur Challes de Vallois, 13 aunes et demie d'un marbré dont nostre sire li Roys fu vestu à Lions[1], au sacre nostre père le pappe, 33^s 4^d pour aune, vallent 22^l 10^s; délivré à Toutain, tailleur le Roy, le xvme jour d'octobre.

Pour monsseigneur Challes de La Marche[2], 13 aunes et demie d'icelui marbré, 33^s 4^d l'aune, valent 22^l 10^s; délivré, celui jour, à Toustain.

Pour monsseigneur Loys de France[3], 13 aunes et demie du marbré dessus dit, 33^s 4^d l'aune, valent 22^l 10^s; délivré, celui jour, à Toustain.

Somme pour nos 3 seigneurs, 67^l 10^s.

Pour chambellenz. Premièrement.

Pour missire Adam Héron, 10 aunes de royé de Douay, délivrées par escroe le xvme jour d'octobre, 24^s l'aune, valent 12^l.

Pour monsseigneur Robert de Gamaches, 10 aunes de celui royé, délivré à lui, celui jour, par escroe, valent 12^l.

Pour le Borgne de Sériz, 10 aunes de celui roié, délivré à lui, celui jour, par escroe, valent 12^l.

Item, pour chevailliers nouviaus, 24 aunes d'escarllate vermeille, délivrée à messire Adam Héron, le xvme jour d'octobre, par escroe des chambellenz, 36^s pour l'aune, valent 43^l 4^s.

Autres draps pour chambellenz. Premièrement.

A messire Adam Héron, pour 6 aunes de camelin, délivrées à Toutain, par escroe du Roy, le xxme jour

---

[1] *Dont nostresire li Roys fu vestu à Lions*, c'est-à-dire semblable à celui dont, etc.

[2] Charles, comte de La Marche, plus tard le roi Charles le Bel.

[3] Louis de France, fils de Philippe le Hardi, tige des comtes d'Évreux de la maison de France. Il mourut à Paris, le 19 mai 1319.

d'octembre, pour faire cote hardie et houce, 28ˢ pour aune, valent 8ˡ 8ˢ.

A monsseigneur Robert de Gamaches, 6 aunes de camelin, pareil du messire Adam Hairon, délivré audit Toutain, par escroe, le jour dessus dit, pour faire cote hardie et houce, 28ˢ pour aune, valent 8ˡ 8ˢ.

Au Borgne de Sériz, 6 aunes dudit camelin, délivré par escroe audit Toutain, le jour dessus dit, pour faire cote hardie et houce, 28ˢ pour aune, valent 8ˡ 8ˢ.

Item, à monsseigneur Jehan de Biaumont, seigneur de Sainte-Geneviève et mestre de l'Ostel le Roy, par escroe du Roy, 6 aunes de camelin, 28ˢ pour aune, valent 8ˡ 8ˢ.

A monsseigneur Pierres de Guarencières, 6 aunes dudit camelin, 28ˢ pour aune, valent 8ˡ 8ˢ.

Aus mestres et aus clers des comptes, pour 4 aunes de marbré pour faire mitainnes pour eulz, délivrées à Jehan d'Avranches, le xxxᵐᵉ jour de décembre, 32ˢ pour aune, valent 6ˡ 8ˢ [1].

A Ansselet de Corbueil, tailleur le Roy, une mallète et la façon, délivrée par escroe, 24ˢ.

Aus enfanz de la chapelle royal, pour 2 pers de Louvain, 28ˡ. Item, à eulz, pour 4 aunes d'icelui pers pour fournir leurs robes, 60ˢ, délivrées à eulz par escroe, le xxvᵉ jour d'octobre : summe, 31ˡ.

A Jehannot, clerc de la chapelle nostre sire le Roy, 9 aunes de pers, 16ˢ pour aune, valent 7ˡ 4ˢ; délivré par escroe.

A mestre Geffroy de Ponto[2], 9 aunes de pers, 12ˢ pour aune, valent 108ˢ; délivrée par escroe du Roy.

A Jehan de Nantuerre, sergant à verge du Chastelet,

---

[1] Cet article est rayé dans l'original.
[2] Il en est question dans un Journal du Trésor de l'an 1322, mais sans désignation. Je crois que c'était un aumônier.

3 aunes de royé pour son sallaire de prendre les mestiers de Paris, et mectre-les en l'euvre pour le sacre le Roy, 12ˢ pour aune, valent 36ˢ¹.

Somme toute à dame Ysabiau de Tramblay, 241ˡ 11ˢ. — 235ˡ 3ˢ.

A Hue Aubert et à Pierre de Companz, drapiers, pour 31 aune et 1 quartier de quamelin de Chastiau-Landon, 12ˢ 6ᵈ l'aune, valent 19ˡ 11ˢ 3 ob. Item, 11 aunes d'autre kamelin, 11ˢ l'aune, valent 6ˡ 12ᵈ. Et fu pour les veneurs et pour les archiers le Roy, dont les noms sont au dos².

Ce sunt les nons des veneurs le Roy, ausquiex il a donné cotes hardies. Premièrement, Jehan le Veneur, Henri de Meudon, Durant de La Faillie, Jehennot Malegeneste, Guillot Malegeneste. Item, 2 aides : Perrinet le veneur, Renaut de Géri.

Ce sunt les nons des archiés le Roy. Premièrement, Jehan Dreue, Adam Butin, Guillaume Hérent, Guillemet Roinaut, Tevenot Rabel ; et ourent chascun cote hardie.

Somme, 25ˡ 12ˢ 3 ob.

Summe des dras pour les dons le Roy, 260ˡ 15ˢ 3 ob.

Art. 2. *Ce sont les parties Jehan d'Avranches,* que il a livrées pour les dons nostre sire le Roy. Premièrement au sacre nostre père le pappe.

Pour monsseigneur Challes de La Marche, une robe de 2 garnemenz, d'un quamoquau plonquié, où il entra une fourreure de menuver tenant 226 ventres. Item, unes manches, tenans 72 ventres, et 1 chaperon, tenant 60 ventres. Somme, 358 ventres, 14ᵈ pour ventre, valent 20ˡ 17ˢ 8ᵈ.

---

¹ Il y a en marge · S. 94ˡ 17ˢ, et au-dessous : S. 88ˡ 9ˢ. On trouve généralement pour chaque total une double somme : la première, qui est la plus forte, et qui est soulignée dans l'original, est également soulignée ici

² Nous les plaçons avant le total. On lit en marge : *A tergo. Summa.*

Pour monsseigneur d'Évreus[1], une robe de 2 garnemenz dudit kamokau, en laquelle il ot une fourreure tenant 226 ventres, et unes manches tenans 56 ventres, et 1 chaperon tenant 52 ventres. Somme, 334 ventres, 14^d pour ventre, valent 19^l 9^s 8^d.

Pour monsseigneur Philippe de Vallois, une robe de 2 garnemenz dudit kamoquau, en laquelle il ot une fourreure de menuver tenant 226 ventres, et unes manches tenans 56 ventres, et 1 chaperon tenant 52 ventres. Somme, 334 ventres, 14^d pour ventre, valent 19^l 9^s 8^d.

Pour monsseigneur Jehan de Clermont[2], une robe de 2 garnemenz dou dit kamokau, en laquelle il ot une fourreure tenant 226 ventres, et unes manches tenanz 56 ventres, et 1 chaperon tenant 52 ventres. Somme, 334 ventres, 14^d pour ventre, vallent 19^l 9^s 8^d.

Item, pour 18 fourreures de menuver, de 220 ventres chascune. Item, 18 chaperons, tenanz chascun 24 ventres. Et furent portez à Lions pour le Daufin, pour le marquis, pour monsseigneur de Marqueil, pour monsseigneur de Vienne et pour plusieurs autres, à qui le Roy les donna au sacre dessus dit.

Somme pour ses 18 fourreures et 18 pennes à chaperons, 4500 ventres, 14^d pour ventre, valent 262^l 10^s [3]..

Ce sunt les dons de la Toussains. Premièrement.

Pour monsseigneur de Vallois, une robe de 4 garnemenz d'un marbré vermeil, en laquelle il ot houce fourrée de menuver, tenant 312 ventres. Item, les helles tenanz 64 ventres. Item, 2 fourreures tenanz 220 ventres chascune. Item, unes manches tenanz 72 ventres, et 1 chaperon tenant 60 ventres.

Somme, 960 ventres, 14^d le ventre, valent 56^l.

[1] Louis de France, comte d'Évreux, dont il a été question plus haut.
[2] Comte de Soissons, et frère de Louis, comte de Clermont.
[3] *En marge :* Somme, III^c XLI^l XVI^s VIII^d.

Pour monsseigneur de La Marche, une robe de 4 garnemenz dudit marbré, en laquelle il ot une houce fourrée de menuver, tenant 312 ventres. Item, pour les helles 64 ventres. Item, 2 fourreures tenanz 226 ventres chascune, et pour les manches 72 ventres, et 1 chaperon tenant 60 ventres.

Somme, 960 ventres, valent, audit pris, 56^l.

Pour monsseigneur d'Évreus, une robe de 4 garnemenz dudit marbré, en laquelle il ot une houce fourrée tenant 272 ventres, et les helles 48 ventres, et 2 fourreures tenanz 226 ventres chascune, et pour les manches 48 ventres, et 1 chaperon tenant 52 ventres.

Somme, 872 ventres, valent 50^l 8^d.

Pour monsseigneur de La Marche, une autre robe de 4 garnemenz, d'une escarllate rosée, en laquelle il ot 1 fons de cuve tenant 366 ventres. Item, 2 fourreures tenanz 226 ventres chascune, et pour les manches 72 ventres, et pour 1 chaperon 60 ventres.

Somme, 960 ventres, 14^d le ventre, valent 56^l.

· *Dons pour chambellenz.*

Pour messire Adam Hairon, une fourreure de gros ver. Item, une fourreure de menuver, et une penne à chaperon de menuver, 16^l.

Pour monss. Robert de Gamaches, une fourreure de gros veir. Item, une fourreure de menuver et une penne à chaperon de menuver, 16^l.

Pour le Borgne de Sériz, une fourreure de gros veir. Item, une fourreure de menuver et une penne à chaperon de menuver, 16^l.

Item, pour les dis chambellanz : pour messire Adam Hairon, une fourreure d'aigniaus noirs et une penne noire à chaperon, pour fourrer une cote hardie, 60^s.

Pour monss. Robert de Gamaches, une fourreure d'aigniaus noirs et une penne à chaperon, 60^s.

Pour le Borgne de Sériz, une fourreure d'aigniaus noirs et une penne à chaperon, 60ˢ.

Item, pour monss. Jehan de Biaumont, une penne et demie d'aigniaus noirs et une pane à chaperon, 60ˢ.

Pour messire Pierre de Guarencières, 2 pennes et demie d'aigniaus noirs et 1 chaperon noir, 7ˡ.

Pour messire Pierres de Bauffremont, une fourreure de menuver tenant 226 ventres, pour fourrer 1 corsset de cendal vermeil, 14ᵈ pour ventre, valent 13ˡ 3ˢ 8ᵈ.

Item, pour le mestre aus enfanz de la chapelle de Paris[1], 2 fourreures de rouz veir pour sa robe de la Toussainz, et pour 1 chaperon de menuver et 2 chaperons de gros veir. Somme, 9ˡ.

Item, pour les enfanz de ladite chapelle[2].

Premièrement. Pour Jehannin de Chartres, une penne d'aigniaus à seurcot et 2 à chaperon.

Pour mestre Jehan le Petit, son frère, 1 penne à seurcot et 2 à chaperon.

Pour mestre Raoul, 1 penne à seurcot et 2 à chaperon.

Pour Jehannin de Chielle, 1 penne à seurcot et 2 à chaperon.

Pour mestre Collin, une fourreure à seurcot et 2 à chaperon.

Somme pour les enfanz, 12ˡ.

Pour Jehannot, clerc de la chapelle, une fourreure de poppres et 1 chaperon de gros veir, que li Rois li donna quant il fu ordenez à prestre, 100ˢ.

Somme a par soy.

Pour mestre Geffroy de Ponto, une fourreure d'aigniaus à seurcot et une à chaperon, 32ˢ.

---

[1] La Sainte-Chapelle.

[2] Cet article, jusqu'aux mots *Somme a par soy*, est en accolade, et on lit en marge la correction suivante de la chambre des comptes : *Loquatur cum dicto Johanne super istis quare nimis computat.* Il s'agit de Jean d'Avranches

Somme a par soy.

Pour madame Jehanne, fille du roy Loys, que Diex absoille, 6 fourreures de menuver, que li Roys li donna quant elle fu menée en Bourgongne[1], tenanz chascune 160 ventres, pour fourrer 3 paires de robes et 3 paires de manches à cotes et à seurcos, tenanz 30 ventres chascune paire. Item, 3 chaperons, chascun 40 ventres.

Somme de madame Jehanne, 1170 ventres, valent, audit pris, 68^l 5^s.

Somme toute à Jehan d'Avranches, 735^l 18^s [2].

Art. 3. *Ce sunt les parties de moy Geffroy de Fleury pour la mercerie.*

Premièrement. Pour messire Pierres de Bauffremont, demi cendau vert pesant 10 onces, pour faire 1 corsset, délivré à lui le xixe jour d'octembre, 3^s 6^d l'once, valent 35^s.

Item, pour une fleur de liz d'or que nostre sire li Rois donna à Saint-Denis pour mectre en la châsse saint Louys[3], pesant l'or 1 marc 3 onces 2 esterllins, obole, vaut 44^l 10^s. Et sy i a 28 pierres, 17 esmeraudes et 11 rubiz, du pris de 56^l. Item, 15 pelles d'Escoce, 5^s pour pièce, valent 4^l 5^s.

Somme de ceste fleur, 104^l 15^s.

Item, pour une autre fleur de liz d'argent, que nostre sire li Rois avoit fait faire avant, et puis la fist despecier, pour façon et pour or, 13^l 12^s.

Item, pour 1 saphir en 1 aignau d'or, achaté de

---

[1] *Quant elle fu menée en Bourgogne.* Ce fut probablement peu de temps après la mort du petit roi Jean (20 novembre 1316). Ce prince dut avoir hâte d'éloigner une nièce dont les prétentions pouvaient lui fermer le chemin au trône. Jeanne était fille unique de Louis le Hutin et de Marguerite de Bourgogne, sa première femme.

[2] *En marge* : S. viii^{xx} xvi^l viii^d.

[3] Sans doute lorsqu'il y alla pour assister aux obsèques de son frère (12 juillet 1316).

Symon le Velon, du commandement misire Renaut de Lor, le derrenier jour d'aoust, et fut baillié audit misire Renaut le jour desus dit, du commandement le Roy, et par escroe dudit misire Renaut, de reconnoissance que il l'avoit receu, donnée le jour desus dit, vaut 10ˡ. Et fut donné au patriarche de Jérusalem.

Summe audit Gieffroy, 130ˡ 2ˢ.

Ce sunt les parties Tiébaut l'espissier[1]. Pour 12 hénaps calliers qui furent donnés aus mestres des comptes dont les noms s'ensuivent : premièrement, monseigneur de Suelli, mons. de Lor, misire Hugue d'Augeron, mons. Guillaume Courte-heuse, Martin des Essars, mestre Jehan de Dan-Martin, le doien de Bourges, sire Gui Florent, mestre Pierres de Condé, Giraut Guète[2], Guérin de Senlis, mestre Amauri, 13ˢ 4ᵈ pour pièce, valent 8ˡ.

Summe a par soy.

Summe toute pour les dons le Roy, 1141ˡ 3ˢ 1ᵈ. — 1126ˡ 15ˢ 3 ob.[3]

Summe toute pour le cors et pour les dons du Roy et pour les 2 obsèques, 2381ˡ 17ˢ 7ᵈ. — 2367ˡ 9ˢ 7ᵈ ob.[4]

[DEUXIEME SECTION.]

§ Iᵉʳ. CE SUNT LES PARTIES MADAME LA ROYNE POUR SON CORS.

Art. 1. *Premièrement les parties dame Ysabiau de Tramblay, drapière.*

Pour 1 marbré tenant 24 aunes, délivré à Jehan le

---

[1] Cet article est barré dans l'original.
[2] A la mort de Philippe le Long, Charles le Bel lui fit faire son procès comme coupable de malversations. Il mourut en prison au Louvre en 1322.
[3] *En marge :* iiiᵉ summa
[4] *En marge :* Prima grossa

Bourguignon, xve jour d'octobre, pour faire sa robe de la Toussains, 36^l.

Pour 5 aunes d'escarllate viollète, délivrée celui jour à Jehan le Bourguignon, pour faire 1 mantelet alemant pour parer, 50^s l'aune, valent 12^l 10^s.

Pour 6 aunes de pers, délivré celui jour à Jehan le Bourguignon, pour faire chauces pour la Royne et pour ses filles, 28^s pour aune, vallent 8^l 8^s.

Pour 3 aunes et demie de marbré, délivré à Jehan le Bourguignon le xvime jour d'octobre, pour faire 1 corsset à madame la Royne pour vestir en son cheir, 4^l 4^s.

Pour une aune et demie de vert pour faire 3 mallètes, delivré par escroe, le viie jour de novembre, 27^s.

Pour 3 aunes et demie d'un bon marbré, délivré à Jehan li Bourguignon, le ixme jour de novembre, pour faire 1 corsset roont à aler par chambre, 36^s pour aune, vallent 6^l 6^s.

Somme pour ces draps de la Toussains, 68^l 15^s.

Item, pour la veille de Noël, 25 aunes et demie et 1 quartier de soucie de graine, 28^s pour aune, valent 36^l 12^d.

Pour 3 aunes et demie d'escarllate viollète, délivrée à Jehan le Bourguignon, le xxixme jour de nouvembre pour faire 1 corsset ront à parer, 50^s pour aune, valent 8^l 15^s.

Pour une escarllate rosée, délivrée à Jehan le Bourguignon, le derrenier jour de nouvembre, pour faire une robe à madame la Royne, de 5 garnemenz, pour le jour de Noël, 60^l.

Somme pour Noël, 104^l 16^s.

Somme toute à dame Ysabel pour la Toussains et pour Noël, 173^l 11^s.

Art. 2. *Ce sont les parties Aalès la retonderresse.* C'est assavoir : pour pluseurs draps qu'elle a tondu pour madame la Royne, puis le xiime jour de juingnet juques au premier jour de janvier l'an CCC XVI, dont les parties sont au dos.

Somme a par soy, 9^l 2^s.

Ce sont les parties que Aalès la retonderresse a faites pour madame la Royne, puis le terme desus dit. Premièrement. Une escarllate et 1 brussequin, chascun de 24 aunes, pris à Provins. Item, 1 marbré de 24 aunes, pour son cors. Item, 2 marbrés pour les filles; pour la dame, 3 aunes de marbré. Item, 3 aunes de marbré pour 1 corsset en son char. Item, 2 aunes d'escarllate pour une des filles. Item, 11 aunes de pers pour une damoiselle. Item, 2 aunes de vert pour faire malles. Item, pour une escarllate de 24 aunes, tondue 3 fois, pour Noël. Item, 24 aunes de soucie de Douay. Item, 7 aunes de marbré, en 2 pièces, pour 2 corssès. Item, 2 vers de Douay pour les filles. Item, une escarllate de 24 aunes pour couvertouers pour la dame. Item, une encendré de 24 aunes pour les filles. Item, 15 aunes de vert, 3 aunes et demie de soucie, et 3 aunes et demie de vert gay, pour un cher. Item, 15 aunes de marbré pour la couverture du char madame. Item, 15 aunes de pers pour la couverture d'un autre char. Item, 1 pers azuré pour madame. Item, 9 aunes de pers pour 1 mantel à madame et à madame de Seully. Item, 1 vert et 4 aunes pour les filles madame de Seulli. Item, 2 escarllates pour couvertouers.

Somme, 22 draps 15 aunes, 8^s la pièce, valent 9^l 2^s.

Art. 3. *Ce sunt les parties que Jehan le Bourguignon, tailleur madame la Royne, que il a faites pour le cors de madame et pour nostre jone seigneur, filz le Roy, et pour nos jones dames, filles le Roy, et pour le petit Daufin, et pour pluseurs choses appartenanz à la taillerie, dont les parties sont au dos.*

Somme a par soy, 88^l 15^s 2^d.

Ce sont les parties que Jehan le Bourguignon a faites pour madame la Royne et pour ses enfans, puis les comptes de la Saint-Jehan, l'an mil cccxvi, juques aus comptes de Noël enssuivant, l'an dessus dit.

Premièrement. Pour madame la Royne, une robe de marbré de 4 garnemenz, que le Roy 'li donna. Item, pour la Toussains, une robe de marbré de 4 garnemenz, la cote et la chappe à fronces cousues. Item, pour Noël, une robe de soucie de 5 garnemenz, la cote et la chappe à fronces cousues. Item, une robe d'escarllate rosée de 5 garnemenz, la cote et la chappe à fronces cousues. Item, 2 corssès pour le char, 1 de quamokaus, fourré de menuver, et l'autre de drap, fourré de gris. Item, 1 mantel alemant à parer, d'une escarllate viollète, pour le couronnement; une chappe de drap d'or, pour entrer à Rains, et pour la veille du sacre, une robe d'un veluiau viollet de 4 garnemenz. Pour le matin du sacre, une cote vermeille et une pelice de griz couverte de cendal. Pour le disner, une robe de 2 garnemenz, brodée des armes de France. Pour le soir, une robe de drap d'or de 3 garnemenz. Item, lendemain du sacre, une robe de pers adzuré de 5 garnemenz, la cote et la chappe à fronces cousues. Item, une chappe de drap d'or pour entrer à Paris. Item, 1 couvertouer et demi d'escarllate vermeille fourré de menuver, pour son lit à parer. Item, 2 corssès roons fourrez à pourfil.

Somme pour le cors madame la Royne, 43 garnemenz.

Pour 631 journée et veilliées de vallès cousturiers qui ont cousu l'euvre dessus dite, et ont fait chaperons, chauces, et pluseurs choses nécessaires en la taillerie, pour chascune journée 18^d, valent 27^l 6^s 6^d. Pour 10 onces de soie, 4^s l'once, valent 40^s. Pour 3 dousainnes de laz, 4^s la douzainne, valent 12^s. Pour 2 pièces de couttouère, 4^s la pièce, valent 8^s. Pour 5 livres de fil à coudre et à havir? 7ª *la douzaine*[1], valent 35ˢ. Pour 30 livres de chandelle de suif à veillier par nuit, 8ᵈ la livre, valent 20ˢ. Pour 3 livres de chandelle de bougie, à cirer les robes de drap d'or et de soie, 32ᵈ la livre, valent 8ˢ. Voitures. Pour 1 cheval et 1 vallet qui porta les robes de la Toussains, à Saint-Germain, 4ˢ. Pour les robes de Noël porter à Miaus, pour 1 cheval et 1 vallet, pour 2 jours, alant et venant, 4ˢ par jour, valent 8ˢ. Pour les robes du sacre porter à Rains, pour 2 chevaus et 2 vallès, par 6 jours, alanz et venanz, 4ˢ par jour, vallent 48ˢ. Item, pour les despens dudit Jehan, de son vallet et de son cheval, par 3 jours, alant à Rains, 15ˢ.

Somme, 57ˡ 4ˢ 6ᵈ.

Pour monsseigneur Philippe, filz le Roy[2]. Pour la Toussains, une robe de marbré de 3 garnemenz. Item, 1 peliçon couvert de cendal, et 2 doublez. Pour Nouël, une robe de vert gay de 3 garnemenz.

Somme, 9 garnemenz.

Pour madame Jehanne, ainsnée fille le Roy, une robe pour la Toussains, de marbré, de 4 garnemenz, cote seurcot, et seurcot et chappe. Item, 1 corsset roont de marbre caingnet. Item, 1 peliçon de griz couvert de cendal. Item, pour Noël, une robe de vert gay de 4 garnemenz. Item, pour le sacre, une robe de 4 garnemenz, d'un marbré que la comtesse d'Arthois li donna. Item, pour le sacre, une robe de veluiau jaune de 3 garnemenz.

Somme, 17 garnemenz.

Pour madame Ysabel, fille le Roy, pour la Toussainz, une robe de marbré de 3 garnemenz. Item, 1 corsset roont à pourfil. Item, une pelice de griz couverte de cendal. Item, une cote d'escarllate viollète pour la sène

---

[1] C'est une faute du texte. Il faut lire : la livre.
[2] Voy. la note de la page 3.

qui fu perdue à Gray. Item, pour Noël, une robe de vert gay de 3 garnemenz. Item, pour le sacre, une robe de 4 garnemenz, de marbré, que la contesse d'Artois donna; cote, et seurcot, et seurcot et chape. Item, pour le sacre, une robe de veluiau jaune de 3 garnemenz.

Somme, 16 garnemenz.

Pour madame Marguerite, fille le Roy. Pour la Toussainz, une robe de marbré de 3 garnemenz. Item, 1 corsset roont à pourfil. Item, une pelice de griz couverte de cendal. Pour Noël, une robe de vert gay de 3 garnemenz.

Somme, 8 garnemenz.

Pour madame Blanche, fille le Roy, autant de garnemenz comme pour madame Marguerite.

Pour le Daufin, pour la Toussainz, une robe de marbré de 4 garnemenz. Item, 1 peliçon de griz couvert de cendal. Pour Noël, une robe de vert gay de 4 garnemenz.

Somme, 9 garnemenz.

Somme pour les enfanz, 67 garnemenz.

Pour 266 journées et veilliées de vallès cousturiers qui ont cousu les robes des enfans dessus dites, et ont fait chaperons, aumuces, chauces, et pluseurs autres choses nécessaires en la taillerie, pour chascune journée 18^d, valent 19^l 19^s. Pour 5 onces de soie, 4^s l'once, valent 20^s. Pour 3 pièces de coutouère, 4^s la pièce, valent 12^s. Pour 2 ataches à mantel, et une pièce de ruban de soie, 10^s. Pour 3 livres de fil à coustre à havir, 7^s la livre, valent 21^s. Pour 10 livres de chandelle de buef à veillier de nuit, 8^d la livre, valent 6^s 8^d. Item, pour les robes de Noël porter à Saint Germain en Laye, 2^s. Item, pour 30 journées que ledit Jehan a esté à l'euvre dessus dite, tant pour la Royne comme pour les enfans, 4^s par jour, vallent 6^l.

Somme, 29^l 10^s 8^d.

Somme toute pour la Royne et pour les enfans, 86ˡ 15ˢ 2ᵈ¹.

Art. 4. *Ce sunt les parties Jehan d'Avranches* que il a faites et délivrées pour le cors madame la Royne.

Premièrement. Pour une robe de 4 garnemenz que nostre sire le Roy li donna à la Toussains, en laquelle il a 1 mantel alemant de menuver tenant 406 ventres, et 2 fourreures pour les 2 seurcos, tenanz 226 ventres chascune, et les manches tenanz 48 ventres, et 12 ventres pour pourfiller.

Somme de ceste robe, 918 ventres, 14ᵈ le ventre, valent 53ˡ 11ˢ.

Item, pour une robe de 4 garnemenz, pour la Toussainz, d'un marbré, en laquelle il a 3 fourreures de menuver, pour 2 seurcos et pour une chappe, tenant chascune 226 ventres. Item, unes manches de chappe tenanz 200 ventres, et 1 chapperon de chappe tenant 100 ventres, et unes manches à seurcot clos tenans 48 ventres, et 1 chaperon tenant 50 ventres, et pour pourfiller 12 ventres.

Somme de ceste robe, mil 88 ventres, 14ᵈ pour ventre, valent 63ˡ 9ˢ 4ᵈ.

Item, pour 1 corsset d'un marbré vermeil, une fourreure tenant 290 ventres, et pour manches 48 ventres, et pour pourfiller 12 ventres.

Pour 1 autre corsset d'escarllate viollète, une fourreure tenant 290 ventres, et pour manches 48 ventres, et pour pourfiller 12 ventres.

Somme pour ces 2 corssès, 700 ventres, valent 40ˡ 16ˢ 8ᵈ.

Item, pour 1 peliçon de menuver tenant 240 ventres, valent 14ˡ.

Pour une robe de soucie qu'elle ot la veille de Noël,

---

¹ Remarquez que plus haut il y a 88ˡ 15ˢ 2ᵈ.

en laquelle il ot 3 fourreures de menuver; pour les 2 seurcos et pour la chappe, tenanz chascune 226 ventres, et unes manches de chappe tenanz 200 ventres.

Item, 1 mantel de menuver tenant 350 ventres, et unes manches pour le seurcot clos tenanz 48 ventres, et 1 chaperon de chappe tenant 104 ventres, et pour pourfiller 12 ventres.

Somme pour ceste robe, 1392 ventres, valent 81^l 4^s.

Pour une robe du jour de Noël, de 5 garnemenz, d'une escarllate rosée, en laquelle il ot 1 mantel de menuver tenant 350 ventres. Item, 3 fourreures pour 2 seurcos et une chappe, tenant chascune 226 ventres, et unes manches de chappe tenanz 200 ventres, et 1 chaperon tenant 104 ventres, unes manches du seurcot clos tenanz 48 ventres; item, pour pourfiller 12 ventres.

Somme de ceste robe, 1392 ventres, valent 81^l 4^s.

Pour 1 corsset de cheir de kamoquau, une fourreure tenant 226 ventres, valent 13^l 3^s 8^d.

Somme a par soy.

Somme toute à Jehan d'Avranches, 347^l 8^s 8^d.

Art. 5. *Ce sunt les parties de moy Geffroy de Fleury pour la mercerie délivrée pour madame la Royne.*

Premièrement. Pour 8 aunes de cendal vermeil, délivré à Jehan le Bourguignon, le vme jour de septembre, pesanz 8 onces, 4^s pour l'once, vallent 32^s; pour couvrir 1 peliçon de griz.

Pour demi cendau vermeil, délivré audit Jehan du coumandement la Royne, le xixme jour d'octembre, pour lier les collès des robes de la Toussainz, 4^s pour once, vallent 36^s.

Pour 1 cendal vermeil pesant 14 onces et demie, délivré à Gautier Louvrier, le xxiime jour d'octembre, pour faire les goutières de la chambre la Royne pour la Toussainz, 4^s l'once, vallent 58^s.

Pour 3 onces et demie de soie et de cendal, délivré à Marguerite de Lambriz par Colin Sançon, vallet la Royne, le xxvime jour de nouvembre, pour faire les besongnes la Royne, 4^s 6^d l'once, vallent 16^s 3^d.

Pour 9 onces et demie de soie et de cendal tané, délivré du coumandement madame la Royne, à Marguerite de Lambriz, le ixme jour de décembre, pour faire les besongnes de la Royne, 31^s 6^d.

Pour 1 kamoquau viollet, baillié à Jehan le Bourguignon, le xme jour de décembre, pour faire 1 corsset de char à la Royne, 8^l.

Pour une ceinture, et pour une bource faite à l'aguille, d'or de Chippre, bailliés à Yollent, par escroe de madame la Royne, le mardi xiiime jour en décembre, 4^l.

Pour 2 aunes de kamokau plonquié, baillié à ladite Yollent le jour dessus dit, par escroe, pour couvrir les heures madame et celles aus damoyselles, 48^s.

Pour 4 aunes de taffetat vert, bailliées à ladite Yollent le jour dessus dit, par escroe, pour faire boursses cotes pour madame la Royne, 7^s l'aune, valent 28^s.

Pour 2 chaperons de veluiau viollet, pris celui jour par escroe, pour madame la Royne, par Yollent, 48^s.

Pour 10 onces et demie de cendal vermeil pour couvrir 1 peliçon de gris à la Royne, délivré à Jehan le Bourguignon, le iiiime jour de nouvembre, 4^s pour l'once, valent 42^s.

Somme de la mercerie, 28^l 19^s 9^d.

Art. 6. *Ce sunt les parties Perrenelle la coiffière.*

Premièrement. Pour 14 douzainnes de coeffes prises le lundi devant la Toussains, pour madame la Royne, par escroe, la douzainne 14^s, valent 9^l 16^s.

Item, pour 6 autres douzainnes de coeffes prises celui jour, pour madame la Royne, par escroe, 9^s la dousaine, valent 54^s.

Item, celui jour, pour 10 dousainnes de coeffes pour madame la Royne, 6ˢ la dousaine, valent 60ˢ.

Item, celui jour, pour 12 milliers de granz espingles pris pour madame, par escroe, 30ˢ.

Item, pour 10 milliers d'autres espingles, 20ˢ.

Item, pour 2 douzainnes de coeffes, prises celui jour pour madite dame, 20ˢ.

Somme à Perrenelle la coeffière, 19ˡ.

Art. 7. *Les parties Erembourc de Moustereul.*

Premièrement. Pour 100 livres de duvet, 3ˢ pour livre, valent 15ˡ.

Pour 2 taies, une à couste et autre à coissin, 9ˡ.

Pour 3 aunes de drap pour couvrir les chaères, 25ˢ.

Pour entaier la couste, 10ˢ.

Somme à ladite Erembourc, 25ˡ 15ˢ.

Les parties Nicholas de La Croiz.

Pour une paelle, à piez laver, 2 bacins et 1 baril, 1 quoquemart et une petite paelle, par escroe la Royne, 9ˡ 8ˢ.

Somme a par soy.

Les parties Jehan Bacin.

Pour 3 chaères, 2 à laver et une à séoir, et pour 2 damoyselles, par escroe, 110ˢ.

Somme a par soy.

Les parties Jehan de Fleury, charpentier.

Premièrement. Pour refaire les aumoires la Royne et remetre les en la tour au Louvre, là où il avoient esté autre fois, 42ˢ.

Item, à ycelui, pour le loyer d'une chambre en laquelle il furent hébergiées tant comme il furent hors du Louvre, par escroe, le xiiime jour de décembre, 47ˢ.

Somme à Jehan de Fleuri, charpentier, 4ˡ 9ˢ.

Summe toute pour le cors la Royne, 711ˡ 18ˢ 7ᵈ [1].

---

[1] *En marge :* Sˢ 1ʳ.

§ II. CE SUNT LES DONS MADAME LA ROYNE.

Art. 1ᵉʳ. Premièrement. A dame Ysabiau de Tramblay, pour 5 pers de Chaalons, délivrez à messire Jehan d'Argillières, le xiiiᵐᵉ jour de septembre, pour délivrer aus damoiselles ci-dessouz nommées pour leur livrée de la Toussains, c'est assavoir : madame Marguerite de Pressigny, Ysabiau de Lille, Yollant, Marguerite de Lambruis, Jehanne la Viscontesse, Jehanne de Gallée, Eugnès Du Bois, Jehanne de Byèvre, Marguerite de Lille, Marie de La Chambre, Marguerite de Coullombe, tenanz chascun drap 20 aunes, 19ˡ pour pièce, valent 95ˡ.

Item, pour 13 aunes de tenné, délivrez celui jour audit messire Jehan, pour la lavendière la Royne et pour la vachière, pour leurs robes de la Toussains, 14ˢ pour aune, vallent 9ˡ 2ˢ.

Pour 7 aunes de tenné pour la fame Jehan de Nantouart, délivrées audit messire Jehan, celui jour, 14ˢ pour aune, valent 4ˡ 18ˢ.

Pour 1 kamelin et demi pour vestir frère Jehan Viel, confesseur la Royne, et son compaignon, 19ˡ 10ˢ.

Pour 1 vert gay et 4 aunes de mesmes, pour faire une robe pour Noël à madamoiselle de Seulli, 28ˡ 16ˢ; livré à Jehan le Bourguignon, le xiiiiᵐᵉ jour de décembre.

Pour une escarllate viollète pour donner à l'évesque de Viviers, par escroc de la Royne, le viiᵐᵉ jour de novembre, tenant 24 aunes, vaut 60ˡ.

Pour deux marbrez brunz, tenanz 24 aunes chascun, délivrez à Jehan le Bourguignon, le 1ᵉʳ jour de février, par escroe, dont l'un fu donné au sire de Rey et l'autre au sire de Fauconnier, 28ˡ pour pièce, valent 56ˡ.

Somme de ces dons à dame Ysabiau, 273ˡ 6ˢ.

Art. 2. *Ce sunt les parties Jehan d'Avranches pour les dons madame la Royne.*

Premièrement. A madame Marguerite de Pressigny,

pour sa robe de la Toussains, de 3 garnemenz, en laquelle il a une fourreure de gros veir et une de poppres, vallent 12^l.

Pour les livrées de 5 damoiselles, de ladite Toussains, pour chascune une fourreure de poppres et une de rouz veir, du pris de 8^l chascune damoiselle, c'est assavoir : Marguerite de Présigny, Ysabiau de Lile, Yolent, Marguerite de Lambris, Jehenne La Viscontesse; valent ces 5 livrées 40^l.

Pour 9 damoyselles, pour la livrée de la Toussains, pour chascune une fourreure de rouz ver, c'est assavoir : pour Jehanne de Gallée, pour Agnès Dubois, pour Marguerite la nourrice, pour Jehanne de Bièvre, Jehanne d'Autonne, pour la fame de chambre, pour Agnès Desnechière, et pour Jehanne la lavendière, Marguerite de Columbe, du pris de 70^s chascune, valent 31^l 10^s.

Pour madamoiselle de Seully, une robe de 5 garnemenz, d'un vert gay, tel comme celui dont les filles le Roy furent vestues à Noël, en laquelle il ot 1 mantel de menuver tenant 296 ventres, et 3 fourreures de menuver tenant chascune 204 ventres, pour les 2 seurquos et pour le cors de la chappe, et unes manches de chappe tenant 200 ventres. Item, 1 chapéron de chape tenant 100 ventres, et pour manches 42 ventres, et 12 ventres pour pourfiller.

Somme pour ceste robe, 1262 ventres, valent 73^l 12^s 6^d.

Somme toute à Jehan d'Avranches, peletier, 157^l 2^s 6^d.

Art. 3. *Ce sunt les parties Estienne Maillart, orfèvre et changeur.*

Premièrement. 1 hanap à 1 esmail ou milieu, baillié en la main de madame, le xxiime jour d'octobre, pesant 1 marc et demi et 22 esterlins et maille, que elle donna à la damoiselle madame de Sainte-Crois, 70ˢ pour le marc, vaut 115ˢ 6ᵈ.

Pour 1 autre hanap baillié avec, celui jour, en la main de madame, lequel elle donna à une autre damoyselle d'icelle dame, pesant 1 marc et demy, 70ˢ le marc, vaut 110ˢ, par escroe de reconnoissance de madame, donnée le xxɪᵐᵉ jour d'octembre.

Somme à Estienne Maillart, 11ˡ 5ˢ 6ᵈ.

Ernoul de Montespillouer. Pour 1 hanap à couvercle ciselé, délivré à messire Jehan d'Argillières, le xvᵐᵉ jour de descembre, pour donner à....¹, chevaillier qui vint avec le petit Daufin, pesant 3 mars, 4ˡ 5ˢ le marc, vaut 12ˡ 15ˢ, par escroe de reconnoissance de mons. Jehan, donnée le jour desus dit.

Somme a par soy.

Art. 4. *Ce sunt les parties de moy Geffroy de Fleuri pour la mercerie.*

Premièrement. Pour une ceinture et une bourse, bailliées par escroe à Symonnet Lespicier, vallet de chambre la Royne, le ɪɪɪᵐᵉ jour de nouvembre, vallent 33ˢ. Item, pour une ceinture, une bourse, pour 1 chappiau, pour 1 treçon, pour 1 anel, et pour 1 fermail d'or, délivré à Perrot de Berron, chevaucheur le Roy, que la Royne li donna quant il prist fame, 12ˡ, par escroe de madame, donnée le xxvɪɪɪᵐᵉ jour d'octembre.

Item, pour une bourse et pour une ceinture ferrée d'argent, que madame donna au chevalier madame de Sainte-Crois, 50ˢ, bailliées à madame par s'escroe, le xxɪᵐᵉ jour d'octembre.

Summe de ceste mercerie, 16ˡ 3ˢ.

Summe toute pour les dons la Royne, 470ˡ 12ˢˢ.

---

¹ Le nom est en blanc
² En marge : ɪɪˢ.

§ III. MISES FAITES POUR NOSTRE JONE SEIGNEUR, NOS JONES DAMES ET LE PETIT DAUFIN.

Art. 1ᵉʳ. Premièrement. *Les parties dame Ysabiau de Tramblay, drapière.*

Pour 2 marbrez pour nostre dit jone seigneur et nos jones dames, délivré à Jehan le Bourguignon, tailleur la Royne, le xvᵐᵉ jour d'octembre, pour faire leurs robes de la Toussains, tenanz chascun 24 aunes, valent 60ˡ.

Pour le petit Daufin[1], 4 aunes et demie de mesmes, 112ˢ 6ᵈ.

Somme, 65ˡ 12ˢ 6ᵈ.

Item, pour 7 aunes de camelin, délivrées à Jehan le Bourguignon, pour faire corssès aus 4 filles le Roy, 24ˢ l'aune, valent 8ˡ 8ˢ.

Pour aune et demie de marbré, délivré à Jehan le Bourguignon, le jour Sainte-Croiz, xiiii jours en septembre, pour faire une cote hardie à Blanche, fille le Roy, 45ˢ.

Pour 2 aunes d'escarllate mourée, délivrée à Jehan le Bourguignon, le iiiiᵐᵉ jour de nouvembre, pour faire une cote à la Dauphine, fille le Roy, en lieu de celle qu'elle perdi à Gray, 4ˡ.

Pour 2 bons vers fins, délivrez à Jehan le Bourguignon, le xxixᵐᵉ jour de nouvembre, pour faire robes aus 5 enfanz le Roy et au Daufin, pour Noël, 60ˡ.

Pour 5 aunes de vert pour faire 2 mantiaus aus filles le Roy, délivré audit Jehan, le xviᵐᵉ jour de décembre, 32ˢ pour aune, valent 8ˡ.

Summe, 82ˡ 13ˢ.

Somme toute à dame Ysabiau de Tramblay, 148ˡ 5ˢ 6ᵈ.

---

[1] Guigues VIII, dauphin Viennois. Voy. la note de la page 4.

Art. 2. *Ce sunt les parties Jehan d'Avranches, peletier, pour les enfanz nostres sire le Roy.*

Premièrement. Pour nostre jone seigneur, pour 1 peliçon de griz fin pris par Jehan le Bourguignon, viiime jour d'octembre, 4^l.

Pour 1 bâtonnet tenant 110 ventres, et une aumuce de 8 ventres, pris celui jour par Ancelet de Corbueil, 14^d le ventre, valent 6^l 17^s 8^d.

Pour une robe de vert qu'il ot à Noël, 2 fourreures de menuver tenanz 66 ventres chascune, et pour manches de cotes et de seurcos 20 ventres, et pour une aumuce 10 ventres.

Somme pour ceste robe, 162 ventres, valent 9^l 9^s.

Somme pour nostre jone seigneur, 20^l 6^s 8^d.

Item, pour madame Jehanne, fille le Roy, pour une robe d'un marbré qu'elle ot à la Toussains, en laquelle il ot 3 fourreures de menuver, pour 2 seurcos et pour une chappe tenant chascune 156 ventres, et les manches de la chappe tenanz 128 ventres, et 1 chaperon de chappe tenant 90 ventres, et les manches de la cote et des seurcos tenant 40 ventres, et 1 chaperon tenant 40 ventres, et 12 ventres pour pourfiller.

Somme de ceste robe, 778 ventres, valent 45^l 7^s 4^d.

Pour 1 seurcot à pourfil d'un camelin blanc, où il a une fourreure de menuver qui tient 192 ventres, et pour manches 20 ventres, et pour pourfiller 6 ventres.

Somme de ce seurcot, 218 ventres, valent 12^l 14^s 4^d.

Pour 1 peliçon de gris fin, 6^l.

Toutes ces parties délivrées à Jehan le Bourguignon, le xvme jour d'octembre.

Pour une robe de 4 garnemenz, de vert gay, pour Noël, où il a 3 fourreures, 2 à seurcos et 1 pour le cors de la chappe, tenanz 172 ventres chascune, et unes manches de chape tenanz 128 ventres, et 1 chaperon de chappe tenant 90 ventres, et manches de cote et de seurcos tenanz 40 ventres, et pour 1 chaperon pendant, tenant 40 ventres, et 12 ventres pour pourfiller.

Somme de ceste robe, 826 ventres, 14ᵈ le ventre, valent 48ˡ 3ˢ 8ᵈ.

Item, pour madame Ysabiau, fille le Roy, une robe de 3 garnemenz, d'un marbré, qu'elle ot à la Toussains, en laquelle il a 2 fourreures tenanz chascune 130 ventres, pour manches de cote et de seurcos 36 ventres, et pour 1 chapperon pendant, 40 ventres, et 8 ventres pour pourfiller.

Somme de ceste robe, 340 ventres, valent 19ˡ 16ˢ 8ᵈ.

Pour 1 seurcot à pourfil d'un camelin blanc, où il a une fourreure de menuver tenant 152 ventres, et pour manches 16 ventres, et 6 ventres pour pourfiller.

Somme, 174 ventres, valent 10ˡ 3ˢ.

Pour 1 peliçon de griz fin, pris par Jehan le Bourguignon, le xvᵐᵉ jour d'octembre, avec ces autres choses desus dites, 100ˢ.

Pour une robe de 3 garnemenz, d'un vert gay, qu'elle ot le jour de Noël, en laquelle il ot 2 fourreures de menuver tenant chascune 130 ventres, et pour les manches de la cote et du seurcot 32 ventres, pour 1 chaperon pendant, 40 ventres, et pour porfiller 8 ventres.

Somme de ceste robe, 340 ventres, valent 19ˡ 1ˢ 8ᵈ¹.

Pour madame Marguerite, fille le Roy, pour une robe de marbré qu'elle ot à la Toussains, de 3 garnemenz, en laquelle il ot 2 fourreures de menuver qui tiennent chascune 116 ventres, et pour les manches du seurcot et de la cote 32 ventres, pour 1 chaperon pendant 40 ventres, et 8 ventres pour pourfiller.

Somme de ceste robe, 312 ventres, 14ᵈ le ventre, valent 18ˡ 4ˢ.

Pour 1 seurcot de kamelin blanc, ouquel il ot une

---

¹ *En marge :* S. ixˣˣ viiˡ viiiˢ iiiiᵈ

fourreure tenant 124 ventres, et pour manches 12 ventres, et 6 ventres pour pourfiller.

Somme pour ce seurcot, 142 ventres, valent 8^l 5^s 8^d.

Pour 1 peliçon de gris fin, 4^l 10^s.

Pour une robe de vert gay, que elle ot le jour de Noël, en laquelle il ot 2 fourreures de menuver tenanz 112 ventres chascune, et pour manches de la cote et du seurcot 32 ventres, et pour 1 chaperon pendant, 40 ventres, et 8 ventres pour pourfiller, délivré à Jehan le Bourguignon, le xvme jour d'octobre, avec les autres choses dessus dites.

Somme pour ceste robe, 302 ventres, valent 17^l 12^s 4^d.

Item, pour madame Blanche, fille le Roy. Premièrement, pour 1 peliçon de griz pour fourrer une cote hardie que elle ot à Quarrières, quant elle fu malade, environ la Saint-Denis[1], pris par Jehan le Bourguignon, le viiime jour d'octobre, 4^l.

Pour sa robe de marbré qu'elle ot à la Toussains, en laquelle il ot 2 fourreures de menuver tenans chascune 100 ventres, et pour les manches de la cote et du seurcot 24 ventres, pour 1 chaperon pendant, 40 ventres, et 6 ventres pour pourfiller.

Pour 1 corsset à pourfil, de camelin, ouquel il ot une fourreure tenant 124 ventres, et 12 ventres pour les manches, et 4 pour pourfiller.

Somme de ceste robe et du seurcot à pourfil, 410 ventres, valent 23^l 18^s 4^d.

Pour 1 peliçon de griz fin, pour la Toussainz, 4^l.

Pour sa robe du jour de Noël, de 3 garnemenz, d'un vert gay, où il a 2 fourreures de menuver qui tiennent 100 ventres chascune, et pour manches 24 ventres, et

---

[1] *Quant elle fu malade, environ la Saint-Denis.* La Saint-Denis tombe le 9 octobre. Il y a plusieurs villages qui portent le nom de Carrières dans les environs de Paris.

40 ventres pour chaperon pendant, et 8 ventres pour pourfiller.

Somme de ceste robe, 272 ventres, valent 15^l 17^s 4^d.

Item, pour le jone Daufin, pour sa robe de la Toussains et du Noël. Premièrement, pour 1 peliçon de griz, 70^s.

Pour 2 fourreures à cloches, d'aigniaus déliées, et 4 à seurcos, et 2 chaperons, d'aigniaus déliées, 12^l.

Somme pour le Daufin, 15^l 10^s [1].

Somme toute à Jehan d'Avranches, peletier, 299^l 6^s.

Art. 3. *Ce sunt les parties de moy Geffroy de Fleury pour la mercerie.*

Premièrement. Pour 2 cendaus vermeus, délivrez à Jehan le Bourguignon, le xixme jour d'octobre, pour couvrir les peliçons aus iiii filles le Roy, pesanz 36 onces, 4^s 2^d pour once, valent 7^l 10^s.

Item, pour chief et demi de cendau vert, délivré audit Jehan, le viime jour de décembre, pour couvrir 4 corssès de menuver pour nos jones dames dessus dites, pesant 24 onces, 3^s 6^d l'once, valent 4^l 4^s.

Pour le petit Daufin, une aloière et 1 tissu ferré d'argent, baillié audit Jehan, xime jour de novembre, 24^s.

Somme pour ladite mercerie, 12^l 18^s.

Art. 4. *Les parties Richart d'Arragon, coffrier.*
Pour 2 coffres délivrez à Colin Sansson, le xxiiiime jour de novembre, pour madame Marguerite, fille le Roy, 77^s.

S. per se.

Les parties Tiébaut l'espissier. Pour 1 caillier à madame Jehanne, baillié à Marguerite de Lamberiz, 20^s.

S. per se.

Somme toute pour les enfanz le Roy et pour le petit Daufin, 465^l 6^s 6^d.

---

[1] *En marge :* S cxi^l xvii^s viii^d.

Somme toute pour le cors la Royne, pour ses dons, et pour les enfanz, 1647¹ 17ˢ 1ᵈ ¹.

Somme toute pour le cors du Roy, de la Royne, et pour leurs dons, pour leurs anfanz, et pour le petit Daufin, jusques yci, 4029¹ 14ˢ 8ᵈ, 4015¹ 6ˢ 8ᵈ ².

[TROISIÈME PARTIE.]
[DÉPENSES DU SACRE.]

[PREMIERE SECTION.]

§ Iᵉʳ. DESPENZ FAIS POUR LE SACRE NOSTRE SEIGNEUR LE ROY³.

Art. 1ᵉʳ. Premièrement. Ce sont les parties dame Ysabiau de Tramblay, drapière.

Pour une escarllate vermeille dont l'en fist 1 grant couvertouer et 1 petit pour nostre sire le Roy, délivré à Toustain, tailleur le Roy, 44¹.

Pour 2 aunes de brunète noire, pour les selles aisiées, 24ˢ.

Pour une brunète noire, dont il devoit avoir robe à l'entrée de Rains, 28¹, demourée en garnison⁴.

Somme à dame Ysabiau de Tramblay, 73¹ 4ˢ.

Art. 2. *Les parties Jehan d'Avranches, peletier, délivrées pour le sacre nostre sire le Roy, pour son cors.*

Premièrement. Une robe de 4 garnemenz, d'un encendré, dont la royne Marie li donna le drap pour la

---
¹ *En marge :* iiiᵃ secunda grossa.
² *En marge :* Summa totalis hactenus.
³ Philippe le Long se fit sacrer à Reims le 9 janvier 1317.
⁴ Ces trois derniers mots sont ajoutés dans l'original.

veille du sacre, en laquelle il ot une houce de menuver tenant 284 ventres, et unes helles tenanz 64 ventres, et fourreures pour les 2 seurcos tenanz 226 ventres chascune, et unes manches tenanz 72 ventres, et 1 chaperon tenant 60 ventres.

Somme de ceste robe, 929 ventres, valent 54^l 3^s 10^d.

Item, le jour du couronnement, une robe de 4 garnemenz, d'un veluiau, en laquelle il ot mantel, tenant 306 ventres, et 2 fourreures tenanz 226 ventres chascune, et unes manches tenanz 72 ventres, et 1 chaperon tenant 60 ventres.

Somme pour ceste robe, 890 ventres, valent 51^l 18^s 4^d.

Pour 1 couvertouer de menuver pour le jour du couronnement, tenant 1408 ventres. Item, pour 1 demi couvertouer, celui jour, tenant 736 ventres. Item, 1 cueuvre-chief de veluiau vermeil, ouquel il a 192 ventres.

Somme du couvertouer et demi et du queuvre-chief, 2236 ventres, valent 130^l 8^s 8^d.

Pour la fourreure à 1 seurcot de kamokau, 226 ventres, et unes manches tenanz 72 ventres, et 1 chaperon tenant 60 ventres.

Somme pour ce seurcot, 358 ventres, vallent 20^l 17^s 8^d.

Pour 1 peliçon de menuver que il ot le jour de son sacre, tenant 274 ventres, à compter les manches, valent 15^l 19^s 8^d.

Pour 1 chapiau de bièvre, pris par Guillaume Pizdoe le jone, 32 ventres, valent 37^s 4^d.

 Somme toute à Jehan d'Avranches pour le cors le Roy, 275^l 5^s 6^d.

Art. 3. *Ce sunt les parties de moy Geffroy de Fleury pour la mercerie*

Premièrement. Pour une chambre inde, en laquelle il

Pour 5 veluiaus adsurez, délivrez audit Toutain, pour faire une robe à nostre sire le Roy, de 4 garnemenz, que il ot le jour de son sacre, 15^l pour pièce, valent 75^l.

Pour 3 onces de soye pour faire les lasnières le Roy, et pour la façon, 12^s.

Pour 2 quamocaus plonquiez, délivrez à Toutain, pour faire 1 seurcot qu'il ot le jour de son sacre, 16^l.

Pour 3 aunes et 1 quartier de veluiau quoquet, délivré à Ancelet de Corbueil, pour faire 1 cueuvrechief pour le Roy, 40^s pour l'aune, valent 6^l 10^s.

Pour 5 cendaus vermeus, délivrez à Gautier Louvrier, pour faire une grant courtine de salle, en lieu de celle qui fu despeciée à Rains, pesanz 77 onces, 4^s pour l'once, valent 15^l 8^s.

Item, pour 3 cendaus, 2 indes et 1 jaune, délivrez à Nicholas de Tours, pour oster les labiaus des armes le Roy et faire les de France[1], et pour faire panonciaus à trompeurs. Item, pour 4 cendaus, 3 blanz et 1 vermeil, bailliez celui jour audit Nicholas, pour faire une cote gambaisiée pour le Roy, et pour fourrer 2 autres cotes, pesanz ces 7 cendaus 112 onces, 4^s pour l'once, valent 22^l 8^s.

Item, pour une aune de samit, baillié celui jour audit Nicholas, pour faire fourriaus et renges à espées, 32^s.

Item, pour demi pièce de toille inde, bailliée celui jour audit Nicholas, pour fourrer les arçonnières aus granz chevaus le Roy, 8^s.

Summe, 184^l 14^s.

Somme à Geffroy pour ladite mercerie, 386^l 14^s.

Art. 4. *Les parties Jehan de Salli.* Pour 2 bacins

---

[1] *Pour oster les labiaus des armes le Roy, et faire les de France.* C'est-a-dire que le comte de Poitiers, en devenant roi de France, fit disparaître le lambel qu'il avait ajouté, comme brisure, a l'écu de France.

ot ciel, cheveciel, courtines, et 8 quarriaus de meismes, 11 pièces de cendaus indes pour faire ladite chambre.

Item, 8 pièces de cendaus indes pour le seurtail de fleur de liz de ladite chambre, pesanz touz ces cendaus enssamble 344 onces, 3^s 6^d pour l'once, valent 60^l 4^s.

Pour 6 pièce de toilles vers pour l'envers de ladite chambre, 15^s pour pièce, valent 4^l 10^s.

Pour une fustaine et 2 aunes pour couvrir les quarriaus dessus dit, 20^s.

Somme pour ceste chambre, 65^l 14^s.

Pour une autre chambre vermeille, à chascun jour[1], pour son sacre, en laquelle il ot coustepointe, ciel, cheveciel et courtines, et y entra 18 pièces de cendaus vermeus, pesanz 294 onces, 4^s pour l'once, valent 58^l 16^s.

Pour une coustepointe des piez, et 8 pour chambellanz, 18 cendaus vermeus, pesanz 290 onces, 4^s pour l'once, valent 58^l.

Pour 14 pièces de toile vert pour faire l'envers de ladite chambre, 15^s pour pièce, valent 10^l 10^s.

Pour 1 samit vermeil pour couvrir 8 quarriaus de ladite chambre, 9^l.

Somme pour ceste chambre, 136^l 6^s.

Pour faire une grant courtine de salle et 1 clotet; 9 pièces de cendaus vermeus, pesanz 145 onces, 4^s l'once, valent 29^l.

Pour demi samit vermeil d'estive, baillié à Toustain le tailleur, pour faire une cote que li Roys ot le jour de son sacre, 12^l.

Pour une ceinture blanche que il ot celui jour, 20^s.

Pour 1 cendal et demi vermeil, baillié audit Toutain, pour faire l'envers de ladite cote, et pour couvrir 1 peliçon, pesant 24 onces, 4^s pour l'once, vallent 4^l 16^s.

---

[1] *A chascun jour.* Pour tous les jours; par opposition à ce qu'on appelait *les chambres parées.*

d'argent, à laver, dorez dehors et dedens, pesanz 10 mars 12 esterlins, 4^l 10^s le marc, vallent 45^l 13^s.

Somme a par soy.

Ce sunt les parties Gautier de Poullegny.

Premièrement. Pour la façon d'une chambre toute entière, c'est assavoir, coustepointe, ciel, cheveciel, courtines, 8 quarriaus, qui fu faite de cendaus indes, le plain et le seurtail de cendaus jaunes, dont l'en fist les fleurs, et y entra 20 pièces de cendaus, 11 indes et 9 jaunes, pour la façon de la coustepointe faire des armes de France, et fu traciée de soie follète à 1 feuillage d'espine, et furent les fueilles fourmées de soie blanche et ardant, et tout le champ rabatu de poins; pour la façon de celle coustepointe, pour taillier le seurtail, et pour bourre qui y entra, 45^l.

Pour la façon du chevecier, fait d'autelle guise, 27^l.

Pour le ciel et les goutières, faites d'autelle guise, 30^l.

Pour la façon de 8 quarriaus pour ladite chambre, 20^l.

Pour 6 livres de soie, dont toute ladite chambre fu traciée, le seurtail et le fueillage pourfueillié, et tout le champ fu rabatu de poins, 40^s pour livre, valent 12^l.

Somme pour ceste chambre, 134^l.

Item, pour la façon d'une chambre toute entière de cendaus vermeus, en laquelle il ot coustepointe, ciel et chevecier, la coustepointe des piez, 8 coustepointes pour chambellenz, et les courtines d'entour le lit; pour la façon de la coustepointe, 30^l.

Pour la façon du cheveciel, 15^l.

Pour la façon du ciel, pour cordes rondes et plates, pour ruban, pour agniaus[1], et pour façon des courtines d'entour le lit, pour tout ce, 4^l.

Pour la façon de la coustepointe des piez, 6^l.

Pour la façon des 8 coustepointes, 12^l.

---

[1] Anneaux.

Pour 6 livres de soie de quoy ladite chambre fu faite, 12^l.

Pour la façon d'un clotet pour le Roy, de cendaus vermeus, pour une grant corde et pour ruben de soie, pour aniaus, et pour façon, 30^s.

Somme pour ceste chambre, 80^l 10^s.

Summe toute à Gautier de Poullegny, 214^l 10^s.

Ce sunt les parties Jehannot le tapissier.

Pour la chambre à fleurs de liz, 5 tappiz, dont les 2 tiennent 18 aunes quarrées, et les autres 3, 18 aunes quarrées, 18^s pour aune, valent 32^l 8^s.

Somme a par soy.

Ce sunt les parties Denise le tapissier.

Pour 3 tappiz des armes de France, et 1 tappit vert semé d'armes, tenanz ces 4 tappiz 24 aunes quarrées, 18^s pour aune, valent 30^l 12^s; et furent pour la chambre à fleurs de liz.

Pour 8 tappiz vermeus tenanz 64 aunes, 12^s pour aune, valent 38^l 8^s; et furent pour la chambre vermeille.

Somme à Denise le tapissier, 69^l.

Ce sunt les parties Perenelle la coutière.

Pour 18 livres de duvet pour les quarriaus de la chambre à fleurs de liz, 3$^{s\,1}$ pour livre, valent 4^l 4^s.

Pour 32 livres de duvet pour mectre ès quarriaus de la chambre vermeille le Roy, pris par Toutain le tailleur, le xvime jor de décembre, 3^s pour livre, valent 4^l 16^s.

Somme à Perrenelle la coutière, 9^l.

Ce sunt les parties à la seur Garingaut, de Reins.

Pour 6 sarges vers de Reins pour mectre aus fenestres

---

[1] Une tache d'humidité a détruit le chiffre dans l'original. On voit par le calcul que c'était un 3.

de la chambre le Roy, délivrées à Chevauchesnel, 15ˢ pour pièce, valent 4ˡ 10.

Summe a par soy.

Ce sunt les parties Jehan de Senliz.
Pour 4 sarges de Reins pour fenestres, délivrées à Chevauchesnel, 20ˢ pour pièce, valent 4ˡ.

Somme a par soy.

Ce sunt les parties Richart d'Arragon, coffrier.
Premièrement. Pour 1 grant coffre pour mectre les robes nostre sire le Roy, baillié à Ansselet de Corbueil, le xxviiiᵐᵉ jour de décembre, 4ˡ 10ˢ.

Pour 2 escrins pour ses oeuvres, baillié celui jour audit Ansselet, 40ˢ.

Pour 2 paniers à espices, bailliez à messire Adam Héron, le xxviiᵐᵉ jour de décembre, 4ˡ.

Pour 1 bahu à mectre sus les dis penniers, bailliez celui jour audit missire Adan, 32ˢ.

Pour 2 aumucelles pour les sommiers de la chapelle, bailliez à Perrot, sommelier de la chapelle, le xxviiiᵐᵉ jour de décembre, 40ˢ pour pièce, valent 4ˡ.

Pour 2 bahus aus dis sommeliers, délivrez celui jour audit Perrot, 32ˢ pour pièce, valent 64ˢ.

Pour 2 coffres à la chapelle, délivrez à Richart, le sommelier de la chapelle, le jour dessus dit, 4ˡ 10ˢ.

Pour 1 bahu pour les dis coffres de la chapelle, baillié à Chevauchesnel, le xxixᵐᵉ jour de janvier, 32ˢ.

Pour 4 malles à la garderobe du commun, 40ˢ pour pièce, vallent 8ˡ.

Pour une grant malle à chevaliers nouviaus, 30ˢ.

Pour 3 malles livrées à Guillot du materaz, le jour dessus dit, 2 pour le lit le Roy et l'autre pour le materaz, 40ˢ pour pièce, vallent 6ˡ.

Pour 1 bahu, 32ˢ.

Pour 4 bouges à mectre les aisemenz le Roy, baillié audit Guillot, le jour dessus dit, 4ˡ 10ˢ pour paire, valent 9ˡ.

Pour 1 bahu baillié à Philippot de Provins, sommelier des espices, le xxvɪᵐᵉ jour de décembre, 32ˢ.

Pour 2 coffres pour la chambre, délivrez à Perrot, sommelier, 4ˡ 10ˢ.

Somme à Richart d'Arragon, 57ˡ 12ˢ.

Summe pour le cors le Roy, pour son sacre, 1171ˡ 16ˢ 6ᵈ.

§ II. MISES POUR LES DONS NOSTRE SIRE LE ROY, POUR SON SACRE.

Art. 1ᵉʳ. Premièrement. *Les parties dame Ysabiau du Tramblay, drapière.*

Pour 4 escarllates vermeilles pour faire cotes et mantiaus à chevaliers nouviaus, délivrées à Toutain, tailleur le Roy, le xvɪɪᵐᵉ jour de décembre, 44ˡ pour pièce, valent 176ˡ.

Pour 2 escarllates vermeilles pour faire couvertouers à chevaliers banerès, délivrées à Toutain, le jour desus dit, 88ˡ.

Somme pour ces escarllates, 264ˡ.

Pour 10 draps, 5 marbrez et 5 vers, pour seurcos aus sergens d'armes dont les nons sont au dos de ce roolle, 17ˡ pour pièce, valent 170ˡ; et de ce ot, messire P. Gaullart, mestre des arballestriers, 10 aunes pour une robe de 3 garnemenz.

Ce sunt les nons des sergeans d'armes à qui nostre sire le Roy a donné seurcos, pour chascun 3 aunes et demie drap.

Premièrement.

Nigre de Maurons.	Remon de Terouèle.
Pierre d'Orenge.	Berthelemi de Vigon.
Michiel de Navarre.	Pierres Sot.
Ogeret de Monttoudart.	Pierres de Salins.

Tevenot Bateste.
Raol de Junchières.
Ernot deu Portal.
Thomas la Vache.
Pierres la Vache.
Jehan Bélengier.
Pierres d'Espières.
Guillaume de Jennes.
Pierres la Vache, le jone.
Jehan de Louveciennes.
Guillebert le Grute.
Jehan le Mire.
Jehan d'Ienvile.
Perdriau.
Jaquemart de Lile.
Gautier Lalemant.
Bélengier Blanc.
Guillebert du Louvre.
Andrui Tiart.
Gillot le Muire.
Januche *ou* Jamiche.
Pierres de Montbéliart.
Gaillart Nègre.

Pierres de Rivière.
Petricon d'Artèse.
Tiébaut Pédriart.
Pierres Bidant.
Bernart de Budons.
Pierres d'Aouste.
Pierres Gaillart.
Olivier-le Breton.
Antoine Passequin.
Guillaume Lème.
Renaut de Biausire.
Robert de Mauvinais.
Michiel le Gascoing.
Pierres de Noisières.
Pierres de Coullis.
Bertran de Valète.
Jehan d'Ienvile, le jone.
Jehan Deinvile.
Jehan de Bourret.
Bisiex de Chastiaus.
Guillaume Lalemant.
Colars du Bruiel (Brinel?).
Ourriet Lalemant.

Pour 1 drap de fleur de peschier que l'en délivra à mesire Adam Hairon, le jour du sacre, à Rains, pour donner au conte de Monméliart, 28^l.

Somme, 198^l.

Somme à dame Ysabiau de Tramblay, 462^l.

Art. 2. *Ce sunt les parties Jehan d'Avranches, peletier, pour les dons du sacre nostre sire le Roy.*

Premièrement. Pour 6 couvertouers de gros veir pour chevaliers nouviaus, 26^l pour pièce, valent 156^l.

Pour 3 mantiaus d'ermines pour chevaliers banerès, délivrez à Toutain, 16^l pour pièce, valent 48^l.

Pour 21 mantiau de gros veir pour chevaliers nouviaus, délivrez à Toutain, 8^l pour pièce, valent 168^l.

Somme à Jehan d'Avranches, 372^l.

Art. 3. *Ce sunt les parties de moy Geffroy, pour la mercerie.*

Premièrement. Pour 18 draps de Turquie, bailliez à messire Adam Hairon, desquieus il en y ot 2 de quoy la chaere le Roy et la Royne furent encourtinées en l'église de Rains, et 2 que li Rois donna à Nostredame de Rains, la veille de son sacre; item, 2 à Saint-Remy, et les 12 furent donnez aux églises, 11¹ pour pièce, valent 198¹.

Item, 50 draps d'Ache, délivrez à messire Adam Hairon, desquiex il en ot 23 en l'eschafaut du Roy et de la Royne, et 27 pour donner aus églises, 55ˢ pour pièce, valent 137¹ 10ˢ.

Pour 7 draps de Luque, dont il en y ot 5 pour le siége le Roy, là où il disna le jour de son sacre, et 2 dounez à Saint-Nichaise, 106ˢ pour pièce, valent 37¹ 2ˢ, *qui furent portez en la tour du Louvre, si comme dit mesire Renaut de Lor*¹.

Summe pour ladite mercerie, 372¹ 12ˢ.

Summe pour les dons du sacre le Roy², 1206¹ 12ˢ.

Summe toute pour cors et pour dons pour ledit sacre le Roy, 2378¹ 8ˢ 6ᵈˢ.

[DEUXIÈME SECTION.]

[SACRE DE LA REINE.]

---

§ Iᵉʳ. AUTRES MISES FAITES POUR LE SACRE MADAME LA ROYNE.

Art. 1ᵉʳ. Premièrement, pour son cors. A dame Ysabiau de Tramblay, drapière.

---

¹ Les mots en italique sont ajoutés dans l'original.
² *En marge :* ɴ°
³ *En marge :* 1ᵃ grossa

Pour 6 pers de Chaallons pour madame la Royne et pour 4 dames, desquiex 6 draps la Royne retint 1 drap et 4 aunes, valent 38¹ 8ˢ.

Item, une escarllate vermeille pour li faire 1 couvertouer et demi, délivré à Jehan le Bourguignon, le xviiime jour de décembre, 44¹.

Somme, 82¹ 8ˢ.

Pour 19 aunes d'escarllate vermeille pour son cheir¹, délivré à Gautier de Laon, le xviiime jour de décembre, par Adenet des Granches, escuier madame la Royne, 36ˢ 8ᵈ pour aune, valent 34¹ 16ˢ 8ᵈ.

Pour 3 aunes et demie de vert, pris celui jour par ledit Adam, pour faire les royes dudit cheir, 28ˢ l'aune, valent 4¹ 18ˢ.

Pour 15 aunes de marbré, pris celui jour par ledit Adam, pour faire la houce dudit chair, 14ˢ pour aune, valent 10¹ 10ˢ.

Somme pour ce chair, 50¹ 4ˢ 8ᵈ.

Item, pour le chair aus damoyselles, 15 aunes de vert, prises par Adenet de La Granche, le jour dessus dit, 22ˢ pour aune, valent 16¹ 10ˢ.

Pour 6 aunes et demie de souscie, prises celui jour par ledit Adenet, pour faire les roies dudit chair, 54ˢ.

Pour 15 aunes de pers, prises celui jour par ledit Adenet, pour faire la houce du chair et les mantelès, 12ˢ l'aune, valent 9¹.

Somme de ce cheir, 28¹ 4ˢ.

Pour paremenz aus pallefrois la Royne, 5 aunes d'autèle escarllate comme elle ot en son char, prises celui jour par ledit Adenet, pour faire sa sambue, 36ˢ 8ᵈ pour aune, valent 9¹ 3ˢ 4ᵈ.

Pour 4 aunes de pers, prises celui jour par ledit Ade-

---
¹ Son char.

net, pour faire paremenz aus dis pallefrois, 16ˢ pour aune, valent 64ˢ.

Pour 4 aunes de jaune, pris celui jour par ledit Adenet, pour les dis paremenz, 16ˢ pour aune, valent 64ˢ.

Pour aune et demie de vert et aune et demie de blanc, pris celui jour par ledit Adenet, pour les dis paremenz, 54ˢ.

Pour 12 aunes de souscie pour faire paremenz aus dis pallefrois, 20ˢ pour aune, valent 12ˡ.

Somme pour ces paremenz, 30ˡ 2ˢ 4ᵈ.

Somme toute à dame Ysabiau de Tramblay, 190ˡ 19ˢ.

Art. 2. *Ce sunt les parties Jehan d'Avranches, baillées et délivrées pour le sacre madame la Royne.*

Premièrement. Pour la fourreure d'une chappe de drap d'or qu'elle vesti à l'entré de Rains, tenant 226 ventres, et pour les manches de ladite chappe 200 ventres, et pour le chaperon de chappe 104 ventres.

Somme pour ceste chappe, 530 ventres, 14ᵈ pour ventre, valent 30ˡ 18ˢ 4ᵈ.

Item, pour la veille du couronnement, une robe de 4 garnemenz, d'un veluiau viollet, en laquelle il a 2 fourreures de menuver pour les 2 seurcos, tenanz 226 ventres chascune, et unes manches de seurcot clos tenanz 48 ventres, et 12 ventres pour pourfiller.

Somme pour ceste robe, 512 ventres, valent 29ˡ 15ˢ 4ᵈ.

Item, pour une robe de drap d'or de Turquie, de 3 garnemenz, qu'elle vesti le jour du couronnement, en laquelle il ot une fourreure à seurcot tenant 240 ventres, valent 14ˡ.

Somme a par soy.

Pour 2 mantiaus d'ermines, dont elle vesti l'un au disner et l'autre au soir, 64ˡ.

Pour une robe de pers de 5 garnemenz, qu'elle vesti l'endemain du sacre, en laquelle il ot 3 fourreures de menuver pour les 2 seurcos et pour le cors de la chappe, tenans 226 ventres chascune, et pour unes manches de chappe tenans 200 ventres, et pour le chaperon tenant 104 ventres. Item, 1 mantel de menuver tenant 350 ventres, et pour les manches du seurcot clos 48 ventres, et pour pourfiller 12 ventres.

Somme de ceste robe, 1392 ventres, valent 81^l 4^s.

Pour 1 corsset de griz fin qu'elle afuble en son char, 10^l.

Pour une pelice de griz fin, 12^l; pour les manches d'un peliçon, 48 ventres, valent 56^s.

Somme, 24^l 16^s.

Pour 1 couvertouer de menuver tenant 1720 ventres; item, demi couvertouer de menuver tenant 860 ventres.

Somme de ce couvertouer et demi, 2580 ventres, 150^l 10^s.

Somme toute à Jehan d'Avranches, 395^l 3^s 8^d.

Art. 3. *Ce sunt les parties de moy Geffroy de Fleury pour la mercerie.*

Premièrement. Pour demi samit d'estive, délivré à Jehan le Bourguignon, pour faire une cote à madame la Royne, 12^l.

Pour 1 cendal et demi vermeil, délivré audit Jehan, pour faire l'envers de ladite cote, et pour couvrir une pelice de griz, pesanz 25 onces, 4^s pour l'once, vallent 100^s.

Pour 3 kamokaus azurez, brodez dessus des armes de France, délivrez à Jehan le Bourguignon, le iiiie jour de décembre, pour faire une cote et 1 mantel à la Royne, 8^l pour pièce, vallent 24^l.

Pour 3 draps d'or de Paris, ouvrez, délivrez à Jehan le Bourguignon, le iiiime jour de descembre, pour faire une chappe à la Royne, qu'elle ot à l'entrée de Rains, 11^l pour pièce, vallent 33^l.

Pour 5 naques vermeus, délivrez audit Jehan, pour

faire cote, seurcot et mantel à la Roine, 11¹ 10ˢ pour pièce, valent 55¹.

Pour 7 veluiaus viollès, délivrez audit Jehan, pour faire une robe à la Royne, de 4 garnemenz, qu'elle ot la veille de son couronnement, 11¹ 10ˢ pour pièce, valent 80¹ 10ˢ.

Pour demi cendal vermeil, délivré audit Jehan, pour lier les robes dessus dites, pesant 9 onces, 4ˢ pour once, valent 36ˢ.

Pour 1 nachiz, dont le champ est de soie ardant semé de rosètes d'or, délivré à Jehan le Bourguignon, pour faire une chappe à la Royne, qu'elle vesti quant elle revint du sacre, à l'entrée de Paris, 28¹.

Pour une ceinture blanche, ferrée d'argent, qu'elle ot le jour de son sacre, 20ˢ.

Pour 4 draps d'or dont l'en fist 1 siége là où elle disna le jour de son sacre, 106ˢ pour pièce, valent 21¹ 4ˢ.

Somme, 260 une livres 10ˢ.

Pour 5 veluiaus vers, délivrez à Adenet de La Granche, le xviiiᵐᵉ jour de décembre, pour faire le ciel du cher la Royne, 11¹ 10ˢ pour pièce, valent 57¹ 10ˢ.

Pour 1 pourpre, délivré à Adenet de La Granche, pour faire le matenaz (*sic*) du char, 40ˢ.

Pour 2 rataz, délivrez à Gautier Louvrier, pour faire les karriaus du char, 10¹ 10ˢ pour pièce, valent 21¹.

Pour 16 aunes de toile vert et 16 aunes de toile vermeille déliée, bailliées à Adenet de La Granche, pour ledit cheir, 18ᵈ pour aune, vallent 48ˢ.

Pour 18 aunes de toile blanche, délivrée audit Adenet, pour couvrir le char, 18ᵈ pour aune, valent 27ˢ.

Summe pour ce cheir, 84¹ 5ˢ.

Pour 16 aunes de toile adzurée, délivrée audit Adenet, pour les paremenz aus pallefrois la Royne, 18ᵈ l'aune, valent 24ˢ.

Pour 36 aunes de toille azurée, délivrée audit Adenet, pour le cher aus damoiselles, 18^d pour aune, valent 54^s.

Pour 16 aunes de toille vert, délivrée audit Adenet, pour ledit char, 18^d pour aune, vallent 24^s.

Somme pour ce cheir, 102^s.

Pour 18 veluiaus quoquès, des granz, délivrez à Gautier Louvrier, pour faire une chambre brodée, de coustepointe, de ciel, de cheveciel, et carriaus de mesmes, 14^l pour pièce, valent 252^l; achatés de Gérin Saoul, de Luques.

Pour 13 pièces de cendaus vers, délivrez audit Gautier, pour faire l'envers de ladite chambre, pesanz 222 onces, 3^s 6^d pour l'once, valent 38^l 16^s.

Somme pour ceste chambre, 290^l 16^s.

Somme toute de ladite mercerie, 641^l 13^s.

Ce sunt les parties Gautier de Poullegny.

Pour une chambre broudée pour madame la Royne, qu'elle ot à son couronnement, à Rains.

Premièrement. Pour la façon de 1321 pappegaut, faiz de broudeure amantelés des armes nostre sire le Roy, pour la façon de ces pappegaus, pour or, pour soie de quoy il furent faiz, et pour paine d'ouvriers, 6^s pour pièce, valent 396^l 6^s.

Pour 661 pappeillon, faiz de broudeure, les helles des armes le conte de Bourgongne[1], pour l'or de quoy il furent brodez, pour saie[2], et pour façon, 6^s 6^d pour pièce, valent 214^l 16^s 6^d.

Pour 7 milles de treffles, fais d'argent, dont la coustepointe, le ciel, le cheveciel, les goutières et 8 quarriaus,

---

[1] La reine Jeanne était fille d'Othon IV, comte de Bourgogne. Il changea les armoiries des comtes de Bourgogne. Elles étaient, avant lui, *de gueules à l'aigle éployée d'argent;* il y substitua l'écu *semé de billettes d'or au lion de même.* (Art de vérifier les dates.)

[2] *Saie* pour soie; plus bas, *saierie* pour soierie C'est l'inverse de ce qu'on a vu plus haut · des draps *royés* pour rayés.

furent semez entre les pappegaus et pappeillons, pour argent, pour soye, de quoy il furent faiz, 4^d pour pièce, valent 116^l 13^s 4^d.

Pour pourtraire les pappegaus, pappeillons et treffles, par 2 fois, l'une fois sus taille, et l'autre foys pour faire l'armoierie, 30^l.

Pour 64 aunes de toille sus quoy les pappegaus, pappeillons et treffles, furent pourtrais, 16^d pour l'aune, valent 4^l 5^s 4^d.

Pour assambler les veluiaus de la coustepointe, du ciel, du chevecier, des goutières et des 8 quarriaus, et la saierie d'entour le lit, pour asseoir sus ladite chambre et quarriaus, les dis pappegaus, pappeillons et treffles, et pour soie de quoy ladite chambre fu cousue, et toute l'armoierie et treffles pourfillez tout entour, pour chandelle de cire et de suif, pour la façon des cordes et du ruban, et pour les journées de ceus qui firent ces choses; pour tout ce, 80^l.

Pour la façon d'un mantelet d'une cote broudée des armes de France, sur kamokas indes, pour 230 fleurs, pour or et pour pourtraire, pour saie et pour façon, 54^l 7^s 6^d.

Pour 12 aunes de frenges dont les goutières furent frengées, 6^s pour l'aune, valent 72^s.

Pour la façon du materas, 16^s.

Pour la façon d'un clotet de cendaus rouges, pour une grant corde, pour saye, pour aniaus, pour ruban de soie et pour façon, 30^s.

Somme à Gautier de Poullegny, 902^l 7^s 8^d.

Art. 4. *Les parties Perrenelle la coutière.*

Premièrement. Pour 14 quarriaus quarrez et 2 granz bellones, pour le cher[1], tenanz 72 livres de duvet, 3^s pour livre, valent 10^l 16^s.

---

[1] Deux grands carreaux oblongs pour le char.

Pour 27 aunes de fustaine, 16ᵈ l'aune, valent 36ˢ.

Pour 3 aunes de toille, 3ˢ 6ᵈ.

Pour la façon, 4ˢ; tout pris par Gautier Louvrier, le merquedi devant les estraines[1].

Somme à Perrenelle la coutière, 12ˡ 19ˢ 6ᵈ.

Les parties Jehan le tapissier, faites pour madame la Royne.

Premièrement. Pour une chambre vermeille de 10 tappiz, dont il en y a 6 de 5 aunes de lonc et 2 aunes de lé, qui sont semez de pappegaus armoiez de France, et de pappeillons armoiez de Bourgongne[2], et entre deuz semez de treffles d'argent. Et sy en y a 4 de 4 aunes de lonc et de 2 aunes de lé, touz fais des dites armoieries, tenanz 92 aunes, 30ˢ pour aune, valent 138ˡ.

Somme à Jehan le tapissier, 138ˡ.

Les parties Denise le tapissier.

Premièrement. Pour 4 tappiz pour les sommiers, lesquiex sont bordez tout entour des armes de France et de Bourgongne, tenanz 24 aunes, 14ˢ pour aune, valent 16ˡ 16ˢ.

Pour 8 tappiz vermeus, bordez de vert, bailliez au Normant de la chambre la Royne[3], pour les fenestres de ladite chambre, tenans 48 aunes, 10ˢ pour aune, vallent 24ˡ.

Somme à Denise le tapissier, 40ˡ 16ˢ.

Jehannot de Senlliz. Pour 3 sarges achetées de lui pour fenestres, délivrées à Rains, au Normant de la chambre la Royne, 18ˢ pour pièce, valent 54ˢ.

Somme a par soy.

[1] Le 31 décembre 1316. Les étrennes se donnaient, comme a présent, le 1ᵉʳ janvier.

[2] C'est-à-dire aux armes de la reine Jeanne. Voy. la note de la p. 59.

[3] C'est-à-dire un valet de la chambre de la Reine, qui s'appelait le Normant, de son pays.

Ce sunt les parties Richart d'Arragon, coffrier.

Premièrement. Pour 2 escrins dorez, pour sa teste, 6¹.

Item, délivré à Regnaudin le Bourguignon, vallet de la chambre la Royne, 12 malles, c'est assavoir : 2 pour le lit la Royne, item, 2 pour porter ses materaz, 6 pour la garderobe, et 2 pour damoiselles, 40ˢ pour pièce, vallent 24¹.

Pour 4 bahuz pour les sommiers de la chambre, 32ˢ pour pièce, valent 6¹ 8ˢ.

Pour 4 bouges, desquelles il en y a 2 fermanz à clef, 4¹ 10ˢ la paire, valent 9¹.

Pour 1 coffre coulleiz, délivré celui jour audit Renaudin, 25ˢ.

Pour 1 coffre pour mectre ses heures, baillié celui jour audit Normant, 50ˢ.

Pour ses chauces et pour ses sollers, 1 coffre, pris par ledit Renaudin, le jour dessus dit, 20ˢ.

Pour 1 coffre à espices, baillié celui jour audit Renaudin, 35ˢ.

Pour 1 grant coffre à mectre les robes madame la Royne, délivré celui jour audit Renaudin, 4¹ 10ˢ.

Pour 2 paires de coffres, pris par Jehannot, clerc de la chapelle, pour ladite chapelle, le jour dessus dit, 4¹ 10ˢ la paire, vallent 9¹.

Pour 1 coffinnet pour cierges, 16ˢ.

Pour 4 coffres, délivrez à mons. Jehan d'Argillières, pour la chambre la Royne, 9¹.

Summe à Richart d'Arragon, 75¹ 2ˢ.

Ce sunt les parties Gieffroy de Mante. Pour une fleur de lis et une ceinture d'or à rubis et à esmeraudes, achatés de lui, du commandement mons. Renaut de Lor, et l'ot madame la Royne à son couronnement, valent 800¹ p.

Summe du cors la Royne pour le sacre, 3199¹ 14ˢ 10ᵈ.

§ II. MISES DES DONS LA ROYNE POUR LE SACRE[1].

Art. 1ᵉʳ. Premièrement. A dame Ysabiau de Tramblay, drapière : pour la contesse de Dreus, 1 drap et 4 aunes d'un pers de Chaallons, de quoy la Royne fu vestue au couronnement, 38ˡ 8ˢ.

Pour la fame au connestable, 1 drap et 4 aunes du pers dessus dit, vallent 38ˡ 8ˢ.

Pour la dame de Biaufort, 1 drap et 4 aunes dudit pers, valent 38ˡ 8ˢ.

Pour la dame de Neelle, 1 drap et 4 aunes de mesmes, valent 38ˡ 8ˢ.

Somme pour ces 4 dames, 153ˡ 12ˢ.

Item, pour 5 souciez et 4 aunes d'un souscie de graine, pour 4 dames et pour 4 damoiselles, c'est assavoir : madame d'Atyolles (ou d'Acyolles), madame de Saint-Leu, madame de Courpallay, madame Marguerite de Pressigni, Ysabiau de Lille, Marguerite de Lambruis, Yollent, Jehanne la Viscontesse, 24ˡ pour pièce, valent 124ˡ 16ˢ.

Item, pour 3 marbrez pour nourrices et ouvrières, et fames de chambre, c'est assavoir : Eugnès du Bois, Jehanne de Gallée, Marguerite de Lille, Jehannète de Nautonne, Jehanne de Bième et Marie de La Chambre, 16ˡ pour pièce, valent 48ˡ.

Pour la fame mestre Raoul de Préaus, la moitié d'un soucie de graine, 12ˡ.

Pour frère Jehan Vié, son confesseur, 1 kamelin pour faire couvertouers et mantiaus, 14ˡ.

Somme à dame Ysabiau de Tramblay, 352ˡ 8ˢ.

Art. 2. *Ce sunt les parties Jehan d'Avranches, peletier, pour les dons du couronnement la Royne.*

Premièrement. Pour la contesse de Dreus, une robe

[1] *Mises*, dépenses.

de 5 garnemenz, d'un pers azuré, en laquelle il ot 3 fourreures de menuver, tenanz 226 ventres chascune, pour 2 seurcos, et pour le cors de la chappe, et unes manches de chappe, tenanz 200 ventres, et 1 chaperon de chappe tenant 104 ventres, et 1 mantel qui tient 350 ventres, et unes manches à seurcot clos tenanz 48 ventres, et pour pourfiller 12 ventres.

Somme pour ceste robe 1392 ventres, 14^d pour ventre, valent 81^l 4^s.

Pour la fame au connestable, une robe de 5 garnemenz, pareille et de tiex garnemenz comme celle à la contesse de Dreus dessus dite, laquelle robe tient 1392 ventres, qui valent 80 une livres 4^s.

Pour madame de Neelle, une robe de 5 garnemenz, pareille à celle dessus dite, tenant 1392 ventres, audit pris, valent 81^l 4^s.

Pour madame de Biaufort, une robe de 5 garnemenz, pareille et tiex garnemenz comme ceus à la contesse de Dreus, tenanz 1392 ventres, valent 81^l 4^s.

Somme pour ces 4 dames, 324^l 16^s.

Pour madamoiselle de Seully, une autre robe de 3 garnemenz, de veluiau jaune, en laquelle il a 1 mantel de menuver tenant 280 ventres, et une fourreure de menuver tenant 198 ventres, et unes manches tenanz 42 ventres.

Somme de ceste robe, 520 ventres, valent 30^l 6^s 8^d.

Pour Marie de La Chambre, pour 1 chaperon de menuver que la Royne li donna, 46^s 8^d.

Pour 5 livrées de ver que la Royne donna à 5 dames, c'est assavoir : madame d'Atyolles, madame de Saint-Leu, madame de Pressigny, madame de Courpallay, et la fame mestre Raoul de Préaus, 12^l pour chascune livrée, en laquelle il a une fourreure de gros ver et une fourreure de poppres; valent ces 5 livrées, 60^l.

Somme a par soy.

Pour les livrées de 4 damoyselles, c'est assavoir : Jehanne la Viscontesse, Ysabiau de Lille, Marguerite de Lambruiz, et Yollent, et a eu chascune livrée une fourreure de gros ver bragié et une de poppres, 10¹ pour la livrée, valent 40¹ par.

Pour nourrices et ouvrières et fames de chambre, c'est assavoir : Agnès du Bois, Jehannète de Gallée, Jehanne de Bièvre, Marguerite de Lille, Jehanne de Nantone, Marie de La Chambre et Marguerite de Coullombe, pour chascune une fourreure de poppres, 4¹ pour pièce, valent 28¹.

Somme a per soy.
Somme à Jehan d'Avranches, 485¹ 9ˢ 4ᵈ.

Art. 3. *Ce sunt les parties de moy Geffroy de Fleuri pour la mercerie pour les dons la Royne de son sacre.*

Premièrement. Pour 8 draps de Turquie, bailliez à Rains, à Monss. Jehan d'Argillières, pour donner aus églises, 11¹ pour pièce, valent 88¹; par escroe de mons. Jehan, donnée le mardi xi jours en jenvier.

Pour 10 draps de Luques, bailliez à Rains, audit missire Jehan, pour donner aus églises, 106ˢ pour pièce, valent 53¹.

Pour 30 draps de Venise, bailliez à Rains audit missire Jehan, pour donner aus églises, 55ˢ pour pièce, valent 81¹ 10ˢ.

Pour madamoiselle de Seulli, 5 veluiaus jaunes pour li faire une robe de 5 garnemenz, 11¹ 10ˢ pour pièce, valent 57¹ 10ˢ.

Somme, 280¹.

Item, délivré à Yollent, damoiselle madame la Royne, le jour du sacre, par le coumandement la Royne et par s'escroe.

Premièrement. 1 fermail d'or à rubiz et à esmeraudes, du pris de 16¹.

Pour 1 autre fermail d'or à rubiz et à esmeraudes, 12¹.

Pour 2 fermaus d'or à esmeraudes et à rubiz d'Alixandre¹, et 1 saphir ou milieu et a 4 grosses pelles, 16¹.

Pour 1 autre fermail d'or garni de rubiz et d'esmeraudes, et 1 quamahieu, 1 milieu, 8¹.

Pour 2 autres fermaus d'or à rubiz et à esmeraudes, et à 8 grosses pelles, 12¹.

Pour 3 autres fermailles d'or à rubiz et à esmeraudes, 70ˢ pour pièce, valent 10¹ 10ˢ.

Pour 12 alloières brodées, 32ˢ pour pièce, valent 19¹ 4ˢ.

Pour 2 aloières brodées, de veluiau, 45ˢ pour pièce, valent 4¹ 10ˢ.

Pour 4 alloières brodées, de veluiau, 40ˢ pour pièce, valent 8¹.

Pour 6 alloières, brodées sus samit, 15ˢ pour pièce, valent 4¹ 10ˢ.

Pour 16 bources, 8ˢ pour pièce, valent 6¹ 8ˢ.

Pour 4 ceintures à pelles², 40ˢ pour pièce, valent 8¹.

Pour 6 tissus esmailliez, 26ˢ pour pièce, valent 7¹ 16ˢ. Item, pour 6 autres tissuz esmailliez, 20ˢ pour pièce, valent 6¹.

Pour 4 tissus d'or esmailliez, 20ˢ pour pièce, valent 4¹.

Pour 3 tissus d'or esmailliez, 16ˢ pour pièce, valent 48ˢ.

Pour 12 tissus à pelles, ferrez d'argent, 18ˢ pour pièce, vallent 10¹ 16ˢ; par escroe de la Royne, donnée le jour de son couronnement.

Somme pour ces parties délivrées à Yollent, 156¹ 2ˢ.
Summe toute à Gieffroy de Flouri, 436¹ 2ˢ.

Item, pour une renge d'espée, et pour le fourriau fait en lissié, ouvré à bestelètes, que la Royne donna au Roy,

---

¹ Ce sont des rubis d'Alexandrie.
² *Pelles* pour perles, par adoucissement, comme *le pallement* pour le parlement.

pris de Richart Louvrier, et délivrée à Symon le Velon, du commandement la Royne et par escroe, 16^l.

Sũmme a par soy.

Somme pour les dons la Royne pour le sacre, 1289^l 19^s 4^d [1].

§ III. MISES POUR NOS JONES DAMES, FILLES LE ROY, POUR LEDIT SACRE.

Art. 1er. Premièrement. A dame Ysabiau de Tramblay, pour 3 escarllates vermeilles, délivrées à Jehan le Bourguignon, pour faire 1 couvertouer et demy à chascune des 4 filles nostre sire le Roy, 132^l.

Somme à dame Ysabiau a par soy.

Art. 2. *Ce sunt les parties Jehan d'Avranches.*

Premièrement. Pour madame Jehanne, une robe de 3 garnemenz, d'un veluiau jaune, en laquelle il a 1 mantel de menuver tenant 200 ventres. Item, une fourreure à seurcot tenant 172 ventres, et unes manches de cote et de seurcot tenanz 18 ventres; tout délivré à Jehan le Bourguignon.

Somme de ceste robe, 390 ventres, 14^d pour ventre, valent 22^l 15^s.

Pour 1 corsset de char, à pourfil, une fourreure tenant 172 ventres, valent 10^l 8^s.

Pour 1 couvertouer de menuver tenant 720 ventres, valent 42^l.

Pour demi couvertouer de griz fin, 16^l.

Somme pour madame Jehanne, 90^l 15^s 8^d.

Pour madame Ysabiau, une robe de 3 garnemenz, de veluiau jaune, en laquelle il ot 1 mantel de menuver tenant 200 ventres. Item, une fourreure de menuver tenant 130 ventres. Item, unes manches tenant 12 ventres. Item, 6 ventres pour pourfiller.

[1] *En marge :* 11^s.

Somme pour ceste robe, 348 ventres, valent 20ˡ 6ˢ.

Pour 1 corsset de char, une fourreure de menuver tenant 130 ventres, 14ᵈ pour ventre, valent 7ˡ 11ˢ 8ᵈ.

Pour 1 couvertouer de menuver tenant 720 ventres, valent 42ˡ.

Pour 1 demi couvertouer de griz fin, 16ˡ.

Somme pour madame Ysabiau, 85ˡ 17ˢ 8ᵈ.

Pour madame Marguerite, 1 corsset de char, où il a une fourreure tenant 111 ventres, item, 4 ventres pour pourfiller, 14ᵈ pour ventre, valent 6ˡ 15ˢ 4ᵈ.

Pour 1 couvertouer de menuver tenant 720 ventres, 42ˡ.

Pour 1 demi couvertouer de griz fin, 16ˡ.

Somme pour madame Marguerite, 64ˡ 15ˢ 4ᵈ.

Pour madame Blanche, 1 corsset de char, où il a une fourreure de menuver tenant 104 ventres, et 4 ventres pour pourfiller, vallent 6ˡ 12ᵈ.

Pour 1 couvertouer de menuver tenant 720 ventres, valent 42ˡ.

Pour 1 demi couvertouer de griz, 6ˡ.

Somme pour madame Blanche, 64ˡ 12ᵈ.

Somme à Jehan d'Avranches pour nos jones dames, 305ˡ 9ˢ 8ᵈ.

Art. 3. *Ce sont les parties de moy Geffroy de Fleuri pour la mercerie.*

Premièrement. Pour 7 veluiaus jaunes, délivrez à Jehan le Bourguignon, le xxvıᵐᵉ jour de décembre, pour faire 2 paires de robes, chascune de 3 garnemenz, pour madame Jehanne et pour madame Ysabel, einsnées filles le Roy, 11ˡ 10ˢ pour pièce, vallent 80ˡ 10ˢ.

Somme audit Geffroy pour ladite mercerie, 80ˡ 10ˢ.

Summe toute pour nos jones dames, 517ˡ 19ˢ 8ᵈ [1].

---

[1] *En marge :* ɪɪɪˡ.

Summe toute pour le cors la Royne, de ses dons, et des enfans le Roy, pour le sacre, 5007¹ 13ˢ 10ᵈ [1].

Summe toute pour le cors du Ray, de la Rayne, de leur dons, et pour leur enfans, pour le sacre, 7386¹ 2ˢ 4ᵈ [2].

[TROISIÈME SECTION.]

§ Iᵉʳ. ITEM, POUR AUTRES DESPENS PARTICULIERS.

Premièrement.

Ce sunt les hanaps que mons. Renaut de Lor fist achater pour nostre sire le Roy, le xxvɪɪɪᵐᵉ jour de novembre, et les reçut tous par vers lui, le jour desus de sus (*sic*) dit, par Thoumas de la Male-Mayson, son escuier, pour envoer à Compigne, au Roy, par ledit Thoumas. Premièrement.

De Estienne Maillart, 21 henap d'argent doré, dont les 18 sunt à couvècle, et les 3 sans couvècle, pesans tous ensemble 81 marc 4 onces et 15 estellins, 70ˢ pour le marc, valent 285¹ 12ˢ.

Item, 1 henap à trépié, esmaillié, pesant 4 mars 7 onces 7 estellins et maille, 100ˢ pour le marc, vaut 24¹ 7ˢ.

Summe à Estienne Maillart, 309¹ 19ˢ.

Item, de Jehenne d'Aire, 3 henaps esmailliés, pesans 22 mars 3 onces 19 estellins et maille, 110ˢ pour le marc, valent 123¹ 13ˢ 6ᵈ.

Item, 5 henaps, semés d'esmaus, pesans 25 mars 5 onces 11 estellins, 100ˢ pour le marc, valent 128¹ 9ˢ.

Item, 24 henaps à couvècle, et 2 sans couvècle, pesans 86 mars 2 onces 10 estellins et maille, 76ˢ pour le marc, valent 328¹.

---

[1] *En marge :* Secunda grossa.
[2] *En marge :* Summe total ab alia et est secunda.

Item, 2 henaps à couvècle, pesans 5 mars 5 onces, [4ˡ] pour le marc¹, valent 22ˡ 10ˢ.

Summe à Jehenne d'Aire, 602ˡ 12ˢ 8ᵈ.

Item, de Ernouf de Mont-Espillouer, 3 henaps, sartis d'esmaus, pesans 15 mars 2 onces 7 estellins et maille, 100ˢ pour le marc, valent 76ˡ 10ˢ 7ᵈ.

Summe a par soy.

Item, délivré audit Thoumas de la Male-Mayson, par le commandement misire Renaut et par s'escroe, faisant mencion de tous les henaps, 48ˢ; pour faire porter les henaps desus dis à Compigne.

Summe toute de ces henaps, 991ˡ 10ˢ 3ᵈ.

§ II. CE SUNT LES PARTIES DE MOY GIEFFROY DE FLOURI.

Pour pluseurs despens particulers fais par moy pour le couronnement nostre sire le Roy et madame la Royne, et par le temps devant dit, donc les parties s'ensuivent : premièrement.

Pour conduire la chambre le Roy de la Toussains, à Amiens, par Jehan le tappissier, pour les despens de lui et d'un vallet 6 jours, et pour le louier d'un cheval qui porta la dite chambre, 40ˢ.

Item, pour les fardiaus dudit couronnement, esquiex l'en mist les chambres nostre sire le Roy et madame la Royne, draps d'or, draps de laine et autres choses nécessaires pour ledit couronnement, pour 80 et 16 aunes de toile donc les fardiaus furent envolepés, et 30 aunes que l'en bailla à Gautier Louvrier, pour metre en l'endroit de la chambre broudée la Royne, pour ce que l'or ne menjast l'un l'autre; item, pour 4 aunes de toile cirée donc les draps d'or du pape furent envolepés, pour 8 flocées dont les fardiaus furent couvers de sus la toile, pour cordes pour enfardeler et lier; pour tout ce, 11ˡ 16ˢ.

¹ Dans l'original le parchemin est percé

Pour le louage de 15 chevaus qui portèrent les fardiaus de sus dis à Rains, esquiex l'en fist marchié par le pris de 14ˢ chascun cent pesant, et s'en partirent les 9 de Paris, 12 jours avant le sacre, pour ce que le couronnement fut esloingniés de 8 jours, puis que il s'en furent alés du commandement le Roy, et les autres 6 s'en partirent le mardi ensuivant; lesquiex 15 chevaus portèrent 3 milles et 8 cens pesant, 14ˢ pour chascun cent, valent 26ˡ 12ˢ.

Pour Conrat, frère Gautier Louvier (Louvrier), et 2 autres qui condistrent les 9 premiers summiers à Rains, pour les despens et de leur chevaus les 12 jours, 15ˢ par jour, valent 9ˡ.

Pour les despens de 2 homes qui condistrent les 6 summiers à Rains, pour les despens d'eus et de leur chevaus, par 4 jours, alans à Rains, 10ˢ par jour, valent 40ˢ.

Pour le louage de 6 chevaus qui raportèrent les draps d'or du pape, et draps de laine, et autres choses, de Rains à Paris, et aportèrent 16 cens pesans, 14ˢ pour cent, valent 11ˡ 4ˢ.

Pour les despens des 6 chevaus et des vallès qui les gardoient de tant comme nous les feismes séjourner à Rains pour atendre leur charge, 60ˢ.

Pour les despens des 15 personnes qui condistrent les 15 chevaus à Rains, et revindrent avec les 6 desus dis, pour revenir de Rains à Paris, par 4 jours, eus et leus chevaus, 20ˢ par jour, valent 4ˡ.

Summe pour les fardiaus du sacre, et pour les mener à Rains et ramener à Paris, valent 67ˡ 12ˢ.—68ˡ 17ˢ 4ᵈ.

Item, pour vallès cousturiers qui furent pris à Rains pour assembler les chambres nostre sire le Roy et madame la Royne, et pour clou et charpentiers qui firent le dois[1] le Roy, et pour ceus qui gardèrent les draps d'or

---

[1] *Prononcez* dais.

qui estoient entour le dois, tant comme nous fûmes à Rains, 8¹.

Despens de moy Gieffroy, et de Gautier Louvrier, et de noz gens, à 8 chevaus, alans et venans à Rains pour les négoces dudit couronnement, et séjournâmes à Rains 2 jours après puis le jour du couronnement, pour les draps d'or requeillir et enfardeler, et draps de laine et autres choses, et pour pluseurs négoces touchant le sacre, pour 10 jours, alans et venans, et le séjour de Rains, 4¹ 10ˢ par jour, valent 45¹.

Summe de ces parties, 53¹.

Item, baillié à Gautier de [Lao]n¹, le diemenche xxvme jour en septembre, du commandement le [Roy], et par escroe de Garin des Crones, son escuier, pour pluseurs choses que il avoit faites au Roy, donc les parties sunt en l'escroe, pour le torneement de Meulenc, 34¹.

Item, poié pour l'estui où la grant couronne le Roy fut portée à Rains, 4ˢ.

Item, baillié à Joudouin, clerc et sommelier de la chapèle le Roy, pour une somme pour 4 coffres, pour la dicte chapèle, et li furent délivrez par lectres du Roy, 15¹.

Somme, 49¹ 4ˢ.
Somme, 171¹ 16ᵈ.
Somme toute pour les henaps et pour ces autres choses², 1162¹ 11ˢ 7ᵈ.
Somme toute pour le couronnement, 8548¹ 13ˢ 11ᵈ.
Somme toute des despens dessus dis, 12564¹ 7ᵈ par.

Restat quod debentur ei 11393¹ 7ᵈ, *quæ redduntur ei in compoto suo de misiis et expensis cameræ per ipsum factis, finito ad* 1^am *diem julii* cccxviii^os. *Quod quitat hic.*

---

¹ Dans l'original le parchemin est troué.
² *En marge :* S totalis ab aliis duabus precedentibus
³ Une note marginale nous apprend que ce compte fut rendu le 3 août 1318 : *Auditus die* iii *augusti* cccxviii°.

[1] Item, l'en me doit de deniers que j'ai bailliés à Guillaume de Péronne, maistre de la chambre aus deniers le Roy, par pluseurs parties, dont j'ay escroe de la chambre du trésor, 460^l par.

Item, à Jaques le Juenne, apothicaire, par lettres du Roy, 816^l par.

Item, à madame la Royne, par sa lettre, 998^l 8^s par.

Item, pour le roy Loys, que Diex absoille, par escroe de Jehan Billouart, 2502^l 13^s 2^d.

Item, pour le roy Phelippe, son peire, que Dex absoille, par escroe de maistre Michel de Bourdenay, 222^l 12^s 2^d.

LETTRES DU 20 JANVIER 1317, QUI NOMMENT GEOFFROI DE FLEURI
A L'OFFICE D'ARGENTIER[2].

Philippus, Dei gratia, Franciæ et Navarræ rex, universis præsentes litteras inspecturis, salutem. Notum facimus, quod ad plenum confisi de fidelitate et diligentia Gaufridi de Floriaco, exhibitoris præsentium, ipsum deputavimus et deputamus nostrum, et carissimæ consortis nostræ, Argentarium, et præcipuum provisorem omnium quæ addictæ officium argentariæ possunt et debent, quomodo libet, pertinere, ad vadia consueta. Dantes eidem G., plenam potestatem et speciale mandatum, comparandi seu emendi, pro nobis, capiendi et levandi pro certo et competendi (*sic*) pretio, quæcumque nobis, dictæ consorti nostræ, et liberis nostris, necessaria, dictum officium suum tangentia, mediante pretii, de quo cum mercatoribus convenerit, debita solutione, vel grato mercatorum ipsorum. Promittentes insuper dicto G.,

---

[1] Cet article et ceux qui suivent sont barrés dans l'original.
[2] Ces lettres se trouvent au dos du 20e feuillet dans l'original, ainsi que la pièce suivante.

pro se, uxore suá, liberis suis, et causam habituris ab eis, quod, de hiis omnibus et singulis ad dictum officium spectantibus, de quibus idem G., nobis, dictæ consorti nostræ et liberis nostris jam providerit et deinceps providebit, quæ fuisse et de cetero fore nostris commodis applicata liquebit, quamvis idem G., proprio nomine, dicta necessaria, a quibuscumque acceperit, dum tamen nostris commodis, ut dictum est, applicata fuerit, ipsos contra omnes garantizabimus, defendimus, et servabimus prorsus indempnes. Dantes omnibus fidelibus, justiciariis et subditis nostris, præsentibus, in mandatis, ut, dicto G., in hiis quæ ad dictum officium pertinent, pareant et pareri faciant cum effectu; et dilectis et fidelibus nostris gentibus compotorum nostrorum Parisius, mandantes ut ea omnia, quæ ad opus nostrum et in nostram utilitatem per dictum G., de hiis quæ ad dictum suum pertinent officium, jam fuisse et de cetero fore conversa eis constabit, in suis, super hoc reddendis, compotis, sine cujuslibet ostaculo difficultatis, admittant; nec super hiis, dictum G., uxorem suam, liberos ipsorum aut causam habituros, ab ipsis vexari, compelli, vel molestari permittant, præsentibus, quamdiu nobis placuerit, in suo duraturis. In cujus rei testimonium, præsentibus nostrum apponi fecimus sigillum. Actum Parisius, die xxª januarii, anno Domini M° CCC° sexto decimo.

ORDRE A LA CHAMBRE DES COMPTES DE PASSER EN COMPTE A GEOFFROI
DE FLEURI LES SOMMES QU'IL AURA PAYÉES POUR LA REINE.

Philippus, Dei gratia, Franciæ et Navarræ rex, dilectis et fidelibus gentibus nostris compotorum Parisius, salutem et dilectionem. Mandamus vobis quatinus Gaufrido de Floriaco, Argentario nostro, quascumque pecuniarum summas quas cumdem, carissimæ Johannæ nostræ, dictorum regnorum reginæ, per ipsius reginæ cedulas, vos tradidisse constiterit, deducatis de recepta ipsius, et ejus compotis allocetis easdem. Actum apud Montem Argi, die prima octobris, anno Domini m° ccc° decimo septimo.

LETTRES DE NOBLESSE POUR GEOFFROI DE FLEURI.

Philippus, etc. Notum facimus universis tam præsentibus quam futuris, quod Nos, consideratis diligenter et attentis gratis devotionis et fidelitatis obsequiis quibus dilectus Gaufridus de Floriaco, Argentarius noster, se nobis multipliciter reddidit gratiosum et acceptum, volentes ipsum propter hoc speciali prosequi prærogativa favoris qui sibi posteritatique suæ perpetuo cedere valeat ad honorem, eidem Gaufrido, de gratia speciali concedimus per præsentes, quod, licet ipse nobilis non existat, nec a nobilibus originem traxerit, quandocumque et a quocumque sibi placuerit accingi valeat cingulo militari; ad hoc ex nunc nobilitantes eundem ac si fuisset ab utroque latere a nobilibus procreatus. Idem Gaufridus ac tota sua posteritas præsens et futura, rata (*lisez* nata) et nascitura, procreata et procreanda, etiam nobilitamus, et de plenitudine regiæ potestatis, pro nobilibus ubilibet habeantur et ut nobiles ab omnibus reputentur imperpetuum et tractentur, necnon de cetero ad omnes quoscumque actus nobiles admittantur, non obstantibus quibuscumque ignobilitatis casibus, seu quibuscumque aliis defectibus, quos, ex certa sciencia et de potestatis regiæ plenitudine, tenore præsentium totaliter amovemus. Nichilominus eidem Gaufrido concedentes insuper, ut ipse heredesque et·successores sui ac causam ab eis habituri, omnes redditus, possessiones et alia quæcumque in nostris feodis et retrofeodis acquisita per eundem tenere valeant absque coactione vendendi vel extra manum suam ponendi, quodque ad aliqualem financiam nobis aut successoribus nostris præstandam de cetero quomodolibet pro eisdem nullatenus compellantur. Quod ut perpetuæ firmitatis robur obtineat, præsentes litteras nostri sigilli fecimus impressione muniri. Actum apud Leriacum, anno Domini M° CCC° vicesimo, mense augusti. Lecta regi, qui voluit quod sic transiret ad relationem vestram, BAQUELERIUS. Per dominum Regem, BELLEYMONT.

(Archives nationales, trésor des chartes, registre cote J. 59, pièce n° 496.)

Le passage suivant d'un Journal du trésor pour l'année 1322, nous apprend que Geoffroi de Fleuri cessa d'exercer les fonctions d'Argentier à la mort de Philippe le Long[1], et qu'il lui était dû une somme assez considérable.

« Gaufridus de Floriaco, Argentarius *quondam* dicti regis Philippi, pro denariis sibi debitis inter partes traditas curiæ per ipsum, pro fine compoti sui de jocalibus et misiis camerarum Regis et Reginæ, in quo compoto redduntur ei plures fines compotorum de toto tempore præterito usque ad Epiphaniam Domini CCCXXI°, inclusis pluribus aliis partibus sibi debitis, de summa 11392¹ 17ˢ 10ᵈ p., 2085¹ 9ˢ 3ᵈ ob. p., per cedulam curiæ. Residuum, quod est 9307¹ 8ˢ 6ᵈ ob. p. debetur ei. »

(Archives nationales, registre coté K. 1, p. 154.)

[1] Il devint depuis trésorier de France, comme le prouvent des lettres d'amortissement données en 1339, par Philippe de Valois, *à la supplicacion de nostre amé et féal trésorier Giefroy de Flory*. (J. 71, pièce n° 272.)

COMPTE
DE L'ARGENTERIE

D'ÉTIENNE DE LA FONTAINE.

AVERTISSEMENT.

C'est aux citations qu'en a faites Du Cange que les comptes d'Étienne de La Fontaine doivent leur célébrité. Ils étaient au nombre de dix. Il n'en reste plus, du moins à notre connaissance, que les quatre derniers, qui se trouvent en original dans un manuscrit appartenant aux Archives nationales. C'est un volume grand in-4° ou petit in-folio carré, recouvert d'une reliure moderne en veau, à dos de maroquin rouge, et intitulé : *Comptes de l'Argenterie*, 1351-1355 (coté K. 8). Il contient 218 feuillets de parchemin, savoir : 191 pour les comptes d'Étienne de La Fontaine, et 27 pour ceux de Gaucher de Vannes, son successeur. Le premier de ces comptes d'Étienne de La Fontaine, qui est incomplet, s'étendait du 1er juillet 1351 au 4 février suivant. Ce qui en reste commence au milieu d'un chapitre de fourrures, et comprend les trente premiers feuillets du volume. Le second, qui est celui que nous donnons, commence au folio 31, et va jusqu'au folio 74. A partir de là jusqu'au folio 88, ce ne sont plus que des pièces justificatives de diverses fournitures, qui sont en dehors du compte principal, et que nous omettons. Le troisième compte, qui s'étend du folio 88 au folio 157, est rendu pour le terme de Noël 1352. Il embrasse l'espace de temps compris entre le 1er juillet de cette année et le 1er janvier suivant. Le quatrième compte est le dernier de ceux que rendit Étienne de La Fontaine, lequel passa alors des fonctions d'argentier à celles de maître des eaux et forêts. En voici l'intitulé :

« C'est le xe compte et derrain de Estienne de La Fontaine, argentier du Roy nostre sire, des receptes et mises que il a faites pour le fait de son office d'argenterie, puis le premier jour de janvier l'an mil cccLII, jusques au premier jour de may l'an mil cccLIII prochain ensuivant (que ledit Estienne fu institué et fait maistre des eaux et forêts du royaume de France), pour le corps du Roy nostredit seigneur, de monseigneur le Daulphin, et pour ceulx de leur compaignie, c'est assavoir : monseigneur le duc d'Orliens, le conte d'Anjou, et mes seigneurs messire Jehan et messire Philippe de France, et monseigneur Louys de Bourbon ; et de rechief pour les dons, tant du Roy comme de monseigneur le Dauphin. Et en la fin de cest présent compte sont escripz et contenuz touz les jouyaux et autres choses que ledit argentier avoit en garnison en son hostel, ou nom et pour ledit seigneur, touz lesquielx furent bailliez et livrez par inventoire à Gauchier de Vannes, retenu nouvel argentier dudit seigneur, le premier jour de may dessus dit. »

C'est le premier des trois comptes complets d'Étienne de La Fontaine que nous imprimons ici. Nous le donnons *in extenso,* et sans en retrancher un seul mot, afin qu'on ait là un type exact d'un compte de l'Argenterie. Nous rejetons en note au bas des pages les annotations marginales de la chambre des comptes. Enfin, nous le divisons comme celui de Geoffroi de Fleuri, en parties, sections, paragraphes et articles.

M. Leber a donné, dans le tome XIX de sa *Collection de pièces relatives à l'histoire de France,* quelques courts extraits des comptes d'Étienne de La Fontaine, comme aussi d'un compte de Geoffroi de Fleuri pour l'an 1320. Il n'indique pas ses sources, mais tout porte à croire que c'est d'après des copies fort incorrectes.

COMPTE DE L'ARGENTERIE
D'ÉTIENNE DE LA FONTAINE,

POUR LE TERME DE LA SAINT-JEAN DE L'AN 1352.

C'est le compte Estienne de La Fontaine, argentier du Roy nostre sire, des receptes et mises que il a faites à cause de son office, pour le corps du Roy, pour monseigneur le Dauphin, pour le duc d'Orliens, pour noz joinnes seigneurs[1], pour leurs compaignies et pour leurs dons, depuis le IIIIe jour de février CCCLI jusques au premier jour de juillet CCCLII ensuivant. Et de rechief pour plusieurs parties délivrées pour les noces de madame Blanche de Bourbon, royne d'Espaigne[2], pour l'obsèque de monseigneur Gieffroy de Varennes, chambellanc du Roy, et aussi pour plusieurs autres parties qui encore estoient à délivrer pour les noces et espousailles de madame Jehanne de France, fille ainsnée du Roy, royne de Navarre[3].

[PREMIÈRE PARTIE.]
RECEPTE

Des trésoriers du Roy nostre sire à Paris, comptans à plusieurs foiz et parties par le compte du trésor, fenis-

---

[1] Il s'agit, comme on le verra plus bas, de Louis, comte d'Anjou; de Jean, duc de Berri; de Philippe, duc de Bourgogne; de Louis, duc de Bourbon, et des comtes d'Alençon et d'Étampes.

[2] Fille de Pierre Ier, duc de Bourbon, et femme de Pierre le Cruel, roi de Castille.

[3] Par son mariage avec Charles le Mauvais.

sant le premier jour de juillet cccLII dessusdit, les parties transcriptes cy-après en la fin de ce compte[1], pour tout, 4545^l par. C'est assavoir : 1299^l 12^s p. en 2166 escuz d'or, pièce 12^s p. Et 232^l 8^s p. en 290 escuz et demi, pièce 16^s p. Et le demourant de ladicte somme, qui est 3013^l p., en solz et livres. Pour tout ce, 2456 escuz et demi.

Et 3013^l parisis.

Item. Comptant par la main du receveur de Senliz, par assignation des trésoriers, sur les deniers de sa recepte tant ordinaire comme extraordinaire, 2000^l par.

Item. Compté le xve jour de may par la main Yves de Claidier, receveur de Beaumont le Roger, pour acheter draps et pennes pour la livrée des genz monseigneur le duc d'Orliens, 400^l par.[2]

Item. Compté au trésor du Roy nostre sire, par Josseran de Mascon, pour achater plusieurs choses neccessaires estre quises pour l'arroy madame la royne de Navarre, en 2000 escuz, 1600^l p. Pour ce, 2000 escuz d'or, sanz pris[3].

Item. Comptant par la main de Jehan Luissier, maistre particulier de la monnoie d'argent de Paris, par assignacion des trésoriers, pour 600 mars d'argent à 4^l 16^s t. le marc, 2880^l tur. qui valent 2304^l p.

Item. Comptant par ledit Jehan Luissier, par assignacion des diz trésoriers, pour quérir et achater vaisselle d'or et d'argent neccessaire pour l'estat et arroy de madicte dame la royne de Navarre; pour 2400^l t. 1920^l par.

---

[1] Nous avons averti que nous les omettions. Elles se trouvent au folio 75 du manuscrit original.

[2] *De ista summa onerabatur dictus Stephanus primo libro debitorum officii, folio* xLII. *Ibi corrigitur.*

[3] *Pro istis* 2000 *scutis auri capiuntur per thesaurarios super dictum Stephanum in partibus suis ad Natale* cccLIII, *sub* xx^a *sept.,* 1600^l p. *in summa de* 7757^l 6^s 5^d *p.; et ibi corrigitur.*

De Vincent Lommelin, de Gennes, pour plusieurs joyaux rendus et bailliez par li pardevers l'argentier, des quelz le dit argentier fait mise ci-après en ce présent compte, les parties transcriptes vers la fin. Y a néant.

De plusieurs choses et joyaux, prins et venuz, tant de l'exécucion la royne Jehanne de Bourgoingne, comme de l'inventoire Guillaume de Monstreul[1], et des garnisons du Temple, despensées et rendues cy-après en ce présent compte en plusieurs lieux et chapitres. Pour néant.

Somme de la recepte, 9637^l p.

Et 4456 escuz et demi[2].

[DEUXIÈME PARTIE.]
[DÉPENSES DU ROI ET DES PRINCES.]

[PREMIÈRE SECTION.]
MISES DES RECEPTES DESSUS DICTES, FAITES EN CE TERME.

§ Ier. [ACHATS DE DRAPS DE LAINE.]

Art. 1er. Premièrement. *Draps de lainne pour le corps du Roy nostre sire* achatés à plusieurs marchans cy-après nommez et yceulz bailliés et délivrez à Eustace du Brulle, tailleur d'yceluy seigneur, pour les distribuer en la manière qui s'ensuit, par sa relacion rendue à court, séellée de son séel.

Godefroy Miltin, marchant et drapier de Broixelles, pour une escarlatte vermeille de Broixelles à faire audit seigneur un seurcot et une cote hardie fourrée de menu-

---

[1] C'est le prédécesseur d'Étienne de La Fontaine.

[2] Dans l'original, on trouve en accolade la somme de 12769^l, laquelle est barrée.

vair, 2 autres seurcos fourrés de cendal blanc, un fons de cuve doublé d'autre drap, et chaperons doubles et sengles; pour ce, 100 escuz d'or, 14ˢ p. l'escu, valent 70ˡ par.

Ledit Godefroy, pour un blanc court de Broixelles, à faire pour le corps dudit seigneur, 2 seurcos fourrés de menuvair, une doubleure à mantel, et autres garnemens pour nos joines seigneurs; pour ce, 30 escus, 14ˢ p. la pièce, valent 21ˡ p.

Pierre le Flamenc, drapier de Paris, pour un fin marbré brun de la grant moison, de Broixelles, à faire audit seigneur une robe de 4 garnemens, fourrée de menuvair, pour la saison de karesme; en 64 escus, pièce 14ˢ p. 44ˡ 16ˢ p.

Jacques le Flamenc, drapier, pour un fin marbré brussequin rose, de ladicte moison de Broixelles, à faire audit seigneur une autre robe semblable, pour la feste de Pasques Flories, 42ˡ p.

Jehan Prime, drapier de Broixelles, pour un marbré verdelet lonc, de Broixelles, à faire audit seigneur une robe de 4 garnemens, fourrée de menuvair, pour la veille des Grans Pasques, 35ˡ p.

Godefroy Miltin, pour un marbré violet de graine, des loncs, de Bruxelles, pour faire audit seigneur une robe de 6 garnemens, fourrée de menuvair, pour la feste des Grans Pasques; pour ce, 80 escuz, pièce 14ˢ p., valent 56ˡ p.

Estienne Marcel[1] et Jehan de Saint Benoit, drapiers, pour 16 aunes d'un brun royé de Gant, à une perse acostée de 2 bastons jaunes, délivrées au terme de Pasques en la chambre des napes dudit seigneur, pour le burel de son corps, 11ˡ 4ˢ p.

---

[1] C'est celui qui, quelques années plus tard, joua un si grand rôle comme prévôt des marchands.

Ledit Estienne, pour 8 aunes d'un autre royé de Gant traiant sur fleur de peescher, délivrées en ladicte chambre pour le burel du commun, 105^s p.

Ledit Godefroy Miltin, pour un marbré dosien des loncs, de Broixelles, à faire audit seigneur une robe de 4 garnemens, fourrée de menuvair, pour la feste de l'Ascencion; pour ce, 54 escus, 14^s p. pièce, valent 37^l 16^s p.

Ledit Godefroy, pour un fin pers asuré, des loncs, de Broixelles, à faire une semblable robe fourrée de cendal pour le corps dudit seigneur, la veille de Penthecouste, 56 escus, pièce 14^s p., valent 39^l 4^s p.

Jacques le Flamenc, pour une escarllate rosée de Broixelles, à faire une robe de 6 garnemens, fourrée de cendal asuré, pour le corps dudit seigneur, pour la feste de Penthecouste, 100 escus, pièce 16^s, valent 80^l p.

Antoyne Brun, drapier de Paris, pour 29 aunes et demie d'escarlatte paonnace, à faire audit seigneur une robe de 4 garnemens, fourrée de menuvair, et une autre pareille pour le roy de Navarre, pour la feste Saint Jehan, à 72^s p. pour aune, valent 106^l 4^s.

Jehan Perceval, pour demi drap vert, à bois, de la grant moison de Broisselles, à faire audit seigneur pour la saison d'esté, cotes hardies et houces à aler en son déduit; pour ce, 20^l p.

Ledit Jehan, pour 2 draps de Dorlens, de courte moison, délivrés au terme de Pasques, pour faire malètes aus vallez de chambre du Roy, de monseigneur le Dauphin et de nosseigneurs de France, 27^l 4^s p.

Ledit Perceval, pour 10 aunes et demie d'un blanc lonc, de Broixelles, moillié et tondu, à faire pour le Roy 2 cotes sengles et un seurcot, 28^s p. l'aune, valent 14^l 14^s p.

Somme, 610^l 7^s p.

Art. 2. *Draps de lainne pour monseigneur le Dauphin et ses compères*; c'est assavoir le duc d'Orliens, le conte d'Anjou, messeigneurs Jehan et Philippe de France, enfens du Roy, monseigneur Louys de Bourbon, le duc de Bourgongne, le conte d'Alençon, et le conte d'Estampes.

Godefroy Miltin, pour 4 draps marbrez, lons, de Broixelles, de 2 sortes, bailliés à Eustace du Brulle, tailleur le Roy, par sa relacion rendue dessus, pour faire robes à monseigneur le Dauphin et à ses compères, pour la feste de la Chandeleur nouvellement passée, 52 escus le drap, l'un par l'autre pièce, de 14^s p., valent 145^l 12^s p.[1]

Adam le Flamenc, drapier, pour aune et demie d'escarlatte sanguine, et aune et demie d'un marbré lonc de Broisselles, baillé à Martin de Coussy, tailleur de monseigneur le Dalphin, à faire un seurcot ouvert pour monseigneur le Dauphin en lieu d'un sien autre qui fu perdu à Neelle, de sa robe de Saint Andryeu darrenier passée, 118^s p.

Jehan Parceval, pour 4 aunes et demie d'un fin blanc de Broisselles, baillé à Martin de Coussi, tailleur de monseigneur le Dauphin, par sa lettre, pour faire audit seigneur 2 cotes sengles, 28^s p. l'aune, valent 6^l 6^s p.

Godefroy Miltin, pour 2 marbrez loncs de Bruxelles traians sur le caignet, bailliés à Eustace du Brulle, tailleur le Roy, pour faire cotes hardies et manteaux pour monseigneur le Dauphin et ses compaignons, pour karesme; 96 escus, à 14^s p. la pièce, valent 67^l 4^s p.

Jehan Prime, drapier de Broixelles, pour un drap et demi, court, de Broixelles, baillés audit Eustace pour faire doubleures aus diz manteaux et, du demourant, chauces, 27^l 6^s p.[2]

---

[1] *Apparet per totum compotum de relatione et de deliberatione, sed non de pretio, nec solutione.*

[2] *Per quittantiam superius redditam.*

Ledit Jehan Prime, pour 12 aunes d'un brussequin de Broixelles, de la grant moison, baillées à Martin de Coussy pour faire pour ledit seigneur monseigneur le Dauphin, une robe, hors livrée, de 4 garnemens, fourrée de menuvair, 16ˡ 18ˢ p.

Jehan Perceval, drapier, pour 10 aunes et demie d'escarlatte vermeille baillée audit Martin pour faire 2 seurcos, 2 manteaux et 2 chaperons, tout fourré de menuvair, pour le corps monseigneur le Dauphin, et pour le duc d'Orliens, 64ˢ p. l'aune, valent 33ˡ 12ˢ p.

Jehan de S. Benoit et Estienne Marcel, pour 3 royés de Gant, sur le violet, à un baston de soye blanche, et pour 2 marbrez loncs de Bruxelles, merlez de pers et de vermeil, tout baillé audit Eustace pour faire audit seigneur et à touz ses compaignons, robes pour leur livrée de Pasques : les roiez, 21ˡ p. pièce, et les plains, pièce, 33ˡ 12ˢ p., valent tout 130ˡ 4ˢ p.

Pierre de la Courtneuve, pour un drap lonc entier baillé audit Eustace pour faire chauces en ce terme à touz nos diz seigneurs, 28ˡ p.

La dame des Trumelières, pour demi brunète de Douay baillée en ce terme audit Eustace pour faire chauces aus diz seigneurs, 16ˡ par.

Jehan de S. Benoit et Estienne Marcel, pour un roié entier et le tiers d'un, de 2 sortes, délivré au terme de Pasques en la chambre des napes monseigneur le Dauphin, pour le burel de son corps et celui du commun; pour ce, 15ˡ p.

Godefroy Miltin, pour 2 draps loncs de Bruxelles, l'un acolé et l'autre marbré violet, baillés au tailleur du Roy, par sa relacion, rendue dessus, pour faire corsès d'esté à chevaucher, fourrés de cendal, pour mondit seigneur et ceulz de sa compaignie; 50 escuz la pièce, 14ˢ p. l'escu, valent tout, 70ˡ par.

Anthoine Brun, pour 5 aunes d'un tanné claret et

5 aunes d'un marbré traitant sur l'empérial, baillées à Martin de Coussi, par sa lettre, pour faire audit seigneur une robe partie, de 4 garnemens, fourrée de menuvair, hors livrée, 17¹ 10ˢ p.

Jehan Perceval, pour 8 aunes d'un marbré violet de graine, à faire audit seigneur une cote hardie, un mantel et un chaperon; la cote et le chaperon fourrés de menuvair, et le mantel doublé de drap, 50ˢ p. l'aune, valent 20ˡ p.

Anthoine Brun, pour 3 aunes et demie d'un fin marbré court de Bruxelles, à faire doubleure audit mantel, 22ˢ p. l'aune, valent 77ˢ p.

Jehan Perceval, pour 8 aunes et un quartier de 3 marbrez, des lons, de Bruxelles, baillés à Martin de Coussi pour faire chauces aus diz seigneurs; 32ˢ p. l'aune, valent 13ˡ 4ˢ p.

Ledit Jehan, pour 3 aunes d'escarlatte paonnasse de Broixelles; 68ˢ p. l'aune. Et pour 3 aunes d'un marbré de Broixelles en graine, 48ˢ p. l'aune; baillées audit Martin de Coussi, par sa lettre, pour faire 2 seurcos à chevaucher, fourrés de cendal, pour le corps monseigneur le Dauphin; valent tout 17ˡ 8ˢ p.

. Ledit Jehan, pour 2 aunes de ladicte escarlatte et 2 aunes et demie d'un marbré lonc de Broixelles, traitant sur le caignet, tout baillé à Martin de Coussi, par sa lettre, pour faire chauces semelées audit seigneur et à monseigneur le duc d'Orliens; pour ce, 11ˡ 6ˢ p.

Ledit Jehan, pour 3 aunes d'une longue sanguine de Louvain, baillées à Eustace du Brulle, tailleur du Roy, pour faire chauces pour nos seigneurs les joinnés enfans dudit seigneur; 28ˢ p. l'aune, 4ˡ 4ˢ p. [1]

Ledit Jehan, pour 11 aunes de 2 marbrez lons de Broixelles, l'un de grainne, et l'autre de garence, baillées

---

[1] *Non apparet de relatione.*

à Gieffroy Cochet, tailleur monseigneur le duc d'Orliens, par sa lettre, pour faire audit monseigneur le duc une robe hors livrée, fourrée de menuvair; 32^s p. l'aune, 17^l 12^s p.

Ledit Jehan, pour 5 aunes et demie d'escarlatte vermeille, baillées à Martin de Coussi pour faire une cote hardie, un chaperon et un grand mantel fendu à un costé, tout fourré de menuvair, pour monseigneur le Dauphin; 68^s p. l'aune, 18^l 14^s p.

Ledit Jehan, pour 3 aunes de ladicte escarlatte, baillées audit Eustace de Brulle, tailleur du Roy, par sa lettre, pour faire une cote hardie et un chaperon, tout fourré de menuvair, pour le conte d'Anjou, 10^l 4^s p.

Les diz Jehan de S. Benoit et Estienne Marcel, pour 5 draps fins, roiez, bruns, de Gant, baillées audit Eustace, pour faire robes fourrées de cendal à monseigneur le Dauphin et à noz autres seigneurs de sa compaignie pour leur livrée de Penthecouste; 24^l p. la pièce, valent 120^l p.

Anthoine Brun, pour 2 aunes et demie d'un fin marbré violet, baillé à Jehan de Courcelles et à Gieffroy Cochet, tailleur monseigneur le duc d'Orliens, par la lettre dudit tailleur, pour faire audit monseigneur le duc une cote et un chaperon hors livrée; 32^s p. l'aune, valent 4^l p.

Pierre de la Courtneuve, pour 3 aunes de blanc baillées audit Cochet pour faire audit monseigneur le duc une cote à çaindre, et, du demourant, aumuces, 4^l 10^s p.

Hennequin le Flamenc, pour 5 aunes de camelin à faire cote et mantel fourré de grix, à relever de nuis, pour monseigneur le Dauphin; et pour 4 aunes d'un fin marbré lonc de Broisselles, à faire chauces pour ledit seigneur et pour le duc d'Orliens; 24^s p. l'aune, valent tout 10^l 16^s par.

Jehan de S. Benoit et Estienne Marcel, pour 2 draps

vers, de courte moison, baillées à Eustace du Brulle, par sa lettre rendue dessus, pour faire cotes hardies et houces sengles, à bois, pour monseigneur le Dauphin, le duc d'Orliens, le conte d'Anjou, et pour noz autres seigneurs de leur compagnie, pour aler chacier avecques le Roy en son déduit; le drap 22^l 8^s p., valent 44^l 16^s par.

Ledit Perceval, pour 3 quartiers d'escarlatte paonnasse, et 3 quartiers d'un fin marbré, baillés à Thévenin Castel, armeurier et brodeur de monseigneur le Dauphin, pour faire un chaperon double pour ledit seigneur, brodé à perlles, pour le corps dudit monseigneur le Dauphin, 4^l 10^s par.

Somme : 884^l 11^s p.

§ II. [TONTURE DES DRAPS DESSUS DIZ.]

Guillaume Chapelain [1], tondeur des draps du Roy nostre sire, pour la tonture de touz les draps dessus diz, tonduz en ce terme pour le corps dudit seigneur, pour monseigneur le dauphin de Viennois, pour monseigneur le duc d'Orliens, pour noz autres seigneurs de France et pour leurs dons, les parties transcriptes en la fin de ce compte, et au compte dudit Guillaume, rendu à court, séellé de son séel; pour tout, 89^l 11^s 2^d par.

Somme par soy, 89^l 11^s 2^d par.

§ III. [FAÇONS DE ROBES.]

Eustace du Brulle, tailleur et vallet de chambre du Roy nostre sire, pour la façon des robes et garnemens pour le corps dudit seigneur, pour monseigneur Louys de France, conte d'Anjou, pour messire Jehan, messire Philippe de France, pour monseigneur Loys de Bourbon; pour plusieurs autres mises, voitures et despens fais en

---

[1] *Habet cedulam et est in debitis infra de* 58^l 11^s 6^d.
Et sunt partes jactata et collationata.

ce terme par ledit Eustace pour le fait de la taillerie, par son compte rendu à court, séellé de son séel, la copie en la fin de ce compte¹ ; pour tout, 339ˡ 3ˢ p.²

Martin de Coussi, tailleur des robes monseigneur le Dauphin, pour la façon des robes et garnemens fais en ce terme pour le corps dudit seigneur, et aussi pour la façon de plusieurs garnemens fais pour Micton, son fol, et pour Xandrin, un enfant trouvé, et pour plusieurs autres mises, voitures et despens fais par ledit Martin pour le fait de la taillerie ; pour tout, les parties en son compte rendu à court, seellé de son séel, la copie en la fin de ce compte³, 137ˡ 17ˢ 4ᵈ p.

Gieffroy Cochet, tailleur et vallet de chambre monseigneur le duc d'Orliens, pour semblable, par son compte rendu à court, séellé de son séel, la copie en la fin de ce compte⁴ ; pour tout, 75ˡ 15ˢ 9ᵈ p.

Somme, 552ˡ 16ˢ 1ᵈ p.

Somme de draps de laine, tonture de draps, et façons de robes, 2137ˡ 3ˢ 3ᵈ p.⁵

§ IV. [DRAPS D'OR ET CENDAUX.]

Art. 1ᵉʳ *Draps d'or, cendaus, et autre mercerie*, bailliés et livrez en ce terme à Eustace du Brulle, tailleur du Roy nostre sire, par sa relacion rendue dessus, pour les œuvres de la taillerie dudit seigneur.

Prince Guillaume, marchant de Lucques et bourgois de Paris, pour 2 pièces et une aune de cendal asuré et blanc, à fourrer pour le corps du Roy 2 seurcos à chevaucher ; le drap prins ès demourans de la taillerie ; pour ce : 17 escuz⁶.

---

¹ Elle se trouve au folio 78 v° dans le manuscrit original.
² *Est in debitis infra de* 289ˡ 19ˢ.
³ Folio 80 v° dans l'original.
⁴ Folio 82 dans l'original.
⁵ *En marge* : 1ᵃ grossa
⁶ *Apparet de emptione, relatione et solutione.*

Ledit Prince, pour 4 pièces de cendal vermeil en graine, livrées audit Eustace, pour couvrir 4 pliçons pour le Roy, au terme de Pasques, 40 escus.

Edouart Théodolin, pour 3 livres de soye de plusieurs couleurs, baillées audit Eustace pour faire lasnières et autres estoffes en la taillerie, 8 escus la livre, 24 escus[1].

Ledit Prince, pour 4 pièces de cendaus vermeux en grainne, pour fourrer une robe de 4 garnemens pour le Roy, à la veille de Penthecouste, 40 escus[2].

Ledit Edouart, pour 5 pièces de cendaux asurez des larges, à fourrer une robe de 6 garnemens que ledit seigneur ot au jour et feste de Penthecouste; 9 escus la pièce, 45 escus[3].

Ledit Edouart, pour une pièce et une aune de cendal asuré des fors, à fourrer un seurcot et un chaperon pour le Roy; le drap prins ès demourans de la taillerie 11 escus et un tiers[4].

Ledit Prince, pour 2 pièces de cendal blanc et un tiers baillées audit Eustace pour fourrer 2 seurcos à chevaucher pour le Roy, d'une escarlatte vermeille, 19 escuz[5].

Ledit Edouart, pour 2 livres de soye de plusieurs couleurs, pour faire lasnières et autres choses neccessaires pour le fait de la taillerie dudit seigneur, 16 escus[6].

Somme, 212 scuta et 1 tercius.

Art. 2. *Draps d'or, cendaus, et autre mercerie*, pour monseigneur le Dauphin, pour mons^{gr} le duc d'Orliens et pour nos autres seigneurs de leur compaignie.

Edouart Thadelin dessusdit, pour 3 botes de cendaulz en grainne, vermeux, contenant 18 pièces, baillées à

---

[1] *Apparet de relatione, et est de debitis infra de majori summa.*
[2] *Apparet de relatione, emptione et solutione.*
[3] *Apparet de relatione.*
[4] *Apparet de relatione.*
[5] *Apparet de relatione, emptione et solutione.*
[6] *Apparet de relatione.*

Eustace du Brulle, tailleur du Roy nostre sire, par sa relation rendue dessus, pour fourrer les robes de monseigneur le Dauphin, de monseigneur le duc d'Orliens, de mons^{gr} le conte d'Anjou, de messeigneurs Jehan et Philippe de France, de mons^{gr} Louys de Bourbon, du duc de Bourgongne, du conte d'Alençon et du conte d'Estampes, pour leur livrée de Penthecouste ; 65 escus la bote, 195 escus[1].

Ledit Edouart, pour 6 cendaus vers, baillés audit Eustace, pour couvrir les pliçons de mons^{gr} le conte d'Anjou, de ses 2 frères, de mons^{gr} Louys de Bourbon, du duc de Bourgongne et du conte d'Estampes, au terme de Pasques ; 9 escus la pièce, 54 escus.

Ledit Edouart, pour demi cendal vermeil à couvrir un peliçon hors livrée, pour ledit monseigneur d'Anjou, 5 escus et 1 tiers.

Ledit Edouart, pour 6 cendaux vers et asurez baillez audit Eustace pour fourrer les sercos d'esté livrés en ce terme à mons^{gr} d'Anjou, à ses 2 frères, à mons^{gr} Louys de Bourbon et au conte d'Estampes ; 9 escus la pièce, 54 escuz.

Ledit Prince, pour 12 onces d'or de Chippre, à faire ruban aus cloches de monseigneur le Dauphin et de touz noz seigneurs de sa compaignie, 14 escus d'or[2].

Ledit Prince, pour 3 cendaulz vers, baillés à Martin de Coussi, tailleur et vallet de chambre monseigneur le Dauphin, par sa lettre de recongnoissance rendue à court, pour couvrir les pliçons dudit seigneur, audit terme, et estoffer les robes de la taillerie, 24 escus.

Ledit Prince, pour 2 cendaux vermeux de grainne, baillés à Gieffroy Cochet, tailleur mons^{gr} le duc d'Or-

---

[1] *Est in debitis infra pro ista parte et pluribus aliis sequentibus, de* 2384 *scutis.*

[2] *Per compotum dicti Principis, et apparet per relationem et de deliberatione.*

liens, par sa lettre de recongnoissance rendue dessus, pour couvrir les pliçons dudit seigneur, au terme de Pasques, et faire les estoffes de la taillerie, 20 escuz.

Ledit Prince, pour 2 pièces de cendaux vermeux de grainne, baillés audit Martin pour fourrer 3 seurcos pour monseigneur le Dauphin, 20 escuz.

Ledit Prince, pour une pièce de cendal ynde, à fourrer, pour ledit seigneur un seurcot d'escarllatte sanguine, 8 escus.

Ledit Prince, pour demi pièce de cendal ynde, et demi pièce de cendal vermeil, baillées audit Gieffroy, pour fourrer 2 seurcos pour le duc d'Orliens, 9 escus.

Ledit Prince, pour 3 livres de soye de plusieurs couleurs, baillées audit Martin et Cochet, pour faire lasnières et autres estoffes ès tailleries mons^{gr} le Dauphin et de mons^{gr} le duc d'Orliens, par la lettre dudit Martin; 7 escus la livre, 21 escus.

Somme, 424 scuta 1 tercius.

§ V. [CHANEVACERIE.]

Art. 1er. *Chanevacerie pour le Roy.*

Guillemete de la Pomme, marchande de toilles, pour 12 aunes de fine toille de Morigny, baillées à Eustace du Brulle, tailleur du Roy nostre sire, par sa relacion rendue dessus, pour lier colès et amigaux de ladicte taillerie, 4^s pour l'aune, 48^s par.

Ladicte Guillemete, pour 12 aunes de toille bourgoise baillées audit Eustace pour faire telletes à enveloper et tenir nectement les garnemenz en ladicte taillerie, 42^s p.

Ladicte Guillemete, pour 16 aunes de fine toille de Rainz large, baillées audit Eustace pour couvrir les pliçons du Roy et de nosseigneurs ses enfanz, au terme de Pasques; pour aune, 8^s par., valent 6^l 8^s p. [1]

---

[1] *Apparel per relationem dicti Eustachii*

La dicte Guillemecte, pour une pièce de fine toile de Rains contenant 44 aunes de Paris, baillées à Thomas de Chaalons, coutepointier le Roy, par son compte qui se rent à court, séellé de son séel, pour faire doubles à vestir, poins à coton entre deux toilles, pour le Roy et pour touz nosseigneurs au terme de Pasques; des quelx le coton et la façon se prent ci-après ès parties de la chambre dudit seigneur; chascune aune 8^s p., valent 17^l 12^s p.[1]

La dicte Guillemete, pour 80 aunes de fine toile de Compiègne, baillées à Asseline du Gal, couturière du Roy, par son compte rendu à court, séellé de son séel, pour faire 16 seurplis aus chappellains dudit seigneur, audit terme de Pasques; 9^s p. l'aune, valent 36^l p.[2]

La dicte Guillemete, pour 10 aunes de toile de Compiègne, baillées à ladite Asseline par sondit compte, pour faire 2 seurplis qui deuz estoient en ladicte chappelle au terme de Pasques, l'an Mil CCCLI; 8^s p. l'aune, valent 4^l p.

Ladicte Guillemete, pour 28 aunes de toile bourgoise baillées à ladicte Asseline pour faire et livrer en ce terme, en ladicte chappelle, 4 aubes et 4 amics; 4^s p. l'aune, valent 112^s p.

La dicte Guillemete, pour 14 aunes de toile de Rainz baillées à ladicte Asseline pour faire 4 touailles d'autel, dont les 2 tiennent 8 aunes, et les 2 autres 6 aunes; 7^s 6^d p. l'aune, 105^s p.

La dicte Guillemete, pour 4 aunes de semblable toille dont ladicte Asseline fist chemises à livres, 30^s p.

La dicte Guillemete, pour 21 aunes de toile bourgoise baillées à ladicte Asseline par mandement du Roy rendu à court, pour faire et livrer pour la chappelle de la Noble-

---

[1] *Apparet per relationem dicti T.*
[2] *Apparet per relationem dictæ Asselinæ.*

Maison[1] 3 aubes et 3 amics, chascun aube et amict de 7 aunes; 4^s pour l'aune, valent 4^l 4^s p.

La dicte Guillemete, pour 14 aunes de semblable toille, baillées à ladicte Asseline, pour faire 4 touailles d'autel délivrées en la chappelle dudit Noble-Hostel, 56^s p.

La dicte Guillemete, pour 10 aunes de toille de Rainz pour faire deux seurpliz pour la dicte chappelle, 4^l p.

La dicte Guillemete, pour 8 aunes et demie de toille de Compiègne, baillées à ladite Asseline pour faire 6 queuvrechiefs à pingnier pour le Roy, par son mandement rendu à court; 8^s 6^d p. l'aune, 72^s 3^d par.

La dicte Guillemete, pour 6 aunes de fine toille de Rainz pour faire huit enveloppes pour le Roy, délivrées par ledit mandement; 8^s p. l'aune, 48^s p.

La dicte Guillemette, pour 12 aunes de semblable toille de Rainz à faire fillière pour ouvrer et coudre le linge dessusdit; 8^s p. l'aune; 4^l 16^s p.

Asseline Dugal, couturière du Roy, pour sa peine de tailler, coudre et façonner les seurplis et autres ouvrages de linge dessus diz, contenus en son compte, rendu à court, séellé de son séel, dont la copie est en la fin de ce compte; pour tout, 34^l 4^s [2].

Et est assavoir que l'argentier n'a en ce terme délivré nulles touailles à essuyer mains en la dicte chapelle.

Somme, 136^l 17^s 3^d p.

Art. 2. *Chanevacerie pour monseigneur le Dauphin*, pour le duc d'Orliens et pour nos autres seigneurs de leur lignage et compaignie.

Guillemete de la Pomme, pour 16 aunes de toille de Morigny déliée, bailliée à Martin de Coussi, tailleur des robes mons^{gr} le Dauphin, pour couvrir les pliçons dudit

---

[1] A Saint-Ouen, où le roi Jean institua l'ordre de l'Étoile, le 6 nov. 1351.
[2] *Est in debitis infra de* 21^l 7^s

seigneur, au terme de Pasques, et ceulz de mons^{gr} le duc d'Orliens, et pour lier colès et amigaux en leurs tailleries, 64^s par.[1]

La dicte Guillemete, pour 12 aunes de toile bourgoise rondelète, baillées audit Martin, pour faire tellètes à enveloper et tenir nectement les garnemens ès tailleries monseign^r le Dauphin et du duc d'Orliens; 3^s 6^d p. l'aune, 42^s p.

La dicte Guillemete, pour 18 aunes de fine toile de Rains bailliées à Estienne le Bourguignon par son compte, pour faire 9 aunes de doublez à vestir, poins à coton entre 2 toilles, pour mons^{gr} le Dauphin et pour le duc d'Orliens ; 8^s l'aune, 7^l 4^s p.[2]

Et est assavoir que la façon des dis doublez se prennent ou compte du dit Estienne, qui se rent à court cidessus ès parties de la chambre de monseigneur le Dauphin et de celles de mons^{gr} d'Orliens et de nosseigneurs de sa compaignie.

Somme, 12^l 10^s p.

§ VI. [FOURRURES.]

Art. 1er. *Pennes et fourreures pour le corps du Roy nostre sire*, bailliées et livrées en ce terme à Nicholas du Roquier, vallet peletier du dit seigneur, et commis à recevoir et compter ladite pelleterie, par sa relacion rendue à court, séellée de son séel.

Robert de Nisy peletier du Roy nostre sire, pour les fourreures d'une robe de 6 garnemens que le Roy nostre sire ot aus noces de madame Jehanne de France, sa fille, et du roy de Navarre; pour les 2 seurcos et le corps de la chappe, 3 fourreures de menuvair, tenant chascune 386 ventres; pour manches et poingnez, 60 ventres;

---

[1] *Apparet per relationem dicti M.*
[2] *Apparet per relationem dicti Stephani.*

pour le corps de la houce, 440; pour elles, 96; pour languetes, 6; pour le chaperon, 110 ventres; et pour le mantel à parer, 442 ventres. Somme de cette robe, 2312 ventres; 16^d p. le ventre, valent 154^l 2^s 8^d p.[1]

Et est assavoir que le veluyau de la dicte robe se prent ou compte précédent prochain de l'argenterie, ou chappictre de draps d'or et de soye, veluyaux, cendaux et autre mercerie, pour le Roy.

Ledit Robert, pour fourrer un seurcot blanc pour les samedis pour le Roy, une fourrure de menuvair tenant 386 ventres; pour manches et poingnez, 60. Somme, 446 ventres; 16^d p. le ventre, 29^l 14^s 8^d p.

Ledit Robert, pour fourrer une canache[2] d'escarlatte pour le Roy, une fourrure de menuvair de 386 ventres, audit pris, 25^l 14^s 8^d p.

Ledit Robert, pour fourrer une robe de 4 garnemens qu'il ot pour la saison de karesme; pour les 2 seurcos, 2 fourreures de menuvair, chascun tenant 386 ventres; pour manches et poingnez, 60 ventres; pour le corps de la houce, 440 ventres; pour elles, 96 ventres; pour languetes, 6 ventres; et pour le chaperon, 110 ventres. Somme, 1484 ventres, audit pris, valent 98^l 18^s 8^d p.

Ledit Robert, pour fourrer une cote hardie de meesmes ycelle robe, une fourrure de menuvair tenant 386 ventres; pour manches, 60, et pour le chaperon 110 ventres. Somme, 556 ventres; 16^d p. le ventre, 37^l 16^d p.

Ledit Robert, pour un pliçon de grix, tenant 270 doz fins, délivrés pour le Roy le vi^e jour de février; 12^d p. le doz, 13^l 10^s p.

Ledit Robert, pour fourrer 2 paires de robes de 4 garnemens chascune, lesquelles il ot le jour de Pasques

---

[1] *Apparet per compotum dicti R. et per relationem dicti Nicholai.*
[2] Ce mot est plus ordinairement écrit *ganache.*

Fleuries et la veille des Granz Pasques; pour chascune robe autant fourreures et autelles comme pour sa robe de karesme, qui montent 1484 ventres. Somme pour les 2 paires : 2968 ventres audit pris, 197¹ 17ˢ 4ᵈ p.

Ledit Robert, pour fourrer une robe de 6 garnemens, qu'il ot le jour de la feste de Granz Pasques; pour les 2 seurcos et la ganache, 3 fourreures de menuvair, tenant chascune 386 ventres; pour manches et poingnez, 60; pour le corps de la houce, 440 ventres; pour elles, 96 ventres; pour languetes, 6 ventres; pour le chaperon, 110, et pour le mentel à parer, 442 ventres. Somme des ventres, 2312 ventres; 16ᵈ p. le ventre, 154¹ 2ˢ 8ᵈ p.

Ledit Robert, pour le pliçon de menuvair dudit Seigneur, pour le terme de Pasques, 280 ventres; pour son pliçon de menuvair à grosses sevrailles, 260 ventres.

Somme pour ces 2 pliçons, 520 ventres; 16ᵈ p. le ventre, 34¹ 13ˢ 4ᵈ p.

Pour son pliçon de grix fin, 90 dos. Valent, à 12ᵈ p. le dos, 13¹ 10ˢ p.

Ledit Robert, pour fourrer une robe de 4 garnemens pour la feste de l'Ascension, pour le corps dudit seigneur; pour les 2 seurcos, 2 fourreures de menuvair, tenant chascune 386 ventres; pour manches et poingnès, 60; pour le corps de la houce, 440; pour elles, 96; pour languètes, 6; et pour le chaperon, 110. Somme, 1484 ventres; audit pris, valent 98¹ 18ˢ 8ᵈ p.

Ledit Robert, pour les fourreures d'une cote hardie des demourans de la taillerie; pour le corps d'icelle, une fourreure de menuvair tenant 386 ventres; pour manches, 60; et pour le chaperon, 110. Somme, 556 ventres, 37¹ 16ᵈ.

Ledit Robert, pour fourrer un seurcos blanc et un chaperon pour les samediz, une fourreure de menuvair espurée à fillet, tenant 480 ventres; pour manches et poingnez, 60; et pour le chaperon, 110 ventres. Somme, 650 ventres; 16^d p. le ventre, valent 43^l 6^s 8^d p.

Ledit Robert, pour fourrer une robe hors livrée pour le Roy, dont la contesse de Boulongne donna le drap, et fu de 4 garnemens, autant de fourreures et autelles comme pour sa robe de l'Ascencion; qui fait somme 1484 ventres, 16^d p. le ventre, valent 98^l 18^s 8^d p.

Ledit Robert, pour fourrer une cote hardie hors livrée pour ledit seingneur, une fourreure de menuvair tenant 386 ventres; pour manches, 60; et pour chaperon, 110 ventres. Somme, 556 ventres audit pris, 37^l 16^d p.

Ledit Robert, pour fourrer une robe de 4 garnemens que ledit seingneur ot à la feste St Jehan Baptiste; pour les 2 seurcos, 2 fourreures de menuvair, chascune de 386 ventres; pour manches et poingnez, 60; pour le corps de la houce, 440; pour elles, 96; pour languètes, 6; et pour le chaperon, 110. Somme, 1484 ventres; 16^d p. le ventre, valent 98^l 18^s 8^d p.

Ledit Robert, pour un grant mantel de grix fin pour le Roy, à relever de nuis, tenant 708 doz; pièce, 12^d p., valent 35^l 8^s p.

Ledit Robert, pour un chaperon de menuvair à grosse sevraille pour ledit seigneur, 96 ventres. Valent, 16^d p. le ventre, 6^l 8^s p.

Somme, 1215^l 6^s 8^d p.

Art. 2. *Pennes et fourreures pour mons^{gr} le Dauphin et ses compaignons,* livrées par la relacion dudit Nicolas du Roquier.

Robert de Nisy, pour fourrer une cote hardie et un chaperon de meesmes, que ledit seigneur ot pour la saison de karesme, une fourreure de menuvair de 200 ventres, pour manches 40, et pour le chaperon 100.

Somme, 340 ventres; 16^d p. le ventre, valent 22^l 13^s 4^d p.[1]

Ledit Robert, pour fourrer un seurcot et un mantel d'escarlatte vermeille, que ledit mons^{gr} le Dauphin ot le ixe jour de février pour les samediz; pour le corps dudit seurcot, une fourreure de menuvair de 200 ventres, pour manches d'icellui seurcot, et fourrer les manches de la cote blanche à vestir dessoubz, 60 ventres; pour le chaperon, 100; et pour le mantel, fendu à un costé 442. Somme, 802 ventres, audit pris, valent 53^l 9^s 4^d p.

Ledit Robert, pour fourrer une robe de 4 garnemenz qu'il ot à la mi-karesme, hors livrée, d'un marbré broissequin, prins ci-dessus ou chappictre de draps de lainne, pour son corps; pour les 2 seurcos, 2 fourreures de menuvair, chascune tenant 200 ventres; pour manches de seurcot et cote, 60 ventres; pour la cloche, 288 ventres, et pour le chaperon, 100. Somme des ventres pour ceste robe: 848 ventres, audit pris, valent 56^l 10^s 8^d p. au pris dessus dit.

Pour 6 létices à faire pourfil à la cloche: 8^s p. pièce, 48^s par.

Ledit Robert, pour fourrer une robe de 4 garnemens pour ledit seigneur, pour sa livrée de Pasques; pour les 2 seurcos, 2 fourreures de menuvair, tenant chascune 200 ventres; pour manches de seurcot et cote, 60 ventres; pour la cloche, 288 ventres, et pour le chaperon, 100. Somme, 848 ventres, audit pris, 56^l 10^s 8^d p.

Ledit Robert, pour pourfiller ladicte cloche, 6 létices, 8^s p. la pièce, valent 48^s p.

Ledit Robert, pour le pliçon à parer, pour le terme de Pasques; une fourreure de menuvair, tenant 200

---

[1] *Apparet per compotum dicti R., et per relationem dicti N.*

ventres. Et pliçon de menuvair à grosse sevraille, une fourreure de 166 ventres; pour manches, 40. Montent ces 2 fourreures 406 ventres, audit pris, 27^l 16^d p.

Ledit Robert, pour fourrer un seurcot ouvert, parti d'un marbré et d'une escarlatté sanguine, prins ci-dessus ou chappictre de draps de lainne, pour le corps dudit seigneur, une fourreure de menuvair, tenant 200 ventres, audit pris, valent 13^l 6^s 8^d.

Ledit Robert, pour fourrer une cote hardie à chevaucher, et un mantel fendu à un costé, d'une escarlatte vermeille prins oudit chappictre de draps; pour le corps d'icelle cote, une fourreure de menuvair tenant 200 ventres; pour manches, 40, et pour le chaperon, 100, et pour le mantel, 454. Somme de ventres: 794, audit pris, 52^l 18^s 8^d p.

Ledit Robert, pour fourrer une cote hardie et un chaperon que ledit m^{gr} le Dauphin ot, hors livrée, en ce terme, d'un marbré violet de grainne; pour le corps de ladicte cote, une fourreure de menuvair de 200 ventres; pour manches, 40 ventres, et pour le chaperon, 100. Somme: 340 ventres, audit pris, valent 22^l 13^s 4^d. p.

Ledit Robert, pour les fourreures d'une robe de 4 garnemens, hors livrée, qu'il ot en ce terme de 2 marbrez prins ci devant ou chappictre de draps de lainne pour son corps; pour les 2 seurcos, 2 fourreures de menuvair de 200 ventres chascune; pour manches de seurcot et de cote, fourrées à plain, 60 ventres; pour la cloche, 288 ventres, et pour le chaperon, 100. Somme: 848 ventres, audit pris, valent 56^l 10^s 8^d p.

Pour six létices à pourfiller la dicte robe, 8^s p. pièce, 48^s p.

Ledit Robert, pour les fourreures d'une autre robe hors livrée, qu'il ot en ce terme, d'un marbré de grainne traiant sur le vermeillet; autant de fourreures et autelles comme pour la robe devant dicte, et monte en somme de ventres à 848 ventres, audit pris, valent 56ˢ 10ˢ 8ᵈ p.

Pour six létices à pourfiller la cloche, 8ˡ p. pièce, 48ˢ p.

Ledit Robert, pour les fourreures d'une cote hardie et mantel à relever de nüis; pour le corps de la cote, manches et tout, 240 doz; pour le mantel, 368 dos. Somme, 608 dos, à 12ᵈ la pièce, valent 30ˡ 8ˢ p.

Ledit Robert, pour un chaperon de menuvair à grosse sevraille pour ledit mᵍʳ le Dauphin, de 72 ventres de menuvair, audit pris, 4ˡ 16ˢ p.

Ledit Robert, pour un pliçon, hors livrée, tenant, manches et corps, 200 ventres, délivré pour le corps dudit seingneur, audit pris, 13ˡ 6ˢ 8ᵈ par.

Ledit Robert, pour les fourreures de 2 paires de robes, de 4 garnemens, chascune, que ledit monsᵍʳ le Dauphin ot, de veluyau, parties, l'une de veluyau ynde et de drap d'or, et l'autre d'un veluyau ynde et d'un vermeil, aus noces et espousailles de madame Jehanne de France, sa suer ainsnée, et du roy de Navarre; pour les 2 seurcos de chascune robe, 2 fourreures de menuvair de 200 ventres chascune; pour manches de seurcot et cote, 60 ventres; pour la cloche, 288 ventres, et pour le chaperon, 100. Somme pour les 2 paires de robes : 1696 ventres; 16ᵈ p. le ventre, valent 113ˡ 16ᵈ p.

Et est assavoir que les velluyaux et draps d'or desdictes 2 paires de robes, et aussi le drap d'or d'une robe de 3 garnemens, dont les fourreures se prennent ci-dessouz en ce présent chappictre, se prennent ou compte précédent prochain de l'argenterie, ou chappictre de draps d'or et de soye, veluyaux, cendaulz et autre mercerie pour ledit mᵍʳ le Dauphin et ses compaignons.

Ledit Robert, pour 12 létices à faire pourfilz aus cloches des dictes 2 paires de robes. 8ˢ p. la pièce, 4ˡ 16ˢ p.

Ledit Robert, pour fourrer une robe de 3 garnemens

que ledit seigneur ot aus dictes noces et espousailles, d'un drap d'or de Damas; pour les 2 seurcos, 2 fourreures de menuvair, chascune tenant 200 ventres; pour manches de seurcot et cote, 60 ventres, et pour le chaperon, 100. Somme, 560 ventres, audit pris, valent 37^l 6^s 8^d p.

Ledit Robert, pour 24 ventres de menuvair, à fournir les chaperons des dictes robes : 32^s p.

Somme : 633^l 4^s parisis.

Pour mons^r le duc d'Orliens. Pour les fourreures d'une cote hardie qu'il ot en karesme, de meesmes et de la compaignie mons^{gr} le Dauphin; une fourreure de menuvair, tenant 240 ventres; pour manches, 50 ventres, et pour le chaperon, 100. Somme : 390 ventres, achatez audit Robert de Nisy, 16^d p. le ventre, 26^l p.[1]

Ledit Robert, pour les fourreures de la robe que ledit mons^{gr} le duc ot à Pasques; pour les 2 seurcos, 2 fourreures de menuvair de 240 ventres chascune; pour manches et poignez, 60 ventres; pour sa cloche, 306; et pour le chaperon, 100 ventres. Somme, 946 ventres, valent 63^l 16^d p.

Ledit Robert, pour trois douzaines de létices à pourfiller ladicte robe, 8^s p. la létice, 14^l 8^s p.

Ledit Robert, pour un pliçon de menuvair, à parer, tenant 240 ventres, et pour un autre pliçon, à grosse sevraille, tenant 166 ventres; tout délivré au terme de Pasques. Montent les 2 pliçons, avec 50 ventres de menuvair pour manches, 456 ventres, audit pris, 30^l 8^s p.

Ledit Robert, pour fourrer un seurcot et un mantel pour les samedis, d'escarlatte vermeille, pour le corps dudit seurcot, une fourreure de menuvair tenant 240 ventres; pour manches dudit seurcot et de la cote blanche,

---

[1] *Apparet ut supra.*

60 ventres; pour le chaperon, 100; et pour le mantel, lequel estoit fendu à un costé, 454 ventres. Somme des ventres, 854 ventres, audit pris, 56^l 18^s 8^d p.

Ledit Robert, pour trois douzaines de létices pour les pourfilz et poignès dudit seurcot, 8^s p. la pièce, 14^l 8^s p.

Ledit Robert, pour fourrer une robe de 4 garnemens, qu'il ot hors livrée, le XIIIe jour de juing; autant de fourreures telles et de semblable moison comme pour sa robe de Pasques dessus dicte. Et montent 946 ventres, audit pris, 63^l 16^d p.

Ledit Robert, pour trois douzaines de létices à fourrer les poignès de ladicte robe, 14^l 8^s p.

Ledit Robert, pour les fourreures d'une robe de 4 garnemens, partie de 2 velluyaus, vermeil et ynde, qu'il ot aus noces et espousailles du roy de Navarre, de meesmes et de la compaignie mons^{gr} le Dauphin, autant de fourreures et autelles comme pour la robe devant dicte. Et montent en somme à 946 ventres. 16^d p. la pièce, valent 63^l 16^d p.

Ledit Robert, pour trois douzaines de létices à pourfiller la dicte robe, 14^l 8^s p.

Somme, 360^l 2^s 8^d p.

Pour mons^{gr} le conte d'Anjou. Pour fourrer une cote hardie pour la saison de karesme audit seigneur; une fourreure de menuvair tenant 200 ventres; pour manches, 40; et pour le chaperon, 100. Somme, 340 ventres, achatez audit Robert 16^d le ventre, 22^l 13^s 4^d.

Ledit Robert, pour fourrer la robe de Pasques dudit mons^{gr} le conte; pour les 2 seurcos, deux fourreures de menuvair, de 200 ventres chascune; pour manches de seurcot et cote fourrées à plain, 60 ventres; pour la cloche, 232 ventres; et pour le chaperon, 100 ventres. Somme des ventres, 792 ventres. Audit pris, 32^l 16^s p.

---

[1] *Apparet ut supra*

Ledit Robert, pour 4 létices à faire pourfil à ladicte cloche, 8ˢ p. pièce, 32ˢ p.

Ledit Robert, pour pliçon à parer, dudit seigneur, au terme de Pasques, 200 ventres; et pour son pliçon de menuvair à grosse seuraille, 166 ventres; et pour les manches, 40 ventres. Somme des 2 pliçons, 406 ventres. 16ᵈ p. le ventre, 27ˡ 16ᵈ p.

Ledit Robert, pour fourrer une cote hardie d'escarlatte vermeille et un chaperon de meesmes, hors livrée; pour le corps d'icelle cote, une fourreure de menuvair tenant 200 ventres; pour manches, 40; et pour le chaperon, 100. Somme pour tout, 340 ventres, audit pris, 22ˡ 13ˢ 4ᵈ p.

Ledit Robert, pour les fourreures d'une robe qu'il ot aus noces du roy de Navarre, de 2 veluyaux, de meismes et de la compaignie monsᵍʳ le Dauphin; pour les 2 seurcos, deux fourreures de menuvair, chascune tenant 200 ventres; pour manches de seurcot et cote, fourrées à plain, 60; pour la cloche, 232; et pour le chaperon, 100 ventres. Somme, 792 ventres. 16ᵈ p. le ventre, 32ˡ 16ˢ p.

Pour 4 létices à faire pourfil à ladicte cloche, 8ˢ p. la pièce, 32ˢ p.

Somme, 141ˡ 4ˢ p.

Pour messeigneurs messires Jehan et Philippe de France, et monseigneur Louys de Bourbon.

Pour fourrer leurs cotes hardies pour la saison de karesme; pour chascune, une fourrure de menuvair tenant 156 ventres; pour manches, 40; et pour le chaperon, 90 ventres. Somme pour chascune, 286 ventres, et pour les trois, 858 ventres, achatez audit Robert de Nisi, 16ᵈ p. le ventre, valent 57ˡ 4ˢ p.[1]

Ledit Robert, pour les fourreures de Pasques des trois

---

[1] *Apparet ut supra*

seingneurs dessus diz; pour les 2 seurcos de chascune robe, deux fourreures, chascune de 156 ventres; pour manches de seurcot et cote, fourrées à plain, 60 ventres; pour cloche, 194 ventres; et pour le chaperon, 90 ventres. Somme pour la robe de chascune, 656 ventres. Et pour les trois, 1968 ventres, audit pris, valent 131^l 4^s p.

Pour 12 létices à pourfiller les dictes cloches, 8^s p. pièce, valent 4^l 16^s p.

Ledit Robert, pour fourrer, au terme de Pasques, pour chascun des trois seingneurs dessus diz, un pliçon de cendal, une penne de menuvair tenant 156 ventres. Somme pour les 3 pliçons, 468 ventres, qui valent, audit pris, 31^l 4^s p.

Ledit Robert, pour un pliçon de menuvair à grosse sevraille pour chascun, tenant, manches et tout, 180 ventres. Somme pour les 3 pliçons, 540 ventres, audit pris, 36^l p.

Ledit Robert, pour fourrer aus trois seigneurs dessus diz 3 paires de robes, chascune de 4 garnemens, qu'il orent aus noces et espousailles du roy de Navarre, parties de deux veluyaux, de meismes et de la compaignie mons^{gr} le Dauphin; pour les 2 seurcos de chascune robe, 2 fourreures de menuvair chascune de 156 ventres; pour manches de seurcot et cote fourrées à plain, 60 ventres; pour cloche, 194; et pour le chaperon, 90. Somme pour chascune robe, 656 ventres. Et pour les 3 paires, 1968 ventres, qui valent, audit pris, 131^l 4^s p.

Ledit Robert, pour 12 létices à pourfiller les cloches des dictes robes, 4^l 16^s p.

Somme, 396^l 8^s.

Pour mons^{gr} le duc de Bourgongne. Pour fourrer une robe de 4 garnemens, que ledit seigneur ot à la feste de Pasques; pour les deux seurcos, deux fourreures de menuvair, tenant chascune 100 ventres; pour la cloche, 110 ventres; et pour le chaperon, 70. Somme, 380 ventres, achatez audit Robert de Nisi, 16^d p. le ventre, 25^l 6^s 8^d p.[1]

Ledit Robert, pour 24 létices à pourfiller ladicte robe, 8^s p. pièce, 9^l 12^s p.

Ledit Robert, pour fourrer une autre robe de 4 garnemens que ledit seigneur ot, partie de deux veluyaux, de meismes et de la compaignie mons^{gr} le Dauphin, aus noces et espousailles du roy de Navarre; autant et autelles fourrées comme pour sa robe de Pasques devant dicte, qui font en somme de ventres 380 ventres de menuvair, à 16^d p. le ventre, valent 25^l 6^s 8^d p.

Ledit Robert, pour 24 létices à pourfiller ladicte robe, 8^s p. la pièce, valent 9^l 12^s p.

Somme, 69^l 17^s 4^d.

Pour mons^{gr} d'Alençon. Pour fourrer une robe de 4 garnemens pour son corps, à la feste de Pasques, de meesmes et de la compaignie monseigneur le Dauphin et de noz autres seigneurs devant diz; pour les deux seurcos, deux fourreures de menuvair chascune de 200 ventres; pour manches et poingnez, 40; pour la cloche, 232; et pour le chaperon, 100. Somme, 772 ventres. 16^d p. le ventre, valent 51^l 9^s 4^d p.[2]

Ledit Robert, pour 4 létices à pourfiller la cloche de la dicte robe, 32^s p.

Somme, 43^l 16^d p.

Pour mons^{gr} le conte d'Estampes. Pour fourrer une cote hardie et un chaperon que ledit seigneur ot, de ladicte compaignie, en la saison de karesme; pour le corps d'icelle, une fourreure de menuvair tenant 240 ventres; pour manches, 40; et pour le chaperon,

---

[1] *Apparet ut supra*
[2] *Apparet ut supra.*

100. Somme, 380 ventres, achatez audit Robert, 16ᵈ p. le ventre, valent 25ˡ 6ˢ 8ᵈ p.[1]

Ledit Robert, pour fourrer une robe de 4 garnemens que ledit seigneur ot, de livrée, à la feste de Pasques, de ladicte compaignie; pour les deux seurcos, deux fourreures de menuvair tenant chascune 240 ventres; pour manches et poingnès, 50 ventres; pour la cloche, 306; et pour le chaperon, 100. Somme de ceste robes, 936 ventres. 16ᵈ p. pour ventre, 62ˡ 8ˢ p.

Ledit Robert, pour 4 létices à pourfiller la cloche d'icelle robe, 32ˢ p.

Ledit Robert, pour le pliçon à parer, pour le terme de Pasques; une fourreure de menuvair tenant 240 ventres, et pour un autre pliçon à grosse seuraille, une fourreure de menuvair tenant 166 ventres; pour manches, 50 ventres. Somme des ventres pour les deux pliçons, 456 ventres, audit pris, 30ˡ 8ˢ p.

Ledit Robert, pour fourrer une robe qu'il ot, de la compaignie monsᵍʳ le Dauphin, aus noces du roy de Navarre, autant fourrée et autelles comme pour la robe de Pasques devant dicte. Et montent en somme 936 ventres. Valent audit pris, 62ˡ 8ˢ p.

Ledit Robert, pour 4 létices à pourfiller la cloche de ladicte robe, 32ˢ p.

Pour deniers paiez à plusieurs vallez pelletiers qui ont batu et escouz les pennes et fourreures dessus dictes, et fait les fournitures d'icelles ès tailleries du Roy, de monsᵍʳ le Dauphin et de noz autres seigneurs de sa compaignie, si comme il appert par le compte Robert de Nisy, et par la relacion dudit vallet pelletier le Roy, puis le ɪɪɪɪᵉ jour de février ᴄᴄᴄʟɪ jusques au premier jour de juillet ᴄᴄᴄʟɪɪ ensuivant; et aussi les pennes et fourreures de madame la royne de France, de madame la royne de Navarre et

---

[1] *Apparet per compotum dicti R., et per relationem dicti Nicholai.*

de noz dames de France, prinses ci-dessous ès parties des espousailles madame Jehanne de France, ainsnée fille du Roy, royne de Navarre. Pour tout, 76¹ 13ˢ p.

Somme, 260¹ 7ˢ 8ᵈ p.

§ VII. [CHAMBRES.]

Art. 1ᵉʳ. CHAMBRES. *Les parties de la chambre ordinaire du Roy, pour le terme de Pasques.*

Édouart Thadelin, marchant de Lucques et bourgois de Paris, pour 38 pièces de cendaulx vers des larges baillés à Thomas de Chaalons, coutepointier du Roy, par son compte rendu à court, séellé de son séel[1], pour faire la coutepointerie de ladicte chambre; c'est assavoir : la grant coutepointe pour le lit, cheveciel et ciel, tout garni de 3 courtines; une petite coutepointe pour les piez; un demi ciel pour laver le Roy, garni comme un ciel, sans courtines, et 7 autres coutepointes pour les chambellans, 9 escus la pièce, valent tout 342 escus.

Ledit Edouart, pour 20 pièces de toilles yndes, bailliées au dit Thomas pour faire l'envers de la dicte coutepointerie, un escu et trois quars la pièce, 35 escus[2].

Ledit Edouart, pour 2 livres d'or de Chippre et 2 livres d'argent, 16 escus pour livre; pour 2 livres de soie de plusieurs couleurs, 8 escus pour livre; pour une pièce de fin velluyau en graine, 40 escus, et pour aune et demie de fin veluyau asuré, 12 escus. Tout baillié au dit Thomas de Chaalons pour faire et broder 3 estoilles assises, l'une en la coutepointe, l'autre ou ciel, et la tierce ou cheveciel de ladicte chambre. Valent tout 114 escus.

Ledit Edouart, pour pièce et demie de samit vert, baillié au dit Thomas pour couvrir les 6 petis quarreaux

---

[1] *Apparet per compotum dicti Thomæ de receptione, tamen non de pretio, quia nullum compotum tradidit pro dicto Fdouardo.*

[2] *In debitis infra supra dictum Fd.*

de ladicte chambre, les deux grans quarreaux de l'oratoire, et celui des napes dudit seigneur, 24 escus.

Ledit Edouart, pour 4 livres de soie de plusieurs couleurs, baillées audit Thomas pour poindre et ouvrer la dicte chambre, 8 escus pour livre, valent 32 escus.

Ledit Edouart, pour pièce et demie de toille vert, bailliée au dit Thomas pour couvrir les diz quarreaux entre le samit et le coutil, 2 escus et 2 tiers.

Pierre de Villiers, coutier, pour le duvet de 6 petiz quarreaux pour la chambre, des 2 grans pour l'oratoire, et de celui des napes. 75 livres de duvet, 5^s p. pour livre, valent 18^l 15^s p.[1]

Ledit Pierre, pour les taies de 6 petiz quarreaux, 6^s p. pour pièce, et pour les 3 granz, 12^s p. pièce, valent 72^s p.

Edouart Thadelin, pour un quartier de veluyau asuré, 2 onces d'or de Chippre, et 2 onces de soie ardant, tout baillié à Thomas de Chaalons pour broder, faire et estoffer la bourse au séel du secrè du Roy; pour tout, 5 escus et 3 quars[2].

Jehan du Tramblay, tapissier, pour 6 tapiz vers armoiez aus quatre cornes des armes de France, contenant, sur tout, 54 aunes quarrées. C'est assavoir : les trois de 5 aunes de lonc et de 2 aunes de lé chascun, et les autres trois, de 4 aunes de lonc et de deux aunes de lé chascun, livrées au terme de Pasques pour l'ordinaire de la chambre du Roy. 14^s p. l'aune, valent 37^l 16^s p.[3]

Ledit Jehan, pour 2 tapiz à champ d'asur, semez de fleurs de lis d'or, contenant 12 aunes quarrées, livrés en la dicte chambre pour faire bahus à couvrir les deux sommiers du corps du Roy. 14^s p. l'aune, valent 8^l 8^s p.

Ledit Jehan, pour un tapi vert semé d'escuçons des

---

[1] *Apparet de pretio et solutione per compotum dicti P. curiæ traditum.*
[2] *Apparet de receptione per compotum dicti T. ut supra.*
[3] *Apparet de pretio et solutione per compotum dicti J.*

armes de France, pour le sommier des armeures, tenant 3 aunes de lonc et 2 de lé, qui font 6 aunes quarrées ; 14ˢ p. l'aune, valent 4ˡ 4ˢ p.

Ledit Jehan, pour quatre autres tapis vers, armoiez aus quatre cornes des armes de France, contenant, sur tout, 24 aunes quarrées, à faire bahus et couvrir les quatre sommiers du commun du Roy ; 14ˢ p. l'aune, valent 16ˡ 16ˢ p.

Climent le maçon, pour 10 sargetes vers, délivrées en ladicte chambre pour mettre et tendre aux huis et fenestrages d'icelle; 14ˢ p. pièce, valent 7ˡ p. [1]

Edouart Thadelin dessusdit, pour une aune de veluyau asuré des fors, bailliées à mestre Girart d'Orliens, paintre, pour faire les siéges de 2 chaières pour le Roy, livrées en ladicte chambre au terme de Pasques, 8 escus [2].

Ledit maistre Girart, pour le fust et façon des dictes chaières, ouvrées à orbevoies à deux endrois, paintes et couvertes de cuir par dessouz ledit veluyau, 10ˡ p. [3]

Ledit maistre Girart, pour 2 selles nécessaires, feutrées et couvertes de cuir et de drap, délivrées en ladicte chambre, 6ˡ p.

Thoumas de Chaalons, coutepointier le Roy, pour la façon de toute la coutepointerie de la chambre dudit seigneur, des deux quarreaux d'oraitoire et de celui des nappes et de la bourse au séel de son secrè ; et aussi pour la façon de la coutepointerie et autres choses de son mestier, prinses ci-après pour la chambre ordinaire, du terme de Pasques, pour monsᵍʳ le Dauphin ; pour la façon d'une chambre à parer, faite par lui en ce terme, pour madame la royne d'Espaigne ; et pour plusieurs autres ouvraiges, voitures et despens, fais par ledit Thomas, les parties en

---

[1] *Per partes dicti Clementis.*
[2] *Non apparet de receptione et solutione, nec de deliberatione.*
[3] *Est in debitis infra in majori summa.*

son compte rendu à court, seellé de son séel, copie en la fin de ce compte[1]; pour tout, 496^l 14^s p.[2]

Somme, 599^l 5^s p.

Et 563 scuti un quart et demi.

Art. 2. *Item, les parties de la chambre de mons^{gr} le Dauphin* et de celles de mons^{gr} le duc d'Orliens, de mons^{gr} le conte d'Anjou, de messire Jehan et messire Philippe de France, frères, de mons^{gr} Louys de Bourbon, et du conte d'Estampes, pour l'ordinaire de Pasques; et aussi des chambres de messei^{grs} messire Philippe de Navarre, et messire Louys, son frère, et de messire Charles d'Artois, qui deues leur estoient à cause de leur chevalerie nouvelle, si comme mencion est faite ou compte prochain précédent de l'argenterie, ès parties des chambres de mons^{gr} le Dauphin et de ceulz de sa compaignie.

Edouart Thadelin, marchant de Lucques et bourgois Paris, pour 18 pièces de cendaux vers des larges, bailliées à Thomas de Chaalons, coutepointier le Roy, par son compte rendu dessus, pour faire la coutepointerie de la chambre mons^{gr} le Dauphin; c'est assavoir : une grant coutepointe pour son lit et trois courtines, une petite coutepointe pour les piez, et deux autres pour les chambellans, 9 escus la pièce, valent 162 escus[3].

Gilles Féret, pour 6 pièces de toilles yndes, à faire l'envers de la dicte coutepointerie; 1 escu et deux tiers la pièce, 10 escus. A 12^s p. l'escu, valent 6^l p.

Prince Guillaume, pour livre et demie de soie de plu-

---

[1] Folio 83 de l'original.

[2] *Apparet per compotum dicti T. quod visum fuit.*
Habuit solum, ut, in dicto compoto continetur, 126^l. *Residuum, quod est* 360^l 14^s, *sibi debetur, de quibus habuit cedulam dicti argenterii, et de ipsis ponitur in debitis infra.*

[3] *Apparet de deliberatione per compotum dicti Thomæ.*
Ponitur in debitis infra de majori summa.

sieurs couleurs, bailliées audit Thomas, pour poindre et ouvrer ladicte chambre, 8 escus pour livre, 10 escus et demi¹.

Ledit Edouart, pour pièce et demie de samit vert, à faire les 6 quarreaux appartenans à la chambre dudit seigneur, les 2 quarreaux d'oratoire, et 1 pour napes, 24 escus².

Ledit Edouart, pour pièce et demie de toille vert, à faire couverture aus diz quarreaux entre le samit et le coutil, 2 escus et 2 tiers.

Pierre de Villiers, coutier, pour le duvet des 6 quarreaux de la chambre, des 2 pour l'oratoire, et de celui pour les napes : 75 livres de duvet à 5ˢ p. la livre, valent 18ˡ 15ˢ p.³

Ledit Pierre, pour les taies des 6 petis quarreaux de la chambre, 6ˢ p. pièce, 36ˢ p. ; et pour les taies des 3 grans quarreaux, 12ˢ p. pièce, 36ˢ p. Valent tout 72ˢ p.

Jehan de Tramblay, tapissier, pour 6 tapis vers contenans 54 aunes quarrées, armoiez aus quatre cornes des armes de monsᵍʳ le Dauphin ; c'est assavoir : les trois de 5 aunes de lonc et de 2 de lé chascun, et les autres trois, de 4 aunes de lonc et de 2 de lé, délivrés en la chambre dudit seingneur pour estandre entour son lit. 14ˢ p. l'aune, valent 37ˡ 16ˢ p.⁴

Ledit Jehan, pour un tapi vert contenant 11 aunes quarrées, délivré en ladicte chambre pour faire chevez au lit dudit seigneur, 14ˢ p. l'aune, 7ˡ 14ˢ p.

Ledit Jehan, pour deux tapis ouvrez, pour les deux sommiers du corps dudit seingneur, contenant chascun

---

¹ *Apparet de pretio et solutione per compotum dicti P.*
² *Dictus Ed. ponitur infra in debitis de istis duabus partibus pro majori summa.*
³ *Apparet de solutione per partes dicti P.*
⁴ *Apparet de pretio per compotum dicti Johannis et de solutione per recognitionem dicti Johannis sub sigillo Castelleti.*

3 aunes de lonc et 2 de lé, qui font somme 12 aunes quarrées; l'aune, 14^s, valent 8^l 8^s p

Ledit Jehan, pour trois tapiz vers contenans 18 aunes quarrés, armoiez aus quatre cornes aus armes dudit mons^{gr} le Dauphin, pour les sommiers de son commun; 14^s l'aune, 12^l 12^s p.

Climent le Maçon, tapissier, pour 4 sarges vers, livrées en ce terme en la chambre dudit seigneur, pour mettre et tendre aus huisseries et fenestrages de ladicte chambre, 14^s p. pour pièce, valent 56^s p.[1]

Edouart Thadelin, pour 5 bottes de cendaux vers des larges contenant 30 pièces de cendal; Prince Guillaume pour 7 bottes de semblable cendal contenant 42 pièces de cendal, bailliées à Estienne le Bourguignon, par son compte rendu à court, séellé de son séel, pour faire 6 chambres chascune garnie de coutepointe, de courtines et de 6 quarreaux, livrées au terme de Pasques pour monseigneur le duc d'Orliens, pour le conte d'Anjou, pour mons^{gr} Jehan de France et pour mess^e Philippe, son frère, pour mons^{gr} Louys de Bourbon et pour le conte d'Estampes, les 5 bottes achatez dudit Edoart à 54 escuz la botte, et les autres 7, achatez de Prince, à 48 escuz la botte, valent tout 606 escuz[2].

C'est assavoir pour ledit Edouart, 270, et pour ledit Prince, 336.

Ledit Prince, pour 15 pièces de toiles yndes, bailliées audit Estienne pour faire l'envers aus coutepointes des dictes chambres, un escu et demi la pièce, 22 escus $\frac{1}{2}$[3].

Ledit Prince, pour 6 livres de soye de plusieurs couleurs, baillées audit Estienne pour poindre et ouvrer les dictes chambres, à 7 escuz la livre, 42 escus.

---

[1] *Inter partes dicti Clementis.*
[2] *Apparet de receptione per compotum dicti Stephani.*
Et de precio et solucione pro parte dicti Principis per compotum suum.
De residuo dictus Eduardus ponitur in debitis infra pro majori summa.
[3] *Apparet ut supra.*

Belhoumet Thurel, mercier, pour 6 pièces de samit vert, bailliées audit Estienne pour faire couverture aus diz quarreaux, 13 escus la pièce, valent 78 escus; et pour 6 pièces de toilles vers pour yceulz quarreaux couvrir entre le samit et le coutil, 2 escus la pièce, 12 escus. Pour tout, 90 escus, à 16^s p. pièce, 72^l p.[1]

Pierre de Villiers, coutier, pour le duvet des quarreaux dessus diz; c'est assavoir : pour chascune chambre, 4 petis quarreaux et 2 grans pour l'oratoire, pesant les 6 quarreaux 50 livres de duvet. Somme du duvet pour les quarreaux des six chambres dessus dictes, 300 livres de duvet, à 5^s p. pour livre, valent 75^l p.[2]

Ledit Pierre, pour les 4 petites taies et les 2 granz des quarreaux de chascune chambre, 48^s p. Valent tout, pour les six chambres, 14^l 8^s p.

Jehan de Tramblay, tapissier, pour 4 tapis vers, armoiez aus cornes aux armes mons^{gr} le duc d'Orliens, contenans sur tout 32 aunes quarrées : c'est assavoir chascun de quatre aunes de lonc et de 2 aunes de lé, bailliées et livrées au terme de Pasques, pour mettre et tendre entour le lit dudit mons^{gr} le Duc, 14^s p. l'aune, valent 22^l 8^s p.

Ledit Jehan, pour un tapi vert contenant 11 aunes quarrées, délivré audit terme pour le dossier de son lit; l'aune audit pris, valent 7^l 14^s p.[3]

Ledit Jehan, pour 4 tapis vers, armoiez aus cornes aus dictes armes, contenans sur tout 24 aunes quarrées, délivrés audit terme pour faire bahus à couvrir les sommiers dudit seigneur; l'aune audit pris, valent 16^l 16^s p.

Ledit Jehan, pour 9 tapis vers contenans sur tout

---

[1] *Apparet de receptione per compotum dicti Stephani, et de pretio per compotum dicti B.*
Et ponitur in debitis infra de dicta summa de qua habet cedulam dicti argenterii.

[2] *Apparet de pretio et solutione per compotum dicti P.*

[3] *Apparet de pretiis et solutione per compotum dicti J. de Trembleyo.*

67 aunes quarrés, délivrés au terme de Pasques en la chambre mons^{gr} Louys de France, conte d'Anjou; c'est assavoir 4 tapis pour sa chambre, chascun tenant 4 aunes de lonc et 2 de lé, un autre tapi pour le chevez, de 4 aunes de lonc et de 2 aunes et 3 quartiers de lé, et 4 autres tapis pour les sommiers, chascun de 3 aunes de lonc et de 2 aunes de lé. 14^s p. l'aune, valent tout 46^l 18^s p.

Philippe Doger, tapissier, pour 4 chambres vers pour messire Jehan de France, messire Phellippe de France, son frère, monseig^r Louys de Bourbon, et le conte d'Estampes, chascune chambre de 7 tapis, contenans sur tout 55 aunes quarrées pour chascune chambre; c'est assavoir 4 pour le lit, chascun de 4 aunes de lonc et 2 de lé, un autre tapi tenant 11 aunes quarrées pour dossier, et deux autres, chascun de 3 aunes de lonc et 2 de lé, pour les sommiers. Montent ensemble les quatre chambres 220 aunes quarrées. 14^s p. l'aune 154^l par. [1]

Le dessus nommé Prince Guillaume, pour 3 quartiers de veluyau azuré, 5 escuz et demi; pour 6 onces d'or de Chippre, 7 escuz; et pour 6 onces de soie ardant, 3 escuz et demi. Tout baillié à Thomas de Chaalons, coutepointier le Roy, par son compte rendu dessus, pour faire broder et estoffer les bourses aus seaux de secret de mons^{gr} le Dauphin, du duc d'Orliens, et du conte d'Anjou, pour le terme de Pasques. Pour tout, 16 escus.

Ledit Prince, pour une pièce et demie de cendal de grainne, et une pièce de toile vermeille, bailliées audit Thomas pour recouvrir 3 granz carreaux, apportez de pardevers mons^{gr} le Dauphin le VII jour de février CCCLI, pour recouvrir, c'est assavoir les deux de son oratoire, et

---

[1] *Apparet de pretio et solutione per litteras, sub sigillo dicti Philippi visitatas per litteras Castelleti Parisius, in eis annexis.*

un autre pour les nappes, du terme de Toussaint derrenier passé. Pour ce, 16 escuz et demi [1].

Belhomet Thurel, pour 2 aunes et demie de samit vert, et 2 aunes de toile vert, tout baillié audit Thomas pour recouvrir le quarrel des nappes de mons^{gr} le Dauphin, de ce présent terme de Pasques, lequel fu semblablement rapporté despécié, 8 escuz, ad 16^s p. pièce, valent 6^l 8^s p. [2]

Ledit Belhomet, pour une pièce de cendal vert, et une pièce de toile vert, bailliées audit Thomas, pour faire et recouvrir le coissin du matras dudit seigneur, et appareillier une courtine pour sa chambre. Pour tout, 11 escuz, audit pris, 8^l 16^s p.

Des garnisons de l'argenterie, pour 3 aulnes et un quartier de veluyau, bailliées à maistre Girart d'Orliens, paintre, pour faire les siéges de 6 chaaires délivrées au terme de Pasques pour mons^{gr} le Dauphin, pour mons^{gr} le duc d'Orlienz, pour le conte d'Anjou, pour ses deux joines frères, et pour mons^{gr} Loys de Bourbon, lesquelles furent ouvrées à orbevoies à deux endroiz, et paintes à leurs armes, néant [3].

Ledit maistre Girart, pour le fust et façon des chaaires faites et ouvrées comme dit est, 100^s p. pour pièce, valent 30^l p. [4]

Ledit maistre Girart, pour 6 selles neccessaires, feutrées et couvertes de cuir et de drap, délivrées audit terme pour les diz seigneurs, 60^s p. pièce, 18^l p. [5]

Edoart Theodolin dessus nommé, pour 39 pièces de cendaux vermeux en grainne, bailliées en ce terme pour

---

[1] *Apparet de pretio et solutione per compotum dicti Principis, et de deliberatione, per compotum dicti Thomæ.*

[2] *Apparet de pretio per partes dicti B. et ponitur in debitis infra, et de deliberatione per compotum dicti Thomæ.*

[3] Folio 38.

[4] *Non apparet de traditione.*

[5] *Ponitur in debitis infra.*

faire 3 chambres : les deux pour messire Philippe et messire Loys de Navarre, et l'autre pour messire Charles d'Artois; chascune chambre garnie de coutepointe, de 3 courtines et de 6 quarreaux, qui deues leur estoient à cause de leur chevalerie nouvelle : 11 escus et 2 tiers la pièce, valent 443 escuz et un tiers [1].

Giles Féret, pour cinq pièces et demie de toiles taintes, 1 escu et 2 tiers la pièce, à 12^s p. l'escu, 110^s p. [2]

Prince Guillaume, pour cinq pièces de semblables toiles vermeilles, à 1 escu et demi la pièce, tout livré pour faire l'envers des coutepointes et couvrir les quarreaux des dictes chambres entre le cendal et le coutil, 7 escuz et demi [3].

Ledit Prince, pour 3 livres de soie de plusieurs couleurs, à poindre et ouvrer les dictes coutepointes, 7 escuz la livre, 21 escus.

Pierre de Villiers, coutier, pour 50 livres de duvet à emplir 4 petis quarreaux et 2 grans pour la chambre mons^{gr} Charles d'Artoiz, dessus nommé, à 5^s p. la livre, 12^l 10^s [4].

Ledit Pierre, pour les 6 coutilz des quarreaux de ladicte chambre mons. Charles d'Artoiz, c'est assavoir des 4 petis et 2 grans; 8^s p. pour pièce, l'une par l'autre, valent 48^s p.

Climent le Maçon, tapissier, pour 9 tapis vermeux, armoiez aus cornes des armes dudit mons^{gr} Charles, contenans sur tout 67 aulnes quarrées; c'est assavoir pour le lit : 4 tapis, tenans chascun 4 aulnes de lonc et 2 de lé; pour le chevès, un autre tapi, tenant 4 aulnes de lonc et 2 aulnes et 3 quartiers de lé; et pour les sommiers,

---

[1] *Apparet de traditione per cameram domini K. d'Artoys, de* xiii *peciis de cendal, per compotum Stephani Burgundiæ; tamen non apparet de pretio.*
Ponitur in debitis infra in majori summa.

[2] *Non apparet de solutione facta dicto Ægidio.*

[3] *Apparet de pretio et solutione per compotum dicti Principis.*

[4] *Apparet, ut supra, per partes dicti Petri.*

quatre autres tapis, de 3 aulnes de lonc et de 2 aulnes de lé chascun, bailliés et délivrez en ce terme par devers ledit messire Charles, pour sa chambre vermeille. A 15ˢ p. l'aune, 50ˡ 5ˢ p.¹

Estienne le Bourguignon, pour la façon des chambres de monsᵍʳ le duc d'Orliens, de monsᵍʳ le conte d'Anjou, de messᵍʳˢ messire Jehan et messire Philippe de France, de mᵍʳ Loys de Bourbon et du conte d'Estampes, que il orent au terme de Pasques, et pour la façon de la chambre vermeille de monsᵍʳ Charles d'Artoiz, et pour la façon de 9 aulnes de doublez pour messᵍʳˢ le Dauphin et le duc d'Orliens. Pour tout, les parties en son compte rendu à court dessus, séellé de son séel, 282ˡ 14ˢ p.²

Et est assavoir que l'argentier ne prent riens sur le Roy pour le duvet, ne pour la façon des chambres vermeilles pour monsᵍʳ Philippe et Loys de Navarre, ne aussi pour la tapisserie qui y appartient, quar aussi ne l'a il pas paié, ne délivré en ce terme.

Somme, 923ˡ 8ˢ.
Et 1374 scuti.

§ VIII. [CHAPELLE.]

Art. 1ᵉʳ. *Parties de la chapelle du Roy.*

Jehan de Tramblay, tapissier, pour un tapi vert tenant 6 aunes quarrées, livré au terme de Pasques en la chapelle du Roy, pour faire le siége de son oratoire : 14ˢ p. l'aune, valent 4ˡ 4ˢ par.³

Somme par soy, 4ˡ 4ˢ par.

Art. 2. *Parties de la chapelle monsᵍʳ le Dauphin.*

Edouart Thadelin, pour 6 pièces de cendal de grainne, bailliées à Thomas de Chaalons, coutepointier du Roy

---
¹ *Sine mandato. Apparet, ut supra, per partes dicti Clementis*
² *Apparet de pretio et solutione per compotum dicti Stephani.*
³ *Apparet de deliberatione et de solutione per compotum dicti Stephani.*

nostre sire, par son compte rendu dessus, séellé de son séel, pour faire les 2 courtines de l'oratoire de mons^{gr} le Dauphin, contenant 15 granz lez, achatés 11 escus et deux tiers la pièce, valent 70 escus[1].

Ledit Edouart, pour 3 pièces de semblable cendal bailliées audit Thomas pour faire les 2 courtines de l'autel, 35 escus.

Jehan de Tramblay, tapissier, pour 2 tapis vers, délivrés au terme de Pasques en la chappelle dudit seigneur, l'un pour le siége de l'oratoire, et l'autre pour estandre devant l'autel quant l'en y chante messe : 14^s p. l'aune, valent 14^l 8^s p.[2]

Somme, 105 scut. auri.
Et 14^l 8^s p.

Art. 3. *Draps d'or à faire offrendes pour le Roy.*

Belhoumet Thurel, mercier, pour 6 draps d'or de domasque, pièce 50 escus, 300 escus, et pour 18 autres draps d'or appellez marramas et mactabas, pièce 17 escus : 306 escus, portés et délivrés par devers le Roy à Rouan pour offrir à Sainte Katherine et en autre église au plaisir dudit seingneur, par sa cédule donnée à Paris le xxviiie jour d'avril cccliI, rendue à court. Pour tout, 606 escus d'or, pièce 16^s p., 484^l 16^s p.[3]

Edouart Thadelin, pour une pièce de draps d'or et de soie, fin, traiant sur le blanc, délivrée le premier jour de juing pardevers le Roy, par sa cédule donnée le xixe jour d'aoust rendue à court, 45 escus[4].

Ledit Edouart, pour 3 camocas d'Oultremer, de plusieurs soyes, délivrés pardevers ledit seingneur par

---

[1] *Dictus E. ponitur in debitis infra de dictis summis in majori.*

[2] *Apparet de deliberatione et pretio per compotum dicti Johannis, et de solutione per recognitionem dicti Thomæ.*

[3] *Apparet de pretio per partes dicti B.; ponitur in debitis infra in majori summa.*

[4] *Ponitur in debitis ut prius.*

sadicte lettre, 32 escus et demi, valent 97 escus et demi.

Somme, 484¹ 16ˢ p.

Et 142 scut. cum dimidio.

Art. 4. *Draps d'or à faire offrendes, de monseigneur le Dauphin.*

Belhoumet Thurel, mercier et bourgois de Paris, pour 3 pièces de draps d'or de domasque, délivrées par luy pardevers monsᵍʳ le Dauphin et au commandement dudit seingneur, prises en son mandement, donné ix jours en marz CCCLI, rendu à court : 150 escus, à 16ˢ p. l'escu, 120¹ p.[1]

Des garnisons de l'argenterie, pour 4 draps d'or mactabas, délivrés pardevers ledit seingneur par sa cédule, donnée le xxvii⁰ jour de may CCCLII, rendue à court, pour en faire sa voulenté, néant[2].

Somme par soy, 120¹ p.

§ IX. [COFFRERIE.]

Coffrerie pour le Roy.

Guillaume Le Bon, coffrier, pour un grand coffre fermant à clef, délivré le xxiiii⁰ jour de may CCCLII, par mandement du Roy, rendu à court, pour mectre et porter les robes dudit seingneur, 12¹ p.[3]

Ledit Guillaume, pour 4 paires de coffres garniz de 4 bahuz, livrés en ce terme en la chapelle du Roy à Hemart Gascoing et à Jehan de Viry, clers de ladicte chappelle, pour leur livrée ordinaire de Pasques, 9¹ p. paire, valent 36¹.

Ledit Guillaume, pour un coffre lonc à mectre en ladicte chapelle les cierges et torches, audit terme, 40ˢ p.

---

[1] *Inter partes dicti B.; ponitur in debitis infra.*
[2] *Cordat.*
[3] *Apparet de deliberatione per compotum dicti Guill. Boni, et de solutione.*

Ledit Guillaume, pour 4 malles et 4 bahus, bailliés et délivrés en ce terme à Thomas de Chaalons, coutepointier le Roy, pour charger dedens la coutepointerie et tapisserie des chambres du Roy et de Nosseigneurs, et porter hors de Paris aus termes de Pasques et de Toussains, quelle part qu'il soient; pour malle et bahu, 50ˢ pièce, valent 10ˡ p.

Ledit Guillaume, pour une grant cuirie à couvrir le chariot de la fruicterie du Roy, délivré en ladicte fruicterie ou mois d'avril par deux mandemens du Roy, rendus à court, 30ˡ p.

Ledit Guillaume, pour une autre cuirie, délivrée par les diz mandemens, en ladicte fruicterie, pour despécier la cire, avec une bouge à mectre et porter les marteaux et cloux, 34ˡ p.

Ledit Guillaume, pour une paire de panniers fermans à clef, à tout le bahu, contenus ès diz mandemens, pour mectre et garder la cire et autres choses neccessaires en ladicte fruicterie, 12ˡ p. [1]

Ledit Guillaume, pour 2 hucheaux à mectre les torches en ladicte fruicterie, 14ˡ p.

Ledit Guillaume, pour 1 pannier non pareil, délivré en ladicte fruicterie, pour mectre le fruit du Roy, 100ˢ p.

Somme, 145ˡ p.

Somme de cendaux, draps d'or, chanevacerie, pennes et fourreures, chambres et coffrerie, pour le Roy, monsᵍʳ le Dauphin, monsᵍʳ le duc d'Orliens et leurs compaignons, 5569ˡ 19ˢ 11ᵈ p.

Et 2821 escuz et un tiers [2].

§ X. [ORFÉVRERIE.]

Art. 1ᵉʳ. *Orfaverie pour le Roy, pour monsᵍʳ le Daufin et noz autres seigneurs.*

---

[1] *Apparet de receptione per litteras Alani de Ponte, fructuarii regis.*
[2] *En marge :* IIᵃ grossa.

Pierre le Blont, orfèvre[1], pour une escuelle d'argent toute neuve, pesant 1 marc 4 onces, livrée, XIIIe jour de février, à messire Symon de Bucy, chevalier et conseiller du Roy, pour et en lieu d'une autre escuelle d'argent de semblable pois, qui fu perdue en la Noble Maison en la feste de l'Estoille[2], laquelle il avoit prestée lors, avecques autre vaisselle empruntée pour le service de ladicte feste, et aussi pour sa paine de redrécier et nétoier autre vaisselle d'argent dudit messire Symon, froissiée de piez, à la dicte feste; ouquel redrecement et appareil entra une once d'argent; pour tout, par la cédule du Roy rendue à court : 12 escus, 12^s p. la pièce, 7^l 4^s p.

Jehan le Brailler, orfèvre du Roy nostre sire[3], pour deniers à li paiez et comptez au trésor, en ce terme, à trois fois, pour achater 3 mars et demi d'or fin, et 36 mars d'argent fin, qu'il a mis et alloez en plusieurs besoingnes et ouvrages de son mestier, qu'il a faiz et délivrés oudit an, pour le Roy, pour monseigneur le Dauphin et ceulz de sa compaignie et pour leurs dons, si comme il appert par son compte, rendu à court, séellé de son séel, les parties dudit compte transcriptes cy-dessous vers la fin de ce chappitre, c'est assavoir le XVIe jour d'avril CCCLII; pour 36^m d'argent à 6 esterlins le marc, et pour un marc d'or fin, à 64 escus, 12^s p. pièce : 168^l p. Le XXVIe jour d'avril prochain ensuivant, pour 2 mars d'or fin : 130 escus, 12^s p. la pièce, 78^l. Et le XXIIIIe jour de may après ensuivant, pour demi march d'or : 32 escus et demy, 16^s p. la pièce, 26^l p. Pour tout, 272^l par.[4]

Ledit Jehan, pour deniers à luy paiez en cedit terme

---

[1] En 1358, il fut entraîné dans la chute d'Étienne Marcel, et décapité (en août).

[2] Il s'agit des fêtes données à Saint-Ouen, près Paris, lors de la création de l'ordre de l'Étoile, en novembre 1351.

[3] Et son valet de chambre, comme on le verra plus bas.

[4] *Totum per compotum dicti Johannis.*

pour 29^m 5 onces 7 esterllins d'argent fin, à 6 escus pour marc, 16^s p. la pièce, 122^l 8^s par. Et pour 6 esterllins et un follin d'or fin, à 65 escus le marc, 16^s p. l'escu : 40^s 7^d ob. p., par lui mis et alloez ès besoingnes et ouvrages de son mestier, contenus en sondit compte comme dessus est dit. Pour tout, 144^l 8^s 7^d ob. p.

Ledit Jehan, pour sa paine, déchè et façon, de faire et forger les diz ouvraiges, délivrés par son dit compte pour le Roy, pour mons^gr le Dauphin, pour monseigneur le duc d'Orliens, et pour mons^gr le conte d'Anjou. Pour tout, 278^l 2^s p.[1]

Guillaume Basin, marchant de perrerie, pour 40 grosses perles, achatées de luy, la pièce 2 escus et 3 quars, et baillées audit Jehan le Braillier, pour garnir la courroye du bacinet de mons^gr le Dauphin, si comme il appert par les parties de son dit compte. Pour tout, 110 escus, 16^s p. la pièce, valent 88^l p.

Pierre des Barres, pour un balay, baillé audit Jehan le Braillier, pour mectre et river ou fermail de mondit seigneur le Dauphin, comme mencion en est faicte ci-après ès parties d'iceluy Jehan, 112^s p.[2]

Somme, 795^l 6^s 7^d ob. p.

Les parties Jehan le Braillier, orfèvre du Roy, de 278^l 2^s par. et aussi de 3^m 4 onces 6 estellins et un ferlin d'or fin, et de 65 mars 5 onces 7 esterllins d'argent fin à ouvrer, contenus en son compte, dont mencion est faite ci-dessus, s'ensuivent[3] :

Pour le Roy. Premièrement, pour faire et forger tout de nuef la vis d'un grant dragouer qui fu apporté d'Avignon, baillé et rendu à Thoumassin, sommelier des

---

[1] *Est in debitis infra, de quibus habet cedulam dicti argenterii de* 94^l 8^s *p.; et est solutus de residuo, ut apparet per suum compotum.*

[2] *Apparet per compotum dicti J. le Braillier. Non apparet de solutione.*

[3] *De istis partibus collatio fit cum compoto dicti Johannis le Braillier; et fuerunt examinatæ per jactum.* (On comptait avec des jetons.)

espices, le x⁰ jour de février, pour croissance d'argent, 1 marc 4 esterllins; et pour dorer, un esterllin d'or fin; pour déchè et façon : 32ˢ p.

Pour faire et forger un grant bacin à barbier, qui fu fait de deux autres viex, de l'argent d'Avignon, qui décheirent à l'affiner de 1 marc 5 onces, et fu rendu ledit bacin pesant 10 mars, et baillé à Poupart, son barbier; pour croissance d'argent 5 onces, et pour façon, c'est assavoir d'affiner et de forger : 6ˡ 8ˢ p.

Pour faire et forger une chaenne d'argent, pesant 3 onces 10 esterllins; pour la bourse à mectre son séel de secret, pour le terme de Pasques; pour déchè et façon, 16ˢ p.

Pour faire et forger deux paires de boucles d'argent à braier, pour ledit terme, pesant l'argent 1 marc; pour déchè et façon, 32ˢ p.

Pour faire et forger 6 paires de bouclètes à sollers, pesans 6 onces d'argent; pour déchè et façon, 48ˢ p.

Pour faire et forger le tuyau du pié de la couppe Sᵗ Louys[1], et le reburnir tout de nouvel; pour croissance d'or de touche, 6 esterllins, rendu à Symon des Landes environ Pasques; pour déchè et façon, 48ˢ p.

Pour rappareiller et redrécier 4 pos, et faire charnières neuves, rendus la veille de l'Ascencion, l'an dessusdit, à Colinet, garde-huche de l'eschançonnerie; pour déchè, argent et façon, 32ˢ p.

Pour refaire les charnières neuves de 3 justes, rendues à Pioche, de l'eschançonnerie, le jeudi devant Penthecoste; pour croissance d'argent, 15 esterllins, et pour déchè et façon, 32ˢ p.

---

[1] *La couppe Sᵗ Louis.* Du Cange, dans son édition de Joinville : « Entre les meubles qui avoient appartenu à S. Louys, et que nos rois conservoient précieusement et comme des reliques, estoit son missel et sa coupe d'or, dans laquelle on ne beuvoit pas, par respect. » Et il cite un inventaire des meubles de Louis le Hutin : « C'est l'inventaire de l'eschançonnerie, etc. Item, la coupe d'or S. Loys, *où l'on ne boit point.* »

Pour ressouder les anses de 2 quartes, asseoir les couvercles, brunir et redrécier, rendues audit Pioche, le xiiiᵉ jour de juing; pour croissance d'argent, 1 once 10 esterllins; pour déchié et façon, 36ˢ p.

Pour refaire l'aspergès d'un eaubenoitier d'argent, baillé à Guillemin Cabuel, clerc de la chappelle de l'ostel du Roy; pour argent, déchié et façon, 12ˢ p.

Pour 2 fermouers d'argent et les tissus de soye pour un livre d'oroisons pour le Roy, baillé à l'évesque de Chalon, le xviiiᵉ jour de juing; pour or, argent, tissus et façon, 36ˢ p.

Pour rappareiller la belle nef du Roy qui estoit rompue et froissée, et y fist l'en une vix d'argent qui ferme, à la pate, rendue à l'argentier, le xxiiᵉ jour de juing; pour l'argent, 4 onces, et pour déchè et façon, 108ˢ p.

Pour deux paires de fermouers d'argent, esmaillez à fleurs de liz, bailliées à Jehan de Montmartre, son enlumineur, le xxiiᵉ jour de juing; pour l'argent, 4 onces; pour or à les dorer, 3 esterllins d'or fin, et pour déchié et façon, 108ˢ p.

Pour rappareiller et ressouder une cuiller d'argent de cuisine; pour croissance d'argent, 10 esterllins, et pour déchié et façon, 18ˢ p.

Somme d'or fin, 4 esterllins.
Somme d'or de touche, 6 esterllins.
Somme d'argent à ouvrer, 5ᵐ 1 once 9 esterllins.
Somme de deniers pour façon, 34ˡ 6ˢ p.

Art. 2. *Pour mons. le Dauphin.* Premièrement, pour faire et forger une chaenne d'argent pour la bourse où il met son séel de secret, pesant l'argent 3 onces 10 esterllins; pour déchè et façon, 16ˢ p.

Pour faire et forger deux paires de boucles à braier, pesans un marc; pour déchè et façon, 32ˢ p.

Pour faire et forger six paires de bouclètes d'argent à sollers, pesant 5 onces; pour déchè et façon, 48ˢ p.

Pour refaire et ressouder 4 pos qui estoient despéciez, rendus la veille de Penthecoste, à Héraumont, de l'eschançonnerie; pour déchè et façon, 32ˢ p.

Pour faire et forger tout de nuef une cuiller de cuisine, d'un autre viex, dont le culleron estoit fendu à moitié, rendu après Pasques; pour croissance d'argent, 3 onces 10 esterllins; pour déchè et façon, 48ˢ p.

Pour faire et forger un bacin à barbier, baillié au Grix, environ Penthecoste, pesant 7 mars 7 onces 10 esterllins d'argent; pour déchè et façon, 4¹ 10ˢ p.

Pour faire et forger la garnison toute blanche d'une espée dont l'alemelle estoit à fenestres. C'est assavoir, faire la croiz, le pommeau, la boucle et le mordant, et un coipel; rendue ladite espée audit seingneur, et en pesoit l'argent, 1 marc 1 once 10 esterllins; pour déchè et façon, 108ˢ p.

Pour rappareiller sa bonne estoille d'or, refaire deux troches; et fu l'estoille toute reburnie, et tous les chaatons et les troches rivées de nouvel; pour or mis de croissance, 2 esterllins obole d'or, à xxii caras; rendu audit seigneur; pour déchè et façon, 36ˢ p.

Pour faire et forger 8 chaatons d'or pour 4 gros balais et pour 4 saphirs, mis en son fermail, et pour rasseoir 4 dyamens, lesquelx sont entour une grosse perle qui est ou millieu d'icelui fermail; pour l'or, 10 esterllins de touche; pour déchè et façon, 7¹ 4ˢ p.

Pour faire et forger un chaaton d'or pour ycelui fermail, ouquel l'en mist un balay que l'argentier bailla pour un autre que le Dauphin avoit despécié; pesant l'or un esterllin de touche, et fu baillié audit seingneur; pour déchè et façon, 18ˢ p.

Pour faire et forger la garnison de 2 hernois de guerre pour monseigneur le Dauphin, et dont les trésoriers chargièrent l'argenterie de moy faire compter et baillier cedit. C'est assavoir : pour faire la garnison de 2 bacinès et d'une gorgerète, c'est assavoir 70 vervelles, 20 bocètes, tout d'or, et 2 courroies pour yceulz bacinès garnies d'or, et est l'une garnie de cloux rons garnis de souages, et en chascun clou une penthère esmailliée, et le mordant esmaillié de ses armes, et en ycelle courroie a 13 pelles rivées sur fueillètes d'or, et l'autre courroie est garnie de cloux en manière de losenges, d'arches et de fueilles, et dedens le millieu de chascun clo, et aussi ou mordant, a un esmail de ses armes, et 26 grosses perles rivées. Pour toute ycelle courroie, et pour faire et forger 2 boucles d'or pour fermer yceulz bacinès et plates, et une grant boucle d'or avec un mordant pour la gorgerète, 4 bendes d'or du lé du tissu, pour river ycelle gorgerète, et pour 2 boucles et 2 mordans d'or, pour fermer le fer d'icelle gorgerète, pesant toutes ces choses dessus dites 2^m 2 onces 8 esterllins d'or de touche; et pour déchié et façon de tout, 60^l p.

Pour faire et forger 200 boccètes pour deux heaumes, pesant 6 onces d'argent; et pour faire et forger la garnison de deux paires de plates, dont les unes sont couvertes de veluyau asuré, et les autres de veluyau vert ouvré de broderie : pour les deux paires, 6 milliers de clo, dont les 3 milliers sont au croissant, et les autres sont roons dorez; et pour 2 paires de charnières, dont les unes sont esmailliées et 2 paires de roses et 2 paires de chaennes, 6 boucles et 6 mordans pour ycelles deux paires de plates, tout pesant 13 mars 5 onces 8 esterllins d'argent. Item, pour faire et forger la garnison de garde-bras, avant-bras, coutes, cuissos, grèves, poulains et soulers; pour tout, 5 milliers et 4 cens de clou au croissant, et 4 anelès avec 4 rosètes pour les cuissos; et pour 104 bocettes roondes pour coutes et poulains; et sont yceulz coutes et poulains poinçonnez de fueillages nervez, et 8 boucles et 8 mordans pour garnison de bras. Tout pesant 11 mars 6 onces d'argent.

Item, pour faire et forger une paire de coutes et poulains, touz poinçonnez de fueillaiges nervez et esmaillez de ses armes; pour 104 bocettes pour les garnir, 8 boucles et 8 mordans pour les garde-bras et avant-bras; tout pesant 3 mars 2 onces d'argent. Item, pour faire et forger un millier et 2 cens de clo au croissant, 2 boucles et 2 mordans et 10 jointes, tout d'argent; pour une paire de gantelez; tout pesant 2 mars 1 once d'argent. Pour faire et forger un millier de bocectes roondes, 2 boucles et 2 mordans pour une autre paire de gantelès, pesant 1 marc 2 onces. Item, pour faire et forger 8 cens et 60 cloux roons, 2 boucles et 2 mordans pour uns autres gantelez, pesant l'argent 1 marc 5 onces. Item, pour faire et forger la garnison de deux escus, c'est assavoir : faire 6 boucles et 6 mordans, 8 grans cloux, 8 rivez, 202 bocettes croisés, pesant tout l'argent 1 marc 2 onces 10 esterllins. Item, pour faire et forger unes jartières et uns esperons, semblablement garnis et dorez, pesant l'argent 2 mars 6 onces. Item, pour faire et forger 10 douzaines d'aguillètes pour ledit hernois fermer, pesant l'argent 3 onces, ouquel hernois est entré sur tout pour dorer, 1 marc 4 onces d'or fin. Et fu tout rendu ou mois de juing : pour déchié et façon de toutes ces choses dessus dictes, 120[l] p. Et baillia l'argentier les perles qui sont rivées ès deux courroies des deux hacinez dessus diz.

Somme de l'or fin, 1 marc 4 onces.

Somme de l'or à 22 caras, 2 esterllins, obole.

Somme de l'or de touche, 2 mars 2 onces 19 esterllins.

Somme de l'argent à ouvrer, 50 mars 3 onces 18 esterllins.

Somme des deniers pour façons, 208^l 12^s p.

Art. 3. *Pour mons^r le duc d'Orliens*, pour mons^{gr} d'Anjou, pour mons^{gr} Jehan et Philippe de France, pour mons^{gr} Louys de Bourbon et pour mons^{gr} d'Estampes.

Premièrement. Pour faire et forger à chascun deux paire de boucles d'argent à braier, pesant les douze paires 6 mars d'argent; pour déché et façon d'icelles toutes ensemble, 9^l 12^s p.

Pour faire et forger à chascun quatre paires de bouclètes d'argent à solers, pesant les vingt quatre paire 4 mars 5 onces d'argent; pour déchié et façon, 9^l 12^s p.

Pour faire et forger deux chaennes d'argent pour mons^{gr} d'Orliens et pour mons^{gr} d'Anjou, pour les bourses des seaux de leurs secrez, pour l'argent d'icelles, 7 onces, et pour déchié et façon, 32^s p.

Pour faire et forger un hanap tout plain pour mons^{gr} d'Orliens, qui fu fait d'un autre viex, et y mist l'en un esmail de ses armes qui estoit du lé du fons du hannap, rendu la veille de l'Ascencion à Jehennin à la Cauche, son vallet de chambre, pesant 1 marc 3 onces 15 esterllins d'argent, et pour croissance dudit argent, 4 onces, et pour déchié et façon, 24^s p.

Pour faire et forger pour ledit mons^{gr} d'Orliens deux roses d'or fin et d'argent esmailliées de rouge cler, et furent mises en sa bonne çainture à perles, et pour y mettre deux grosses perles qui y failloient; pour perles, or, argent et façon, 64^s p.

Pour rappareiller un gobelet d'or pour mons^{gr} d'Anjou, lequel gobelet estoit fait en manière d'un tonnel, et est assis sur un trépié de trois chiennes; pour y mectre 10 perles et 4 esmeraudes et 2 rubiz, pour croissance d'or de touche, 6 esterllins, et pour les perles, esmeraudes, rubis, déchié et façon, 8^l p. Et fu rendu à la Penthecoste.

Somme de l'or de touche : 6 esterllins.

Somme de l'argent à ouvrer : 10 mars.

Somme des deniers pour façons : 33^l 4^s p.

Somme toute de l'or fin contenu en plusieurs parties de ce présent compte : 1 marc 4 onces 4 esterllins.

Somme toute de l'or à 22 caras, 2 esterllins, obole, qui valent d'or fin : 2 esterllins et 1 fellin.

Somme toute de l'or de touche : 2 mars 3 onces 11 esterllins, qui valent d'or fin : 2 mars.

Somme toute de l'or avalué à fin : 3 mars 4 onces 6 esterllins et un fellin.

Item, pour l'alay de 2 mars 3 onces 12 esterllins, obole d'or, allaiez à xx et à xxii caras, si comme il appert par les parties de ce compte, 40^s p.

Somme toute, tant pour ledit allay, comme pour deniers de façon, 278^l 2^s.

Somme toute de l'argent à ouvrer : 65 mars 5 onces 7 esterllins.

Art. 4. *Joiaus d'or et d'argent*, de mercerie, et d'orfaverie, pour le Roy : néant en ce terme.

Art. 5. *Joiaus d'or et d'argent*, de mercerie et d'orfaverie, pour mons^{gr} le Dauphin et de ses compaignons.

Des joiaux baillés à l'argentier des garnisons du Temple : pour une escuelle d'argent vermeil dorée, perdue à Neelle, en l'ostel mons^{gr} le Dauphin, du nombre de douze escuelles semblables, que l'argentier presta audit seigneur[1], par sa lettre donnée à Paris le xxviie jour de may, rendue dessus, en semblable chapitre de draps d'or à faire offrendes, pour servir aucuns chevaliers estranges à qui il donna à manger, pour ce, néant.

De l'inventoire Guillaume de Monstereul, pour un dragouer d'argent pesant 4 marz, une once, 10 esterllins,

---

[1] *Loquitur quod vult capere dictam* xii^{am} *scudellarum.*

contenu en ladicte cédule et délivré par devers mons^{gr} Jehan, mons^{gr} Philippe de France, enfens du Roy. Pour ce, néant.

Pierre Chappelu, changeur et bourgois de Paris, pour 2 gobelès d'argent dorez, à 2 esmaux ou fons, et pour 2 hannaps d'argent, pesant sur tout 4 marz 10 esterllins, délivrés par ladicte cédule, pour servir mons^{gr} Jehan et mons^{gr} Philippe de France, dessus diz, achatez le marc 104^s p., valent tout 21^l 2^s 6^d p.

Estienne Castel, armeurier et broudeur mons^{gr} le Dauphin, pour sa peine, broudeure et façon de faire et brouder 1 chaperon d'escarlatte paonnacé, prins ci dessus en semblable chappictre de draps de lainne, lequel fu tout fessé à orbevoies à courbètes de perles, et le champ ouvré de menus poins à fueillages, bien et cointement, si comme mencion est faicte ou compte dudit Estienne, rendu à court, seellé de son séel. Pour or de Chippre, soie et façon, 20^l p.[1]

Belhoumet Thurel, mercier, pour un marc de perles achatez de lui, l'once 20 escus, et pour un marc 2 onces d'autres perles plus menues, l'once 16 escus, baillées et deslivrées audit Estienne Castel pour brouder et enrichir ledit chaperon, par sondit compte ; pour tout, 320 escus, à 16^s p. la pièce, 256^l p.[2]

Edouart Thadelin, pour deux mille grosses perles, entrées et assises oudit chaperon, par le compte dudit Estienne ; les six perles achatées 1 escu, valent 333 escus et un tiers[3].

Ledit Estienne, pour sa paine et façon de deux boursètes à reliques, faites à ymages de broudeure et à chapi-

[1] *Apparet per compotum et de solutione.*

[2] *Apparet de deliberatione et pretio per compotum dicti B.; et ponitur in debitis infra in majori summa.*

[3] *Non apparet de pretio, quia nullum reddidit compotum. De receptione, apparet per compotum dicti Stephani. Ponitur in debitis infra pro majori summa.*

teaux de grosses perles et menues, pour ledit seigneur et de son commandement; pour or de Chippre, paine et façon, 6¹ p.¹

Edouart Thadelin, pour 230 grosses perles; les six perles achatées 1 escu, baillées audit Estienne, par son compte, pour brouder et cointir les dictes boursètes. Pour tout, 38 escus et un tiers².

Pierre des Barres, pour une once de perles menues d'Orient, baillées audit Estienne pour les dictes boursètes, l'once achatée 16 escus, 14ˢ p. l'escu, valent 11¹ 4ˢ p.³

Jehan de Corbie, pour sa paine de brouder et estoffer les dictes boursètes et y faire un bon las d'or de Chippre et de soye, à les porter; pour or, soye et façon : pour tout, 24ˢ p.

Pierre des Barres dessus dit, pour demie once de perles grossètes d'Orient, baillées audit Jehan de Corbie, pour faire les 10 boutons des dictes boursètes, 112ˢ p.⁴

Le dessusdit Estienne Castel, pour la façon de deux gibecières, faites et dyaprées de menues perles, pour monsᵍʳ le Dauphin; lesquelles perles furent prises ès garnisons dudit seigneur, 4¹ p.⁵

Somme, 325¹ 2ˢ 6ᵈ p.

Et 371 scut. deux tiers.

§ XI. [COUTELLERIE.]

Art. 1ᵉʳ. *Coutellerie pour le Roy.*

Thomas de Fieuvillier, coutelier, pour deux paires de couteaux à trancher devant le Roy, à tous les parepains garnis de viroles et de cinglètes d'argent, dorées, et esmaillées aux armes de France, livrées en ce terme,

---

¹ *Apparet per compotum dicti Stephani.*
² *Apparet de deliberatione per compotum dicti Stephani.*
³ *Sine recognitione et compoto.*
⁴ *Non apparet de deliberatione nec solutione.*
⁵ *Per compotum dicti Stephani.*

l'une paire, à manches d'ybenus, pour la saison du karesme, et l'autre paire, à manches d'yvoire, pour la feste de Pasques : 100ˢ p. pour paire, valent 10ˡ p.¹

Ledit Thomas, pour une autre paire de couteaux à trancher, livrée en ce terme par devers le Roy, à tout le parepain, à manches escartelez d'yvoire et d'ibenus, garniz de viroles et de cinglètes d'argent, dorées et esmaillées aux dictes armes, pour la feste de Penthecouste, 100ˢ p.

Somme, 15ˡ p.

Art. 2. *Coutellerie pour mons. le Dauphin*, pour mons. le duc d'Orliens, pour le conte d'Anjou, pour mons. Jehan de France, pour mons. Philippe de France, pour mons. Louys de Bourbon, et pour les contes d'Alençon et d'Estampes.

Thomas de Fieuvillier dessusdit, pour 3 paire de couteaux, à tous les parepains, pareulz et semblablement garnis comme les 3 paires dessus dictes, délivrées en ce terme pour mons. le Dauphin, esmaillez à ses armes, l'une paire pour karesme, l'autre pour Pasques, et la tierce pour Penthecouste : 100ˢ p. pour paire, valent 15ˡ p.²

Ledit Thomas, pour une paire de couteaux à trancher, à tout le parepain, livrée aux genz mons. le duc d'Orliens à la feste de Penthecouste, garnis de viroles et de cinglètes d'argent, dorées, et esmaillées aus armes dudit mons. le duc, 100ˢ p.

Ledit Thomas, pour une paire de semblables couteaux à trancher, délivrée à la feste de Penthecouste, par devers le conte d'Anjou, 100ˢ p.

Ledit Thomas, pour 5 paires de semblables couteaux, délivrés à la feste de Penthecouste, pour servir à table monsʳ Jehan de France, mons. Philippe de France,

---

¹ *Apparet per compotum dicti Thomæ, de pretio et solutione.*

² *Omnes istæ partes apparent per compotum dicti Thomæ; et est solutus, ut in eo continetur.*

mons. Louys de Bourbon, le conte d'Alençon et le conte d'Estampes : 100ˢ p. pour paire, valent 25ˡ p.

Somme, 50ˡ p.

§ XII. [COIFFES ET PEIGNES.]

Coiffes, pignes et tabliers pour le Roy.

Jehan L'Esveillé, mari de Marie, la coiffière du Roy, pour 12 douzainnes de coiffes délivrées en ce terme pour le chief dudit seigneur, si comme il appert par mandement d'ycelui seigneur, donné à Paris le xxvıı^e jour d'avril, rendu à court : pièce 4ˢ p., valent 28ˡ 16ˢ p.[1]

Pour 2 tabliers de fust garnis de tables et d'eschez, achatez en rue neuve Nostre-Dame, et délivrés en la garderobe du Roy, par mandement dudit seigneur rendu à court, 50ˢ p.

Somme, 31ˡ 6ˢ p.

§ XIII. [GANTS.]

Art. 1er. *Ganterie pour le Roy*, néant en ce terme.

Art. 2. *Ganterie pour mons. le Dauphin et pour ses compaignons*[2].

Mace le Boursier, gantier du Roy, pour 6 paires de gans, tant de chevrotin comme de canepin, livrées en ce terme pour mons. le Dauphin, par sa lettre rendue à court ; 2ˢ 6^d p. pour paire, 15ˢ par.

Ledit Maxe, pour 2 paires de gans tannez, livrées audit seigneur le merquedi après Quasimodo ; 8ˢ p. pour paire, 16ˢ p.

Ledit Maxe, pour 6 paires de gans de lièvre, livrées

---

[1] *Habuit* xıııı^l *per recognitionem, et de residuo ponitur in debitis infra, et habet cedulam dicti argenterii.*

[2] *Omnes istæ partes presentis capituli continentur in compoti dicti Mathæi, per quem apparet de pretiis; et ponitur in debitis dictus Mathæus infra pro dictis partibus et aliis de* 44ˡ 14ˢ *p., de quibus habet cedulam dicti argenterii.*

pour ledit seigneur le jour de Sainte-Croiz, en may, à Guillemin de la Cité, son espicier; 2ˢ 6ᵈ paire, 15ˢ p.[1]

Ledit Maxe, pour 4 paires de gans de lièvre, livrées audit Guillemin pour les mains dudit seigneur, le merquedi d'après l'Ascencion, 10ˢ p.

Ledit Maxe, pour 3 paires de gans de lièvre, baillées pour ledit seigneur à Poincet, sommelier de son corps, le dimenche avant la Penthecouste, 7ˢ 6ᵈ p.

Ledit Maxe, pour 4 paires de gans de lièvre, baillées audit seigneur le vendredi devant la Penthecouste, pour les mains dudit seigneur, 10ˡ p.

Ledit Maxe, pour une paire de gans de lièvre, baillée audit seigneur, le mardi d'après la Penthecouste, 2ˢ 6ᵈ p.

Ledit Maxe, pour 6 paires de gans de lièvre, livrées pour ledit seigneur à Poincet, sommelier de son corps le vendredi après la Saint-Barnabé; 2ˢ 6ᵈ pour paire, 15ˢ p.

Ledit Maxe, pour 6 paires de gans de lièvre, livrées le jour Saint-Jehan, pour ledit mons. le Dauphin, à Guillemin, son espicier, 15ˢ p.

Ledit Maxe, pour 7 paires de gans de lièvre, baillées audit Guillemin, le jour Saint-Martin d'esté; 2ˢ 6ᵈ p. pour paire, 17ˢ 6ᵈ p.

Ledit Maxe, pour une paire de gans de cerf à fauconnier, baillée à Maxe, le barbier dudit seigneur, le xviiiᵉ jour d'aoust, 30ˢ p.

Ledit Maxe, pour 6 paires de ganz de lièvre, baillées pour les mains dudit seigneur, ou lendemain de la Nostre-Dame en septembre, 15ˢ p.

Ledit Maxe, pour la façon de 4 braiers de cendal, fais et délivrés au terme de Pasques, pour ledit mons. le Dauphin; 6ˢ p. pièce, 24ˢ p.

Belhoumet Thurel, mercier, pour 4 aunes de cendal de grainne et 3 onces de soye, à faire les 4 braiers dessus

---

[1] *Apparet de deliberatione per quemdam rotulum domini Dalphini, sigillo suo sigillatum.*

diz et autres pour nosseigneurs, prins ci-après en ce présent chapitre; pour tout, 9 escus, à 16ˢ p. pièce, 7ˡ 4ˢ p.[1]

Guillemète de la Pomme, pour 4 aunes de fine toille déliée, baillée audit Mace pour garnir les diz braiers; 7ˢ 6ᵈ p. l'aune, 30ˢ p.

Ledit Maxe, pour une paire de gans à fauconnier, livrée par devers mons. le Dauphin, 30ˢ p.

Ledit Maxe, pour 4 paires de gans de lièvre, livrées au conte d'Anjou, le vendredi avant la Penthecouste, par la lettre de mons. le Dauphin; pour paire, 2ˢ p., valent 8ˢ p.

Ledit Maxe, pour 6 paires de gans de lièvre, livrées audit conte, lendemain de Nostre-Dame en septembre; pour tout, 12ˢ p.

Ledit Maxe, pour 2 braiers de cendal, livrés audit conte, au terme de Pasques; pour façon de chascun, 6ˢ p., valent 12ˢ p.

Ledit Maxe, pour 8 paires de gans de lièvre, délivrés le samedi avant la Penthecouste, à mons. Jehan de France et à mons. Philippe, son frère, par la lettre de mons. le Dauphin, 2ˢ p. pour paire, valent 16ˢ par.

Ledit Maxe, pour 4 paires de gans, livrées aus diz seigneurs, la sepmaine de Penthecouste; pour tout, 8ˢ p.

Ledit Maxe, pour 4 braiers de cendal, livrés aus diz seingneurs, au terme de Pasques, pour façon de chascun, et pour les emboucler en argent, 6ˢ p. pièce, 24ˢ p.

Ledit Maxe, pour 12 paire de gans de lièvre, délivrées à mess. Jehan et mess. Philippe de France, dessus diz, lendemain de la Nostre-Dame en septembre, 24ˢ p.

Ledit Mace, pour 6 paire de gans de lièvre pour mons. Louys de Bourbon, délivrées pardevers lui, la sepmaine de Penthecouste, 12ˢ p.

Ledit Mace, pour 6 paire de gans de lièvre, délivrées

---

[1] *Apparet per compotum dicti B., de pretio et deliberatione.*

audit mons. Louys, lendemain de la Nostre-Dame en septembre, 12ˢ p.

Ledit Mace, pour 2 braiers de cendal, délivrés au terme de Pasques pour ledit mons. Louys, pour façon, 12ˢ p.

Ledit Mace, pour une dousainne de gans de lièvre, 12ˢ p., et pour 3 paire de gans à fauconnier, 30ˢ p. paire; tout délivré pour mess. Jehan et Philippe de France, frères, pour mons. Louys de Bourbon, dessus diz, par la cédule de mons. le Dauphin rendu dessus; pour tout, 102ˢ p.

Ledit Mace, pour une paire de gans de lièvre, délivrée par ladite cédule pour mons. le conte d'Estampes, 2ˢ 6ᵈ p.

Ledit Mace, pour 4 douzaines et demie de petis gans, livrées en ce terme pour mons. le duc d'Orliens, à Jehan de la Cauche, son barbier et vallet de chambre, par la lettre dudit Jehan; 30ˢ p. pour dousainne, valent tout 6ˡ 15ˢ p. [1]

Ledit Mace, pour un gant senestre, à fauconnier, livré audit mons. d'Orliens par sadicte lettre, 15ˢ p.

Ledit Mace, pour 2 braiers de cerf, ouvrez, livrés au terme de Pasques pour ledit mons. le duc d'Orliens, 50ˢ par.

Somme, 42ˡ 12ᵈ p.

§ XIV. [COMMUNES CHOSES.]

Art. 1ᵉʳ. *Comunes choses pour le Roy.*

Hue Pourcel, gainnier, pour une gainne entaillée à ymages d'or, livrée à Jehan le Brailler pour le Roy, 20ˢ p.

Ledit Hue, pour un estuy à mectre et garder la cuiller d'or dudit seingneur, 10ˢ p.

Somme, 30ˢ p.

Art. 2. *Comunes choses pour monseigneur le Dauphin et ses compaignons.*

---

[1] *Inter partes dicti Mathœi. Debet litteram recognitoriam dicti Jo.*

Belhoumet Thurel, mercier[1], pour 4 onces 10 esterllins de perles, achatées de lui : c'est assavoir, 3 onces à 20 escus l'once, et une once 10 esterllins à 16 escus l'once, baillées à Kathelot, la chapelière du Roy[2], par sa lettre, pour broder et enrichir 1 chapel, à Paris, pour mons. le Dauphin, brodé à lyons de perles qui tiennent losenges des armes dudit seingneur, et à arbreciaux, comme aube espines, dont les tiges estoient de perles. Valent tout 84 escus, à 16^s p. pièce, 67^l 4^s p.

Guillaume Basin, marchand de perrerie, pour 110 grosses perles de compte achatées de luy, la pièce 3^s p., et bailliées à Estienne Castel, armeurier et vallet de chambre mons. le Dauphin, pour mectre et asseoir sur uns soullers ouvrez de broudeure pour ledit mons. le Dauphin, comme mention en est faite ci-après. Pour tout, 16^l 10^s p.[3]

Ledit Estienne, pour la façon et paine de broder et cointir les diz sollers : c'est assavoir ouvrez de brodeure à une frète d'or trait par losenges, et sur la frète à quintes fueilles d'or trait, et sur chascune fueille une grosse perle assise ou millieu, et sur le losenge un lyon, et le champ tout fait à la broche, d'or de Chippre ; pour l'or trait, demi marc, 7^l 4^s p., et pour or de Chippre, soie et façon, par son compte, rendu à court, 24^l p. ; pour tout, 31^l 4^s p.

Hue Pourcel, gainnier, pour un coffret couvert de cuir, ferré bien et joliement, délivré en ce terme par-devers mons. le Dauphin, pour mectre et garder un coffret de cristal, 36^s p.[4]

Ledit Hue, pour un autre estuy de cuir, fourré par

---

[1] *Apparet de traditione et pretio per compotum dicti Bellometi; ponitur in debitis infra in majori summa.*

[2] *Debet litteram.*

[3] *Apparet de receptione per compotum dicti Stephani; non apparet de pretio, nec solutione.*

[4] *Sine litteris.*

dedens et ferré pardehors, livré par devers ledit seingneur, pour mectre et garder sa bonne çainture d'or, 34^s p.

Ledit Hue, pour une gainne d'or, entaillée, délivrée audit seingneur, 12^s p.

Ledit Hue, pour un estuy à mectre la cuiller d'or dudit seingneur, 10^s p.

Ledit Hue, pour une gainne à uns petis couteaux d'or, pour ledit seingneur, 6^s p.

Jehan de Corbie, pour un las d'or de Chippre et de soye, à pendre les diz couteaux, 6^s p.

Pierre des Barres, pour 2 esterllins, obole, de grossettes perles, à faire les deux boutons, 24^s p.

Ledit Hue Pourcel, pour un estuy à mectre et garder le gohelet d'or dudit seingneur, 40^s p.

Ledit Hue, pour un estuy de cuir fermant à deux courroies, délivré audit seingneur, pour mectre et garder le livre où il dit ses eures chascun jour, 50^s p.

Somme, 125^l 16^s p.

§ XV. [CHAUSSURE.]

Art. 1er. *Chaucemente pour le Roy.*

Guillaume Loisel, cordouannier du Roy, pour trois paires d'estivaux, 32^s p. la paire, et pour vingt quatre paires de sollers, 4^s p. pour paire; tout délivré en ce terme pour le corps dudit seingneur, à Optinel du Brulle, sommelier de son corps, par la lettre dudit Optinel, rendue à court, pour tout, 9^l 12^s p.[1]

Somme par soy *bona*, 9^l 12^s p.

Art. 2. *Chaucemente pour mons. le Dauphin et ses compaignons*, achatée dudit Guillaume Loisel, cordouennier du Roy.

Pour onze paires d'estiveaux, 20^s la paire, et 62 paire

---

[1] *Ponitur in debitis infra, et habet cedulam dicti argenterii de majori summa.*

de sollers, 3ˢ p. la paire; tout délivré en ce terme pour mons. le Dauphin, par lettre de Guillaume le Grix, sommelier de son corps; pour tout, 21ˡ 16ˢ p. [1]

Pour 5 paire d'estiveaux et 41 paire de sollers, délivrées pour mons. le duc d'Orliens, par lettre de Gieffroy, son vallet de chambre; pour tout, audit pris, 11ˡ 3ˢ p.

Pour 5 paire d'estiveaux, 20ˢ p. la paire, et pour 55 paire de sollers, 3ˢ p. paire, délivrés en ce dit terme pour mons. le conte d'Anjou, si comme il appert par la lettre de Jehan de Paris, vallet de sa chambre; pour tout, 13ˡ 5ˢ p.

Pour 2 paire d'estivaux, 16ˢ p. paire, et pour 37 paire de sollers, 32ᵈ pour paire, délivrées pour mons. Jehan de France, par lettre de Jacquet du Chair, son vallet de chambre; pour tout, 6ˡ 10ˢ 8ᵈ p.

Pour 2 paire d'estiveaux et 29 paire de sollers, délivrées en ce terme pour mons. Philippe de France, par lettre de Jehan Petit, couturier vallet de sa chambre; pour tout audit pris, 109ˢ 4ᵈ p.

Pour 2 paire d'estiveaux, 32ˢ p., et 33 paire de sollers, 4ˡ 8ˢ p.; tout délivré en ce terme pour mons. Louys de Bourbon; pour tout, 6ˡ p., par lettre de Perrot de Beausault, son vallet de chambre.

Somme, 64ˡ 4ˢ p.

§ XVI. [HARNOIS DE GUERRE.]

Art. 1ᵉʳ. *Parties de deux hernois blans pour la guerre*, fais et délivrés, en ce terme, pour le corps du Roy, par son mandement, et par recongnoissance de Nicholas Waquier, son armeurier, tout rendu à court.

Belhoumet Thurel, mercier et bourgois de Paris, pour 7 pièces de veluyaux blans et yndes, des fors, 7 pièces de camocas blanc et de zatony ynde, et 6 pièces de cendaux vermeux, des larges, achetées par les trésoriers au-

---

[1] *Ponitur in debitis infra in majori summa, et habet cedulam ut supra.*

dit Belhoumet, ou moys de may, et délivrées pour faire les diz hernois. Pour tout, 451 escus, à 16ˢ p. pièce, 360ˡ 16ˢ p.¹

Edouart Thadelin, marchant de Lucques et bourgois de Paris, pour 2 pièces de camoquas et 1 pièce de zatony, avec 4 aunes ½ de semblable zatony, bailliées audit Nicolas pour les diz hernois. Et depuis les rendi toutes entières, et furent mis ès garnisons de l'argenterie. Pour ce 80 escuz².

Et est assavoir que l'orfaverie appartenant aus dessus diz hernois se prent et compte cy-après, ou prochain compte ensuivant de l'argentier.

Somme, 360ˡ 16ˢ p.

Et 80 scuta.

Art. 2. *Item, parties pour deux autres hernois blans pour mons. le Dauphin*, fais et livrez ou moys de juing CCCLII, par son mandement, et par lettre de recongnoissance de Estienne Castel, armeurier dudit seingneur, tout rendu à court³.

Prince Guillaume, pour une pièce et aune et demie de cendal vermeil, des fors, en grainne, bailliées audit Estienne Castel, par sa lettre, pour faire cotes à plates, et garnir gardebras, avantbras, cuissos, grevètes, heaumes, bacinès et hernois de maille. Pour tout, 13 escuz⁴.

Ledit Prince, pour une aune et demie de zatony à faire une cote à plates, 6 escus.

Ledit Prince, pour une pièce de cendal blanc, à faire deux autres cotes à plates, 8 escus.

---

¹ *Apparet de deliberatione et pretio per compotum dicti B., et recognitionem N. Waquerii; ponitur in debitis infra in majori summa.*

² *Dictus Ed. ponitur in debitis infra in majori summa.*

³ *Debet mandatum.*
Apparet de receptione omnium istarum partium, usque ad Guillelmum Leben, per recognitionem dicti Stephani Castel.

⁴ *Apparet de pretiis et solutione per compotum dicti Principis.*

Ledit Prince, pour 3 pièces de cendal ynde, des petis, à fourrer une tunicle, housser veluyaux, et garnir heaumes, bacinès et autres harnois de maille. Pour tout, 15 escus.

Ledit Prince, pour 2 aunes de veluyau vert, à housser gardebras, avantbras, cuissos, grevètes, sollers et gantelès. Pour ce, 12 escus.

Guillemete de la Pomme, pour 10 aunes de toile de Morigny, bailliées audit Estienne, à une fois, par sa lettre, pour faire envers et contrendroit à cotes plates ; 7ˢ 6ᵈ l'aune, 75ˢ p.

Ledit Prince, pour 2 livres de soye de plusieurs couleurs, à faire aguillètes, las et tissus aus diz hernois, 14 escus [1].

Ledit Prince, pour 2 aunes de velluyau jaune pour faire une tunicle, 12 escus.

Edoart Thadelin, pour 3 aunes de veluyau vermeil, fin, à armoier la tunicle et faire la garnison d'uns cuissos, 24 escus [2].

Ledit Prince, pour 2 aunes et 3 quartiers de veluyau ynde, à faire la garnison d'un chamfrain, et une escarteleure de la tunicle, 16 escus [3].

Ledit Prince, pour 4 aunes de veluyau vermeil, à faire un doublet à armer et armoier le chanfrain dessusdit, 28 escus.

Guillaume Basin, pour 2 onces 15 esterllins de perles, à pourfiller les fleurs de liz de la tunicle ; 100ˢ p. l'once, 13ˡ 15ˢ p. [4]

Pierre des Barres, pour 3 onces de perles menues, à pourfiller les fleurs de liz du chanfrain, 15ˡ p.

Guillemète de la Pomme, pour 10 aunes de fine toille,

---

[1] *Apparet ut supra.*
[2] *Ponitur in debitis infra in majori summa.*
[3] *Apparet ut supra.*
[4] *Non apparet de pretio, nec solutione.*

déliée, délivrée pour faire envers et contendroit aus doubles et cotes à armer de mons. le Dauphin ; 8ˢ p. l'aune, valent 4ˡ p.

Le dessusdit Prince, pour un cendal jaune, des fors, à armoier les bannières et pannonceaux, 8 escus[1].

Ledit Edouart, pour 6 pièces de camoquas blans, à faire 2 hernois de cheval : c'est assavoir, collière, crupière, bannière, pannoncel, et tunicle ; 32 escus et demi pièce, valent 195 escus.[2]

Ledit Edouart, pour 2 pièces de zatoni pour faire l'armoierie desdiz hernois, 50 escus.

Ledit Edouart, pour 6 pièces de cendaus, bailliées audit Estienne Gastel, à fourrer les hernois dessus diz et faire bannières et pannonceaux. Pour tout, 65 escus.

Belhoumet Thurel, pour 6 livres de soye de plusieurs couleurs, bailliées audit Estienne pour faire las, tissus et aguilettes aus diz hernois, faire sautouers et couyères et tresses à garnir la selle, 10ˡ p. la livre ; et pour 17 aunes de veluyau blanc, des petis, 6ˡ p. l'aune ; tout baillié audit armeurier pour faire un autre hernois de cheval : c'est assavoir, flancherie, picière, bannière et pannoncel. Pour tout, 162ˡ p.[3]

Ledit Belhoumet, pour 3 aunes de camoquas blanc et vermeil, des larges, bailliées audit armeurier pour faire, pour ledit seingneur, 2 doubles à armer. Pour tout, 24 escus. Valent, ad 16ˢ p. pièce, 19ˡ 4ˢ p.[4]

Ledit Belhoumet, pour un drap d'or et de soye, à faire un seurcot à parer pour ledit seingneur, baillé audit armeurier, par sa dicte lettre, 55 escus : valent audit pris, 44ˡ p.

---

[1] *Apparet ut supra.*
[2] *Ponitur in debitis infra in majori summa.*
[3] *Ponitur in debitis infra de ista summa,* 82ˡ p.
[4] *Apparet de pretio per compotum suum, et ponitur in debitis infra in majori summa.*

Estienne Castel, armeurier et vallet de chambre mons. le Dauphin, pour 2 marcs et demi d'or trait, achetés pour faire l'armoierie des tunicles, par sa dicte lettre; 14¹ 8ˢ p. pour marc, valent 36¹ p. [1]

Jehan Perceval, drapier, pour 11 aunes de drap pers, 18ˢ p. l'aune; pour 10 aunes de jaune, 16ˢ p. l'aune; et pour 3 aunes de drap vermeil, 16ˢ p. l'aune; tout baillé audit armeurier, par sa dicte lettre, pour faire trois paremens à chevaux : c'est assavoir, un à chief, pour un grant cheval, et deux autres pour pallefroiz. Pour tout, 20¹ 6ˢ p. [2]

Guillaume le Bon, coffrier, pour 2 grans coffres ferrés, achatés de lui et bailliés à Andrieu de Mathefelon, escuier de corps mons. le Dauphin, pour mectre et garder les armeures dudit seingneur, 16¹ p. [3]

Ledit Guillaume, pour une paire de petis coffres couvers, à mectre haubergerie, bannières, tunicles et autres paremens, 8¹ p.

Ledit Guillaume, pour 2 malles fermans à clef, à tout 2 bahus, 10¹ 4ˢ p., et pour 2 sommes garnies de cuir, 6¹ p.; tout délivré audit escuier. Pour tout, 16¹ 4ˢ p.

Et est assavoir que l'orfaverie appartenant aus dessus diz harnois se prent cy-devant ou compte Jehan le Brailler, orfevre du Roy, qui se rent à court, ou chapitre d'orfaverie pour le corps du Roy et de mons. le Dauphin. Et la façon des diz harnois se prent et compte en l'Escuierie.

Pour un seurcot d'un veluyau ynde, ouvré de brodeure bien et richement, commandé à faire pour le corps mons. le Dauphin, en la présence des trésoriers, et parfait en ce terme : c'est assavoir, brodé à arbreciaux

---

[1] *Ponitur in debitis infra in majori summa.*
[2] *Sine recognitione solutionis.*
[3] *Apparet de deliberatione et pretio per compotum dicti G. Lebon, et de receptione, per litteram dicti Andreæ.*

fleuris dont les fleurs sont de perles menues et la grainne des grosses perles de compte, et à bestes appellées panthères, de plusieurs guises, toutes de perles grosses et menues, qui farclent un chardon de brodeure mis autour de chascun arbrecel. Pour le veluyau, perles, or de Chippre, paine et façon, pour tout, les parties ci après escriptes en la fin de ce chappitre, 660^l 7^s 2^d p.

Pour un chaperon de deux escarlattes brodé à plusieurs et divers ouvraiges de perles grosses et menues, fait et délivré pour ledit seingneur, et mis en ses garnisons, avec le seurcot prins cy-dessus, c'est assavoir : le champ brodé de 44 arbreciaux à grans touffes de fueillaiges de brodeure, dont les tiges sont de grosses perles, à un pymart de broderie d'or nue sur chascune tige, et le tour dudit chaperon brodé à une roe d'une orbevoie à 14 chapiteaux, tout de perles grosses et menues, ès quelx chapiteaux a hommes sauvages de brodeure montez sur diverses bestes; et en la poitrine, devant, a un chastel de perles grosses et menues, duquel issent damoiselles montées sur autres bestes diverses, qui joustent aus hommes sauvages; et est le champ dudit chaperon partout semé et cointi de perles, par manière de grainne desdiz arbreciaux. Pour l'escarlatte, perles, or de Chippre, brodeure et façon, pour tout, les parties escriptes en la fin de ce chappictre, 589^l 16^s p.

Somme, 1608^l 7^s 2^d.

Et 466 scut.

Les parties de 660^l 7^s p. *pour un seurcot à parer* d'un veluyau ynde, fait et brodé pour mons. le Dauffin, dont mencion est faite cy-dessus, s'ensuivent :

Belhoumet Thurel, mercier, pour 12 aunes de veluyau ynde, des plus fins, à faire et façonner le dit seurcot, par la relacion (*sic est*) Martin de Coussi, tailleur et vallet de chambre mons. le Dauphin, 6 escus l'aune; et pour une pièce de cendal ynde, à housser ledit veluyau au pourtraire, 5 escus. Pour tout, 77 escus, à 16^s p. pièce, valent 61^l 12^s p.[1]

Guillaume Basin, perrier, pour 460 grosses perles, les 6 perles achatées 1 escu, 16^s p. l'escu, 61^l 6^s 8^d p. Pour 690 autres grosses perles, pièce 3^s p., 103^l 10^s p. Pour 1 marc 1 once 10 esterllins obole de perles menues, l'once 12^l 16^s p., 123^l 4^s p. Pour 1 marc 6 onces 17 esterllins obole d'autres perles menues, 9^l 12^s p. l'once, 142^l 16^s p. Pour 2 onces d'autres perles, 22^l p. Pour 3 onces d'autres perles menues, 14^l p. Pour 25 esterllins d'autres plus grosses perles, 14^l 10^s p. l'once, 18^l 2^s 6^d p. Et pour une once 16 esterllins d'autres perles menues, 100^s p. l'once, 9^l p.[2]

Estienne Castel, brodeur et armeurier de mons. le Dauphin, pour sa paine et brodeure de 131 oeuvres, chascun arbrecel à tout le chardon et la panthère qui le sarcle, pour une oeuvre, faites et assises oudit seurcot. Pour or de Chippre, soye et façon de chascune oeuvre, 16^s p., 104^l 16^s p.[3]

Somme, 660^l 7^s 2^d p. comme dessus.[4]

Les parties de 589^l 16^s *p. pour un chaperon* de deux escarlattes brodé pour mons. le Dauphin, dont mencion est faite cy-dessus ou prochain chappictre, s'ensuivent :

Pour 3 quartiers d'escarlatte sanguine, et 3 quartiers d'escarlatte rosée, achatés devant le Palais à un chaperonnier, et baillés au dit Estienne Castel, 4^l 16^s p.

Guillaume Basin dessus dit, pour 1340 grosses perles de compte, baillées audit Estienne, 4^s p. pièce, 268^l p.

---

[1] *Apparet de pretio per compotum dicti B. Turel, qui ponitur in debitis infra pro majori summa.*

[2] *Loquitur quod non apparet de pretio. Sed bene apparet de receptione per partes Stephani Castel, armatoris domini Delphini.*

[3] *Apparet per compotum dicti Stephani.*

[4] *Capiuntur in præcedenti pagina.*

Pour 2 cens d'autres perles, 14ˡ p. le cent, 28ˡ p. Pour 10 onces 17 esterllins, obole, de perles menues, 12ˡ 16ˢ p. l'once, 139ˡ 4ˢ p. Pour 3 onces 10 esterllins d'autres perles menues, 9ˡ 12ˢ p. l'once, 33ˡ 12ˢ p. Et pour 3 onces d'autres perles, 13ˡ p. l'once, 39ˡ p.

Ledit Estienne Castel, pour sa painne de broder et cointir le dit chaperon de la devise dessus dicte, et metre en oeuvres les dictes perles; pour or de Chippre, soie et façon de chascun arbrecel et pimart, de 44 qui y furent brodez et assis, 16ˢ p. Et pour chascun chapitel des 14 dessus diz, 60ˢ p. Pour tout ce, 77ˡ 4ˢ p.[1]

Somme, 589ˡ 16ˢ p. comme dessus.

Somme pour orfavrerie, joiaux d'or et d'argent, coutellerie, ganterie, chaucemante, hernois de guerre, etc., pour le Roy, pour le Dauphin et ses compaignons, 3429ˡ 15ᵈ obole p.

Et 917 escuz et deux tiers[2].

[DEUXIEME SECTION.]

DONS EN CE TERME.

---

§ Iᵉʳ. [DRAPS DE LAINE.]

Art. 1ᵉʳ. *Dons ordinaires de draps de lainne pour le Roy.*

Pierre le Flamenc, drapier de Paris[3], pour demi drap marbré brun, de la grant moison, de Broixelles, baillié à Gautier Piquot, tailleur du roy de Navarre, pour faire une robe de 4 garnemens, fourrée de menuvair, pour le corps dudit roy de Navarre, de meesmes et de la com-

---

[1] *Totum apparet per compotum dicti Stephani.*
[2] *En marge :* Tertia grossa.
[3] *Debet relationem et litteram pretii et solutionis de toto isto capitulo.*

paignie du Roy, pour karesme, par lettre dudit Gautier, 16^l 16^s par.

Jacques le Flamenc, drapier, pour demi marbré de Broixelles, de ladicte moison, bailliée audit Gautier, pour faire robe audit seingneur, pour la feste de Pasques Flories, 21^l p.

Godefroy Miltin, marchant et drapier de Broxelles, pour 12 aunes d'un marbré violet de grainne, de ladicte moison, à faire robe audit seingneur, pour Pasques les Grans, 40 escus 14^s p. pièce, 28^l p.

Ledit Godefroy, pour demi escarlatte sanguine, à faire audit seingneur une autre robe de meismes et de la compaignie du Roy, à la feste de Penthecoste, 50 escus pièce, 14^s p., 35^l p.

Ledit Godefroy, pour 12 aunes d'un marbré dosien, de la grant moison, de Broixelles, à faire audit seingneur une robe fourrée de menuvair, pour le jour et feste de l'Ascension, 27 escus 14^s p. pièce, 18^l 18^s p.

Et est assavoir que la robe dudit seingneur que il ot à la feste St Jehan, d'une escarlatte paonnasse, se prent cy-devant ou chappitre de draps de lainne pour le corps du Roy.

Jehan Perceval, drapier, pour 6 aunes d'un royé brun de Gant, et 5 aunes d'un pers cler, délivré en ce terme, pour faire une robe de 4 garnemens, fourrée d'aingueaux blans, à la feste de Pasques, pour maistre Jehan le Fol, 16^s p. l'aune, valent 8^l 16^s p.; baillié à Olivier Béliart, tailleur de robes, par sa lettre.

Ledit Jehan Perceval, pour 10 aunes d'un marbré cendré, de courte moison, à faire audit maistre Jehan, une robe de 4 garnemens, fourrée de cendal vermeil, pour sa livrée de Penthecoste, 10^l p.

Ledit Jehan Perceval, pour 3 aunes d'un drap ouvré à chaennes, délivré audit fol, pour faire un corset sengle pour la saison d'esté, 32^s p. l'aune, 4^l 16^s p.

Des draps vermeux achatez pour les encourtinemens fais en la Noble-Maison, à la feste de l'Estoille, pour 7 aunes et demie de drap vermeil, délivrées en ce terme, pour faire un couvertoueir à lit pour ledit fol. Néant.

Jehan Perceval, pour 3 aunes et demie de drap marbré vermeillet, de Dorlens, à faire chauces, en ce terme, pour ledit fol, 40^s p.

Ledit Jehan, pour 2 aunes et un quart d'un marbré court de Broixelles, et 3 aunes, demi-quart moins, d'un roié violet de Gant, délivré en ce terme au tailleur mons. le Dauphin, par sa lettre, pour faire robe au terme de Pasques, à Micton le fol, 18^s pour aune, pour tout, 4^l 12^s 3^d p.

Ledit Jehan, pour une aune de marbré violet à faire chauces audit fol, 20^s [1].

Ledit Jehan, pour 2 aunes et demie de marbré de S. Omer, et 2 aunes et 3 quartiers d'une royé chassis de Gant, délivrées audit tailleur, pour faire une robe fourrée de cendal audit Micton, pour sa livrée de Penthecouste, 18^s p. pour aune l'un par l'autre, valent tout 4^l 14^s 6^d p.

Ledit Jehan, pour 3 aunes et demie de marbré de Hal, pour faire audit fol une cote hardie et un mantel, 70^s p.

Ledit Jehan, pour aune et demie de pers, à faire doubleure audit mantel, 24^s.

Jehan de Saint-Benoît et Estienne Marcel, pour 3 draps et demi, marbrez verdelès, cours, de Broixelles, livrés au terme de Pasques, pour robes aux enffens de la chappelle royal, à Paris, et à leurs maistres, audit terme, 16^l 16^s p. la pièce, valent tout 58^l 16^s p. [2]

Somme, 219^l 2^s 9^d.

---

[1] *Apparet per relationem dicti tailliatoris de receptione, sed non apparet de pretio.*

[2] *Debent relationem.*

Autres dons de draps de lainne, de grâce espécial et par plusieurs mandemens ou cédules du Roy rendus à court.

Anthoinne Brun, drapier, pour 2 escarlattes de Broixelles, achatez de lui en février, et délivrés par la cédule du Roy, rendue à court, pour faire robes et manteaux au chancellier de France et à l'évesque de Chaalons. Pour 216 escus, 12^s p. la pièce, valent 129^l 12^s p.[1]

Godefroy Miltin, pour 36 aunes de deux marbrez loncs de Broixelles, l'un violet, de grainne, et l'autre meslé de pers et de vermeil, délivrés par ladicte cédule, pour faire 3 paires de robes fourrées de menuvair que ledit seingneur avoit données en ce terme aus trois trésoriers de France, 84 escus pièce 14^s p., 58^l 16^s p.

Jehan Perceval, pour un vert et demi de Louvain, de la grant moison, délivré en ce terme, pour faire cotes hardies et houces sengles pour le bois, à mons. le conte de Ponthieu, au conte de Tanquerville, et aus v chambellens du Roy, pour compaingnier ledit seigneur en son déduit, 45^l p.

Jehan de Saint-Benoist et Estienne Marcel, drapiers, pour 6 draps vers et demi de plusieurs païs délivrés en ce terme pour faire cotes hardies et houces pour le bois aus huit veneurs du Roy, à deux escuiers du déduit, à huit archiers, et à quatre aides; tous nommez cy-après en la fin de ce compte et ou mandement dudit seingneur, rendu à court. 26 escus pièce, 169 escus, à 14^s p. la pièce, valent 118^l 6^s p.

Lesdiz Jehan et Estienne, pour un roié vermeil de Gant, délivré aus trois guaictes du Roy pour leurs robes de Toussains darrenièrement passée, par le mandement dudit seingneur, donné à Paris le premier jour de février cccli, rendu à court, 20 escus, pièce 14^s p., valent 14^l p.

---

[1] *Non apparet de pretio, nec solutione.*

Jehan Perceval, drapier, pour une brunète de Douay délivrée en ce terme, par mandement du Roy, donné à Béthisy le xixe jour de novembre cccli, rendu à court, pour faire habits et chappes à deux augustins résidens continuelment à la court, 36 escus, pièce 14^s p., valent 25^l 4^s p. Par quittance desdiz augustins.

Henrry de Péronne, pour un blanc de Louvain, achaté de lui en la fin de mars, et délivré ausdiz augustins, 15^l 8^s p.; par quittance desdiz augustins.

Godefroy Miltin, pour deux marbrez de Broixelles l'un court et l'autre lonc, tout délivré en ce terme par devers madame la Dauphine, pour en faire son plaisir, par mandement du Roy donné à Vernon, xviie jour de mars cccli, rendu à court; pour tout 90 escus, pièce 14^s p., valent 63^l p.

Ledit Godeffroy, pour 12 aunes d'un marbré lonc de Broixelles, à faire une robe de 4 garnemens, fourrée de menuvair, pour messire Jehan de Clermont, retenu de nouvel chambellenc du Roy, par mandement dudit seingneur, donné à Paris, iie jour de may, rendu à court, 26 escus, pièce 14^s p., 18^l 4^s p.

Le dessusdit Godeffroy, pour 12 aunes de semblable marbré, délivré en la fin de may, pour robe de mons. Jehan d'Andresel, chambellenc du Roy, si comme il appert par la cédule dudit seingneur, donné xix jours d'aoust, rendue dessus ou chapitre de draps d'or à faire offrendes pour le Roy, 18^l 4^s.

Les dessusdit Anthoine Brun, drapier, pour une escarlate, et demi blanc lonc de Broixelles, tout contenu en ladicte cédule, et délivré aus dessus diz Jehan d'Andresel et mess. Jehan de Clermont, pour leur faire habits et manteaux fourrés de menuvair pour l'estat de l'Estoille, pour tout, 100^l.

Jaques le Flamenc, drapier, pour un fin drap marbré, de grainne, 57^l 12^s. Godefroy Miltin, pour 3 autres marbrez, de grainne, 62 escus pièce, 186 (*sic*) escus, à 14ˢ p. la pièce, 130ˡ 4ˢ. Tous ces quatre draps délivrez par ladicte cédule, pour faire huit paires de robes fourrées de cendal, pour le conte de Ponthieu, pour le conte de Tanquarville, pour les cinq chambellans du Roy, et pour messire Nicholas Braque, chevalier et maistre d'ostel dudit seingneur. Pout tout, 187ˡ 16ˢ.

Ledit Godefroy, pour un drap lonc marbré de Broixelles contenu en ladicte cédule, et délivré au prieur d'Acquitaine, et à maistre Jehan des Essars, nouvel secrétaire du Roy, pour leur faire 2 paire de robes, que ledit seingneur leur donna en ce terme, 56 escus, pièce 14ˢ p., valent 39ˡ 4ˢ.

Ledit Godefroy, pour 12 aunes d'un marbré lonc de Broixelles, délivré en ce terme, pour faire une robe pour maistre Pierre de Berne, naguaires maistre de la Chambre aux Deniers de l'ostel du Roy, par mandement dudit seingneur, donné à Blandi, xiiiᵉ jour de février, rendu à court, 26 escus, 14ˢ la pièce, 18ˡ 4ˢ.

Ledit Godefroy, pour 12 aunes de pareil, délivré en ce terme, par mandement dudit seingneur, rendu à court, pour faire une robe de 4 garnemens, fourré de menuvair, à maistre Girart de Saint-Disier, nouvellement retenu phisicien du Roy, et par quictance de li, 18ˡ 4ˢ.

Ledit Godefroy, pour un fin marbré lonc de Broixelles, délivré en ce terme pour faire 2 paire de robes, chascune de quatre garnemens, fourrées de menuvair, l'une à mess. Foulques Bardoul, chancelier mons. le duc d'Orliens, et l'autre pour maistre Ern. Salemon, chantre de Senlis et conseiller dudit mons. le duc, par un mandement du Roy donné le ixᵉ jour de février cccli, rendu à court, 54 escuz, à 14ˢ la pièce, 37ˡ 16ˢ.

Ledit Godefroy, pour 2 draps entiers marbrez de Broisselles, de ladicte moison, délivrés par ledit mandement, pour faire 4 paire de robes à trois secrétaires et un chapelain dudit mons. le duc, 48 escus pièce, 96 escus, à 14^s la pièce, valent tout, 67^l 4^s.

Jehan de Saint-Benoît et Estienne Marcel, pour un royé vermeil de Gant, à une roye de soie tannée, délivré par ledit mandement, pour faire robes à trois chambellens, escuiers dudit seingneur, 18^l.

Lesdiz Jehan et Estienne, pour un autre royé de Gant et le tiers d'un entier, délivré par ledit mandement, pour robes à quatre vallès de chambre dudit mons. le duc, 20^l.

Jehan Perceval, drapier, pour 11 aunes de royé de Gant, 7^l 4^s, et pour 6 aunes et demie d'un marbré verdelet de Saint-Omer, 16^s l'aune, tout délivré par ledit mandement, pour faire trois paire de robes à deux someliers et à un vallet de garde robe dudit mons. le duc. Pour tout, 12^l 8^s p.

Ycelui Perceval, pour 11 aunes et demie de royé de Gant, moillé et tondu, délivré par mandement du Roy, donné à Paris xvi jour de janvier, rendu à court, pour faire 2 paire de robes à Jehan de Paris et Maciot Bernart, sommeliers de la chambre au conte d'Anjou. Pour ce, 8^l.

Jehan de Saint-Benoît et Estienne Marcel, pour 13 aunes d'un autre royé de Gant, à moiller et tondre, délivré par ledit mandement, pour faire deux paire de robes à Geufroy Quedet, vallet de garde-robe dudit conte, et à Guillaume Richart, de fourrière, 7^l 5^s.

Jehan Perceval, pour 5 aunes et demie d'escarlate vermeille, baillées à Eustace du Brulle, tailleur du Roy nostre sire[1], pour faire une cote et un mantel à messire Nicholas Braque le jour de sa chevalerie; la cote sangle et le mantel fourré de gros vair. L'aune 72^s, valent 19^l 16^s.

Ledit Perceval, pour 8 aunes d'un pers azuré de grant moison de Broisselles, baillées audit Eustace, par sa

---

[1] *Apparet de mandato Regis et de receptione, per litteram dicti Eustachii.*

relacion, pour faire une robe audit messire Nicholas pour le jour de sa chevalerie, 40ˢ l'aune, 16ˡ.

Anthoine Brun, pour 8 aunes de vert de Bruxelles, délivrées par la relacion dudit Eustace, pour faire une autre robe pour ledit chevalier nouvel, 34ˢ pour aune, 13ˡ 12ˢ.

Le dessusdit Perceval, pour 8 aunes d'iraingne de Louviers, baillées audit Eustace et de plus aux genz dudit chevalier, pour faire un couvertoir fourré de gris, à couvrir le lit audit chevalier nouvel, 6ˡ 8ˢ.

Pierre de la Courtneuve, drapier, pour 8 aunes et un quartier de royé de Gant, livré en ce terme, à quatre vallès hasteurs de la cuisine du Roy, par mandement dudit seingneur, donné en l'abbaye de Bonport, rendu à court, 100ˢ.

Jehan de Saint-Benoît et Estienne Marcel, pour le tiers d'un royé de Gant, délivré par mandement du Roy, rendu à court, pour faire une robe à Adenet de Ver, chambellenc mons. le duc d'Orliens, pareille et semblable aux autres chambellens; pour ce, 6ˡ.

Les dessus diz (*sic*) Jehan Perceval, pour 3 aunes d'un marbré court de Broisselles, et pour 3 aunes ½ d'un royé de Gand vermeillet, à faire une robe pour Jehan le Brailler, orfèvre du Roy, retenu de nouvel vallet de chambre du Roy, de meismes et pareille aus autres vallès de chambre, par mandement dudit seingneur, donné au Lis lez Meleun, le xvᵉ de février, rendu à court, pour tout, 7ˡ 12ˢ.

Somme, 1114ˡ 3ˢ p.

Art. 2. *Item, dons de draps de lainne* délivrez par plusieurs mandemens de mons. le Dauffin, rendus à court.

Godefroy Miltin, drapier de Broixelles, pour 12 aunes d'un drap lonc de Broisselles, délivrées par mandement dudit seingneur pour faire une robe de 4 garnemens, pareille et semblable à un de ses secrétaires, pour maistre Bertran du Clos, trésorier dudit seingneur, 24 escus, à 14^s l'escu, 16^l 16^s [1].

Jehan Marcel, drapier de Paris, pour 4 aunes de marbré de Hédin, livrées XIIII jours de février, par mandement dudit seingneur, rendu à court, pour faire une robe de 3 garnemens à Xandrin, un enfant trouvé, 40^s.

Ledit Jehan, pour 6 aunes et demie de royé, treillié sur le pers, délivrées par ledit mandement, pour faire robe à Jehan le Piquart, qui porte la massue, 65^s.

Jehan Parceval, pour 4 aunes et demie de marbré d'Aubemale, délivrées au tailleur de mons. le Dauphin, par sa lettre rendue dessus, pour faire une cote hardie et chaperon, tout fourré d'aigneaux blans; un mantel sengle, une cotte et un chaperon sengle. Tout pour Xandrin, l'enffant trouvé dessus dit, 42^s p.

Ledit Parceval, pour 6 aunes d'un marbré caingnet court de Broixelles, délivrées pour faire une robe à Jaquinot d'Arsiz, clerc de toutes offices en l'ostel mons. le Dauphin, par mandement dudit seigneur, donné au chastel de Mail, le derrenier jour de janvier, rendu à court, 112^s p.

Pierre de la Courtneuve, drapier, pour 6 aunes de royé, livrées ou moys de may, par mandement de mons. le Dauphin, rendu à court, pour faire la partie de 2 paire de robes pour Poupart et pour Robinet, son filz, varlet de chambre mons. le Dauphin, 6^l p.

Robert Lescrivain, drapier, pour 5 aunes et demie de drap merlé sur le vert, à partir contre ledit royé, 24^s p. l'aune, 6^l 12^s par.

Pierre de la Courtneuve, pour 7 aunes de royé de Gant; et pour 6 aunes d'un marbré court, livrées VIII jours de may, par mandement dudit seigneur, rendu

---

[1] *Apparet de mandato hujus capituli, sed non de deliberatione et solutione.*

à court, pour faire 2 paire de robes à Jehannin de Ressons, sommelier de ses nappes, et à Jehannin de Héraumont, sommelier de l'eschançonnerie, 16^s p. l'aune l'un par l'autre, livré pour tout, 10^l 8^s p.

Jehan Parceval, pour le tiers d'un royé de Gant sur le pers, baillié et délivré par mandement de mons. le Dauphin, donné à Paris, le xxiie jour de may, rendu à court, à Droyn de Buxi, dit du Chair, retenu de nouvel sommelier dudit seigneur, pour robe pour son corps, pareille et semblable comme aus autres sommelliers dudit seigneur, pour ce, 4^l 8^s.

Ledit Parceval, pour 6 aunes d'un marbré court de Dorlens, à faire une robe à Guillaume Coisne, lavandier mons. le Dauphin, par son mandement donné à Paris, le xxe jour de may, rendu à court, 4^l par.

Somme, 64^l 3^s p.

Façons de robes pour aucuns des dons dessus diz.

Olivier le cousturier, pour deniers à lui payés en ce terme, pour la façon des robez et garnemens délivrez audit terme, pour maistre Jehan, le fol du Roy, par sa lettre rendue à court, ci-dessus en la délivrance des draps pour ledit foul; pour fil, toille et autres estoffes, pour tout, 10^l.

Somme par soy, 10^l.

§ II.

Dons de cendaux, soie et mercerie.

Belhoumet Turel, mercier et bourgois de Paris, pour 2 velluiaux et demi paonnaz, achatez de lui, et délivrez par devers madame la Dauphine, pour faire deux corsez et deux chaperons ronz pour son corps, par sa lettre de recognoissance, rendue à court ci-dessus, 32 escuz pièce, 80 escuz, valent, à 16^s p. l'escu, 64^l p.[1]

---

[1] *Apparet de pretio per compotum dicti Bellommeti, et ponitur in debitis, infra, de majori summa.*

Ledit Belhommet, pour 3 aunes de velluiau, délivrées pardevers madame la Dauphine, par sa dicte lettre, 18 escuz, valent, audit pris, 14¹ 8ˢ p.

Ledit Belhomet, pour 5 aunes de drap d'or de Chippre, livrées en ce terme par devers ladicte dame, par sa dicte lettre et par mandement du Roy, rendu à court dessus en semblable chapitre de draps de laine, pour faire un corset ront fourré de menuvair, avèques un chaperon à enfourmer de mesmes, pour son corps, 100 escuz, valent, audit pris, 80¹ p.

Édouart Thadelin, pour un camocas d'oultremer, achaté de lui, et délivré pardevers madame la Dauphine, pour lui faire un corset et un chaperon ront, tout fourré de menuvair, par lesdiz mandement et lettres de ladicte dame, 32 escuz et demi [1].

Prince Guillaume, pour 16 pièces de cendaux vermeux en graine, délivrées pour fourrer les huit paire de robes prinses cy-dessus en semblable chapitre de draps de laine, par les conte de Ponthiu et de Tanquarville, et pour les cinq chambellans du Roy, et pour messire Nicolas Braque; 10 escuz la pièce, pour tout, 160 escuz [2].

Ledit Prince, pour 2 pièces de cendal vermeil, en graine, délivré pour fourrer la robe maistre Jehan le fol, pour sa livrée de Penthecouste, 20 escuz.

Ledit Prince, pour demi livre de soye à estoffer les robes dudit fol, 3 escuz $\frac{1}{2}$.

Ledit Prince, pour 2 demies pièces de cendaux, livrées en ce terme au tailleur mons. le Dauphin, pour fourrer la robe Micton le fol, de sa livrée de Penthecouste, 9 escuz.

Ledit Prince, pour 2 pièces et demie de cendaux azurez, des larges, livrées au tailleur du roy de Navarre, pour fourrer la robe que ledit seigneur prist, de com-

---

[1] *Non apparet de pretio : est in debitis infra in majori summa.*
[2] *Totum per compotum dicti Principis.*

paignie avèques le Roy, au terme de Penthecouste, 20 escuz.

Édouart dessusdit, pour 2 chaperons de fin veluiau viollet, bailliés à Pierre de Paray, broudeur, par sa lettre, rendu à court, pour yceulz brouder et cointir à perles pour madame la Dauphine, délivrés par mandement du Roy rendu à court, pour ce, 10 escuz[1].

Somme, 158^l 8^s p.

Et 255 scut.

§ III.

Dons de chanevacerie pour le Roy et pour mons. le Dauphin. Néant en ce terme.

§ IV.

Art. 1er. *Pennes et fourreures pour les dons du Roy ordinaires et autres,* achatez à Robert de Nisi, pelletier dudit seingneur, et baillié par parties en ce terme à Nicolas du Roquier, varlet pelletier d'icelui seingneur, si comme il appert par le compte dudit Robert, et par la relacion dudit N., ennexées oudit compte dudit Robert, rendu à court ci-dessous, ouquel compte sont contenuz tous les pris desdictes choses.

Monseigneur le roy de Navarre, pour les fourreures d'une robe de 4 garnemens, pour son corps, que il ot la saison de caresme, de mesmes et de la compaignie du Roy; pour les 2 surcoz, 2 fourreures de menuvair, chascune tenant 284 ventres; pour manches et poingnez, 48 ventres; pour la houce, 320 ventres; pour elles et languettes, 86; et pour le chaperon, 90 ventres. Somme des ventres de ceste robe, 1112 ventres. Achaté le ventre 16^d par.; pour tout, 74^l 2^s 8^d par.

Ledit monseigneur de Navarre, pour les fourreures de quatre paire de robes, de 4 garnemens chascune,

---

[1] *Ponitur in debitis infra. Debet mandatum.*

lesquelles lui ont esté délivrées pour son corps aus festes de Pasques Fleuries, de Pasques les Grans, de l'Ascension et de la Saint-Jehan prochainement ensuivant; pour chascune robe autant de fourreures et autelles et de semblable moison comme pour la robe de caresme dessus dite, qui montent en somme de ventres, 1112 ventres. Somme pour les quatre paires, 4448, 16^d pour le ventre, valent 296^l 10^s 8^d p.

Les 7 effens de la chapelle royal à Paris, pour fourrer les robes qu'il orent, de livrée, au terme de Pasques; pour chascun une penne d'aigniaux blans à surcot, et 2 pennes à chapperon. Pour ce, 60^s p. Valent tout 21^l par.

Maistre Thomas et maistre Julien des Murs, maistres et gouverneurs desdiz enffens, pour fourrer leur robes, qu'il prennent de livrée avec yceulx enffens, audit terme; pour le surcot et la housse de chascun, 2 fourreures et demie de grosses poppres, 100^s p. pièce; et pour le chapperon, 48 ventres de menuvair, 16^d pour pièce, pour tout, 31^l 8^s par.

Maistre Jehan, le fol du Roy, pour fourrer sa robe de sa livrée de Pasques; pour les 2 surcoz et la cloche, 4 pennes d'aigneaux blanches fines, pièce 40^s p.; et pour le chaperon, 2 chaperons d'Arragon blans, pièce 20^s p.; et pour 2 douzaines de létices à pourfiler ladicte robe, 8^s p. pour létice, valent tout 19^l 12^s par.

Ledit fol, pour fourrer un couvertoir pour son lit, une penne de connins nottrez, 100^s par.

Ledit Jehan le fol, pour fourrer un chaperon pour lui, en lieu d'un autre qu'il avoit arz, une penne à chaperon d'aigneaux blans; à tout la fourniture, 30^s p.

Pierre Touset, Raymondin, et ledit maistre Jehan le fol, pour fourrer à chascun d'eulz une aumuce qu'il ont accoustumé de prendre au terme de Pasques, 24 ventres de menuvair pour chascun, et pour les trois 72 ventres, pièce 16^d p., valent 4^l 16^s par.

Mitton, le fol de mons. le Dauphin, pour fourrer sa robe de sa livrée de Pasques; pour les 2 surcoz et le corps de la cloche, et pour pourfilz, 4 pennes d'aigneaux blans; et pour chaperon, une penne et demie d'Arragon, pièce 20^s p. l'une par l'autre, valent tout 110^s par.

Ledit Mitton, pour lez fourreures d'une robe de veluiau violet que le Roy lui avoit donné aus noces du roy de Navarre, le veluiau priz ou compte prochain précédent de l'Argentier; pour les 2 surcoz, manches et poingnez, 214 ventres; pour la cloche, 128 ventres, et pour le chaperon, 48 ventres. Somme, 348 ventres, 16^d p. le ventre, 26^l par.; et pour 6 douzaines de létices à pourfiller ladicte robe, 8^s p. pièce, 28^l 16^s p. Pour tout, 54^l 16^s p.

Mons. Pierre de la Forest, chancellier de France, pour les fourreures d'une robe de 4 garnemens que le Roy luy a donnée en ce terme, par sa cédule rendue despuis ou chapitre de draps de laine; pour le surcot, une fourreure de menuvair tenant 298 ventres; pour sa cloche à chevaucher, 442 ventres; pour le mantel à parer, 446, et pour le chaperon 222 ventres. Somme des ventres, 1630 ventres, achaté le ventre 16^d p., valent tout 108^l 13^s 4^d.

Mons. Renault Chauviau, évesque de Châlon, pour les fourreures d'une autre robe que le Roy lui donna en ce terme, par ladicte cédule, pareille et semblable comme la robe dudit chancelier, qui montent en somme de ventres à 1630 ventres, audit priz, pour tout, 108^l 13^s 4^d par.

Sire Engerran du Petit-Celier, et Nicolas Braque, et Bernart Frémant, trésoriers, pour fourrer 3 paire de robes que le Roy leur a données en ce terme, chascune de 4 garnemens; pour les 3 surcoz de chascune robe, 3 fourreures de menuvair, l'une tenant 240 ventres, et l'autre tenant 224 ventres; pour manches et poingnez, 12 ventres; pour le mantel, 310 ventres, et pour le chaperon, 130 ventres. Somme pour chascune robe, 1116 ventres, et pour les trois paire, 2748, 16ᵈ par. le ventre, 183ˡ 4ˢ p. Et pour 6 létices à faire pourfil aux cloches, 8ˢ par. pièce, 48. Pour tout, 185ˡ 12ˢ par.

Les trois guaites du Roy : Perrinet Mulet, Fourciet Loublayer et Perrinet Paillart, pour fourrer leurs robes du terme de Toussains derr. passé, qui en ce terme leur ont esté délivrées par mandement dudit seigneur, rendu à court dessus; pour chascune, une penne et un quartier d'aigneaux blancs pour surcot, et une penne et demie à chaperon. Somme, 8 pennes et un quartier, 20ˢ p. pièce, valent tout 8ˡ 5ˢ par.

Mons. Jehan de Clermont, retenu de nouvel chambellanc du Roy, pour lez fourreures d'une robe de 4 garnemens que le Roy lui donna en ce terme; pour les 2 surcoz, 2 fourreures de menuvair, tenant chascune 210 ventres; pour la cloche, 290 ventres, et pour le chaperon, 260 ventres. Somme des ventres, 790 ventres, 16ᵈ par. pièce, valent 52ˡ 13ˢ 4ᵈ par.

Mons. Jehan d'Andrezel, chambellanc du Roy, pour fourrer pour son corps une robe pareille et semblable comme pour mons. Jehan de Clermont, autant fourreures, autelles et de semblable moison comme la robe prinse dessus pour ledit mons. Jehan de Clermont, qui montent en somme 790 ventres, audit priz, valent 52ˡ 13ˢ 4ᵈ par.

Mons. Jehan de Clermont et mons. Jehan d'Andrezel, pour fourrer à chascun un surcot, un mantel à parer et un autre mantel fendu à un costé, et chaperon d'une escarlate vermeille, prinse ci-devant en semblable chapitre de draps de laine, pour l'estat de l'Estoille; pour le surcot, une fourre de menuvair tenant 240 ventres; pour le mantel à parer, 360; pour le mantel fendu à un costé, 400 ventres, et pour le chaperon, 100. Somme des ventres pour chascun, 1100 ventres, et pour les deux, 2200 ventres, achatés 16^d le ventre, valent 146^l 13^s 4^d p.

Maistre Pierre de Berne, naguaires maistre de la Chambre-aus-Deniers du Roy, pour fourrer une robe pour son corps que ledit seingneur lui donna en ce terme; trois fourreures et demie de groz vair, 8^l par. la pièce, et 2 chaperons de menuvair tenant 48 ventres, 16^d par. le ventre. Pour tout, 31^l 4^s par.

Maistre Girart de Saint-Disier, phisicien du Roy, pour fourrer une robe pour son corps, 3 fourreures et demie de menuvair de 7 tires, 8^l par. la pièce, et pour le chaperon, 48 ventres, 64^s par. Pour tout, 31^l 4^s par.

Le chancelier d'Orliens et le chantre de Senliz, pour fourrer à chascun une robe de 4 garnemens que le Roy leur a donnée en ce terme; 3 fourreures de menuvair tenant chascune 200 ventres, et 2 chaperons de menuvair tenant 60 ventres. Somme dez ventres pour chascune 660 ventres, et pour les deux, 1320 ventres, achatés pièce 16^d par., valent 88^l par.

Maistre Hémart de Saint-Oulf, Jehan de Genay et Jehan Blanchet, secrétaires du duc d'Orliens, pour fourrer à chascun d'eulz une robe de 4 garnemens que le Roy leur a donnée en ce terme, délivrée pour chascun 3 fourreures et demie de menuvair de 7 tires, qui montent pour tout à 10 fourreures et demie, 8^l pièce, et 2 chaperons de menuvair, à chascun de 48 ventres, qui montent pour tout à 144 ventres, 16^d par. le ventre, valent tout, pour les trois dictes robes, 93^l 12^s par.

Messire Jehan Donjon, chappellain mons. le duc d'Orliens, pour fourrer une robe de 4 garnemens pour son corps, 3 fourreures et demie de groz vair, 8^l par. pièce, et 2 chaperons de menuvair de 48 ventres. Pour ce, 64^s par. Pour tout, 31^l 4^s par.

Adam de Ver, Thibaut de Villerval, Jehan de Courcelles et Adenet de Vair, chambellans du duc d'Orliens.

pour fourrer à chascun une robe que le Roy leur a donnée, délivrée en ce terme, pour chascun, une penne et demie d'aigneaux blans, et un chaperon et demi d'Arragon. Somme pour tout, 6 pennes pour surcoz, 30ˢ p. pièce, et 6 pennes pour chaperons, 20ˢ par. la pièce, valent tout 15ˡ par.

Geuffroy le Clerc, Guiot de Digon, Jehannin à la Cauche et Gieffrin Cochet, varlez de chambre, pour fourrer à chascun une robe que il orent de livrée avec les autres gens du duc d'Orliens; pour chascun, une penne et un quartier d'aigneaux blans, et un chaperon et demi de semblables aigneaux. Somme, 5 pennes et 6 chaperons, 20ˢ p. pièce l'une par l'autre, valent tout 11ˡ par.

Jehan Orange, Guillemin Morin, Richart le Boçu, tous sommeliers et varlez de garde-robe audit mons. le duc, pour fourrer leur robes que il orent en ce terme de ladicte livrée, 3 pennes et demie d'aigneaux blans, 20ˢ p. pièce, pour tout, 70ˢ par.

Madame la Dauphine, pour les fourreures de deux corsez rons d'un veluiau paonnaz, prins ci-dessus en semblable chapitre de veluiaux, cendaux et autre mercerie, 2 fourreures de menuvair tenant chascune 318 ventres, et pour 2 chaperons à enfourner, de mesmes et de semblable veluiau, 200 ventres. Somme des ventres, 836 ventres, achaté le ventre 16ᵈ par., 55ˡ 13ˢ 8ᵈ p.; et pour deux douzaines d'ermines, et 5 douzaines de létices, tout pour pourfiller les deux corsez et chaperons dessus diz, l'ermine pièce 16ˢ par., et la létice 8ˢ par. pièce, 43ˡ 4ˢ par. Pour tout, 98ˡ 18ˢ 8ᵈ par.

Madame la Dauphine, pour les fourreures de deux autres corsez rons, et de deux chapperons à enfourner, l'un d'un drap d'or et l'autre d'un camoquas, prinz et délivrez pour son corps oudit chapitre de mercerie; pour le corps d'un des diz corsez, une fourreure de menuvair tenant 360 ventres, et pour l'autre, une fourreure tenant

320 ventres, et pour les 2 chaperons, 200 ventres. Somme des ventres, 880 ventres, 16^d p. pièce, 58^l 13^s 4^d p. Pour deux douzaines d'ermines et pour cinq douzaines de létices à pourfiller yceulz corsez et chaperons, 43^l 4^s p. Pout tout, 101^l 17^s 4^d p.

Messire Nicolas Braque, chevalier nouvel, pour fourrer un mantel d'escarlate vermeille, prinz ci-dessus ou chapitre semblable de draps de laine, pour le jour de sa chevalerie, un mantel de groz vair. Pour ce, 12^l par.

Pour fourrer un couvertoir à couvrir le lit dudit chevalier nouvel le jour de sa chevalerie, une penne de griz de 18 tires, à 32 doz de lé, qui montent à 576 doz, 12^d par. le doz, 28^l 16^s par.

Ledit chevalier nouvel, pour fourrer deux paire de robes, l'une d'un vert et l'autre d'un pers, chascune de 3 garnemens, pour le jour de sa chevalerie; pour les deux surcoz de chascune robe, 2 fourreures et demie de grosses poppres, montant à 5 fourreures, 100^s par. la pièce, 25^l p.; pour poingnez et pour le chaperon de chascune, 126 ventres, et pour lez deux paire 252 ventres, 16^d par. le ventre, 16^l. Pour tout, 41^l 16^s par.

Jehan le Brailler, orfèvre et varlet de chambre du Roy, pour fourrer une robe que ledit seigneur lui a donnée en ce terme, penne et demie d'aigniaux blans et chapperon et demi semblables aigniaux, 20^s p. pièce, 60^s p.

Jehan de Paris, Maciot Bernart, Gouffroy Quieret et G. Richart, varlez du conte d'Anjou, pour fourrer à chascun une robe que le Roy leur a donnée en ce terme, une penne blanche, 20^s p. Pour tout, 4^l par.

C'est assavoir que les pennes à fourrer les robes du prieur d'Aquitaine et de maistre Jehan des Essars, prinses cy-dessus ou chapitre de draps de laine, pour les dons extraordinaires du Roy, se prennent cy-aprez ou prochain compte de l'Argentier.

Somme, 1772^l 11^s.

Art. 2. *Item, pennes et fourreures pour les dons de mons. le Dauphin,* livrez audit Nicolas du Roquier, et achatez dudit Robert de Nisi, pelletier du Roy, pour les pris ci-après divisez, si comme tout ce appert par ledit compte dudit Robert, et par ladicte relacion dudit Nicolas, annexées par ledit compte, rendu ci-dessus comme dit est.

Madame la Dauphine, pour la fourreure de deux corsez rons pour son corps, lesquielx mons. le Dauphin lui avoit donnés, par sa cédule donnée à Paris, le iiie jour de may, rendu à court, le drap prins ès garnisons dudit seigneur : 2 fourreures de menuvair, chascune de 360 ventres, montant en somme 720 ventres, 16^d p. le ventre, 48^l par. Et pour 4 douzaines de létices, et pour 2 douzaines d'ermines, tout pour pourfiller les diz corsez, létices, pièce 8^s p., et ermines, pièces 16^s p., 38^l 8^s par. Pour tout, 86^l 8^s par.

Maistre Bertran du Cloz, trésorier mons. le Dauphin, pour fourrer une robe de 4 garnemens pour son corps, laquelle ledit seigneur lui donna en ce terme par son mandement, rendu dessus en semblable chapitre de draps de laine, 3 fourreures et demie de menuvair de 7 tires, 8^l p. la fourreure, 28^l p. Et pour le chaperon, 48 ventres de menuvair, 64^s p. Pour tout, 31^l 4^s p.

Jaquinot Darsis, clerc de toutes offices en l'ostel de mons. le Dauphin, pour une (*sic*) d'aigniaus blans, avec un chaperon de mesmes, à fourrer une robe pour son corps, du don dudit seigneur, et par son mandement rendu dessus, 40^s p.

Jehannin de Ressons, Jehannin de Héraumont, servans en l'ostel mons. le Dauphin, pour fourrer 2 paire de robes que ledit seigneur leur avoit données en ce terme, par mandement rendu dessus, 2 fourreures d'aigniaux blans. Pour ce, 40^s p.

Xendrin, un enffent que mons. le Dauphin trouva, pour fourrer le surcot d'une robe pour son corps, une houce, une cotte hardie et 3 chaperons : 3 pennes d'aigniaux blans et 3 chapperons et demi d'Arragon blans. Pour tout, 6ˡ 10ˢ.

Pouppart et Robinet, son filz, pour fourrer 2 paire de robes que mons. le Dauphin leur a données, en ce terme, comme aus varlez de sa chambre : 2 pennes et demie d'aigniaux blanc, 20ˢ p. la pièce, valent 50ˢ p.

Drouyn de Buxi, nouvel sommellier mons. le Dauphin, et Guillaume le Coisne, son lavendier, pour fourrer à chascun une robe que ledit seigneur leur avoit donnée en cedit terme, 2 pennes blanches. Pour ce, 40ˢ.

Somme, 132ˡ 12ˢ p.

Dons de robes en argent comptant.

Jehannin Ferron, Michelet Marrabout et Durant Ferron, varlez des nappes du Roy, pour deniers à eulz bailliez pour achater robes par mandement dudit seigneur, donné à Bon-port, le derrain jour de mars cccli, rendu à court, et par leur lettre de recongnoissance, 6ˡ p.

Robinet Baudet, Perrin le Jeune et Thomas Regnaut, vallès de sommage de la chambre du Roy, pour deniers à eulz bailliez par mandement dudit seigneur, et par leur lettre de recongnoissance, 6ˡ p.

Jehan Cervelle, Conte Jehan, Jehannin de Moreinbeufs, Denisot Morillon, le Patriarche, Raoulet le Goulu, Richardin Crieuvre et Frère Pierre, touz potagers et enffenz de la cuisine du Roy nostre sire, pour achater à chascun une robe par mandement dudit seigneur, et par leur lettre de recongnoissance, tout rendu à court, 40ˡ p.

Somme, 52ˡ p.

§ V.

Dons de joyaux d'or et d'argent pour le Roy.

Pour deniers payez par le trésor de madame la Royne, comptés par Josseran de Mascon, son receveur général, le iiiiᵉ jour d'avril; pour une ceinture achatée et payée du sien, baillée et délivrée à madame Jehanne de France, fille du Roy, à présent royne de Navarre, pour donner au roy de Navarre, son marry, le jour de leur fiançailles, pour 700 escuz, à 12ˢ p. pièce, 420ˡ p.[1]

Pour deniers payez par ledit trésor à Donnet de Venice, compté par lui le xvᵉ jour de mars, pour un rubi ballay et 2 esmeraudes achatés de lui par le Roy, et donnés à mons. le Dauphin, pour 600 escuz d'or, pièce 12ˢ par., 360ˡ.

Des joyaux aportez de Jennes par Vincent Loumelin, pour une couronne d'or à 7 très-grosses esmeraudes, 37 petites, 28 rubiz balays, 7 troches de perles chascune de 14 perles et un dyament en chascune, 7 autres troches des plus grosses perles contenant chascune 3 perles et 1 rubi petit, et 14 dyamens, par toute ladicte couronne, délivrée, sanz poys, par cédule du Roy, donnée à Paris, le xxviiiᵉ jour d'avril, rendu à court, et donnée à madicte dame madame Jehanne de France, royne de Navarre, le jour de ses espousailles. Rendu pour néant[2].

Dezdiz joyaux, pour un chappel d'or à 4 troches de perles, en chascune troche 12 perles, 28 pièces de rubiz et ballis, 8 grosses esmeraudes, 5 autres moiennes, 8 autres petites et 8 dyamens; tout pesant 1 marc 7 onces 5 esterlins, contenu en ladicte cédule, et donné à madicte dame. Rendu pour néant.

Desdiz joyaux, pour deux autres chappeaux d'or contenus en ladicte cédule, l'un à 8 grosses esmeraudes, 7 troches de perles, chascune de 12 perles, et aussi en chascune troche, entre les rubiz et ballis, une pièce; tout pesant 1 marc 6 onces 10 esterlins, donné à madicte dame la royne de Navarre; et l'autre chappel à 6 grosses esmeraudes, 6 troches de perles, chascune con-

---

[1] *Radiatur, quia non apparet quod reddat in recepta de thesauro.*

[2] *Dictus Stephanus acquittatur de istis partibus; accolatur primo libro debitorum officii, folio* xxxix, *ubi onerabitur de dictis jocalibus.*

tenant 12 perles, et en chascune troche 4 diamens et 1 rubi ou balay; tout pesant 2 mars 1 once, donné à madame la Dauphine. Renduz pour néant.

D'iceulz joyaux aportez de Jennes, pour un fermail d'or à un aigle sur un lyon, à 15 esmeraudes, 3 saphirs, 16 rubiz et 21 perle; tout pesant 1 marc 4 onces 9 esterlins, délivré par ladicte cédule, et donné à la fille au duc de Bretaingne, à présent femme du connestable de France, le jour de leurs espousailles[1]. Sanz pris.

Pierre Chappelu, pour un hennap à pié, et couvercle sizelé, pesant 3 mars 3 onces 10 esterlins d'argent, donné par ladicte cédule à un escuier, lequel présenta au Roy une espée de par messire Gieffroy de Charni; à 7 escus le marc, 27 escuz et demi, 12^s p. l'escu, valent 16^l 10^s.

Des joyaux du Temple, pour une grant ceinture d'or pour dame, garnie d'esmeraudes, de rubis d'Alixandre et de troches quarrées; parmi le çaint a une longue boucle et lonc mordent de rubiz balais et de saphirs, baillée et délivrée par devers le Roy, le xxviiie jour de février, par cédule dudit seigneur, rendu à court. Néant.

Desdiz joyaux du Temple, pour trois riches chappeaux d'or, à rubiz balais, esmeraudes et grosses perles, et une tressons d'or de 80 chastons d'esmeraudes et de rubiz d'Alixandre, et de 80 grosses perles, contenu en ladicte cédule du Roy, et délivré par devers lui. Sans priz.

Pierre Chappelu, pour 1 hannap à couvercle semé d'esmaux, avec une chopine de celle mesmes façon, tout pesant 6 mars 3 onces 12 esterlins, délivré par devers le Roy, le ve jour de février, par la cédule dudit seigneur, donnée à Paris, le xxe jour d'aoust, rendue dessus ou chapitre d'orfaverie, pour donner à un sergent d'armes du roy d'Arragon; à 8 escuz le marc, 12^s p. la pièce, valent 30^l 18^s 7^d par.

---

[1] Le mariage de Charles d'Espagne avec la fille de Charles de Blois se fit en 1351.

Jehan de Fleury, bourgois de Paris, pour 1 hennap à couvercle esmaillé, pesant 6 mars 7 onces 5 esterlins, délivré par devers ledit seigneur, le xxixe jour d'avril, pour donner à un escuier de Gascoingne, par cédule dudit seigneur, rendu à court; à 9 escuz le marc, 16^s p. l'escu, valent 49^l 14^s 6^d.

De l'exécucion[1] la royne Jehanne de Bourgoingne, pour une aiguière ciselée et esmaillée, pesant 2 mars 4 onces 17 esterlins ob., baillée et délivrée audit signeur par sa dicte lettre, et donnée audit escuier; en laquelle cédule a erreur du pois, quar où il dit 2 mars 4 onces, il doit dire : 2 mars 4 onces 17 esterlins obole. Rendu pour néant.

Des joyaux apportez de Jennes par Vincent Lomelin, 1 grant hannap à couvercle esmaillé, assis sur un chastel où il a une aigle, pesant 12 mars 7 onces 15 esterlins, délivré le vi^e jour de may, par cédule dudit seigneur, donnée ledit jour, rendu à court, pour donner au comandeur de Prusse. Néant.

De l'exécucion la royne Jehanne de Bourgoingne, pour une aiguière d'un lion couronné assis sur une terrasse, pesant 3 mars 5 onces 12 esterlins ob., donnée par ladicte cédule, audit comandeur. Néant.

Jehan de Fleury, pour 1 hennap à couvercle esmaillié et à trépié, et une aiguière de mesmes, pesant tout ensemble 8 mars 7 onces 2 esterlins obole, délivrés par ladicte cédule pour donner à un chevalier de la compaignie audit comandeur; achaté le marc 9 escuz, 16^s p. l'escu, 64^l 2^d ob. p.

Des joyaux de Jennes, pour 1 hennap greneté, esmaillié, assis sur un trépié, d'un chastel avironné de 3 sergens d'armes, pesant 13 mars 1 once 15 esterlins, délivré par devers le Roy, par sa cédule donnée à Paris xiiie jours de

---

[1] *C'est-à-dire* de l'exécution testamentaire.

may, rendu à court, pour donner au conte Jehan Nesso, d'Alemaigne. Néant.

De l'exécucion dessus dicte, pour une aiguière d'un home séant sur un demi coq, à une teste d'évesque qui tient une crosse, pesant 6 mars 6 onces, contenue en ladicte cédule, et donnée audit conte. Néant.

Pierre Chappelu, changeur, pour 3 hennaps à couvercle semé d'esmaulx, pesant ensemble 16 mars 7 onces; c'est assavoir : le premier pesant 6 mars 10 esterlins, le secont 5 mars 7 onces 10 esterlins, et le tiers 4 mars 7 onces; tous contenus en ladicte cédule, et donnés à 3 chevaliers de la compaignie audit conte; achaté le marc 8 escuz, valent 135 escuz, à 16^s l'escu, valent 108^l.

De l'exécucion dessus dicte, pour une aiguière semée d'esmaux, pesant 3 mars 1 once 15 esterlins. Néant.

Ledit Pierre Chappelu, pour 2 autres choppines semblables, pesant sur tout 6 mars 3 onces 15 esterlins, contenues en ladicte cédule, et données aus trois chevaliers dessus diz. Achaté le marc 8 escuz, à 16^s p. l'escu, valent tout 41^l 8^s p.

Ledit Pierre, pour 1 hennap à couvercle ciselé, pesant 3 mars 3 onces 10 esterlins, délivré par devers le Roy, par cédule dudit seigneur, donnée xxviii de may, rendue à court, et donné à un escuier de madame de Boulongne; à 8 escuz le marc, 27 escuz et demi, audit priz, valent 22^l p.

Des garnisons de l'argenterie, pour 1 gobelet d'or pesant 2 mars, achaté piéça dudit Pierre Chappelu 211^l 4$^{s\,1}$, en ce terme, délivré par devers madame la Dauphine, par mandement du Roy, donné à Pacy, xvie jour de mars l'an li, rendu à court, par le compte de l'Argentier féni le derrenier jour de juin l'an li, ouquel mandement est contenu, entre plusieurs autres choses, 1 gobellet d'or

---

[1] *En marge :* Sic est.

et 2 bacins de argent, sanz pois, et par lettre de recongnoissance de madicte dame, rendue cy. Pour ce nyent.

Ledit Pierre, pour 1 bassin d'argent pesant 10 mars 1 once 10 esterlins, délivré par devers madicte dame, par lesdiz mandemens et lettre de recognossance, 104ˢ p. pour marc, 52ˡ 19ˢ 6ᵈ p.

Pierre des Barres, orfèvre, pour une çainture ferrée d'or sur un tissu de brouderie, de laquelle la boucle et le mordent estoient garniz de saphirs, de rubis balais et de grosses perles, et les membres de ladicte çainture faiz à fleurs de lis et oiselez, touz d'or, garnie tout autour d'icelle et parmi les diz membres, de rubiz, d'esmeraudes et de grosses perles, pesant sur tout 9 onces d'or de touche, délivré par ledit mandement du Roy, par devers madicte dame la Dauphine, et achatée audit Pierre 254 escuz, à 17ˢ p. l'escu, valent 215ˡ 18ˢ p.[1]

Somme, 601ˡ 8ˢ 10ᵈ p.

Sine pluribus jocalibus deliberatis hic supra sine pretio.

§ VI.

Dons d'orfaverie pour le Roy.

Pierre des Barres, pour appareiller un fermail d'or pour madame la Dauphine et autres joyaux d'or, prins ci-aprez par mandement du Roy, donné à Paris, le vᵉ jour de may, rendu à court, ouquel fermail ot miz et rivé 2 rubiz balais qui y failloyent; pour les deux, 14 escuz, et pour or et façon, 4 escuz. Pour tout, 18 escuz, à 17ˢ p. l'escu, valent 15ˡ 6ˢ p.[2]

Ledit Pierre, pour appareiller un chappel d'or pour madicte dame, et y mettre et asseoir 2 grosses esmeraudes et 2 rubiz balais; pour ladicte perrerie, 46 escuz;

---

[1] *Non apparet de deliberatione istius zonæ.*
Dictus P. testatur recepisse pro dicta zona et aliis operibus orfaveriæ sequentibus, vıııᶜ *scuta.*

[2] *Apparet per mandatum domini Regis et litteram recognitoriam hic superius redditas.*

pour 16 esterlins d'or de touche miz de croissance ou rapareil dudit chappel, 5 escuz et demi; et pour le burnir, déchié et façon, 8 escuz. Pour tout, 59 escus et demi, à 17ˢ p. l'escu, valent 50ˡ 11ˢ 6ᵈ par.

Ledit Pierre, pour rappareiller 1 autre chappel pour madicte dame, et y mettre et quérir certaine pierrerie; c'est assavoir : une grosse esmeraude et 2 autrez plus petites, achatées de lui 42 escuz, et pour 10 grosses perles, 25 escuz; et pour 11 esterlins d'or de touche miz de croissance oudit chappel, déchié et façon, 11 escuz. Pour tout, 78 escuz, audit priz, 66ˡ 6ˢ par.

Ledit Pierre, pour rappareiller 1 autre chappel pour madicte dame, ouquel il mist et assist 1 bon dyament et 1 rubi balay; pour le dyament et le balay, 22 escuz; et pour or, déchié et façon, et rejoindre et asseoir une esmeraude dudit chappel, 10 escuz. Pour tout, 32 escuz, à 17ˢ l'escu, valent 27ˡ 4ˢ p.

Ledit Pierre, pour rapareillier 1 autre chappel d'or de madicte dame la Dauphine; pour 1 rubi ballai qui y failloit, miz et rivé oudit chappel, 12 escuz; et pour 4 esterlins d'or de touche mis de croissance oudit chappel, peine, déchié et façon, 4 escuz. Pour tout, 16 escuz, audit pris, valent 13ˡ 12ˢ.

Ledit Pierre, pour rapareillier un autre chappel faisant chappel et couronne pour madicte dame, et y mettre et river plusieurs pièces de pierrerie qui y failloyent; c'est assavoir, pour 3 grosses esmeraudes, 76 escuz; pour 2 grosses esmeraudes autres, 32 escuz; pour 1 groz rubi balay, 18 escuz; et pour 1 autre rubi balai, 8 escuz; tout pour mettre oudit chappel et rapareillier les florons d'icelui; pour 14 esterlins d'or de touche mis de croissance oudit chappel, 4 escus et 3 quars, et pour le déchié, peine et façon, 9 escuz. Pour tout, 147 escus et 3 quars, audit priz, valent 125ˡ 11ˢ 9ᵈ p.

Somme, 298ˡ 11ˢ 4ᵈ p.

§ VII.

Dons de couteaux pour le Roy.

Thomas de Fieuvillier, coutellier, pour 9 paire de petiz couteaux à manches d'ybenus et à viroles d'argent dorées et esmailliées aus arme de France, bailliées et délivrées en ce terme, aus 9 varlez de chambre du Roy, pour leur livrée ordinaire du terme de Pasques, leurs noms ci escrips aprez vers la fin de ce compte, et sur les viroles des diz couteaux, 50^s p. paire, valent 22^l 10^s [1].

Ledit Thomas, pour 9 paire de couteaux semblables et de telle devise, baillez et délivrés aus 7 varlez de chambre de mons. le Dauphin, et à 2 autres varlez de chambre, l'un de mons. le duc d'Orliens, et l'autre de mons. le conte d'Anjou, nommez vers la fin de ce compte, semblablement et comme aus varlez de chambre du Roy, 50^s p. paire, valent 22^l 10^s.

Somme, 45^l p.

Dons de sarges pour le Roy.

Climent le maçon, tapicier, pour 16 sarges de Reimz, délivrées au terme de Pasques, et baillieez aus varlez de chambre du Roy et de mons. le Dauphin, pour leur livrée ordinaire dudit terme, à 32^s p. la pièce, 25^l 12^s par.[2]

Somme par soy, 25^l 12^s p.

§ VIII.

Dons de ganterie.

Maxe le Bourssier, gantier du Roy, pour 3 paire de gans à fauconnier, livrées ou moys de février, à mons. le connestable, 72^s; pour 2 paire de grandes moufles de cerf, fourrées de blanchet, baillées audit connestable, 60^s; et pour une paire de ganz tannez et une douzaine

---

[1] *Apparet per partes dicti Thomæ.*
[2] *Apparet per compotum dicti C.*

de longes, baillées audit connestable, 30ˢ. Pour tout, 8ˡ 2ˢ [1].

Ledit Maxe, pour 2 paire de gans à fauconnier, et pour 2 paire de gans de lièvre, baillié à mons. Jehan des Essars et à messire Adam de Meleun, du commandement mons. le Dauphin, 65ˢ.

Somme, 11ˡ 7ˢ p.

§ IX.

Dons de communes choses pour le Roy.

Hue Pourcel, gainnier, pour 1 estuy à mettre le gobelet maistre Jehan le fol, délivré en ce terme, et baillé à Girardin, vallet le fol, 20ˢ.

Somme, 20ˢ p.

§ X.

Dons de chaucemente.

Guillaume Loisel, cordouannier du Roy, pour une paire d'estivaux, 20ˢ; et pour 17 paire de sollers, délivrez en ce terme, pour ledit maistre Jehan le fol, chascune paire 3ˢ par. Pour tout, 71ˢ par.

Ledit Guillaume, pour une paire d'estivaux, 12ˢ, et pour 20 paire de sollers, 28ᵈ chascune paire; tout délivré en cedit terme, pour Mitton, le fol mons. le Dauphin, et baillié à Jehannin, son varlet. Valent 58ˢ 8ᵈ.

Somme, 6ˡ 9ˢ 8ᵈ p.

[TROISIÈME SECTION.]
[DÉPENSES EXTRAORDINAIRES.]

§ Iᵉʳ.

Les parties de plusieurs choses bailliées et délivrées en ce terme, pour les noces et espousailles de madame

---

[1] *Apparet per compotum dicti M.*

Jehanne de France, ainsnée fille du roy de France, à présent royne de Navarre[1], *et pour l'ordenance et estat de madicte dame; lesquelles estoient encore à délivrer, si comme mencion est faicte ou précédent compte prochain de l'Argentier, ès parties desdictes espousailles.*

Robert de Nisi, pèletier le Roy nostre sire, pour les fourreures d'une robe de 4 garnemens, partie d'un drap d'or et d'un veluiau ynde, que le roy de Navarre ot aus noces de lui et de madicte dame, avecques et de meismes mons. le Dauphin, le drap d'or et veluiau prins ou compte prochain précédent de l'Argenterie, ou chapitre de draps d'or et de soie, veluiaux, cendaux et autre mercerie, pour ledit mons. le Dauphin et ceulz de sa compaignie; pour les 2 surcos, 2 fourreures de menuvair de 244 ventres chascune; pour manches et poingnès, 48; pour la cloche, 320; et pour le chaperon, 90. Somme des ventres, 1026, achatés audit Robert, 16^d p. le ventre, 68^l 8^s p.[2]

Ledit Robert, pour les fourreures de 3 paire de robes, chascune de cinq garnemenz, pour le corps madame la royne de France[3], qu'elle ot ausdictes noces; pour les 2 surcoz et le corps de la chappe de chascune robe, 3 fourreures de menuvair chascune, 244 ventres; pour manches de surcot, 48; pour manches de chappe, 200; pour chaperon de chappe, 100; et pour le mantel à parer, 400. Somme pour chascune robe, 1600 ventres de menuvair. Somme pour les trois paire de robes, 4800 ventres de menuvair, à 16^d p. la pièce, 320^l par.[4]

---

[1] On la maria à Charles le Mauvais, roi de Navarre, en 1351, et bien jeune, car elle était née en 1343. Cependant il paraît par un compte d'Étienne de La Fontaine, que nous n'avons plus, et qui est cité par le P. Anselme, qu'elle avait été déjà mariée ou fiancée à un premier mari. Voy. le P. Anselme, t. Ier, p. 108.

[2] *Apparet per partes dicti R. de Nisi et per relationem Nicolai du Roquier annexatas in rotulo dictarum partium.*

[3] *En marge:* Pour la royne de France.

[4] *Apparet ut supra.*

Ledit Robert, pour 9 douseinnes de létices à pourfiller lesdictes robes, 43¹ 4ˢ p.

Ledit Robert, pour les fourreures de 3 paire de robes pour madame la royne de Navarre[1], délivrées par devers elle, pour l'ordenance desdictes noces et pour son estat, comme dit est; pour les 2 surcos et le corps de la chappe, 3 fourreures de menuvair chascune tenant 160 ventres; pour manches de chascune chappe, 128; pour chaperon de chappe, 90; pour mantel à parer, 228. Somme pour chascune robe, 926 ventres, et pour les trois paire, 2778. Achatés audit Robert. Valent 185¹ 4ˢ p.

Ledit Robert, pour 9 douseinnes de létices à pourfiller lesdictes robes, la douseinne 4¹ 16ˢ p., valent tout 43¹ 4ˢ p.

Ledit Robert, pour les fourreures d'un corset ront d'escarlate pour madicte dame, une fourreure de menuvair de 160 ventres; pour manches, 24; et pour un chaperon à enfourmer, 90 ventres. Somme, 274 ventres, audit pris, 18¹ 5ˢ 4ᵈ. Pour 12 ermines et 18 létices à pourfiller le corset et chaperon dessus diz, 16ᵈ pour l'ermine et 8ˢ pour la létice, 16¹ 16ˢ p. Pour tout, 35¹ 16ᵈ p.

Ledit Robert, pour 54 ventres de menuvair à fourrer un chaperon pendant de broderie pour madicte dame, audit pris, 72ˢ.

Ledit Robert, pour 12 ermines et 12 létices, livrées à Guillaume le Clerc, le xviiiᵉ jour d'avril, pour pourfiller un autre corset ront d'un camocas pour madicte dame, audit pris, 14¹ 8ˢ p.

Ledit Robert, pour les fourreures d'un autre corset ront de drap d'or pour madicte dame, une fourreure de menuvair de 208 ventres, à 16ᵈ le ventre, 13¹ 17ˢ 4ᵈ p. Pour 12 ermines et 12 létices à pourfiller ledit corset, achatées audit Robert, 14¹ 8ˢ p. Pour tout, 28¹ 5ˢ 4ᵈ p.

---

[1] *En marge :* Pour la royne de Navarre.

Ledit Robert, pour une fourreure de menuvair de 200 ventres, livrée à Gautier Piquot, tailleur madicte dame, le xxviiᵉ de septembre, pour fourrer un autre garnement pour madicte dame, 13ˡ 6ˢ 8ᵈ.

Somme, 754ˡ 14ˢ 4ᵈ p.

Pour madame la Dauphine, pour les fourreures d'un robe de 5 garnemens que madicte dame ot aus dictes noces; pour les 2 surcos et le corps de la chappe, 3 fourreures de menuvair, chascune de 280 ventres; pour manches de chappe, 200 ventres; pour le chaperon de chappe, 100; et pour le mantel à parer, 320 ventres; qui font en somme 1460 ventres. Achatés audit R., 16ᵈ p. le ventre, valent, 97ˡ 6ˢ 8ᵈ p.[1]

Ledit Robert, pour 3 douseinnes de létices à pourfiller ladicte robe, 14ˡ 8ˢ p.

Pour la duchesse d'Orliens, pour les fourreures d'une semblable robe que madicte dame ot aus dictes noces; pour les 2 sourcos et le corps de la chappe, 3 fourreures de menuvair, chascune de 284 ventres; pour manches et poingnès, 48; pour manches de chappe, 200; pour chaperon de chappe, 100; et pour le mantel à parer, 360. Somme, 1560 ventres, achatés audit Robert, 16ᵈ p. le ventre, valent 104ˡ p.

Ledit Robert, pour 3 douzaines de létices à pourfiller ladicte robe, 14ˡ 8ˢ.

Pour les joines filles du Roy nostre sire, pour les fourreures de 2 paire de robes, chascune de 4 garnemens, pour madame Marie de France et pour madame Ysabel, sa seur, que il orent aus dictes noces; pour les 2 sourcoz de chascune robe, 2 fourreures de menuvair, tenant chascune 160 ventres; et pour chascun mantel, 196 ventres. Somme pour chascune robe, 516 ventres,

---

[1] *Apparet ut supra*.

et pour les 2 paire de robes, 1032 ventres, achatés audit R., audit pris, 68¹ 16ˢ p.

Ledit Robert, pour 36 létices à pourfiller lesdictes robes, 14¹ 8ˢ.

Ledit Robert, pour 120 ventres de menuvair à fourrer 2 chaperons pendans, de broderie à perles, pour mesdictes dames madame Marie et madame Ysabel de France, 8¹ p.

Pour la duchesse de Bourbon, pour les fourreures d'une robe de 5 garnemens que madicte dame la duchesse de Bourbon ot aus dictes noces; pour les 2 surcos et le corps de la chappe, 3 fourreures de menuvair, chascune de 284 ventres; pour manches et poingnès, 48 ventres; pour manches de chappe, 200; pour chaperon de chappe, 100; et pour le mantel à parer, 360. Somme, 1560 ventres, achatés audit Robert, le ventre 16ᵈ p., 104¹ p.

Ledit Robert, pour 3 douseinnes de létices à pourfiller ladicte robe, 14¹ 8ˢ p.

Pour deniers paiez à Pierre Denys, tailleur madame la Dauphine, pour la façon d'une robe de 5 garnemens, d'un veluiau vermeil, que ladicte dame ot aus dictes noces; de laquelle robe le veluiau se prent ou compte prochain précédent de l'Argenterie, vers la fin, ès parties des choses livrées lors pour lesdictes espousailles, et les fourreures d'icelle se prennent ci-dessus en cest présent chapitre; et pour plusieurs mises et despenz faiz à cause de ce en la taillerie madicte dame; pour tout, les parties en son compte rendu à court, seellé de son seel, 19¹ 2ˢ 2ᵈ p.

Pour deniers paiez à Jehan Houel, tailleur madame la duchesse d'Orliens, pour la façon d'une robe de 5 garnemens, d'un veluiau ynde, que ladicte duchesse ot aus dictes noces, comme dit est, et pour plusieurs mises faites à cause de ce en la taillerie de ladicte dame, les parties en son compte rendu à court, seellé de son seel, pour ce, 20ˡ 5ˢ 6ᵈ p.

Somme ; 479ˡ 2ˢ 4ᵈ p.

Pour la royne de Navarre dessus dicte, pour une couppe, 1 gobelet et 2 aiguières d'or, pesanz ensemble 14 mars 4 onces 6 estellins d'or, achatés de Jehan Arrode, et livrés à Josseran de Mascon, par sa recongnoissance, ayant pooir de recevoir ou nom et pour madicte dame, à 70 escuz d'or le marc, 1018 escuz, à 16ˢ p. la pièce, valent 814ˡ 8ˢ p.[1]

Pour 270 aunes de fine toile de Compiengne, à faire 6 paires de draps à lit pour madicte dame, chascun drap de 5 lez et de 4 aulnes et demie de lonc, achatés chascune aulne 1 escu d'or, de Jehan Taillefer, et livrés audit Josseran, valent, à compter l'escu pour 16ˢ p., 216ˡ p.[2]

Pour 4 tapiz vermeux achatez de Andrieu le mareschal, et livrés audit Josseran, par sadicte lettre, pour la chambre de madicte dame ; en 40 escuz, 32ˡ p.[3]

Pour unes bouges, 2 malles de chambre, une grant malle de matheras, et 2 coffres pour sommier, achatez de Renier le Picart, coffrier, et livrez audit Josseran, 25 escuz d'or, à 16ˢ p. l'escu, valent 28ˡ p.[4]

Pour 2 escrins, achatez de Symon de Rambouillet, lormier, et livrés audit Josseran, l'un pour l'atour madicte dame, et l'autre pour garder ses chaperons : en 24 escuz, 19ˡ 4ˢ p.[5]

Pour 3 chaperons brodez à perles, achatez de Estienne le Bourguignon, brodeur, et livrés audit Josseran ; c'est assavoir : l'un du pris de 150 escuz, le 2ᵉ du pris de

---

[1] *Loquitur quod deficit mandatum regium super hoc, de quo fit mentio in littera dicti Josseranni de receptione istarum omnium partium.*

[2] *Per quictanciam dicti Taillefer.*

[3] *Apparet per litteram dicti Andreæ.*

[4] *Apparet per litteram dicti Renerii.*

[5] *Apparet per litteras recognitionis istorum mercatorum, de solutione.*

133 escuz, et le tiers du pris de 80 escuz; pour tout, escuz pièce à 16ˢ p., valent 290ˡ 8ˢ p.

Pour une boutonneure d'or de 25 boutons, chascun bouton de 4 perles et 1 diamant ou milieu, achatés de Symon de Dampmart, et livrés audit Josseran, chascun bouton au pris de 8 escuz d'or, pour ce, 200 escuz, pièce à 17ˢ p., valent 170ˡ p.

Pour une nef d'argent à parer, pesant 30 mars 4 onces d'argent, achatée de Jehan Arrode, bourgois de Paris, bailliez et délivrez audit Josseran, le marc à 10 escuz, 305 escuz, à 17ˢ p. pièce, valent 259ˡ 5ˢ p.[1]

Pour une autre nef d'argent vériée, pour touz les jours, pesant 25 mars 2 onces d'argent, livrée audit Josseran, et achatez dudit Jehan Arrode, le marc 8 escuz, audit pris, valent 171ˡ 14ˢ p.

Pour 1 pot à aumosne, pesant 25 mars 2 onces d'argent, livré audit Josseran, et achatez dudit Jehan Arrode, le marc 7 escuz, 176 escuz et trois quars, à 17ˢ l'escu, 150ˡ 4ˢ 9ᵈ p.

Pour 2 bacins d'argent dorez, pesant 20 mars 3 onces, livrés audit Josseran, et achatez audit Jehan Arrode, le marc 10 escuz, 203 escuz et trois quars, à 17ˢ p., 173ˡ 3ˢ 9ᵈ.

Pour 2 autres bacins d'argent blanc vériez, pesant 16 mars, à 1 esmail, ès fons, des armes de madicte dame la royne de Navarre, bailliez et délivrez audit Josseran, et achatez audit Jehan Arrode, le marc 8 escuz, 128 escuz, à 17ˢ pièce, 108ˡ 16ˢ p.[2]

Pour 6 douzaines d'escuelles d'argent, pesant ensemble 144 mars, c'est assavoir, chascune escuelle pesant deux mars, livrées audit Josseran, et achatées dudit Jehan

---

[1] *Apparet de pretiis et solutione omnium istarum partium Johannis Arrode per partes dicti Jo. traditas sub sigillo suo.*

[2] *Apparet ut supra.*

Arrode, à 6 escuz et demi le marc, 936 escuz, à 17ˢ p. l'escu, valent 795ˡ 12ˢ p.

Pour 4 douzaines de plas d'argent, c'est assavoir : une douseinne pesant 96 mars, chascun plat de 8 mars; une autre douzaine pesant 48 mars, chascun plat de 4 mars; et les autres deux douzaines pesant 72 mars, chascun plat de 3 mars, qui font somme de mars, 216 mars, délivrés audit Josseran, et achatez dudit Jehan Arrode, 6 escuz et demi le marc, 1404 escuz, à 17ˢ p. pièce, 1193ˡ 8ˢ p.

Pour 4 justes d'argent dorées, pesant 48 mars 6 onces 10 estellins, livrées audit Josseran, et achatez audit Jehan Arrode, 9 escus le marc, 439 escuz et un tiers, audit pris, 373ˡ 3ˢ p.

Pour 4 autres justes d'argent blanc, pesant 49 mars 5 onces 10 estellins, délivrées audit Josseran, et achatez audit Jehan Arrode, 7 escuz le marc, 347 escuz et trois quars, audit pris, valent 295ˡ 11ˢ 9ᵈ p.

Pour 3 aiguières d'argent dorées, pesant 11 mars 7 onces 7 estellins ob., délivrez audit Josseran, et achatez d'icelui Jehan Arrode, à 9 escuz le marc, 107 escuz et un quart, qui valent, audit pris, 91ˡ 3ˢ 3ᵈ p.

Pour 3 autres aiguières d'argent blanc, pesant 12 mars, délivrées audit Josseran, et achatez audit Jehan Arrode, le marc 7 escuz, 84 escuz, audit pris, 71ˡ 8ˢ p.

Pour 4 douzainnes de hanaps d'argent, c'est assavoir : 2 douzaines grénetez, pesant chascun hanap 2 mars, et les autres pesant chascun hanap 1 marc et demi, qui font 84 mars, délivrées audit Josseran, par sadicte lettre, et achatez dudit Jehan Arrode, à 7 escuz le marc, 588 escuz, à 17ˢ p. l'escu, valent 499ˡ 16ˢ p.

Pour 1 bacin à laver testes, pesant 10 mars une once, délivré audit Josseran, et achatez audit Jehan Arrode, à 7 escuz le marc, 70 escuz ¾, qui valent, à 17ˢ p. l'escu, 60ˡ 2ˢ 9ᵈ p.

Pour une psallière d'argent, pesant 3 mars, délivrez audit Josseran, et achatez dudit Jehan Arrode, à 10 escuz le marc, 30 escuz, audit pris, 25¹ 10ˢ p.

Somme, 7072¹ 13ˢ 11ᵈ p.¹

Et est assavoir que encore demeure à délivrer par devers madicte dame la royne de Navarre plusieurs autres choses, si comme il peut apparoir par le contenu du mandement du Roy adrécié audit Argentier, lequel mandement, ou transcript d'iceli souz le scel de la prévosté de Paris, se rent à court, ou compte d'iceli Argentier, fenissant le IIII° jour de février l'an CCCLI, vers la fin, ou chapitre qui se commance ainsi : Autres parties achatées en cedit terme de plusieurs marchans, et délivrées tant pour cause des noces et espousailles de madame la royne de Navarre, etc. Et des dictes parties ainsi à délivrer, ledit Argentier ne prent riens sur le Roy.

§ II.

« Parties délivrées en ce terme à cause de l'osèque feu mons. Gieffroi de Vallennes, chambellanc du Roy, lequel trespassa au Palais, ou moys de may l'an CCCLII, et fu enterré au Jacobins; et délivra l'Argentier ces choses par mandement du Roy, rendu à court. »

« Prince Guillaume, marchant bourgois de Paris, pour 3 draps d'or mattabas, bailliés à Nicolas Waquier, par sa lettre rendue dessus, pour faire le poille miz sur le corps aus vigilles et le jour de l'osecque, 54 escuz². »

« Edouart Tadelin, pour une bote de cendaux de plusieurs couleurs, de demies pièces, bailliés audit Waquier, par sadicte lettre, pour faire la bordeure et bateure dudit poille, laquelle fut semée de 30 petis escuçons des armes dudit chevalier; et pour faire 2 couvertures à chevaux,

---

¹ On lit à la marge : S. 7838¹ 17ˢ 3ᵈ p.
² *Apparet per partes dicti Principis et per litteram dicti Nicholai.*

l'une de bateure pour le tournoy, et l'autre de couture pour la guerre; tunicles et houces d'escu, 32 escuz $\frac{1}{2}$.

Ledit Nicolas Waquier, pour sa peine de faire lesdictes tunicles, houces, arçonnières, 2 timbres de crestes des armes dudit chevalier, à mettre sur les heaumes; pour tout, 30^l. Pour coudre et assembler le dessusdit poille, et faire la bordeure et bateure d'icelui, 6^l; et pour le louaige des 2 harnois, l'un pour le tournoy, et l'autre pour la guerre, 8^l p., valent 44^l [1].

Adam du Puis, espicier, pour 1 millier de cire achattée de lui, 34^d la livre, pour faire le luminaire qui fu ars audit obsèque; pour tout, 141^l 13^s 4^d [2].

Jaquet Gillebert, cirier, pour sa peine de mettre en oeuvre le millier de cire dessus dit et faire le luminaire, c'est assavoir : 20 torches, la pièce pesant 10 livres, et 400 cierges, chascun pesant 2 livres, 30^s par. pour cent, valent 15^l. Pour 20 escuçons qu'il fist poindre aus armes dudit chevalier, bailliez aus 20 varlez ordenez à porter et tenir les torches entour le corps, et pour faire porter aus Jaquobins les 400 cierges dessus diz, 20^s. Pour tout, 16^l p. [3]

Frère Guillaume le convers, de l'Ordre des Jaquobins, pour deniers à lui paiez pour le sallaire de plusieurs varlez qui tindrent et portèrent lesdictes torches entour le corps, aus vigilles et l'andemain, et pour plusieurs autres mises faictes à cause dudit obsèque, par la recongnoissance dudit frère Guillaume, pour tout, 9^l 10^s 6^d.

Pour deniers payez à Jehan Vint-Soulz, crieur de corps, pour li et 7 varlez crieurs de corps, pour leur salaire de sonner entour le corps dudit chevalier par 2 jours, et d'icelui crier au Palais et aillieurs à Paris,

---

[1] *Est in debitis infra, et habet cedulam.*
[2] *Est in debitis infra.*
[3] *Absque littera quictanciæ.*

par la recongnoissance d'iceli Jehan, rendue à court, 40ˢ.

Somme, 213ˡ 3ˢ 10ᵈ p.
Et 86 escuz et demi.

§ III.

Parties de plusieurs choses faittes et délivrées en ce terme, pour l'ordenance et estat de madame Blanche de Bourbon, à présent royne de Castelle[1].

Édouart Thadelin, marchant de Lucques et bourgois de Paris, pour 20 pièces de cendal vermeil de graine, baillié à Thomas de Châlons, coutepointier du Roy, par son compte rendu dessus, seellé de son seel, ès parties de la chambre du Roy, pour faire une chambre à parer pour madicte dame la royne de Castelle ; c'est assavoir : coutepointe, cheveciel et ciel garni de 3 courtines, 11 escuz et 2 tiers la pièce, valent 233 escuz et 1 tiers[2].

Ledit Édouart, pour 4 pièces de cendal, des larges, bailliées audit Thomas, pour faire le seurtail de 15 filla- tières armoyez aus armes d'Espagne et de Bourbon ; pour tout, 44 escuz.

Ledit Édouart, pour 8 pièces de toille vert, baillez audit Thomas pour faire l'envers de ladicte coutepointe- rie, 1 escu et trois quars pièce, 14 escuz.

Ledit Édouart, pour 3 livres de soye de plusieurs couleurs, à poindre et ouvrer ladicte chambre, 24 escuz.

Ledit Édouart, pour une pièce de samit vermeil en graine, baillié audit Thomas, pour faire et couvrir les 8 quarreaux appartenans en ladicte chambre, 20 escuz.

Ledit Édouart, pour une pièce de toille vermeille à

---

[1] Elle était fille de Pierre Iᵉʳ, duc de Bourbon. Elle épousa, en 1352, Pierre le Cruel, roi de Castille. Le mariage se fit dans l'abbaye de Preuilly. Le contrat est du 9 juillet 1352.

[2] *Apparet de deliberatione per partes dicti T. Dictus E. est in debitis infra, de majori summa.*

faire contrendroit aus diz quarreaux entre le samit et le coutil, 2 escuz.

Pierre de Villiers, coutier, pour le duvet desdiz quarreaux, ès quelx est entré 48 livres de duvet, c'est assavoir : pour chascun quarrel, 6 livres, 5ˢ pour la livre, valent 12ˡ.

Ledit Pierre, pour les tayes des 8 quarreaux dessus diz, 8ˢ par. pièce, 64ˢ.

Ledit Pierre, pour 66 livres de duvet à emplir les deux quarreaux de l'oratoire madicte dame et le coussin de son matraz, prins ci-aprez en ce présent chapitre, 5ˢ par. livre, 16ˡ 10ˢ. Et pour les tayes de deux quarreaux d'oratoire et coussin dessus diz, 4ˡ 18ˢ. Pour tout, 21ˡ 8ˢ par.

Des garnisons de l'Argenterie, pour 8 pièces de cendal de graine, baillées audit Thomas, pour faire les courtines de l'oratoire de madicte dame, achatées piéça à Berthelemi Spifam. Rendu pour néant.

Édouart Thadelin dessus dit, pour demie pièce de samit de graine et pour demie pièce de toile vermeille, tout, à faire et couvrir lesdiz 2 quarreaux pour ledit oratoire, 11 escuz².

Des garnisons dessus dictes, pour 9 pièces de cendal de graine, baillés audit Thomas, pour faire une grant courtine à tendre au travers de la chambre madicte dame. Néant.

Guillemète de la Pomme, marchande de toille, pour 40 aunes de fine toille déliée, bailliées audit Thomas, pour faire un doublet à lit pour ladicte dame, 8ˢ. p. l'aune, 16ˡ p.

Édouart Thadelin, pour 4 pièces de samit, baillées audit Thomas, pour faire un matraz et un coussin pour ladicte dame, duquel le duvet se prent ci-dessus, 16 escuz la pièce, 64 escuz.

---

[1] *Apparet de pretio et solutione per comp. dicti P..., ...*
[2] *Apparet de deliberatione per partes dicti Thomæ, et de pretio nichil apparet.*

Ledit Édouart, pour 4 pièces de toille vermeille, 8 escuz; pour 60 livres de coton en laine, 15 escuz; et pour 1 quarteron de soye, 2 escuz; tout baillé audit Thomas, pour garnir et estoffer ledit matraz. Valent tout 25 escuz.

Ledit Édouart, pour 4 pièces de cendaux vermeux en graine, baillées audit Thomas, pour faire une coutepointe à servir chascun jour madicte dame en chemin jusques en Espaingne, 11 escuz 2 tiers la pièce, 46 escuz et $\frac{2}{3}$.

Pour 3 pièces de toilles vers à faire l'envers dé ladicte coutepointe, 5 escuz et 1 tiers; et pour une livre de soye vermeille à poindre et ouvrer ladicte coutepointe, 8 escuz. Pour tout, 60 escuz d'or.

Ledit Édouart, pour 5 pièces de toilles vermeilles, baillées audit Thomas, pour faire 3 courtines pour servir en chemin madicte dame, avèques un demi ciel et cheveciel, tout de tapisserie, lesquielx se prennent ci-aprez ou prochain comte de l'Argentier, 10 escuz.

Gille Féret, mercier, pour une pièce de toille de Reims, baillée audit Thomas de Chaalons, pour faire 22 aunes de doublez à vestir pour madicte dame, à 8^s 6^d l'aune, 18^1 14^s p.

Le dessusdit Édouart, pour 1 quartier de veluyau azuré, 2 onces d'or de Chippre et 2 onces de soye ardant, tout baillié audit Thomas, pour broder, faire et estoffer la bourse au seel de son secret, armoyé aus armes d'Espaingne et de Bourbon, 6 escuz.

Et est assavoir que la façon des choses dessus dictes, faictes par ledit Thomas, se prent ci-devant ès parties de la chambre du Roy, ou compte dudit Thomas, rendu à court, seellé de son seel. Et aussi de plusieurs encourtinemens que ledit Thomas fist à Prully, aus noces et espousailles de madicte dame.

Somme, 71^1 6^s.

Et 513 scuta cum tercio unius.

[QUATRIÈME SECTION.]

COMMUNE DESPENSE ET MENUES MISES FAICTES EN CE TERME POUR L'OFFICE DE L'ARGENTERIE.

L'argentier, pour ses gaiges de 147 jours, c'est assavoir, du IIIIe jour de février l'an M. CCC. LI. jusques au premier jour de juillet l'an M CCC LII ensuivant dedenz encluz, au pris de 400^l p. l'an, qu'i prent, à cause de son office, 21^s 11^d p. le jour, valent 161^l 21^d par.

Nicolas du Roquier, varlet pelletier du Roy, commis à compter et recevoir la pelleterie, pour ses gaiges par le temps dessus dit de 18^d par. par jour, qu'i prent, à cause dudit office, 11^l 6^d par.

Vincent Alixandre, serreurier, pour une clef faire par lui, du commandement sire Jehan d'Aucerre, en la serrure de la tour de Bische-Mouche au Louvre, pour la garde des joyaux du Roy, et pour appareillier ladicte serreure, par marchié fait à lui par ledit sire Jehan, 16^s p.

Pierre des Barres, orfèvre, pour deniers à lui bailliez par sa lettre donnée le XVIIIe jour de février, pour les despenz de lui IIIIe à cheval, faiz tant en alant de Paris au Vivier en Brie, pour conduire et mener 3 charretées, à 3 chevaux chascune, chargées de plusieurs beaux joyaux du Roy, c'est assavoir : les nefs, la vaisselle d'argent dorée, autres joyaux des garnisons du Temple et du Louvre, et aussi la plus grant quantité d'iceulz qui furent apportez de Jennes, le bel tapi dudit seigneur où le vieil Testament et le nouvel est contenu, et plusieurs autres joyaux des garnisons de l'Argenterie, nécessaires estre porteez audit lieu pour cause dez noces et espousailles de madame Jehanne de France, fille du Roy nostredit seigneur et du roy de Navarre, comme en demourant là et en retournant par 5 jours, 30^s p. pour jour, 7^l 10^s. Et pour les despens et salaire de 6 varlez et charretiers et de leurs chevaux, par les 5 jours dessusdiz, 45^s p. pour jour, 11^l 5^s. Pour tout, 18^l 15^s.

Ledit Pierre des Barres, pour deniers à lui bailliez par sa lettre donnée le vi^e jour de mars, pour les despens de lui et d'un des clers à l'Argentier, et d'un autre compaignon de cheval, faiz de Paris à Chantelou, pour mener et conduire 2 charretées à 5 chevaux chargées de partie des joyaux dessus diz, vaisselle d'argent, chambre, tapiz et autres choses neccessaires estre portées audit lieu, pour cause des noces et espousailles de mons. le connestable et de la fille au duc de Bretaingne, par iiii jours, alant, venant et demourant là, pour homme et pour cheval, pour chascun jour, 8^s : 4^l 16^s. Et pour les despens, loyer et salaire de deux charretiers et de leurs voictures dessus dictes, par les iiii jours dessus diz, 20^s pour jour, 4^l. Valent tout 8^l 16^s.

Pour les despens de l'Argentier, oultre ses gaiges, d'un de ses clercs et d'un varlet à cheval de sa compaignie, faiz en alant ès lieux dessus diz, demourant là.et en retournant, 60^s.

Pour les despens de Raoulet de Coletot, lui à cheval, par quatre jours, alant, venant et demourant, de Paris à Rouen, pour conduire et mener un cheval chargié de 24 draps d'or, dont mencion est faicte ci-dessus ou chappitre de draps d'or à faire offrande pour le Roy, portez audit lieu, par devers ledit seigneur, pour offrir à Sainte-Katherine de Rouan et en autres églises, 8^s par jour, 32^s. Et pour le salaire, loyer et despens du cheval qui porta les draps d'or dessus diz, et d'un varlet qui le mena et ramena par les quatre jours dessus diz, en la compaignie dudit Coletot, 24^s. Pour tout, 56^s.

Le dessusdit Coletot, pour les despens de lui et d'un compaignon, aveq les chevaux, faiz pour aler à Senliz et à Compiengne, par devers le receveur de Senliz, par deux foiz, querre et apporter 2000¹ par., dont les trésoriers avoyent assigné l'Argentier, sur la recepte dudit receveur tant ordinaire comme extraordinaire, par 15 jours, vacant, tant en alant audit lieu, demourant là, attendent le payement, comme en retournant, 8ˢ par jour, homme et cheval, 12¹ par.; pour le salaire, louyer et despens d'un cheval de voiture que ledit Coletot prist et alloa, par deux foiz, à Compiengne, pour apporter l'argent de ladicte assignacion, et d'un varlet voicturier qui le mena et conduit dudit lieu jusques à l'ostel de l'Argentier, 60ˢ. Pour tout, 15¹.

Ledit Coletot, pour les despens de lui, à cheval, et d'un varlet à pié, pour 3 jours, alant, venant et demourant, de Paris à Bonport, emprez Rouan, pour conduire et mener un cheval chargié des bureaux et couteaux acoustumez à délivrer par devers le Roy et par devers mons. le Dauphin, au terme de Pasques, 12ˢ pour jour, 36ˢ p. Et pour les despens et louaige dudit de voiture pour les 3 jours dessus diz, 6ˢ pour jour, 18ˢ. Valent tout 54ˢ p.

Pour deniers payez à varlez porteurs qui, à plusieurs foiz, ont porté en ce terme plusieurs des joyaux du Roy et autres dez garnisons de l'Argenterie au Palais, au bois de Vincennes et aillieurs, au commandement dudit seigneur, 32ˢ.

Pour le loyer et sallaire des clers, pour payer, pour parchemin, et pour la peine de faire et ordener ce présent compte, doubler trois foiz, et pour plusieurs autres escriptures faictes en ce terme pour cause de l'Argenterie, 30¹.

Somme, 255¹ 11ˢ 3ᵈ p.

Summa ab alia, 12122¹ 3ˢ 6ᵈ p.

Et 854 scuta cum dimidio et tercio unius¹.

---

¹ *A la marge :* ɪɪɪɪˣ grossa.

Summa totalis expense hujus compoti
22,258¹ 7ˢ 11ᵈ p.

Et 4593 scuta cum dimidio et tercio unius.

Debentur ei 13,621¹ 7ˢ 11ᵈ p.

Et 137 scuta cum tercio unius.

Et tradidit debita, de quibus partes sunt hic in fine, ascendentia ad 9515¹ 4ˢ 6ᵈ.

Et 2384 scuta cum dimidio.

Sic debentur ei 4106¹ 3ˢ 5ᵈ p.

Et debet 2247 scuta.

LETTRES DE RÉMISSION POUR ÉTIENNE DE LA FONTAINE.

(Archives nationales, tresor des chartes, J. reg. 86, pièce n° 278 [1].)

Charles, ainsnez filz du roy de France, régent le royaume, duc de Normandie et dalphin de Viennois. Savoir faisons à touz présenz et avenir, que comme feu Estienne Marcel, nagaires prévost des marchanz de la ville de Paris, et plusieurs autres bourgoys et habitanz d'icelle, ses complices, aliez et adhérens, eussent, ou temps passé, fait, commis et perpétré, de leurs mauvaises voulentez, plusieurs conspiracions, monopoles, traisons, rebellions armées, invasions, aliences et chevauchées contre nostredit seigneur et père, nous et la couronne de France, en commectant force publique et crime de lèze-magesté, dont se sont ensuiz plusieurs et divers inconvénianz; pour lesquielx maléfices, ledit prévost et aucuns ses complices ont esté mis à mort par le commun de ladicte ville de Paris, et plusieurs autres ont esté justiciez par noz genz; et il soit ainsin, que pour occasion ou souspeçon des maléfices dessusdiz ou aucun d'iceuls, et aussi de avoir dit ou publié aucunes mauvaises paroles injurieuses et difamables de et contre nostre personne ou nostre estat, Estienne de La Fontaine, argentier de nostredit seigneur et le nôtre, et Denisoit de La Fontaine, son filz, qui, durans lesdictes traisons, rebellions armées, chevauchées et conspiracions,

---

[1] Nous avons pensé que cette pièce tant par son intérêt historique que parce qu'elle s'applique a la biographie de notre comptable, devait trouver place ici.

ont demouré à Paris, et détenuz en noz prisons, et leurs biens saisiz et arrestez, en imposanz à eulx que il estoient aydans et confortanz, consentans et aliez des crimes dessus diz avec lesdiz prévost et ses complices, parce qu'il avoit porté et portoient les fermaillez ordenez à porter par euls, jasoit ce que en vérité lesdiz Estienne et son filz fussent, de cuer et de pensée, et soient bons et loyaulx François et vrays subgiez, et obeissant à nostredit seigneur et à nous; et se par avanture il ont esté consentant, complice ou alié en aucune manière avec lesdiz prévost et ses complices, ès maléfices dessus diz, ou en aucuns d'iceulx, si a-ce esté pour fausses et mauvaises subgestions et pour eschiver le péril de leurs corps, où ceuls estoient qui alier ne se vouloient avec euls quant il les en requéroient. Pour quoy lesdiz Estienne et son filz n'osoient ne ne povoient contraster à euls ne à leur mauvaise voulenté et emprise; et pour ce, nous ont fait humblement supplier que sur ces choses leur vuillons pourveoir de grâce et miséricorde. Nous, considérans les bons et agréables services que ledit Estienne a faiz ou temps passé à nostre dit seigneur et à nous, et espérons qu'il face encores ou temps avenir, et pour contemplacion de noz trescher et amé oncle le duc d'Orliens, et cousin le conte d'Estampes, à yceuls Estienne et Denisot son filz, et chascun d'eulx, avons quicté, remis et pardonné, quictons, etc....

Ce fu fait à Paris, l'an de grâce mil ccc cinquante et huit, ou moys d'aoust — Par mons^{gr} le Régent. — Ogier.

JOURNAL
DE LA DÉPENSE DU ROI JEAN
EN ANGLETERRE,

DEPUIS LE 1ᵉʳ JUILLET 1359 JUSQU'AU 8 JUILLET 1360,
JOUR DE SON DÉBARQUEMENT A CALAIS.

AVERTISSEMENT.

Après la bataille de Poitiers, donnée le 20 septembre 1356, le roi Jean fut conduit à Bordeaux par son vainqueur. Il y resta jusque vers la fin d'avril 1357, puisque ce ne fut que le 4 mai suivant que le prince de Galles débarqua en Angleterre avec son royal prisonnier. Leur entrée à Londres eut lieu le 24. Le roi Jean ne rentra en France que le 8 juillet 1360, après une captivité de plus de trois ans sur la terre anglaise. Or, c'est à la dernière de ces trois années que s'applique le document que nous donnons ici. C'est un compte original de la dépense du roi Jean en Angleterre, du 1ᵉʳ juillet 1359 au 8 juillet 1360, jour de son débarquement à Calais. Ce compte, qui, comme on le voit, embrasse la dernière des trois années dont on vient de parler, devait par conséquent être précédé de deux autres comptes que nous n'avons plus. Celui-ci, après avoir primitivement appartenu aux Archives, se trouve actuellement à la Bibliothèque nationale, où il est classé sous le n° 98-25 du supplément au fonds français. C'est un manuscrit sur papier, formant un volume in-4° de quatre-vingt-seize feuillets, dont les trois premiers et les trois derniers sont en blanc, comme aussi les feuillets 9, 10, 11, 12, 13, 17, 21 et 43. La reliure, qui est en veau et commune, est relativement moderne. Elle nous a paru être de fabrique anglaise. Peut-être ce curieux manuscrit a-t-il été rapporté d'Angleterre? par Bréquigny, par exemple. Au reste, nous le donnons intégralement, en supprimant seulement quelques notes marginales, dont la reproduction eût offert de graves difficultés typographiques, et qui d'ailleurs n'eussent rien appris au lecteur. On n'y rencontre, en effet, que la fréquente répétition des mots : *Chambre, Chapelle, Offrandes, Aumosnes,* mis en regard des articles analogues, ou bien encore : *p. à li*, c'est-à-dire : payé à lui. On trouvera dans ce document, indépendamment d'une foule de détails semblables à ceux des comptes de l'Argenterie, d'autres qui ne sont pas sans intérêt pour l'histoire de la vie privée, par exemple sur les provisions de bouche, les épices, qui étaient alors d'un usage si fréquent, etc.; on y rencontrera aussi quelques faits historiques qui ont leur importance. Nous donnerons, à la suite de cette pièce, un itinéraire du roi Jean en Angleterre, puisé dans le document lui-même.

JOURNAL
DE LA DÉPENSE DU ROI JEAN
EN ANGLETERRE.

Le livre et journal ouquel est contenu la recepte et despense de l'ostel du Roy de France en Angleterre, faicte et paiée par Denys de Collors, chapellain et notaire dudit seigneur[1], depuis le premier jour de juillet CCCLIX, jusques au premier jour de janvier ensuivant.

RECEPTE.

Du reste que dut ledit Denys par la fin de son compte précédent, feny le darrenier jour de juing CCCLIX, 635^l 16^s 11^d, obole, poictevine.

Du cardinal de Tuele[2], pour mil petiz florins de Florence, que il donna et envoya au Roy par maistre Jehan le Roier, qui ont valu au Roy, par change fait d'Avignon à Londres, 34^d pour florin, 141^l 13^s 4^d, paiez par la compaignie des *Aubs.* à Londres. Pour ce, 141^l 13^s 4^d. En octobre CCCLIX, et dont il out quittance.

De maistre Jehan le Royer, secrétaire du Roy, de certainne finance qu'il asporta au Roy en novembre CCCLIX,

---

[1] Denis de Collors ou de Coullours, en latin *de Collatoriis* ou *de Coloribus*. Il était chanoine de la Sainte-Chapelle. En sa qualité de notaire, il assista au testament du roi Jean, fait à l'hôtel de Savoie, aux faubourgs de Londres, le 6 avril 1364.

[2] *Du cardinal de Tuèle.* C'est Hugues Roger, évêque de Tulle. Il était frère du pape Clément VI, fut créé cardinal en 1342, et mourut en 1363.

des parties de France et d'Avignon, en comptant par sa main, 200 nobles, valent 66ˡ 13ˢ 4ᵈ ; et par la main J. de Dainville, 20ˡ, dont il retint 7ˡ, et 13ˡ qu'il bailla à Jehan Huitasse ; pour tout, xvᵉ jour de décembre CCCLIX, 86ˡ 13ˢ 4ᵈ [1].

De Wille de Nanemby, pour la vendue d'un tonneau des vins du Roy, de sa garnison de Sᵗ Boutoul, le xvᵉ de décembre CCCLIX, 6ˡ.

J'ai rendu compte de toute ceste recepte.

Recepte faicte depuis le premier jour de janvier CCCLIX *jusques à* VIII *jours de juillet* CCCLX, *que le Roy vint de Londres à Calais.*

De maistre J. de Royer, secrétaire du Roy, de certainne finance qu'il asporta au Roy, en novembre CCCLIX, des parties de France et d'Avignon, en comptant le lundy vɪᵉ jour de janvier, 100ˡ.

De li, pour deniers qu'il avoit pris de ladicte finance et paiez pour certains fraiz à passer la mer, par li et les genz du Roy, avec 1 palefroy qu'il amenoit au Roy, et pour leur despens jusques à Londres, vɪɪᵉ jour de janvier, 60ˢ.

De li, sur ladicte finance, en plusieurs parties, c'est assavoir : en 200 escuz que le Roy li [a] ordonnez ; en 60 escuz que le Roy a donnez à J. de Danville, et en 200 escuz que ledict maistre Jehan bailla au Roy, en décem-

---

[1] En marge : *Ledit J. de Dainville m'a renduz lesdictes* vɪɪˡ *par le compte fait entre li et moy, mercredi* xvᵉ *de décembre* CCCLIX.
Ce Jean de Dinville était un écuyer de l'Artois. Il fut fait chevalier le jour de la Toussaint de l'année 1360 (voy. Gr. Chr., t. VI, p. 219, édit. de M. P. Paris). On trouve dans un registre du Trésor des Chartes, coté 91 (pièce n° 158), une donation de 500ˡ t. de rente, qui lui est faite par le roi. En voici le préambule : « Jehan, etc., considérans les bons et agréables services que nostre amé et féal chevalier Jehan de Dainville, maistre de nostre hostel, nous a faiz avant nostre prise, et nous estans pris, à Bordeaux et en Angleterre, continuelment...., et pour l'avancement du mariage de nostredit chevalier, dont nous avions fait et faisions parler et traictier, etc.... » La pièce est datée de Vincennes, mars 1361.

bre, pour faire sa volenté; pour ce 460 escuz, valent 76¹ 13ˢ 4ᵈ¹. Pour tout xiii⁰ jour de janvier ccclix, 76¹ 13ˢ 4ᵈ.

De li, sur ladicte finance en plusieurs parties, c'est à savoir : en comptant, en 519 nobles, valent 173 livres. Item, en une autre partie, qu'il bailla à Mᵉ Gilles le mareschal, 12 nobles, valent 4¹. Pour tout le mercredy xxix⁰ de janvier ccclix, 177¹.

De li, en février ensuivant, de ladicte finance, en plusieurs parties qu'il paia, lesquelles ont esté comptés ès offices et en journal, et me tiennent lieu; pour ce 90¹ 3ˢ 8ᵈ².

De li, pour argent qu'il bailla lors à Jehan de Danville et à J. Huitasse, en 2 parties, 36¹. C'est assavoir, audit Jehan de Danville, 20¹, desquiex 20¹ ne doit avoir en recepte yci que 10¹, pour ce que les autres 10¹ sont cydesus en recepte ou premier article de ceste page. D'ainsin pour tout, en recepte, 26¹.

De li, en mars suivant, en comptant, de ladicte finance, 100¹.

De li, en ce mois, en plusieurs autres parties qu'il a paiées, lesqueles ont esté comptées ès offices et en journal et me tiennent lieu; pour ce, 45¹ 4ˢ 10ᵈ³.

De li, pour deniers qu'il a paiez de ladicte finance à Jehan de Marc et Guillaume Finamour pour acquitter le Roy, et me tiennent lieu en despense; c'est assavoir : 2282 petiz florins et 1 tiers, qui valu 323¹ 6ˢ 8ᵈ.

De li, vers la fin de mars, en comptant, 100¹.

---

¹ Il y a ici dans l'original deux lignes de rayées, mais qu'on peut encore lire. Les voici : *Et en* 300 *moutons que ledit Mᵉ J. a paié à Adam de Béry, sur ce que le Roy li pooit devoir du temps passé, valent* 60¹. Et en marge on lit la note suivante : *Ceste partie a esté royée pour ce que maistre J. le Royer la mect en son compte baillé sanz pris faire de chascun mouton. Et pour ce, je le met ci-après en recepte sanz pris.*

² Sous cette somme, on lit : *Mès que J. Huitasse en doit* 21¹.

³ En note : *Mès que J. Huitasse en doit* 16¹.

Dudit maistre Jehan le Royer, en moutons, pour paier Henry Piquart[1], en une partie : mil 590 moutons, et en une autre partie, pour paier Adam de Bery : 300 moutons; pour tout, mil 890 moutons.

De li, en moutons, pour faire faire 1 gobelet d'or pour le Roy, xviie jour de may, 342 moutons.

De li, des dictes finances, le xviii^e jour de juing, 220^l.

De li, des dictes finances, xx^e jour de juing, 180^l.

De li, des dictes finances, le xxviie jour de juing, 200^l.

Copin, pour la vendue d'un cheval gris, qui fu achetez de maistre Pierre François par J. le page, 2 nobles, valent 13^s 4^d [2].

De li, le xxixe jour de juing, tant des dictes finances comme d'autres, 274^l 13^s 4^d.

De Pierre Scatisse, trésorier, par la main Bernart François, pour 9500 petiz florins de Florence[3] que il envoièrent au Roy, en février ccclix, par change fait d'Avignon à Bruges et de Bruges à Londres; c'est assavoir : de 8000 petiz florins, qui valurent au Roy, à Londres, 5600 moutons de France, pour chascun mouton 48^d ob.; pour ce, 1131^l 13^s 4^d. Et les mil 500 petiz florins de demourant valurent au Roy, par les compaignons de Anthoinne du Val, 33^d esterlin pour petit florin, 206^l 5^s; pour tout, dont ils ont descharge, 1337^l 18^s 4^d.

De plusieurs personnes, pour la vendue de plusieurs choses des garnisons du Roy qui demourèrent à Sommertonne après le département du Roy, qui d'ilec se parti

---

[1] On voit, par diverses pièces données dans Rymer, que ce Henri Picard était bourgeois de Londres et banquier d'Édouard III; il était aussi son échanson.

[2] Cet article est barré, et on lit à la marge le mot *infra*.

[3] En marge : *De ceste s^e a esté paié à Henry Piquart 1334^l 16^s est., qui font, à 47^d pour mouton, 6816 moutons. Et maistre J. le Royer me doit 62^s 4^d.*

pour venir à Londres, le samedy xxie jour de mars [1], c'est assavoir :

De la damoiselle de Namby, pour 2 chayères, 20^d.

De Aymet Trimay (ou Trunay), pour la buche qui estoit en la court, de la chambre Jehan de Danville, 10^s.

De Thomelin Spolin, lieutenant du concierge de Sommertonne, pour le foin et le merrien des estalles, 16^s 8^d.

Et parmi ce marchié, il quitta le Roy, de formes, trestres, huis [2] rappareillés, et de toutes autres choses qui estoient de la garnison du chastel quant le Roy y vint, qui ont esté despéciées ou perdues, le Roy estant illec; dont il demandoit grant somme.

De li, pour 3 tables et 2 formes, 6^s 8^d.

De li, pour 2 chaières, 12^d.

De Wille de Namby, pour 2 trestres et formes, 12^d.

D'un escuier de Sommertonne, pour 2 tonneaux wiz, 4^s.

Du vin qui demoura des garnisons du Roy ou celier de Sommertonne, et y avoit environ demi tonneau de vin, et de la buche qui estoit en la chambre de la forrière, néant; quart tout fu donné à la dame Daincourt [3].

De Guillaume Spaigne de Lincolne, pour 2 trestes, une longue forme, 2 planches, 2^s 8^d.

Et pour le banc du Roy, néant; que l'on la li donna.

De Copin, varlet monseigneur d'Aubigny [4], pour la vendue d'un cheval gris, qui fu achetez pour l'ostel du Roy de maistre P. François, vendu par J., le page, le xe d'avril, 13^s 4^d [5].

Du varlet maistre Jehan le Royer, pour une haquenée grise que ledit maistre Jehan acheta à Stanfort de l'ar-

---

[1] De l'année 1360.

[2] *Formes, trestres, huis*, bancs, tréteaux et portes.

[3] *La dame Daincourt*. C'était la femme de William Deyncourt, chevalier banneret, chargé de la garde du roi Jean au château de Somerton. (Voy. Rym., t. III, part. I, p. 438.)

[4] Renaud, sire d'Aubigny, fait prisonnier à la bataille de Poitiers.

[5] Voy. plus haut la note 2 de la page 198.

gent du Roy, et fu revendue à Londres, le xix⁰ d'avril cccLx 14 escuz, valent 46ˢ 8ᵈ.

De Jehan Kelleshulle, pour 4 tonneaux de vin à li venduz des vins du Roy qui estoient à Saint-Boutoul, 4 mars et demi pour tonneau, valent 36 nobles, qui valent 12ˡ¹.

De l'escuier monseigneur de Derval, pour une haquenée grise, à li vendue par maistre Giles le mareschal, viiiᵉ de may, 20ˢ.

De Pierre Scatisse, par la main Bernart François, receveur de Nymes, pour 2000 moutons envoyez au Roy, par change fait à Berthelemi Spifainne, qui les a renduz au Roy par la main Luchi de Lombardo de Luca, 47ᵈ pour chascun mouton; pour ce, xvᵉ de may, 391ˡ 13ˢ 4ᵈ².

Du maistre et gardes de la monnoie de Tournay, en déduction et rabat de 2000 moutons que le Roy devoit pranre sur ladicte monnoie pour son vivre, mil moutons, receuz par Perrin, chevalier, qui ont valu au Roy, par change fait de Bruges par Perrin du Four, à Londres, par Anthoinne Follo, de la compaignie des Malebailles, 4ˢ pour mouton, le penultième jour de may, 200ˡ³.

De plusieurs personnes, pour vins à eulx venduz par Jehan Huitasse, des vins des garnisons du Roy estans à Londres, environ la Touzsains cccLix⁴, si comme il appart par un compte particulier qu'il a rendu sur ce et autres choses contenues audit compte, veu et oy par le maistre d'ostel, c'est assavoir :

De Benoit Zacarie, 1 tonneau, 11 mars, valent 7ˡ 6ˢ 8ᵈ.

De Senestre Nicolas, 1 pipe, 5 mars et demi, valent 73ˢ 4ᵈ.

---

¹ En marge : xxiiiiᵉ d'avril.
² En marge : Baillez par Mᵉ J. le Royer.
³ En marge : Baillez par Mᵉ J. le Roier.
⁴ Voy. plus bas la note 1 de la page 203.

De J. le barbier du chancelier, 2 tonneaux, 20 mars, valent 13^l 6^s 8^d.

De Willecoc, varlet Jehan Stodee, 1 tonneau, 10 mars et 11^s 3 ob., valent 7^l 4^s 5^d, ob.

De Jehan Stodee, 3 tonneaux, une pipe, 37 mars et 40^d, valent 24^l 16^s 8^d.

De Jehan Baudoin, 2 tonneaux, 22 mars, valent 14^l 13^s 4^d.

De Jehan de Marc, 1 tonneau 11 mars, vault 7^l 6^s 8^d.

De Pierre des Bardes, 1 pipe, 5 mars et demi, valent 73^s 4^d.

De Adam de Bery, 2 tonneaux, 18 mars et demi, valent 12^l 6^s 8^d.

Pour tout, 94^l 7^s 9^d ob.

Des bourgeois et habitans de Laon, pour don fait au Roy par eulx, envoié en Angleterre pour son vivre et estat maintenir, par la main maistre Jehan de Bray, IIIe jour de juing, 800 royaux, sanz pris.

Guillaume Spaigne, de Saint-Botoul, pour la vente de 10 tonneaux et une pipe de vin des garnisons du Roy qui estoient à Saint-Botoul, dont il en y avoit 6 tonneaux à Lincole et 4 tonneaux et pipe à Saint-Boutoul, lesquiex 4 tonneaux et pipe estoient de resus (*sic*) et empiriez par tèle manière que l'on ne trouvoit qui denier en vousist donner, et par ce ont esté venduz tous ensemble en cache par le M^e d'ostel et moy ; pour ce, 16 mars, valent, 10^l 13^s 4^d[1].

De Hainche Hémure, Jehan Enhalles Esterlins, et de Anselet Serdeliaue, pour la vendue de 3 tonneaux et pipe des vins des garnisons du Roy qui estoient demourez à Saint-Boutoul après ce que le Roy se parti de Sommertonne ; c'est assavoir : audit Heinche, 2 tonneaux, et audit Jehan, 1 tonneau, 11 mars, et par ledit Serdeliaue,

---

[1] En marge : xviiie *de juing*.

1 tonneau et pipe qu'il vendi à broche, si comme il dit, 5 mars et demi; pour tout, 16 mars et demi. Pour tout, ce jour, 11^{l1}.

Du maieur, eschevins, bourgois, habitans, maieur de bannière, et de toute la communauté de la ville d'Amiens, par la main de Jehan du Gard, compaignon de l'esquevinage, et Jehan Piedeleu, maieur de bannière, messaigiers envoiez devers le Roy par les dessus diz, pour don qu'ils ont fait au Roy pour son vivre et estat maintenir, mil escuz de Phillippe; lesquiex ont esté paiez en 460 escuz de Philippe, et en 240 moutons de France, 180 moutons de Flandres, 36 moutons de Breban et 3 royaux. Tous lesquiex moutons et royaux ont esté prisiez et avaluez à 540 escuz; ainsin, le xxviie de juing, mil escuz Philippe.

De maistre Jehan le Royer, de et sur les dictes finances, le iie jour de juillet, à Rocestre, 100^l.

De li, pour samblable à Cantorbérie, iiiie de juillet, 33^l 6^s 8^d [2].

De li, pour samblable, à Douvre, le vi^e de juillet, 33^l 6^s 8^d.

De li, ce jour, en une autre partie, 33^l 6^s 8^d.

De li, à Calais, viiie jour de juillet, 50^l.

De li, en ce lieu, x^e de juillet, 8^l 6^s 8^d.

De li, en plusieurs parties qu'il a paiées pour le Roy, depuis le xxixe jour de juing ccclx jusq. au viiie jour de juillet ensuivant, lesquelles me tenront lieu en la despense du journal ci-après par ledit temps, et par compte fait par ledit maistre Jehan et moy, et aussi en mon petit journal sur messire Gautier; pour tout, 146^l 13^s 4^d [3].

---

[1] En marge : *Receuz par ledit G. Spaigne.*

[2] Cet article et les quatre suivants sont en accolade, et on lit en marge : *En comptant.*

[3] On lit à la suite dans l'original le passage suivant, qui a été barré : *Et en autres parties qu'il a paiées à Adam de Berry, pour pelleterie, sur le*

DU ROI JEAN EN ANGLETERRE.   203

De li, en une autre partie qu'il a paié à Jehan Pielle et son compaignon, qui me tenra lieu en despense, 3158 moutons de France.

De Raoul de Lile, receveur de Tholose, pour deniers baillez par li à Guichart de Loreaix, son commissaire, tant pour acheter, en Tolosain et ès parties d'environ, et envoier en Angleterre pour les provisions du Roy, 120 tonneaux de vin, et pour les fraiz d'iceux et de 20 tonneaux, que l'abbé de Grand-Silve et le séneschal d'Agenois ont envoié au Roy, en don, jusques à Bordeaux, qu'il furent chargiez en mer, et pour partie des fraiz depuis lors jusques à ce qu'il furent assis ès celiers du Roy à Londres; lesquiex ne furent touz plains et aouillez et touz emplagés, rabatuz que 112 tonneaux et pipe, et une pipe de vinaigre. Pour ce, 3308 florins de Florence et 5^d ob. t. [1]

Et dudit Raoul, par ledit Guichart, en deniers comptans, 48 florins et demi de Florence et 4^d ob. esterlin. Pour tout, le xxiiie jour de juillet, 3356 florins et demi de Florence et 6^d esterlin, valent, au pris de 3^s pour florin, 503^l 9^s 6^d.

[DÉPENSE.]

Despense ordinaire des vi *offices de l'ostel du Roy*, faicte en Angleterre, par le temps dessus dit. C'est assavoir, depuis le premier jour de juillet cccLIX jusques au premier jour de janvier ensuivant [2].

---

xxve *de may et sur* xxixe *de juing, qui montent à* 129^l 13^s 1^d; *et en ordinaire, audit Adam, pour fain,* 100^s. *Pour toutes ces parties,* 221^l 6^s 5^d.

[1] Pour cette expédition considérable de vins, voyez dans Rymer (t III, part. I, p. 437) un sauf-conduit pour ce Guichart de Loreaix, daté du 25 juillet 1359.

[2] La dépense est ici divisée en ordinaire et extraordinaire. L'ordinaire, qui est la dépense de bouche, n'est pas détaillée; on n'en a que la récapitulation. Quant à la dépense extraordinaire, que l'on voit aussi récapitulée ici, elle se trouve détaillée plus loin, et forme, à proprement parler, le corps du document.

JUILLET.

Ladicte despense ordinaire pour ce mois, sanz présens et garnisons, monte : 100¹ 5ˢ 2ᵈ ob.

La somme du journal de ce mois, sans lesdiz vi offices, monte : 257¹ 18ˢ 5ᵈ.

Somme de ce mois, 358¹ 3ˢ 7ᵈ ob.

Garnisons despensées en ce mois : 5 muis 14 setiers, eschançonnerie, du présent l'évesque de Lestoire[1].

AOUST.

Ordinaire pour ce mois : 141¹ 3ˢ 6ᵈ ob.
Journal pour ce mois, 40¹ 10ˢ 1ᵈ.
Somme, 181¹ 13ˢ 7ᵈ ob.

SEPTEMBRE.

Ordinaire pour ce mois, 75¹ 5ˢ 4ᵈ poict.
Journal pour ce mois, 26¹ 9ˢ 8ᵈ ob.
Somme, 101¹ 15ˢ ob. poict.

OCTOBRE.

Ordinaire pour ce mois, 63¹ 9ˢ 4ᵈ ob.
Journal pour ce mois, 12¹ 16ˢ 11ᵈ ob.
Somme, 76¹ 6ˢ 4ᵈ.

NOVEMBRE.

Ordinaire pour ce mois, 41¹ 6ˢ 4ᵈ.
Journal pour ce mois. 25¹ 6ˢ 10ᵈ.
Somme, 66¹ 13ˢ 2ᵈ.

DÉCEMBRE.

Ordinaire pour ce mois, 70¹ 11ˢ ob.

---

[1] *L'évesque de Lestoire.* Pierre, évêque de Lectoure. Il vint en Angleterre pour traiter de la paix, probablement peu de temps après l'arrivée du roi Jean (mai 1357). Il y a dans Rymer un sauf-conduit pour lui du 16 août 1357. (Rym., t. III, part. I, p. 368.)

Journal pour ce mois, 151ˡ 18ˢ.

Somme, 222ˡ 9ˢ ob.

Somme toute de ces vi mois, en ordinaire et extraordinaire, mil 7ˡ 10ᵈ poictevine.

J'ai rendu compte de toute ceste despense.

Dépense ordinaire des vi *offices dudit ostel du Roy,* depuis le premier jour de janvier cccLix jusques . . . [1]

JANVIER.

Ordinaire pour ce mois, 77ˡ 5ˢ 10ᵈ ob. poict.
Journal pour ce mois, 113ˡ 12ᵈ ob.
   Somme . . . [2]

FÉVRIER.

Ordinaire pour ce mois, 75ˡ 16ˢ 10ᵈ.
Journal pour ce mois, 59ˡ 10ˢ ob.
   Somme . . .

MARS.

Ordinaire pour ce mois, 120ˡ 16ˢ 2ᵈ.
Journal pour ce mois, 1718ˡ 4ˢ ob.
Et mil 590 moutons.
   Somme . . .

AVRIL.

Ordinaire pour ce mois, 134ˡ 16ˢ 9ᵈ ob. poict.
Journal pour ce mois, 120ˡ 10ˢ 8ᵈ poict.
   Somme . . .

MAY.

Ordinaire pour ce mois, 82ˡ 16ˢ 2ᵈ ob. sterl.
Journal pour ce mois, 180ˡ 8ˢ 1ᵈ ob.
Et 342 moutons sanz pris.
   Somme . . .

---

[1] La phrase n'est pas achevée, mais on voit par la suite que cette dépense va jusqu'au débarquement du roi à Calais, le 8 juillet 1360.

[2] La somme n'y est pas.

JUING.

Ordinaire pour ce mois, 227^l 8^d ob.
Journal pour ce mois, 1065^l 3^s 3^d ob.
Et 3158 moutons de France.
Et 203 royaux.
S...

JUILLET.

Jusques au viiie de ce mois, que le Roy vint à Calais, et lors on commença à mettre autre monnoie.

Ordinaire, 80^l 14^s ob.   ⎫ 85^l 16^d ob. et demie
Et pour blé, 4^l 7^s 4^d demi poict. ⎭   poict.
Journal pour ce temps, 802^l 10^s 9^d ob. sterl.
Et 184 royaux.
Somme toute, 5020^l 15^s 6^d ob. demie poictevine.

Despense extraordinaire par le temps dessus dit.

JUILLET [1].

Et commença au lundy.

Le mercredy iiie *jour.* Maistre Yve Darrian, pour 1 conduit empétré par li du Roy d'Angleterre pour Pierre, chevalier, qui devoit venir devers le Roy, 3^s.

Vendredy v^e. Messire Arnoul, baillé pour aumosne, du commandement du Roy, 46^s 8^d.

Michel Girart, par J. de La Londe, 16 livres de sucre en pain, 17^d livre, valent 22^s 8^d. — Item, 25 livres de sucre casson, 15^d livre, valent 31^s 3^d. — Item, une livre de pouldre de gigenbre trié, 12^d. — Item, 3 livres d'annis vert, 15^d. — Item, demie livre de macis, 18^d. — Item, demie livre de flor de cannelle, 5^s. — Item, demie livre de girofle, 17^d. — Item, 4 livres de conserve de

---

[1] De l'année 1359.

chitron, 3ˢ livre, valent 12ˢ.—Item, oile laurin, 1 quarteron, 2ᵈ. — Item, 1 quarteron à torbentine, 2ᵈ.

Pour tout, 76ˢ 5ᵈ [1].

Lundy vɪɪɪᵉ *jour.* Hannequin, l'orfèvre, pour refondre et refaire le henap de l'essay du Roy et le gobelet maistre Jehan le fol, et pour les dorer; et pesoit ledit henap, quant l'on li bailla, 2 mars et demi moins 4 deniers, et il l'a rendu pesant 2 mars et demi et 37 deniers; et ledit gobelet pesoit 6 onces, et il l'a rendu pesant 6 onces 17 deniers obole; ainsin doit-on audit Hannequin, pour le pois, 4ˢ 10ᵈ ob., et pour les dorer et la façon, pour tout, par compte fait à li par le maistre d'ostel, 18 escuz, valent 60ˢ.

Jehan de La Londe, espicier, pour eulx (œufs) à clarifier sucre, 9ᵈ. Item, pour roses, achetées en plusieurs parties pour le Roy, 8ˢ 8ᵈ. Pour tout, 9ˢ 5ᵈ.

Jeudy xɪᵉ *jour.* Messire Arnoul, pour aumosne secrète du commandement du Roy, 13 escuz, valent 46ˢ 8ᵈ.

Michiel Girart, pour 3 livres de sucre roset vermeil, 9ˢ.

Michiel Girart, pour un drap azuré pris de li pour le Roy, et contenoit ledit drap 32 aunes, par Tassin du Bruil, 10ˡ.

Li, pour 2 aunes de toile linée, 2ˢ.

Pour tondre ledit drap, 3ˢ 4ᵈ.

Lundy xvᵉ *jour.* Jehan Périgon et son varlet, cousturiers, pour la façon d'une robe de 4 garnemens de drap de tanné, jà piéçà achetée pour le Roy; de une hopelande double; une hopelande de tanné, forrée de menuvair, et 3 paire de chauces, du demourant de taillerie; et y furent chascun par 14 jours, à chascun 8ᵈ par jour, valent 18ˢ 8ᵈ. Et pour Perrin le Conte, qui fu en ladicte

---

[1] Après cet article, on lit le suivant, qui a été rayé : *Pour les despens du cohu* (queux) *à aler à Londres querre lesdictes espices;* et en marge : *h. p. en debte,* c'est-à-dire *habet, passé en debte.*

besoigne par 18 jours, 5^d par jour, 7^s 6^d. Pour tout, 26^s 2^d.

Pour les despens dudit Jehan et de son varlet, le loyer de 2 chevaux, à venir de Londres à Herthfor, pour ouvrer en ladicte besoigne, et s'en alèrent à Londres, alans, Jehan, pour les foiriez, et retornèrent arrière à Herthford pour ladicte besoigne, et pour leur liz, tant comme il demourèrent au lieu, 10^s 8^d.

Tassin du Bruil, tailleur, pour ruban pour la hosse du Roy, 4^d; pour 2 onces de soie, 3^s; pour une livre de fil, 3^s. Pour tout, 6^s 4^d.

Perrin, le pelletier, pour 13 journées de li à fourrer une cote hardie pour le Roy, laver une tire dessouz et remettre en cuir, pour laver 1 chaperon et reforrer, et aussi une aumuce pour le Roy, et pour fourrer une robe de 4 garnemens dessus dicte, et pour une hopelande et une amuce de menuvair, et pour refourrer le couvertoir monseigneur Philippe, 6^d par jour, valent 6^s 6^d. Et pour fil 3^d; et pour 2 ouvriers qui li aydièrent, chascun par 5 jours, 4^d par jour, valent 3^s 4^d. Pour tout, 10^s 1^d.

Jehan de Hautonne, drapier, pour 8 aunes de 2 draps divers, tannez en grainne, pris pour le Roy, 8^s l'aune, valent 64^s.

Ledit Jehan, pour 9 aunes de drap vert, à faire une robe pour maistre J. le fol, du commandement du Roy, 4^s l'aune, 36^s.

Tassin du Bruil, pour les despens de li et de son varlet, à 2 chevaux, qui ala à Londres pour avoir lesdiz dix draps, et demora 2 jours; pour ce, 6^s.

Le messagier de Saint-Omer, pour ses despens à aler en France pour conduire Philippe de Bon-Jehan, sergent d'armes du roy de Sécile, qui li portoit lettres du Roy de France, et paié à la relacion Me Yves, 4 nobles, 26^s 8^d.

Jeudy XVIIIe *jour*. Michiel Girart, pour 2 quaiers de papier, 18^d.

Girardin, varlet maistre Jehan le fol, pour 3 paires de solers pour ledit Me J., 21^d.

Dymenche xxie *jour*. Monseigneur Philippe, baillié, du commandement du Roy, pour faire sa volenté, 40 nobles, valent 13^l 6^s 8^d.

Guillaume Cannelle, pour 2 dozainnes et demie de paires de solers pour messire Philippe, pour douzainne 7^s, valent 17^s 6^d.

Thèves de La Brune, pour 2 anniaux d'or achetez de li pour le Roy, ès quiex a 2 pierres taillées en chascune desquelles a une estoile, paié du commandement du Roy 5 nobles, valent 33^s 4^d.

Saoule Granssart, obloier de Herteford, pour don à li fait par le Roy, et paié par le commandement Jehan de Danville, 10^s.

Le roy des ménestereulx, pour deniers paiez par li à plusieurs personnes pour la façon de l'auloge du Roy, renduz audit roy des ménestereulx 14 escuz et 10^d, valent 47^s 6^d.

Lundy xxiie *jour*. Pour aumosne donnée du commandement du Roy, 3^s 4^d.

Maistre Yves Darian, pour don à li fait par le Roy pour paier certainnes debtes qu'il avoit acreues pour ses neccessitez, li estant avec le Roy, 40 escuz, à la relacion du M^e d'ostel; valent 6^l 13^s 4^d.

Adam de Bury, pour 17 ventres de menuvair pour une aumuce pour maistre Jehan le fol; 4^d ventre, valent 4^s 3^d.

A li, pour forrer 1 corset pour le Roy, en mars ccclviii, 300 ventres menuvair, au pris dessus dit, valent 75^s.

A li, pour fourrer une cote pour le Roy, 366 ventres de menuvair, à ce pris, valent 4^l 11^s 6^d.

A li, pour une holepande (hopelande) pour le Roy, le xxvie jour de mars ccclviii, 686 dos de gris, à ce pris, valent 8^l 11^s 6^d.

A li, pour une hosse pour le Roy, environ Pasques darrenièrement passés, 640 ventres, et une autre forreure de 520 ventres, et pour 1 chaperon, 120 ventres, et pour les èles de la hosse, 110 ventres, et pour fournement, 188 ventres. Pour tout, mil 578 ventres de menuvair, au pris dessus dit, valent 19^l 14^s 6^d.

A li, pour une robe pour le Roy, le ve jour de juillet, une forreure de 600 ventres; item, 2 forreures, chascune de 520 ventres, et 1 chaperon de 132 ventres, et pour les èles de la hosse, 100 ventres. Pour tout, mil 972 ventres de menuvair, audit pris, valent 24^l 13^s.

A li, pour une autre hopelande pour le Roy, 2 forreures de menuvair, de 300 ventres, à ce pris, valent 7^l 10^s.

A li, pour une robe pour maistre Jehan le fol, 2 forreures et demie de gros vair, 50^s; item, demie forreure de menuvair de 66 ventres, valent 16^s 6^d; pour 3 chaperons, chascun de 24 ventres, 18^s. Pour tout, 4^l 4^s 6^d.

A li, pour deniers paiez par li, pour le Roy, au viconte de Londres, pour la coustume des vins qui darrainnement sont venuz de Gascoigne, 30^s 9^d.

Robin Tauçon, pour aler à Londres du commandement du Roy querre Perrin, le pelletier, 16^d.

Plusieurs personnes de l'ostel du Roy qui, par vertu de la restrinccion faicte sur le nombre des serviteurs et genz qui devoient demourer avecques li, furent ordenez à eulx en aller en France[1], pour don à eulx fait par le

---

[1] *Furent ordenez à eulx en aler en France*, en vertu d'une décision du conseil d'Angleterre. On trouve dans Rymer le sauf-conduit qui leur fut accordé par Édouard III. Il est daté de Westminster, 21 juillet 1359. Nous croyons utile de le transcrire ici, attendu que les deux textes peuvent s'éclaircir l'un par l'autre. Dans celui de Rymer, on va voir les noms habillés un peu à l'anglaise, mais pourtant reconnaissables. Ce qui est plus grave, c'est que la ponctuation du livre anglais, ponctuation que nous reproduisons ici scrupuleusement, fait, en certains cas, confondre les personnages. C'est ainsi qu'on va voir *Clément Barbastre* et *Calecot Baudement* ne faire, dans le texte de Rymer, que deux noms, tandis que le nôtre démontre clairement que ce sont quatre personnages différents:

DU ROI JEAN EN ANGLETERRE. 211

Roy pour eulx en aler, les sommes qui s'ensuivent. Et est assavoir que combien que aucuns d'iceulx, qui s'en devoient aler, soient retournez, de la licence des Anglois, toutesfois furent-il paiez entièrement de leurs dons, et n'en ont rien rendu.

Messire Gasse, 40 escuz.
Messire Arnoul, 60 escuz.
Pierre de Molins, 46 escuz.
* Climent, 25 escuz[1].
Barbatre, 25 escuz.
Caletot, 25 escuz.
Baudement, 25 escuz.
Matherin, 10 escuz.
Colinet de Lile, 30 escuz.
Pierre de La Porte, 10 escuz.
Girardin d'Auchy, 16 escuz.
Guillemin Menuel, 8 escuz.
Geufroy Touze, 10 escuz.
Jehannin Martin, 4 escuz.
Guillemin, chaufecire, 24 escuz.
* Copin de Brequin, 16 escuz.
* Sanxonnet de Reins, 24 escuz.
Colart Haubert, 16 escuz.

Raoulet le Golu, 20 escuz.
Richart Cossart, 16 escuz.
Colin de Provins, 6 escuz.
Jehan de Calès, 4 escuz.
* Guillemin Grégy, 20 escuz.
Jehan de Cauville, 24 escuz.
Jehannin Leclerc, 30 escuz.
* Tassin, 30 escuz.
Franquelin, 12 escuz.
Le varlet Me Gracine, 10 escuz.
Le varlet Me D., 10 escuz.
Hainselin, 16 escuz.
Perrin, le pelletier, 4 escuz.
Le Breton, des nappes, 12 escuz.
* Serdeliaue, 10 escuz.
Denisot, clerc Me Y., 10 escuz.
Guillot le Breton, 10 escuz.

Somme, 658 escuz, 3^s 4^d pièce, valent 109^l 13^s 4^d.

Sciatis quod, cum personæ subscriptæ, de familia adversarii nostri Franciæ, sint extra regnum nostrum Angliæ ad partes Franciæ, juxta proclamationem inde factam, celeriter profecturæ, videlicet, Gassius de Labingue, Ranulphus de Magno Ponte; cum quatuor valettis et duobus equis vocatis hakenays, Perotus de Molyns cum uno valetto, Audomarus Gascoigne cum uno valetto, Clement Barbastre, Calecot Baudement et Macherin eorum valettus, Tassin de Brueil cum uno valetto, Colmet de Lile cum uno valetto, Petrus de La Porte, Girardin Dauchy, Guillielmus Mennel; Galfridus Touse, Johannes Martyn, Hainsellin Lalemant, Guillielmus Chauficire, Copin Debroquin, Sauxaunet de Ranis, Colart Haubert, Raoulet, Legoulon, Ricardus Cossart, Colnis de Promiis, Johannes Decales, Guillielmus Gregi, Johannes de Canvile, et Johannes de Gres, suscepimus ipsos Gassium et Arnaldum cum quatuor valletis et cæteros omnes prædictos, eundo ad dictas partes Franciæ, videlicet a portu de Sandewico usque Boloniam, in salvum et securum conductum nostrum. (Rymer, *Fœdera*, etc., t. III, part. I, p. 436, édit. de 1825.)

[1] On lit en marge : *Ces croiz demonstrent ceulx qui furent paiez et retournèrent arrière devers le Roy, et ne rendirent pas l'argent.*

Jeudy xxv⁰ *jour.* Aumosne, 2ˢ 1ᵈ.

Cossart, pour deniers par li paiez, à Windezores et à Londres, pour son hostelage, qui ne li avoient pas esté comptez ne renduz, par escroe, 8ˢ. Et aussi pour deniers donnez à 1 marchant qu'il avoit fait venir à Herthford, de 8 lieues loing, pour marchander à li et livrer certainnes choses pour la cuisine, et y marchanda l'on point, et pour ce li paia 4ˢ. Pour tout, paié du commandement du maistre d'ostel, 12ˢ.

Jehan Weles, pour une douzainne de parchemin, 3ˢ 6ᵈ.

Michiel Girart, pour 3 quaiers de papier, 23ᵈ.

Li, pour une livre de cire vermeille, 12ᵈ.

Et pour encre, 4ᵈ.

Geuffroy le sellier, de Londres, pour 2 selles à tout le hernois : l'une dorée et l'autre blanche, achetées pour mons. Philippe, par Goupillet, du commandement J. de Dainville, 14 escuz, valent 46ˢ 8ᵈ.

Le samedy xxvii⁰ *jour.* Michiel Girart, sucre en pain, 5 livres, 15ᵈ livre, valent 6ˢ 3ᵈ. — Item, 12 livres sucre casson, 13ᵈ livre, valent 13ˢ. — Item, une livre gigembre trié, 18ᵈ. — Item, 3 livres d'annis vert, 15ᵈ. — Item, demie livre de macis, 18ᵈ. — Item, demie livre de flour de cannelle, 5ˢ. — Item, 1 quarteron de saudre? batu, 6ᵈ. — Item, demie unce de scamonea, 8ᵈ. — Item, une once de sandali blanc, 2ᵈ. — Item, 12 livres de noisètes, 3ˢ. — Item, 2 livres d'oile d'olive, 4ᵈ. — Item, une livre de cernée, 8ᵈ. — Item, 2 unces de kanffre, 8ᵈ.

Pour toutes ces choses, 34ˢ 6ᵈ ¹.

Ledit Michiel Girart, par ledit Jehan de La Londe, pour 26 livres et demie de sucre en pain, 35ˢ 4ᵈ. — Pour une livre d'alloeu cycoterne? 4ˢ. — Pour une livre d'agarico, 20ᵈ. — Pour 2 livres de céné, 2ˢ 6ᵈ. — Pour

---

¹ Il y a en marge de cet article : *Chambre par J. de La Lande.*

1 quarteron de rubarbe fin, 3ˢ 6ᵈ. — Pour 2 unces de scamone, 2ˢ. — Pour demi quarteron de spiconar, 6ᵈ. — Pour demi quarteron de sofriati, 5ᵈ. — Pour 1 quarteron de sirobalsamo, 4ᵈ. — Pour diaire azan, 3ᵈ. — Pour une unce de mirabolain, 15ᵈ. — Pour une unce de mastic, 4ᵈ. — Pour une livre de emplastre *Gracia Dei*, 2ˢ. — Pour une livre de diaculon, 4ᵈ. — Pour une livre de pepulion, 10ᵈ. — Pour 1 quarteron de lectuaire sucre de roses, 18 ᵈ. — Pour 1 quarteron de electuaire dulce, 18ᵈ — Pour 1 quarteron de deaulte, 2ᵈ. — Pour une livre d'oile laurin, 8ᵈ. — Pour demie livre poudre de clarè, 12ᵈ.

Pour tout, 60ˢ 3ᵈ.

Jehanin l'espicier, pour 2 paires de tables blanches pour le Roy, 2ˢ; pour 2 greffes d'argent, 2ˢ 5ᵈ; et pour une livre de tournesel, 6ˢ. Pour tout, 10ˢ 5ᵈ.

Aumosne, ce jour, 6ˢ 2ᵈ.

Dimanche xxviiiᵉ *jours de juillet.* Le curé de Herthfort, pour les offerandes cotidiannes du Roy, de 29 jours du mois de juillet, 4ˢ 10ᵈ.

Lundi xxixᵉ jour de juillet, *que le Roy parti de Herthford pour venir à Soubretonne*[1], *et fist petitdisner à Pongrich et giste à Ristonne.*

Le connestable de Herthford, pour don à li fait par le

---

[1] *Que le Roy parti de Herthford pour venir à Soubretonne*, ou mieux Somerton. Le roi Jean se trouvait au château d'Hereford, sous la garde de Roger de Beauchamp, lorsque arriva l'ordre de sa translation à Somerton, sous la conduite d'un chevalier banneret nommé William Deyncourt. Il est daté du 26 juillet 1359. Quels que soient, au reste, les motifs de ce changement de résidence, ils ne sauraient s'attribuer à des soupçons qui auraient pesé sur la fidélité de Roger de Beauchamp, puisque on le trouve peu après amiral en chef des flottes anglaises et comte de Warwick. Voyez les pièces dans Rymer, et surtout l'endenture du 27 juillet entre Édouard III et ce William Deyncourt. On y apprend que l'escorte anglaise du royal prisonnier se composait de vingt hommes d'armes, savoir : deux chevaliers bannerets, trois simples chevaliers et dix-sept écuyers; plus, de vingt archers, dont huit à cheval et douze à pied; enfin, de deux guètes. (Rymer, t. III, p. 438 et 439.)

Roy, à la relacion J. de Danville, 30 escuz, valent 100ˢ.

Le portier du chastel de ce lieu, pour samblable à ladicte relacion, 6 escuz, valent 20ˢ.

Mardy xxxᵉ jour, *disner à Castonne et giste à Hanstidonne.*

Aumosne donnée du commandement du Roy, à la relacion mons. de Jorigny, 1 escu, vault 3ˢ 4ᵈ.

Mercredy darrenier jour de juillet, *à Hanstidonne; et y séjourna le Roy tout le jour.*

Clément, clerc de la chapelle, pour faire porter les orgues de Herthford à Londres, par 2 varlez, et pour cordes à les lier, 7ˢ 3ᵈ.

Li, pour laver et réparer 2 amiz, 2ᵈ.

Somme de ce mois, 257ˡ 18ˢ 5ᵈ est.

AOUST.

Jeudy premier jour, *petit disner à Gerston et giste à Stanford.*

Thomas Vare, espicier, pour 1 livre 3 quarterons de sucre en pain pour faire claré, acheté du commandement du Roy, 4ˢ.

Les frères prescheurs de Stanford, pour don à eulx fait par le Roy, 5 nobles, valent 33ˢ 4ᵈ.

Le curé de Stanfort, pour les offerandes du Roy pour 2 jours, 4ᵈ.

Vendredy, IIᵉ jour d'aoust, *à Stanford, où le Roy sejourna tout le jour.*

Samedy IIIᵉ jour d'aoust, *petit disner à Hestonne et giste à Grantain.*

Mons. Philippe, pour faire sa volenté, 3ˢ.

Et pour Thévenin, pour ses oiseaux¹, 8ᵈ.

---

¹ Il y a *ois....* suivi d'une abréviation.

Dymenche iiii⁰ d'aoust, *petit disner à Grantain et giste à Soubretonne.*

L'escuier la contesse de Garainnes, pour les despens de li et des charetiers et 11 chevaux de ladicte dame, qui amenèrent, en 2 charioz, de Herthford à Soubretonne, partie du hernois du Roy, paié du commandement Jehan de Dainville, 4^l 2^s 8^d.

Ledit escuier, qui vint avecques le Roy à Soubretonne pour conduire ledit charoy, pour don fait à li par le Roy, à la relacion dudit Jehan, 3 nobles, valent 20^s.

Les 2 charetiers qui amenèrent les diz charioz, pour don fait à la relacion dudit Jehan, 2 nobles, valent 13^s 4^d.

Les 2 varlez des diz charetiers, pour don, 1 noble, vault 6^s 8^d.

Les 2 pages des diz charetiers, pour samblable, 1 escu, vault 3^s 4^d.

L'escuier du viconte de Stanford, qui ayda à querre, à Stanford, le charoy qui amena d'ilec à Soubretonne les hernois des genz du Roy, et à les conduire jusques à Soubretonne, pour don fait à li, à la relacion du maistre d'ostel, 1 noble, vault 6^s 8^d.

Lundy v^e *jour.* Aumosne du commandement du Roy, par 2 foiz et en 2 parties, 16^s.

Pierre de Belle-Assise, espicier à Lincole, 16 livres de sucre caffetin, 25^d pour livre, valent 33^s 4^d. Item, 6 livres cassons, 20^d livre, valent 10^s. Item, 2 livres annis vert, 8^d. Item, 2 livres miel, 2^d. Pour tout, par J. de Lande, 44^s 2^d.

Mercredy xxie *jour d'aoust.* Gervetot de St Estienne, escuier monseigneur Philippe, pour don à li fait pour quérir des nécessitez, à la relacion de J. de Danville, 3 nobles, valent 20^s.

Venredi xxiiie *d'aoust.* Pierre de Belle-Assise, espicier, 28 livres de sucre en pain, 25^d livre, valent 58^s 4^d.

Item, demie livre de flor de cannelle, 5ˢ. Item, 2 livres d'annis, 8ᵈ. Pour tout, 64ˢ.

Samedy xxiiiiᵉ *d'août.* Robin Tauton, pour don fait, à li fait pour consideracion de plusieurs fraiz qu'il disoit avoir faiz en alant par le pays querre poulaille pour le Roy, qui ne li avoient mie esté comptez, et aussi pour change de florins qu'il avoit fait changier pour paier ladicte poulaille, le Roy estant à Vindezor; à la relacion du maistre d'ostel, 2 nobles, valent 13ˢ 4ᵈ.

Jehannin l'espicier, pour faire rappereiller le drageur du Roy, à Lincole, 28ᵈ.

Mercredy xxviiiᵉ *d'aoust.* Pour aumosne par le commandement du Roy, 2 escuz, valent, 6ˢ 8ᵈ.

Jehan de Danville, maistre d'ostel du Roy, pour don à li fait par le Roy de certainne somme d'argent qu'il avoit receue de Jehanin Lesquevin sur ce que il devoit de reste de son compte, dont il estoit demorez en debte, pour ce, par le commandement du Roy, 12ˡ 18ˢ 5ᵈ.

Le curé de Bobey, pour les offerandes du Roy par 27 jours, ou mois d'aoust, 4ˢ 6ᵈ.

Thomelin le drapier, de Lincole, pour 1 drap entier blanc, acheté de li pour le Roy, par Tassin du Bruil, tailleur du Roy, et paié du commandement dudit seigneur, 31 nobles, valent 10ˡ 6ˢ 8ᵈ.

Somme de ce mois, 40ˡ 10ˢ 1ᵈ.

SEPTEMBRE.

Dymenche, premier jour de septembre.

Mestre Giles le mareschal, pour don fait à li par le Roy, à la relacion du maistre d'ostel, 12 escuz, valent 40ˢ.

Poissy[1], pour samblable, à ladicte relacion, 12 escuz, valent 40ˢ.

Mardy iiiᵉ *jour.* Le closier de Soubretonne, qui apporta et présenta au Roy plain plateau de poires, pour

---

[1] C'était un officier de la cuisine, comme on le verra plus bas.

don fait à li par le Roy et paié de son commandement, 1 noble, vault 6ˢ 8ᵈ.

Pour aumosne secrète donnée du commandement du Roy, 13 gros, valent 4ˢ 4ᵈ.

Pierre de Belle-Assise, pour 2 quaiers de papier, 12ᵈ.

Jehannin l'espicier, pour une once de stofizagre, 22ᵈ. Item, pour une once de pière d'Alixandre, 16ᵈ. Item, pour 2 poignées d'auriganne, 2ᵈ. Pour tout, 3ˢ 4ᵈ.

Mercredy xıᵉ *de septembre.* Pour aumosne, 2ˢ 1ᵈ.

Vendredy xıııᵉ *de septembre.* Un varlet anglois qui présenta au Roy 2 paire de pijons blans, pour don à li fait par le Roy et paié de son commandement, 1 noble, vault 6ˢ 8ᵈ.

Samedy ensuivant. Goupillet[1], au quel le Roy devoit 1 escu, paié du commandement du Roy, 3ˢ 4ᵈ.

Messire Aymart, chapellain du Roy, pour don à li fait par le Roy, pour quérir ses nécessitez, 3 nobles, valent 20ˢ.

Jeudy xıxᵉ *de septembre.* Le Roy, baillié pour faire sa volenté, 10 nobles, valent 66ˢ 8ᵈ.

Adam de Bury, pour deniers à li deuz, qu'il paya pour les conduiz des genz du Roy, qui s'en alèrent en France pour l'ordenance que l'on avoit faicte sur la restrinccion de sesdictes genz, 56ˢ 8ᵈ.

A li, pour le passage des dictes genz du Roy, paié du commandement de mons. le mareschal d'Ordenehan, 4ˡ.

Jehan Donat, espicier de Londres, pour 25 livres de sucre cassons, 14ᵈ livre, valent 29ˢ 2ᵈ.

Pierre de Belle-Assise, espicier à Lincole.—Sucre cassons, 6 livres, 20ᵈ livre, 10ˢ.—Sucre caffetin, 16 livres, 2ˢ 1ᵈ livre, 33ˢ 4ᵈ.—Flore de canelle, demie livre, 6ˢ 8ᵈ. —Macis, demie livre 2ˢ.—Annis vert, 4 livres, 16ᵈ.

[Somme] 53ˢ 4ᵈ.

---

[1] C'était un officier de l'écurie.

Ledit Pierre.—Sucre caffetin, 12 livres, 25ˢ. — Cassons, 6 livres, 10ˢ. — Gingembre, demie livre, 8ᵈ. — Flour de canelle, demie livre, 6ˢ 8ᵈ. — Macis, demie livre, 2ˢ. — Gérofle, demie livre, 2ˢ. — Annis vert, 3 livres, 12ᵈ. — Miel, 2 livres, 2ᵈ.

[Somme] 47ˢ 6ᵈ.

Ledit Pirre.—Sucre caffetin, 15 livres et demie, à ce pris, 32ˢ 3ᵈ ob. — Gingembre, une livre, 16ᵈ. — Macis, demie livre, 2ˢ. — Girofle, demie livre, 2ˢ. — Cubèbes, 1 quarteron, 15ᵈ. — Gallis, gu. (gumme?), corros?[1], 3 quarterons, 5ᵈ.

[Somme] 39ˢ 3ᵈ ob.

Vendredy xxvıı*ᵉ de septembre.* Pierre de Belle-Assise, pour une livre de ocier (acier?) et une livre de rout plon pour messire Girart, 8ᵈ.

Lundy, darrenier jour de septembre. Le curé de Boby, pour les offerandes du Roy, du mois de septembre, contenant 30 jours, 5ˢ.

Au Roy :

Maistre Guillaume Racine, pour deniers à li paiez qu'il avoit prestez au Roy pour faire sa volenté, paiez par le commandement dudit seigneur, 24ˢ.

Somme de ce mois, 26ˡ 9ˢ 8ᵈ ob.

OCTOBRE.

Lundy vıı*ᵉ jour d'octobre.* Jehan Kelleshulle, espicier à Sᵗ Boutoul, pour espices prises de li pour le Roy.

Pour sucre caffetin, 52 livres, 15ᵈ livre, valent 65ˢ. — Sucre cassons, 30 livres, 12ᵈ livre, 30ˢ. — Cypre, 12 livres, 6ᵈ livre, 6ˢ. — Gigembre columbin, 4 livres, 13ᵈ livre, 4ˢ 4ᵈ. — Cannelle, 2 livres, 18ᵈ livre, 3ˢ. — Flor de cannelle, 2 livres, 10ˢ livre, 20ˢ. — Girofle, 2 livres, 3ˢ livre, 6ˢ. — Galingal, demie livre 18ᵈ. — Ser-

---

[1] Avec une abréviation sur les *rr*.

quaut, demi livre, 2ˢ. — Calamus aromaticus, demi quarteron, 6ᵈ. — Cardamoinne, demie livre, 4ˢ. — Noiz mugueites, demie livre, 12ᵈ. — Grainne de paradis, demie livre, 12ᵈ. — Cubèbes, demie livre, 18ᵈ. — Spiconart, demi quarteron, 4ᵈ. — Macis, 2 livres, 6ˢ. — Pignons, 12 livres, 10ᵈ livre, 10ˢ. — Festuca, 2 livres, 4ˢ. — Conserve de madrian, 5 livres, 10ˢ. — Conserve de gigembre, 4 livres, 8ˢ. — 2 quaiers de papier à rompre pour l'espicier, 4ᵈ. — 6 boistes wides pour J. l'espicier, 5ᵈ pièce, 2ˢ 6ᵈ.

[Somme] 9ˡ 7ˢ [1].

Pierre le mercier, pour une douzaine de sonnètes pour les faucons monseigneur Philippe, 16ᵈ.

Samedy xixᵉ *d'octobre.* Le Roy, aumosne secrète, de son commandement, 5ˢ.

J. de Millan, pour drap acheté pour percher les faucons mons. Philippe, 17ᵈ ob.

Mardy xxixᵉ *d'octobre.* Pierre Cabol, de Sᵗ Boutoul, pour 8 aunes et 1 quartier de drap de Frise, acheté de li du commandement du Roy, à faire 2 manteaux; pour tout, 17ˢ.

Jeudy, darrenier d'octobre. Le curé de Boby, pour les offerandes du Roy, pour ce mois, qui fait 31 jour, 5ˢ 2ᵈ.

Pour chartrer plusieurs chiennes de monseigneur Philippe et autres de l'ostel du Roy, paié du commandement dudit seigneur, 1 noble, vault 6ˢ 8ᵈ.

Thomas Rogier, de Lincole, pour les fraiz de rendre sauvement de Londres à Lincole, 141ˡ 13ˢ 4ᵈ, qui estoient au Roy; pour le change qui fait avoit esté à Avignon pour rendre à Londres, des mil florins que le cardinal de Tuele avoit donnez au Roy [2], dont maistre J. le Royer fu

---

[1] En marge : *Espices de chambre, par J. de La Londe.*
[2] Voy. plus haut la page 195.

message; les diz fraiz paiez du commandement de J. de Danville, 33ˢ 4ᵈ.

Somme de ce mois, 12ˡ 16ˢ 11ᵈ ob.

NOVEMBRE.

Venredy, premier jour de novembre. Aumosne secrète pour le Roy, 13ˢ 4ᵈ.

Samedy, jour des Mors. Aumosne pour le Roy, de son commandement, 3ˢ.

Mardy vᵉ *de novembre.* Jehan Kelleshulle, espicier à Sᵗ Boutoul.

Sucre caffetin, 34 livres, 18ᵈ livre, 51ˢ. — Cassons, 40 livres, 15ᵈ livre, 50ˢ. — Pignons, 30 livres, 6ᵈ livre, 15ˢ. — Cubèbes, 2 livres, 4ˢ livre, 8ˢ. — Conserve de madrian, 4 livres, 8ˢ. — Cannevaz pour mettre toutes ces espices et les apporter, 15ᵈ.

[Somme] 6ˡ 13ˢ 3ᵈ.

Ledit Jehan, 3 quaiers de papier, 2ˢ.
Pierre de Belle-Assise, 6 livres d'annis, 2ˢ 6ᵈ.
Miel, par 2 foiz, 7ᵈ.
2 aunes d'estamine, 8ᵈ.
Commin (coumin?), 2ᵈ.

[Somme], 3ˢ 11ᵈ.

Samedy ixᵉ *de novembre.* Aumosne secrète par le Roy, 1 escu, vault 3ˢ 4ᵈ.

Mercredy xiiiᵉ *de novembre.* Magister[1], pour 4 paires de solers pour maistre Jehan le fol, 2ˢ.

Au Roy, pour faire sa volenté, 8 nobles, valent 53ˢ 4ᵈ.

Samedy xviᵉ *jour de novembre.* Sansonnet de Rains, qui se parti pour soy en aler en France, pour don à li fait par le Roy, 16 escuz, 53ˢ 4ᵈ.

Thomas, l'appothécaire de Lincole, pour plusieurs cho-

---

[1] C'était un officier de la chambre. Voy. plus bas.

ses prises de li par J. l'espicier pour le électuaire du Roy, 13ˢ 8ᵈ.

Samedi xxIIIᵉ *de novembre.* Aumosne secrète pour le Roy, et de son commandement, 3ˢ.

Dymenche xxIIIIᵉ *de novembre.* Le roy des menestereulx, pour don fait à li par le Roy pour quérir ses nécessitez, 4 escuz, valent 13ˢ 4ᵈ.

Jehan de Millan, pour samblable, 4 escuz, valent 13ˢ 4ᵈ.

Jehan Kelleshulle, espicier à Sᵗ Boutoul.

Sucre caffetin, 28 livres, 18ᵈ livre, 42ˢ. — Cassons, 60 livres, 15ᵈ livre, 75ˢ. — Gigembre, 3 livres, 14ᵈ livre, 3ˢ 6ᵈ. — Pignons, 25 livres, 6ᵈ livre, 12ˢ 6ᵈ. — Syrmontainne, demie livre, 3ᵈ. — Fenoil, demie livre, 2ˢ. — Macys, une livre, 4ˢ.

Par J. l'espicier, 6ˡ 17ˢ 5ᵈ.

Jeudy xxvIIIᵉ *de novembre.* Pierre François, pour 2 chevaux gris, achetez de li pour l'ostel du Roy, par le maistre d'ostel et paiez à sa relacion, 6 nobles, valent 40ˢ.

Le Roy, pour aumosne secrète, 5ˢ.

Samedy, darrenier de novembre. Pierre de Belle-Assise, 6 livres d'annis, 2ˢ 6ᵈ.

Miel, 1 quarteron, 3ᵈ.

Le curé de Boby, pour les offerandes du Roy, de ce mois, contenant 30 jours, 5ˢ.

Climent, clerc de la chapelle, pour 2 peaulx de mégis pour les soufflez des orgues appareillier, 14ᵈ; et pour clos, cole et fil, 8ᵈ. Pour tout, 22ᵈ.

Li, pour une chemise au bréviaire du Roy, 6ᵈ.

Item, pour réparer 2 touailles d'autel, 6ᵈ.

Wile, le parcheminier de Lincole, pour une douzainne de parchemin, 3ˢ.

Somme de ce mois, 25ˡ 6ˢ 10ᵈ.

DÉCEMBRE.

Jeudy v^e *jour*. L'evesque et les clers de la parroiche de Anemby, qui, la voille de Saint Nicolas, vinrent en l'ostel du Roy chanter *Ergo laudes,* pour don à eulx fait par le Roy, à la relacion du maistre d'ostel, de 1 escu, vault 3^s 4^d.

Samedy viie *jour de décembre*. Robin le saussier, qui, de la licence et volenté du Roy, s'est partiz pour aler en France, pour don à li fait par le Roy, 24 escuz, valent 4^l.

Gillequin de Tournay, qui vint de Tournay jusques à Sommertonne avec Me J. le Royer, qui venoit de France devers le Roy, et lequel Gillequin porta plusieurs lettres en France, touchant la finance que le Roy mandoit pour son vivre; pour son retour, à la relacion du maistre d'ostel, 10 nobles, valent 20 escuz, qui valent 66^s 8^d.

Dymenche viiie *de décembre*. Pour 2 paire de grans gans de cerf pour monseigneur Philippe, pour porter faucons et aler en rivière, achetez par J. de Dainville, à Londres, 7^s 8^d.

Godefroy le cellier, pour plusieurs chevestres, cengles, longes, trousses, neccessaires pour escuirie, 10^s 6^d.

Pour un roucin, acheté à Londres par Jehan de Dainville pour le commun de l'ostel du Roy, 28^s 6^d.

Goupillet, pour 2 batons d'if, qu'il fist faire à Lincole pour le Roy, 18^d.

Jeudy xiie *de décembre*. Jehan Keleshulle, espicier de St Boutoul.

Sucre caffetin, 27 livres 1 quarteron, 17^d livre, valent 38^s 7^d.—Cassons, 76 livres, 15^d livre, valent 4^l 15^s. — Gigembre, 2 livres, 14^d livre, 2^s 4^d. — Flor de cannelle, 1 livre, 8^s. — Cannelle, 2 livres, 3^s. — Macis, une livre, 3^s. — Pignons, 12 livres, 6^s. — Miel, 3 galons et demi, 16^d le galon, 4^s 8^d. — Pour 1 baril à le mettre, 7^d.

[Somme] 8^l 14^d.

Jacques, tavernier de St Boutoul, pour la voicture de son cheval qui asporta les dictes espices à Soubertonne et pour son salaire; pour tout, 3^s 4^d.

Samedy xiiiie *de décembre.* Thomelin, le drapier, de Lincole, pour 13 aunes de drap nayf pour le Roy, acheté par Tassin du Brueil, 11 nobles, valent 73^s 4^d.

Li, pour 3 aunes de blanc pour maistre Jehan le fol, 14^s.

Pour la couture dudit nayf et blanc, et d'un blanc qui fu acheté pour le Roy, si comme il est contenu ci-devant, et contenoit 31 aune, 8^s 9^d.

Ledit Tassin, pour la façon de une robe de 3 garnemens pour le Roy, du drap azuré acheté de Michiel Girart piéçà, c'est assavoir: cote, seurcot, hosse et chaperon, et d'une cote hardie, cote simple, mantel et 2 chaperons du dit nayf; et 5 paires de chauces, tout pour le Roy; et pour la façon du blanchet double pour maistre Jehan le fol, 45^s.

Pour une aune de cendal pour lesdictes robes, 8^s.

Pour 2 onces de soye, 6^s.

Pour une aune de toille, 16^d.

Pour fil pour lesdictes robes et pour les forreures, 5^s.

Guillaume le pelletier, de Lincole, pour 800 pièces de menuvair et 850 pièces de gris, 2^d ob. pièce, valent 17^l 3^s 9^d.

Thomelin le pelletier, de Londres, pour 600 pièces de menuvair et 300 pièces de gris, 2^d et environ 1 ferlin pour pièce, valent 8^l 10^s.

Et ont esté mis ces dictes forreures en ladicte robe d'azuré et du nayf.

Ledit Tassin, pour les journées de 4 varlez pelletiers qui ont forré lesdictes robes, cote hardie, mantel et chaperons du Roy, par 13 jours, 6^d par jour, chascun 26^s.

Ledit Tassin, pour les despens de li et de son varlet, et de 10 varlez, que cousturiers, que pelletiers, pour faire les besoignes dessus dictes, par 17 jours, 6^s par jour, 102^s.

Pour le louage d'une maison à Lincole, loée de la S. Michiel CCCLIX darrenièrement passée jusques à 1 an, en laquelle l'on a fait lesdictes besoignes, et y fera les autres besoignes pour le Roy jusques au dit terme que n'y renoncera, 16^s.

Pour une establie, achetée pour ledit Tassin, à ouvrer oudit hostel, 8^s.

Pour 5 serrures mises en ladicte maison, 5^s 8^d.

Pour bûche et tourbes pour ledit Tassin et les ouvriers dessus diz, despensées en faisant les besoignes dessus dictes, 4^s.

Pour 14 livres de chandelle de sieu pour lesdictes besoignes, 2^s 4^d.

Pour le louage de chevaux pour ledit Tassin, alant et venant de Lincole à Soubretonne pour ladicte besoigne, 2^s 6^d.

Ledit Tassin, pour faire faire une robe de 3 garnemens pour maistre Jehan le fol, c'est assavoir : cote, seurcot et hosse, 4^s.

Pour estofes, 9^d.

Pour fourrer ycelle robe, 12^d.

Ledit Tassin, pour cendal à doubler la couverture du messel du Roy, et pour doubler et broder ycelle avecques la soie qui y convenoit, 13^s 5^d.

Li, pour 2 clos d'argent à mettre audit livre, 4^d.

Ledit Tassin, pour 1 *Romans de Renart* acheté par li, à Lincole, pour le Roy, 4^s 4^d.

Pour la façon de 2 envelopes pour le Roy et pour soye, 2^s.

Pour une paire de coustiaux pour le Roy, 2^s.

Pour une gaynne noire pour lesdiz coustiaux, 6ᵈ.

Pour une esconce de laton pour le Roy, 2ˢ 6ᵈ.

Pour une cote hardie de Frise, paiée audit Tassin, que le Roy avoit perdu à li, aus tables, 3ˢ 4ᵈ.

Pour une esconce d'arain pour monseigneur Philippe, 18ᵈ.

Pour 4 pois de fust, à florins, achetez pour le Roy, 12ᵈ.

Ledit Tassin, pour 7 aunes et demie de drap acheté par li, pour faire cote hardie et mantel pour maistre Jehan le fol, 3ˢ l'aune, valent 22ˢ 6ᵈ.

Pour la tonture du dit drap, 6ᵈ.

Ledit Tassin, pour une petite table pour maistre Jehan le fol, pour 4 chaières, 2 formes et 11 quilles, achetées du commandement du Roy, 8ˢ 7ᵈ.

Toutes les parties contenues ci-devant depuis le samedy xiiiiᵉ de décembre, ont esté faictes par Tassin, et à li comptées et mises sur li, et s'en est chargez, si comme il appert par le compte que l'on li a fait, contenu en mon petit journal, sur ledit samedy.

Mercredy xviiiᵉ *de décembre.* Thomelin le drapier, de Lincole, pour 2 aunes de drap pour faire chauces pour maistre Jehan le fol et pour tonture, 9ˢ 2ᵈ.

Le varlet maistre Jehan le Royer, pour 1 sauf-conduit pour ledit maistre J., apporté de Londres par ledit varlet, et empetré jusques à Pasques, 2ˢ 6ᵈ.

Les gens de l'ostel du Roy, estant et demourant avecques li à Sommertonne, à Noël ccclix, pour don fait à eulx par ledit seigneur, lors, pour quérir leurs neccesitez, à la relacion de M. J. le Royer et du maistre d'ostel :

Primo. *Chapelle.* Maistre G. Racine, fisicien, 50 escuz. — Denys de Collors, secrétaire et chapellain, 40 escuz. — Aymarc Gascoigne, chapellain, 24 escuz. — Climent, clerc, 10 escuz.

Chambre. Tassin du Bruil, 20 escuz. — Maistre Girart, néant. — Aymonet, 20 escuz. — Jehannin l'espicier, 20 escuz. — Magister, 16 escuz.

Les genz monseigneur Philippe. Gervesot, 10 escuz. —Jehan de Millan, 10 escuz. — Robinet, 8 escuz.

Panneterie. L'oblier, 8 escuz. — Mahiet, 6 escuz. — Sendré, 8 escuz.

Eschançonnerie. Jehan Huitasse, 12 escuz. — Le Bourgoignon, 10 escuz.

Cuisine. Poissi, 16 escuz. — Petit Guillot, 6 escuz.

Fruiterie. Guillemin Grégy, 8 escuz.

Escuirie. Goupillet, 20 escuz. — Giles le mareschal, 12 escuz. — Rogier, 8 escuz. — Béraut, 6 escuz. — Cotelle, 6 escuz. — Quentin, 6 escuz. —Jehannin le page, 4 escuz. — Le page mons^{gr} Philippe, 4 escuz. — Le petit page, 2 escuz.

Forrière. Bertaut, 8 escuz[1]. — Le barbier, 8 escuz. — Serdeliaue, 6 escuz[2]. — Le lavandier, 8 escuz. — Robin Tauton, 6 escuz. — Le roy des menestereulx, 10 escuz.

Somme de touz ces escuz de dons faiz, 416 escuz, 3^s 4^d pièce, valent 79^l 6^s 8^d.

Mardy xxiiiie *jour de décembre veille de Noël.* Le Roy, aumosne secrète, 13 escuz, valent 43^s 4^d.

Li, pour faire sa volenté, 4 nobles, valent 26^s 8^d.

Mercredy xxve *jour de décembre, jour de Noël.* Le curé de Boby, pour les offerandes du Roy, des 3 messes dudit jour de Noël, 3 moutons, valent 12^s.

Le Roy, qui retint le mouton qui fu offert aus dictes 3 messes, 4^s [3].

---

[1] En marge : *Par son compte en décembre.*

[2] En marge : *Par son compte en décembre.*

[3] Pour comprendre le sens de cet article, il faut remarquer qu'il y a en marge du précédent : *Offer. p. au chap.*, c'est-à-dire : Offrandes payées au chapelain ; et en marge de celui-ci : *Offer. à M. Grac.*, c'est-à-dire : Offrandes à Me Gracine. Il s'agit donc ici de l'offrande d'une pièce de

Jeudy xxvi⁰ *de décembre.* Le Roy, aumosne, 3 escuz, valent 10ˢ.

Venredy xxvii⁰ *de décembre.* Robert, le mercier, de Lincole, pour 24 aunes et 1 quartier de toile, achetée pour faire robes, linges et autres choses pour messire Philippe, 23ˢ 6ᵈ.

Thomelin, le drapier, de Lincole, pour 23 aunes et demie de drap acheté de li pour le Roy, par Tassin du Bruil, à faire 3 garnemens et 1 grant mantel : c'est assavoir, 14 aunes de violet en grainne, et 9 aunes et demie de marbré en grainne; pour tout, 23 aunes et demie, l'aune 10ˢ, valent 11ˡ 15ˢ.

Samedy xxviii⁰ *de décembre.* Jehan, le libraire, de Lincole, pour 1 petit sautier acheté pour le Roy, et de son commandement, 1 noble, vault, 6ˢ 8ᵈ.

Mardi, darrenier jour de décembre. Le curé de Boby, pour les offerandes cotidiannes de ce mois, 5ˢ.

Un varlet anglois qui trouva le launier (lamier?) monsᵍʳ Philippe qui estoit adiriez, 12ᵈ.

Somme de ce mois, 151ˡ 18ˢ.

J'ay rendu compte de toute ceste despense faicte depuis le premier jour de juillet ccclix jusques au premier jour de janvier ensuivant[1].

Despense extraordinaire faicte depuis le premier jour de janvier ccclix *jusques....*[2]

JANVIER.

Samedy iiii⁰ *de janvier.* Pierre de Belle-Assise, pour 4 quaiers de papier, 2ˢ 4ᵈ.

---

monnaie nommée *mouton* faite par Mᵉ Gracine, physicien du Roi, mais que le Roi retint à lui, c'est-à-dire paya.

[1] En marge : *S. t.* vii^xx xi^l xviii^s (*summa totalis*, 151ˡ 18ˢ).

[2] La phrase n'est pas achevée; mais cette dépense s'étend jusqu'au 8 juillet 1360.

Pour encre, 4^d.

Wile, le parcheminier, pour une douzaine de parchemin, 3^s.

Lundy vi^e *de janvier, jour de l'Apparicion.* Le curé de Boby, pour l'offerande du Roy, de ce jour, 8^s.

Messire Gautier, pour mierre pour l'offerande du Roy, ce jour, 6^d.

Le roy des menestereulx, sur la façon de l'auloge nouvel que il fait pour le Roy, du commandement du Roy, 3 nobles, valent 20^s.

Mardy viie *de janvier.* Maistre J. le Royer, pour certains fraiz et missions faiz par li pour le passage et autres despens de li, son varlet, et autres genz du Roy en sa compaignie, et du palefroy grile? gile? qu'il amena au Roy, de Bruges en Angleterre; pour ce, 60^s.

Jehan Kellehulle, espicier. — Cassons, 50 livres, 15^d livre, valent 62^s 6^d. — Sucre caffetin, 14 livres, 17^d livre, 19^s 10^d. — Gigembre, 2 livres, 2^s 4^d. — Flor de cannelle, une livre et demie, 12^s. — Calamus aromaticus, demi quarteron, 2^s. — Pignons, 12 livres, valent 6^s. — Gérofle, une livre, 3^s.

[Somme] 107^s 8^d.

Samedy xie *de janvier.* Robinet, varlet de la garde-robe monseigneur Philippe, pour 17 paires de solers et 3 paires d'estivaux pour monseigneur Philippe, 20^s.

A li, pour la façon de 19 paires de robès, linges et 4 cueuvrechiefs. 4^s.

Dymenche xiie *jour de janvier.* Le roy des menestereulx, sur la façon de l'auloge qu'il fait pour le Roy, 17 nobles, valent 113^s 4^d.

Et a promis que parmi cette somme et 29^s qui paravant li ont esté bailliez, le vi^e de janvier, il rendra l'auloge tout parfait.

Lundy xiiie *jour de janvier.* Le Roy, pour aumosne secrète, 6 escuz, valent 20^s.

Maistre Jehan le Royer, secrétaire du Roy, pour don fait à li par ledit seigneur pour querre robes et autres neccessitez selon son estat, 200 escuz, valent 33ˡ 6ˢ 8ᵈ.

Jehan de Dainville, maistre d'ostel du Roy, pour don fait à li par ledit seigneur, 60 escuz, valent 10ˡ.

Le Roy, pour deniers à li bailliez pour faire sa volenté, en décembre CCCLIX, et ne furent mie comptez ou compte précédent, 100 nobles, valent 33ˡ 6ˢ 8ᵈ.

Tassin du Brueil, pour un tablier qu'il a fait faire du commandement du Roy, 5ˢ. Item, pour 1 jeu de tables, 12ᵈ. Item, pour 1 soufflet pour la chambre du Roy, 16ᵈ. Item, pour fourrer 2 paires de gans pour messire Philippe, 12ᵈ. Pour tout, 8ˢ 4ᵈ.

Pierre de Belle-Assise, pour 6 livres d'annis, pris par J. l'espicier ou mois de décembre, et qu'il a dit de présent avoir pris, et ne furent mie comptez, et pour 2 quarterons de miel, 3ˢ.

Venredy XVIIᵉ *de janvier.* Aymonnet, le barbier, pour une aune de toile à faire 4 coiffes et une enveloppe pour monseigneur Philippe, 13ᵈ. Item, pour une aune de grosse toile à faire 1 sac pour coler lixive[1], 6ᵈ. Item, pour façon des dictes choses, 16ᵈ. Pour tout, 2ˢ 11ᵈ.

Dymenche XIXᵉ *de janvier.* Pierre de Belle-Assise, espicier.

Sucre caffetin, 38 livres 3 quarterons, 16ᵈ livre, valent 51ˢ 8ᵈ. — Sucre cassons, 36 livres et demie, 13ᵈ livre, valent 39ˢ 6ᵈ ob. — Annis vert, 6 livres, valent 2ˢ 6ᵈ. — Pour 2 sas, 11ᵈ.

[Somme] 4ˡ 14ˢ 7ᵈ ob.

Messire Gautier de Heyworch, prestre, acheteur en partie des provisions du Roy, pour son loier de x mars qu'il prant par an, commençant à Noël CCCLVIII, à 2 termes, le premier à la Sᵗ Jean CCCLIX, et l'autre à Noël en-

---

[1] Pour couler la lessive.

suivant; pour ledit terme de Noël cccLIX, 10 nobles, valent 56ˢ 8ᵈ.

Mercredy xxiiᵉ *de janvier.* Perrin le pelletier, pour don fait à li par le Roy, à la relacion M. J. le Royer, 1 noble, 6ˢ 8ᵈ.

Venredy xxiiiiᵉ *de janvier.* Jehan Kelleshulle, pour une livre de cire vermeille, 10ᵈ; et pour 5 quaiers de papier, 3ˢ 4ᵈ. Pour tout, 4ˢ 2ᵈ.

Messire Gautier, pour comptoers[1] et une bourse à les mettre, 12ᵈ.

Thomelin le drapier, pour 6 aunes de drap taint en grainne, de 2 coleurs, pour faire chausses pour le Roy, 5ˢ 6ᵈ l'aune, valent 33ˢ.

Pour tondre ledit drap, 12ᵈ.

Tassin du Bruil, pour 16 aunes et demie de toile pour faire baignoères pour le Roy, 12ᵈ l'aune, valent 16ˢ 6ᵈ.

Li, pour tondre 14 aunes de drap taint en grainne pour une robe du Roy, 2ˢ.

Li, pour 4 pennes noires pour forrer une cote hardie et un mantel pour M. J. le fol, 16ˢ.

Li, pour demie aune de bougueran et demie once de soye, pour ladicte robe, 16ᵈ.

Li, pour 12 aunes de toile à faire 6 cueuvrechiez pour le Roy, 20ˢ.

Pour la façon des diz cucuvrechiés, 12ᵈ.

Villecoc, le queux des Anglois[2], pour 1 roucin acheté de li pour monseigneur Philippe, 10 nobles, valent 66ˢ 8ᵈ.

Venredy, darrenier de janvier. Le Roy, aumosne, 20ˢ.

Le curé de Boby, pour les offerandes du Roy, de ce mois, 5ˢ [3].

---

[1] *Comptoers.* Il s'agit ici de jetons pour compter. On disait aussi *gectouers.*

[2] *Le queux des Anglois*, le cuisinier des gardiens du roi prisonnier.

[3] En marge · *S.* cxiiiˡ xiiᵈ *ob.*

FÉVRIER.

Dymenche 11ᵉ *de février.* Le curé de Boby, pour l'offerande du Roy le jour de la Chandeleur, 13 gros, valent 4ˢ 4ᵈ.

Lundy IIIᵉ *de février.* Le Roy, aumosne secrète, 5ˢ.

Jehan de Millan, pour don à li fait par le Roy pour acheter une selle, à la relacion de messire J. le Royer, 10ˢ.

Messire Philippe, pour deniers à li bailliez du commandement du Roy pour parpaier certainns (*sic*) garnemens, qui apportez li avoient esté de Londres par Regnaut, son tailleur, 59ˢ 2ᵈ.

Venredy VIIᵉ *de février.* Magister, pour la façon d'une cote hardie, un mantel, 1 chaperon doublé et 3 paire de chauces, pour M. J. le fol, 3ˢ 6ᵈ.

Li, pour faire faire 3 draps de 2 lez pour baignoères pour le Roy, 7ᵈ.

Li, pour appareillier 10 chemises d'estamines et 4 braiés pour le Roy, 14ᵈ.

Le Roy, aumosne secrète, 4 escuz, valent 13ˢ 4ᵈ.

Wille, parcheminier, pour une douzainne de parchemin, 3ˢ.

Jeudy XIIIᵉ *jour de février.* Pierre de Belle-Assise, sucre caffetin, 39 livres 3 quarterons, 20ᵈ la livre, valent 66ˢ 3ᵈ.

Jehan Kelleshulle. — Sucre caffetin, 86 livres, 17ᵈ livre, valent 6ˡ 22ᵈ. — Cassons, 100 livres, 15ᵈ livre, 6ˡ 5ˢ. — Cypre, 30 livres, 6ᵈ livre, 15ˢ. — Girofle, 3 livres, 9ˢ. — Gigembre, 8 livres, valent 8ˢ 8ᵈ. — Cannelle, 4 livres, valent 6ˢ. — Cardamon, 1 livre, 8ˢ. — Flor de cannelle, 3 livres, 24ˢ. — Grainne de paradis, 3 livres, 6ˢ. — Pignons, 45 livres, valent 45ˢ. — Festuca, 3 livres, valent 10ˢ. — Cendre, 1 livre, 20ᵈ. — Tournesol, une livre, 8ˢ. — VI boistes vuides, 2ˢ 6ᵈ. —

Fenoil, 3 livres, 12^d. — Coliandre, 3 livres, 12^d. — Conserve de madrian, 10 livres, valent 20^s. — Coffins, 12 petiz, 12^d. — Carvi, 3 livres, 12^d. — Conserve de gigembre, 8 livres, valent 16^s. — Cannevaz, 4 aunes, 20^d. — Galingal, 2 livres, 6^s. — Spelvard (spelnard?), 1 livre, 4^s. — Maceys, 4 livres, valent 12^s. — Noiz, 2 livres, valent 4^s.

Pour tout, 22^l 18^s 4^d.

Pierre de Belle-Assise. 6 livres d'annis, 2^s 6^d.

Venredy xiiiie *de février*. Jehan Huitasse, pour soye et le tessu à faire 1 braier pour le Roy, 40^s.

Pour 2 onces et demie d'or pour faire une boucle à l'entredeux du braier, et pour les besans de l'entredeux, 63^s 4^d.

Franchequin, l'orfèvre, pour une tables à pourtraire, acheté pour le Roy, 13^s 4^d.

Beaudoin, le tassetier, de Londres, pour 2 tasses et 2 corroies de cuir noir pour monseigneur Philippe, à la relacion du maistre d'ostel, 13^s 4^d.

Mercredy xixe *de février*. Le Roy, aumosne secrète, 10^s.

Perrin, le pelletier, pour don fait à li par le Roy, 2 nobles, valent 13^s 4^d.

Mardy xxve *jour de février*. Mises faictes par Jehan Huitasse, à Londres, depuis le xiie jour de juillet ccclix jusques au jour de Noël ensuivant, les parties desquelles mises il a envoiées de Londres à Sommertonne, en un compte qu'il a fait de ce, et de plusieurs autres choses qui appartiennent à mettre, tant en ce présent journal comme à offices de l'ostel, lequel compte fu receu par le maistre d'ostel et veu en ce mois de février, et pour ce, par son commandement sont mises en ce journal les parties dudit compte qui y appartiennent.

Primo. Pour 5 saufs-conduiz d'Angleterre pour les genz du Roy, qui demourèrent avec li par ordenance faicte en juillet ccclix[1]. Pour ce, pour 42 personnes, 3ˢ pour chascun, valent 6ˡ 6ˢ.

Pour l'escripture d'iceux, 5ˢ.

Pour le sauf-conduit maistre Yves, qui lors se parti, li quart, et pour l'escripture, 13ˢ.

Quarré, pour don fait à li du commandement de nosseigneurs du Conseil, estant à Londres, et de Jehan de Danville, pour ses travaux à quérir fains, feurres et autres garnisons pour l'ostel du Roy, 13ˢ 4ᵈ.

Pour 2 saufs-conduiz empétrez pour monseigneur de Dampmartin et maistre Jean le Royer, qui estoient à Bruges, 7ˢ.

Gilequin, de Tournay, qui leur porta les diz conduiz, 13ˢ 4ᵈ.

Jehan Huitasse, pour le pain benoit de la parroiche en la maison, où il et les autres genz du Roy demorent à Londres, 5ᵈ ob.

A li, pour le curé de ladicte parroisse, pour 4 quartiers de l'an commençant à Pasques passées, 6ˢ.

A li, pour les quartiers du bedeau, 12ᵈ.

A li, pour le clerc de la parroisse, 12ᵈ.

Mercredy xxvɪᵉ *jour de février*. Jehan Chambellanc, drapier, pour 5 aunes de rousset et 7 quartiers, pour faire 8 paire de chauces pour monseigneur Philippe, 5ˢ l'aune, valent 26ˢ 3ᵈ.

Pour le tondre, 8ᵈ.

Regnault, tailleur monseigneur, pour fil, soie, cendal, pour les dictes chauces, et pour refaire pourpoins, mantiaux et autres choses pour monseigneur, 4ˢ.

Le Roy, aumosne secrète, 5ˢ.

Samedy darrenier de février. Le curé de Boby, pour les offerandes de ce mois, 4ˢ 8ᵈ.

Lalement, chevaucheur du Roy, pour certains de-

---

[1] Voy. plus haut la note de la page 210.

niers qu'il prist de maistre Yve Darien pour faire ses despens et retourner de France en Angleterre, où il avoit esté envoiez de par le Roy, quant il estoit à Herthford, et demoura plus oudit voyage que l'on ne cuidoit, et pour ce despendi plus que l'on ne li avoit baillié d'argent; pour ce, rendu audit M. Yves pour ceste cause, 8 moutons et 3 escuz de Philippe, valent, 42^s.

Jacques, de la sausserie, pour 1 coc acheté du commandement monseigneur Philippe à faire jouster, et pour 2 annètes, pour 1 malart vif qu'il avoit pris en rivière, 2^s 8^d.

Tassin du Bruil, tailleur du Roy, pour les despens de bouche de li et de 2 varlez, à Lincole, pour faire faire illec les choses qui s'ensuivent, c'est assavoir : une robe 3 garnemens pour le Roy, cote, seurcot, housse, chaperon; 2 paire de manches pour cote, de drap violet en grainne, pour le Roy; un mantel à lever de nuit pour le Roy, d'un violet brun en grainne, et 1 chaperon de mesme, avec 2 aumuces; 6 paires de chauces, de 2 coleurs, en grainne. Item, une cote hardie, mantel, cote simple, chaperon et 2 paires de manches d'un drap pers, qui demoura de la robe qu'il ot à la Toussains darrenièrement passée. Et fu ledit Tassin et les 2 varlez par 20 jours, chascun jour, 2 ^{s}; pour ce, 40^s.

A li, pour buche et tourbes, 6^s, et pour 11 livres de chandelle, 22^d. Pour ce, 7^s 10^d.

A li, pour les journées de 6 varlez custuriers qui ont fait les choses dessus dictes par 18 jours, chascun 6^d par jour, valent 54^s.

A li, une aune de sendal, 8^s. Item, 3 onces de soye, 5^s. Item, une aune de toile, 14^d, et pour fil, 2^s 2^d. Pour ce, 16^s 4^d.

A li, pour 12 paires de solers pour le Roy, 7^s.

A li, pour 2 malètes de drap, 9^s.

Perrin, le pelletier, pour aler à Hoir, 1 port de mer,

pour savoir se il y avoit point de pelleterie pour le Roy, 4ˢ.

MARS.

Jeudy vᵉ jour de mars. Pierre de Belle-Assise. Sucre caffetin, 15 livres 1 quart, 20ᵈ livre, valent 25ˢ 5ᵈ.

Annis, 6 livres, 5ᵈ livre, valent 2ˢ 6ᵈ.

Mardy xᵉ de mars. Pierre de Belle-Assise. Sucre caffetin, 9 livres et demie, 20ᵈ livre, valent 15ˢ 10ᵈ.

Jeudy xiiᵉ de mars. Pierre de Belle-Assise, pour 3 aunes d'estamine, par J. l'espicier, l'aune 4ᵈ, valent 12ᵈ.

Jehan Corbière, orfèvre de Londres, pour faire 5 boucles d'or pour le braier du Roy, en 60 moutons d'or, et les a renduz pesans 11 unces? 4 deniers moins; pour chascun mouton, 4ˢ, pour ce, 12ˡ.

A li, pour la façon et pour le déchief de l'or, 20ˢ.

Pour le tessu dudit brayer, 40ˢ.

Pour les lasnières de soie, 13ˢ 4ᵈ.

Hannequin, l'orfèvre, pour 3 coustiaux donnéz par le Roy à monseigneur Philippe, au conte de Sancerre et à Goupillet, 40ˢ.

Pour 2 boteilles de cuir achetées à Londres pour monseigneur Philippe, 9ˢ 8ᵈ.

Henry Picart, bourgois de Londres[1], auquel le Roy estoit tenuz en la somme de 1420 moutons sanz pris, par 2 cédules, paiez audit Henry, par maistre J. le Royer, et à recouvré les cédules dudit Henry. Pour ce, 1420 moutons.

Item, à li, pour 100 nobles que ledit Henry avoit baillez à maistre Yves du commandement du Roy, quant il s'en ala darrenièrement en France. Pour ce, par acort fait par ledit maistre Jehan au dit Henry, 170 moutons.

Jehan Kelleshulle. 67 livres et demie de sucre caffetin,

---

[1] Et banquier d'Édouard III.

17^d livre, valent, 4^l 15^s 7^d ob. — Cassons, 60 livres, 15^d livre, valent 75^s. — Gigembre, 3 livres, 3^s 3^d. — Calamus aromaticus, 1 livre, 4^s. — Piperis albi, 2 livres, 4^s. — Armonial, 3 livres, 6^s. — Litarge d'or, 4 livres, 4^s. — Galbanum, 1 livre, 16^s. — Mirabolain kehéli, 1 livre, 3^s. — Mirabolain indici, 1 livre, 3^s. — Mirabolain amblion, 1 livre, 3^s. — Mirabolain bylency, 2 livres, 6^s. — Sérapin, 1 livre, 2^s. — Piperis long, 3 livres, 15^s. — Anacard, 1 livre, 5^s. — Boistes wides, 6 petites, 3^s. — Aveleinnes, 28 livres, 10^d livre, valent 23^s 4^d. — Conserve de madrian, 4 livres, 8^s. — Flor de cannelle, 1 livre et demie, 12^s. — Chanevaz pour envelopper les dictes espices, 5 aunes, 5^d l'aune, valent, 2^s 1^d. — Pour 2 panniers, 12^d.

[Somme] 14^l 14^s 3^d ob.

Mardy xvii^e *jour de mars*. Robert, le cordoannier, de Lincole, pour uns estivaux pour maistre Jehan le fol, 4^s 2^d.

Perrin, le pelletier, pour fourrer une cote hardie et 1 mantel pour maistre Jehan le fol, 12^d.

Jeudy xixe *de mars*. Pierre de Belle-Assise, pour 6 livres d'annis vert, 2^s 6^d.

Messire Aymart Gascoigne, chapellain du Roy, en rabat et déduction de la somme de 30 escuz, qu'il a affermé avoir despenduz, tant en achat de chevaux et de hernois, comme en despens de bouche, li deuxième à cheval, pour venir de France en Angleterre, pour servir le Roy, paié de son commandement 10 nobles, valent 20 escuz, qui valent 66^s 8^d.

Jehan Huitasse, pour une main de papier et 1 peau de parchemin pour maistre J. le Royer, quant il estoit à Londres, 10^d.

Climent, pour don à li fait pour quérir ces neccessitez, 13^s 4^d.

Jaques, de la cuisine, pour don fait à li en récompense de certainnes mises qu'il fist à soy faire guérir d'une bateure que l'obloier li fist, paié du commandement J. de Danville, 3ˢ 4ᵈ.

Le roy des menestereulx, pour la perfection du nouvel auloge du commandement du Roy, non contrestant la promesse que ledit roy des menestereulx avoit faicte de parfaire ycelle auloge, sanz plus demander des 20 nobles qu'il a eu ci-devant, 4 nobles, valent 26ˢ 8ᵈ [1].

Robert, le cordoannier, de Lincole, pour une paire d'estivaux et 6 paire de solers pour monseigneur Philippe, 8ˢ 6ᵈ.

Olivier, l'esperonneur, pour une paire d'esperons pour monseigneur, et pour le vin aus varlez, 3ˢ.

Jehannin, l'espicier, pour une male achetée pour li, à la relacion du conte de Sancerre, 20ᵈ.

Venredy xxᵉ *jour de mars.* Les 4 ordres mendians de Lincole, pour aumosne faicte à eux du commandement du Roy, à chascun ordre 15 escuz; pour ce, 60 escuz, valent 10ˡ.

Le Roy, aumosne scecrète, 20 escuz, valent 66ˢ 8ᵈ.

Samedy xxiᵉ *jour de mars. Et se parti le Roy, ce jour, de Sommertonne pour venir à Londres.*

Le Roy, aumosne secrète, 10ˢ.

Le curé de Boby, pour les offerandes contidiannes du Roy, du 1ᵉʳ jour de mars jusques au xxiiᵉ jour ensuivant, qui font 22 jours; pour ce, 3ˢ 8ᵈ.

Adam de Bury, à qui le Roy devoit 105ˡ 18ˢ 4ᵈ, qui li furent paiez par maistre Jehan le Royer, à 2 foiz, en moutons, dont à la darrenière fois que li paia 34ˡ 11ˢ 8ᵈ, il ne voult pranre moutons que pour 47ᵈ, et ainsi voult avoir pour amendement des diz moutons pour ladicte somme, 20ˢ.

L'audience du Roy d'Angleterre, pour les saufz-con-

---

[1] Voy. plus haut p. 228.

duiz des genz du Roy, renoveller jusques à Noël CCCLX ; pour tout, 67ˢ 4.

Jehan de Mart, de Jennes, marchand de pierrerie, auquel le Roy devoit par son escroe pour cause de certains joyaux qu'il avoit achatez de li 323ˡ 6ˢ 8ᵈ esterlin, paiez par M. J. le Royer, et recouvré ladicte escroe ; pour ce, 323ˡ 6ˢ 8ᵈ.

Henry Pierret[1], bourgois, auquel le Roy estoit tenuz en 3000 moutons pour l'arcevesque de Senz d'une part, et en 2800 moutons pour le conte de Tancarville d'autre part, et en 1016 moutons en quoy le Roy estoit obligé à P. Ernault de Maudie, si comme il appert par 3 cédules signées de la main du Roy, paié par quittance dudit Henry ; pour tout, 6816 moutons, 47ᵈ pour mouton, valent, 1334ˡ 16ˢ est.[2]

AVRIL.

Mercredy premier jour d'avril.

Jeudy IIᵉ *d'avril.*

Venredy benoit IIIᵉ *d'avril.* Le Roy, pour offerandes à aorer la croix, 3 escuz, valent 10ˢ.

Monseigneur Philippe, pour samblable, 1 escu, 3ˢ 4ᵈ.

Samedy IIIIᵉ *de mars, veille de Pasques.* Le Roy aumosne 10ˢ[3].

Li, pour samblable, 14ˢ.

Dymenche Vᵉ *jour d'avril,* jour de Pasques, commençant CCCLX.

Le clerc de la parroisse du chasteau de Londres qui asporta de l'ieau benoite le jour de Pasques au Roy, 1 escu, vault 3ˢ 4ᵈ.

Lundy VIᵉ *jour de avril,* après Pasques CCCLX.

---

[1] Il y a en marge : *P. à li, de l'argent envoié par Pierre Scatisse, en février* CCCLIX.

[2] En marge : XVIᶜ LXIIˡ Xˢ.

[3] *Lisez :* avril.

Gillequin de Tournay, pour 2 livres de fleur de cannelle aportée de Bruges à Sommertonne, 4 escuz.

Item, pour 1 messager envoié de Bruges à Noion pour savoir la délivrance de l'oile que l'on amenoit au Roy, qui avoit esté prise par les ennemis, et en délivra-l'on certainne partie, 2 moutons.

Item, au marinier qui passa par la mer le palefroy que Potage amena, 4 escuz.

Item, pour le passage dudit Potage, 1 escu, et pour don fait au dit marinier, 1 escu.

Item, pour foin, avoine et litière pour ledit cheval estant en la mer, 1 escu.

Item, pour mener ledit palefroy d'un petit batel ou grant, 6 gros de Flandres.

Item, pour une couverture, une sengle, et les despens pour ledit palefroy à l'Escluse, 12 gros.

Item, pour le marinier qui admena par mer, à Londres, venoisons et balainne pour le Roy, 4 escuz.

Pour le passage[1] de Potage et pour vèce pour le cheval en la mer, 6 gros.

Pour mener de Bruges à l'Escluse, les dictes venoisons, 1 escu.

Pour samblable, pour 2 barilz d'oile et pour sèches, 1 escu.

Pour porter l'uille et les sèches à l'ostel du Roy, 6 gros.

Pour tout, 17 escuz 2 moutons et 30 gros de Flandres, dont les 24 valent 1 escu et 30 valent 1 mouton; valent 20 escuz 18 gros de Flandres; pour ce, 69^s 2^d.

Item, à li, pour faire traire hors de la nef et charger en charètes et amener ou célier du Roy 3 pipes et 1 tonneau de venoisons, 28^d.

Maistre Jehan, l'organier, qui vint du commandement

---

[1] Il y a dans le texte : *Pour l'esp.*

du Roy, de Londres à Sommertone, pour appareiller les orgues du Roy, pour despence faicte par li à cause des dictes orgues : Primo, pour peaux de mégis et autres choses neccessaires à la réparacion des dictes orgues, 3ˢ 4ᵈ. Pour 1 homme qui souffla par 3 jours. 18ᵈ. Pour pourter les dictes orgues de Sommertonne à Anneby, 10ᵈ. Pour les despens dudit maistre J. à Nicole, 8ᵈ. Pour ses despens faiz par 3 semainnes à Anneby où il demora en rappareillant les dictes orgues, 13ˢ 4ᵈ. Pour les despens de li et de 2 varlez qui asportèrent les orgues de Sommertonne à Londres par 10 jours, chascun jour, 2ˢ 6ᵈ, valent 25ˢ. Pour le salaire des diz varlez, 2 nobles, valent 13ˢ 4ᵈ. Pour tout, 58ˢ.

A li, pour son salaire par 3 semaines qu'il fu à Namby pour appareiller les dictes orgues, 20ˢ.

Samedy xıᵉ *d'avril* cccLx. Le Roy, aumosne secrète, 2ˢ.

Potage, pour 1 solers pour li, 6ᵈ.

Thèves de la Brune et Franchequin, pour 1 annelet d'or pour le Roy à 1 saphir pour mettre reliques, acheté par M. J. le Roier, 40ˢ.

Maistre Jehan Langlois, escrivain, pour sa painne d'un sautier que le Roy devoit acheter et ne l'acheta pas, 1 noble, vault 6ˢ 8ᵈ.

Messire J. le Royer, pour 1 tessu de saie pour faire les fermeurs du dit livre et n'y furent pas mis pour ce que l'on rendi le dit livre sans le acheter, 2ˢ 6ᵈ.

Li, pour 1 sauf-conduit pour Gillequin de Tournay, 3ˢ.

Le conte d'Aucerre, pour don fait à li par le Roy, à la relacion de M. J. le Royer, 20 nobles, valent 6ˡ 13ˢ 4ᵈ.

Tassin du Bruil, varlet de chambre du Roy, en paiement et rabat de certaines sommes de florins, en quoy il disoit le Roy estre tenu à li. C'est assavoir : pour 1 drap nayf que le Roy fist acheter par ledit Tassin, de Pierre le Conte, pour la Toussains cccLv, et cousta 60 escuz que

Tassin paia; et pour un seurcot fourré de cendal que le conte de Tancarville devoit paier et Tassin le paia, et cousta 32 escuz; et pour 2 chevaux qu'il bailla au confesseur ou pris de 14 nobles. Pour ce, baillié sur toutes ces choses, comme dit est, du commandement du Roy, 40 escuz de Philippe, qui valent 50 escuz de Jehan [1], valent 6^l 13^s 4^d.

Mercredy xve *d'avril.* Potage, pour 2 paires de chauces pour li, du commandement du Roy, 1 escu, 3^s 4^d.

Samedy xviiie *d'avril.* Jehan de Millan, pour don à li fait par le Roy pour quérir ses neccessitez, à la relacion de J. de Danville, 4 nobles, valent 26^s 8^d.

Mardy xxie *d'avril.* Le roy des menestereulx, qui du commandement du Roy ala Chicestre (*sic*) veoir certains instrumens dont le Roy avoit oy parler, pour ce, baillié à faire sa despense, du commandement du Roy, 4 nobles, valent 26^s 8^d.

Au Roy, pour faire sa volenté, 15 nobles, valent 100^s.

Tassin du Brueil, pour 1 cossin à la toise, pour la chambre du Roy, 16^s.

Li, pour 11 aunes de toile pour les fenestres de la chambre du Roy, 10^d ob. l'aune, valent 9^s 7^d ob.

Parties des mises paiées par messire Aymart ou temps qu'il fist la despense de l'ostel du Roy; c'est assavoir du xxie jour de mars ccclix, jusques au vi^e d'avril ensuivant; et en ce temps se parti le Roy de Sommertonne et vint à Londres. Lesqueles parties n'ont esté baillées que jusques à maintenant.

Pour le louage de 5 voictures, une pour la chambre du Roy, une pour la chapelle, une pour la chambre monseigneur Philippe, une pour maistre Jehan le fol, et une pour la panneterie et pour la cuisine, qui vinrent de

---

[1] Ainsi, de Philippe de Valois au roi Jean, la dépréciation de l'écu avait été d'un cinquième.

Sommertonne à Londres, par 8 jours, et admenèrent partie du hernois du Roy, qui lors s'en revint à Londres, et furent loées à divers pris, excepté la chareite pour la chambre monseigneur Philippe de laquelle l'on ne compte paié que pour 7 jours, pour ce que celi qui l'amenna par 1 jour s'en ala sans paiement dudit jour. Pour tout 7ˡ 9ˢ.

Les charetiers et varlez de la contesse de Painbroc[1], pour leurs despens et de leurs chevaux, à 3 voictures, qui amenèrent partie du dit hernois de Sommertonne à Londres par le dit temps, 71ˢ 9ᵈ.

Guillaume Houel, escuier de la dicte dame, qui conduit les dictes 3 voictures et hernois par ce temps, 5 nobles, valent 33ˢ 4ᵈ.

Robin Baince?, varlet d'icelle dame, pour samblable, 2 nobles, valent 13ˢ 4ᵈ.

Hauvin Adam, filz Sendre, pour don fait à li pour ce que sa femme acoucha d'enfant en chemin quant le Roy venoit lors à Londres; pour ce, 20ˢ.

Le Roy, pour offrandes à Grantain, 6 gros, 2ˢ.

Pour samblable à la châsse Sᵗ Alban, 5 nobles, valent 33ˢ 4ᵈ.

Monseigneur Philippe, pour samblable, à la dicte châsse, 1 noble, vault 6ˢ 8ᵈ.

Maistre J. le fol, pour offerande, le grant venredy, à la Croiz, 4ᵈ.

Le roy des menesterelx, pour une commission du roy d'Angleterre pour prandre charreites à amener le hernois du Roy, que Denys et messire Gautier faisoient venir darrière, 3ˢ 4ᵈ.

Pour aumosne faicte à xiii povres, le jeudy absolut, que le Roy fist le mandé[2], et pour 1 varlet qui les servi, 13ᵈ à chascun, valent 15ˢ 2ᵈ.

---

[1] Marie de Saint-Pol.
[2] C'était un ancien usage que le roi de France, le jour du jeudi saint,

Messire Aymart, pour change de 6 nobles à mendre monnoie, ou voyage de Sommertonne à Londres, 8ᵈ.

Potage, pour 1 solers, 6ᵈ.

Autres mises faictes et paiées par moy pour voictures et autres choses neccessaires pour amener le hernois du Roy, qui estoit demoré à Sommertonne, après ce que le Roy s'en parti pour venir à Londres, et fu ordenez par le Roy à conduire ledit charroy.

Primo. 3 varlez de Namby qui chargèrent à Sommertonne 12 voictures qui amenèrent ledit hernois jusques à Stanfort, 3ˢ 6ᵈ.

Le bailly de Flexoelle, le bailly de Boby, le bailly de Lodon, Jehan Gambe, pour 12 voictures qui admenèrent ledit hernois jusques à Stanfort, par 2 jours, chascune charreite 3ˢ 4ᵈ par jour, fors l'une qui cousta 4ˢ 6ᵈ par jour, pour tout, 4ˡ 2ˢ 4ᵈ.

Lesdiz bailliz, pour les despens de eulx et de 6 archers qui conduirent ledit charroy jusques à Stanfort, et le bailli de Lodon, li 2ᵉ, jusques à Hautidonne. Pour tout, 17ˢ 4ᵈ.

4 varlez de Stanfort qui deschargèrent lesdictes charreites et les rechargèrent pour mener à Hautidonne, 3ˢ.

Le bailly de Stanfort, pour 12 chareites qui vinrent d'ilec à Hautidonne, par jour et demi, à divers pris, 62ˢ 8ᵈ.

Et pour 6 chevaux loez à ayder aus dictes chareites, 6ᵈ.

L'oste de Hautidonne, pour le loier d'une grant chambre où fu deschargié ledit hernois, et gardé par 2 jours et demi, pour ce que l'en ne pouvoit finer de charroy, 18ᵈ.

---

lavât les pieds a treize pauvres. Cette cérémonie s'appelait *le Mandé,* parce qu'elle s'accomplissait au moment où le chœur entonnait le verset : *Mandatum novum do vobis.* On voit que le roi Jean ne manqua pas de faire ici le seul acte de roi de France que lui permettait alors sa triste position.

4 varlez de Hautidonne qui chargèrent illec ledit hernois sur chareites pour amener à Roistonne, 12^d.

Le bailli de Hautidonne, pour 12 voictures qui amenèrent ledit hernois de Hautidonne à Roistonne, par 1 jour, 3^s 4^d pour chascune, valent 40^s.

L'oste de Roistonne, pour le loier de sa granche où ledit hernois fu deschargiez, et y demoura par 1 jour, 18^d.

4 varlez de ce lieu, qui chargèrent en chareites ledit hernois pour amener d'ilec à Londres, 16^d.

Le connestable de Roistonne, pour 12 voictures qui amenèrent ledit hernois d'ilec à Londres, 10^s pour chascune charreite, valent 6^l.

Ces dictes parties ont esté mises en ce journal du commandement J. de Danville, maistre d'ostel, non contrestant qu'il semblast à aucuns que elles deussent avoir esté mises en chascun des offices, en l'ordinaire, selon ce que à li appartient, pour ce que la plus grant partie dudit hernois estoit desdiz offices.

Thomas Cok et Jehan l'archier, commissaires à querre ledit charroy, et qui le conduirent de Sommertonne jusques à Londres, pour don fait à eulx à la relacion de J. de Dainville, c'est assavoir : audit Thomas, 4 nobles, et audit Jehan, 3 nobles, pour ce 7 nobles, valent 46^s 8^d.

Robin Tauton, pour don fait à li par le Roy, pour faire son voiage qu'il fait à Rome, 3 nobles, valent 20^s.

Samedy xxve *d'avril* ccclx. Le Roy, aumosne secrète, 5^s 4^d.

Guillaume Cannelle, pour 24 paires de solers pour monseigneur Philippe, 7^d la paire, par Regnaut, son varlet de chambre, 14^s.

Ledit Regnaut, pour une establie pour la taillerie monseigneur Philippe, 5^s 6^d.

Le conte d'Auceurre, pour don fait à li par le Roy, à la relacion de Me J. le Royer, 30 nobles, valent 10^l.

Mardy xxviii[e] *d'avril.* Sendre Halet, bolenger du Roy, pour don fait à li par le Roy, à la relacion du maistre d'ostel, 10 escuz, valent 33[s] 4[d].

Maistre Gilles les (*sic*) mareschal, pour plusieurs semences de herbes semées ou jardin de l'ostel où les genz du Roy sont herbergiez, à Londres. C'est assavoir : 4 livres d'oignonète, 2[s]; 4 livres de porète, 20[d]; 1 galon de perrecil, 18[d]; 5 potiaux de chos, 16[d]; 1 potel d'arrache, 4[d]; demi galon de bourraches, 12[d]; demie livre de létues, 12[d]; galon et demi de bètes, 10[d]; ysope, 6[d]; pourpre, soucie, creçon orlenois, langue de buef et plusieurs autres, 10[d]. Pour tout, 11[s].

Li, pour les ouvriers qui ont laboré ledit jardin, 22[s].

Denys le Lombart, de Londres, charpentier, pour la façon de 4 fenestres pour la chambre du Roy en la Tour de Londres. C'est assavoir : pour le bois des 4 châssis, 3[s] 2[d]. Item, pour cloux, 2[s] 2[d]. Item, pour une peau de cuir, 5[d]. Item, pour 6 livres et demie de terbentine, 4[s] 4[d]. Item, pour oile, 3[d]. Item, pour 7 aunes et demie de toile, 9[s] 4[d]. Item, pour toute la façon des dictes fenestres, 10[s]. Pour tout, paié à la relacion de Jehan de Dainville, 29[s] 8[d].

Mercredy xxix[e] *d'avril.* Potage, pour 1 braier, 2 paires de solers et pour lasnières et autres neccessitez, 2[s] 9[d] ob.

Jeudy darrenier d'avril. Berthélemi Mine, espicier à Londres, pour espices prises de li pour chambre, depuis le xxviii[e] jour de mars, que le Roy vint à Londres de Sommertonne, jusques au mardy xxviii[e] jour d'avril.

Primo. Gigembre confit, 1 livre, 13[d]. — Annis confit, 1 livre, 13[d]. — Madrian, 1 livre, 13[d]. — Peintes, 1 quarteron, 3[d] ob. — Item, sucre muscarrat, 5 livres et demie, 12[d] ob. livre, valent 5[s] 8[d] ob. poict[e]. — Item, 12 livres pinons, 8[d] livre, valent 8[s]. — Item, sucre muscarrat, 8 livres, au pris du pareil, 8[s] 4[d]. — Item, gigembre trié, 1 once, 2[d]. — Item, miel blanc, 2 livres, 4[d]. — Item, poudre de gigembre, 1 once, 2ᵈ. — Item, 4 boistes, 2ˢ 6ᵈ. — Item, 1 livre d'annis confit, 13ᵈ. — Item, sucre caffetin, 12 livres et demie et demi quarteron, 13ᵈ livre, valent 13ˢ 8ᵈ. — Item, 2 livres gigembre confit, 2ˢ 2ᵈ. — Item, 2 livres annis confit, 2ˢ 2ᵈ. — Item, macis, 1 quarteron, 12ᵈ. — Item, flour de cannelle, 2 onces, 12ᵈ. — Item, girofle, 2 onces, 8ᵈ. — Item, gigembre paré, 4 onces, 8ᵈ. — Item, annis trié, 3 livres, 18ᵈ. — Item, 2 coffins, 4ᵈ. — Item, une recepte pour maistre Girart, 2ˢ. — Item, sucre muscarrat, 9 livres et demie et demi quarteron, 12ᵈ ob., valent 9ˢ 10ᵈ ob. — Item, miel blanc, demie livre, 1ᵈ. — Item, gigembre paré, 2 onces, 4ᵈ. — Item, une livre de madrian et annis confit, 13ᵈ. — Item, demi quarteron de miel rosat, 2ᵈ. — Item, sucre en plate, 4 livres, 13ᵈ livre, valent 4ˢ 4ᵈ. — Item, conserve de citron, 3 livres, 2ˢ 6ᵈ livre, valent 7ˢ 6ᵈ. — Item, 4 livres de conserve de citron, à ce pris, 10ˢ. — Item, sucre muscarrat, au pris du pareil dessus, 8 livres et demie et demi quarteron, 9ˢ. — Item, sucre muscarrat, 7 livres, valent 7ˢ 3ᵈ ob. — Item, pignons triez, 4 livres, valent 2ˢ 8ᵈ. — Item, miel blanc, 4 livres, valent 8ᵈ. — Item, une livre de pénites[1], 13ᵈ. — Item, sucre muscarrat, 16 livres, valent 16ˢ 8ᵈ. — Item, pour 1 gilop et emplastre pour maistre J. le fol, 12ˢ 10ᵈ. — Item, pour demie livre de néelle, 12ᵈ. — Item, pignons triez, 8 livres, valent 5ˢ 4ᵈ.

[Somme], 7ˡ 4ˢ 11ᵈ poictevine.

Item, pour une livre d'yaue de chièvrefueil, et demie livre d'yaue de plantain, 12ᵈ.

Item, sucre caffetin, 34 livres, 13ᵈ livre, valent 26ᵈ.

Item, 6 livres et demie de pignons, 4ˢ 4ᵈ.

Item, 7 livres de miel blanc, 14ᵈ.

[Somme], 32ˢ 6ᵈ.

---

[1] Ou pénices.

Le curé du chastel de Londres, pour les offerandes cotidianes du Roy, depuis le dymenche xxixᵉ de mars, que le Roy vint à Londres, jusques au premier jour de may ensuivant, qui font 33 jours, pour jour 2ᵈ, valent 5ˢ 6ᵈ.

Pour plusieurs mises faites à cause des vins envoiez de Londres à Sᵗ Boutoul, et de Sᵗ Boutoul à Lincole, et d'ilec à Sommertonne, le Roy estant à Sommertonne, les parties des dictes mises, en un role de papier, leues et oyes devant le maistre d'ostel; et en ycelles mises ne sont pas comprises celles que Jehan Huitasse a faictes pour lesdiz vins. Pour ce, 19ˡ 7ˢ 9ᵈ.

Pour autres mises faictes par Jehan Huitasse, contenues oudit role, les parties oyes par ledit maistre d'ostel, 23ˡ 11ˢ 10ᵈ.

MAY CCCLX.

Venredy premier jour de may. Le Roy, aumosne, 12ᵈ.

Samedy ııᵉ *jour de may.* Le Roy, aumosne, 5 escuz, 16ˢ 8ᵈ.

Geufroy le tonnelier, pour une petite tine pour mettre le potage de l'aumosne, 8ᵈ.

Pierre le parcheminnier, pour une douzainne de parchemin achetée de li, 3ˢ 4ᵈ.

L'audiencier du roy d'Angleterre, pour 2 sauz-conduiz pour serdeliaue et Perrin le pelletier, paiez à la relacion de Mᵉ J. le Royer, 6ˢ.

Jehannin l'espicier, pour eux (œufs) à clarifier sucre, 6ᵈ, et pour 2 espates de fer, 3ˢ. Pour ce, 3ˢ 6ᵈ.

Venredy vıııᵉ *de may.* Le curé du chastel de Londres, pour son droit parrochial de Pasques pour les genz du Roy qui furent escommenez audit chastel, 2 nobles, valent 13ˢ 4ᵈ.

Pour encre, 4ᵈ.

Le Roy, aumosne, 12^d.

Jehan le drapier, varlet J. Péchié, pour 6 aunes et demie de drap pour faire une cote hardie et 1 mantel doublé et 1 chaperon pour Potage, du commandement du Roy, acheté par Tassin du Brueel, 4^s l'aune, valent 26^s.

Symon de Haynaut, custurier, pour faire lesdiz garnemens, pour toutes choses, 3^s 4^d.

Raoulin, varlet Adam de Béry, pour une panne de bougie pour ledit Potage, 2^s 6^d.

Maistre Girart, pour une chaière neuve neccessaire pour le Roy, c'est assavoir pour le fust et la façon du charpentier, 20^s, pour cuir et la garnison par le sellier, 13^s 4^d; pour tout, 33^s 4^d.

Jeudi xiiiie *jour de may, jour de l'Ascension.* L'ermite d'emprès Saincte-Katherine, lez le chastel de Londres, pour aumosne faicte à li du commandement du Roy, 2 escuz, valent 6^s 8^d.

Venredy xve *de may.* Le Roy, aumosne, 12^d.

Poissy, pour don fait à li par le Roy, et paié de son commandement, 20 escuz, 66^s 8^d.

Maistre Giles le mareschal, pour samblable, 20 escuz, valent 66^s 8^d.

Le roy des ménestereulx, pour une harpe achetée du commandement du Roy, 2 nobles, valent 13^s 4^d.

Jehan Millet, varlet du conte d'Aucerre, qui asporta nouvelles au Roy que le messager du conte de Tancarville estoit venuz à Londres, et asportoit lettres au Roy, dudit conte, de la paix qui estoit faicte entre le roy de France et le roy d'Angleterre[1], pour don à li fait par le

---

[1] On remarquera la rapidité de cette communication, car le traité de Brétigny est du 8 mai. Le comte de Tancarville fut au nombre des otages qui durent rester en Angleterre après la délivrance du Roi. Ce prince, au reste, se montra reconnaissant envers ce serviteur fidèle, car il en fit l'un de ses exécuteurs testamentaires.

Roy, à la relacion de J. de Dainville, 1 noble, vault 6ˢ 8ᵈ.

Jehan Walue, huissier de la royne d'Angleterre, qui asporta nouvelles au Roy, de par ladicte dame, que paiz estoit entre les 2 roys, pour don à li fait par le Roy, 100 nobles, valent 33ˡ 6ˢ 8ᵈ [1].

Jehan de Millan, fauconnier monseigneur Philippe, pour faire faire la mue à muer les oiseaux dudit monseigneur Philippe, 7ˢ 2ᵈ.

Dymenche xvii*ᵉ jour de may*. Gillequin de Tournay, pour don à li fait par le Roy pour paier son batelier, pour lettres qu'il avoit asportées au Roy en mars darrenier passé, et pour repasser par delà; à la relacion maistre J. le Royer, 2 nobles, valent 13ˢ 4ᵈ.

Goupillet, pour don à li fait par le Roy quant ledit Goupillet se parti de Londres pour aler en France, à la relacion de maistre J. le Royer, 100 escuz, paiez en 83 moutons et 1 tiers, valent, 4ˢ pour mouton, 16ˡ 13ˢ 4ᵈ.

Jehan Corbière, orfèvre de Londres, pour l'or d'un gobelet qu'il a fait pour le Roy, qui poise 6 mars d'or 2 deniers moins, vault le marc 51 mouton et demi. Pour ce, 309 moutons.

Li, pour le déchié de l'or dudit gobelet, 4 unces 16 deniers, valent 31 moutons.

Et pour la loy en argent, 7ˢ 9ᵈ, valent 2 moutons.

Li, pour la façon, 5 mars, valent 10 nobles, qui valent 66ˢ 8ᵈ.

Mercredy xxᵉ *de may*. Le roy des ménesterelx, pour don à li fait par le Roy pour quérir ses neccessitez, 1 noble, vault 6ˢ 8ᵈ.

Jehan de France, messagier monseigneur de Tancarville, lequel asporta lettres au Roy dudit conte, le xvᵉ jour de may, du traictié faict et accordé entre les 2 roys [2],

---

[1] La valeur considérable de ce don est à remarquer.
[2] Voy. plus haut la note de la page 248.

pour don fait à li par le Roy, à la relacion de Me J. le Royer, 30 nobles, valent 10^l.

Sire Guelfe le Lombart, pour le loyer de la maison de la Vineterie, où les aucuns des genz du Roy demourent, pour le terme de Noël et de Pasques, 5 nobles, valent 33^s 4^d.

Magister, varlet maistre Jehan le fol, pour 6 paire de solers pour ledit Me J., 3^s 4^d.

Et pour 1 braier à lasnières pour ledit M. J., 12^d. Pour tout, 4^s 4^d.

Li, pour 11 aunes et 1 quartier de toile pour faire 6 paires de robes linges pour ledit Me Jehan, 14^d l'aune, valent 13^s 1^d ob.

Li, pour la façon desdictes robes linges, 2^s.

Li, pour le vin donné aus varlez de l'armeurier du roy d'Angleterre, qui firent 6 bandes de fer pour la selle du Roy, dont il ne vouldrent riens prandre de la façon, 4^d [1].

Un varlet appellé Edoart, qui porta lettres à St Boutoul, afin de savoir l'estat des vins du Roy qui y avoient esté lessiez quant le Roy se parti de Sommertonne, pour don fait à li, 16^d.

Guillaume Hoblech, drapier de Londres, pour demi drap fin plumquié, acheté de li pour le Roy, 6^l 13^s 4^d.

Li, pour un autre demi drap de fin brun tanné, pour le Roy, 100^s.

James Dudri, drapier de Londres, pour 4 aunes de marbré à faire chauces pour le Roy, 5^s l'aune, valent 20^s.

Li, pour 6 aunes d'un royé, et 5 aunes d'un plain à faire robe pour maistre Jehan le fol, 2^s 6^d l'aune, valent 27^s 6^d.

Jannequin Philippot, pour demi drap d'un fin merlé en grainne, contenant 16 aunes, acheté pour le Roy, 9^l.

---

[1] Cet acte de courtoisie plaît a rencontrer ici.

Gautier Brise-tanquart, tondeur, pour tondre les draps dessus diz, 12ˢ.

Dymenche xxiiiiᵉ *jour de may*. Le Roy, aumosne secrète, 10ˢ.

Willecoc, portier des Anglois[1], qui a esté sur la garde du Roy à Sommertone et à Londres, pour don à li fait par le Roy, à la relacion du maistre d'ostel, 8 escuz, valent 26ˢ 8ᵈ.

Maistre Guillaume Racine, pour un romans du *Loherenc Garin*, acheté par li pour le Roy, et de son commandement, 1 noble, vault 6ˢ 8ᵈ.

Li, pour 1 autre roumans du *Tournoiement d'Antecrist*, 10ˢ.

Le Roy, aumosne donnée en venant de Sommertonne à Londres, prestée par maistre G. Racine, et li rendu au jour d'uy, 1 escu viez de Philippe. Pour ce, 44ᵈ.

Gillequin de Tournay, qui porta lettres du Roy à monseigneur le duc et à plusieurs autres seigneurs en France, pour ses despens, à la relacion de maistre J. le Royer et du maistre d'ostel, 12 escuz, valent 40ˢ.

Et pour son sauf-conduit à aler en France, empétré du roy d'Angleterre, 3ˢ.

Lundy xxvᵉ *de may*. Un batelier de Londres qui mena le Roy et aucun de ses genz d'emprès le pont de Londres jusques à Westmoutier, devers la royne d'Angleterre, que le Roy ala veoir, et y souppa[2]; et le ramena ledit batelier. Pour ce, 3 nobles, valent 20ˢ.

Adam de Béry, pour pelleterie de vair livrée par li à Pasques ccclx, pour le Roy, c'est assavoir : pour fourrer une hosse, 600 ventres; pour les èles d'ycelles, 124 ventres; pour 1 seurcot, 520 ventres; et pour le chaperon, 154 ventres; et pour fourneture des diz gar-

---

[1] Et aussi leur cuisinier. Voy. plus haut, p 230.

[2] Il est question plus bas d'un présent de venaison qu'elle lui envoie.

nemenz, 60 ventres. Pour tout, 1458 ventres, 2ᵈ ob. pour ventre, valent 15ˡ 3ˢ 9ᵈ.

Li, pour 40 ventres, pris depuis à ce pris, 8ˢ 4ᵈ.

Ledit Adam, pour les forreures d'une cote, 1 chaperon et une cloche, et 2 aumuces, pour le Roy, mil 909 ventres, à ce pris, valent 19ˡ 17ˢ 8ᵈ ob.

Li, pour la forreure d'un grant mantel et d'un chaperon, 1300 dos, à ce pris, valent 13ˡ 10ˢ 10ᵈ.

Li, pour 769 dos de gris pour forrer 1 mantel pour monseigneur Philippe, 2ᵈ ob. le dos, 8ˡ 2ᵈ ob.

Et pour forrer ledit mantel, 4ˢ.

Jeudy xxviiiᵉ *de may*. Le Roy, pour offerande faicte par li à Saincte Katheline lez le chastel de Londres, 3 nobles, valent 20ˢ.

Monseigneur Philippe, pour samblable, 1 mouton, vault 4ˢ

Le Roy, pour offerande faicte tantost après à l'ermitage, 1 noble, vault 6ˢ 8ᵈ.

Mons. Philippe, pour samblable, un demi noble, vault 3ˢ 4ᵈ.

Le Roy, aumosne donnée aus femmes de Saincte-Katherine, 3ˢ 4ᵈ.

Venredy xxixᵉ *de may*. Le Roy qui oy la messe à l'ermitage près de Saincte-Katheline, pour offerande, 12ᵈ.

Dymenche darrenier de may. Robin Jaqueslay, pour 1 roucin, tondu à moitié, sor bay, acheté de li pour monseigneur Philippe, et paié du commandement J. de Danville, 30 nobles, valent 10ˡ.

Perrin le pelletier, pous rafrechir 3 tires de la penne de la cote hardie à chevaucher pour le Roy, et le chaperon de mesmes, pour terre et oint, 10ᵈ. Pour 2 ventres de menuvair pour une des aumuces du Roy, 5ᵈ. Pour 3 aydes à fourrer de gris 1 mantel et 1 chaperon de mesmes pour le Roy, à lever de nuiz, une cote hardie et

1 mantel, 1 chaperon, une aumuce de menuvair, et pour rafrechir 6 chaperons de menuvair pour le Roy, par 3 jours, chascun 6^d par jour, valent 4^s 6^d. Pour un autre ayde qui fu à ladicte besoigne par 1 jour, 8^d. Pour fil pour ladicte besoigne, 6^d. Pour pain et cervoise pour eulx, 9^d. Pour tout, 7^s 8^d.

Le curé du chastel de Londres, pour offerandes cotidiannes du Roy pour ledit mois, qui fait XXXI jour, 5^s 2^d.

JUING CCCLX.

Lundy premier jour. Une povre femme de Londres à qui un des lévriers du Roy qui aloit esbatre, espandi son lait, pour ce, 4^d.

Mardy IIe *de juing.* Le garde des lions du roy d'Angleterre, pour don à li fait par le Roy qui ala veoir lesdiz lions, 3 nobles, valent 20^s.

Jaques de La Marche, qui porta unes lettres à St Boutoul, à G. Spaigne et J. Kelleshulle, pour savoir l'estat des vins du Roy qui y estoient demourez de la garnison du Roy quant il estoit à Sommertonne, paié par la relacion du maistre d'ostel, 1 noble, vault 6^s 8^d.

Un autre varlet qui apporta de St Boutoul unes lettres de l'estat desdiz vins, 12^d.

Berthélemi Mine, espicier, pour espices prises de li pour chambre, ou mois de may précédent, par J. Lespicier.

Primo. Sucre mouscarrat, 38^l livres, 12^d ob. livre, 39^s 7^d. — Gigembre paré, 2 livres, 3^s 4^d. — Macis, une livre, 3^s 6^d. — Girofle, une livre, 3^s 4^d. — Annis trié, 6 livres, valent 3^s. — Pignons triez, 6 livres, valent 4^s. — Conserve de roses, 3 livres, valent 5^s. — Conserve de chitron, 6 livres, 2^s 4^d livre, valent 14^s. — Sucre mouscarrat, 29 livres, 12^d ob. livre, valent 30^s 2^d ob. — Conserve de chitron, 4 livres, 9^s 4^d. — Sucre, 40 livres, à ce pris, valent 41ˢ 8ᵈ. — Conserve de chitron, 7 livres, 16ˢ 4ᵈ. — Annis trié, 6 livres, valent 3ˢ. — Miel, 7 livres, valent 14ᵈ. — Gigembre, 2 livres, 2ˢ. — Cannelle, 1 livre, 14ᵈ. — Conserve de chitron, 6 livres, valent 14ˢ. — Sucre, 38 livres, au pris dessus dit, 39ˢ 7ᵈ. — Papier, 2 quaiers, 9ᵈ. — Sucre, 40 livres, valent 41ˢ 8ᵈ. — Girofle, 2 livres, valent 6ˢ 8ᵈ. — Poivre lonc, 2 livres, 4ˢ. — Noiz muguètes, 2 livres, 3ˢ 4ᵈ. — Grane de paradis, 2 livres, 3ˢ 4ᵈ. — Macis, 2 livres, 7ˢ. — Squiriane, 1 livre, 14ᵈ. — Sucre, 36 livres, valent 37ˢ 6ᵈ. — Conserve de madrian, 6 livres, valent 9ˢ. — Conserve de chitron, 6 livres, valent 14ˢ.

S. 18ˡ 2ˢ 7ᵈ ob.

Annis trié, 6 livres, valent 3ˢ. — Gigembre paré, 2 livres, valent 3ˢ 4ᵈ. — Yaue rose, 3 livres, 2ˢ. — Flor de cannelle, 2 livres, 12ˢ. — Or fin, 1 cent, 5ˢ. — Estaminnes, 3 aunes, 9ᵈ. — Sucre, 37 livres, valent 28ˢ 1ᵈ ob. — Conserve de chitron, 5 livres, valent 11ˢ 8ᵈ. — Cardamoinne, 2 livres, valent 7ˢ. — Galingal trié, 2 livres, 4ˢ. — Cubbèbes, 1 livre, 3ˢ. — Pénites, demie livre, 7ᵈ. — Sucre, 70 livres, valent 72ˢ 11ᵈ. — Conserve de citron, 19 livres 1 quarteron, 2ˢ 4ᵈ livre, valent 44ˢ 11ᵈ. — Annis trié, 12 livres, valent 6ˢ. — Gigembre paré, 2 livres, valent 3ˢ 4ᵈ. — Or fin, 1 cent, 5ˢ. — Or parti, 1 cent, 3ˢ.

S. 10ˡ 15ˢ 7ᵈ ob.

Ledit Berthelemi, pour apothécarie prise de li pour maistre le Royer et Bertaut, qui estoient malades, 21ˢ 5ᵈ.

Le Roy, aumosne donnée en soy alant esbatre aus champs, 22ᵈ.

Mercredy IIIᵉ *jour de juing*. Les ouvriers de la grant nef du roy d'Angleterre, que le Roy ala veoir en venant d'esbatre des champs, pour don à eulx fait, 5 nobles, valent 33ˢ 4ᵈ.

Le Roy, pour offerande ce jour à l'ermitage où il oy messe, 12ᵈ.

Venredy vᵉ *jour de juing.* Pour encre, 3ᵈ.

Dymenche vɪɪᵉ *de juing.* Le Roy, aumosne secrète, 20ˢ.

Plusieurs bateliers de Londres qui menèrent le Roy esbatre à Ride-Ride et ailleurs, par la rivière de Tamise, pour don fait à eulx par la relacion Mᵉ J. le Royer, 8 nobles, valent 53ˢ 3ᵈ.

Guillaume du Molin, chevaucheur du Roy, pour porter de Londres à Paris certaines lettres du Roy à monseigneur le duc et autres, touchant l'accomplissement du traictié de la paiz, à la relacion maistre Jehan le Royer, 12 escuz, valent 40ˢ.

L'armeurier du roy d'Angleterre, qui demouroit ou chastel de Londres, lequel le Roy ala veoir en son hostel, et son ouvrage, pour don fait à li, présent mons. de Sancerre, 5 nobles, valent 33ˢ 4ᵈ.

L'artilleur dudit chastel, pour samblable, 3 nobles, valent 20ˢ.

Jannequin, le portier du chastel de Londres, qui se parti de la garde de la porte du chastel, pour ce que l'on y en mist 1 autre, et il avoit esté par lonc temps que le Roy estoit oudit chastel, pour don fait à li, à la relacion Mᵉ J. le Royer, 20 escuz, valent 66ˢ 8ᵈ.

Mardy ɪxᵉ *de juing.* Le Roy et monseigneur Philippe, pour offerandes faictes par eulx au sépulcre et aus 3 roys de Coloigne, à Bermondesee lez Londres, où le Roy fu esbatre, présent mons. de Sanceurre, 5 nobles, valent 33ˢ 4ᵈ.

Les bateliers qui passèrent le Roy à aler du chastel de Londres à Bermondesee, et repassèrent, pour don fait à eulx, 2 nobles, valent 13ˢ 4ᵈ.

Mercredy xᵉ *jour de juing.* Le Roy, offerande faicte à l'ermitage près du chastel de Londres, où il oy messe, 1 noble, vault 6ˢ 8ᵈ.

Le Roy, aumosne secrète, 5^s.

Le roy des ménesterelx, pour don à li fait pour quérir aucune de ses neccessitez, 6^s 8^d.

Tassin du Bruil, varlet de chambre du Roy, pour mises faictes pour l'obsèque de Pioche, barillier du Roy, lequel Pioche morut à Londres ou service du Roy, l'an LIX, et pour le salaire d'un fisicien qui le visita en sa maladie, et pour plusieurs autres choses qui li estoient neccesssaires; les parties baillées en 1 rolet du commandement du Roy. Pour ce, 46^s 8^d.

Venredy XIIe *de juing*. Le Roy, aumosne secrète, 3^s 4^d.

Li, pour offerande faicte aus cordelières de Londres, où il oy messe, 12^d.

Lesdictes cordelières, pour don fait à eulx, en aumosne, par le Roy, à la relacion de mons. de Sanceurre, 20 nobles, valent 6^l 13^s 4^d.

Les 4 cordeliers demourant avec lesdictes cordelières, pour don fait à eulx par le Roy, 4 nobles, valent 26^s 8^d.

Jehan Fauveau, pour une douzaine de parchemin délivrée aus secrétaires, 32^d.

Pour encre, 4^d.

Venredy XIIe *de juing*. Berthélemi Mine, 3 quaiers de papier, 27^d.

Li, une livre de cire vermeille, 9^d.

Lisebet, pour recoudre et réparer 11 aubes et une touaille d'autel de la chapelle, 2^s 6^d.

Climent, pour une formète à seoir pour jouer des orgues, 4^d.

Le charpentier du chastel de Londres, lequel le Roy ala veoir ouvrer oudit chastel, pour don fait à li, 2 nobles, valent 13^s 4^d.

Le fèvre dudit chastel, pour samblable, 4 nobles, valent 26^s 8^d.

Jehannin le page, et Pierre, page monseigneur Philippe, qui estoient prisonniers de certains Anglois dès la bataille de Poitiers, pour don fait à eulx par le Roy pour eulx rançonner à leurs maistres, c'est assavoir : pour Jehanni, 5 escuz, et pour Pierrez, 5 escuz, à la relation du maistre d'ostel. Pour ce, 33ˢ 4ᵈ.

Berthélemi Mine, 83 livres 3 quarterons de sucre muscarrat, 2ˢ 12ᵈ ob. livre, valent 4ˡ 7ˢ 2ᵈ ob. — Gigembre paré, 2 livres, 3ˢ 4ᵈ. — 2 livres de macis, 8ˢ. — Flor de cannelle, 1 livre de flor de cannelle, 6ˢ. — 12 livres de conserve de cytron, 28ˢ. — 13 aunes de touailles pour servir d'espices, 8ᵈ l'aune, valent 9ˢ.

Philippe Grimbaut, de Londres, pour 1 samit acheté de li par Tassin du Bruil, pour couvrir les quarriaux du Roy, à la relation de Mᵉ J. le Royer, 42ˢ.

James Andrieu, bourgois et marchant de draps à Londres, pour plusieurs draps achetez de li pour faire la livrée du Roy :

Pour 2 draps et demi tannez pour chapellains, 20ˡ.

Pour 11 aunes d'autre drap pour 2 clers, 40ˢ.

Pour 7 aunes d'autre drap pour maistre J. le fol, 22ˢ.

Pour 5 aunes d'escarlate vermeille, et pour 7 aunes de fin pers aduré, pour Jehan de Dainville, que le Roy doit faire chevalier, 72ˢ[1].

Pierre de Holbech, bourgois de Londres, pour autres draps achetez de li à faire livrée à chevaliers, escuiers, genz de mestier et varlez.

Primo. 2 draps de fin sanguin en grainne, le drap 17ˡ, valent 34ˡ.

Pour 2 draps de royé à champ pers, et 2 draps plains de caignet, chascun 66ˢ 2ᵈ, 13ˡ 4ˢ 8ᵈ.

Pour 1 autre drap roié de pers champ, 73ˢ 4ᵈ.

Pour 3 draps de vermeil, et 1 drap de royé brun tanné, chascun 52ˢ, valent 10ˡ 8ˢ.

---

[1] Voy. la note de la page 196.

Pour 2 draps de royé moré, 100^s.

Guillaume le cousturier, pour la façon de 2 robes pour maistre Jehan le fol, à la relacion J. de Dainville, 10^s.

Berthélemi Mine, pour demie livre de tornesol, 2^s. — Pour 3 livres de miel, 6^d. — Pour demie livre de cubèbes, 18^d.

[Somme], 4^s.

Les genz de l'ostel le Roy estans et demourans avecques li à Londres, à la St Jehan cccLx, pour don à eulx fait par ledit seigneur pour quérir leurs neccessitez, à la relacion maistre Jehan le Royer et Jehan de Dainville, maistres d'ostel.

Jehan de Dainville, maistre d'ostel, 80 royaux.

Chapelle. Maistre G. Racine, 50 royaux. — Denys de Collors, 50 royaux. — Messire Aymart, 20 escuz. — Climent, 8 escuz. — Potage, 6 escuz.

Chambre. Tassin du Bruil, 16 escuz. — Jehannin l'espicier, 16 escuz. — Aymonet, 16 escuz. — Magister, 10 escuz. — Gourdin, 10 escuz. — Gillot, 6 escuz.

Les genz monseigneur Philippe. Regnaut, 10 escuz. — Jehan de Millan, 10 escuz. — Robinet, 8 escuz.

Panneterie. L'Oblier, 6 escuz. — Mahiet, 4 escuz.

Eschançonnerie. Jehan Huitasse, 12 escuz. — Le Bourguignon, 10 escuz.

Cuisine. Poissy, 10 escuz. — Cossart, 10 escuz. — Petit Guillot, 6 escuz. — Quentin, 4 escuz.

Fruiterie. Grégy, 6 escuz.

Escuirie. Gervesot, 12 escuz. — Giles le mareschal, 10 escuz. — Roger, 6 escuz. — Béraut, 4 escuz. — Cotelle, 6 escuz. — Jehannin le page, 4 escuz. — Le page, 4 escuz. — Le page mons^{gr} Philippe, 4 escuz.

Forrière. Bertaut, 6 escuz. — Le barbier, 6 escuz. — Serdeliaue, 4 escuz. — Le lavandier, 4 escuz.

Le roy des ménesterelx, 10 escuz.

Somme des escuz, 280 escuz, valent, 3ˢ 4ᵈ pièce, 46ˡ 13ˢ 4ᵈ.

Somme des royaux, 180 royaux.

Guillaume le parcheminier, pour 5 dozainnes de parchemin, 3ˢ la dozainne, 15ˢ.

Pour encre, 4ᵈ.

Mercredy xvııᵉ *de juing*[1]. Un varlet de la royne d'Angleterre qui asporta au Roy venoison que elle li envoioit, pour don fait audit varlet par le Roy, à la relacion du maistre d'ostel, 2 nobles, valent 13ˢ 4ᵈ.

L'abbé et couvent de Nostre-Dame de Grâce, darrière le chastel de Londres, pour don fait à eulx en aumosne, par le Roy et de son commandement, 10 escuz, valent 33ˢ 4ᵈ.

Pierre Scoffet, pour 2 roucins achetez de li par le maistre d'ostel, 11 mars et demi, valent 7ˡ 13ˢ 4ᵈ.

Jehan le boulenger, qui servi de pain, à Londres, le Roy, par 2 mois ou environ, lorsqu'il vint de Sommertonne, pour don fait à li à cause de son vin du marchié, 5ˢ 2ᵈ ob.

Venredy xıxᵉ *de juing*. Les Augustins de Londres, pour don à eulx fait en aumosne, 100 nobles, valent 33ˡ 6ˢ 8ᵈ.

Le Roy, qui ala en l'ostel des diz Augustins, et y oy messe, pour offerande, 20ᵈ.

Le Roy, pour aumosne donnée de son commandement, en revenant des Augustins au chastel, 3ˢ 5ᵈ.

Guillaume Spaigne, pour le loyer de son celier où ont

---

[1] Le dimanche précédent, le Roi avait dîné avec le roi d'Angleterre, comme nous l'apprend le passage suivant des Grandes Chroniques : « Le dimenche quatorziesme jour du moys de juing ensuivant, le roy de France donna à disner au roy d'Angleterre en la Tour de Londres, et firent moult grand semblant d'amour l'un à l'autre. » (*Gr. Chr.*, t. VI, p. 215.)

esté les vins du Roy à S¹ Boutoul, tant comme le Roy a esté à Sommertonne, 10 mars, valent 6ˡ 13ˢ 4ᵈ.

Li, pour les despens de Serdeliaue faiz en son hostel, du xxiiᵉ de décembre jusques au xxiᵉ de juing, qu'il a esté à S¹ Boutoul sur la garde des diz vins, 3ᵈ par jour, valent 45ˢ 9ᵈ.

Le Roy, pour aumosne secrète, 20ˢ.

L'évesque des Augustins, qui chanta la messe devant le Roy, aus Augustins, où le Roy fu, pour don à li fait en aumosne, 15 nobles, valent 100ˢ.

Samedy xxᵉ *de juing.* Les Carmélites de Londres, pour don à eulx fait en aumosne par le Roy, qui les ala visiter, 100 nobles, valent 33ˡ 6ˢ 8ᵈ.

Les Jacobins de Londres, pour samblable, 100 nobles, valent 33ˡ 6ˢ 8ᵈ.

Le Roy, qui oy messes ès diz lieux, pour offerande, 2ˢ.

Les frères de Saint-Anthoine de Vienne, à Londres, pour don en aumosne, 10 escuz, valent 33ˢ 4ᵈ.

Les frères croisiez, près du chastel de Londres, pour samblable, 10 escuz, valent 33ˢ 4ᵈ.

Les suers de S. Nicolas de Londres, pour don fait à eulx en aumosne par le Roy, à la relacion de mons. de Jargny, 2 nobles, 13ˢ 4ᵈ.

Hoge Floremont, pour 1 roucin brun bay, acheté pour monseigneur Philippe, à la relacion du conte de Tancarville, 22 nobles, 7ˡ 6ˢ 8ᵈ.

Jacques Andrieu, bourgois de Londres, pour draps pris de li pour le Roy par Tassin du Bruil, c'est assavoir : 8 aunes de vert, l'aune 6ˢ, valent 42ˢ.

Item, pour demi drap d'escarlate, 10ˡ.

Item, pour 5 aunes de drap violet en grainne, l'aune 10ˢ, valent 50ˢ.

Item, pour une aune de brun tanné, 4ˢ.

Pierre Holbech, de Londres, drapier, pour draps pris de li pour parfaire la livrée du Roy, quar l'on avoit pris pou drap ci devant. — Primo, demi drap de caignet, 33^s. 4^d. — Item, demi drap de roié pers, 36^s 8^d. — Item, demi drap de vermeil, 26^s. — Item, demi drap de roié moré, 25^s. — Item, demi drap de tanné mellé, 25^s.

Perrin le pelletier, pour fourrer 1 seurcot, chaperon et mantel, pour maistre Jehan le fol, 2^s.

Girardin, varlet maistre Jehan le fol, qui l'a mené de Londres à Calais, par yaue, et d'ilec à Boulongne, du commandement du Roy, pour ses neccessitez durant le voyage, 2 nobles, valent 13^s 4^d.

Berthélemi Mine, espicier, 53 livres de sucre muscarrat, 12^d ob. livre, valent 55^s 2^d ob. — Conserve de citron, 12 livres, valent 28^s. — Tournesol, une livre, 4^s. — Or fin, 1 cent, vault 5^s. — Cubèbes, 2 livres, 6^s. — Flor de cannelle, demie livre, 3^s. — Girofle, demie livre, 20^d. — Gigembre paré, 1 livre, 20^d.

Le Roy, pour offerande faicte par li au Temple de Londres, quant il ala au (*sic*) Carmélites et aus Jacobins, 3 royaux.

Les bateliers qui le menèrent par yaue aus diz Carmélites et Jacobins, 6 nobles, à la relacion mons. de Jargny, valent 40^s.

Berthélemi Mine, pour une livre de cire rouge, 9^d.

Dymenche xxie *de juing*. Le Roy, qui oy messe à l'ermitage lez la Tour de Londres, offerande, 7^s.

Lundy xxiie *de juing*. Les Cordeliers de Londres, pour don fait à eulx par le Roy, qui les ala visiter, 100 nobles, par maistre J. le Royer, valent 33^l 6^s 8^d.

Et pour offerande à la messe, 12^d.

Les prisonniers de Neugate de Londres, pour aumosne faicte à eulx par le Roy, 10 nobles, valent 66^s 8^d.

Le Roy, aumosne secrète, 10^s.

Guillaume Holbech, drapier de Londres, pour drap pris de li pour parfaire les livrées du Roy, par Tassin du Bruil.

Primo, demi drap vermeil, 26ˢ.

Item, un quartier d'un drap royé et une aune, sur 1 champs pers, 21ˢ 6ᵈ.

Ledit Guillaume, pour 1 drap de roié, moré champ, 50ˢ.

Pour demi drap de roié, vermeil champ, 25ˢ.

Pour demi drap de marbré, 33ˢ 4ᵈ.

Pour demi drap de fin sanguin en grainne, pour chevaliers, 8ˡ 10ˢ.

Gautier Brise-Tanquart, tondeur, pour tondre 2 escarlates et demie, pour chevaliers, à la livrée du Roy, 12ˢ 6ᵈ.

Pour tondre 11 draps pour escuiers et genz de mestier et autres, 3ˢ chascun, valent 33ˢ.

Pour tondre 2 autres dras pour les sommeliers de la chambre, 6ˢ.

Symon Boissel, pour 3 pièces de sendal pour forrer 3 seurcoz pour le Roy, 24ˢ pièce, 72ˢ.

Pour une pièce de cendal roge, pour forrer une robe pour M. J. le fol, 18ˢ.

Pour 1 drap d'or à couvrir chaières pour le Roy, dont l'on a couvert une chaière; et a le demourant, maistre Girart, si comme l'on dit. Pour ce, 46ˢ 8ᵈ.

Symon Boissel, pour 6 pièces de cendal vermeil pour faire un oratoire pour le Roy, et unes custodes pour l'autel, acheté par Tassin du Bruil, 24ˢ la pièce, valent 7ˡ 4ˢ.

Pour demie livre de soye, 12ˢ.

Guillaume Rambol, pour ruban et pour frange pour lesdictes custodes et oratoire, 7 onces et demie, à 2ˢ 6ᵈ, valent 18ˢ 9ᵈ.

Pour 4 livres de cordes à encorder lesdictes custodes et oratoire, 16ᵈ la livre, valent 5ˢ 4ᵈ.

Pour cent et demi d'annaux, 2ˢ 3ᵈ.

Pour la façon desdictes custodes et oratoire, et de 4 grans quarriaux, touz couvers de samit, 12ˢ.

Perrin le peletier, pour 3 varlez à forrer 3 paire de robes pour le Roy, rafreschir 10 garnemens et 3 chaperons de mesmes, rafrechir 6 autres chaperons, par 8 jours, et pour 2 varlez pour celle mesmes besoigne, par 1 jour, 6^d par jour, valent 13^s.

Pour foler 2 seurcoz et 1 chaperon et 2 paire de manches, 3^s. Pour oint, 12^d. Pour croie pour tramper lesdictes forreures, 6^d. Pour bran, 6^d. Pour fil pour lesdictes besoignes, 16^d. Pour cervoise pour lesdiz ouvriers, 3^s 3^d. Pour tout, 22^s 7^d.

Une recluse de Londres, aumosne par le Roy, à la relacion maistre J. le Royer, 1 noble, vault 6^s 8^d.

Les bateliers qui menèrent le Roy par yaue du chastel de Londres jusques aus Jacobins, pour aler aus Cordeliers, et le ramenèrent chex Henry Picart, où il dîna, 4 nobles, à la relacion M. J. le Royer, valent 26^s 8^d.

Les maçons des Cordeliers de Londres, que le Roy vit ouvrer quant il fut aus diz Cordeliers oyr messe, pour don fait aus diz maçons, paié de son commandement, 2 nobles, valent 13^s 4^d.

Les maçons Henry Picart, que le Roy vit ouvrer quant il disna chiex ledit Henry, pour don fait à eulx, 3 nobles, valent 20^s.

Messire Hoge Baclier, pour une haquenée grise achetée de li, pour l'ostel du Roy, par le maistre d'ostel, 8 nobles, valent 53^s 4^d.

Un varlet qui garde l'ostel madame de Pannebroc[1] à Londres, où le Roy fist petit disner, ce jour, quant il revint des Cordeliers, pour don fait audit varlet, à la relacion du maistre d'ostel, 2 nobles, valent 13^s 4^d.

Mercredy xxiiiie *jour de juing.* Les ménesterelx du roy d'Angleterre, du prince de Gales et du duc de Lenclastre, qui firent mestier devant le Roy le jour de la

---

[1] Marie de Saint-Pol, comtesse de Pembrock.

Saint-Jehan, pour don fait à eulx par le Roy, à la relacion de mons. de Jargny, 40 nobles, valent 13ˡ 6ᵇ 8ᵈ[1].

Jehan de Laon, chevaucheur, qui avoit asporté lettres au Roy du cardinal de Rouan, du chancelier, de Pierre Scatisse et de plusieurs autres de parties d'Avignon, et qui leur reporta lettres du Roy, et pour son retour, à la relacion maistre Jehan le Royer, 20 roiaux.

Jeudy xxvᵉ *jour de juing.* Godefroy le sellier, pour une selle dorée pour le Roy, estoffée de sengles et de tout le hernois, 6 mars, valent 4ˡ.

Pour 2 selles dorées pour monseigneur Philippe, estoffées de sengles et de tout le hernois, 8 mars, valent 106ˢ 8ᵈ.

Pour rapareillier et dorer les estriés d'une autre selle pour le Roy, et pour 4 chevestres neux, et pour appareillier une selle blanche de hernois neuf, et pour plusieurs autres hernois appareillier, 20ˢ. Pour tout, du commandement du maistre d'ostel, 10ˡ 6ˢ 8ᵈ.

Les nonains de S. Liénart de Straffort, pour don à eulx fait en aumosne, 3 nobles, valent 20ˢ.

Berthélemi Mine, 32 livres de sucre, à 12ᵈ ob. livre, valent 33ˢ 4ᵈ.

Item, une livre et 1 quarteron d'anis trié, 7ᵈ ob.

Maistre Girart d'Orliens[2], pour refaire de charpenterie et repaindre de nouvel la chaière du Roy, par Gile de Mclin (Melun) et Copin le paintre, à la relacion maistre Jehan le Roier, 16ˢ 8ᵈ.

Hannequin l'orfèvre, pour 1 saffir entaillié à une teste, acheté de li pour le Roy, paié à la relacion maistre Jehan le Royer, 16 nobles, valent 106ˢ 8ᵈ.

---

[1] Cet article est barré dans l'original, et on lit en marge : *Néant, quar il n'en eurent riens.*

[2] Ce Girart d'Orléans était peintre du roi Jean. En 1356, il fit exécuter sous sa direction les peintures du château de Vaudreuil, en Normandie. (Voy. la *Bibl. de l'École des Chartes*, t. Iᵉʳ, 2ᵉ série, p. 540.)

Guillaume Cannelle, pour 3 paire d'estivaux pour le Roy, c'est assavoir : 2 paire de vache, et une paire de cordoan, 3 nobles, valent 20^s.

Venredy xxvie *de juing*. Un aumucier de Londres, pour 6 aumuces achetées de li, présent le Roy; et les donna; 7^s.

Le Roy, aumosne secrète, 20^s.

Un ménestrel qui joua d'un chien et d'un singe devant le Roy qui aloit aus champs ce jour, 1 escu, vault 3^s 4^d.

Le Roy, aumosne quant il aloit aus champs, 16^d.

Jehannin, l'espicier, pour eux (œufs) à clarifier sucre, depuis may, 22^d. Pour plusieurs portages à asporter espices de chiex l'espicier au chastel, 12^d. Et pour 2 sarreures pour les huis de l'espicerie, l'un ou chastel, et l'autre en l'ostel où les genz du Roy estoient, 15^d. Pour tout, 4^s 1^d.

Samedy xxviie *jour de juing*. Le Roy, qui fu à St Pol de Londres, pour offerande faicte au bacin, 10 escuz, valent 33^s 4^d.

Li, pour semblable, aux reliques darrière le grant autel de St Pol, à l'image Nostre-Dame encoste le cuer, et au crucifix, du commandement du Roy, 50 nobles, valent 16^l 13^s 4^d.

Les prestres, clers et vicaires et communauté de ladicte église, excepté les chanoinne, pour don fait à eulx par le Roy en aumosne, 50 nobles, valent 16^l 13^s 4^d.

Les bateliers qui amenèrent de St Pol par l'iaue jusques au chastel, à la relacion de maistre Jehan le Royer, 2 nobles, valent 13^s 4^d.

Cossart, pour argent qu'il donna et paia à 1 marinier qui l'amena en Angleterre, et asporta secrètement lettres que ledit Cossart asporta au Roy, pour ce, du commandement du maistre d'ostel, 4^s 6^d.

Monseigneur Philippe, pour deniers à li bailliez pour

faire sa volenté, à la relacion du maistre d'ostel, par le rapport J. de Millan, 6 nobles, valent 40^s.

Thèves de la Brune, pour toile à faire 1 paire de draps pour le maistre d'ostel, et pour la façon, 13^s 6^d.

Symon Boissel, pour 4 draps d'or achetez de li, qui furent donnez par le Roy à l'esglise de St Pol de Londres, 128 escuz, à la relacion maistre Jehan le Royer, valent 21^l 6^s 8^d.

Li, pour 2 autres draps d'or achetez de li pour monseigneur Philippe, à la relacion maistre Jehan le Royer, 64 escuz, 10^l 13^s 4^d.

Berthélemi Mine, espicier. Sucre, 130 livres, 12^d ob. livre, valent 6^l 15^s 5^d. — Conserve de citron, 18 livres, 28^d livre, valent 42^s. — Conserve de madrian, 12 livres, 18^d livre, valent 18^s. — Girofle, une livre et demie, 5^s. — Macis, 2 livres, 7^s. — Cubèbes, 2 livres, 6^s. — Grainne de paradis, une livre, 20^d. — Galingal, une livre, 22^d. — Calamus aromaticus, demie livre, 8^d. — Cardamoinne, demie livre, 21^d. — Flor de cannelle, 2 livres, valent 12^s. — Annis trié, 8 livres, 6^d livre, valent 4^s. — Gigembre paré, 3 livres, valent 5^s. — Cannelle, 2 livres, valent 2^s 8^d. — 6 escrins pour mettre les confitures, 4^s. — 2 quaiers de papier pour envelopper confitures, 9^d.

[Somme] 12^l 7^s 20^d.

Ledit Berthélemi, pour 3 quaiers de papier, de la grant forme, à escrire, 2^s 6^d. — Item, 2 livres cire vermeille, 28^d. — Pour encre, 8^d.

Symon Boissel, pour une pièce de baudequin de soie de Donas (de Damas) contenant 4 draps, pour une chambre pour monseigneur Philippe, 80 escuz.

Item, 4 pièces de baudequin de soie rouge pour ladicte chambre, la pièce 19 escuz, pour ce, 76 escuz.

Item, pour quatre pièces d'autre baudequin de soie, 18 escuz pièce, valent 72 escuz, pour ladicte chambre.

Pour tout, 228 escuz, valent 38^l.

Li, pour 7 pièces de cendal, pour courtines, pour ladicte chambre, 24^s pièce, valent 8^l 8^s.

Li, pour une autre pièce de cendal pour carriaux, 24^s.

Li, pour 46 aunes de toile, dont il y en ot 24 à 14^d l'aune, et 22 à 12^d l'aune, valent 50^s.

Li, pour demie livre de soie, 13^s 8^d.

Raimbout, pour 7 pièces et demie de sarge pour faire 5 tapiz de chambre, et une grant sarge pour le lit monseigneur Philippe, la pièce 10^s, valent 75^s.

Li, pour ruban, fil et corde pour lesdictes sarges et pour les courtines, 11^s 8^d.

Li, pour 5 pièces de ruban de soie pour lesdictes courtines, la pièce 2^s 6^d, valent 12^s 6^d.

Li, pour un cent d'anniaux pour lesdictes courtines, 12^d.

Li, pour la façon de ladicte chambre et des choses dessus dictes, 4^l 4^s.

Toutes ces parties faites et achetées par Jehan le Charpentier, tailleur et varlet de chambre de monseigneur Philippe, et paiées à la relacion maistre Jehan le Royer.

Dymenche xxviiie *jour de juing;* et disna le Roy avec le roy d'Angleterre.

Un escuier du roy d'Angleterre et qui garde ses joyaux, qui asporta au Roy les coffres ou estuiz d'une ceinture et d'une aigle que le roy d'Angleterre donna au Roy quant il maina (resta) avec li ce dymenche, pour don à li fait par le Roy, à la relacion maistre Jehan le Royer, 30 nobles, valent 10^l.

Lite Wace, marchant de chevaux, pour 1 corsier acheté de li pour le Roy, à la relacion M. J. le Royer, 60 nobles, valent 20^l.

Les bateliers qui menèrent, en 2 barges, le Roy et ses genz à Westmonster, ce jour qu'il disna avec le roi d'Angleterre, 10 nobles, à la relacion maistre Jehan le Royer, valent 66^s 8^d.

Le varlet du dessus dit marchant, pour son vin quant il amena ledit corsier, 2^s.

Lundy xxixe *jour de juing.* Le Roy, aumosne secrète, 10 escuz, valent 33^s 4^d.

Messire Gautier, pour son salaire à faire les provisions du Roy en Angleterre, dont il prant par an 10 mars, à la St Jehan et Noël : pour le terme de la St Jehan cccLx, du commandement du maistre d'ostel, 10 nobles, valent 66^s 8^d.

Regnaut, tailleur monseigneur Philippe, pour plusieurs mises faites par li pour les neccessitez monseigneur Philippe, contenues en 1 rolet de papier par li baillié, présent le maistre d'ostel, pour tout, 4^l 22^d.

Berthélemi Mine. 50 livres sucre, valent 52^s 1^d. — 1 cent d'or fin, 5^s. — 1 cent d'or parti, 3^s. — Pour les roses de son jardin, achetées par Thomassin, l'espicier du Roy, 40^s. — Li, pour buche, charbon et eulx (œufs) à faire les confitures des espices comptées ou précédent feullet, 4^s 6^d.

[Somme] 104^s 6^d..

Li, pour espices prises de li piéçà, obliées à compter : d'annis confit, 6 livres, valent 6^s 3^d; et pour annis vert, 12 livres, valent 6^s; et pour 3 boistes, 2^s. Pour tout, 14^s 3^d.

Le curé du chastel de Londres, pour les offerandes du Roy pour tout juing, 5^s.

Adam de Bury, pour plusieurs parties de pelleterie délivrée par li pour le Roy, et pour la livrée qu'il a faicte à ses genz, à la St Jehan cccLx. Primo, pour 3 chaperons pour le Roy, contenant 468 ventres, le ventre 3^d, valent 117^s.

Pour pannes délivrées pour 15 chevaliers, chascun 200 ventres, et pour un, 280 ventres. Pour tout, 3080 ventres, le ventre 3^d, valent 38^l 10^s.

Pour 5 clers, 17 pannes et demie de gros vair, chascune 22ˢ, valent 19¹ 5ˢ.

Pour Jehan de Dainville, 3 forreures de gros vair à li livrées por ce que le Roy le doit faire chevalier. Pour ce, 66ˢ.

Pour lesdiz clers, 5 chaperons, chascun de 40 ventres, 3ᵈ ventre, valent 50ˢ.

Pour J. de Danville, à la cause dessus dicte, 120 ventres, à ce pris, valent 30ˢ.

Pour 1 seurcot pour le Roy, 520 ventres, et pour le chaperon, 133 ventres, et pour fermeture, 60 ventres; ainsin 713 ventres, à ce pris, valent 8¹ 18ˢ 3ᵈ.

Pour maistre Jehan le fol, 5 forreures de Bougie, 3ˢ 6ᵈ pièce, valent 17ˢ 6ᵈ.

Pour escuiers et autres genz de mestier, pour livrée, 56 forreures de Bougie, 3ˢ 6ᵈ pièce, valent 11¹ 7ˢ 6ᵈ.

Pour maistre Jehan le fol, 2 chaperons de Bougie, 3ˢ pièce, valent 6ˢ.

Martin Parc de Pistoe, marchant de joyaux, pour 1 fermail d'or garni de perles, de dyamens, et de saphirs, et de balaiz, acheté de li par le Roy, paié à la relacion maistre Jehan le Royer, 140¹, c'est assavoir: en 460 escuz de Philippe, 3ˢ 4ᵈ pièce; et en 296 moutons de France, 4ˢ pièce, et en 24 moutons Flandres, 44ᵈ pièce; pour ce, 140¹.

Dons faiz à plusieurs parsonnes, tant du chastel de Londres comme des gens du Roy, quant il se voult départir dudit chastel pour venir à Calais. Primo, le souzconnestable du chastel, 30 escuz.

Les 2 varlez au viez connestable, 20 escuz. Les 2 varlez portiers, 32 escuz. Item, les 2 guaites du chastel, 32 escuz. Le curé du chastel, 40 escuz. Le principal portier, 20 escuz. Le garderobier, 10 escuz. Le viez souz-connestable, 40 escuz. Touz les monnoiés, 40 escuz. Les maçons du chastel, 10 escuz. Le clerc de la place,

6 escuz. Les 4 sergens d'armes qui ont gardé le Roy, 120 escuz. Item, Jehannin le Liégois, 10 escuz. Henchelin, 4 escuz. Guillemin Viez Orge, 10 escuz. Colin de Provins, 2 escuz. Le varlet maistre Jehan le Royer, 6 escuz. Les 4 clers maistre Macé Guéhéry et maistre Jehan le Royer, 20 escuz. Un bon homme à qui le Roy fu en son prael esbatre, 10 escuz. Perrin le pelletier, 4 escuz. Pour tout, 466 escuz, valent 233 nobles, qui valent, 6^s 8^d pour noble, 77^l 13^s 4^d.

Mardy, darrenier jour de juing, que le Roy parti de Londres pour venir à Calais; et vint à grant disner à Eltan avec la royne d'Angleterre, et y demoura tout le jour.

Godefroy le sellier, pour une selle neuve pour monseigneur Philippe, pour 2 chevêtres et 4 sengles, à la relation J. de Danville, 20^s.

Anthoinne Robert, de Londres, pour le loier de la maison où les genz du Roy ont demoré, pour le terme de la St Jehan CCCLX, 5 escuz, valent 16^s 8^d.

Jehan de Herdesverch, bourgois de Londres, pour le loyer de la maison lez le chastel de Londres où les genz et chevaux du Roy estoient hébergiez : pour le premier quartier à la St Jehan CCCLX, 10 nobles, valent 66^s 8^d.

Berthélemin Mine, pour 20 livres de sucre, 20^s 10^d; et pour 4 livres de conserve de damaso, 6^s 6^d. Pour tout, 27^s 4^d.

Jehan Pielle et Fouke Torwode, bourgois de Londres, envers lesquiex le Roy estoit pléges pour l'arcevesque de Senz de la somme de 3158 moutons, paiez par le commandement du Roy, à la relation maistre Jehan le Royer, 3158 moutons françois.

Monseigneur Philippe, pour faire sa volenté, du commandement du Roy, à la relacion maistre J. le Royer, 100 nobles, valent 33^l 6^s 8^d.

Les bateliers qui amenèrent le Roy, par yaue, du

chastel de Londres jusques à 3 lieues de Londres, en venant à Eltan, le jour qu'il se parti, pour don fait à eulx, à la relacion Me J. le Royer, 5 nobles, valent 33^s 4^d.

Les veneurs du roy d'Angleterre, pour don fait à eulx par le Roy, à la relacion maistre J. le Royer, 100 escuz, valent 16^l 13^s 4^d.

Les varlez de chambre du Roy d'Angleterre, pour samblable et à ladicte relacion, 20^l.

Deux frères d'Erménie, pour don d'aumosne faicte à eulx par le Roy, à la relacion maistre J. le Roier, 10 escuz, valent 33^s 4^d.

Thomassin l'espicier, pour 2 sarreures aus coffres des espices du Roy, 3^s 6^d; et pour corde pour lier les coffres à les charier en venant de Londres à Calais, 4^d; pour toile à faire sas à claré pour le Roy, 2^s; pour la façon des diz sas, 4^d; et pour une male de cuir et 2 trousses pour ledit Thomassin, 20^d. Pour tout, 7^s 10^d.

JUILLET.

Mercredy, premier jour de juillet, que le Roy parti de Eltan après disner, et vint au giste à Derthford.

Le Roy, offerande à la messe, à Eltan, 1 royaul, 3^s.

Un varlet du roy d'Angleterre qui asporta venoisons au Roy, que ledit roy d'Angleterrre li envoioit, pour don fait audit varlet par le Roy, à la relacion du maistre d'ostel, 4 nobles, valent 26^s 8^d.

Les Jacobines de Derthford, pour don fait à elles en aumosnes, par le Roy, à la relacion M. J. le Royer, 50 nobles, valent 16^l 13^s 4^d.

L'oste du Roy à Derthford, pour don à li fait par le maistre d'ostel, pour ce que ledit hoste disoit que l'on li avoit ars certain merrien, 2^s.

Hannequin l'orfèvre, pour l'or de unes patenostres qu'il a faites pour le Roy et de son commandement, à la relacion maistre Jehan le Roier, 123 roiaux.

Li, sur la façon des dictes patenostres, et de anneaux, et une croiz qu'il a faicte, paié à la relacion M. J. le Royer, 10 nobles, valent 56º 8ᵈ.

Jeudy IIᵉ *de juillet,* que le Roy parti de Derthford après petit disner, et vint au giste à Rocestre.

Le Roy, pour offerande faicte par li à l'église de Rocestre, 40 escuz, valent 6ˡ 13ˢ 4ᵈ.

Venredy IIIᵉ *jour de juillet,* que le Roy parti de Rocestre, et vint à disner à Stiborne, et sopper et giste à Hospringe.

Le Roy, offerande à la messe, 6ᵈ.

Deux carmélites du couvent d'Agliford, pour aumosne faicte à eulx en chemin, du commandement du Roy, à la relacion M. J. le Roier, 2 nobles, valent 13ˢ 4ᵈ.

Messire Richart Lexden, chevalier anglois qui est hermite lez Stiborne, pour don à li fait par le Roy, à la relacion M. J. le Royer, 20 nobles, valent 6ˡ 13ˢ 4ᵈ.

Samedy, IIIIᵉ *jour de juillet,* que le Roy parti de Hospringe, et vint au disner et giste à Cantorbérie.

Le Roy, offerande ce jour, 6ᵈ.

Le maistre et frères de l'ostel Dieu de Hospringe, ouquel hostel le Roy fu hébergiez le soir devant, pour aumosne faicte à eulx par le Roy, 10 nobles, valent 66ˢ 8ᵈ.

Les nonains de Helbadonne lez Cantorbérie, en venant de Rocestre, pour aumosne commandée par le Roy, à la relacion maistre J. le Royer, 10 escuz, valent 23ˢ 4ᵈ.

Les malades de 4 maladeries depuis Rocestre jusques à Cantorbérie, pour samblable, 20ˢ.

Le Roy, offerande faicte par li en 3 lieux de l'église de Sᵗ Thomas de Cantorbérie, sanz les joyaux qu'il y donna, 10 nobles, valent 33ˡ 6ˢ 8ᵈ.

Monseigneur Philippe, pour samblable, en ce lieu, 16 royaux, 3ˢ pièce, valent, par mons. de Jargny, 48ˢ.

Li, pour deniers à li baillez pour acheter un coustel

qu'il devoit au conte d'Aucerre, pour ce, à la relacion monseigneur de Jargny, 6 nobles, valent 40ˢ.

Les frères prescheurs de Cantorbérie, aumosne par le Roy, à la relacion Mᵉ J. le Royer, 20 nobles, valent 6ˡ 13ˢ 4ᵈ.

Les Carmélites de Sandvis, pour samblable, 10 nobles, valent 66ˢ 8ᵈ.

Les nonains de Norgaite de Cantorbérie, samblable, 10 nobles, valent 66ˢ 8ᵈ.

Les nonains de Sᵗ Augustin de Cantorbérie, pour samblable, 3 nobles, valent 20ˢ.

Les femmes de l'ospital de Nostre-Dame de Cantorbérie, pour samblable, 2 nobles, valent 13ˢ 4ᵈ.

Les Cordeliers de Cantorbérie, 20 nobles, valent 6ˡ 13ˢ 4ᵈ.

Les Augustins de Cantorbérie, pour samblable, 20 nobles, valent 6ˡ 13ˢ 4ᵈ.

Jehan Perrot, qui apporta au Roy 1 instrument appellé l'eschequier, qu'il avoit fait (*sic*), le roy d'Angleterre avoit donné au Roy, et li envoioit par ledit Jehan, pour don à li fait, à la relacion Mᵉ J. le Royer, 20 nobles, valent 6ˡ 13ˢ 4ᵈ.

Dymenche vᵉ jour de juillet, que le Roy parti de Cantorbérie, et vint au giste à Douvre.

Le Roy, offerande à Sᵗ Augustin de Cantorbérie, où il oy messe, 75 nobles, à la relacion maistre J. le Royer, valent 25ˡ.

Mons. Philippe, pour samblable, 1 royau, 3ˢ.

Deux escuiers de madame de Painbroc, de Garainnes et du prieur de léans, pour les despens de eulx, de 40 chevaux et 22 varlez à 3 charioz, et 3 chareites, que lesdictes dames et prieur avoient prestez au Roy pour amener partie de son hernois de Londres à Douvre, et y furent du mardi darrenier de juing jusques au lundy vIᵉ de juillet, qui font 6 jours; pour ce, du commandement du maistre d'ostel, 9^l 6^s 10^d ob. sterlin.

Lesdiz 2 escuiers, pour don fait à eulx par le Roy, à la relacion du maistre d'ostel, 8 nobles, valent 53^s 4^d.

Les 3 charetiers des 3 charioz, pour samblable, 6 nobles, valent 40^s.

Les 3 varlez desdiz charioz, 3 nobles, valent 20^s.

Les 3 pages desdiz charioz, pour samblable, 10^s.

Lundy vi^e *jour de juillet*, à Douvre; et disna le Roy ou chastel avec le prince de Gales.

Un escuier du Roy d'Angleterre qui apporta au Roy le propre gobelet à quoy ledit roy d'Angleterre buvoit, que il li envoioit en don, et le Roy li envoia en don le propre henap à quoy il buvoit, qui fu monseigneur St Loys[1], pour don fait audit escuier, à la relacion mons. de Tancarville, 30 nobles, valent 10^l.

Le Roy, offerande, 3^d.

Les Cordeliers de Winchelese, pour aumosne à eulx faicte par le Roy, à la relacion Me J. le Roier, 10 escuz, valent 33^s 4^d.

Les frères de la Maison-Dieu de Douvre, où le Roy fu hébergié, pour samblable, 20 nobles, valent 6^l 13^s 4^d.

Mardy viie *jour de juillet*, que le Roy parti après disner de Douvre pour venir par mer à Calais.

Le Roy, offerande, 3^d.

Les Jacobins de Vinchelese, aumosne par le Roy, 10 nobles, valent 66^s 8^d.

Les nonains de S. Jaques delez Cantorbérie, pour samblable, 2 nobles, valent 13^s 4^d.

Un homme de Douvre, appellé *le rampeur,* qui rampa devant le Roy contremont la roche, devant l'ermitage de Douvre, pour don fait à li par le Roy, 5 nobles, valent 33^s 4^d.

---

[1] *Qui fu monseigneur St Loys.* Sur cette coupe fameuse, voyez plus haut la note de la page 125.

Mercredy VIIIe *jour de juillet,* que le Roy arriva par mer de Douvre à Calais, à matin.

Le marinier du roy d'Angleterre qui amena par mer le Roy de Douvre à Calais, pour don fait à li par le Roy, à la relaciou Me J. le Royer, 25 nobles, valent 8^l 6^s 8^d.

Les autres mariniers de la propre nef où le Roy fu amenez par mer, comme dit est, pour don fait à eulx par le Roy, à ladicte relacion, 30 nobles, valent 10^l.

Thomas le Grant, pour la nef de *Lencastre;* Thomas Bouquelande, maistre de la nef de *Christofle;* Guillaume Anice, maistre de la nef de *Blide;* Richart Horsepele, maistre de la nef *Thomas,* et Richart l'Archier, maistre de la nef de *Rodecoc,* qui ont admené les genz et hernois du Roy avec le Roy, de Douvre à Calais, ès dictes 5 nefs, sanz celle où le Roy est venuz, don l'on ne compte riens, pour ce que le roy d'Angleterre en a paié le loier, pour lesdictes 5 nefs, de marchié fait pour chascune à 100^s, valent 25^l.

Le roy des héraux d'Artois, pour don fait à li par le Roy, à la relation Me J. le Roier, 20 royaux.

Gillequin de Tournay, qui est alez, du commandement du Roy, à Bruges, à Lile, à Douay et en plusieurs autres lieux, porter lettres pour le Roy, pour ses despens, à la relacion J. de Dainville, 8 royaux.

Guillemin Viez-Orge, pour samblable, à Arraz, à Noyon, à Paris et en autres lieux, 8 royaux.

Guillaume de Napples, varlet de chambre du roy d'Angleterre, qui vint avec les genz du Roy de Londres à Calais, en la nef où les vins et autres garnisons du Roy furent amenez à Calais avant le département du Roy pour yceux conduire, pour don fait à li, à la relacion Me J. le Royer, 30 nobles, valent 10^l.

Le Roy, pour aumosne donnée par menues parties, de son commandement, ou chemin de Londres à Calais, 40^s.

Le Roy, offerande faicte à St Nicolas pour la nef où il venoit de Douvre à Calais, à la relacion maistre Mace Guéhéri, 1 noble et 1^d, vault 6^s 9^d.

Monseigneur Philippe, pour deniers à li baillez à Londres, en 2 parties, pour faire sa volenté, 5 nobles, valent 33^s 4^d.

Tassin du Bruil, pour mises faites par li pour la façon de certainnes robes du Roy, c'est assavoir : d'une robe de cler plomée de 3 garnemens, d'une autre de tanné de 3 garnemens, d'une autre robe de mabré de 3 garnemens, d'une autre robe d'escarlate rosée de 3 garnemens, d'un seurcot de violète forré de cendal, d'une robe de 2 garnemens de la livrée qu'il a faite à chevaliers, de 5 paires de chauces et de 2 chaperons scingles.

Primo. Jehan Pijon et un autres varlez cousturiers qui furent en ladicte besoigne, chascun par 24 jours, 8^d par jour à chascun, valent 6^l 8^s.

Pour leur buvrage, à chascun obole par jour, 8^s.

Pour livre et demie de fil, 6^s.

Pour 3 trétiaux pour drécier l'establie, et pour le charpentier qui l'assist, 3^s.

Pour portage des draps des robes dessus dictes, 16^d.

Pour une aune de toile, 14^d.

Pour une aune de cendal vermeil pour parforrer le seurcot du Roy, 4^s.

Pour une aune de ruban pour lier les housses du Roy, 2^s 8^d.

Nicolas Houvre, pour le drap de la robe de livrée du Roy, baillée à Anthoinne la trompète, 27^s.

Guillaume Roben, pour une gibecière achetée pour le Roy, par Tassin du Bruil, 12^s.

Wille de Namby et le père Jaques de Boby, qui jurèrent que de certainnes choses que il avoient délivrées et faictes en l'ostel du Roy, li estant à Sommertonne, li estoient encores deu 2ˢ, combien que en vérité il en eussent esté paiez, obliez à compter ci-devant, 2ˢ.

Anselet Serdeliaue, pour certains despens et missions faictes par li pour mener de Herthford à Londres, en chareite, certainne partie du hernois du Roy quant il ala à Sommertonne; et aussi pour cause des vins qu'il mena à Sᵗ Boutoul, de Londres, pour les garnisons du Roy, dont il a eu la garde, et pour partie de ses despens qu'il a faiz au lieu, sanz ceux qu'il a faiz chiex Guillaume Spaigne, dont l'on compte ci-dessus, et pour son retour de Sᵗ Boutoul à Londres, les parties oyes par le maistre d'ostel, 45ˢ 9ᵈ.

Raoul de Lile, receveur de Tholose, pour 120 tonneaux de vin que il a fait acheter par Guichart de Lorraix, son commissaire, et amener à Londres pour les provisions du Roy, et pour les fraiz d'iceulx, et de 20 autres tonneaux de vin que l'abbé de Grant-Silve et le séneschal d'Agen ont envoié au Roy en don, jusques à ce qu'il furent amenez de là où il furent premièrement chargiez jusques à Bourdeaux, qu'il furent chargiez en nefs pour amener par mer à Londres, et pour partie du frait depuis lors jusques à ce qu'il furent assis ès celiers du Roy, si comme il appert par 2 comptes renduz par ledit Guichart sur ce; lesquiex 140 tonneaux de vin ne sont revenuz plains et aoillez, touz déchiez et emplages rabatuz, que 112 tonneaux et pipe, et un? tonneau de vin aigre. Pour ce, 3308 florins de Florence et 5ᵈ ob., qui valent, 3ˢ pour florin, valent 496ˡ 4ˢ 1ᵈ.

Richart de Féribry, marinier, pour partie du frait des diz vins depuis Bourdeaux jusques à Londres, c'est assavoir : pour la moitié du frait desdiz vins à les amener par mer jusques à Londres, dont ledit Guichart en a paié l'autre moitié, si comme il appert par son compte; pour ce, 56ˡ 4ˢ.

Lalement, pour porter lettres du Roy au Pape et aus

cardinaux sur l'avancement du subside pour la délivrance du Roy, à la relacion maistre Jehan le Royer, 25 escuz[1].

ITINÉRAIRE DU ROI JEAN

PENDANT SA CAPTIVITÉ EN ANGLETERRE.

La captivité du roi Jean commence à la bataille de Poitiers (20 septembre 1356) et finit au 24 octobre 1360, jour de la date de ses lettres de delivrance. C'est un espace de temps de trois ans neuf mois et treize jours, dont il passa trois ans et deux mois sur le sol anglais (du 4 mai 1357 au 4 juillet 1360). C'est pendant ce dernier intervalle que nous allons le suivre.

Les *Grandes Chroniques* nous apprennent que le prince de Galles s'embarqua à Bordeaux, avec le roi Jean, le 11 avril 1357; qu'ils débarquèrent en Angleterre le 4 mai suivant, et qu'ils firent leur entrée dans Londres le 24 du même mois. « Et le roy de France et le prince de Gales s'en alèrent à Londres, là où le roy de France fut tenu prisonnier si largement comme il vouloit; et aloit chacier et esbatre toutes les fois qu'il lui plaisoit; et estoit en un moult bel ostel dehors ladite ville de Londres, appellé Savoie, et estoit au duc de Lenclastre[2]. »

Le chroniqueur ne nous dit pas à quel port de l'Angleterre aborda le roi Jean; Froissart non plus. Mais par les détails qu'il nous donne sur son itinéraire jusqu'à Londres, on voit que ce fut à Douvres ou à Sandwich. « Or vint le roi de France, le prince et leurs routes à Saint-Thomas de Cantorbie, où ils firent leurs offrandes et y reposèrent un jour. A lendemain, ils chevauchèrent jusqu'à Rocestre, et puis reposèrent là un jour. Au tiers jour, ils vinrent à Dardefort, et au quart jour à Londres[3], où ils furent très-

---

[1] Ici s'arrête ce compte, sans sommes totales ni récapitulation, au bas du verso du folio 93. Le manuscrit est, comme nous l'avons dit dans notre avertissement, terminé par trois feuillets restés en blanc.

[2] *Gr. Chroniq.*, édi. P. Paris, t. VI, p. 58.

[3] *Et au quart jour à Londres.* On vient de voir que les *Grandes Chroniques* parlent de vingt jours. Pour accorder nos deux chroniqueurs, on peut supposer que Froissart n'a pas tenu compte du temps que le roi Jean sera resté au lieu de son débarquement. Au reste, s'il fallait absolument

honorablement reçus ; et aussi avoient-il esté par toutes villes où ils avoient passé. Si estoit le roi de France, ainsi que il chevauchoit parmi Londres, monté sur un grand blanc coursier, très-bien arréé et appareillé de tous points, et le prince de Galles sur une petite haquenée noire de-lez lui. Ainsi fut-il convoyé tout au long de la cité de Londres jusques à l'hostel de Savoye, lequel hostel est héritage au duc de Lancastre. Là tint le roi de France un temps sa mansion ; et là le vinrent voir le roi d'Angleterre et la royne, qui le reçurent et festoyèrent grandement, car bien le savoient faire ; et depuis moult souvent le visitoient et le consolaçoient de ce qu'ils pouvoient. »

Après quoi Froissart parle de l'arrivée en Angleterre des cardinaux de Périgord et d'Urgel (elle eut lieu vers la fin de juin), et il ajoute : « Un peu après fut le roi de France translate de l'hôtel de Savoye, et remis au chastel de Windsor, et tous ses hôtels et gens. Si alloit voler, chasser, déduire et prendre tous ses ébatemens environ Windsor, ainsi qu'il lui plaisoit, et messire Philippe, son fils aussi ; et tout le demeurant des autres seigneurs, comtes et barons, se tenoient à Londres ; mais ils alloient voir le Roi quand il leur plaisoit, et étoient reçus sur leur foi tant seulement[1]. »

Ainsi, d'après Froissart, ce fut vers la fin de l'été de l'année 1357 que le roi Jean habita Windsor. Combien de temps y séjourna-t-il ? C'est ce que nous ne savons pas. Nous remarquerons seulement qu'on ne trouve dans la collection Rymer aucune pièce qui en parle. Au reste, cela peut s'expliquer facilement. Il est probable que, dans les premiers temps, la captivité du roi Jean fut très-douce, mais qu'elle devint plus resserrée à mesure que les difficultés politiques s'augmentaient. Ce qui semble le prouver, c'est qu'on voit pour la première fois, à la fin de l'année 1358, paraître dans Rymer des pièces relatives au roi Jean[2], et alors ce sont des mesures de prudence sévère, des réductions de gens de sa suite, des ordres de translation, etc. Quoi qu'il en soit, nous laisserons les conjectures pour nous appuyer sur notre document.

Au moment où il commence, c'est-à-dire au mois de juillet 1359, nous trouvons le roi Jean prisonnier au château d'Hereford[3]. Il n'y était sans doute que depuis quelques mois, car on trouve dans

---

choisir entre les deux versions, nous n'hésiterions pas à mettre, quant à ce qui touche à l'exactitude matérielle, Froissart au second rang.

[1] Froissart, t. III, p. 267, édit. Buchon.
[2] La première est du 3 décembre 1358.
[3] Voy. plus haut la note de la page 213.

Rymer une pièce du 8 décembre 1358, qui est un ordre au trésorier d'Angleterre de payer ceux qui avaient été chargés de la garde de Jean de France, *apud Sauvoye*, c'est-à-dire à l'hôtel de Savoie, aux faubourgs de Londres. Or, c'est dans ce même mois de juillet 1359 qu'arriva l'ordre de sa translation au château de Somerton, dans le comté de Lincoln. Cet ordre était motivé par les appréhensions d'Édouard II, appréhensions qu'expliquent certaines pièces données par Rymer[1]. Voici cet itinéraire tel que le donne notre document :

Translation du roi Jean, du château d'Hereford à celui de Somerton.

Lundi	29 juillet 1359.	Départ de Hertford[2]. — Petit dîner à Pongrich[3]. — Gîte à Ristonne[4].
Mardi	30 —	Dîner à Castonne[5]. — Gîte à Hanstidonne[6].
Mercredi	31 —	Séjour à Hanstidonne.
Jeudi	1er août —	Petit dîner à Gerston. — Gîte à Stanford[7].
Vendredi	2 —	Séjour à Stanford.
Samedi	3 —	Petit dîner à Hestonne[8]. — Gîte à Grantain[9].
Dimanche	4 —	Dîner à Grantain. — Gîte à Soubretonne[10].

Le séjour du roi Jean au château de Somerton fut de six mois et dix-sept jours[11] (du 4 septembre 1359 au 21 mars 1360). A cette

---

[1] Par exemple, des lettres du 12 août 1359, portant l'ordre d'arrêter Jean de Cornouailles et Guillaume de Derby, *qni inimicis nostris de Francia sunt adhærentes, regnum nostrum Angliæ clandestine sunt ingressi et in civitate nostra London, et alibi vagantur, secreta nostra et terræ nostræ explorantes, etc.* (Rymer, t. III, part. I, p. 442.)

[2] Hereford, chef-lieu d'un comté, à vingt et un milles anglais de Londres.

[3] Pukeridg.

[4] Royston, à trente-sept milles de Londres.

[5] Croxton.

[6] Huntingdon.

[7] Stamford, à quatre-vingts milles et demi de Londres.

[8] Easton.

[9] Grantham.

[10] Somerton, château du comté de Lincoln, à cent vingt-cinq milles et demi de Londres, environ trente-six lieues de France.

[11] Les approvisionnements se faisaient par le port de Boston. C'est ce *Saint-Boutoul* dont il est si souvent question dans notre document.

dernière date, on le fit partir pour Londres, où il arriva le 28. On trouve dans Rymer un grand nombre de pièces relatives à cette seconde translation. Un peu auparavant, le nombre des gens de sa suite avait été réduit à vingt et une personnes (lettres du 18 février). Depuis, on lui en avait laissé quinze de plus (lettres du 10 mars). Le 2 mars, le roi d'Angleterre écrit à Guillaume de Deincourt qu'ayant des avis certains que les Français ont sur mer des forces considérables avec lesquelles ils se préparent à faire une descente en Angleterre pour enlever leur roi prisonnier, il lui envoie Jean de Buckingham, garde du sceau du prince Thomas, son fils, et Raoul Spirgurnell, chevalier, pour prendre le roi Jean au château de Somerton, et le conduire à Berkamstead, de concert avec lui Deincourt[1]. Les craintes d'Édouard étaient fondées : il y eut dans ce temps-là une descente des Français à Winchelse, port de mer du comté de Sussex. Ils prirent la ville, en tuèrent les habitants et se répandirent dans la campagne[2]. Le 14 mars, ordre à Guillaume Ayremynne, Jean de Buscy et Thomas de Meaux, d'aller avec une suite de vingt hommes d'armes et de vingt-quatre archers à cheval, prendre le roi Jean au château de Somerton, le vendredi jour de la Saint-Cuthbert (le 20 mars), de grand matin et le plus secrètement possible, et de le conduire à Grantham, et, le mardi suivant, à Stamford[3]. Un ordre semblable fut donné au vicomte de Lincoln. Parti de Somerton pour Londres le 20 mars, le roi Jean y arriva le 28, comme il a été dit plus haut. Il fut gardé dans la Tour de Londres, dont on avait déménagé les archives à cette occasion[4].

Le traité signé à Bretigny, près Chartres, le 4 mai 1360, mettait fin en droit, à la captivité du roi Jean; cependant ce ne fut que

---

[1] *Quia certitudinaliter informamur quod inimici nostri Franciæ, in multitudine non modica hominum ad arma, armatorum et aliorum, cum equis suis, supra mare, in magno navigio actualiter jam existunt et regnum nostrum ubi commodius poterunt, invadere, dictumque adversarium nostrum, verisimili conjectura, a manibus nostris eripere, et secum extra regnum nostrum Angliæ, quod absit, ducere, proponunt, etc.* (Rymer, *ibid.*, p. 470.)]
Berkhamstead, ville du comté d'Hereford, à trois lieues de Saint-Albans.

[2] Cet événement arriva le 15 mars 1360, et motiva les ordres envoyés à plusieurs gouverneurs de châteaux de resserrer plus étroitement leurs prisonniers. Voyez, dans Rymer, des lettres du 17 mars 1360 (p. 477).

[3] Rymer, p. 475.

[4] Ibid., p. 485.

deux mois plus tard qu'il quitta l'Angleterre[1]. Voici son itinéraire, que nous tirons, comme le premier, de notre document :

Itinéraire du roi Jean, de Londres à Calais.

Mardi	30	juin 1360.	Départ de Londres. — Arrivée à Eltan[2].
Mercredi	1er juillet	—	Départ d'Eltan. — Coucher à Derthford[3].
Jeudi	2	—	— Départ de Derthford après dîner. — Gîte à Rocestre[4].
Vendredi	3	—	— Départ de Rocestre. — Dîner à Stiborne[5]. — Souper et gîte à Hospringe[6].
Samedi	4	—	— Départ d'Hospringe. — Dîner et gîte à Cantorbérie[7].
Dimanche	5	—	— Départ de Cantorbérie. — Arrivée à Douvres.
Lundi	6	—	— Séjour à Douvres.
Mardi	7	—	— Séjour à Douvres.
Mercredi	8	—	— Départ de Douvres. — Arrivée à Calais.

Arrivé à Calais le 8 juillet, le roi Jean y resta encore comme prisonnier l'espace de trois mois et treize jours, obligé d'y attendre que le premier payement de sa rançon fût effectué. Enfin, le 24 octobre 1360, les deux rois jurèrent solennellement la paix, et

---

[1] On trouve dans Rymer, au 17 juin, un ordre à Roger de Beauchamp, constable de Douvres et garde des Cinq-Ports, de tenir des vaisseaux prêts pour le passage du roi Jean à Calais. (P. 499.)

Un autre, du 27 juin, est adressé aux vicomtes de Londres et de Middlesex, pour préparer six charrettes ferrées, chacune à six chevaux, et de les faire amener à la Tour de Londres le lundi 29 juin, *ante ortum solis, pro harnesiis et aliis rebus consanguinei nostri Franciæ exinde usque Dovorr', ad vadia ipsius consanguinei nostri, ducendis.* (P. 501.)

[2] Eltham.

[3] Darthford, à quinze milles de Londres.

[4] Rochester, à vingt-neuf milles de Londres.

[5] Sittingborn, ou Sittingbourne, à trente-neuf milles trois quarts de Londres.

[6] Ospring.

[7] Canterbury, à cinquante-quatre milles et demi de Londres, et à seize de Douvres.

le lendemain le roi Jean partit de grand matin de Calais pour se rendre à Boulogne.

Les lettres de la délivrance du roi Jean se trouvent en original au Trésor des Chartes. Comme elles ne sont pas dans Rymer, si riche d'ailleurs sur cette époque, nous croyons utile de les donner ici.

LETTRES DE LA DÉLIVRANCE DU ROI JEAN.

CALAIS, 24 OCTOBRE 1360.

Edward, par la grâce de Dieu, roi d'Engleterre, seigneur d'Irland et d'Aquitaigne. Savoir faisons à touz présentz et avenir, que comme nostre frère le roi de France nous eust naguières promis comme léal roi enoint, et juré qu'il demourroit et se tendroit toutes partz loial prisoner à nous et à noz heirs, tant et si longement come il nous plairoit, et jusques à ce que nous le délivrerions de nostre bon gré, et qu'il ne partiroit jammais hors de nostre prison par aucun engin ne par cause quelconque, sanz avoir sur ce notoire congié de nous, et par noz lettres. Et si cas avenoit qu'il fust pris, de son gré ou contre son gré, par qui que ce fust, il nous eust promis semblablement et juré que au plus toust que il pourroit, par aucune voie du monde, sanz fraude et mal engin, il retourneroit en Engleterre, et rendroit son corps en nostre prison et de noz heirs, à la citée de Londres, sanz autre requeste à lui faire, et illocques ou ailleurs que nous voudrions ordener, demouroit prisoner tant que nous le voudrions de bon gré délivrer; et eust promis et juré aussi que il ne empétreroit ne ferroit empétrer dispensacion ne absolucion du pape, ne d'autre que ce soit, sur ses diz sèrementz et promesses, ne rienz feroit ne procureroit faire, en jugement ne dehors, au contraire des choses devant dictes. Et si aucune chose estoit faicte au contraire par lui ou par autre, il eust voulu estre tenu et réputé pour avoir encoru tel blâme et tiel déshoneur come roi sacré devroit ou pourroit encoure en tel cas; si come toutes ces choses sont plus plénement contenues ès lettres de nostre dit frère de France à nous sur ce données. Nous, pour certains considéracions et causes, le quitons, délivrons et deslions de toutes les promesses, sèrementz, liens et obligacions dessus ditz, et de chascun d'ycelles, et lui donnons par ces présentes lettres notoire congié et licence de s'en aler tout à plein délivre de nostre prison quant il lui plaira, sanz estre plus tenuz de y retourner ou rentrer, pourveu toutesfoiz qu'il ne se pourra armer contre nous ne noz gentz, jusques à ce qu'il ait acompli ce qu'il nous doit faire à cause du tractié et accort fait avecque lui, selon la forme des articles sur ce faites. Et jurons sur le corps Jhésu Crist ladicte délivrance, quictance et congié, et toutes les choses dessus escriptes, tenir, garder et complir, et non venir ou faire au contraire, par nous ou par autre, en quelque manière. Donné souz nostre grand séal, à nostre ville de Calais, le xxiiii⁰ jour d'octobre l'an de grâce mill trois centz soixante.

(Original sur parchemin, scellé du grand sceau de cire jaune, sur double queue. *Trésor des Chartes,* carton J. 638, pièce n° 4.)

DÉPENSES

FAITES A L'OCCASION DU MARIAGE

DE BLANCHE DE BOURBON

AVEC LE ROI DE CASTILLE,

EN 1352.

(Archives nationales, reg. coté K. 8, fol. 131 v° à 139.)

AVERTISSEMENT.

Le morceau que nous donnons ici est tiré d'un compte d'Étienne de La Fontaine pour le terme de Noël 1352. Il complète ce qu'on a déjà vu plus haut sur le même sujet (p. 185); nous n'en avons pas retranché un seul mot. De cette manière, on aura ici, en quelque sorte, le trousseau de la jeune reine.

Le mariage de Blanche, fille de Pierre Ier, duc de Bourbon, avec don Pèdre, dit le Cruel, roi de Castille, se fit par procuration dans l'abbaye de Preuilly, en Touraine. Le contrat, dont l'original se trouve au Trésor des Chartes, fut passé à Paris, dans le couvent des Frères Prêcheurs, le 2 juillet 1352, et non pas le 9, comme le dit le père Anselme (*Hist. généal. de la Maison de France*, t. I, p. 300). Mariana représente la jeune princesse comme douée de grâce et de beauté. Il ajoute qu'elle périt à l'âge de vingt-cinq ans, empoisonnée par ordre de son mari. C'est en 1361, et il met la scène à Médina-Sidonia. Ferreras la met à Xérès.

DÉPENSES

FAITES A L'OCCASION DU MARIAGE

DE BLANCHE DE BOURBON

AVEC LE ROI DE CASTILLE.

Parties de plusieurs choses contenues en une cédule séellée du séel du secret du Roy, pour les noces et espousailles de madame Blanche de Bourbon, royne de Castelle, et pour l'ordenance de son estat, délivrées par ladicte cédule rendue à court.

Et premièrement. *Draps d'or et de soye*, cendaulz et autre mercerie baillée au tailleur de ma dicte dame la Royne.

Edoart Thadelin, pour 9 pièces de fins draps d'or et de soye de 2 sortes, à faire 5 garnemens pour ladicte dame, c'est assavoir : 2 manteaux fourrez d'ermines, une cote sengle, et 2 surcos fourrés de menuvair, 45 escus la pièce, 405 escus.

Ledit Edoart, pour 9 pièces de velluau, c'est assavoir : 6 pièces de fin velluau cremesy et 4 pièces d'autre fin velluau azuré, à faire 2 paires de robes de 3 et de 2 garnemens, fourrées de menuvair, 40 escus la pièce, 360 escus.

Ledit Edoart, pour 3 quarterons de soye et une pièce et demie de cendal vermeil en graine, pour estoffer les robes et garnemens de ladicte dame et couvrir pliçons, 25 escus.

Ledit Edoart, pour une autre pièce de cendal vermeil

en graine, à fourrer les chaperons des chappes aus damoiselles de ma dicte dame, 11 escus et 2 tiers.

Somme, 801 escus et 2 tiers.

Draps de lainne délivrez par ladicte cédule du Roy.

Jacques le Flamenc, pour 2 fines escarlates, l'une rosée et l'autre sanguigne, à faire 2 paire de robes de cinq garnemens chascune, fourrées de menuvair, pour le corps de ladicte dame, 200^l par.

Jehan Parceval, pour un fin marbré verdellet de grant moison, de Bruxelles, et 4 aunes et demie de semblable, pour faire une robe de cinq garnemens fourrée de menuvair, chaperons doubles à enfourmer, et chauces, 60 escus le drap entier et 20^s l'escu, 71^l 5^s.

Ledit Parceval, pour 7 aunes d'un gris de Broisselles couleur de doz d'asne, achatées de luy environ la Toussains, à faire un corset et 1 mantel alemant fourré de menuvair pour ladicte dame, 48^s l'aune, 16^l 16^s.

Pierre de la Courtneuve, pour 7 aunes d'un marbré violet en graine, à faire un autre corset et mantel allemant fourré de menuvair pour ladicte dame, 70^s l'aune, 24^l 10^s p.

Ledit Pierre, pour 6 aunes d'un marbré lonc de Broisselles, à faire cote-hardie et mantel lonc à relever, fourré de gris, pour ladicte dame, 48^s l'aune, 14^l 8^s.

Ledit Pierre, pour demi marbré lonc de Bruxelles, achaté de luy environ la Toussains dessus dicte, pour faire une cote-hardie fourrée de menuvair et l'autre double, 36^l.

Ledit Pierre, pour 8 aunes d'un pers azuré de Broisselles, à doubler ledit fons de cuve, et faire chauces pour ladicte dame, 19^l 4^s.

Jehan Parceval dessus dit, pour une escarlate vermeille de Louvain et un marbré lonc de Broisselles, achatez de luy ou mois de septembre, pour faire couvertoirs, les quelx furent fourrés de menuvair, pour ladicte dame, 156^l.

Ledit Pierre de Courtneuve, pour 2 aunes et demie de pers lonc de Broisselles, 6^l 5^s; pour aune et demie de blanc, 54^s; pour une aune de violète longue, 50^s; et pour aune et demie d'iraingne longue, 75^s; tout baillé à Nicholas Waquier, armeurier du Roy, pour faire un parement à cheval pour madicte dame; duquel parement la façon se prent cy apres ès parties de 2 chappelles pour madicte dame, ensemble avec 2 orfroiz que ledit Nicholas fist pour les garnemens d'icelles chapelles, pour ce, 15^l 4^s.

Ledit Pierre, pour un marbré et demi acollez de Broisselles, à faire cloches à chevaucher pour les femmes de chambre de madicte dame, 54^l.

Ledit Pierre, pour 15 aunes d'un autre marbré à faire cloches à chevaucher pour les femmes de chambre de madicte dame, 15^l.

Jehan Parceval dessus dit, pour 5 marbrez de Saint-Osmer et de Dorlens, achetés de luy environ le Toussains, pour faire couvertoirs aus dames, damoiselles et femmes de chambre de madicte dame, et aussi pour faire mallètes pour ses varlez de chambres, 120^l.

Jehan Bernart, pour 16 aunes de camellin noir, à faire 2 habits et 2 manteaux pour le confessor de ladicte dame et pour son compaignon, 32^l p.

Ledit Jehan Bernart, pour 8 aunes d'autre camelin semblable, à faire 2 chappes, 9^l p., et pour 6 aunes de blanc à faire 2 cotes, 9^l; tout délivré pour ledit confessor et pour son compaignon, pour ce, 18^l p.

Ledit Jehan Bernart, pour 14 aunes d'un marbré à faire couvertoirs pour ledit confessor et son compaignon; pour tout, 24^l.

Somme, 816^l 7^s.

Tonture de draps. Néant cy, prise dessus ou chapitre semblable pour le corps du Roy.

Somme : néant.

Façons de robes.

Jehan le Cauchois, tailleur de madicte dame la royne de Castelle, pour les façons des robes et garnemens, couvertoirs, chaperons doubles à enfourmer, pour le corps de ladicte dame, et pour les façons des cloches à chevaucher pour les dames, damoiselles et femmes de chambre de ladicte dame, et pour plusieurs mises, voitures et despens faiz par ledit tailleur à cause d'icelle besongne par son compte rendu à court, les parties transcriptes vers la fin de ce présent compte ; pour ce, 102¹ 15ˢ.

Jehan Bernart dessus nommé, pour la façon des garnemens et couvertoirs que le confessor de ladicte dame et son compaingnon ont euz des draps dessus diz, 8¹.

Somme, 110¹ 15ˢ.

Pennes et fourreures pour le corps de ladicte dame, baillées à Nicholas du Roquier par sa relacion rendue dessus ou chapitre semblable pour le corps du Roy.

Robert de Nisy, pour 2 fourreures de menuvair tenans chascune 240 ventres, à fourrer 2 surcoz que ladicte dame ot, de drap d'or, le jour de ses espousailles, 18ᵈ le ventre, 36¹.

Ledit Robert, pour 2 fourreures d'ermines à fourrer 2 manteaux de drap d'or que madicte dame ot le jour de ses espousailles, 120¹ par.

Ledit Robert, pour deniers paiez aux varlez pelletiers qui ont batu et escous les pennes et fourreures dessus contenues en plusieurs chapitres par my ce compte ès parties d'icelluy Robert, et fait les fournitures ès tailleries du Roy, de monseigneur le Dauphin, de noz autres seingneurs de France dessus nommez, et de madicte dame la royne de Castelle, 15¹ par.

Symon le Rebours, pelletier, pour fourrer 2 surcos, un de velluau azuré, l'autre de velluau vermeil, mantel et chappe de mesmes ledit velluau vermeil; pour les 2 surcos et le corps de la chappe, 3 fourreures de menuvair tenant chascune 240 ventres, manches et chaperon de chappe, 300 ; manches de cote et de surcot, 60 ; et le mantel alemant 360. Somme, 1440 ventres, 28ᵈ le ventre, valent 168¹ p.

Ledit Symon, pour fourrer 3 paire de robes de 5 garnemens chascune, que ladicte dame ot de deux escarlates et de un lonc marbré de Broisselles sur le verdellet : pour chascune robe 1440 ventres comme dit est dessus, et pour les 3 paire, 4420 ventres, 28ᵈ le ventre, 504¹.

Ledit Symon, pour fourrer à ladicte dame 2 corsès rons et 2 manteaux alemans; pour les 2 corsès, 2 fourreures de menuvair tenans chascune 320 ventres; manches et poignez, 40 ventres; pour 1 chaperon d'iceuls corsès, 120 ventres ; et pour les 2 manteaux alemens, 1200. Somme, 1920 ventres, 224¹.

Ledit Symon, pour fourrer une cote hardie et mantel à relever : pour ladicte cote, une fourreure de gris tenant, manches, 290 doz, et le mantel, 500. Somme 790 doz, 18ᵈ le doz, 59¹ 5ˢ par.

Ledit Symon, pour fourrer à ladicte dame une cote hardie et fons de cuve qu'elle ot d'un marbré vermeillet : pour le corps de ladicte cote, une fourreure de menuvair tenant, manches et tout, 280 ventres; le chaperon à enfourmer, 100; et le fons de cuve, 400. Somme, 780 ventres, 28ᵈ le ventre, 91¹.

Ledit Symon, pour 3 douzaines d'ermines, 36¹, et 17 douzaines de létices, 102¹; tout délivré pour faire pourfil aus garnemens dessus diz. Pour ce, 138¹ par.

Ledit Symon, pour une fourreure de menuvair tenant

sur tout 280 ventres, au dit pris, 32^l 13^s 4^d ; et pour une autre fourreure de gris tenant 240 doz, 18^l; à faire 2 pliçons pour ladicte dame, couvers sur le cuir, l'un de cendal vermeil, et l'autre de cendal vert, 50^l 13^s 4^d.

Ledit Symon, pour fourrer à ladicte dame 1 couvertoir et demi d'escarlate vermeille, couvertoir et demi de menuvair, tenant le couvertoir entier 1836 ventres, c'est assavoir 34 tires de lonc et 54 de lé, et le demi couvertoir, 918 ventres, c'est assavoir 17 tires de lonc et 54 de lé. Somme, 2754 ventres, 321^l 6^s

Ledit Symon, pour fourrer un autre couvertoir et demi que ladicte dame ot, d'un marbré lonc de Bruxelles, couvertoir et demi de menuvair, tenant, le couvertoir entier, 1144 ventres, c'est assavoir 26 tires de lonc et 44 de lé, et le demi couvertoir, 572 ventres, c'est assavoir 13 tires de lonc et 44 de lé; montent sur tout, 1716 ventres, 200^l 16^s.

Ledit Symon, pour deniers paiez aus varlès pelletiers qui ont batu et escous les pennes et fourreures contenues en plusieurs chapitres par my ce présent compte ès parties dudit Symon, et fait les fournitures et tailleries, tant du Roy, de monseigneur le Dalphin et ceuls de sa compaingnie, comme de madicte dame la royne de Castelle; pour tout, 156^l p. Appert par la relacion dudit Nicolas du Roquier dessus rendue.

Somme, 2084^l 4^d.

Chanevacerie pour madicte dame et pour l'ordenance de son estat, délivrée par ladicte cédule.

Guillemette de la Pomme, pour 56 aunes de fine toille de Reims pour faire draps à lit et autres neccessitez pour ladicte dame, à 10^s p. l'aune, 28^l p.

Ladicte Guillemete, pour 48 aunes de très fine toille delliée de Compiengne, à faire draps à parer pour ladicte dame, à 12^s 6^d l'aune, 30^l p.

Ladicte Guillemette, pour 290 aunes de toile de Reims, délivrées tant pour le linge de la chapelle, comme pour faire draps à lit et autres neccessitez pour les dames et damoiselles de madicte dame, à 10ˢ p. l'aune, 145ˡ p.

Ladicte Guillemete, pour 56 aunes de toille bourgoise, délivrée pour faire draps à lit et autres choses neccessaires pour les femmes de chambre de ladicte dame, à 8ˢ p. l'aune, 22ˡ 8ˢ p.

Jehan Bernart, pour 20 aunes de toile, délivrées au confessor de madicte dame pour la livrée de luy et de son compaingnon, 8ˡ.

Et est assavoir que la toille pour les doublez à lit et à vestir pour madicte dame, et aussi la façon et le coton d'iceulx doublez, se prent ou prochain précédent compte de l'Argentier.

Somme, 233ˡ 8ˢ.

Cueuvrechiefs, gorgières, tourez et autres atours pour le chief de madicte dame.

Pour plusieurs pièces de cueuvrechiefs, gorgières, tourez, espingles et autres atours, achatez par l'Argentier en la présence de Othebon, maistre d'ostel de ladicte dame, et pris en la manière, de plusieurs marchans, 80 escuz : pour ce 80ˡ p.

Somme par soy.

Coutepointerie pour les chambres de madicte dame. Néant en ce présent compte ; prise dessus, emsemble avec un oratoire de cendal, 1 materaz et un coissin, ou prochain précédent compte de l'Argentier.

Somme, néant.

Tapisserie pour ladicte dame.

Philippot Dogier, tapissier, pour un tapi vermeil de laine armoié aus cornez et ou millieu des armes de madicte dame, à faire dossier, contenant 12 aunes quarrées, c'est assavoir 4 aunes de lonc et 3 de lé, 24ˢ l'aune, 14ˡ par.

Ledit Phillipot, pour 2 autres semblables tapis vermeulx de laine, contenans sur tout 36 aunes quarrées, c'est assavoir chascun 6 aunes de lonc et 3 de lé, pour tendre autour et environ de la chambre de ladicte dame, l'aune audit pris, 43ˡ 4ˢ.

Jehan de Tremblay, pour 2 autres semblables tapis et de la moison aus autres 2 tapis dessus diz, 43ˡ 4ˢ.

Ledit Phillipot, pour deux autres semblables tapis de laine, contenans sur tout 25 aunes quarrées, c'est assavoir chascun 5 aunes de lonc et 2 et demie de lé, pour estandre par terre au tour du lit et environ, l'aune audit pris, 30ˡ.

Ledit Jehan, pour un autre tapi pareil et d'icelle moison, contenant 12 aunes et demie quarrées, 15ˡ par.

Ledit Jehan de Tramblay, pour 3 autres semblables tapis, contenans sur tout 18 aunes quarrées, c'est assavoir chascun 3 aunes de lonc et 2 de lé, à faire bahus et couvrir les sommiers de ladicte dame, l'aune audit pris, 21ˡ 12ˢ p.

Ledit Philippot, pour 1 autre semblable tapi de laine, contenant 6 aunes quarrées, à faire bahu et couvrir l'un des sommiers à la dicte dame, 7ˡ 4ˢ.

Ledit Philippot, pour 2 autres semblables tapis pour chapelle, contenant sur tout 8 (*sic*) aunes quarrées, c'est assavoir chascun 3 aunes de lonc et 2 de lé, l'un pour estandre par terre devant l'ostel, l'autre pour le sciège de l'oratoire, audit pris, 14ˡ 8ˢ.

Ledit Philippot, pour un autre semblable tapi contenant 6 aunes quarrées pour la litière de ladicte dame, 7ˡ 4ˢ.

Somme, 195ˡ 16ˢ.

Les parties de 2 chapelles que ma dicte dame a eues par ladicte cédule du Roy renduc dessus.

Edouart Thadelin, pour 8 fins draps d'or de Lusques tenans sur l'ardant, baillés à Pierre Marie, chasublier, pour faire une chapelle de 6 garnemens : c'est assavoir chasuble, tunicle, damaticle et 3 chapes, 2 draps pour autel, 3 paires de paremens à aubes et 3 fanons, 45 escuz la pièce, 360 escus.

Ledit Edoart, pour 5 pièces et demie de cendaulz vers baillés audit Pierre Marie pour fourrer les diz garnemens et paremens, 9 escus la pièce, 45 escus.

Ledit Edoart, pour 6 onces de soye de plusieurs couleurs baillées audit Pierre Marie pour fourrer les diz garnemens de ladicte chapelle, 3 escus.

Prince Guillaume, pour 7 aunes de velluau : c'est assavoir 5 aunes d'azuré et 2 aunes d'autre fin velluau vermeil en grainne, 6 escus et 2 tiers l'aune, 46 escus et 2 tiers, et pour 3 pièces de cendaulz azurez des petis, 5 escus la piece ; tout baillié à Nicholas Waquier armeurier du Roy pour faire 2 paire d'orfrois, uns grans et uns petis, ouvrez de broudeure bien et richement aux armes de Castelle et de Bourbon, pour orfroisier ladicte chapelle. Pour tout, 61 escuz et 2 tiers.

Ledit Nicholas, pour sa peine de faire en grant haste jour et nuit, et ouvré de broudeure aus dictes armes, les 2 paire d'orfrois, dont les grans contiennent 55 couppons et les petis orfrois contiennent 170 couppons, touz semblablement ouvrez et armoiez, baillés audit Pierre Marie pour orfroisier les garnemens de ladicte chapelle, pour or, argent de Chippre, soye et façon de chascun des grans couppons, 30^s p. pièce et pour chascun des petiz, 8^s ; valent 142^l 10^s. Et pour la soye et façon d'un parement à cheval que ledit Nicholas fist de drap pour ladicte dame, lequel drap est pris dessus ou chapitre de draps de laine pour ycelle dame, 16^l. Pour tout, 158^l 10^s.

La femme feu Jehan de Sevre, pour 5 mors de chappe

avec les pennonceaux, pesant 5 mars 5 estellins d'argent, baillés audit Pierre Marie pour les chappes de ladicte chapelle, 50 escus à chascun, achaté escus 22^s pièce, 55^s par.

Et est assavoir que la toille pour les aubes, amics, rochès, et surplis pour ladicte chapelle, et aussi les 2 tapis de chapelle, se prennent dessus ès chapitres précédens de chanevacerie et tapisserie pour ladicte dame.

Ledit Prince, pour un drap d'or marramas et une pièce de cendal ynde des fors, tout baillié au dit Pierre Marie pour faire et fourrer une chasuble pour le cotidian, 29 escus.

Jehanne des Granches, béguine, pour un orfrois à ladicte chasuble avec un parement pour nappes d'autel, tout baillé au dit Pierre Marie, 22^l 10^s.

Ledit Pierre Marie, pour une pièce de toille ynde à fourrer les draps d'autel dessus diz; pour toille colez mise dessoubz les diz orfrois et dessoubs les paremens aus aulbes estolles et fanons, 60^s par. Et pour la façon des dictes chapelles, 10^l. Pour tout, 13^l par.

Somme, 249^l p.

Et 498 escus et 2 tiers.

Item, parties de la litière et des sambues pour ma dicte dame, délivrée par la dicte cédule.

Edoart Thadelin dessus nommé, pour 2 pièces de fins draps d'or et de soye tenans sur l'azur, bailliées à Robert de Troies, sellier, pour housser ladicte litière par dedens après la painture, 90 escus.

Jehan Parceval, pour 6 aunes d'escarlate vermeille baillées audit Robert pour couvrir la dicte litière et housser le fons d'icelle, 25^l par.

Ledit Edoart, pour 8 aunes de toille vermeille baillées au dit Robert pour mettre dessous le drap d'or, 2 escus.

Gille Féret, pour 8 aunes de toille cirée baillées audit Robert pour mettre dessoubs la toille tainte, 4^l p.

Guillemette de la Pomme, pour 8 aunes de chanevaz à mettre entre l'escarlate et ladicte toille cirée, 40^s p.

Ledit Edoart, pour 3 onces de soye à brouder les fenestres, les pendans, les mantellez et les las de ladicte litière, 1 escu et demi.

Ledit Jehan Parceval, pour 7 quartiers d'un marbré brun de graine à faire royes, cousues doubles, pour mettre dessoubs les cloux en ladicte litière, 6^l 3^s.

Ledit Parceval, pour 7 aunes d'un autre marbré de Saint-Odmer, à faire une housse dessus et 2 mantellez pour ladicte litière, 28^s l'aune, 9^l 16^s.

Ladicte Guillemette, pour 8 aunes de toille bourgoise pour faire une autre housse et deux mantellez pour ladicte litière, 7^s par. l'aune, 56^s.

Ledit Robert de Troies, pour le fust d'icelle litière, ouvré à painture, pour les cloux dorés et autres qui y appartiennent, pour les pommeaux, aneaux et chevillètes à fermer ladicte litière, tout de cuivre doré, et pour le hernois de 2 chevaux, c'est assavoir selles, colliers, avalloueres et tout ce qui y appartient pour le dit hernois, fait de cordouan vermeil, garnis de clos dorez, et les arçons devant et derrière pains de la devise de ladicte litière, et ycelle rendre toute preste en la manière que dit est, pour ce, 140^l par.

Et est assavoir que le tapi pour ladicte litière est pris dessus ou chapitre de tapisserie pour la dicte dame.

Belhommet Thurel, pour 2 pièces de velluau vermeil des fors, 2 pièces de cendal vert des larges, pour quartier et demi de drap d'or, et demi aune de camocas d'outremer, tout baillé audit Robert de Troies pour les sambues de ma dicte dame, 96 escus.

Somme, 189^l 15^s.

Et 189 escuz et demi.

Chapeaus de bièvre pour ma dicte dame, délivrés par la dicte cédule.

Kathellot la chapelliere, pour 1 chapel de bièvre à parer, ouvré sur un fin velluau vermeil de grainne, ouquel chapel avoit enfans fais d'or nue près du vif, qui abatoient glans de chesne dont les tiges estoient de grosses perles et les fueilles d'or de Chippre à un point, les quelx glans estoient de grosses perles de compte, et par dessoubz les chesnes avoit pors, sengliers, fais d'or nue près du vif qui mangoient les glans que les diz enfans abatoient, et par dessus les chesnes avoit oiseaux de plusieurs et estranges manières faiz d'or nue près du vif le miez que l'en povoit, et la terrasse pardessoubz les pors, faicte et ouvrée de fleurettes d'or à un point de perles et de plusieurs petites bestellettes semées par my la dicte terrasse. Lequel chapel estoit cointi par dessus de grans quintes fueilles d'or soudé, treillié d'or de Chippre par dessus et dessoubs, et semé par my de grosses perles de compte, de pièces d'esmaux de plicte et de guergnas, garni, avec tout ce, de gros boutons de perles dessus et dessoubs, et d'un bon las de soye. Pour la façon, pour velluau, et pour tout, sans les perles, 32 escus à 22^s pièce, valent 35^l 4^s p.

Pierre des Landes, pour 3 onces 3 estellins de perles de 2 sortes, c'est assavoir 2 onces de 40 escus, et le demourant à 16 escus l'once, et escus 20^s pièce, 18^l 8^s; tout baillié à ladicte Kathellot pour semer par my ledit chapel et faire les œuvres d'icelluy en la manière et devise que dit est; pour ce, 58^l 8^s.

La dicte Kathellot, pour un autre chapel de bièvre, fourré d'escarlate à boutons de perles dessus et dessoubs, orfroisié de bisète et de pièces esmailliées, cointi par dessus de grans roses d'or de Chippre à un point, et garni d'un bon laz d'or et de soye. Pour façon et pour tout, 11 escus, 22^s l'escu, 12^l 2^s par.

Somme, 105^l 14^s.

Coutellerie pour ladicte dame délivrée par la dicte cédule.

Maistre Thomas de Fieuvillier, couteillier, pour une paire de couteaux à trencher avec le parepain, à manches de madre garni de viroles et de cinglètes d'argent dorées et esmaillés aus armes de ma dicte dame, 6 escus, à 22^s pièce, 6^l 12^s.

Somme par soy.

Gans et autres choses d'icelluy mestier, délivrez pour madicte dame par ladicte cédule.

Maxe le Boursier, gantier du Roy, pour 6 paire de gans, c'est assavoir 3 paire fourrées de menuvair, et 3 paire fourrez de gris, 19^s la paire par my la paine du fourreur, 114^s. Pour une douzaine de petis gans, 36^s. Pour une grant bourse à mettre la cendre pour laver le chief de ma dicte dame, et 2 autres bourses pour crochès, 60^s. Pour tout, 10^l 10^s.

Et est assavoir que les fourreures pour lesdiz gans se prennent dessus ès parties de peinnes et fourreures pour ladicte dame.

Somme par soy.

Coffres, malles et bahus pour la dicte dame, achetez de Guillaume le Bon, coffrier, et délivrez par ladicte cédule.

Pour 12 coffres couvers de cuir et fermans à bonnes clefs et serreures, délivrez : c'est assavoir 2 pour la chapelle, 2 pour robes, 2 pour joyaux, et 6 pour garderobe, 100^s pièce, 60^l par.

Pour 6 penniers couvers de cuir et ferrez bien et bel et fermans à bonnes clefs et serreures, délivrées : c'est assavoir, 2 pour les espices, et 4 pour la vaisselle et pour les espices de cuisine, 8^l la pièce, 48^l.

Pour une paire de coffineaux pour l'eschanconnerie, 20^l. Pour 2 paire de bouges de chambre, 18^l. Pour une grant malle de matteraz, 7¹. Et pour 2 autres malles de garderobe, 8¹. Pour ce, 52¹.

Somme, 160¹ par.

Chaucemente pour ladicte dame, délivrée par ladicte cédule.

Guillaume Loisel, cordouannier du Roy, pour 3 douzaines de sollers délivrées pour ladicte dame, 5ˢ la paire, 9¹ par.

Somme par soy.

Communes choses pour ladicte dame, délivrées par ladicte cédule.

Prince Guillaume, pour une aune de velluau vermeil des fors, bailliée à maistre Girart d'Orliens, paintre, pour couvrir 2 chaaires, l'une à dossier pour atourner ladicte dame, l'autre sans dossier pour soy laver, 6 escuz et demi.

Ledit maistre Girart, pour la façon des dictes 2 chaires, les quelles furent paintes d'azur et les testes estancellées de fin or, 14¹. Pour une damoiselle à attourner, 60ˢ par. Et pour une neccessaire couverte de cuir et envelopée de drap, 4¹. Pour ce, 21¹ par.

Somme, 21¹.
Et 6 escus et demi.

Joyaus d'or et d'argent, et vaicelle, semblablement pour madicte dame la royne de Castelle et pour l'ordenance de son estat.

Jehan de Lille le joenne, orfèvre et bourgois de Paris, pour une couronne d'or garnie de perrerie, achetée de luy par le Roy, si comme il appart par ses lettres données à Paris xii⁰ jour de novembre rendues à court, et donnée à madicte dame la Royne, 3200 escuz d'or.

Jehan Lussier, pour un chapel d'or garni de 12 ballays, de 20 esmeraudes, de 16 dyamans, et de 40 grosses perles, pesans environ 3 mars, acheté et donné de par le Roy à madicte dame la royne de Castelle, par cédule dudit seingneur donnée à Paris xiie jour de novembre, rendue à court, 2560^l par.

Pierre Chapellu, pour une nef vérée, semée d'esmaux, un pot à aumosne, une portepaix à ymages emlevées, 1 calice doré, 2 bacins à laver mains, 2 autres bacins dorez pour chapelle, et 2 quartes dorées vermeil dorées, pesant tout ensemble, 65 mars 5 onces 15 esterlins d'argent. C'est assavoir : la nef, 21 marc 15 esterlins, le pot à aumosne, 6 mars 3 onces 5 estellins, la portepaix, 2 mars 10 esterlins, le calice, 3 mars 1 once 10 est., les bacins à laver, 12 mars 6 onces, les 2 autres, 9 mars 3 onces 5 est. Et les 2 quartes quarrées, 10 mars 6 onces 10 est. Tout acheté par les trésoriers 10 escus le marc, et délivré par devers madicte dame pour l'ordenance de son estat, par cédule du Roy donnée à Paris le pénultième jour d'octobre, rendue à court, 657 escus et 1 quart.

Ledit Pierre, pour 2 quartes vérées rondes, et 2 chandelliers, pesans sur tout 19 mars 6 onces 10 est. d'argent. C'est assavoir, les 2 quartes, 14 mars 6 onces, estellin, et les 2 chandelliers, 6 mars, achetés comme dit est par les trésoriers 8 escus le marc, délivrés par devers ladicte dame et par la dicte cédule, 158 escus et demi.

Ledit Pierre, pour 12 tasses blanches pesant 12 mars 5 est., 12 hennaps plains pesans 22 mars 5 onces, 2 douzaines d'escuelles pesans 41 mars 4 onces 5 est., une autre douzaine d'escuelles pesant 23 mars 4 onces 10 est., et 12 plas pesans 36 mars, une once, 15 est. Somme, 135 mars 7 onces 15 est. d'argent, tout délivré semblablement par devers ladicte dame et par ladicte cédule, acheté 6 escus et demi le marc, 884 escus.

Jehan Richart, pour un dragoir d'argent pesant 6 mars 1 once, 43 escus; pour un encensier pesant 2 mars une once 10 est., 22 escus; et pour 2 burètes toutes dorées, pesans 2 mars, 18 escuz. Tout acheté par les trésoriers le pris que dit est, et délivré par la dicte cédule; pour ce, 83 escus, à 20^s p. l'escu, 83^l p.

Somme 2643^l
   Et 4899 escuz et 3 quars.
Somme toute des parties délivrées pour la royne de Castelle, 6914^l 17^s 4^d p.
   Et   6495 escuz 3 quars et 1 tiers.

INVENTAIRE
DU GARDE-MEUBLE
DE L'ARGENTERIE.

EN 1353.

(Archives nationales, reg. coté K. 8, fol. 174 v° à 182.)

AVERTISSEMENT.

Étienne de La Fontaine quitta les fonctions d'argentier le 1er mai 1353 pour prendre celles de maître des eaux et forêts. C'est à cette occasion que fut dressé l'inventaire suivant en présence de deux maîtres et de deux clercs des comptes. C'est un état détaillé de tout ce qui se trouvait dans les magasins ou garnisons de l'argenterie, et dont le successeur d'Étienne de La Fontaine devenait responsable.

INVENTAIRE
DU GARDE-MEUBLE
DE L'ARGENTERIE.

Les parties des joyaux d'or et autres choses, lesquels furent trouvez en garnison en l'ostel de Estienne de la Fontaine, naguères Argentier, et à présent maistre des eaues et forests du Roy nostre sire, et bailliez par inventoire à Gaucher de Vannes retenu nouvel Argentier dudit seigneur, en la présence de sire Almaury Brac et de sire Jehan d'Aucerre, conseillers du Roy et maistres des comptes, commis espécialement et envoiez audit inventoire faire par vertu d'unes lettres royaux, et en la présence de maistre Jehan de la Charmoie, maistre Almaurry de Condé, clers des comptes, Pierre de Laigny et Pierre Chapelu, changeurs et bourgois de Paris, qui les diz joyaux prisièrent le xve jour de may CCCLIII, *selon le contenu dudit inventoire qui s'ensuit :*

Et premièrement.

Vaisselle et joyaux d'or prisiez ledit jour par les diz Pierre de Laigny et Pierre Chapelu.

Des joyaux du Temple, bailliez pièça par inventoire audit Estienne pour mettre en ses garnisons : pour une fleur de liz d'or en manière de fermail, garnie de 16 rubis ballaiz, de 14 grosses esmeraudes et de 25 grosses perles d'Orient; en laquelle fleur de liz ou fermail ne fallait riens : pesant 2 mars 15 esterlins, prisiée 500 escuz d'or, et rendue pour néant.

Des joyaux apportez par Vincent Lommelin, de Gennes, et bailliez pièça par inventoire audit Estienne : pour une couppe d'or semée d'esmaux et de perles, a 1 fritellet d'un saphir sur le couvercle; pesant 4 mars, 3 onces, 7 esterlins, obole, prisiée 52 escuz le marc et rendue pour néant.

D'iceulx joyaux apportez par ledit Vincent : pour une autre coupe d'or semée de greneiz de pierrerie, de perles et d'esmaux, à 1 fritellet sur le couvercle senz pierre; trouvée pesant 7 mars 7 onces 15 esterlins, prisiée 52 escuz le marc comme dessus, et rendue pour néant.

Des joyaux du Temple dessus diz : pour une coupe d'or semée d'esmaux de plicte, de perles d'Orient et d'autre menue pierrerie, à un fritellet d'un ballay sur le couvercle, trouvée pesant 10 mars 2 onces, et prisiée 70 escuz le marc, et rendue pour néant.

Des diz joyaux du Temple : pour une chopine d'or semblabe, semée d'esmaux de plicte et de perles d'Escoce, à un fritellet d'un ballay sur le couvercle; trouvée pesant 5 mars 2 onces 10 esterlins, prisiée 70 escuz le marc comme dessus, et rendue pour néant.

De l'exécucion feu la royne Jehanne de Bourgoigne : pour une aiguière d'or tenant une pinte, semée d'esmaux de plicte, de rubis, d'esmeraudes, et de perles d'Orient, et sur le couvercle devoit avoir 1 saphir pour le fritellet, lequel saphir le dit Estienne avoit osté pour ce qu'il estoit desrivé, et [avoit] rendu au Roy, si comme il appert en son compte fénissant le premier jour de juillet CCCLI, ou chapitre de hanaps à pié pour les dons de madame la Royne, ou XLVIIIe feuillet; laquelle aiguière, garnie dudit saphir et d'autre pierrerie qui y faloit, c'est assavoir 4 rubis, 2 esmeraudes et une perle, devoit peser, selon le contenu de l'inventoire de ladicte exécucion, 7 mars

4 onces 15 esterlins, et fu trouvée pesant 7 mars 4 onces 7 esterlins, obole, parmi la faute de ladicte pierrerie ; prisiée par les diz Pierre de Laigny et Pierre Chapellu 4 escuz. Laquelle pierrerie ainsi trouvée de faute en ladicte aiguière avoit esté perdue en ycelle portant, avec autres joyaux, pardevers le Roy en plusieurs lieux ; c'est assavoir à Avignon, au Vivier en Brie, à Prully, au palays et ailleurs. Prisié le marc de ladicte aiguière 60 escuz, et rendue pour néant.

Desdiz joyaux du Temple : pour 1 hanap d'or semé d'esmaux de France et de Bourgoigne, dedens et dehors, assis sur 3 piez ; trouvé pesant 4 mars 1 once 7 esterlins, obole, prisié 52 escuz le marc, rendu pour néant.

Des joyaux venuz de Vincent Lommelin : pour 1 trépié d'or à 3 aiglettes d'or, dont l'une roupte dessus, à 1 foncet esmaillié ; pesant 1 marc 4 onces 15 esterlins, prisié le marc 52 escuz, rendu pour néant.

De ladicte exécucion : pour unes tables d'or à pourtraire, avec un greffe d'or et l'estuy pour lesdictes tables, lequel estoit ouvré de broderie et semé de perles, et garny d'un bon laz de soye à 2 boutons de perles ; tout prisié en ladicte exécucion 25 escuz, et par les diz Pierre de Laigny et Pierre Chapelu 24 escuz, et rendues pour néant.

De l'inventoire Guillaume de Moustereul : pour 2 fermaulx d'or, l'un garny de perles, de grenaz, de saphirs et d'esmeraudes, l'autre à un œil semé de perles, de rubis et d'esmeraudes ; prisiés en l'inventoire dudit Guillaume 10 escuz la pièce, rendus pour néant.

De l'exécucion dessus dicte : pour 10 autres fermailleiz d'or, c'est assavoir 2 aiglettes d'or pareilles garnies de pierrerie, prisiés en ladicte exécucion 8 escuz ; 2 autres fermailliez armoiez de France et de Bourgoigne, prisiés en ladicte exécucion 6 escuz ; 1 autre fermaillet garny de perles, à 1 camahieu ou milieu, prisié 4 escuz ; 1 pentacol, ou il avoit 12 perles et 3 esmeraudes, prisié 6 escuz; 1 autre pentacol à ymages, d'un camahieu garny de perles et de pierrerie, prisié 10 escuz; 3 papeillons, prisiez 12 escuz. Touz lesquels 10 fermailleiz de ladicte exécucion et les autres dudit inventoire, furent prisiés ensemble par les diz Pierre de Laigny et Pierre Chapelu, 56 escuz, rendus pour néant.

Somme.

Nefs d'argent, prisiées par les diz Pierre de Laigny et Pierre Chapelu.

Des joyaux du Temple : pour une grande nef, laquelle ne pot estre pesée lors, rendue senz pois, mais fu estimée à 80 mars, prisiés 12 escuz le marc. Néant.

Des joyaux venuz de Vincent Lommelin : pour une autre grant nef, assise sur un entablement de maçonnerie dorée et esmailliée à un chastel sur chascun bort; pesant 50 mars 6 onces, prisiés 8 escuz le marc. Néant.

De l'exécucion dessus dicte : pour une autre grant nef à voile; pesant 49 mars 4 onces, prisiés 8 escuz le marc comme dessus. Néant.

Estienne de la Fontaine, naguères argentier dessus dit : pour une autre nef dorée, semée d'esmaux auz armes de Valoys, à 2 lyons aux 2 bous enmantellez desdictes armes, assise sur 1 entablement de maçonnerie; trouvée pesant 35 mars 3 onces 15 esterlins, prisiés 8 escuz le marc comme dessus. Néant; car ladicte nef fu apportée de la cour en l'ostel dudit Estienne pour mettre ès garnisons de l'Argenterie.

Des joyaux venuz dudit Vincent Lommelin : pour 1 autre nef vérée assise sur 4 roes, semée d'esmaux, et sur chascun bout avoit un chastel; pesant 21 mars, 5 onces 10 esterlins, prisiés 6 escuz le marc. Néant.

De ladicte exécucion : pour une nef de cristal dorée et esmailliée; pesant 6 mars 5 onces, prisiés 8 escuz le marc, néant.

De l'inventoire Guillaume de Moustereul : pour une navette de cristal, garnie d'argent, dorée et esmailliée, à faire salière; pesant 3 mars 3 onces 15 esterlins, prisiés en l'inventoire dudit Guillaume 11[1] le marc, et par les diz Pierre de Laigny et Pierre Chapelu, 8 escuz le marc, et rendue pour néant.

De ladicte exécucion : pour une autre navette de cristal, à mettre encens; pesant 1 marc 7 onces, prisiés 6 escuz le marc, néant.

Somme.

Fontaines d'argent, prisiées par les diz Pierre de Laigny et Pierre Chapelu, ledit xve jour de may.

De ladicte exécucion : pour une grant fontaine en guise d'un chastel, à pilliers de maçonnerie, à hommes à armes entour, avec le hanap et une quarte, semée d'esmaux ; tout pesant 60 mars une once 10 esterlins, prisiés 12 escus le marc. Néant.

De ladicte exécucion : pour une autre fontaine de maçonnerie, à un pié de cristal ou millieu, avec le hanap et un pot de quarte; tout pesant 48 mars 4 onces, prisiés 12 escuz le marc comme dessus. Néant.

Des joyaux venuz de Vincent Lommelin, de Gennes: pour une fontaine à une vigne dessus de la divise *Tristan et Yseult*, laquelle devoit peser selon le contenu de l'inventoire dudit Vincent 8 mars 1 once, et elle ne fut trouvée peser que 8 mars 10 esterlins tant seulement, prisiés 6 escuz le marc. Néant.

De ladicte exécucion : pour une fontaine à 3 caritalles portans penthes esmailliées et dorées, et 1 gobelet à couvercle de cristal, et dessus le couvercle avoit un chapelet de perles, laquelle devoit peser selon le contenu de ladicte exécucion, 12 mars 7 onces 15 esterlins; et est dit en ycelle exécucion : une fontaine de cristal à 3 brides avec le gobellet de cristal dessus à couvercle, et elle ne fu trouvée peser que 12 mars 2 onces tant seulement; prisiés 8 escuz le marc, et rendue pour néant.

De ladicte exécucion : pour 1 fontaine de maçonnerie, en guise d'un chastel, à 3 sergens d'armes, senz le hanap, assis sur un entablement; trouvée pesant 22 mars, prisiés 12 escuz le marc. Néant.

Et est assavoir que en l'inventoire de ladicte exécucion est contenu que ladicte fontaine avec le hanap et un pot de mesmes, pesoient ensemble 28 mars 1 once.

Somme.

Ymages d'argent prisiées comme dit est par les diz Pierre de Laigny et Pierre Chapelu.

De l'exécucion dessus dicte : pour une ymage de Nostre Dame, assise sur 1 entablement esmaillié, et dessus la teste d'icelle ymage avoit une petite couronne de pierrerie; pesant 9 mars 6 onces, prisiés 12 escuz le marc. Néant.

Estienne de la Fontaine, naguères argentier dessus dit : pour une ymage d'un saint Lambert qui tient en sa main un reliquaire où il a une de ses costes, lequel estoit esmaillié de France et de Bourgoigne; pesant 7 mars 6 onces 10 esterlins, prisiés 10 escuz le marc, rendu pour néant. Car il fu apporté en l'ostel dudit Estienne, mais il ne scet certainement de quel lieu, ni de qui.

Des joyaux venuz de Vincent Lommelin de Gennes : pour 2 ymages, l'un de saint Jehan Baptiste, l'autre de saint Jehan l'évangéliste, tenans chascun reliquaires et assis sur entablemenz dorez et esmailliez; pesant ensemble 11 mars 3 onces, prisiés 10 escuz le marc, néant.

Des joyaux venus du Temple : pour 2 angeloz, l'un tenant un reliquaire de cristal devant soy et séant sur 1 entablement, pesant 15 mars 4 onces; et l'autre pesant 15 mars, prisiez 8 escuz le marc, et rendus pour néant.

Somme.

Quartes d'argent, prisiées par les diz Pierre de Laigny et Pierre Chapelu.

De l'exécucion dessus dicte : pour 2 quartes esmailliées à unes chauves souriz, et nervées, pesant ensemble 21 mars 4 onces. C'est assavoir : l'une, 10 mars 5 onces, l'autre, 10 mars 7 onces, prisiés 8 escuz le marc, néant.

De ladicte exécucion : pour 1 autre quarte quarrée, esmailliée dedens et dehors, laquelle devoit peser, selon le contenu de ladicte exécucion, 10 mars 3 onces 10 esterlins, et elle ne fu trouvée peser que 10 mars 3 onces 5 esterlins tant seulement, prisiés 10 escuz le marc comme dessus, néant.

Jehan de Fleury : pour 1 autre quarte ronde, nervée et esmailliée à ymages enlevez, pesant 9 mars 2 onces 10 esterlins, achetée de lui pour les garnisons de l'Argenterie, 10 escuz le marc et tant prisié, valent 93 escuz et demi quart.

Des joyaux pris au Louvre : pour 1 autre quarte dorée et ciselée, pesant 4 mars 1 once, prisiés 8 escuz le marc comme dessus, néant.

Des diz joyaux du Louvre : pour 1 quarte ronde, toute plaine, dorée, pesant 5 mars 5 onces, prisiés 7 escuz le marc, néant.

Somme par soy, 93 escuz et demi quart.

Pintes d'argent, prisiées par les diz Pierre de Laigny et Pierre Chapelu.

De l'inventoire Guillaume de Mostereul : pour une pinte esmailliée de nerfs, garnie de pierrerie, pesant 6 mars, 5 onces, 10 esterlins, prisiés 12 escuz le marc, néant.

Et est assavoir que en l'inventoire dudit Guillaume de Mostereul, le pois de ladicte pinte n'est pas mis, ne contenu diviséement et à par soy, mais est compris ensemble avec un grant hanap sur une fontaine de cristal garny de perles à maçonnerie. Et en ycelui inventoire est dit oultre : et un pot esmaillié garny de pierrerie, pesant tout 19 mars 7 onces, et est le marc prisié 16¹.

De l'exécucion dessus dicte : pour une pinte semée d'esmaux, pesant 4 mars 4 onces; et y a erreur de la devise, car en ladicte exécucion est dit : une aiguière semée d'esmaux, et en ce présent inventoire est dit : une pinte; prisié le marc 8 escuz, néant.

Des joyaux du Louvre : pour 3 autres pintes, c'est assavoir une ronde ciselée de haulte ciseleure, pesant 5 mars 1 once; et les autres 2, semées d'esmaux, pesant l'une 5 mars 2 onces 10 esterlins, et l'autre 5 mars 4 onces 15 esterlins, prisiés 8 escuz le marc, néant.

Somme.

Chopines d'argent, prisiées par les diz Pierre de Laigny et Pierre Chapelu.

Des joyaux venuz du Temple : pour une chopine d'argent, esquartellée d'esmaux et de grains, pesant 4 mars 15 esterlins, prisiés 10 escuz le marc, néant.

De Jehan de Fleury : pour une chopine toute esmailliée dedens et dehors, et y faut 1 biberon, pesant 3 mars 5 onces 10 esterlins, achetée et prisiée 10 escuz le marc, valent 36 escuz 3 quars.

De ladite exécucion : pour une aiguière quarrée, assise sur 1 entablement à 3 lionceaux, pesant 4 mars 6 onces 5 esterlins, prisiés 8 escuz le marc, néant.

Somme par soy, 36 escuz 3 quars.

Aiguières d'argent, prisiées par les diz Pierre de Laigny et P. Chapelu.

De l'exécucion dessus dicte : pour un pot à yaue de cristal, garni d'argent doré et de pierrerie, pesant 3 mars 4 onces 15 esterlins, prisié 15 escuz, et rendu pour néant.

De ladicte exécucion: pour une pie estant en son ny,

assis sur 1 hault pié d'argent doré et esmaillié, pesant 7 mars 1 once 10 esterlins; prisiés 6 escuz le marc, néant.

De ladicte exécucion : pour une aiguière d'un homme assis sur un coq esmaillié, pesant 6 mars 2 onces. Et jà soit ce que ladicte aiguière soit trouvée en ladicte exécucion d'icelui mesmes pois, elle est divisée autrement, car en ycelle exécucion est dit : un pot à eaue à un homme enmantellé; prisié le marc en ce présent inventoire 10 escuz, et rendu pour néant.

Jehan de Fleury : pour une aiguière d'un homme assis sur un serpent à elles dorée et esmailliée, pesant 6 mars 5 onces 10 esterlins, acheté de lui pour les garnisons de l'Argenterie, 10 escuz le marc, et tant prisiée en ce présent inventaire. Pour ce, 66 escuz 3 quars et demi.

De ladicte exécucion : pour une aiguière d'une seraine filant, dorée et esmailliée, pesant 4 mars 6 onces, prisiés 10 escuz le marc, néant.

De ladicte exécucion : pour une aiguière d'un homme assis sur un griffon, laquelle aiguière est devisée selon le contenu de ladicte exécucion pour : un pot à eaue d'un homme à elles, esmaillié; pesant 8 mars 15 esterlins, prisiés 10 escuz le marc, et rendue pour néant.

De ladicte exécucion : pour un pot à eaue d'un lyon sur quoy un homme enmantellé siet, selon le contenu de ladicte exécucion, ou autrement selon ce présent inventoire : une aiguière en manière d'un Sanson Fortin, d'argent doré et esmailliée; pesant 9 mars 3 onces, prisié 10 escuz le marc, néant.

De ladicte exécucion : pour un homme enmantellé sur 1 pié esmaillié, garny de pierrerie, qui fait pot à eaue, pesant 5 mars 3 onces 10 esterlins; ou autrement devisé selon le contenu de ce présent inventoire; une aiguière d'un homme sur une beste jouant d'une cornemuse; du pois dessusdit; prisié 10 escuz le marc, néant.

De ladicte exécucion : pour un pot à eaue en guise d'un serpent et une femme dessus tenant un languier, ou autrement devisé parmi le contenu de cest inventoire : une aiguière d'une femme assise sur 1 serpent doré et esmaillié; pesant 3 mars 3 onces 5 esterlins, prisié 10 escuz le marc, néant.

De ladicte exécucion : pour une aiguière d'un homme assis sur un coq, doré et esmaillié, ou autrement, selon le contenu de l'inventoire d'icelle exécucion : pour un homme enmantellé et chapellé assis sur une beste qui fait pot à eaue; lequel devoit peser, selon ledit contenu 5 mars 5 onces 10 esterlins, et ne fu trouvé peser en ce présent inventoire que 5 mars 1 once 5 esterlins, et prisié 10 escuz le marc, néant.

De ladicte exécucion : pour 2 aiguières, l'une d'un coq, l'autre d'une géline, dont le ventre est de coquille de perles, pesant, l'une 4 mars 5 onces, l'autre 3 mars 3 onces 10 esterlins, prisié 8 escuz le marc, néant.

De ladicte exécucion : pour une aiguière d'un martinet assis sur 1 buisson et sur 1 entablement, dorée et esmailliée, trouvée pesant, selon cest inventoire, 8 mars 15 esterlins, et selon le contenu de ladicte exécucion pesant 7 mars 7 onces tant seulement; prisié 6 escuz le marc, néant.

De ladicte exécucion : pour une aiguière nervée et esmailliée, laquelle devoit peser, selon le contenu de ladicte exécucion, 6 mars 1 once 10 esterlins, et elle ne fu trouvée peser que 6 mars 1 once 5 esterlins tant seulement, prisié 8 escuz le marc, néant.

De ladicte exécucion, pour une autre aiguière nervée et esmailliée, trouvée pesant 7 mars 3 onces 10 esterlins, et elle ne devoit peser que 7 mars 3 onces tant seulement, selon ladicte exécucion; prisié 8 escuz le marc, et rendue pour néant.

De l'inventoire Guillaume de Moustereul : pour une

autre aiguière nervée et esmailliée, trouvée pesant 6 mars 10 esterlins, et elle ne devoit peser, selon l'inventoire dudit Guillaume, que 6 mars 7 esterlins, obole, prisiée lors 10¹ le marc, et à présent 8 escuz. Néant.

De l'exécucion dessus dicte : pour une aiguière semée d'esmaux, pesant 4 mars 3 onces 10 esterlins, prisiée 8 escuz le marc, néant.

De ladicte exécucion : pour une aiguière semée d'esmaux et de grains, pesant 6 mars 2 onces 5 esterlins, et est dit dedens ladicte exécucion : une pinte toute esmailliée dehors, dudit pois, prisiée 8 escuz le marc, néant.

De ladicte exécucion : pour une autre aiguière semée d'esmaux et de grains, pesant 3 mars 5 onces 15 esterlins, prisiée 8 escuz le marc comme dessus, néant.

De ladicte exécucion : pour autre aiguière, semée d'esmaux, pesant 3 mars 2 onces 10 esterlins, et en l'inventoire de ladicte exécucion est dit : une aiguière quarrée esmailliée, de ce mesme pois, prisiée 8 escuz le marc comme dessus, et rendue pour néant.

De ladicte exécucion : pour une aiguière semée d'esmaux, trouvée pesant 3 mars 5 onces 15 esterlins, et elle ne devoit peser, selon le contenu de l'inventoire de ladicte exécucion, que 3 mars 5 onces 12 esterlins obole, prisiée comme dessus 8 escuz le marc, néant.

Jehan de Fleury : pour une aiguière semée d'esmaux, pesant 3 mars deux onces 5 esterlins, achetée et prisiée 8 escuz le marc, valent 26 escuz et 1 quart.

Des garnisons de l'Argenterie, acheté de Pierre de Landes : pour une autre aiguière semée d'esmaux, pesant 3 mars 5 onces 15 esterlins, prisiée comme dessus 8 escuz le marc, néant.

D'icelles garnisons, pour une autre aiguière semblabe, pesant 3 mars 2 onces 15 esterlins, prisiée comme dessus 8 escuz le marc, néant.

De ladicte exécucion : pour une aiguière semée d'esmaux, pesant 3 mars 5 onces 10 esterlins, prisiée 8 escuz le marc comme dessus, néant.

De ladicte exécucion : pour une autre aiguière semblabe, pesant 3 mars 5 onces 10 esterlins, prisiée 8 escuz le marc, néant.

De ladicte exécucion, pour une aiguière cisellée, pesant 2 mars 3 onces, et selon l'inventoire de l'exécucion est dit : une aiguière semée d'esmaux, et pesant 2 mars 2 onces 15 esterlins tant seulement, prisié 8 escuz le marc comme dessus, néant.

De ladicte exécucion : pour une autre aiguière semée d'esmaux de France et de Bourgoigne, pesant 2 mars 5 onces 10 esterlins, prisiée 8 escuz le marc comme dessus, néant.

De ladicte exécucion : pour une autre aiguière esquartellée d'esmaux, ou autrement selon l'inventoire de ladicte exécucion : une aiguière esmailliée d'esmaux sardix, pesant 3 mars 1 once 12 esterlins, obole, audit pris le marc, et rendu pour néant.

De ladicte exécucion : pour une autre aiguière losengiée des armes de France, ou autrement selon ladicte exécucion : une aiguière esmailliée à losenges, pesant 3 mars 6 onces 15 esterlins, audit pris le marc, et rendu pour néant.

De ladicte exécucion : pour une autre aiguière semblabe, pesant 3 mars 10 esterlins, prisiée le marc 8 escuz comme dessus, néant.

Des joyaux venuz du Temple : pour une aiguière esmailliée de France, pesant 3 mars 1 once 15 esterlins, prisiée 10 escuz le marc, néant.

De ladicte exécucion : pour une aiguière grenetée vermeil dorée, pesant 3 mars 4 onces, prisiée 8 escuz le marc, néant.

De ladicte exécucion : pour une autre aiguière semblabe, trouvée pesant 3 mars 3 onces 5 esterlins; et elle ne pesoit, selon le contenu de ladicte exécucion, que 3 mars 3 onces, prisiée 8 escuz le marc comme dessus, néant.

Des garnisons de l'Argenterie, acheté pieçà de Pierre de Landes, pour une autre aiguière cizellée et dorée, pesant 3 mars 4 onces 5 esterlins, prisiée 8 escuz le marc comme dessus, néant.

De ladicte exécucion : pour une aiguière grenetée et dorée, ou autrement, selon l'inventoire d'icelle exécucion : une aiguière cizellée vermeille, laquelle, selon ledit inventoire de ladicte exécucion, devoit peser 2 mars 7 onces 15 esterlins, et elle ne fu trouver peser 2 mars 7 onces 10 esterlins, prisiée 8 escuz le marc comme dessus, néant.

Des joyaux pris au Louvre : pour 5 aiguières semées d'esmaux pesant, l'une 3 mars 1 once 10 esterlins, l'autre 2 mars 7 onces 10 esterlins; la 3ᵉ, 2 mars 6 onces 10 esterlins; la 4ᵉ, 3 mars et la 5ᵉ, 3 mars 1 once, prisiées 8 escuz le marc et rendues pour néant.

Des diz joyaux pris au Louvre : pour une aiguière esmailliée d'ymages, pesant 4 mars 1 once, prisiée 8 escuz le marc, néant.

Des diz joyaux : pour une autre aiguière esmailliée, pesant 3 mars 7 onces 15 esterlins, prisiée 10 escuz le marc, néant.

Des diz joyaux : pour 3 autres aiguières dorées et cisellées, l'une pesant 3 mars 5 onces 5 esterlins; la 2ᵉ, 2 mars 2 onces, et la 3ᵉ, 2 mars 10 esterlins, prisiées 8 escuz le marc comme dessus, néant.

Somme, 93 escus et demi quart.

Couppes d'argent prisiées par les diz Pierre de Laigny et Pierre Chapelu.

De l'exécucion dessus dicte : pour une couppe de

cristal sur un pié d'argent doré et esmaillé, pesant 4 mars 4 onces 10 esterlins, prisiée 8 escuz le marc, néant.

Des joyaux pris au Louvre comme dit est : pour 2 autres couppes esmailliées, l'une pesant 8 mars 2 onces, l'autre 7 mars 5 onces 10 esterlins, prisiées 10 escuz le marc, néant.

Somme.

Hanaps d'argent prisiés comme dit est par les diz P. de Laigny et P. Chapelu.

Des joyaux du Temple : pour 1 hanap à trépié, doré et esmaillié, trouvé pesant 12 mars 6 onces, prisié 8 escuz le marc, néant.

De ladicte exécucion : pour 1 hanap à couvercle de cristal garny d'argent doré et esmaillié, pesant 3 mars 7 onces 10 esterlins, prisié comme dessus 8 escuz le marc, néant.

De l'inventoire Guillaume de Moustereul : pour un hanap de cristal à pié et couvercle, pesant 3 mars 5 onces 15 esterlins, à 8 escuz le marc comme dessus, néant.

De ladicte exécucion : pour 1 hanap d'une acathe à pié de maçonnerie et à couvercle doré et esmaillié, ou autrement, selon ladicte exécucion : pour 1 hanap d'un acathe assis sur 1 entablement; pesant 6 mars 5 onces 5 esterlins, prisié 12 escuz le marc, néant.

Estienne de la Fontaine, naguères Argentier dessus dit : pour 3 hanaps à pié et couvercle c'est assavoir : l'un cisellé et doré, pesant 3 mars 2 onces 7 esterlins, obole, duquel le marc fu prisié 9 escus; et les autres 2, grenetez et dorez, pesant l'un 3 mars 6 onces 10 esterlins, l'autre 3 mars 7 onces; desquelz 2 hanaps le marc fu prisié 8 escuz. Somme des 3 hanaps, 10 mars 7 onces 17 esterlins, obole. Lesquelz ledit Estienne avoit pieçà achetez sur le pont, d'un marchant de Roen, 8 escuz le marc à 40^s l'escu, valent 175^l 15^s p.

De ladicte exécucion : pour 1 hanap à couvercle nervé et esmaillié, lequel devoit peser, selon le contenu de ladicte exécucion, 8 mars, et ne fu trouvé peser que 7 mars 7 onces 15 esterlins, prisié 9 escuz le marc, néant.

De ladicte exécucion : pour 1 autre hanap à couvercle assis sur 1 pié de maçonnerie nervé et esmaillié, ou autrement, selon le contenu de ladicte exécucion : 1 hanap à pié esmaillié et nervé, lequel devoit peser, selon ledit contenu, 9 mars 7 onces, et ne fu trouvé peser que 9 mars 6 onces tant seulement, prisié comme dessus 9 escuz le marc, néant.

Des joyaux du Temple : pour 1 hanap à trépié et à couvercle, dont le trépié n'est pas du hanap, doré et esmaillié, pesant 8 mars 4 onces 10 esterlins, prisié 10 escuz le marc, néant.

De ladicte exécucion : pour un hanap d'argent à pié d'œuf d'ostruce, despécié; ou autrement selon le contenu de ladicte exécucion : un hanap à une coquille, pesant 3 mars 4 onces, prisié 6 escus le marc, néant.

De ladicte exécucion : pour 1 hanap, à trépié et à couvercle, despécié et esmaillié, pesant 3 mars 6 onces 7 esterlins, obole; prisié 8 escuz le marc, néant.

Jehan de Fleury : pour 3 hanaps d'argent à couvercles, assis sur trépiez, les 2 dorez et esmailliés, et l'autre ciselé, pesant ensemble 14 mars 3 onces 15 esterlins. C'est assavoir, le premier, 5 mars 1 once 15 esterlins, le 2ᵉ, 3 mars 7 onces, et le 3ᵉ, 5 mars 3 onces, achetez et prisiés 8 escuz le marc et 40ˢ l'escu, 231ˡ 10ˢ.

Desdiz joyaux du Louvre : pour 1 autre hanap à trépié et à couvercle, tout esmaillié, pesant 6 mars 5 onces, prisié 8 escuz le marc, néant.

Somme, 407ˡ 5ˢ.

Gobelleiz d'argent prisiés par les diz P. de Laigny et P. Chapelu.

De l'exécucion dessus dicte : pour 1 gobellet de cristal à une ance sur le couvercle, à pierrerie, ou autrement selon ce présent inventoire : pour 1 godet de cristal à couvercle doré et esmaillié et garny de pierrerie, pesant 3 mars 5 onces 10 esterlins, prisié 8 escuz le marc, néant.

De ladicte exécucion : pour 1 gobellet à pié et couvercle, assis sur un serpent, qui fait pot à yaue, doré et esmaillié, pesant 4 mars 2 onces, prisié 10 escuz le marc, néant.

De ladicte exécucion : pour 1 autre gobellet à couvercle et à trépié doré et esmaillié, lequel devoit peser selon le contenu de l'exécucion, 4 mars 6 onces 10 esterlins, et il ne fu trouvé peser que 4 mars 6 onces seulement, prisié 8 escuz le marc, néant.

De ladicte exécucion : pour 1 autre gobellet à couvercle esmaillié, à 3 escuçons batans, pesant 5 mars 5 onces 10 esterlins, prisié 10 escuz le marc, néant.

De ladicte exécucion : pour 1 gobellet de celle façon, trouvé pesant 5 mars 1 once seulement, et il devoit peser, selon l'exécucion dessus dicte, 5 mars 1 once 10 esterlins, prisié 8 escuz le marc.

De ladicte exécucion : pour 5 gobelleiz trouvés pesant ensemble 14 mars 3 onces 7 esterlins, obole. C'est assavoir : le premier, de cristal senz couvercle à 1 pié d'argent doré, pesant 1 marc 2 onces 5 esterlins, prisié le marc 6 escuz ; le 2e, de cristal senz pié et senz couvercle, le fons et l'emboucheure d'argent dorée, pesant 7 onces 15 esterlins, prisié 8 escuz. Le tiers, à un trépié et à couvercle, tout esmaillié, pesant 4 mars 2 onces 5 esterlins, prisié 8 escuz le marc. Le quart, de telle façon, pesant 4 mars 2 esterlins, obole, prisié comme dessus. Et le 5e, de telle et semblabe façon, pesant 3 mars 7 onces, prisié 10 escuz pour le marc. Et il devoient peser à tout les couvercles et le pié des 2 premiers dessus diz, que l'argentier ne rent pas yci, 19 mars 5 onces 5 esterlins.

De l'inventoire Guillaume de Moustereul : pour 3 autres gobelleiz à piez et couvercles, esmailliez, ès quels il ne falloit riens, trouvez pesant sur tout 7 mars 4 onces 7 esterlins, obole. C'est assavoir, le premier pesant 2 mars 6 onces, prisié 6 escuz le marc ; le 2e, 2 mars 5 onces 2 esterlins obole, prisié 8 escuz le marc; et le 3e, 2 mars 1 once 5 esterlins, prisié 8 escuz le marc. Et il devoient peser, selon le contenu dudit inventoire, 7 mars 4 onces 10 esterlins.

De ladicte exécucion : pour 1 gobellet esmaillié sur 1 trépié, trouvé pesant 4 mars 1 once 12 esterlins, obole; et il ne devoit peser, par le contenu de ladicte exécucion, que 4 mars 12 esterlins, obole, prisié 8 escuz le marc.

Flacons et bouteilles.
De ladicte exécucion : pour 2 flacons esmailliés pesant 41 marc 4 onces, prisiés 8 escuz le marc.

Des joyaux du Louvre : pour 2 autres grans flacons dorez et esmailliés, penduz de tissuz de soye embouclez et ferrez d'argent, pesant 37 mars 2 onces, prisiés 8 escuz le marc.

De l'exécucion dessus dicte : pour 2 petites bouteilles de voirre grinellé garnies d'argent, à tout les tissuz de soye senz ferreure, pesant 4 mars 1 once 15 esterlins, prisié tout 12 escuz.

Coquilles.
De ladicte exécucion : pour une coquille d'une perle à pié et à couvercle, dorée et garnie de pierrerie, pesant 3 mars 7 onces, prisiée 8 escuz le marc.

De ladicte exécucion : pour une coquille d'une perle à pié et à couvercle dorée et esmailliée, trouvée pesant 4 mars 5 onces seulement, et elle devoit peser, selon le contenu de ladicte exécucion, 2 esterlins plus, prisiée 6 escuz le marc.

De ladicte exécucion : pour une autre coquille d'une

perle déspeciée à pié et à couvercle garnie d'argent, pesant 3 mars, prisiée 6 escuz le marc.

De ladicte exécucion : pour une autre coquille d'une perle despéciée, à pié et à couvercle d'argent doré, trouvée peser 2 mars 6 onces 12 esterlins, obole; et elle ne devoit peser par ladicte exécucion, que 2 mars 5 onces 15 esterlins, prisiée 6 escuz le marc.

Dragouers.

De ladicte exécucion : un dragouer d'argent à couvercle doré et esmaillié, pesant 8 mars 5 onces 5 esterlins, et il ne devoit peser selon le contenu de l'inventoire, que 8 mars 5 onces, prisié 8 escuz le marc.

De ladicte exécucion : pour un autre dragouer d'argent doré et esmaillié, à pièces de cristal et une cuillier de cristal garnie d'argent, trouvé pesant 6 mars 3 onces; et il ne devoit peser, selon ladicte exécucion, que 6 mars 1 once 15 esterlins; prisié 12 escuz le marc.

De ladicte exécucion : pour un autre dragouer à pié de maçonnerie et à couvercle, garni en 2 lieux de pierrerie, pesant 7 mars 3 onces, prisié le marc 10 escuz.

Des joyaux du Temple : pour 1 autre dragouer semé d'esmaux, pesant 11 mars 5 onces 10 esterlins, prisié 8 escuz le marc.

Sallières d'argent.

De ladicte exécucion : pour une sallière d'argent à couvercle, à 2 singes enmantellez, garny le couvercle de pierrerie, pesant 4 mars 1 once 5 esterlins, prisiée 8 escuz le marc.

De ladicte exécucion : pour une petite sallière à couvercle, dorée et esmaillée, le corps de cristal, garnie de pierrerie, pesant 2 mars 5 onces 2 esterlins, obole, prisiée comme dessus.

De l'inventoire Guillaume de Moustereul : pour 6 sallières à piez et couvercles d'argent, pesant ensemble

24 mars 2 onces 15 esterlins ; et il devoient peser, selon le contenu dudit inventoire, c'est assavoir, la première sallière de cristal assise sur une serpente, pesant 2 mars 6 onces 5 esterlins, prisiée 8 escuz le marc ; la 2ᵉ d'une damoiselle qui vielle, garnie de pierrerie, pesant 4 mars 2 onces 10 esterlins, prisiée 10 escuz le marc ; la tierce à 3 coichez, dorez et esmailliez, pesant 5 mars 5 onces, prisiée 10 escuz le marc ; la quarte, de celle façon, pesant 5 mars 4 onces, prisiée 10 escuz le marc ; la 5ᵉ pesant 3 mars 5 onces 5 esterlins, prisiée 8 escuz le marc ; et la 6ᵉ semblable, pesant 2 mars 4 onces 5 esterlins, prisiée 8 escuz le marc.

Autres joyaulx.

De ladicte exécucion : pour 1 eauebenoitier avec l'espergès de cristal assis sur 3 piez d'argent dorez, pesant 5 mars 5 esterlins, prisié le marc 6 escuz.

De l'inventoire Guillaume de Moustereul : pour 1 petit pot quarré esmailliée à mettre en une chapelle, pesant 1 marc 6 onces 2 esterlins, obole, prisié 6 escuz le marc.

Dudit inventoire : pour une autre petite aiguière cisellée, à mettre en une chapelle, pesant 1 marc 5 onces, prisiée 6 escuz le marc.

Dudit inventoire : pour une gayne d'argent esmailliée à ymages, pesant 7 onces 15 esterlins, à tout 1 coutel, qui est de la forge Mauloe ; tout prisié 7 escuz.

Dudit inventoire : pour une burète à biberon de chappelle, pesant 1 marc 5 onces, prisiée 6 escuz le marc comme dessus.

Estienne de la Fontaine, naguères Argentier dessusdit : pour 1 languier de langues de serpent, où il ne faut riens, à lui apporté de la cour senz pois et senz priz ; ouquel languier avoit 1 pié, 1 camahieu où milieu, semé d'esmaux et doré, pesant 6 mars 7 onces 10 esterlins, prisié 10 escuz le marc, néant.

De ladicte exécucion : pour 1 autre languier senz pié, de la façon d'un arbre, tout doré, à esmaux de France pendans, pesant 6 mars 1 once 10 esterlins, prisié 8 escuz le marc.

De ladicte exécucion : pour 1 entablement d'une fontaine où il y a 3 ymages et 1 petite couronne d'argent pour 1 ymage, garnie de pierrerie de voirre, pesant 1 marc 1 once, prisié tout 7 escuz.

De ladicte exécucion : pour 1 tabliau de Saint George, à tout 1 sanctuaire dedens, dudit saint, pesant 1 marc 2 onces, prisié 12 escuz.

De ladicte exécucion : pour 1 boiste de cristal, garnie d'argent, à mettre pain à chanter, pesant 1 marc 1 once 10 esterlins, prisiée 8 escuz.

De l'inventoire dudit G. de Moustereul : pour 1 eschequier de bateure et de cristal, à perles dedens, garny des jeux de cristal et de marbre vermeil, prisié....

De ladicte exécucion : pour 1 pié d'argent de maçonnerie senz riens dessus, pesant 1 mars 12 esterlins, obole, prisié le marc 6 escuz.

De ladicte exécucion : pour 1 cor à 2 petiz piez d'argent à 3 esmaux et à couvercle d'argent, pesant 9 mars 7 onces, prisié tout 30 escuz.

De ladicte exécucion : pour 1 autre cor senz pié et couvercle, enchassié d'argent, pesant 12 mars 1 once, prisié tout 40 escuz.

De ladicte exécucion : pour uns tabliaus de la Magdelène, dorez et esmailliez, pesant 2 mars 7 onces 10 esterlins, prisiés 10 escuz le marc.

De ladicte exécucion : pour uns autres tabliaux d'un couronnement de l'Assumpcion Nostre-Dame, pesant 2 mars 7 onces 15 esterlins, prisiés comme dessus.

De l'inventoire dudit G. de Moustereul : pour 1 arbre de corail senz pié à tout le clavel, pesant 1 marc 2 onces 15 esterlins, prisié tout 6 escuz.

De ladicte exécucion : pour une lanterne d'argent dorée et esmailliée, d'œuvre de maçonnerie, pesant 5 mars 3 onces 10 esterlins, prisiée 8 escuz le marc.

Somme.

Item, *veluyaux* délivrés par ledit Estienne audit Gaucher, nouvel Argentier, et prisiés par Jehan d'Amiens et Mahiet le Potier, merciers à Paris.

Tant de ladicte exécucion, comme des garnisons de l'Argenterie : pour 53 pièces de veluyau moien de plusieurs couleurs, dont aucuns sont royez et les autres plains, et furent achetez ceuls des dictes garnisons pieçà de Belommet Turel, 20 escuz la pièce, à présent prisiés 18 escuz chascune pièce.

Des dictes garnisons acheté pieçà dudit Belommet et de Edouart Thadelin 34 escuz pièce, pour 26 aunes de veluyau, prisiée à présent chascune aune 5 escuz.

Des joyaux du Temple : pour 2 pièces de veluyau vert à or, prisiées à présent 40 escuz.

Desdictes garnisons de l'Argenterie : pour 16 pièces de veluyau, achetées pieçà desdicts Belommet et Edoart, 20 escuz la pièce, prisiée chascune aune 3 escuz.

Desdictes garnisons : pour 3 aunes et demie de veluyau vermeil achetées dudit Edouart 34 escuz la pièce entière, prisié à présent 5 escuz l'aune.

De l'inventoire dudit G. de Mousstereul : pour 3 aunes de vielz veluyau blanc, prisiées 1 escu l'aune.

Dudit inventoire : pour 173 aunes de vielz veluyaus vermeillez et violez, dont il en y a aucuns despéciez, et ont esté par plusieurs foiz en encourtinemenz, prisiés à présent 1 escu et demi l'aune.

Des joyaux du Temple : pour 1 chapiau de bièvre fourré d'ermines semé de perles d'Orient, à 1 laz garny de 4 boutons de perles, et y faut 8 roses de perles, contenant chascune rose 21 perle et 14 autres perles, lesquelles ledit

Estienne doit rendre pour ce qu'il les a ostées, et font, 14 des perles dessus dictes, l'esterlin d'argent. Prisié....

De ladicte exécucion : pour 1 orillier de veluyau vermeil semé de perles d'Orient losengié d'armoyerie de France et de Bourgoigne, et y a arbreciaux d'or, et y faillent les 4 boutons de perles des 4 corneiz et 15 autres perles que ledit Estienne doit rendre. Prisié....

De ladicte exécucion : pour 1 grant carreau de veluyau vermeil d'environ 1 aune de long, plain de duvet, à 4 gros boutons de perles menues aus corneiz, prisié par Thomas de Chaalons, coutepointier du Roy, 6 escuz.

De ladicte exécucion : pour 1 petit orillier de celle façon, plain de duvet, à 4 petiz boutons de perles; et est ledit orillier d'environ 1 pié de quarreure, prisié par ledit Thomas 2 escuz.

Dudit lieu : pour 1 quarreau neuf de celle sorte, plain de duvet, de 3 quartiers de long, et n'y a nulz boutons de perles ne n'ot oncques, prisié par ledit Thomas 2 escuz.

Somme.

Item *draps d'or* délivrez comme dit est, et prisiés par les diz Jehan d'Amiens et Mahiet le Potier.

Desdictes garnisons de l'Argenterie, achetées, partie dudit Belommet, et partie dudit Edouart : pour 28 draps d'or entiers, tant mathebas comme arramas, qui coustèrent, les uns 14 et les autres 20 et 22 escuz la pièce, prisiés à présent 14 escuz la pièce. Et avoient esté mis par plusieurs foiz en encourtinemenz.

Desdictes garnisons, acheté dudit Belommet : pour 1 drap d'or appellé nac, de 5 aunes et 3 quartiers de long, prisié 8 escuz.

Desdictes garnisons : pour 13 aunes de drap d'or mathebas et arramas, en pluseurs pièces, dont aucunes sont despéciées; et ont esté par pluseurs foiz mis en encourtinemenz, prisiées 2 escuz l'aune.

Des diz joyaux du Temple : pour 2 grans draps d'or trait d'oultremer, à faire l'encourtinement du sacre des Roys, bailliez audit Estienne senz pris. Prisiés....

Des dictes garnisons : pour 2 draps d'or de Damas achetez audit Edouard 50 escuz la pièce, prisiés à présent 45 escuz la pièce.

D'ycelles garnisons : pour 1 autre drap d'or de Damas acheté dudit Belommet 50 escuz et prisié à présent 45 escuz.

Des joyaux du Louvre : pour un autre drap d'or tissu, de 8 aunes de long et 3 de lé, armoyé d'escuçons de France et de Navarre, avironné de papegaux, prisié 100 escuz.

Des dictes garnisons : pour 2 livres et demie d'or de Chipre en canon, achetées dudit Edouart 16 escuz la livre et tant prisiées par Thomas de Chaalons.

Item *draps d'argent* délivrez comme dessus et prisiez par Jehan le Grant et Jehan Hémart, chasubliers à Paris.

Desdictes garnisons : pour 5 draps d'argent de Damas neufs, achetez dudit Edouart piéçà 45 escuz la pièce, et prisiez à présent chacun drap, 40 escuz.

Desdictes garnisons : pour 24 autres draps de Damas, lesquels ont esté mis par pluseurs foiz en encourtinemenz, achetez piéçà dudit Belommet 25 escuz la pièce et prisiez à présent 26 escuz chascun drap.

Desdictes garnisons : pour 40 aunes desdiz draps en plusieurs pièces acheteez piéçà dudit Belommet au pris dessus dit, dont les aucuns sont dommagiez d'estre mis en œuvre, prisiée à présent chascune aune 4 escuz.

Desdictes garnisons : pour 1 carriau de duvet couvert d'un drap desdiz neufs, contenant environ 1 aune de long, et n'y a nuls boutons de perles, prisié par ledit Thomas de Chaalons 4 escuz.

Dudit lieu : pour 1 autre quarreau de duvet de celle

façon, contenant environ 3 quartiers de long, prisié par ledit Thomas 2 escuz.

Somme.

Item *cendaulx* délivrez comme dit est et prisiez par Jehan d'Amiens et Maciot le Potier, merciers à Paris.

Des dictes garnisons de l'Argenterie : pour 12 pièces de cendal vermeil en grainne, qui font 2 botes, achetées de Edouart Thadelin 1 marc de fin or la bote ou la value de 65 escuz, et prisiées à présent les dictes 2 botes 100 escuz.

Des dictes garnisons : pour 6 pièces de cendal azuré achetées de Edouart dessusdit 52 escuz et prisiées à présent 40 escuz.

D'ycelles garnisons : pour 6 pièces de cendal jaune des larges achetées dudit Edouart 52 escuz et prisiées à présent 40 escuz.

De ladicte exequcion : pour 1 pièce de cendal prisiée 6 escuz.

De ladicte exécucion : pour 2 autres pièces semblables prisiées 10 escuz.

De l'inventoire dudit G. de Moustereul : pour 6 aunes et 3 quartiers de petiz cendaulx noirs vielz en 2 pièces, tout prisié 1 escu.

Dudit inventoire : pour 1 pièce de cendal tiersain blanc, royé de bateure, d'euvre de Paris, contenant 2 pièces entières, prisiées 8 escuz.

De ladicte exécucion : pour 54 aunes de demi cendal (*sic*) azuré batu à fleurs de liz d'or, les uns de 2 pièces et les autres d'une, pour faire bordeures d'encourtinemenz prisié 10ˢ l'aune.

Des dictes garnisons : pour 4 livres et 12 onces de soye de Paris et de Lucques de pluseurs couleurs, achetées dudit Edouart et prisiées par ledit Thomas de Chaalons 9 escuz la livre.

Des dictes garnisons : pour 5 pièces de custodes de cendal de grainne pour l'oratoire du Roy pour la feste de l'Estoile, qui encores estoient chiés ledit Estienne. Prisiées....

Des dictes garnisons : pour une pièce et 4 aunes et demie de satonny, achetée dudit Edouart et prisiée 18 escuz la pièce.

De ladicte exécucion : pour une pièce de camocaz prisiée 20 escuz.

Des dictes garnisons : pour une pièce de chigaton de Lucques, achetée dudit Edouart et prisiée 15 escuz.

Dudit inventoire G. de Mousterculeul : pour 2 pièces de tartaire, l'une vert et l'autre vermeille, prisiées 15 escuz la pièce.

Somme.

Coutepointerie de cendal.
De l'inventoire G. de Mousterculeul : pour une coutepointe pour le Roy de 12 lez, de cendaulx de graine, pointe par manière de neuz, prisiée par Thomas de Chaalons, coustepointier du Roy, 100^l p.

Dudit inventoire : pour 1 chevecier de cendal de graine semé d'escuz de France à une frète, prisié 20^l.

Dudit inventoire : pour 1 ciel et 1 chevecier de coutepointerie de cendal vielz et 3 courtines de cendal, toutes armoiées des armes de France; et sont les 3 courtines à lambeaux des armes messire Robert d'Artois. Prisiées lesdictes 5 pièces, 32^l p.

Somme.

Tapisserie.
Dudit inventoire : pour une sarge de tapisserie semée de feuillage de vigne, prisiée par ledit Thomas, 80^l p.

Dudit inventoire : pour 1 tapiz vert à 4 escuçons aus 4 corneiz, de 4 aunes de long et de 2 de large, prisié 4^l p.

Dudit inventoire : pour 2 tapiz vers armoiez de losenges de France et de Bourgoigne, chascun de 3 aunes de long et de 2 de large, prisiés 8^l p.

Dudit inventoire : 4 tapiz vielz à fleurs de liz pour la chambre le Roy, de diverses longueurs, prisiés 20^l p.

Dudit inventoire : pour 2 tapiz vielz losengiez des armes de Constantinoble et de Sezille, prisiés 6^l p.

Dudit inventoire : pour 1 tapiz vermeil tout neuf, armoié de 4 escuçons de Behaingne et de Normandie, de 5 aunes de long et de 2 de lé, prisiés 10^l p.

Dudit inventoire : pour 2 tapiz vers vielz semez de treffles, armoiez de plusieurs armes, prisiés 6^l.

Des dictes garnisons : pour 2 courtines de sarge d'Allemagne, achetées de marcheans et prisiées, 4^l p.

Somme.

Chanevacerie.

Dudit inventoire : pour une pièce de toile de Rains entière, contenant 43 aunes, prisiée par ledit Thomas 1 escu l'aune.

Autres joyaux d'or bailliez et rendus audit Gaucher de Vannes, nouvel Argentier, par ledit Estienne de la Fontaine, son devancier oudit office, depuis ledit inventoire fait, pour ce que il estoient en gages lors et ne les povoit avoir, si comme il appert par recognoissance dudit Gaucher seellée de son seel, rendue à court, donnée le xiie jour de février l'an ccclIII.

Des garnisons du Roy baillées en garde audit Estienne : pour 1 hanap d'or cizelé à 1 esmail où fons à pappegaux et à une teneure esmailliée, en laquelle a 1 escu aus armes de France et de Bourgoingne, pesant 2 mars 5 onces, rendu senz pris.

D'icelles garnisons : pour 1 autre hannap en guise

d'une tasse d'or à chappelles de bestes et d'oisellez, esmailliez dedens et dehors, pesant 2 mars 5 onces 17 estellins obole d'or senz pris.

D'icelles garnisons : pour une esguière d'or, en laquelle a 1 balay sur le fritellet, pesant 2 mars 5 onces 16 estellins, maaille, rendue senz pris.

D'icelles garnisons : pour 1 trépié d'or à 1 hannap, ouquel trépié à 1 esmail ou fons, pesant 1 marc 7 onces, rendu senz pris.

D'icelles garnisons : pour 70 escuelles d'argent dorées d'environ 2 mars la pièce, rendues senz pris.

VAISSELLE DU ROI JEAN.

(Année 1363[1].)

C'est la vesselle porté devers le Roy, à Germigny, ou mois de septembre CCC LXIII.

Tournay.

Primo, 1 plat d'argent à laver, à bibon[2].
Item, 8 plaz pour servir à table.
Item, 23 escuelles d'argent.

De la vesselle rapportée d'Angleterre[3].

Primo, 2 bacins dorez et esmailliés, à laver.
Item, 1 petit gobelet d'argent doré, et esmaillié ou fons.
Item, une aiguière dorée, en semblance d'un lion.
Item, une quarte et 1 aiguière d'argent, dorée et diaprée de fleurs de lis et de vignettes.

---

[1] L'original de cette pièce est un petit rouleau de parchemin conservé aux Archives nationales (carton coté L 847).
[2] Lisez : *biberon.*
[3] Après la délivrance du roi Jean.

Item, une pinte et une aiguière d'une mesmes façon, esmailliées par dehors.

Item, une aiguière dorée et esmaillée en fréture (*ou* freçure).

D'autre vaisselle.

1 drageoir doré et esmaillié.

Item, une pinte dorée et esmaillée par dehors, à rubis et à perles.

Rains.

4 copes à covècle, dorées et esmaillées.

Paris.

1 pot à aumosne.
1 aiguière d'or, à 1 saphier (*sic*).
24 plaz dorez.
20 hénas dorez, et 4 qui sont en l'Eschançonnerie.
6 douzaines d'escuelles dorées.
2 bacins à laver.
4 justes.

De l'Eschançonnerie.

Le goubelet du roy d'Angleterre[1].
Le hénap d'or, qui fu refait du hénap de la royne d'Angleterre[2].

Du pape.

2 grans flacons esmaillés.
Un quarte stivée? de perles.

De la vesselle achetée à Avignon.

1 bacin d'argent doré.

---

[1] Qu'il avait donné au roi Jean. Voy. p. 274.
[2] Un trou dans le parchemin a fait disparaître ici un article de deux lignes.

Une aiguière dorée, à 1 saphir, et armoié dedans le couvècle des armes de France et de Bourgogne.

Item, 1 gobelet d'or semblablement armoié.

Tuèle[1].

40 escuelles d'argent blanc.

Beaufort.

2 flacons dorez, à courroies de soye.
2 quartes dorées.
2 autres quartes diaprées.
4 aiguières dorées.
1 goubelet doré, esmaillé dehors, couvert d'un couvècle à coronne.

Troies[2].

12 plaz d'argent dorez.
... douzaines d'escuelles dorées[3].
4 quartes dorées.

Item, 2 douzaines d'escuelles d'argent blanc que Jehan Luissier avoit en garde.

Baillié le jour S. Remi.

4 justes, 2 quartes; de Troies.
20 hénas.
Cuisine. 3 douzaines d'escuelles blanches.
      Item, 8 plaz blans.
      Item, 3 plaz dorez.

---

[1] Sans doute *Tulle*. Voy. la note 2 de la page 195.
[2] Ce qui suit se trouve au dos du rouleau.
[3] Le chiffre ne peut pas se lire.

TABLEAU DES PRIX

DANS LE COMPTE DE GEOFFROI DE FLEURI

DE L'AN 1316[1].

Pages.	DRAPS.	L'aune. s.	d.	La pièce. l.	s.
5	Acollé.................................	26	»	»	»
6	Blanc..................................	20	»	»	»
6	Broissequin...........................	24	»	»	»
45	Brunète noire.........................	12	»	28	»
22	Camelin................................	11	»	»	»
—	Camelin de Châteaulandon.............	12	6	»	»
40	Camelin................................	24	»	»	»
6	Camelin................................	28	»	»	»
63	Camelin................................	»	»	14	»
6	Écarlate...............................	40	»	»	»
40	Écarlate morée........................	40	»	»	»
28	Écarlate rosée........................	»	»	60	»
20	Écarlate vermeille....................	36	»	»	»
55	— —	36	8	»	»
52	— —	»	»	44	»
28	Écarlate violette.....................	50	»	»	»
37	— — (la pièce de 24 aunes)....	»	»	60	»
6	Fleur de pêcher.......................	24	»	»	»
5	— —	26	»	»	»
53	— —	»	»	28	»
6	Jaune..................................	16	»	»	»
—	—	20	»	»	»
55	Marbré................................	14	»	»	»
6	—	28	»	»	»
40	—	30	»	»	»
21	—	32	»	»	»
5	—	33	4	»	»

[1] En 1316, le marc d'argent était à 54^s tournois. Comme ici nos prix sont en monnaie parisis, qui est d'un quart plus forte que la monnaie tournois, il faut se rappeler que le marc tournois contient seulement 43^s 2^d $\frac{2}{5}$ parisis.

TABLEAU DES PRIX

Pages	DRAPS.	L'aune. s.	d.	La pièce. l.	s.
28	Marbré (bon)......................	36	»	»	»
6	Marbré accolé...................	36	8	»	»
63	Marbré	»	»	16	»
40	— (la pièce de 24 aunes)...........	»	»	30	»
27	— —	»	»	36	»
37	Marbré brun (la pièce de 24 aunes)......	»	»	28	»
6	Pers........................	8	»	»	»
21	—	12	»	»	»
6	—	16	»	»	»
—	—	28	»	»	»
37	Pers de Châlons..................	»	»	19	»
63	— (1 drap et 4 aunes)......	»	»	38	8
21	Pers de Louvain...................	»	»	14	»
22	Rayé............................	12	»	»	»
20	Rayé de Douay....................	24	»	»	»
56	Souci...........................	20	»	»	»
28	Souci de graine...................	28	»	»	»
63	—	»	»	24	»
37	Tanné...........................	14	»	»	»
28	Verd............................	18	»	»	»
55	—	22	»	»	»
—	—	28	»	»	»
40	—	32	»	»	»
37	Verd gai (1 drap et 4 aunes)...........	»	»	28	16
40	Verd fin (bon).....................	»	»	30	»

Pages	DRAPS D'OR ET SOIE.	L'aune. s.	La pièce. l.	s.	L'once. s.	d.
18	Drap d'or à fleurs de lys..........	»	7	»	»	»
57	Drap d'or de Paris...............	»	11	»	»	»
18	Drap d'or de Turquie.............	»	12	10	»	»
—	Drap de Turquie.................	»	11	»	»	»
65	Drap de Venise..................	»	»	55	»	»
58	Drap nachis à rosettes d'or........	»	28	»	»	»
57	Drap naque vermeil..............	»	11	10	»	»
58	Drap rataz......................	»	10	10	»	»
48	Samit...........................	32	»	»	»	»
57	Samit d'estive (une demi-pièce)....	»	12	»	»	»
47	Samit vermeil...................	»	9	»	»	»
35	Taffetas verd....................	7	»	»	»	»

DRAPS D'OR ET DE SOIE.	L'aune.	La pièce.		L'once.	
Pages.	s.	l.	s.	s.	d.
48 Veluiau azuré..................	»	15	»	»	»
65 Veluiau jaune..................	»	11	10	»	»
48 Veluiau quoquet...............	40	»	»	»	»
59 — — (des grands)......	»	14	»	»	»
13 Veluiau verd...................	40	»	»	»	»
58 — —.....................	»	11	10	»	»
14 Veluiau vermeil................	48	»	»	»	»
58 Veluiau violet.................	»	11	10	»	»
13 Camocas azuré.................	»	8	»	»	»
35 Camocas plonquié..............	24	»	»	»	»
48 — —.....................	»	8	»	»	»
35 Camocas violet................	»	8	»	»	»
17 Cendal........................	8	»	»	»	»
19 Cendal battu...................	10	»	»	»	»
18 Cendal inde...................	»	»	»	3	6
19 — —.....................	»	»	»	4	»
48 Cendal jaune..................	»	»	»	4	»
13 Cendal noir...................	»	»	»	»	28
18 — —.....................	»	»	»	»	32
15 — —.....................	»	»	»	2	6
13 Cendal verd...................	»	»	»	3	6
— Cendal vermeil.................	»	»	»	4	»
44 — —.....................	»	»	»	4	2
54 Drap d'Ache...................	»	»	55	»	»
— Drap de Lucques................	»	»	106	»	»
58 Drap d'or.....................	»	»	106	»	»

TOILES, SERGES ET TAPIS	L'aune.		La pièce.
Pages.	s.	d.	s.
60 Toile.........................	»	16	»
58 Toile blanche..................	»	18	»
59 Toile azurée...................	»	18	»
48 Toile inde....................	»	»	16
15 Toile (noire?).................	»	»	16
58 Toile vermeille................	»	18	»
— Toile verte....................	»	18	»
13 — —......................	»	»	15
19 Toile cirée...................	4	»	»
61 Futaine.......................	16	»	»
— Sarges........................	»	»	18

TOILES, SERGES ET TAPIS.

Pages.		L'aune.		La pièce.
		s.	d.	s.
51	Sarges de Reims......................	»	»	20
50	Sarges verds de Reims................	»	»	15
16	Tapis................................	10	»	»
17	—	11	»	»
—	—	15	»	»
50	—	18	»	»
—	Tapis vermeils	12	»	»
61	— —	10	»	»

FOURRURES.

Pages.		l.	s.	d.
11	Le ventre de menuvair.................	»	»	14
38	Rouz vair (la fourrure)	»	70	»
53	Couvertouers de gros vair (la pièce)......	26	»	»
—	Manteaux de gros vair (la pièce)...........	8	»	»
—	Manteaux d'hermines (la pièce)...........	16	»	»
44	Pliçons de gris (la pièce)..................	»	70	»
41	— — (la pièce).................	4	»	»
42	— — (la pièce).................	»	100	»
41	— — fin (la pièce)	6	»	»
58	Pourpre (un)...........................	»	40	»

LITERIE, etc.

Pages.		s.
16	Coutepointes (la pièce).......................	0
19	Draps-linges (la pièce).......................	18
36	Coeffes (la douzaine)........................	6
35	— (la douzaine)........................	9
36	— (la douzaine)........................	10
16	— (la douzaine)........................	12
35	— (la douzaine)........................	14

MERCERIE.

Pages.		s.	d.
66	Alloières .... 15, 32, 40 et 45		»
—	Bourses...............................	8	»
9	Attaches à manteaux	»	6
36	Épingles (le millier).....................	2	»
—	Grandes épingles (le millier)................	2	6
15	Soie (la livre)	36	»

MERCERIE

Pages.		s.	d.
16	Soie (la livre)......................	45	»
9	— (la livre)........................	64	»
—	Rubans de soie (la pièce)............	4	»
14	Franges (l'aune).....................	4	»
60	— (l'aune)...........................	6	»
9	Fil (la livre).......................	7	»
19	Coton (la livre).....................	1	6
36	Duvet (la livre).....................	3	»

ORFEVRERIE.

Pages.		l.	s.	d.
44	Un caillier......................	»	20	»
27	Hanaps cailliers (chacun).........	»	13	4
26	Un saphir........................	10	»	»
62	Une fleur de lis et une ceinture d'or à rubis et à émeraudes............	800	»	»
58	Une ceinture blanche ferrée d'argent.	»	20	»
66	Ceintures à perles (chacune)......	»	40	»
65	Un fermail d'or à rubis et à émeraudes.	16	»	»
66	Tissus d'or émaillés..............	»	16, 20 et 26	»
14	Tissus d'argent (chacun)..........	»	30	»
66	Tissus à perles ferrés d'argent (chacun).	»	18	»
14	Surceintes de cuir ferrées d'argent (chacune).......................	»	20	»
13	Orfrois de perles (chacun)........	»	30	»
14	Tréçons à perles (chacun).........	»	30	»
—	Une bourse de veluiau et une chaîne d'argent.........................	»	24	»
59	Treffles d'argent pour broderie (la pièce)..........................	»	»	4

MEUBLES

Pages.		l	s.	d.
51	Bahuts (chacun)...................	»	32	»
52	Bouges (la paire).................	4	10	»
62	Coffinet..........................	»	16	»
52	Coffres (la pièce)................	»	45	»
51	Un grand coffre...................	4	10	»
62	Un coffre pour mettre un livre d'heures..	»	50	»
51	Escrins (la pièce)................	»	20	»

MEUBLES.

Pages.		l	s.	d
17	Faus-d'esteurs (la façon de deux).......	6	10	»
51	Malles, à..........................	»	30 et 40	»
19	Marchepieds (chacun)................	3	6	8
51	Paniers à épices (chacun).............	»	40	»

DROGUES

Pages.		L'once. s.
19	Ambre............................	20
—	Calamite...........................	3
—	Estorat............................	3
—	Myrrhe............................	3
—	Musc.............................	60

TABLEAU DES PRIX

DANS LE COMPTE D'ÉTIENNE DE LA FONTAINE

DE L'AN 1352[1].

DRAPS.

Pages.		L'aune. s. d.	La pièce. l. s.
86	Accolé long de Bruxelles...............	» »	35 »
88	Blanc.............................	30 »	» »
152	Blanc de Louvain....................	» »	15 8
83	Blanc court de Bruxelles..............	» »	21 »
84	Blanc long de Bruxelles (mouillé et tondu)..	28 »	» »
85	Blanc (fin) de Bruxelles................	28 »	» »
152	Brunette de Douay...................	» »	25 4
86	Brussequin de Bruxelles...............	» »	16 18
88	Camelin...........................	24 »	» »

[1] Dans l'espace de temps que comprend ce compte (du 4 février au 1er juillet 1352), on trouve dans le registre Entre-deux-ais de la cour des monnaies sept différents prix du marc, dont la moyenne donne un peu plus de 4ˡ 18ˢ tournois. Il faut se rappeler que, de même que dans le compte de Geoffroi de Fleuri, les prix sont ici en monnaie parisis, qui est d'un quart plus forte que la monnaie tournois.

Pages.	DRAPS	L'aune. s.	L'aune. d.	La pièce. l.	La pièce. s.
86	Drap long entier................	»	»	28	»
149	Drap ouvré à chaennes...........	32	»	»	»
156	Drap merlé sur le verd..........	24	»	»	»
84	Drap de Dorlens, de courte moison......	»	»	13	12
151	Escarlate de Bruxelles............	»	»	64	16
84	Escarlate rosée de Bruxelles.........	»	»	80	»
87	Escarlate paonnace...............	68	»	»	»
84	— —	72	»	»	»
149	Escarlate sanguine................	»	«	70	»
85	Escarlate sanguine de Bruxelles.......	39	4	»	»
154	Escarlate vermeille...............	72	»	»	»
88	— —	68	»	»	»
86	— —	64	»	»	»
82	Escarlate vermeille de Bruxelles......	»	»	70	»
145	Jaune.........................	16	»	»	»
156	Marbré court...................	16	»	»	»
148	Marbré brun de la grant moison de Bruxelles.	»	»	33	12
149	Marbré de Bruxelles de la grant moison...	»	»	42	»
83	Marbré (fin) brun de la grant moison de Bruxelles..................	»	»	44	16
156	Marbré caignet court de Bruxelles (6 aunes, 112^s, 93^c $\frac{1}{3}$ l'aune)................	»	»	»	»
85	Marbré long de Bruxelles traiant sur le caignet.........................	»	»	33	12
149	Marbré cendré de courte moison........	20	»	»	»
—	Marbré dosien de la grant moison de Bruxelles (12 aunes, 18^l 18^s).........	»	»	»	»
84	Marbré dosien des longs de Bruxelles.....	»	»	37	16
83	Marbré (fin) brussequin rose de la grant moison de Bruxelles..................	»	»	42	»
87	Marbré traiant sur l'impérial...........	»	»	»	»
151	Marbré mêlé de pers et vermeil.........	32	8	»	»
86	Marbré long de Bruxelles, mêlé de pers et vermeil.........................	»	»	33	12
83	Marbré verdelet long de Bruxelles......	»	»	35	»
150	Marbré verdelet court de Bruxelles......	»	»	16	16
—	Marbré vermeillet de Dorlens (3 aunes $\frac{1}{2}$, 40^s).	»	»	»	»
—	Marbré violet..................	20	»	»	»
87	Marbré violet de graine.............	50	»	»	»
86	Marbré violet de Bruxelles, long........	»	»	35	»

Pages.	DRAPS.	L'aune. s. d	La pièce. l s.
151	Marbré long de Bruxelles, violet de graine.	32 8	» »
83	Marbré violet de graine des longs de Bruxelles..................	» »	56 »
88	Marbré (fin) violet................	32 »	» »
149	Marbré violet de graine, de la grant moison de Bruxelles (12 aunes, 28¹)........	» »	» »
156	Marbré d'Aumale (4 aunes ½, 42ˢ).......	» »	» »
153	Marbré de Bruxelles.................	» »	33 7
87	Marbré (fin) court de Bruxelles.........	22 »	» »
150	Marbré court de Bruxelles.............	18 »	» »
153	Marbré long de Bruxelles.............	» »	39 4
87	— — —	32 »	» »
153	— — — (12 aunes, 18¹ 4ˢ).	» »	» »
85	— — —	» »	36 8
88	Marbré (fin) long de Bruxelles..........	24 »	» »
153	— — —	» »	37 10
87	Marbré de Bruxelles en graine..........	48 »	» »
153	Marbré (fin) de graine................	» »	57 12
157	Marbré court de Dorlens.............	30 »	» »
150	Marbré de Hal (3 aunes ½, 70ˢ).........	» »	» »
156	Marbré de Hesdin....................	10 »	» »
150	Marbré de Saint-Omer................	18 »	» »
—	Pers............................	16 »	» »
155	Pers azuré de la grant moison de Bruxelles.	40 »	» »
84	Pers (fin) azuré des longs de Bruxelles....	» »	39 4
145	Pers.............................	18 »	» »
149	Pers clair.........................	16 »	» »
156	Rayé.............................	20 »	» »
—	Rayé de Gand.....................	16 »	» »
155	— —	» »	18 »
149	Rayé brun de Gand.................	16 »	» »
88	Rayé (fin) brun de Gand..............	» »	24 »
150	Rayé chassis de Gand................	18 »	» »
157	Rayé de Gand sur le pers.............	» »	13 4
84	Rayé de Gand traiant sur fleur de pêcher (8 aunes, 105ˢ)..................	» »	» »
86	Rayé de Gand sur le violet à un bâton de soie blanche......................	» »	21 »
150	Rayé violet de Gand.................	18 »	» »
151	Rayé vermeil de Gand................	» »	14 »

DANS LE COMPTE D'ÉTIENNE DE LA FONTAINE.

Pages.	DRAPS.	L'aune. s. d.	La pièce. l. s.
154	Rayé de Gand à une raie de soie tannée...	» »	18 »
83	Rayé brun de Gand, à une perse accostée de deux bâtons jaunes (16 aunes, 11^1 4^s)...	» »	» »
87	Sanguine (longue) de Louvain........	28 o	» »
86	Tanné claret................	» »	» »
155	Verd de Bruxelles...............	34 »	» »
84	Verd à bois, de la grant moison de Bruxelles.	» »	40 »
88	Verd de courte moison............	» »	22 8
151	Verd de Louvain de la grant moison......	» »	30 »

Pages.	DRAPS D'OR ET DE SOIE.	L'aune.	La pièce.
158	Camocas d'outremer.......	»	32 écus $\frac{1}{2}$.
120	— — de plusieurs soies...........	»	32 écus $\frac{1}{2}$.
144	Camocas blanc...........	»	32 écus $\frac{1}{2}$.
144	Camocas blanc...........	8 écus.	»
158	Cendal................	»	9 écus.
185	Cendal des larges........	»	11 écus.
92	Cendal azuré...........	»	9 écus.
158	— — des larges....	»	10 écus.
91	— — —	»	9 écus.
142	Cendal blanc............	»	8 écus.
144	Cendal jaune des forts.....	»	8 écus.
93	Cendal inde............	»	8 écus.
147	— —	»	5 écus de 16^s.
92	Cendal vermeil..........	»	10 écus $\frac{2}{3}$.
91	Cendal vermeil en graine...	»	10 écus.
185	— — — ...	»	11 écus $\frac{2}{3}$.
92	Cendal verd............	»	8 écus.
—	— — —	»	9 écus.
109	Cendal verd des larges.....	»	9 écus.
158	Drap d'or de Chippre.....	16^l.	»
120	Drap d'or de Domasque....	»	50 écus.
144	Drap d'or et de soie.......	»	55 écus.
120	Drap d'or et de soie, fin, traiant sur le blanc......	»	45 écus.
—	Marramas et mactabas.....	»	17 écus.
183	Mattabas...............	»	18 écus.
186	Samit.................	»	16 écus

DRAPS D'OR ET DE SOIE.

Pages.		L'aune.	La pièce.
185	Samit vermeil en graine....	»	20 écus.
109	Samit verd..............	»	16 écus.
115	— —	»	13 écus.
109	Veluiau (fin) en graine....	»	40 écus.
—	Veluiau (fin) azuré.......	8 écus.	»
111	Veluiau azuré, des forts....	8 écus.	»
144	Veluiau blanc, des petits...	6^l.	»
146	Veluiau inde, des plus fins..	6 écus de 16^s.	»
157	Veluiau paonnace........	»	12^l 16^s.
143	Veluiau vermeil..........	8 écus.	»
—	— —	7 écus.	»
142	Zatony.................	4 écus.	»
144	Zatoni.................	»	25 écus.

TOILES, SERGES ET TAPIS.

Pages.		L'aune.		La pièce.
		s.	d.	
96	Toile bourgeoise...................	3	6	»
93	— —	3	8	»
94	— —	4	»	»
137	Toile déliée (fine)................	7	6	»
143	— — —	8	»	»
95	Toile de Compiègne................	8	6	»
94	— —	8	»	»
—	Toile de Compiègne (fine)..........	9	»	»
143	Toile de Morigni..................	7	6	»
93	Toile de Morigni (fine)............	4	»	»
94	Toile de Reims....................	7	6	»
93	Toile de Reims (fine)..............	8	»	»
109	Toile inde........................	»	»	1 écu ¾.
112	— —	»	»	1 écu ⅔.
186	Toile vermeille...................	»	»	2 écus.
115	Toile verte.......................	»	»	2 écus.
185	— —	»	»	1 écu ¾.
114	Serge verte.......................	»	»	14^s.
174	Serge de Reims...................	»	»	32^s.
111	Sargette verte....................	»	»	14^s.
110	Tapis............................	14	»	»
119	—	15	»	»

FOURRURES.

Pages.		s.	d.
97	Le ventre de menuvair......................	»	16
—	Le dos de gris fin........................	»	12
100	La pièce de létices.......................	8	»

CHAUSSURE.

Pages.		s.	d.
140	Estiveaux (la paire).......................	32	»
—	— —	20	»
141	— —	16	»
175	— —	12	»
140	Sollers (la paire).........................	4	»
—	— —	3	»
141	— —	»	32
175	— —	»	28

LITERIE, ETC.

Pages.		s.	d.
155	Coiffes (la pièce).........................	4	»
186	Taies de carreaux (la pièce)...............	8	»
110	Taies de petits carreaux (la pièce)..........	6	»
—	Taies de grands carreaux (la pièce).........	12	»

GANTERIE.

Pages.		s.	d.
135	Gants (la paire)..........................	2	6
—	— —	8	»
136	Gants de cerf (la paire)....................	30	»
137	Gants de lièvre (la paire)..................	2	»
174	Gants à fauconnier (la paire)...............	72	»
138	Un gant senestre à fauconnier...............	15	»
—	Gants de lièvre (la douzaine)...............	12	»
—	Petits gants (la douzaine)..................	30	»
174	Grandes moufles de cerf (la paire)..........	60	»
138	Braiers de cendal (chacun).................	25	»

COUTELLERIE.

Pages.		la paire. s.
174	Couteaux................................	50
133	Couteaux à trancher.......................	100

MERCERIE.

Pages.		La livre.
144	Soie..	10^l.
91	—	8 écus.
93	—	7 écus.
110	Duvet..	5^s.
109	Or de Chippre............................	16 écus.
194	Cire...	34^d.

ORFÉVRERIE.

Pages.		
170	Un hanap et une aiguière..............	64^l 2^d ob.
—	Un hanap...................................	49^l 14^s 6^d.
169	Un hanap et une chopine.............	30^l 18^s 7^d.
171	Un hanap...................................	22^l.
172	Un bassin d'argent......................	52^l 19^s 6^d.
181	Une nef d'argent à parer..............	259^l 5^s.
—	Une nef d'argent vérée, pour tous les jours.	171^l 14^s.
—	Un pot à aumosne.......................	150^l 4^s 9^d.
124	Un rubis balais...........................	112^s.
147	Perles de comptes (la pièce)..........	4^s.
132	Grosses perles (les six)................	1 écu de 16^s.
—	Perles (l'once).............................	20 écus de 16^s.
—	— —	16 écus de 16^s.
133	Perles grossettes d'Orient (l'once)...	11^l 4^s.
—	Perles menues d'Orient (l'once)......	16 écus de 14^s.
168	Une ceinture...............................	420^l.
172	Autre...	215^l 18^s.
—	Un fermail d'or............................	15^l 6^s.
145	Or trait (le marc)........................	14^l 8^s.

MEUBLES.

Page.		
135	Deux tabliers de fust garnis de tables et d'eschets....	50^s.

TABLE

DES MOTS TECHNIQUES[1].

A

AGATHE, agate, p. 317.

ACOLLÉ (un), c'est-à-dire un drap accolé. *Deux aunes d'acolé pour chauces,* p. 5. *Pour deux draps loncs de Bruxelles, l'un acolé et l'autre marbré violet,* p. 86. C'étaient vraisemblablement des draps à raies doubles et rapprochées.

ADIRIEZ. Egaré, perdu, p. 227.

AGARICO, p. 212. Agaric, espèce de champignon employé en teinture et en médecine.

AGUILLÈTES, aiguillettes servant à lacer des vêtements et des armures. *Pour faire et forger dix douzaines d'aguillètes pour ledit hernois fermer,* p. 129. Dans un compte de l'an 1392 (Arch. nat. K. reg. 23, fol. 97 v°), *six pointes d'argent doré.... mis en six las de soye.... pour lassier les cottes simples et doubles de madame Ysabel de France. Une douzaine de longues et larges aguillètes de fin dain d'Angleterre, dont les boux sont ferrés d'argent doré.... pour attachier par derrière les chauces dudit seigneur* (le roi) *et pour pendre les grans cousteaulx pour ycelui seigneur.* (Ibid, fol. 98 v°.)

AIGNAU D'OR, anneau d'or, bague, p. 26.

AIGNEAUX, AIGNIAUS. Ce mot désigne des fourrures d'agneaux. Il y en avait de blanches et de noires. *Robe fourrée d'aigneaux blans,* p. 149. *Pour messire Adam Hairon, une fourrure d'aigniaus noires et une penne noire à chaperon, pour fourrer une cote-hardie,* p. 24. Il est souvent parlé des fourrures d'agneaux de Lombardie dans les comptes du XIVᵉ siècle.

AIGUIÈRES, vases de table destinés à contenir l'eau, soit pour le repas, soit pour les ablutions. Les aiguières étaient en général fort riches. Il y en avait d'or et d'argent, souvent elles étaient émaillées, quelquefois même c'étaient de véritables objets d'art. *Pour une aiguière d'un homme séant sur un demi-coq, à une teste d'évesque qui tient une crosse,* p. 171. Voy. aussi p. 312 et suiv. Dans un inventaire des meubles de Charles VI de l'an 1399 : *Une grant aiguière d'or, en laquelle a six gobeletz martelez, et sont les frételez de l'aisguière et du couvescle des gobeletz, d'un tigre assis sur une fleur de geneste.* (Bibl. nat., Mss. Mortemart, vol. LXXVI, fol. 34.) Voy. ici les pages 170,

---

[1] La plupart de nos citations sont tirées des Comptes de l'Argenterie qui se trouvent aux Archives nationales. Ces registres sont cotes de la lettre K. La lettre J indique ceux du Trésor des Chartes. Comme cette table ne s'applique qu'au texte que nous donnons ici, on ne s'étonnera pas de l'absence de plusieurs termes techniques qui se rencontrent dans d'autres documents de la même époque.

171, 180, 182, 305, 311 et 314. On distinguait dans les aiguières celles qui étaient émaillées en entier, de celles qui ne l'étaient qu'en partie : *Deux aiguières, l'une esmaillée, l'autre semée d'esmaux* (Compt. de 1351, K. reg. 8, fol. 22).

AILES DE HOUCE, bandes d'étoffe qui flottaient après un vêtement. À la page 12, dans un article de fourrure : *Pour une houce, 312 ventres. Item pour les elles de la houce, 64 ventres.* Où l'on voit que les ailes d'une housse employaient à peu près le cinquième de la fourrure du vêtement lui-même. Dans notre volume, ce mot est constamment écrit *elles* ou *helles*.

ALEMELLE, lame d'épée ou de couteau : *Pour faire et forger la garnison toute blanche d'une espée, dont l'alemelle estoit à fenestre*, p. 127. Dans une lettre de rémission de l'an 1382 : *lequel Pariset empoigna l'alemelle dudit coustel, et se fist sang* (J. reg. 121, pièce 61). On disait aussi *alumelle*. Dans un compte de l'an 1458 : *Pour une dague à deux taillans, d'un pié et demi d'alumelle* (K. reg. 51, fol. 69 v°).

ALOEU CYCOTERNE, p. 212. C'est ici l'une des trois espèces d'aloès : « Le plus parfait de tous les aloès, dit Pomet dans son *Histoire des drogues*, est celui que nous appelons *aloès ciccotrin* ou *sucotrin*, soit à cause que l'aloès est un sucre concret que les Latins appellent *succum concretum*, ou parce que le meilleur nous vient de l'île de Soccotra. » Cette dernière étymologie, qui est la seule bonne, a été adoptée par Savary, dans son *Dictionnaire du commerce.* « On distingue, dit-il, de trois sortes d'aloès : le socotrin ou lucide, qu'on appelle aussi succotrin et ciccotrin ; le citrin et le cabalin, qui ne sont pourtant que le même suc plus ou moins épuré. L'aloès socotrin est le meilleur et vient de Socotra, à l'entrée de la mer Rouge, d'où il a pris son nom. »

ALOIÈRE, gibecière. Dans le roman du *Dit du Chevalier*, cité par du Cange :

Riche cheinture et aloière
Que chascun appellent gibecière.

Dans une lettre de rémission de l'an 1456 : *la gibecière* ou *alloyère dudit Jehan* (Trés. des ch., reg. coté J. 187, pièce 8). Aloières de velours, aloières de samit, p. 44 et 66.

AMBRE. *Pour deux onces d'ambre, 40ˢ*, p. 19. C'est pour l'embaumement du corps du petit Roi Jean. Au reste, le moyen âge semble avoir eu une prédilection particulière pour cette jolie substance. On en faisait des chapelets et des bijoux. Dans un inventaire de 1399 : *Une pomme pleine d'ambre, garnie d'argent et esmaillée autour de menues lettres. Item, une autre pomme d'ambre, garnie d'argent, pendant à un laz de soye azurée* (Bibl. nat., Mss. Mortemart, vol. LXXVI, fol. 17). Quelquefois l'ambre se sculptait : *Nostre Dame gisant, les Trois roys de Coulongne, S. Joseph et S. Athanase, tous d'ambre blanc, en petits imaiges, sans nulle garnison* (ibid., fol. 111). Je trouve de l'ambre gris dans un compte de 1591. On remarquera l'élévation de son prix : *Pour une pierre d'ambre griz pesant cinq onces, à 26 escuz l'once* (K. reg. 147, fol. 182).

AMICT. L'amict est cette pièce de toile dont le prêtre se couvre les épaules avant de revêtir les autres vêtements sacerdotaux : *Pour faire et livrer pour la chappelle de la Noble-Maison, trois aubes et trois amics, chascune aube et amict de 7 aunes ; 4ˢ pour l'aune, valent 4ˡ 4ˢ p.*, p. 95. On a ici un exemple de l'utilité de donner les textes de cette nature dans leur intégrité. Evidemment cette expression *chascune aube et amict de 7 aunes* pourrait présenter deux sens, et dans l'un s'appliquer à l'aube et à l'amict séparément, si la somme totale ne venait, par le calcul, ôter l'ambiguïté. Il est bien clair qu'il ne fallait que sept aunes pour faire à la fois une aube et un amict. Aubes, amicts, rochets et surplis, p. 296.

ANACARD, sorte d'épice, p. 236. « Les anacardes, dit Pomet dans son *Histoire des drogues*, sont une espèce de fèves qui nous sont apportées des Grandes-Indes. » Il ajoute que c'est un bon purgatif, et qu'on en tire une huile comme des noix d'acajou.

ANEL, ANIAUS. Ce mot est pris, tantôt dans le sens de bagues, par exemple, aux pages 39 et 209 ; tantôt dans le sens d'anneaux de rideaux, comme à la page 16. Dans un compte d'Etienne de La Fontaine, il est question d'anneaux d'or qui sont de véritables boucles d'oreilles : *Pour 2 anneaus d'or, lesquels furent pendus et atachiez aux oreilles de Micton, le fol monseigneur le Dauphin* (K. reg. 8, fol. 110).

ANGELOZ d'argent, statuettes d'anges, p. 309.

ANNÈTES, cannes, p. 234. On trouve dans un glossaire latin-français du XIV[e] siècle, conservé aux archives nationales : ANAS, ANATIS, *canne* ou *annète*.

ANNIS. L'anis tient un rang important dans tous les articles d'épices que l'on trouvera dans notre volume. Voy. aux pages 206, 212, 215, 216 et 217, les anis verts, à 4 et 5[d] la livre ; à la page 245, de l'anis confit à 12[d] la livre.

APOTHÉCAIRE, p. 254.

ARÇONNIÈRES, arçons de selle, pages 48 et 184. *Arciones vocamus, ab arcu, quod in modum arcus sint incurvi,* Saumaise, cité par du Cange, au mot *Arctio*.

ARÇONS, p. 297.

ARGENT DE CHIPPRE, p. 297. Fil d'argent, c'est-à-dire un fil de soie entouré d'une petite lame ou fil plat d'argent. Voy. OR DE CHIPPRE.

ARGENT VÉRÉ, pages 181, 301 et 307. On trouve souvent dans les comptes de l'Argenterie la mention de pièces d'orfévrerie qui sont dites d'argent *véré*. Il semble que l'on doive entendre par là de l'argent recouvert d'un émail. Par exemple, on lit dans un compte d'Etienne de La Fontaine : *Pour faire et forger une cuillier d'or dont le manche est esquartellé de fleurs de lis d'armoierie et de fleurs de liz d'après le vif; et sont enverrées d'azur et de rouge cler; et au bout d'en haut, un chastel* (K. reg. 8, fol. 7). C'est bien là certainement un émail. Au reste, on trouve à la même page un article encore plus explicite : *Pour faire et forgier la garnison d'un hennap de madre, dont la pate est garnie d'or à une bordeure de fleurs de lis enlevées ; et sont enverrées d'esmail ; et ou fons du hennap a un esmail de France*, etc. (Ibid.) Je ferai observer que l'on trouve fréquemment des pièces d'argenterie dites en argent véré auprès de pièces dites d'argent émaillé. Il faut donc qu'il y ait eu quelque différence entre *l'argent véré* et l'argent émaillé. Dans le compte que nous venons de citer, à la description d'un riche fauteuil d'orfévrerie, on trouve l'article suivant : *Item, pour 6 onces d'or parti pour envoirrer les pièces d'orfavrerie dudit faudestueil, — et furent toutes ces pièces, perciées à jour, et envoirrées d'or bruni.* (K. reg. 8, fol 163.)

ARGENTERIE (garnisons de l'), p. 314. Voy. aussi p. VIII. Voyages faits pour l'Argenterie, p. 31, 72 et 189.

ARMONIAI, p. 236. C'est le sel

ammoniac. On disait encore au siècle dernier *armoniac*.

ARMOIRIES. A la page 17 : *Item, pour les escuz de Poitiers despecier et refaire de France*. C'est en 1316, à l'avénement de Philippe le Long. Celui qui les découpait et les brodait s'appelait *armeurier*.

ARRACHE, herbe potagère. *Un potel d'arrache*, c'est-à-dire une botte d'arrache, p. 245.

ARRAMAS, p. 325. Plus souvent *marramas*. C'était une sorte de drap d'or fort riche.

ART (objets d'). Voy. la page 311 et les suivantes.

ATACHES A MANTEAUX, p. 9. C'est ce qu'on appelait plus communément *fermail*; et *mors*, quand il s'agissait de chapes d'église.

ATOUR (l') de la Reine. *Pour deux escrins ... l'un pour l'atour ma dicte dame, et l'autre pour garder ses chaperons*, p. 180. Dans les dépenses du mariage de Blanche de Bourbon : *Pour plusieurs pièces de cueuvrechiefs, gorgières, tourez, espingles et autres atours*, p. 293.

AUBES, p. 95, 256 et 296. L'aube est ce long vêtement de lin, *alba*, que revêt le prêtre immédiatement après l'amict.

AULOGE, horloge. *Le roy des menestereulx, pour deniers paiez par li à diverses personnes pour la façon de l'auloge du Roy*, p. 209. Voy. encore les pages 228 et 237.

AUMOIRES, armoires. Dans l'origine, c'était le meuble où se mettaient les armures. Vincent de Beauvais, dans sa *Bibliotheca mundi* (t. II, p. 1008) : *Armarium locus est ubi quarumque artium instrumenta ponuntur*. ARMENTARIUM *vero, ubi tantum tela armorum*. Mais ici ce mot se prend dans son acception postérieure. *Pour refaire les aumoires la Royne et remettre les en la tour au Louvre, là où il avoient esté autre fois*, p. 36.

AUMUCE. Vêtement servant à couvrir la tête et les épaules. Il était commun aux ecclésiastiques et aux laïcs. Les femmes le portaient aussi. Comme il était destiné à préserver du froid, il était presque toujours doublé de fourrures. *17 ventres de menuvair pour une aumuce, pour maistre Jehan, le fol*, p. 209. Aux nombreuses citations de du Cange, j'ajouterai celle-ci, que je tire d'un compte d'Etienne de La Fontaine pour l'an 1350, dont il n'existe plus qu'une copie moderne, laquelle se trouve à la Bibliothèque nationale (Mss. Fontanieu, volume LXXVIII) : *De l'exécucion feue la Royne Jeanne de Bourgogne, pour 60 grosses perles baillées à Guillaume de Vaudétar, orfèvre, pour appareiller la grande couronne S. Louys, en laquelle le Roy fut couronné, et l'*AUMUCE *à mettre sous icelle*. Ce mot avait un diminutif. En voici un exemple pris dans une lettre de rémission de l'année 1382 : *Et bailla, ledit Lotart Turpin en faisant ledit jeu* (de billes) *son aumusette en gaiges pour ce qu'il porroit perdre* (J. reg. 121, pièce 321).

AUMUCELLES. L'aumuce est un capuchon. L'aumucelle serait par conséquent un petit capuchon. On trouve à la page 51 une pièce de harnais de cheval désignée par ce mot. *Pour 2 aumucelles pour les sommiers de la chapelle*.

AURIGANNE, origan, plante médicinale, p. 217.

AVALLOUÈRES, p. 297. Pièce du harnais d'un cheval. C'est celle qui est sur la croupe.

AVANT-BRAS, p. 128. Nom donné à l'armure destinée à protéger cette partie du corps.

AVELEINES, avelines, p. 236. Il est souvent question de ce fruit dans les articles d'épices.

AYDES. Ouvriers supplémentaires. Voy. p. 252.

B

BAART, espèce de brancard. On lit à la page 18, dans un article relatif aux obsèques du petit roi Jean : *Pour le coffre où il fut mis, et le baart où il fut porté.* Le baart n'est donc pas une bière, comme l'ont voulu quelques glossateurs. On lit dans le *Dictionnaire étymologique* de Ménage : « BAR est aussi une civière extrêmement forte qui sert à porter des pierres et autres matériaux. »

BACINET, armure de tête. *Pour garnir la courroye du bacinet de monseigneur le Dauphin*, p. 124. Le bacinet ne protegeait que le crâne, tandis que le heaume englobait toute la tête. On avait des étuis de cuir pour porter les bacinets et les heaumes en voyage. Voy. HEAUME.

BACINS, bassins. *Pour 2 bacins dorez, pesant 20 mars 3 onces.— Pour 2 autres bacins d'argent blanc vériez, pesant 16 nars, à un esmail, ès fons, des armes de ma dicte dame la Royne de Navarre*, p. 181. Bacins à barbier, p. 125. Bacins à laver la tête, p. 182. Bacins à laver les mains, p. 301. Bacins dorés pour chapelle, *ibid.* Il y avait dans l'église de S. Paul de Londres un bassin destiné a recevoir les offrandes. Voy. p. 265.

BAHU. C'est là un mot difficile à expliquer. Du Cange (au mot *Bahudum*) dit que c'est une espèce de coffre. Au reste, il ne fait qu'une seule citation, tirée de Guillaume Guiart :

Bidaus nul riens n'i refusent,
Ains prennent partout comme ahurs,
Tentes et coffres et bahurs.

Ce qui nous apprend seulement que l'on se servait de bahuts dans les camps, sans préciser ce que c'était. J'observerai d'abord qu'il est maintes fois fait mention dans les comptes, de coffres qui sont garnis de leurs bahuts. Par exemple, dans un compte de l'an 1395 : *Pour deux coffres rons, à coupplières de fer, garniz de bahu et de ce qui y appartient* (K. reg. 41, fol. 80 v°). Et ici encore, p. 121 : *Pour 4 paires de coffres garniz de 4 bahuz*. Assurément il semblerait, par ces passages et par une foule d'autres semblables, que le bahut était, non pas un coffre lui-même, mais l'appendice d'un coffre. Cependant, il y a d'autres cas où cette explication ne convient pas, et qui montrent le bahut comme un objet à part et unique : *Pour deux coffres d'ozier couvers de cuir de truye, et un bahu garny de courroies, délivré à Gilebert Guérart, varlet de chambre, pour mettre les espices et dragouers de la Royne.— Pour un bahu et une couverture, pour porter aval le pais les garnisons de la Royne.* (Compt. de 1393; K. reg. 41, fol. 19 v°.) Dans un autre compte de l'an 1487 : *Pour avoir rabillé et mis à point le bahu où l'en porte le lit dudit seigneur, et en icellui mis de grans cuirs de vache partout où il estoit besoing, et quatre poinctes de semblable cuir aux quatre coings dudit bahu, pour le porter* (K. reg. 70, fol. 185). Il semble résulter de toutes ces citations que le bahut était, tantôt l'appendice, le couvercle peut-être, d'un coffre, tantôt une sorte de coffre lui-même, ou plutôt un panier couvert de cuir, dans certains cas, et dans d'autres d'un tapis. Cela rentrerait assez dans la définition que donne Savary, dans son *Dictionnaire du commerce* : « *Bahut*, coffre couvert de cuir, dont le couvercle est arrondi. » J'ai trouvé dans un fragment de compte de la fin du XIIIᵉ siècle : *Pro coriis, pro bahutis faciendis*. Et ici, dans notre texte, il est souvent question de tapis *à faire bahus*. Voici une dernière citation où le bahut n'est plus qu'un écrin : *Pour avoir faict deux petitz bahuz, chascun de demy pied de long, appellez tabouretz, sur les couvercles desquelz ont mect des espingles, et par le dedans des bagues, couvers de veloux cramoisy.* (Compt. de 1559. — K. reg. 125, fol. 1329 v°.)

BAIGNOÈRES. *Pour 16 aunes et demie de toile pour faire baignoères pour le Roy*, p. 230. Le passage suivant d'un autre compte d'Etienne de La Fontaine nous montre que c'étaient des peignoirs : *Un grant mantel a relever du baing, de 12 aunes de toille.* (K. reg. 8, fol. 2 v°.)

BALAINE, baleine. *Item, pour le marinier qui admena par mer à Londres, venoisons et balainne pour le Roy*, p. 239. Dans un repas que donna l'hôtel de ville au roi Charles IX, lors de son entrée à Paris, en 1570, on voit figurer de la baleine au nombre des mets. Peut-être comprenait-on sous ce nom de gros poissons, tels que l'esturgeon, par exemple? Au reste, dans le moyen âge, les pauvres se nourrissaient en carême de baleine salée, que l'on nommait *craspois*. Voy. a ce sujet une note curieuse du *Ménagier de Paris*, t. II, p. 200. (Paris, 1847, in-8°.)

BALAY (rubis). *Pour un balay, baillé audit Jehan le Braillier, pour mectre et river ou fermail de monditseigneur le Dauphin*, p. 124. C'est un rubis balais. On ne distingue ordinairement que deux sortes de rubis, le rubis balais, qui est d'un rouge de rose vermeil, et le rubis spinelle, qui est de couleur de feu. Dans un Inventaire des joyaux de Jean, duc de Berri, de l'an 1412, on trouve *un gros balay pes.* II° XII *carraz de Jannes* (Gênes) acheté par lui d'un marchand génois, la somme énorme de 16 000 écus d'or (K. reg. 258, fol. 29 v°). A la page 168 de notre volume, ce mot est écrit *ballis*.

BANNIÈRES. *Pour un cendal jaune, des fors, à armoier les bannières et pannonceaux*, p. 144.

BARGES, barques. Voy. p. 267.

BARIL, p. 36. Ce mot avait un diminutif : *barillet*. On trouve aussi un officier de l'Hôtel nommé *Barillier*.

BASSIN. Bassin d'argent, p. 172. Voy. BACINS.

BATEURE (eschequier de) et de cristal. Echiquier dont les cases étaient moitié de cristal et moitié de petites plaques de métal battu. Voy. p. 323.

BATONNET, sorte de vêtement. Peut-être un manteau? *Pour un bâtonnet tenant 110 ventres* (de menuvair) *et une aumuce de 8 ventres*, p. 41. Ce terme ne se trouve qu'une seule fois dans notre texte, et il s'agit d'un enfant. C'est encore le cas pour le passage suivant d'un compte de l'an 1391 : *Quatre onces de boutons rons, d'argent dorez.... pour boutonner tout du long et par les costez un batonnet d'escarlate vermeille pour madame Jehanne de France.* (K. reg. 22, fol. 83 v°.)

BATONS D'IF pour le Roi, p. 222. Sans doute pour faire des arcs?

BATTU (cendal), pages 17 et 19. Voy. CENDAL.

BAUDEQUIN, riche drap de soie, p. 266. C'est de la que nous est venu le mot *baldaquin*.

BELLONCS, oblongs. *Pour 14 quarriaux quarrez et 2 granz belloncs, pour le cher* (le char), p. 60.

BESANS, employé dans le sens de *boutons*, p. 232.

BÈTES, légume, p. 245.

BISÈTE, sorte de petite dentelle étroite, p. 298.

BLANC (un), c'est-à-dire un drap blanc. *Pour 10 aunes et demie d'un blanc lonc, de Broixelles, moillié et tondu.— 4 aunes et de-*

mie d'un fin blanc de Broisselles, p. 84 et 85. Tous deux à 28ˢ l'aune. Blanc de Louvain, p. 132. Blanc à 20ˢ l'aune, p. 6. A 30ˢ, p. 88. On disait aussi *un blanchet*. Dans un compte de 1354 : *Et 6 aunes d'un roié blanchet.* (K. reg. 8, fol. 14 v°.)

BLANCHET. C'est le nom que portait un certain vêtement fait de drap blanc. *Blanchet double* pour le fol du roi, p. 223.

BOCÈTES, BOCECTES, sorte de petits boutons de métal, constamment mentionnés dans les articles d'armures. Voy. p. 128.

BOTES DE CENDAUX, p. 327. La botte contenait six pièces de cendal.

BOUCLES, BOUCLÈTES, boucles d'argent pour caleçons ou braiers; boucles et bouclettes d'argent pour souliers. Voy. p. 125 et 130. L'ardillon d'une boucle se nommait *mordant*.

BOUGES, sac ou valise de voyage. *Pour quatre bouges, desquelles il y en a deux fermanz à clef*, p. 62. Cet article concerne la Reine. Ce sont là des sacs de nuit. Voici d'autres exemples tirés d'autres comptes : *Ung grand sac en façon de boulges, fait de deux peaulx de cuir de vache gras, et doublé de huit peaulx de bazanne par dedans, garny de deux serrures fermans à clef et de platines et boucles de fer blanc.* (Compte de 1487. — K. reg. 70, fol. 188 v°.) *Pour unes granz bouges de cuir, neufves, à porter argent sus un somier, et pour unes autres petites bouges portatives.* (Compt. de l'Hôtel de l'an 1380. — K. reg. 30, fol. 19 v°.) Dans un compte de 1487 : *Une paire de grans boulges.... pour servir à mectre et porter sur la grant hacquenée dudit seigneur, les platz, pain, serviectes, cousteaulx et viandes, quand ledit seigneur va sur les champs.* (K. reg. 70, fol. 194.) Enfin, dans notre texte, à la page 122 : *Avec une bouge à mectre et porter les marteaux et cloux*. Bouges de chambre, page 299.

BOUGUERAN. Le bougran est une sorte de grosse toile de chanvre, gommée et calendrée et teinte de diverses couleurs, qui servait pour les doublures. Voy. p. 230.

BOURRACHE, plante, p. 245.

BOURRE. *Pour la façon de celle coustepointe, et pour bourre qui y entra*, p. 15. On employait encore la bourre dans les doublets, les gambaisons, les jacques et les pourpoints, tous vêtements qui etaient rembourrés.

BOURSES. *Edouart Thadelin, pour un quartier de veluyau asuré, deux onces d'or de Chippre, et deux onces de soie ardant, tout baillié à Thomas de Chaalons pour broder, faire et estoffer la bourse au séel du secrè du Roy*, p. 110. Ce genre d'article se reproduit souvent. Voy. entre autres la p. 187. A la page 35, *une bourse faite à l'aiguille, en or de Chippre*, c'est-à-dire en fil d'or. Au même endroit, des *boursses-cotes* pour la Reine. Dans un compte incomplet d'Etienne de La Fontaine qui précède celui que nous donnons ici, on trouve le passage suivant dans un article qui concerne le Dauphin : *Pour une bourse de cerf à mectre les clefs de l'ostel de Néelle.* (K. reg. 8, fol. 11 v°.)

BOURSETTES à reliques, p. 132.

BOISTE de cristal à mettre le pain à chanter, p. 323.

BOISTES WIDES. Il est souvent question de boîtes vides dans les articles d'épiceries. Voy. p. 219 et suiv.

BOTEILLES DE CUIR, bouteilles de cuir. *Pour 2 boteilles de cuir achetées à Londres pour monseigneur Philippe*, 9ˢ 8ᵈ, p. 235. Il paraît, par le passage suivant d'un compte de l'an 1487, que c'était là une industrie anglaise : *Deux bouteilles de cuir noir, faictes à la mode d'Angleterre, tenant chascune, cinq pintes ou environ,* garnies de courroies de cuir blanc. (K. reg. 70, fol. 184.) Voy. Bouteilles.

Bouteilles de verre. *Deux petites bouteilles de voirre grinellé, garnies d'argent*, p. 320. Voy. Boteilles.

Boutons. Boutons de perles, p. 133. On trouve dans un compte de 1583 de singuliers boutons. Il est vrai que c'était pour une mascarade : *Dix-huit douzaines de gros boutons d'argent, façon de testes de mort, pour servir à mettre ausdites robes.* (K. reg. 138, fol. 405.)

Boutonneure, garniture de boutons. Voy. p. 181. Dans un Inventaire de 1379 : *Onze paires de boutonneures, c'est assavoir neuf paires pour manteaux et deux paires pour choppe, dont l'une boutonneure pour chappe a 50 boutons, chascun bouton d'un glan d'or et de trois perles.* (Bibl. nat. Mss. Mortem., LXXIV, fol. 74.)

Bracières. On trouvera à la page 13, trois aunes de velours vert employées à faire trois bracières pour le Roi. C'était une portion du vêtement de la nuit. *Deux douzaines de brassières, à porter la nuyct, ouvrée de soye noire.* (Compt. de 1536.—K. reg. 91, fol. 99.)

Braiers ou Braies, caleçons. Dans une lettre de rémission de l'an 1358 : *Fu trouvez mort, braies avalées, sur le propre lit.* (J. reg. 87, pièce 131.) Le braier se boutonnait ou se laçait. On en faisait en toile, en soie, en cuir de cerf, etc. Ces derniers, dans certains comptes de l'Argenterie, se trouvent dans des chapitres spéciaux, intitulés : *Gans et Braiers*. Les braiers ou brayes étaient quelquefois attachés aux chausses : *Pour demy quartier escarlate de Fleurance... pour faire troys brayes à trois paires de chausses. — Pour quartier et demy de taffetas large... pour doubler en double le tour d'unes chausses de fin noir et la brayecte.* (Compt. de 1490 —K. reg. 71, fol. 26 et 84.) Dans le même compte on trouve des *brayes marines*. Mais celles-là se portaient en dessus. *Deux tiers veloux tanné.... pour bander unes brayes marines servant audit seigneur (le roi) à chausser par dessus ses chausses quant il va par pays, — un tiers veloux tanné..., pour faire des boutons et le bort d'en hault d'unes brayes marines.* (Ibid., fol. 35 v° et 37.) Voy. *ici les pages* 136, 138, 231, 232, 235 et 250.

Bran, son, employé à nettoyer des fourrures, p. 263.

Broderie. Au XIV° siècle, la broderie était un art fort avancé et donnant les plus riches produits. Voyez, pour exemple, la broderie d'une chambre pour la reine, à la page 59, et la broderie d'un chaperon, à la page 132. Dans un compte de l'an 1387 : *Pour la broderie par lui faicte en et sur deux manteaulx de drap vert doubles à chevaucher, l'un pour le Roy... l'autre pour Mgr. le duc de Thoraine. C'est assavoir sur chascun d'iceulx manteaulx, une tige de geneste faicte et ouvrée de broderie d'or, cousue de soye vert et d'autres colleurs et les cosses faictes d'or nuée.* (K. reg. 18, fol. 51 v°.) La broderie, au reste, se mettait partout à cette époque de luxe. On brodait les gants, les souliers, les chapeaux, etc. On mettait même de la broderie sur les fourrures. J'en trouve un exemple dans le compte que je viens de citer. *Pour avoir garny de fil d'or de Chippre et d'or soudis, environ 860 queues d'ermines, mises et assises sur un grant mantal de veloux vermeil en graine, fourré de hermines.* (Ibid., fol. 53.) Assurément c'est là une recherche élégante. Voy. Sollers.

Broissequin. Voy. Brussequin.

Brun (un), c'est-à-dire un drap

brun. *Pour 16 aunes d'un drap brun royé de gant, à une perse acostée de 2 bastons jaunes,* p. 83.

BRUNETTE, étoffe de laine fine et légère, ordinairement de couleur sombre. L'auteur du *Roman de la Rose* la met en opposition avec le bureau, étoffe de laine grossière :

« Car ausinc bien sunt amoretes
Sous buriaus comme sous brunètes. »

Le roi Jean, aux obsèques de son père, était vêtu de brunette. Il y en avait de noires. *Une brunète noire de Douay, pour son corps*, c'est-à-dire pour l'usage du Roi, p. 7. On trouve, dans un compte de l'an 1387, des brunettes de Malines et d'autres de Bruxelles.

BRUSSEQUIN. Sorte de drap qui prenait, comme la plupart des autres, son nom de sa couleur. Seulement, il n'est pas facile de la préciser. Dans le *Trésor* de Borel, on trouve le mot *brusq*, traduit par *vert*. D'un autre côté, on lit dans les statuts des drapiers de Reims, de l'an 1340 : *L'en fera brussequins, de quoy la chainne sera de blanc filé taincte en escorce de nouyer, et la traimme sera de noirs aignelins ou de laine taincte en ladicte escorce*. L'écorce de noyer teint en fauve ou couleur de racine; les brussequins, dont il vient d'être question, devaient par conséquent être d'une couleur très-sombre. Cependant, on trouve dans notre texte, p. 83, du brussequin rose, mais ce brussequin-là est dit marbré, c'est-à-dire qu'il était fait de laines de diverses couleurs, et que jusqu'à un certain point le rose pouvait y dominer. Broissequin à 24^s l'aune, p. 6. Fin marbré brussequin rose de la grant moison de Bruxelles, à 42^l l'aune, p. 83 et 86.

BUREAU. Étoffe de laine grossière. Elle convenait aux gens pauvres. Aussi Villon a-t-il dit .

Myeux vault vivre soubz gros bureaux
Pauvre, qu'avoir ete seigneur
Et pourrir soubz riches tumbeaux.

On trouve dans un inventaire des biens de Jacques Cœur, fait en 1453 : *Quatre aulnes de gros bureau noir peloux* (à poil long) *de Saint-Saphorin le Chatel.* — *Trois bureaux de Forès, entiers, gris* (K. reg. 328, fol. 218 v°). C'est là le bureau considéré comme étoffe; mais comme cette étoffe était souvent employée à couvrir des tables, de là est venue la seconde signification du mot *bureau*. On en trouve de fréquents exemples, en voici qui sont tirés de notre texte : *Estienne Marcel et Jehan de Saint-Benoist, drapiers, pour 16 aulnes d'un brun royé de gant, à une perse* (une raie bleue) *acostée de deux bastons jaunes, délivrées au terme de Pasques en la Chambre des napes dudit seigneur, pour le burel de son corps. — Ledit Estienne, pour 8 aulnes d'un autre royé de gant traiant* (tirant) *sur fleur de peescher, délivrées en ladicte Chambre pour le burel du commun*, p. 83. Enfin, pour ne laisser aucun doute, je citerai un compte de l'an 1464 : *3 aulnes de drap vert.... pour faire ung bureau à mectre sur la table en la chambre du Roy* (K. reg. 59, fol. 110). Ainsi, par le mot *bureau*, il faut entendre, tantôt une étoffe servant le plus souvent à couvrir un bureau, tantôt ce bureau lui-même. De *bureau*, étoffe, nous est resté le mot *bure*. Je ne l'ai guère trouvé employé qu'au XVIe siècle : Draps de bure, serges de bure, manteaux de bure.

BUREL DU CORPS, burel du commun. Voy. BUREAU.

BURETTES. Burètes dorées, p. 301. Une burète de chapelle a biberon, p. 322.

BURNIR. Brunir, ou polir avec le

brunissoir : *Pour 16 esterlins d'or de touche miz de croissance au rapareil dudit chappel* (pour le réparer) 5 *escus et demy, et pour le burnir, déchié et façon,* 8 *escuz,* p. 173.

C

CAIGNET, CAINGNET. C'est un nom donné à certains draps. Mais je ne saurais dire ce que c'était. *Un corset roont, de marbré caignet,* p. 31. *Deux draps plains, de caignet,* p. 257. A la vérité, voici un exemple qui semblerait indiquer que c'était une couleur tirant sur le blanc. *Item, un fons de cuve d'un marbré, doublé d'un blanc caignet* (K. 8, fol. 144 v°). Mais, d'un autre côté, je trouve dans un inventaire de l'année 1328 : *une robe de pers de caignet,* laquelle devait être nécessairement bleue. Il est donc probable que l'épithète de *caignet* s'appliquait à un mode de fabrication plutôt qu'à une couleur. Dans le même document : *une cote hardie de camelin caignet.*

CAILLIERS, vases à boire, du genre des hanaps, et que je suppose avoir été faits de quelque pierre fine comme l'agate, par exemple (voy. MADRE). Presque toujours, dans les comptes d'Etienne de La Fontaine, le hanap sert pour le jour, tandis que le caillier sert pour la nuit. Par exemple : « Pour faire et forgier 2 pates d'argent dorées à orbevoies, l'une *pour son hennap* de madre, *de jour,* l'autre *pour son cailler de nuit.* » (K. reg. 8, fol. 7.) On trouve des cailliers formés de deux pièces dont l'une recouvrait l'autre. « Pour 16 fins caillers, *à couvrir l'un de l'autre,* délivrez à nos seigneurs *pour les servir de vins nouveaux par nuit, en leurs chambres.* » (Fol. 10 v°.) Que les cailliers servissent de préférence à boire *du vin nouveau,* et les exemples fourmillent, c'est là une bizarrerie dont je ne saurais rendre compte. Tout ce que je puis dire, c'est qu'il semble que le caillier ait été un vase moins en honneur que le hanap. On peut, du moins, l'inférer d'un passage du compte que je viens de citer, où il est question de *hanap pour le Roi,* et de *cailliers, desquels sont servis ceuls qui font compaignie au Roi à sa table* (fol 7 v°). On confondait souvent les cailliers avec les hanaps. Dans un compte de 1396 : « pour 20 *hanaps fins* appellez *cailliers.* » (K. reg. 23, fol. 113.) « Pour la vente, bail et délivrance de 16 *hennaps cailliers.* » (K. 41, fol. 142.) C'étaient ordinairement les épiciers qui vendaient les cailliers Voici des hanaps en bois ou pour mieux dire des étuis ayant la forme de hanaps, et destinés à renfermer des cailliers. *Pour 2 hennaps d'esclipse à mettre et porter les cailliers pour les 2 tables du Roi et du Dauphin,* 8^s. *Et pour 14 aunes d'estamine délivrées en l'eschançonnerie du Roy et de mons. le Dalphin pour essuier et tenir nettement lesdis madres et cailliers* (K. reg. 8, fol. 10 v°). Une citation de Ducange donnerait à penser que *le caillier* était une sorte de *madre* de qualité inférieure. « Il vit quatre hanaps *de caillier ou de petit madre,* desquels l'en servoit en ladicte taverne, ainsi que l'en fait ès villages, qui puent et povoient estre de valeur ou estimacion de quatre frans ou environ. » (Ducange, au mot *Mazer.*) Dans les comptes de l'Argenterie, les vases à boire sont compris dans des chapitres intitulés : *Madres* et *Cailliers.*

CALAMUS AROMATICUS, p. 219. C'est l'*Acorus verus*, racine aromatique employée en médecine et par les parfumeurs.

CALMITE. C'est la calamite, sorte de résine assez semblable au baume noir du Pérou. *Pour 4 onces d'estorat, calmite et mierre*, 12^s, p. 19.

CAMAHIEU, camée. *Un autre fermaillet garny de perles, à un camahieu ou millieu*, p 306.

CAMELIN. Le camelin était un drap dans la fabrication duquel il entrait du poil de chèvre. Car, de s'imaginer, comme l'étymologie semblerait l'indiquer, que ce fût du poil de chameau, la chose n'est guère vraisemblable, du moins pour la France, au XIVe siècle. On lit dans le Dictionnaire de Jean de Garlande, ouvrage du XIIIe siècle : *Camelinos dicuntur a camelo, qui habent colorem similem camelo*. Ce serait alors un drap brun. Je crois en effet que le plus souvent le camelin était de cette couleur. Ce qui me le fait penser, c'est qu'il y avait une sauce très en usage au moyen âge, laquelle était certainement brune, et qui s'appelait *sauce cameline* (voy. *le Ménagier de Paris*, t. II, p. 230. Paris, 1847, in-8°). Cependant nous trouvons dans notre texte même du camelin blanc, ce qui fait exception. On fabriquait des camelins dans diverses villes de France, comme à Amiens, à Cambrai, etc. On en trouvera ici de Châteaulandon. Ils sont moins chers que d'autres dont la provenance n'est pas indiquée. Par exemple, les premiers sont à 11^s et à 12^s 6^d l'aune, tandis que les seconds sont à 24 et à 28^s. L'expression *camelin à bois* que l'on rencontrera fréquemment, signifie camelins pour des habits de chasse. Il ne faut pas confondre, comme on l'a fait souvent, les camelins avec les camelots. Ces derniers étaient une étoffe bien plus recherchée, faite, je crois. d'une laine très-fine approchant de notre cachemire, ou même, dans certains cas, de soie. Il est bien entendu qu'il s'agit ici du XIVe siècle. Savary, dans son Dictionnaire du commerce, réunit les camelins aux camelots. Voyez ici pour les divers prix et les diverses sortes des camelins, les pages 6, 8, 22 et 88. Camellin noir, p. 289.

CAMOCAS. Riche étoffe de soie. Ménage, dans son *Dict. étymol.*, dit que ce mot peut venir du persan *kenikka*, qui signifie *étoffe de soie*. Il ajoute : « Les Turs de même que les Persans, se servent encore de ce mot dans la même signification. » Le Duchat, dans ses additions à Ménage, dit que Camocas est le nom d'un château situé sur le bord oriental de l'Euphrate, et que les chrétiens qui possédaient celiu, donnèrent son nom à la riche étoffe qui s'y fabriquait. En effet on trouve souvent dans nos comptes des camocas d'outremer. *Pour trois camocas d'outremer de plusieurs soyes*, p. 120. Cependant, nous trouvons à la page 57 un autre passage qui semble indiquer, ou bien que le camocas ne provenait pas toujours de l'Orient, ou, du moins, qu'on le retravaillait en France. *Pour trois Kamokaus asurez, brodez dessus des armes de France... pour faire une cote et un mantel à la Royne*. Le camocas servait à faire divers vêtements et aussi à tendre des chambres. On trouve dans un compte d'Étienne de La Fontaine, du terme de Noel 1352, une chambre a parer, pallée de drap d'or et de camocas (K. reg. 8 fol. 103). Le prix du camocas n'était pas de beaucoup inférieur à celui des draps d'or. Camocas d'oultremer, p. 158. Camoquas, p. 164. *Quamoquau plonquié*, c'est-à-dire camocas couleur de plomb, p. 22. Camoquas blanc, p. 144. Kamokas indes, p. 60.

CANACHE. Voy. GARNACHE.

CANEPIN (gants de). Le canepin est une pellicule qu'on lève de dessus la peau de mouton. Le *Dict. de Furetière* dit qu'on en faisait des éventails et des gants de femmes, qu'on appelait autrement *gants de cuir de poule.* Ici, p. 135 : *pour 6 paires de gans, tant de chevrotin comme de canepin.*

CANNELLE. La cannelle est l'écorce d'un arbre originaire de l'Inde et qui est assez semblable au laurier. Cet aromate était très-employé au moyen âge. On trouvera dans notre volume de la cannelle a 18^d la demi-livre, et de la fleur de cannelle à 5^s et à 6^s 8^d. Voy. p. 206 et 218.

CANNEVAZ. Canevas, p. 220.

CANON. Synonyme de pelotte ou bobine. L'or de Chypre se débitait en canon. Voy. p. 326.

CARDAMOINNE. C'est la graine d'une plante aromatique appelée cardamome. Il y en a de trois sortes, grande, moyenne et petite. La grande cardamome s'appelait aussi maniguette et *graine de Paradis,* p. 219.

CARITALLES, p. 308. *Pour une fontaine à trois caritalles, portans penthes esmailliées et dorées.* Ce ne peut être que des cariatides.

CARREAUX. Voy. QUARREAUX.

CARVI, p. 232. C'est la graine d'une plante appelée en latin *carum,* et qui ressemble au panais sauvage. Cette graine est d'un goût amer et piquant. D'après Pomet, on la tirait principalement de la Provence et du Languedoc (*Hist. des drogues*).

CASSONS (sucre). Voy. SUCRE.

CEINTURES. Il y en avait de cuir, de soie et de laine. On les enrichissait d'or et d'argent, de perles et de pierres précieuses, et l'on disait alors : ceintures *ferrées d'or, d'argent,* etc. Voici quelques exemples. *Pour six ceintures de cuir houssé, garnies et estoffées chascune de boucle, mordant, et de six fermeures d'acier bourni* (Compt. de 1410. — K. reg. 29, fol. 136). Dans le *Roman de la Rose* :

Mès, direz-vous, de quel ceinture ?
D'un cuir tout blanc, sans ferreure.

Au XVIe siècle : *ceintures de cuir d'Allemaigne, garnies de ferreures noires à l'Espaignolle* (compt. de 1559.—K. reg.125,fol.1326 v°). Dans une lettre de rémission de l'an 1453 :.... *print une sainture de laine, ferrée d'argent* (voy. 1eg. 184, pièce 369). Je trouve dans un inventaire des meubles de Charles VI, le cas curieux d'une ceinture sur laquelle on avait brodé l'évangile de saint Jean. *Une autre ceinture d'un tissu de soye, où est escripte l'Evvangile saint Jehan; et est une petite boucle, un passant et un mordant, à onze barres d'or, petites.* Les ceintures de femmes pendaient par devant jusqu'au bas de la robe. *Une ceinture longue, à femme, toute d'or, à charnières, garnie de perles, saphirs du Puy, esmeraudes et rubiz d'Alixandrie; et ou mordant de lad. ceinture, un escuçon de France et un de Navarre* (inv. de Charles VI). Les ceintures ne servaient pas toujours à serrer la taille. Je trouve dans un compte de l'an 1458 une ceinture qui servait de cordon de chapeau. *Pour une ceinture d'or, en façon de cordon, ployant à charnières, bordé de fil d'or, à guippleure, à branches de rosiers esmailliées de leur couleur, et à roses blanches enlevées et percées à jour sur un fons bruny, avec une chesnete de mesmes pendent à lad. ceinture pour à icelle atacher deux houppes faictes de fil d'or de Fleurance... pour ceindre et mettre autour d'un chappeau couvert de trippe de veloux vert* (K. reg. 51, fol. 65). Voy. encore dans notre texte les pages 35, 47, 58, 62, 130, 167, etc.

CENDAL. Étoffe de soie unie, se rapprochant beaucoup de notre taffetas. On l'employait souvent en doublure. Eustache Deschamps, dans une de ses pièces, conseille pour la santé, de porter

Robe de fin drap ou de soye
Legière avoir, et sans courroye
Double de cendal, qui l'ara.

Mais le principal emploi du cendal était pour les tentures des chambres et des lits. Il y avait du cendal de toutes les couleurs, mais principalement des nuances éclatantes du rouge. Celui qu'on appelait *cendal de graine* ou *cendal en graine*, appartenait toujours à cette catégorie de couleur. On en trouve aussi très-fréquemment d'une couleur dite *inde* ou bleu-ciel. Voyez la notice qui est en tête du volume. Voy. aussi : cendal azuré, p. 90 et 92. Cendal azuré des larges, p. 91 et 158. Cendal azuré des petits, p. 295. Cendal blanc, p. 90 et 142. Cendal jaune, des forts, p. 144. Cendal jaune, des larges, p 327. Cendal inde, p. 93 et 147. Cendal inde, des petits, p 143. Cendal noir, p. 327. Cendal vermeil, p. 92 Cendal vermeil de graine, p. 185. Cendal vermeil en graine, p. 91, 158, 287. Cendal vert, p. 92. Cendal vert, des larges, p. 109. Cendal azuré, battu à fleurs de lis d'or. Cendal rayé de batteure, d'œuvre de Paris, p. 327. Il est dit *tiersain*, c'est-à-dire à trois *poils* ou fils. Plus communément on disait *tiercelin*.

CENDRE, employée à la toilette. *Pour une grant bourse à mettre la cendre pour laver le chief de madicte dame*, p. 299.

CENDRÉ (un). Pour dire un drap couleur de cendre. La reine Marie de Brabant donna à Philippe le Long un drap de cette couleur (voy. p. 10). On disait aussi un *encendré*.

CÉNÉ, séné, p. 212.

CENZ? (pos a), p. 18.

CERVOISE. Sorte de bière, p. 263.

CHAAIRE. Voy. CHAIÈRE.

CHAATONS, p. 127. Chatons de bagues.

CHAENE D'ARGENT. Chaîne d'argent, p. 14 et 125.

CHAÈRE, CHAIÈRE, CHAIRE. Chaire, sorte de chaise. Dans un article concernant la reine : *Pour trois chaères, deux à laver et une à seoir*, p. 36. Voy. aussi, p. 300. *Pour une aune de veluyau asuré, des fors, baillées à mestre Girart d'Orliens, peintre, pour faire les siéges de deux chaières pour le Roy — pour le fust et façon des dictes chaires, ouvrées à orbevoies à deux endroits, paintes et couvertes de cuir par dessouz ledit veluyau*, p. 111. Voy. encore, p. 264. Dans un compte de l'an 1393 : *Pour une autre chaère pour atourner* (pour la toilette) *à un docier, de taille, painte de fines couleurs, ouvrée de broderie d'or de Chipre, frangée de franges de soie et cloée de clous dorez pour ladite dame* (la reine). — (K. reg. 41, fol. 28). On faisait à Paris de ces sortes de siéges, d'un travail qui s'appelait broissure. *Item unam cathedram rotundam de quercu et operagio parisiensi, dicto de broissure, taxatam* 20ˢ t. (inventaire de l'évêque de Langres de l'an 1395. Arch. Nat. K. 504).

CHAIÈRES NÉCESSAIRES, pag. 248. Chaises-percées. On disait aussi *Chaière du retrait*. Dans un compte de 1468 : *Pour une aulne de toille.... livré à Pierre Malebeste, varlet de fourrière du Roi, nostre sire, pour servir à la chaère de retraict dudit seigneur* (K. reg. 60, fol. 118). *Pour deux aulnes velloux vert pour faire bourletz à chaize percée pour les affaires*

(Compt. de 1541. — K. reg. 92, fol. 309).

CHAMBRES. Dans les comptes de l'Argenterie le mot *chambre* ne s'entend pas d'une pièce faisant partie d'un appartement, mais du lit et de la tenture d'une chambre à coucher. Voy. p. 17, 49, 109. Chambre inde, p. 46. Chambre vermeille, p. 47. Chambre à fleurs de lis, p. 50. Chambre à parer, p. 111. Chambre de la reine de Castille, p. 185. Chambre de monseigneur Philippe, p. 266.

CHAMFRAIN, CHANFRAIN. Chanfrein. Pièce d'armure couvrant la tête d'un cheval. On le garnissait quelquefois d'étoffe à l'intérieur. *Pour 2 aunes et 3 quartiers de veluyau inde, à faire la garnison d'un chamfrain, et une escarteleure de la tunicle*, p. 143. Chanfrain de cendal, p. 14. On voit souvent sur les sceaux de chevaliers des xiv° et xv° siècles, le chanfrein surmonté d'un lion, ou d'un griffon ou de quelque autre figure en manière de cimier.

CHANDELIERS d'argent, p. 301. *Chandeliers de fust*, de bois, p. 18.

CHANDELLE. Chandelle de suif à 8^d la livre, p. 31. *Pour 14 livres de chandelle de sieu pour lesdictes besoignes dessus dictes*, 2^s 4^d, p. 224. Ce qui met celle-ci à 2^d la livre. Il y avait aussi de la chandelle de bougie. *Pour trois livres de chandelle de bougie, à cirer les robes de draps d'or et de soie*, 32^d *la livre, valent* 8^s, p. 31. Chandelle de buef, p. 32.

CHANEVACERIE. C'est le titre que portent dans les comptes de l'Argenterie les chapitres concernant le linge, tant le linge de corps que le linge de table et de lit, et aussi le linge d'église. Voy. p. 93.

CHANEVAS, canevas, p. 297.

CHANGE DE MONNAIES, p. 195 et 243.

CHAPELIÈRES. Pièce du harnais d'un cheval. *Pour faire bracières, houce d'escu, chapelières, chanfrains, crillouères et autres choses*, p. 14.

CHAPELLE. Tenture d'une chapelle pour les obsèques de Louis X, p. 17. On entendait encore par *chapelle* les vêtements sacerdotaux et les ornements d'autel nécessaires pour desservir une chapelle. Voy p. 295.

CHAPERON. Le chaperon est cette espèce de cloche ou capuchon, qui, à volonté se mettait sur la tête ou se rejetait sur le dos. Il y avait des *chaperons à enfourmer*, voy. p. 164; des *chaperons pendants*, p. 42, 177, 179. Chaperons brodés de perles, p. 146, 177, 179, 180. Il y avait une partie du chaperon qui s'appelait visagière. *Pour la fourreure de la visagière du chaperon de ladicte robe* (Compt. de 1317. — K. reg. 18, fol. 157). Les manteaux étaient toujours accompagnés d'un chaperon. Souvent aussi on en mettait à d'autres vêtements, tels que les cottes hardies, les surcots et les chappes. Quelquefois le chaperon était une espèce de manteau court : *grans chaperons doubles, en manière de manteaulx, jusques au dessoubs de la ceinture* (Compt. de 1387. — K. reg. 18, fol. 200). Le mot *chaperon* se prenait dans une autre acception pour signifier une certaine quantité de fourrure Par exemple, dans ce passage : *Maistre Jehan, le fol du Roy, pour fourrer sa robe de sa livrée de Pasques : pour les deux surcoz et la cloche, 4 pennes d'aigneaux blanches fines, pièce* 40^s; *et pour le chaperon*, DEUX CHAPERONS D'ARAGON *blans*, p. 160.

CHAPIAU DE BIÈVRE. Chapeau de bièvre. *Pour un chapiau de bièvre, pris par Guillaume Pizdoe le jone, 32 ventres, valent* 37^s 4^d, p. 46. Le bièvre est un petit animal du genre de la loutre, qui a donné son nom à la rivière de Bièvre. Sa fourrure était fort employée au xiv° siècle, principalement pour les chapeaux. On trouve ordinairement dans les comptes de l'Argenterie de cette époque, un chapitre à part intitulé : *Chapiaux de bièvre*. Chapeau de bièvre fourré d'hermine, semé de perles d'Orient, p. 324. Quelquefois le bièvre s'employait pour fourrer des vêtements, des houppelandes par exemple. Voy. a la p. 298, un chapeau de bièvre très-richement brodé.

Chappe. La chappe était un vêtement de dessus, ouvert et à longues manches. Elle était ordinairement accompagnée d'un chaperon. Voy. p. 291. Chappe de drap d'or pour la reine, à son sacre, p. 30 et 56. Voy. encore p. 38, 96 et 177. Chappes d'église, p. 289.

Chappel. Chapeau, couronne, ou diadème. *Pour un chappel d'or à quatre troches de perles, etc.*, p. 168. Voy. aussi p. 300. On disait un Chappel de fleurs, et en architecture un Chapeau de triomphe.

Char. Ce mot se trouve aussi écrit *cher* et *cheir*. Le char de la reine Jeanne de Bourgogne avait un ciel, un matelas et des carreaux. Voy. p. 58. Il était défendu aux bourgeoises d'en avoir. *Nulle bourgeoise n'aura char*, est-il dit dans une ordonnance de 1294 (Ord., t. Ier, p. 541).

Chareite. Charrette. *Pour le louage de cinq voitures... excepté la chareite pour la chambre monseigneur Philippe*, p. 242. Voy. aussi p. 273 et 277.

Chariot du roi, p. 6.

Chasses. Fleur de lis d'or donnée par Philippe le Long à la châsse de saint Louis de l'abbaye de Saint-Denis. Voy. p. 26. Don fait à la châsse de saint Alban par le roi Jean, prisonnier en Angleterre, p. 242.

Chassis des fenêtres de la chambre du roi Jean à la Tour de Londres, p. 245.

Chasuble de drap d'or, p. 295.

Chaucemente. C'est le titre que portent, dans les comptes de l'Argenterie, les chapitres relatifs à la chaussure. Voy. p. 140.

Chauces, chausses. Vêtement qui, partant de la ceinture, couvrait les cuisses et descendait au-dessous du genou. Dans un compte de l'an 1463 : *Trois aulnes et demie toile de Hollande... pour garnir six paires de chausses, c'est assavoir : les quatre, depuis le genoil en hault, et les deux autres paires par la cuisse seulement* (K. reg. 59, fol. 54). Au reste, il faut bien distinguer entre ce qu'on appelait un *haut de chausses* et un *bas de chausses*. Il est vrai que cette distinction ne se trouve pas établie dans notre texte, mais elle est clairement prouvée par des textes postérieurs. Par exemple, on lit dans un compte de l'an 1490 : *Demie aune escarlate de Fleurance... pour faire ung bas de chausses pour l'atacher à ung hault de chausses my-parties de satin blanc et tanné, bandées de drap d'or raz tanné. — Demie aulne fin noir de Paris.... pour faire ung bas de chausses. — Ung quartier et demy escarlate de Paris, couleur de Fleurance, et quartier et demy de fin drap tanné... pour faire deux haulx de chausses. My-partiz desdites couleurs, dont l'un servira au bas de chausses ci-dessus nommé... et l'autre à chausser avec brodequins* (K. reg. 71, fol. 4 v° et 21). Quelquefois la partie supérieure des chausses était faite d'une étoffe, et la partie inférieure d'une autre. *Demie aulne estamet blanc... pour doubler une paire de chausses faicte par bas de ung quart escarlate de Paris, et par hault de cinq quartiers velouz cramoisi* (ibid. fol. 8 v°). Voici un cas où évidemment les chausses devaient être à crevées. *Demye aulne drap d'or ras tanné... pour mectre par entre ledit veloux cramoisy et la doubleure desdites chausses* (ibid. fol. 40 v°). Je trouve dans un compte de 1491 des *chausses marines* et des *chausses à la martingale*. — *Une aulne et demie de taffetas noir large... pour faire unes chausses marines larges pour servir audit seigneur* (le Roi); *le bas desdictes chausses doublés de même.* — *Trois quartiers drap gris cendré... pour faire une paire de chausses à la martingale pour servir audit seigneur à chausser quant il court armé* (K. reg. 72, fol. 5 et 106). Dans un compte de 1591; *des chausses à la gigotte de drap de bure garnies de passement d'argent* (K. reg. 147, fol. 27). J'ajouterai, en finissant, que les chausses étaient un vêtement commun aux deux sexes. On trouvera dans notre texte (p. 28) un article de chausses de drap pers pour la reine et ses filles. Et dans un compte de 1434, *pour trois paires de chausses de noir, à usaige de femme* (K. reg. 55, fol. 109 v°). C'est de cette expression *bas de chausses* que nous est resté notre mot *bas*. Les chausses s'attachaient par des jarretières. *Pour la ferreure de deux jartières de satin azur pour lier les chausses de madame la Royne* (Compt. de 1387. — K. reg. 18, fol. 48 v°). Voy. aux p. 5, 28, 230, 233 et 288.

CHEMISES. Il n'en est question qu'une fois, sous ce nom, dans notre texte. *Pour appareillier dix chemises d'estamines et 4 braies pour le Roy*, p. 231. Au reste, le mot *chemise* se rencontre rarement dans les premiers comptes de l'Argenterie. Il est remplacé par celui de *robes-linges*. Voici pourtant quelques exemples tirés de comptes du xv° siècle. *Pour 41 aune et demie, fine toile de Ho-* *lande delivrées à Alizon la Pagesse, lavendière du linge du corps du Roy... pour faire et tailler 18 chemises... au fueur de 2 aunes un quart pour chacune* (K. reg. 51, fol. 36. — An 1458). *Douze aunes fine toille de Cambray... pour faire quatre chemises froncées à la mode de Catheloigne* (Compt. de 1491. — K. reg. 72, fol. 182). On en faisait en drap. *Pour une aulne quart escarlate de Paris... pour faire une chemise à manches pour servir audit seigneur* (le roi) *à vestir de nuyt*. D'autres en soie: *cinq aulnes deux tiers taffetas noir... pour faire une grant chemise à plain fons, à girons et manches larges, froncée par le collet et manches, bandée de satin jaune* (ibid., fol. 6 et 105). Au xvi° siècle on voit des chemises de toile brodées d'or et de soie. C'est l'époque où apparaît le plus grand luxe pour le linge et les parfums. Je ferai une dernière citation, d'après un compte de 1389. *A Robinette Brisemiche, couturière de la reine... pour la façon de deux chemises longues et larges, en manière de houppelandes, faictes de 14 aulnes de ladicte toille de Reins*. — *Grant et large chemise, fendue au colet par devant et par derrière, faicte de 5 aulnes de fine toille de Reins* (K. reg. 20, fol. 158).

CHEMISES A LIVRES. *Pour 4 aunes de semblable toille, dont ladicte Asseline fist chemises à livres*, p. 94, voy. aussi p. 221 et 224. Les chemises de livre étaient souvent fort riches. Voir par exemple le catalogue des livres de Jean, duc de Berri (*Revue archéologique*). Je trouve un diminutif de ce mot dans un compte de 1463. *Un tiers veloux noir et un tiers satin... pour faire une chemisertes aux petites Heures du Roy* (K. reg. 59, fol. 27 v°).

CHEMISES A ROBES. Dans le sens d'enveloppes. *Six aulnes de toille bourgoize blanches et molette... pour faire deux chemises à mettre dedans une longue houppelande de drap d'or et une jaquette de drap d'or* (Compt. de 1388. — K. reg. 19, fol. 36 v°).

Cheveciel, chevecier, chevez. C'est le dossier d'un lit, le côté de la tête : d'où son nom ; cheveciel ou ciel du chevet. *Pour la chambre de la Toussains, dont le chevecier est vert, bordé d'une bordeure de soucie tout autour, etc., tenant 9 aunes carrées*, p. 17. *Pour faire la coutepointerie de ladicte chambre ; c'est assavoir le grant coutepointe pour le lit, cheveciel et ciel*, p. 109. — *Pour un tapi vert contenant 11 aunes quarrées, délivré en ladicte chambre pour faire chevez au lit dudit seigneur*, p. 113. Cheveciel a pour synonyme *dosseret* ou dossier.

Chevestres. Licoux. *Godefroy, le cellier, pour plusieurs chevestres, cengles, longes, trousses neccessaires pour escuirie*, p. 222. Voy. aussi p. 264 et 270.

Chevrotin (gans de), p. 133.

Chief. A la page 44, ce mot est synonyme de pièce. *Pour chief et demi de cendau vert*. C'est une pièce et demie de cendal vert.

Chiennes chatrées. Voy. p. 219.

Chigaton, sorte de drap d'or. *Chigaton de Lucques*, p. 328. On disait aussi : *singlaton* et *siglaton*.

Chitron (conserve de). Conserve de citron. A 8ˢ la livre, p 207.

Chopine. Vase de table qui désignait aussi une mesure de contenance, comme les quartes. *Pour un hanap à couvercle semé d'esmaux, avec une chopine de celle mesmes façon*, p. 169. Chopine d'or, p. 305. *Chopine d'argent écartelée d'émaux et de grains*, p. 311.

Chos. *Cinq potiaus de chos*, 16ᵈ, p. 245. C'est-à-dire cinq bottes de choux.

Ciel. La tenture dressée sur le haut d'un lit. C'en était, avec la coutepointe et le cheveciel, la partie intégrante. Il y avait des ciels adaptés a d'autres usages. *Un demi-ciel pour laver le Roy, garni comme un ciel, sans courtine*, p. 109. Dans un compte de l'an 1487 · *Ung ciel de satin bleu broché d'or, servant à tendre sur la table où ledit seigneur* (le roi) *boit et mengue* (K. reg. 70, fol. 289). Ciel de chapelle de cendal noir, aux obsèques de Louis X, p. 18.

Cinglètes. Anneaux. *Pour deux paires de couteaux, à trancher devant le Roy, à tous les parepains garnis de viroles et de cinglètes d'argent, dorées et esmaillées aux armes de France*, p. 133.

Cire. A la page 184, un millier de cire achetée d'un épicier pour des obsèques, est livrée *à un cirier* pour être mise en œuvre. A la page 230 : *pour une livre de cire vermeille*, 10ᵈ. C'était pour sceller. Je trouve sur cet objet un détail bizarre dans un compte de 1454. *Cire vermeille sucrée, de* 6ˢ 8ᵈ *tournois la livre* (K. reg. 55, fol. 80 v°).

Claré Clairet. C'était une sorte d'hypocras. *Pour une livre et trois quarterons de sucre en pain pour faire claré*, p. 214. Il y en avait de tout préparé, en poudre. *Pour demie livre de poudre de claré*, 12ᵈ, p. 213. Sacs de toile pour faire le clairet, p. 271.

Clef. Faite pour la serrure de la tour de Bische-Mouche au Louvre, p. 188.

Clo, clos. Clous. Voy. p. 19 et 129.

Cloche. Sorte de vêtement de dessus, ou de manteau, qui était commun aux deux sexes. La cloche était plus ample que le surcot. Elle était accompagnée d'un chaperon. C'était, avec le corset, un vêtement que l'on bordait ou pourfilait de fourrure. On la voit figurer comme partie essentielle des *robes* ou habillements des princes; elle est remplacée par la housse dans les habillements du roi. Voy. p. 100 et suivantes. Cloches à chevaucher pour les femmes de Blanche de Bourbon, p. 289. Voy. Fons de cuve.

CLOTET, sorte de pavillon que l'on tendait dans les chambres. *Pour la façon d'un clotet pour le Roy, de cendaus vermeus; pour une grande corde et pour ruben de soie, pour aniaus et pour façon*, 30^s, p. 50. Voyez encore p. 16, 47 et 60.

Coc, coq. Voyez, dans le Journal de la dépense du roi Jean en Angleterre, des coqs achetés pour le combat, p. 234.

COEFFES, COIFFES. Elles se vendaient à la douzaine. On trouvera à la page 16, des coiffes pour le roi à 12^s la douzaine, et à la page 35, des coiffes pour la reine à 6, 9, 10 et 14^s la douzaine. En général les coiffes servaient pour la nuit et pour la toilette, aussi était-ce au barbier qu'elles étaient livrées. Cependant on les portait quelquefois au dehors. On lit dans les *Grandes chroniques* que Philippe de Valois allant visiter le tombeau de saint Denis, en 1328, *meu de grant dévotion osta son chapperon et sa coeffe* (*Gr. chron.*, t. V, p. 310). Je trouve dans une lettre de rémission de l'an 1457, le nom que portaient certaines coiffes dans le midi. *Deux coyffes que l'en appelle audit païs de Comminge, roselz* (J. reg. 187, pièce 58). Dans un des comptes d'Étienne de La Fontaine, il est question de coiffes *à la guise de Navarre* (K. reg. 8, fol. 2 v°). — Voy. les p. 16, 35, 135 et 229.

COFFINS, COFFINETS, COFFINEAUX. petits coffres ou boîtes. Dans un article d'épices : *Coffins, douze petiz*, 12^d, p. 232. — *Le coffin d'argent blanc à mectre les oublées le Roy*, les oublies pour le roi (Compt. de l'an 1407. — K. reg. 29, fol. 48 v°). Dans notre texte : *Pour un coffinet pour cierges*, p. 62. Coffineaux d'échansonnerie, p. 299.

COFFRES, COFFRETS. Il n'y a guère lieu de douter que toute notre recherche moderne en fait de petits meubles, n'ait eu jusqu'à un certain point son analogue dans le moyen âge. On trouvera, dans les articles de coffrerie une grande diversité quant aux objets de ce genre. En général, les grands coffres ne servaient que pour serrer des robes et des étoffes, et les petits, ou coffrets, pour les joyaux et autres menus objets de luxe. *Pour un grant coffre pour mectre les robes nostre sire le Roy*, p. 51. Autre, pour la reine, à la page 62 On trouve à la même page un coffre *coulleiz*, et je serais fort embarrassé à dire ce que ce pouvait être, si un autre texte n'était venu à mon aide, au moins pour la signification du mot qui veut dire *à coulisse*. — *Un coffre de cèdre, coulleiz, environ lequel sont dix pilliers d'or et une serrure* (inv. des meubles de Charles VI., fol. 52). On rencontre souvent des coffres d'or et d'argent ou d'autres matières précieuses. *Un autre coffre d'or, esmaillé autour, de la vie de sainte Marguerite, pesant 5 marcs 2 onces 18 esterlins. — Un autre coffre de jaspre blanc. — Un autre coffre de jaspre rouge* (ibid.). *Un petit coffret carré d'argent doré, ouvré d'avalemens; et sont les fons, de voirre : fermant à clef* (ibid., fol. 12). Et ici, dans notre texte, à la page 139 : *Hue Pourcel, gainnier, pour un coffret couvert de cuir, ferré bien et joliement, délivré en ce terme pardevers monseigneur le Dauphin, pour mectre et garder un coffret de cristal*. A la page 62, un coffre pour mettre les heures du roi. C'est sans doute la même chose que les *faux livres* que l'on trouve dans quelques inventaires. A la page 18, coffre est synonyme de bière. Dans un compte de 1393, on trouve mentionnés des coffrets de Venise. *Pour avoir fait pour la Royne, en 3 coffrez de Venize, 3 serreures d'argent dorées* (K. reg. 41, fol. 137). Voy. Bahus.

Cointir. Orner, enjoliver. *Pour la façon et paine de broder et cointir les diz sollers*, p. 139. — *Pour yceulz* (chaperons) *brouder et cointir à perles*, p. 159.

Coissin. Coussin, p. 36. *Cossin à la toise*, pour la chambre du roi, p. 241. Voy. Carreaux.

Coliandre. Coriandre, graine d'une plante aromatique. Les brasseurs de Hollande et d'Angleterre en mettaient dans leur bière. On en faisait aussi des dragées. Pomet, dans son *Histoire des drogues*, dit que presque toute la coriandre qui se vendait de son temps, venait d'Aubervilliers, près Paris. Dans notre texte, à la p. 232 : *Coliandre, trois livres, 12^d*.

Collière, c'est la partie du harnais d'un cheval, qui retombait sur le poitrail. *Pour 6 pièces de camoquas blans, à faire deux hernois de cheval : c'est assavoir, collière, crupière, etc.*, p 144.

Commin, p. 220. Cumin. Pomet (*Hist. des drogues*) : « Le cumin ou anis aigre, est la graine d'une plante qui a assez de rapport au fenouil, qui croît en quantité dans l'île de Malte, où l'on le sème comme l'on fait ici le bled. »

Comptoers, comptoirs. Mais à la page 230, ce mot signifie jetons, parce qu'on s'en servait pour compter. Les jetons s'appelaient aussi *gectouers*. On trouve dans divers inventaires, la mention de telles ou telles parties, qui n'ont pas été *gectées*, c'est-à-dire comptées.

Confitures, p 268.

Connins, lapins. Voy. Nottrez (connins).

Conserves. On en faisait un grand usage dans les repas au moyen âge. Voyez le curieux livre intitulé : *Le Ménagier de Paris*. Et ici les mots : Chitron, Gigembre, Madrian, Roses

Contrendroit, l'envers d'une étoffe. *Pour une pièce de toille vermeille à faire contrendroit aus diz quarreaux entre le samit et le coutil*, p. 186. Il est difficile de se rendre compte de cette précaution prise dans la confection de ces coussins, à moins que ce ne fût pour que la toile, moins rude que le coutil, fatiguât moins le samit.

Coquille de perle. C'est la nacre de perle. Voy. p. 320

Corail. Un arbre de corail, p. 323. On faisait cas du corail au moyen âge, ainsi que de quelques autres curiosités d'histoire naturelle. On lit dans un compte de 1487 : *Pour avoir... fait polir et nectoyer par le commandement dudit seigneur* (le roi) *trois grans branches de coural masle; lesquelles branches avoient esté apportées audit seigneur, du pays de Provence, chargées et couvertes de terre de la vase de mer* (K. reg 70, fol. 186.)

Cordes, p. 16. Cordes rondes et plates, p. 49.

Cordouan. Cuir qui se fabriqua d'abord à Cordoue. De là le mot de Cordouanier. Courdouan vermeil, p. 297.

Corset. Vêtement commun aux hommes et aux femmes. Il est bien difficile de préciser ce que c'était. J'avais d'abord pensé à ce gracieux vêtement que l'on voit, par exemple, sur les représentations de Valentine de Milan, et qui, partant du haut de la poitrine en serrant étroitement le corsage, descend jusqu'à la taille en s'arrondissant élégamment par devant, mais ce ne saurait être là le genre de corset dont il est question dans notre texte. D'abord, le corset dont nous venons de parler est fendu sur les côtés pour laisser passer les manches de la robe de dessous; ici, au contraire, les corsets, du moins ceux de femme, sont à manches, et même accompagnés d'un chaperon, ce qui est une différence notable. De plus, le premier est un vêtement qui ne couvre que le haut du corps, et les autres semblent avoir été beaucoup plus amples. Cherchons donc à nous faire autant que possible une idée approchée de ce qu'était le genre de corset que nous trouvons ici. Voyons d'abord ce que pouvait être le corset d'homme. Il est question à la page 12, d'un corset pour le roi Philippe le Long. Il était de cendal, et fendu aux côtés. Sa fourrure avait employé 226 ventres de menu-vair. Or, il n'en fallait pas plus pour fourrer un surcot, qui était une sorte de robe longue. Voilà donc un corset d'homme, qui à en juger par la fourrure, était aussi ample qu'une robe. Le fou du roi Jean (p. 149) reçoit un corset contenant 3 aunes de drap. C'est encore là un vêtement d'une assez grande ampleur. Je ne trouve guère que ces deux exemples un peu concluants pour les corsets d'hommes. Passons à ceux de femmes. La reine de Navarre reçoit, à l'occasion de ses noces, trois corsets ronds, l'un d'écarlate, l'autre de camocas, le troisième de drap d'or. Voyons d'abord quelle était la fourrure du premier de ces corsets. *Pour les fourreures d'un corset ront d'escarlate pour madicte dame, une fourreure de menuvair de* 160 *ventres; pour manches* 24 *ventres; et pour un chaperon à enfourrer,* 90 *ventres. Somme* 274 *ventres,* p. 177. On employa donc pour ce seul corset 274 ventres de menu-vair. Eh bien, un surcot pour la même princesse n'en employait que 160, et un manteau à parer, nécessairement très-long, que 228. Un corset pour une princesse toute jeune (p. 43) contient 124 ventres d'une part, plus 12 pour les manches, total 136, tandis que son surcot et sa cotte ne contiennent chacun que 124 ventres. On trouve à la page 28 la mention de trois corsets différents pour la reine Jeanne de Bourgogne. L'un *pour vestir en son chier* contenait 3 aunes et demie de drap, lorsque son mantelet allemand à parer n'en exigeait pas plus de cinq. Même aunage pour son corset rond *à aler par chambre,* même pour son corset *à parer.* Il y avait des corsets à pourfil, c'est-à-dire bordés par le bas d'une bande d'hermine ou d'autre fourrure. Il y en avait aussi tout en fourrure. *Pour un corsset de gris fin qu'elle* (la reine) *affuble en son char.* On appelait *corset sangle* ou simple, celui qui n'était pas fourré ou doublé. De tant de citations il ne ressort, j'en conviens, rien de bien clair, et encore je tombe sur un passage qui vient compliquer la question. C'est dans une lettre de rémission de l'année 1359. *Ostèrent avec ce aus dictes femmes troys jupons appelez corsez* (J. reg. 87, n° 224). On mettait en presse, sous des planches de bois, les manches des corsets. *Pour* 12 *paires d'aisselettes de bort d'Illande... pour mettre et presser* 6 *paires de manches de* 6 *corsès pour madame la Royne* (Compt. de 1387. — K. reg. 18, fol. 68 v°). Je donnerai ici l'indication de tous les passages où il est question de corsets dans notre volume. C'est aux p. 8, 9, 12, 26, 28, 34, 43, 57, 152, 177 et 288.

Coste, cote, cotte. La cotte était

un vêtement de dessous, commun aux hommes et aux femmes. Elle avait des manches. *Pour le corps dudit seurcot, une fourreure de menuvair de 200 ventres, pour manches d'icellui seurcot, et pour fourrer les manches de la cote blanche à vestir dessoubz, 60 ventres*, p. 100. Philippe le Long portait, le jour de son sacre, une cotte de samit vermeil doublée de cendal, p. 47. Sa femme, Jeanne de Bourgogne, eut une cotte semblable, p. 57. Ce ne devait pas être un vêtement fort long puisqu'il ne fallait que 4 aunes et demie de drap pour en faire deux. *Pour 4 aunes et demie d'un fin blanc de Broisselles, baillé à Martin de Toussi, tailleur de monseigneur le Dauphin, par sa lettre, pour faire audit seigneur deux cotes sengles*, p. 85. Sengles, c'est-à-dire simples, sans doublure. Du Cange, au mot *Cota*, dit que c'était une tunique propre aux clercs. Et en effet, je trouve dans un Glossaire latin-français du xive siècle le mot *tunica*, traduit par *cote*, et *tunicula* par *la petite cote*. Dans tous les cas, on vient de voir que le sens de ce mot a plus d'extension. *Cote à caindre*, p. 88.

Cote-gambaisée Sorte de casaque militaire faite de plusieurs doubles d'étoffe, et rembourrée. A la page 48, une cotte gambaisée pour le roi. On disait aussi *gambaison*. Dans la plupart des chartes de commune, il est prescrit aux habitants de s'armer de gambaisons et de chapeaux de fer. Les pourpoints et les jacques ou jaquettes semblent avoir remplacé les cotes-gambaisées.

Cote-hardie. Sorte de robe à manches que l'on semble avoir porté de préférence pour sortir, de même que le surcot se portait de préférence dans l'intérieur. On s'en servait souvent pour monter à cheval, de là, le nom de *cote à chevaucher*. On lit dans un compte de 1388 : *Item pour la façon d'une grant coste hardie, longue et large, d'escarlate rozée, à tout deux paires de manches et boutonnées tout au long de menus bouttons pour la grosse* (lis. grossesse) *de ladicte dame*. C'est Isabeau de Bavière (K. reg. 19, fol. 161). Voy. p. 8, 9, 43, 87, 97, 101, 225, 288 et 291. Quand la cotte hardie se portait sur l'armure, elle prenait le nom de cote d'armes.

Cote-a-plates. Vêtement de guerre. C'était une sorte de cotte ou robe courte revêtue de plaques de fer. Celles que l'on trouve dans notre texte sont d'étoffes de soie doublée de toile. Ce vêtement était nécessairement fort court, puisqu'une aune et demie d'étoffe suffisait pour faire une de ces cottes-à-plates. Voy. p. 142. Il semble bizarre qu'on ait employé des étoffes précieuses pour faire des vêtements qui se trouvaient ensuite devoir être bardés de fer, cependant le fait résulte évidemment d'un passage de notre texte que l'on trouvera à la page que nous venons d'indiquer.

Coton. Il est souvent question du coton dans les comptes de l'Argenterie. *Item, par Simon d'Esparnon, espicier le Roy, pour six livres de coton, 9ˢ*, p. 19. C'était pour l'embaumement du petit roi Jean. *Pour 60 livres de coton en laine, 15 escuz*, p. 187. C'était pour garnir un matelas. J'ai remarqué dans un compte de 1487, du coton provenant de Syrie. *Pour 42 livres de fin coton de Surye... pour employer à garnir par dedans quatre doubletz de toille de Hollande, 4ˢ 9ᵈ la livre* (K. reg. 70, fol. 276 v°).

Coupes. Il y en avait de toutes les formes et de toute matière, en or, en argent, en cuivre, en madre (voy. ce mot), avec et sans pied, avec et sans couvercle. On en trouve d'historiques. Par exemple, dans un inventaire des meubles de Charles V, la coupe de Charlemagne et de celle de saint Louis. Il est parlé ici de cette dernière : *Pour faire et forger le tuyau du pié de la couppe St. Louys, et le reburnir tout de nouvel*, p. 125. On faisait quelquefois des coupes avec des œufs d'autruche. *Une autre couppe dont le bassin est d'ostrusse, par dedans cizelé* (Invent. de Charles VI, fol. 34). Voy. HANAPS.

COURTINES, rideaux, p. 109. Courtine de salle, p. 47.

COUSTE. C'est ce que nous appelons un lit de plume. Voy. p. 36. On disait aussi *coute*, *coite*, et *cocte*.

COUSTEPOINTES. Les courtes-pointes, ou mieux coutepointes, sont des couvertures de lit faites d'une étoffe quelconque mise en double et rembourrée de coton, laquelle était *pointe* ou cousue. *Coutepointe de cendal pointe par manière de neuz*, p. 328. Dans notre texte, la plupart des coutepointes sont de cendal. Il y en avait aussi pour le pied du lit, p. 47. Dans un compte de 1468 : *70 aunes de fine toille... pour faire deux grans cotepoinctes en façon de doublez* (voy. ce mot), *pour servir de nuyt à couvrir l'un des litz*, etc. (K. reg. 60, fol. 117). On faisait encore des coutepointes avec du ploc ou poil de divers animaux, qui s'appelaient des Loudiers. *4 aulnes et deux tiers de toille... pour couvrir le dessus d'un loudier que ledit seigneur a ordonné estre fait pour servir à mectre contre le mur derrière le chevet du lit. — 12 aulnes, grosse toille... pour servir à envelopper les coctepoinctes et loudiers servans sur le lit dudit seigneur* (Compt. de 1468. — K. reg. 60, fol. 117 v° et 123).

COUSTIAUX, COUTEAUX. A la p. 133 : *Thomas de Fieuvillier, coutelier, pour deux paires de couteaux à trancher devant le Roy, à tous les parepains garnis de viroles et de cinglètes d'argent, dorées et esmaillées aux armes de France, livrées en ce terme, l'une paire à manches d'ybenus, pour la saison du Karesme, et l'autre paire, à manches d'yvoire, pour la feste de Pasques*. On remarquera en passant cette singularité de couteaux à manches d'ébène pour le carême, et à manches d'ivoire pour Pâques ; mais ce qu'il y a de plus piquant c'est qu'a la Pentecôte ils participent des deux couleurs et sont *à manches escartelez d'yvoire et d'ibenus*. C'est bien dans l'esprit naif et enfantin du moyen âge. L'expression de *parepain* qu'on vient de lire et qui se retrouve toujours comme l'accompagnement obligé des couteaux, aurait besoin d'être expliquée. Je n'ai rien trouvé de précis à cet égard. Voici pourtant l'explication que je proposerais. Il faut d'abord savoir que dans nos comptes les couteaux apparaissent toujours par paires, et que chaque paire est accompagnée de son parepain. Il faut encore remarquer que par une paire de couteaux on entendait quelquefois plus de deux couteaux. Exemple : *pour une paire de couteaux à manche de madre et à grève, à viroles d'argent dorez, armoiez et esmaillez aux armes du Roy et de la Royne, garnie de trois cousteaux et un parepain* (Compt. de 1395. — K. reg., fol. 62). Et encore, dans un compte de 1410 : *Pour une paire de grans cousteaulx à manches esquartellez d'yvoire et de cèdre, chascun à trois virolles d'argent doré esmaillées aux armes de France, garnis de parepain et de petit coustel, engaingniez ainsi qu'il appartient* (K. reg. 29, fol. 127). On voit, d'après l'exemple tiré du compte de 1395, qu'il pouvait y avoir dans une gaîne jusqu'à trois couteaux et un parepain, qui avait évidemment une destination toute spéciale. Or, comme c'était un usage constant dans le moyen âge de chapeler le pain, et qu'à la rigueur, cela pouvait s'appeler le parer, je conjecture que le parepain servait à cela. Dans un compte de 1487 : *Une paire à manches de broissin servant à chappeler le pain en sa panneterie* (K. reg. 70, fol. 270). On a vu dans l'une des citations qui précèdent, des couteaux à manches de cèdre. Cela me rappelle un passage curieux que j'ai trouvé dans *le Ménagier de Paris :* « Cèdre vermeil est un fust que l'en vent sur les espiciers, et est dit : *Cèdre dont l'en fait manches à cousteaulx* (le Ménagier de Paris, t. II, p. 154. — Paris 1846, in-8°). On trouve dans divers comptes des xiv° et xv° siècles des couteaux de Castille, en général fort riches, des couteaux de Toulouse, etc. Voici deux exemples de couteaux se fermant : *Un petit coustel à manche d'argent taillé à liz, dont l'alumelle* (la lame) *se reboute ou manche* (Mortem. 76, fol. 132 v°). *Un petit coutel tournant à viz* (Compt. de 1412.—K. reg. 58, fol. 38 v°).

Coutes. *Pour faire et forger la garnison de garde-bras, de avantbras, coutes, cuissos, grèves, poulains et soulers*, p. 128. Communément le mot *coute* ou *couste* signifie un lit de plume. Ceux qui les faisaient s'appelaient *coutiers*. J'imagine qu'ici ce mot doit s'entendre de coussinets destinés à protéger les côtes contre le frottement de l'armure.

Coutière. A la page 60 : *Perrenelle la coutière*, c'est-à-dire la faiseuse de *coutes* ou lits de plume.

Coutil, p. 118 et 186. Il est bon d'observer qu'on entendait quelquefois par *coutil* ce que nous entendons par *taie*, et réciproquement. En voici un exemple : « *Pierre de Villiers*, duvetier, pour la taye à faire *le coutil* du coussin pour ledit matteras — deux autres petites taies à faire *les coutils* des deux aurilliers à jésir.* » (K. reg. 8, fol. 3.)

Couttouère. A la page 30 : *Pour 3 dousaines de laz, — pour deux pièces de couttouère, — pour 5 livres de fil à coudre.* On voit que la couttouère se débitait à la pièce. Il y en avait de soie. Voici des exemples qui me font penser que c'était quelque chose de très-semblable à nos lacets. *Deux pièces de cottouère pour faire lacetz à cottes simples et doubletz pour la Royne, — six autres pièces de couttouère vermeille, blanche et noire, pour faire semblables lacetz,* 10^s *p. la pièce* (Compt. de 1401.— K. reg. 42, fol. 51 v°). *Pour cotouere de soie violée... pour pendre les enseignes de la dévocion d'icellui seigneur* (le roi), 5^s *t.* (Compt. de 1463 — K. reg 59, fol. 85 v°). *Pour quatre aulnes et demye de cotoère tannée et bleue... pour servir à enfiller et atacher des patenostres pour ledit seigneur* (Compt. de 1487. — K. reg. 70, folio 209).

Couvertoirs, couvertouers. Couvertures de lit ou couvrepieds. Voy. p. 45, 46, etc. « Couvertoir de noire brunette, fourré de dos d'écureuils de Calabre, dans un compte de 1351. » (K. 8, fol. 1.) Les couvertoirs sont en général en drap d'écarlate et fourrés de menu-vair. Tels sont ceux que l'on donnait aux chevaliers, lors de leur réception. Cependant quelquefois, ils étaient en drap d'or.

Couvertures a chevaux. A la p 183 : *Et pour faire deux couvertures à chevaux, l'une de bateure pour le tournoy, et l'autre de couture pour la guerre.* Cela faisait partie de ce qu'on appelait un *Paiement de cheval*.

Couyères. Pièce d'un harnais. Voy. p. 144.

Creçon orlenois. Cresson alenois. Voy. p 245.

Crillouères. Pièce d'un harnais. Voy p. 14.

Crupière. Croupière, pièce d'un harnais. Voy. p. 144.

Cubèbes. Cubèbes à 4ˢ la livre. Voy. p. 218, 219 et 220.

Cueuvrechiefs, cueuvrechiez. Couvrechefs. Ce sont en général des bonnets de nuit. Cependant, en voici un qui est tout autre chose. Philippe le Long eut pour son couronnement *un cueuvre-chief de velluau vermeil, ouquel il a 192 ventres* (de menuvair), p. 46. Il y en avait en soie, mais le plus ordinairement ils étaient en toile. C'étaient alors de simples coiffes. *Pour la façon de douze queuvrechiefz à mectre de nuyt, faiz de 10 aunes demie d'autre fine toile de Holande* (Compt. de 1458. — K. reg. 51, fol. 57 v°).

Cuillers. Cuiller d'argent. Cuiller de cuisine, p. 126. Dans un compte de 1412 : *Une cuiller de pierre serpentine, dont le manche est de cristal, garnie d'or, avec une petite forchete ; tout en un estui de cuir. Item, une cuiller de cristal à un manche ployant en deux pièces. — Une cuiller de corneline, à un manche d'argent doré* (K. reg. 258, fol. 94 et 100 v°). *Une cuiller d'or pour le Roy... dont le manche est de pierre serpentine à six carrés. — Une douzaine de cuilliers d'argent pour icellui seigneur* (Compt. de 1463. — K. reg. 59, fol. 69 v°). Il y en avait à biberon. *Deux cuillers d'or, l'une grant, l'autre petite, dont l'une à un biberon* (Inv. de Charles VI, fol 51). On s'en servait aussi pour prendre les épices. *Item, deux petites cuillers d'argent dorées, à espices* (Mortem. 74, fol. 96).

Cuissos. Pièce de l'armure qui couvrait les cuisses. *Pour faire et forger la garnison de garde-bras, avant-bras, coutes, cuissos, grèves, poulains et soulers*, p. 128.

Cuirie. Grand morceau de cuir que l'on employait à divers usages, par exemple pour couvrir des chariots. C'est ce que nous appelons une vache ou une bache. *Pour une grant cuirie à couvrir le chariot de la fruicterie du Roy*, p. 122. Il est question, au même article, d'une autre cuirie *pour despecier la cire*.

Culleron. Cuilleron. La partie creuse d'une cuiller. *Pour faire et forger tout de nuef une cuiller de cuisine, d'un autre viex dont le culleron estoit fendu à moitié*, p. 126.

Custodes. Custodes d'autel, p. 262. Custodes de cendal pour l'oratoire du roi, p. 328. Ce sont ces petits rideaux sous lesquels se met le saint ciboire. Voici un passage qui prouve que quelquefois ce mot s'entendait d'un grand rideau qui partageait le chœur d'une église. *Item, antiqua custodia, sive cortina de serico, quæ tempore Quadragesimali servare solebat in medio chori* (Inventaire de la Sainte-Chapelle. Bibl. Nat., sup. lat. n° 163ᵉ, fol. 4). Enfin ce mot s'employait aussi pour désigner tout simplement les rideaux d'une chambre : *Pour une chambre de taffutas vermeil et les custodes de mesmes* (Compt. de 1396. — K. reg. 41, fol. 133 v°); ou même l'enveloppe ou la housse d'un meuble. *Pour faire et ouvrer de broudeure un escu des armes monseigneur le Dauphin, lequel escu fu mis et assiz en une chappelle ou custode de velluau pour un coffret de cristal* (Compt. de 1351. — K. 8, fol 13 v°).

D

Dais. Dans un article relatif au sacre de Philippe le Long : *Pour clou et charpentiers qui firent le dois le Roy, et pour ceux qui gardèrent les draps d'or qui estoient entour le dois, tant comme nous fûmes à Reims*, p. 71. Voici un dais pour la chasse : *Pour la façon d'un daiz de chasse, de damas, garny de sa queue, frangé de frange de soie violet, et doublé de treillis d'Allemaigne* (Compte de 1559.—K. reg. 92, fol. 1332). Au folio suivant il est question d'un dais de toile d'argent doublé de damas blanc pour mettre sur la sainte-ampoulle, au sacre.

Damaso (conserves de), p. 270.

Damaticle, dalmatique, p. 295. C'est le vêtement des diacres et des sous-diacres. Il y avait aussi un vêtement pour les laïques, qui portait ce nom.

Damoyselles. C'étaient des mannequins servant à essayer les robes et atours des dames. On trouve dans un article de notre texte, relatif à la reine Jeanne de Bourgogne : *Pour trois chaères, deux à laver et une à séoir, et pour deux damoyselles*, p. 36. Dans un compte de 1393 : *Pour une damoiselle à atourner, painte de moron à feulles, de fines couleurs*, 4^l 16^s p. (K. reg. 41, fol. 28). Dans un extrait d'un compte d'Etienne de La Fontaine, de l'an 1350, qui se trouve à la Bibliothèque nationale, on lit : *Pour une chaire à dossier, couvert de veluyau, peinte et ouvrée d'orbevoirs* (lisez orbevoies), *et pour une damoiselle à tenir le miroir madame la Reyne* (Mss. Fontanieu, vol. 78.—*Copie moderne*). Je trouve dans un inventaire des biens de la reine Clémence de Hongrie, de l'an 1328, l'article suivant : *Item, une desvidouère, une damoisèle et unes tables, et un estui.*

Déaulte. Sorte d'épice, p. 213.

Déliée. Synonyme de fin. *Pour une aune et demie de toille deliée, blanche*, p. 19. *Pour deux fourreures à cloches, d'aigniaus déliées*, p. 44.

Diaculon. Diachylon, emplâtre. *Pour une livre de emplastre* GRACIA DEI, 2^s. — *Pour une livre de diaculon*, 4^d, p. 213.

Diaire azan. Sorte d'épice, ou médicament, p. 213.

Diamants. A la page 15 : *Pour un diamant acheté pour le Roy, de Jaquemin le Lombart, le premier jour de l'an*, 50^l *tournois, valent* 40^l *parisis.* Voyez encore à la page 168. En général, les diamants apparaissent moins fréquemment dans les comptes de l'Argenterie, que les autres pierres fines, et surtout que les rubis et les émeraudes. Dans un compte de 1412 : *Un gros dyamant plat et roont, en façon de mirouer, qui souloit estre en un fermail d'or en façon de rose* (K. reg. 258, fol. 176 v°).

Dois Voy. **Dais.**

Dossier de lit, p. 115. Voy. **Cheveciel.**

Doubles, Doublez, Doublets. Ce mot porte son étymologie avec soi, puisque le Double ou Doublet est toujours formé d'une étoffe mise *en double;* seulement il faut remarquer qu'il a deux significations bien distinctes, suivant qu'il s'applique à un vêtement ou à une couverture de lit. Occupons-nous d'abord du vêtement. Dans les ordonnances concernant les tailleurs de robes, ils sont le plus souvent nommés tailleurs de robes et *de doubles.* C'était, en effet, dans le moyen âge le vêtement le plus nécessaire et

24

le plus usité. J'en trouve, dans une lettre de rémission de l'an 1362, une mention qui nous en donne l'idée d'une sorte de blouse : *Eust trouvé, ou chemin, deux compaignons vestus de doubles* (J. reg. 95, pièce 2). Voici un passage d'une autre lettre de rémission de l'année 1366, qui prouve que ce vêtement se portait par-dessous tous les autres. Il s'agit d'un cas d'adultère : *Et eust trouvé en la chambre, devant son lit, avecques sa femme, Pierre de Neelle, vêtu seulement de un doublet, sa houpelande estendue sur ycellui lit, emprès lequel et aus piez duquel lit estoient les chauces et solez dudit Pierre, sa sainture avec une tasse en laquelle avoit certaine quantité de florins* (J. reg. 97, pièce 67). C'est encore là, si l'on veut, une sorte de blouse, et même une chemise. Dans les comptes de l'Argenterie, c'est bien certainement dans ce dernier sens qu'il faut prendre le doublet considéré comme vêtement. La reine Isabeau de Bavière portait à son sacre un doublet, disposé de manière à permettre les onctions qu'elle avait à recevoir. 16 *aunes de fine toille de Reims pour faire un grant et large doublet de quatre toilles, fait en manière de chemise, qui a esté fendu devant au collet et par derrière, pour ladicte dame, qu'elle a eu et vestu à la messe le jour de son sacre* (Compte de l'an 1389. — K. reg. 20, fol. 103). C'était la ce qu'on pourrait appeler un doublet double, puisque la toille était en quatre. Mais c'est un cas exceptionnel. Voici un exemple pour les cas ordinaires : 14 *aunes de fine toille de Rains pour faire 7 chemises pour madame la Royne.* — 14 *aulnes pour faire* 2 *doubles à vestir ladicte dame* (K. reg. 19, fol. 111 v°). Il en résulte que le doublet était un vêtement plus ample que la chemise, puisqu'il ne fallait que 2 aunes pour faire une chemise, tandis qu'il fallait 7 aunes mises en double, autrement dit 3 aunes et demie de toile ainsi doublée pour faire un doublet. On s'explique facilement que ce vêtement, qui était un vêtement tout à fait de dessous pour les grands seigneurs, pouvait quelquefois se porter seul par les gens du peuple. On trouvera dans notre texte des *doubles à vestir*, pour un enfant, a la page 31, et pour une dame, à la page 187. On y trouvera encore un autre genre de double appelé doubles a armer. — *Ledit Belhoumet pour* 3 *aunes de camoquas blanc et vermeil, des larges, bailliées audit armeurier pour faire pour ledit seigneur deux doubles à armer*, p. 144. C'est là une espèce de double tout à fait différente de la première. D'abord ils sont en soie, tandis que les autres sont toujours en toile. De plus, les doubles ordinaires étaient, comme on l'a vu, un vêtement de dessous ; au contraire, les doubles à armer devaient se mettre par-dessus le reste de l'habillement. Ils me semblent avoir dû être à peu près la même chose que les *cotes à plates* dont il est question deux pages plus haut, c'est-à-dire un vêtement fait d'étoffe de soie et revêtu de petites plaques de fer.

DOUBLETS A LIT, p. 186. C'est une sorte de coutepointes. Dans un compte de 1395 : *cinq coustepointes apelez doubles à lict, de quatre lez et 3 aulnes et demie de long* (K. reg. 41, fol. 64). *Deux grans cotepointes, en façon de doublez, pour servir de nuyt à couvrir l'un des litz* (Compt. de 1468. — K. reg. 60, fol. 117). Je trouve dans une ordonnance de l'Hôtel, de l'an 1315, qu'on les mettait sous les draps et qu'on ne les changeait que de deux ans en deux ans. *Un couvertouer et un demi couvertouer, et un doublet à mectre desous les draps, de deux ans en deux ans* (K. reg. 57, fol. 30 v°). Les doublets à lit étaient coutepointés, c'est-à-dire garnis intérieurement de coton. *Pour avoir taillé et coctepoincté de 78 aulnes de toile de Hollande quatre doublez à petites lozanges, lesquels il a garniz par dedans de 42 livres de fin coton de Surye* (Compt. de 1487. — K. reg. 70, fol. 280 v°).

Drageurs, dragoirs, dragouers. Drageoirs. *Pour faire et forger tout de nuef la vis d'un grant dragouer qui fu apporté d'Avignon*, p. 125. *Jehannin l'espicier, pour faire rappareiller le drageur du Roy, à Lincole*, p. 216. J'ai rapproché à dessein ces exemples pour montrer que les drageoirs avaient souvent besoin de réparations, ce qui n'est pas étonnant quand on songe à la prodigieuse quantité d'épices et de sucreries que l'on consommait au moyen âge. Évidemment on devait avoir toujours ces drageoirs à la main. Aussi cet objet revient-il sans cesse dans les comptes de l'Argenterie. Le mot de dragées se rencontre rarement. Cependant je l'ai trouvé dans un compte de l'Hôtel de l'an 1380 : *Orengat, Paste de Roy, Pignolat, Manu-Christi, Dragée* (K. reg. 80, fol. 41 v° et 53).

Drap nayf, p. 223 et 240. On appelait *drap naif* celui dont la chaîne et la trame étaient de laines de même qualité. Dans *le Livre des Métiers* d'Étienne Boileau : « L'en apèle *draps nays* à Paris, le drap duquel la chaane et la tisture est tout d'un. »

Draps. Pour tout ce qui concerne les draps, voy. les p. 5, 20, 27, 37, 40, 45, 52, 55, 63, 67, 82, 89, 148, 207, 223, 227, 230, 250, 257, 260, 262. Voyez encore le tableau des espèces et des prix, qui se trouve à la fin du volume.

Draps de lit, p. 180. Draps linges, p. 19. Draps à parer, p. 292.

Draps d'or et de soie. Il y a sous ce titre, dans tous les comptes de l'Argenterie, des chapitres spéciaux qui traitent de tout ce qui regarde ces riches et somptueuses étoffes connues sous le nom de draps d'or, draps d'argent, draps de soie, damas, baudequins, velours, samits, camocas, cendaux, etc. Ces belles étoffes venaient pour la plupart du Levant ou des fabriques d'Italie. Au reste, il n'est pas toujours facile de distinguer les draps d'or des draps de soie, cette distinction n'étant pas, le plus souvent, établie dans les textes. Cependant leurs prix et leurs provenances peuvent guider jusqu'à un certain point. En général les draps d'or servaient à faire de riches offrandes aux églises dans des circonstances solennelles. On en remarque surtout une espèce qui paraît presque exclusivement consacrée à cette destination. Ce sont les draps nommés *marramas* ou *mactabas*. Nous avons donné plus haut (p. 338 et suiv.) un tableau des divers draps d'or ou de soie qui se rencontrent dans notre texte. Draps d'or de Paris, p. 57.

Duvet. On l'employait à remplir des coussins, des lits de plumes ou coutes, des matelas ou matteras, des oreillers, des carreaux de chambre. C'étaient les coutiers qui le vendaient. De là vient qu'on les appelait quelquefois Duvetiers. Le duvet dont il est question dans notre volume est à 3ˢ la livre en 1316, et à 5ˢ en 1352. Voy. p. 36, 50 et 186.

E

Eau de chèvrefeuille. Voy. p. 246.
Eau de plantain, *ibid.* Voy. Yaue.

Eaubenoitier. Bénitier. *Pour refaire l'aspergès* (le goupillon) *d'un eaubenoitier d'argent baillé à Guillemin Cabuel, clerc de la chappelle de l'ostel du Roy,* p. 126. Eauebenoitier et aspergès de cristal, p. 322.

Ecus. Voy. Monnaies.

Électuaire. Préparation pharmaceutique. *Pour un quarteron de electuaire dulce,* 18^d, p. 213. *Thomas, l'appothécaire de Lincole, pour plusieurs choses prises de li par J. l'espicier pour le électuaire du Roy,* 13^s 8^d, p. 220. Le roi Jean, pendant sa captivité en Angleterre, paraît avoir fait une grande consommation d'épices d'une part, et de médicaments de l'autre.

Elles de houce. Voy. Ailes.

Emplastre *Gracia Dei.* Voy. p. 213

Encendré (un). C'est-à-dire un drap couleur de cendre. *Item, un encendré de 24 aunes,* p. 7.

Encensier. Encensoir, p. 301.

Encourtinemens. Toutes sortes de tentures. *Et aussi de plusieurs encourtinements que ledit Thomas fist à Prully, aus noces et espousailles de madicte dame,* p. 187. Il s'agit des noces de Blanche de Bourbon avec Pierre le Cruel, en 1352.

Encre, p. 228 et 259. Dans d'autres comptes, ce mot se trouve souvent écrit *anque*. On faisait du drap de couleur d'encre.

Envelopes. Enveloppes pour le roi, p. 224. C'étaient des coiffes pour la nuit ou pour la toilette.

Epices. Il faut entendre par ce mot, non-seulement ce que nous appelons proprement épices, mais encore toutes sortes de confitures et de sucreries. On en faisait une consommation prodigieuse au moyen âge. Pas de repas qui ne se terminât par ce qu'on appelle *le vin et les épices.* Et non-seulement on les servait aux repas, mais encore quand on était, ce que nous dirions aujourd'hui, *en visite.* Pour tout ce qui regarde les épices, on peut consulter le livre curieux intitulé : *Le Ménagier de Paris.* Voyez ici, au Journal de la dépense du roi Jean en Angleterre, les pages 112 et suivantes.

Ermines. Parmi les fourrures dont il est question dans notre volume, c'est le menu-vair qui domine. L'hermine n'apparaît guère que pour pourfiler ou border certains ajustements. Elle se vendait a la douzaine. Voy. les p. 121, 166 et 177. Manteaux de drap d'or fourrés d'ermines, p. 290

Escarlate. L'écarlate a toujours tenu le premier rang parmi les draps au moyen âge. Son prix est sensiblement plus élevé que celui des autres draps. Il y en avait, non-seulement de toutes les nuances éclatantes du rouge, mais encore de rosées, de paonnaces, de morées, de violettes, etc. On en trouve même de noires et de blanches, mais comme ce cas-là ne se rencontre pas dans notre texte nous n'en parlerons pas. On rencontre fréquemment ces expressions : *escarlatte de graine* ou *escarlatte en graine,* ce qui signifie de l'écarlate teinte en graine, c'est-à-dire avec le kermès (voy. Graine). Pour les différentes espèces d'écarlates dont il est question dans notre texte, voyez les tables de prix, à la fin du volume.

Escarteleure. Division d'une chose quelconque par quartiers, par exemple d'une étoffe. *Ledit prince*, *pour 2 aunes 3 quartiers de veluyau ynde, à faire la garnison d'un chamfrain, et une escarteleure de la tunicle*, p. 143.

ESCHAFAUT. Échafaud. *Item, 50 draps d'Ache, délivrez à messire Adam Hairon, desquiex il en ot 23 en l'eschafaut du Roy et de la Royne, et 27 pour donner aus esglises*, p. 54. Il s'agit du sacre de Philippe le Long, en 1316. Cet Adam Hairon était l'un des chambellans.

ESCHEQUIER. Échiquier. Eschequier de bateure et de cristal, p. 323. Voy. aussi la p. 273.

ESCHEZ. Jeu d'échecs. Voy. p. 135, Dans un compte de 1412 : *Un eschaquier de jaspre et de cristal fait aux armes de feu pape Grégoire, et est par dehors de cipprès, et y a un marrellier de marqueteure et est garni d'eschez de mesme; tout en un estui* (K. reg. 258, fol. 49 v°). Je trouve dans un compte de l'an 1395, les noms de quelques-unes des pièces du jeu d'échecs. *Pour un Roy, une Royne, deux Roz* (ce sont les tours) *et 6 Paonnez* (ce sont les pions) *d'yvoire blanc, pour un jeu d'eschez, et un Fol et plusieurs Paonnez noirs* (K. reg. 41, fol. 85 v°).

ESCONCE, du latin *Abscondere*. Lanterne. *Pour une esconce de laton pour le Roy*, 2^s 6^d, p. 225. On disait aussi escouce. *Pour une escouce d'ivire qu'il a baillée et livrée pour mettre chandelle de bougie, pour dire les Heures de la Royne* (K. reg. 42, fol. 98). Et encore, dans une lettre de rémission de 1451. *Aleumèrent la chandeille et la mirent dedans une escouce ou lanterne* (J. reg. 184, pièce 172).

ESCRINS. Petits coffres, ou coffrets de luxe Voy. les pag. 51, 62 et 180. Cependant on trouve dans les *Grandes Chroniques*, ce mot employé comme synonyme de bière. C'est en parlant de la mort de Thibaut, roi de Navarre :

« le corps fu embasmé et envelopé et mis en un escrin bien et gentement. » (*Gr. Chron.*, t. V, p. 21.) Nouvelle preuve, après mille autres, du peu de précision qu'il y avait dans la signification des mots au moyen âge. Six escrins pour mettre les confitures, p. 266.

ESCUCIAUS. Écussons, p. 16.

ESCUELLES. Écuelles, ou assiettes creuses : on en voit qui pesaient 2 marcs. *Pour six douzaines d'escuelles d'argent, pesant ensemble 144 mars, chascune escuelle pesant deux mars*, p. 181. On trouvera à la page 123, des détails assez curieux sur de la vaisselle qui fut *froissiez de piez* à la fameuse fête de l'Étoile. Les écuelles avaient des oreilles. *Quatre escuelles d'or à oreillons d'enleveure* (Bibl. nat., Mss. Mort. 76, fol. 159). Il y avait des écuelles appelées saucières. *Six escuelles saucières plaines, d'argent blanc* (Mort. 74, fol. 19 v°). Il y en avait en bois peint. *Sept escuelles de bois, que grans que petites, painctes, a ouvraige de Damas* (K. reg. 258, fol. 167). Pour ce qui est des écuelles, comme au reste pour tout ce qui tient non-seulement à la cuisine, mais à toute l'économie domestique, on consultera avec fruit l'ouvrage qui a paru récemment sous le titre de *Ménagier de Paris*. — Voyez ici les pages 123 et 131.

ESGUIÈRES. Voy. AIGUIÈRES.

ESMAUX. *Esmaux de plicte*, p. 298 et 305. Sans doute des émaux incrustés. *Esmaux sardix*, p. 315. Peut-être des émaux imitant la sardoine? Voy. ARGENT VÉRÉ.

ESMERAUDES. Les émeraudes sont avec les rubis, les pierres précieuses les plus employées dans les ouvrages d'orfévrerie au moyen âge. Voyez ici, p. 26 et 168.

ESPATES. Cuillers de fer, spatules. *Jehannin l'espicier, pour œufs à clarifier sucre et pour deux espates de fer*, p. 24.

ESPÉE. Epée. *Pour faire et forger la garnison toute blanche d'une espée dont l'alemelle* (la lame) *estoit à fenestres : c'est assavoir faire la crois, le pommeau, la boucle, le mordant, et un coipel*, p. 127. Épée donnée par la reine Jeanne de Bourgogne à Philippe le Long, son mari, p. 66.

ESPERONS. *Pour faire et forger unes jartières et uns esperons*, p. 129. Ce qu'il faut entendre d'une paire d'éperons. Voy. encore p. 237.

ESPEVRIER, ESPREVIER. Épervier, sorte de pavillon. *Pour la façon d'un espevrier, de cendaus vers, pour cordes, pour ruban, pour aniaus, pour soie et pour façon*, p. 16. Dans un compte de l'an 1401. *Pour avoir fait deux courtines traversaines de 18 pièces de cendaulx vers estroiz, pour l'esprevier de la gésine de la Royne* (K. reg. 42, fol. 26). *Deux espreviers carrez de toille blanche, pour servir à deux liz* (ibid, fol. 85, v°). Dans un autre compte : *Pour faire deux espreviers à mettre sur la cuve la Royne quant elle se baigne* (Compte de 1404. — K. reg. 43, fol. 57 v°). Voy. CLOTET.

ESPINGLES. Voy. p. 36. Je trouve la mention d'épingles anglaises dans un compte du XIVᵉ siècle. *A Jehan le Braconnier, espinglier, pour 10 mille et demi d'espingles par lui délivrées à Gilbert Guérart, varlet de chambre de la Royne, c'est assavoir 7 mille et demi de moiennes, et 2 mille à la façon d'Angleterre* (K. reg. 41, fol. 65 v°). Elles étaient plus longues. *Un carteron de longues espingles à la façon d'Angleterre* (K. reg. 42, folio 103, compte de l'année 1403).

ESTABLIE. C'est un établi. Tassin du Brueil, tailleur du roi Jean, avait loué, lors de la captivité de son maître en Angleterre, une maison à Lincoln, pour y tailler les robes du roi. *Pour une establie, achetée par ledit Tassin, à ouvrer oudit hostel*, 8ˢ, p. 224.

ESTALLES. Étables. *Pour le foin et le merrien des estalles*, p. 199.

ESTAMINE. Étamine, petite étoffe très-légère, non croisée. Il y en avait en laine et en soie. *Deux aunes d'estamine*, 8ᵈ, p. 220. C'est dans un article d'épices; c'était probablement pour passer des liqueurs On s'en servait aussi pour essuyer les vases à boire. *A Pierre du Pleiz, espicier, demourant à Paris, pour six aunes de fine estamine... pour servir à essuier les madres et caillers* (Compte de 1410. — K. reg. 29, fol. 136 v°). On en faisait des chemises. A la page 231, il est question de 10 chemises d'estamine pour le roi Jean.

ESTELLIN OU ESTERLIN. C'est un poids du marc. L'esterlin pesait un peu plus que le denier, puisqu'il n'en fallait que vingt pour faire une once, qui contient vingt-quatre deniers.

ESTIVAUX, ESTIVEAUX, ESTIVIAUS. Bottes. On lit dans le dictionnaire de Jean de Garlande, auteur du XIIIᵉ siècle : *Tybialia dicuntur gallice* Estivaus; et, dans un autre endroit : *Equitibialia dicuntur* Estivax, *ab æquus, a, um, quia adæquantur tibia*. Ce mot pourrait venir encore du mot *æstivus*, et désignerait une chaussure destinée à être mise pendant l'été. Ce qu'il y a de sûr, c'est que les estivaux étaient beaucoup plus chers que les souliers. En 1352, une paire d'estivaux pour le roi coûte 32ˢ, tandis que la paire de souliers n'en coûte que quatre, p. 140. On trouve d'autres estivaux à 20ˢ et à 12ˢ, lorsque les souliers coûtent 3ˢ et 28ᵈ, p. 175. Voy. les p. 228 et 236.

ESTORAT, sorte d'aromate employé dans les embaumements. Voy. p 19

ESTRIÉS. Étriers. *Pour rapareillier et dorer les estries d'une autre selle pour le Roy*, p. 264.

ESTUIS. Étuis pour la cuiller d'or du roi, pour son gobelet d'or, pour sa ceinture d'or, pour son livre d'heures. Voy. p 138, 139 et 140.

F

FARDIAUS. Balles ou fardeaux. Les fardiaus du couronnement. *Pour huit flocées dont les fardiaus furent couvers de sus la toille, pour cordes, pour enfardaler et lier*, p. 70.

FAUCONS, p. 219 et 249.

FAUS-D'ESTUEF, FAUS-D'ESTEURS. On trouve encore ce mot écrit *faulx d'esteuil*. C'est bien là notre mot *fauteuil*. Le faulx d'esteuil était une chaire ou chaise en bois, à dossier et à bras recouverts d'étoffe, et qui semble avoir servi plus particulièrement pour faire sa toilette. On lit dans un compte de l'an 1388 : *Pour une chayère appellée faulx-d'estueil, paincte fin vermeil et à fleurettes, et le siège garni et estoffé de velours vermeil sur fil oysel, et frangée de franges de soye, pour pignier le chief du Roy. — Pour une autre chayère appellée faulx-d'esteuil, paincte fin vermeil, à escussons des armes monseigneur d'Osmont, chevalier, chambellan du Roy nostre sire, et le siège d'icelle garni de cordouan vermeil et frangé de franges de soye, délivrée audit chevalier du commandement dudit seigneur, pour mettre et porter en l'ostel de la consiergerie de Saint-Pol* (K. reg. 19, fol. 89 v°). *Chaières de sale appellées faulx-d'estueils, ouvrées de pourtraicture* (Compt. de 1392. — K. reg. 22, fol. 124 v°). Et encore, dans un compte de 1396 : *Une chaière de six membrures, appellée faus-d'esteuil, painte de fin vermeil et clouée de petis clous de laiton, de laquelle le siège est de veluiau azur sur fil... pour servir à séoir ledit seigneur quant on le pigne* (K. reg. 25, fol. 101 v°).

Enfin, j'ai trouvé dans un inventaire des biens de l'évêque de Langres, de l'an 1395 : *Item unam cathedram episcopalem rubeam, dictam à faulx-d'esteul, taxatam*, 40^s (K. carton 504). Voy. ici les pages 14 et 17. On peut consulter aussi le *Dictionnaire étymologique de Ménage*, au mot *Fauteil*.

FÉLIN, FELLIN OU FERLIN. C'est un poids du marc. Il fallait 4 félins pour faire un esterlin et 20 esterlins pour faire une once. C'est aussi une monnaie, qui valait le quart d'un denier. Voyez p. 223.

FENESTRAGES. Terme générique pour désigner des fenêtres de toute forme. *Pour 4 serges vers... pour mectre et tendre aux huisseries et fenestrages de ladicte chambre*, p. 114.

FENESTRES. Voyez, à la page 245, un passage curieux sur les fenêtres de la prison du roi Jean à la Tour de Londres. Pour rendre ce passage plus clair j'en citerai un autre pris dans un compte de 1454, et qui prouve que l'on remplaçait quelquefois le verre, soit par de la toille cirée, soit même par du papier huilé. *Deux aunes de toille blanche cirée... dont a esté fait ung chassil mis en la chambre du retrait de ladite dame (la reine) ou chateau dudit Mehun* (K. reg. 55, fol. 107). *Quatre chassis de bois à tendre du papier pour les fenestres de ladite chambre. — Une main et demie de papier... et pour huille à les oindre pour estre plus clers* (ibid, fol. 102). On sait que ce mot signifiait aussi boutique. C'est dans ce dernier sens que Villon a dit :

> Les autres mendient tous nudz
> Et pain ne voyent qu'aux fenestres.

FENOIL. Fenouil, sorte d'anis. *Fenoil, demie livre*, 2ˢ, p. 221. *Fenoil, trois livres*, 12ᵈ, p. 232. Sans doute que l'un était préparé, et l'autre non.

FERMAIL. Agrafe, broche, ou généralement tout bijou servant à attacher quelque ajustement. Dans un compte de l'an 1412 : *Douze fermaillez d'or, en chascun une couronne, pour servir à l'estaiche d'un mantel, garniz de pierrerie* (K. reg. 258, fol. 28). *Un fermail d'or, à mectre trois plumes, en façon de croissant, où il y a une fleur de liz entaillié sur un saphir, deux balais et vint et une perle* (Inv. de Charles VI, fol. 46). *Un fermail d'or, à pendre bources à sa poitrine* (Mortem. 76, fol. 75 v°). L'auteur du *Roman de la Rose* s'élève contre le luxe excessif de ces sortes de bijoux.

> Ces frémaux d'or à pierres fines
> A vos cols, a vos poitrines,
> Et ces tissus et ces ceintures,
> Dont tant coustent les ferreures
> Que l'or, que les perles menues.
> Que me valent tex fanfelues ?

On disait aussi un fermeillet. *Un fermeillet d'or, pour pendre clefz, et bourses pour la Royne d'Angleterre* (Compt. de 1401. — K. reg. 42, fol. 34). Et dans une lettre de rémission de 1453 : *ung fermillet d'argent, à Heures* (J. reg. 184, pièce 369). Mais ici ce n'est pas un fermail, c'est un fermoir. En général les deux mots ne sont pas confondus. Voyez ici, à la page 169, un riche fermail donné par le roi Jean à la femme de son favori, le connétable Charles d'Espagne.

FERMOUERS. Fermoirs de livre. Fermouers d'argent du missel de Philippe le Long, p. 15 Autres livrés à Jean de Montmartre, enlumineur du roi Jean, p. 126.

FIL. Fil à 7ˢ la livre, p. 9. Fil à coudre et à havir, p. 30. Fil à coustre à havir, p. 32.

FILLATIÈRES. A la page 185 : *pour faire le seurtail de 15 fillatières armoyez aus armes d'Espagne et de Bourbon.* C'étaient sans doute des bandes d'étoffe se détachant en festons au haut des tentures d'une chambre.

FLACONS dorés et émaillés, p. 320.

FLANCHERIE. A la page 144 : *pour faire un autre hernois de cheval, c'est assavoir, flancherie, picière, bannière et pannoncel.* Je suppose que c'était quelque pièce d'étoffe qui se mettait sous la selle et qui couvrait les flancs du cheval.

FLEUR DE LIS D'OR donnée à la châsse de saint Louis de l'abbaye de Saint-Denis, p. 26. Fleur de lis d'argent., *ibid.*

FLEUR DE PÊCHER (drap). *Pour 2 aunes de fleur de peschier, et 2 aunes d'accollé pour chauces* à la page 5. J'ai remarqué au mot *Accolé* que notre texte désigne le plus souvent les draps de laine seulement par leurs couleurs, un blanc, un jaune, un pers, etc. *Drap rayé de Gand, traitant sur fleur de pécher*, p. 84.

FLOCÉES. A la page 70. « pour 8 flocées dont les fardiaus furent couvers de sus la toille. » Ce devait être, ou de la bourre ou des étouppes, ou peut-être une sorte de toile d'emballage. C'est sans doute de là que sera venu notre mot *floccon*. Je trouve dans un compte de l'an 1339 : *une flossoye pour enfardeler la salle dessus dite*, 20ˢ.

FLORINS. Voy. MONNAIES.

FONS DE CUVE. Sorte de manteau qui affectait la forme d'un fond de cuve. Voy. p. 8, 12, 83 et 288. Dans la pièce d'Eustache Deschamps intitulée *le Miroir de Mariage* :

> Mais au dessoubz fault faire voile,
> Depuis les reins jusques au piet,

Du cul de robe qui leur chiet
Contreval, comme un fons de cuve
Bien fourré, où elle s'encuve.

Voy. CLOCHE.

FONTAINES D'ARGENT, p. 308. Fontaine de cristal à trois brides, *ibid*.

FORMES. Bancs. Dans le *Dictionnaire* de Jean de Garlande : *scannum dicitur* forme *gallice*. C'est aussi un escabeau ou tabouret de bois. *Climent, pour une formète à séoir pour jouer des orgues,* 4^d, p. 256. Voy. aussi p. 199 et 225.

FOURREL. Fourreau. Un fourrel de cuir, p. 15.

FOURRER. Ce mot se trouve employé dans le sens de doubler. *Pour 2 toilles vers pour fourrer cotes et bracières,* p. 14. On disait toujours *fourré de cendal* et non pas *doublé*.

FOURRURES. Les fourrures dont il est question dans ce volume sont le menu-vair qui se débite toujours par ventres, et le gros-vair, le gris ou petit-gris qui se débite par dos, l'hermine, le lièvre, etc. Voy. p. 11, 65, 263 et 268, et aussi la Notice en tête du volume.

FRANGES. Pour un Faus-d'estuef, p. 14. Pour les gouttières d'une chambre, p. 60.

FRÈTE. Frette. Dans la langue du blason, *fretté* se dit d'un écusson dont le champ est partagé par des diagonales s'entrecoupant à angles aigus, et formant ainsi une suite de petites losanges. A la page 139, on trouve des souliers *ouvrez de brodeure à une frète d'or trait par losanges, et sur la frète a quintes-feuilles d'or trait,* etc.

FRITELLET, FRÉTELET, et mieux FRUI-

TELET, p. 305 C'est le petit bouton qui se trouve sur le couvercle de tout vase de table, comme coupe, hanap, etc. Il représentait ordinairement un fruit ou une fleur.

FUST. Bois. Chandeliers de fust, p. 18. Tabliers ou tables de fust, p. 135.

FUSTAINE. Futaine. Étoffe de coton qui paraît comme croisée d'un côté. Il y en a à poils et d'autres à grains d'orge. Ici, dans notre texte, la futaine est employée à faire des carreaux ou coussins, p. 47. En 1316, elle coûtait 16^d l'aune, p. 61. En général elle etait blanche. On en trouve pourtant quelquefois de couleur. *Pour 3 aunes fustaine bleue batue... pour faire une taye à mectre plumes pour ung quarreau,* 7^s 6^d *l'aune* (Compt. de 1458. — K. reg. 51, fol. 79). La futaine s'employait beaucoup dans la confection des pourpoints. *Pour 10 aulnes de fustaine velue, fine, blanche... pour faire deux pourpoins pour ledit seigneur* (Compt. de 1410. — K. reg. 29, fol. 139). J'ai trouvé dans un compte du xve siècle la mention de futaines de Chambéri, et dans divers comptes du xvie siècle, des futaines de Milan. Ce qui confirme l'assertion de Savary (*Diction. du comm.*), qui dit que les premiers ouvriers en ce genre de fabrication, qui s'établirent à Lyon vers 1580, furent appelés du Milanais. On appelait aussi *des Fustaines* une sorte de vêtement fait en futaine. *Pour la façon de trois Fustaines faictes de 18 aulnes de feustaine* (Compt. de 1388. — K. reg. 19, fol. 160 v°).

G

GAINES. Gaîne entaillée à images d'or, p. 138. Gaîne a couteaux, p. 110 Gayne d'argent, p. 322.

GALBANUM, p. 236 C'est la gomme qui découle de la racine d'une plante nommée *Ferula galbani-*

fera, qui croît en Syrie. On s'en servait en médecine.

GALINGAL. Galanga. C'est la racine d'une plante aromatique à peu près semblable à l'iris. Elle était fort employée par les vinaigriers. *Galingal, demie livre*, 18^d, p. 218.

GALLIS GUMME. Sorte d'épice. Voy. p. 218.

GALON. Gallon, mesure anglaise. C'est une mesure de capacité. Il en est question dans le *Journal de la dépense* du roi Jean en Angleterre, p. 223.

GANACHE OU CANACHE, OU GARNACHE. Sorte de robe qui se mettait par-dessus le surcot. Voy. p. 97 et 98, et, dans un compte de l'an 1387 : *Pour la fourrure d'une robe d'escarlate vermeille de 6 garnements... pour la housse, elles et ellettes, 960 ventres de menu-vair, pour le seurcot clos, 976 ventres, pour le seurcot ouvert, 488 ventres, pour la garnache, 492 ventres, pour le mantel à parer, 694 ventres, pour le chapperon, 84 ventres, pour les manches de petite coste, 60 ventres, et pour le chappeau de bièvre, 58 ventres* (K. reg. 18, fol. 156 v°).

GANS. On trouvera dans notre volume des gants de diverses espèces, gants de chevrotin, de canepin, de cerf, etc. Mais ce qui domine ce sont les gants de lièvre (voy. p. 135 et suiv.). Des gants de fauconnier, tantôt par paires et tantôt seuls. *Ledit Mace, pour un gant senestre à fauconnier*, 15^s, p. 138. On les appelait aussi *gants d'oiseau*. Dans un compte de 1487: *Gans d'oyseau, faiz de cuir de buffles* (K. reg. 70, fol. 213 v°). Il y en avait de parfumés. *Gans faiz de chevrotin, courroiez en pouldre de violette* (Ibid. fol. 208). Le plus souvent ils étaient doublés. *Pour demy-tiers satin cramoisi... pour garnir deux gans de cuir blanc, par dedans, pour servir audit seigneur à tirer de l'arc* (Ibid. fol. 39). Dans le cas contraire, ils étaient dits : gants *sengles*, simples, non doublés. On trouve des gants de chamois, de peau de chat, de renard, de cuir de cerf ; en un mot de tous les cuirs ou de toutes les fourrures possibles. On en trouve aussi très-fréquemment en laine, et même en toile. *Pour cinq paire de gans de fine toille déliée* pour le roi (Compt. de 1463. — K. reg. 59, fol. 80 v°). Il y avait des gants qui étaient boutonnés. *48 boutons d'or pour deux paires de gans de chien, couvers de chevrotin, garniz au bout de 4 boutons de perles* (Compt. de 1352. — K. 8, fol. 7).

GANTELEZ. *Pour faire et forger un millier et deux cens de clo au croissant, deux boucles et deux mordans et dix jointes, tout d'argent, pour une paire de gantelez*, p. 129. Dans une lettre de rémission de l'an 1360, j'ai remarqué *uns gantelez de balaine* (J. reg. 89, pièce 394).

GARDE-BRAS. Pièce d'armure faisant partie de ce qu'on appelait un harnois de guerre. *Item, pour faire et forger la garnison de garde-bras, avant-bras, coutes, cuissos, grèves, poulains et soulers*, p. 128. On trouve souvent sur les sceaux des chevaliers, au XIVe siècle, une sorte de petit bouclier carré posé sur l'épaule, qui pourrait s'appeler aussi *gardebras*. Cette pièce d'armure était chargée des armoiries, comme le bouclier, la cotte d'armes et la housse du cheval.

GARDEROBE. Ce mot, dans notre texte, répond parfaitement au nôtre. Par exemple, à la p. 135: *Pour deux tabliers de fust garnis de tables et d'eschez, achatez en la rue Neuve-Nostre-Dame, et délivrés en la garderobe du Roy*.

GARNEMENT. Ce mot s'entend le plus généralement des pièces d'un habillement, et quelquefois aussi des parties d'un ameublement. *Pour les fourreures d'une robe de 6 garnemens que le Roy nostre sire ot aus noces de madame Jehanne de France, sa fille, et du roy de Navarre..., p. 96.* Cette robe comprenait deux surcots, une chape, une housse, un chaperon et un manteau. *Pour fourrer une robe de 4 garnemens qu'il ot pour la saison de karesme..., p. 97.* Elle comprenait deux surcots, une housse et un chaperon. Au sacre de Philippe le Long, on lit à la fin du compte du tailleur : *Somme pour le corps le Roy, pour son couronnement, 14 garnemens,* p. 10. Ces quatorze garnemens se composaient d'une robe de 4 garnemens, d'une cotte, d'une autre robe de 4 garnemens, de deux couvertoirs, d'un couvre-chef, d'un peliçon et d'un surcot, total, quatorze pièces. Voici encore un exemple tiré d'un compte de l'an 1407. *Six aunes d'escarlatte vermeille... pour faire deux garnemens, c'est assavoir : garnache et mantel à parer, pour parfaire une robe de 6 garnemens qui n'estoit que de 4 garnemens* (K. reg. 26, fol. 9 v°). — Chapelle de 6 garnemens, p. 295.

GARNISONS. Ce mot, dans notre texte, répond à ceux de magasin, de garde-meuble, garde-robe. A tout moment dans nos comptes il est question d'étoffes ou de vaisselle plate ou de joyaux tirés des garnisons de l'Argenterie. *Des joïaux baillés à l'Argentier des garnisons du Temple : pour une escuelle d'argent, etc., p. 131.* Au singulier il s'emploie pour signifier les pièces nécessaires a la fabrication d'une armure. *Pour faire et forger la garnison de deux paires de plates,* etc., p. 128.

GEROFLE, GIROFLE. C'est le clou de girofle. On en trouve de deux prix dans notre texte : à 3^s et à 4^s la livre. Voy. p. 208.

GIBECIÈRE. Bourse ou aumônière *Pour la façon de deux gibecières, faites et dyaprées de menues perles pour monseigneur le Dauphin,* p. 133. Dans un inventaire des meubles de Charles VI : *Une bourse de drap de soye faicte par manière de gibecière, à pendre à l'escharpe d'un pellerin* (Mortem. 76, fol. 75). Cependant, j'ai trouvé dans un compte de l'an 1410, le mot gibecière employé dans le sens qu'il a actuellement. *Pour deux gibessières de toille vermeille, garnies, l'une de fers de laiton doré, estoffée d'or de Chippre et de soie de plusieurs couleurs, et l'autre de fers blans, et estoffée de fil d'argent blanc et de soies, comme dessus... pour servir à porter après ledit seigneur en ceste saison de gibier* (K. reg. 29, fol. 140 v°).

GIGEMBRE. Gingembre. On usait beaucoup de cette épice au moyen âge. *Gigembre trié, une once,* 2^d. — *Item, poudre de gigembre, une once,* 2^d. — *Item, gigembre paré, quatre onces,* 8^d. — *Item, deux livres gigembre confit,* 2^s 2^d, p. 246. *Gingembre, demie livre,* 8^d. — *Gigembre columbin, quatre livres,* 13^d livre, 4^s 4^d, p. 218. On le mangeait aussi frais. *Une fourchette d'argent pour gingembre vert* (Compt. de 1401. — K. reg. 42, fol. 32 v°).

GOBELETS. Gobelets d'or, p. 180. *Pour rappareiller un gobelet d'or pour monseigneur d'Anjou, lequel gobelet estoit fait en manière d'un tonnel, et est assis sur un trépié de trois chiennes, p. 130. Jehan Corbière, orfèvre de Londres, pour l'or d'un gobelet qu'il a fait pour le Roy, p. 249.* Gobelets d'argent doré, à émaux, p. 132. Gobelet de cristal, à une anse sur le couvercle, p. 319. Gobelet du roi d'Angleterre, p. 274.

GODET de cristal, p. 319.

GORGERÈTE. Pièce d'armure. *Pour faire la garnison de deux bacinès et d'une gorgerète...*, p. 128. Il nous en est resté notre *hausse-col*.

GORGIÈRES. Sorte de fichus de femmes. Voy. p. 293.

GOUTIÈRES DE CHAMBRES. Bandes d'étoffes pendant au haut des rideaux. *Pour un cendal vermeil... pour faire les goutières de la chambre la Royne pour la Toussainz*, p. 34.

GRAINE (cendal de), ou cendal en graine, c'est-à-dire teint avec la graine d'écarlate, qui est le kermès. Le kermès est un petit insecte qui s'attache aux feuilles d'un chêne à feuilles de houx qui croit en Languedoc et en Provence. Les habitants du pays le nomment *vermeou*, en latin *vermiculus*: de là notre mot *vermillon*. On s'en sert pour teindre en rouge. Comme ce petit insecte se vend desséché, et ayant l'apparence d'une petite graine rouge, on a cru longtemps que c'en était une, que l'on désignait sous le nom de *graine d'écarlate*. On trouvera, dans ce volume, des cendaux, des samits et des velours *en graine*; et pour les draps, des marbrés violets et des soucis, qui sont des nuances du rouge. Quelquefois on n'employait dans la teinture en rouge qu'une moitié de graine d'écarlate, mêlée à d'autres substances colorantes, ce qui s'appelait *mi-graine*. Il est question d'étoffes teintes en migraine dans les ordonnances sur la teinture. Dans un compte de 1458 : *Pour 3 aunes migraine... pour faire une robe*, etc. (K. reg. 51, fol. 87). On lit dans une ordonnance de 1362 : *Que nul drappier, chapperonnier, ne autre, ne vende drap pour escarlate se il n'est tout pur de grainne sanz autre mistion de teinture quelconque.*
— *Item, que nuls ne vende migrainne se il n'y a la moitié grainne.*
— *Que aucuns drappiers, chapperonniers, tondeurs, ne autres, ne vendent draps d'un païs pour d'un autre, de garence, feul ou brésil, pour de graine* (Ord., t. III, p. 585).

GRAINNE DE PARADIS. A la page 219 : *Grainne de paradis, demie livre*, 12ᵈ. C'est la graine de la grande cardamome. « La plante qui porte cette graine, dit Pomet, dans son *Histoire des Drogues*, a ses feuilles vertes, après quoy elle produit un fruit ou plutôt une gousse de la grosseur et figure d'une figue, d'un assez beau rouge, dans laquelle est renfermée cette graine de paradis, que l'on croit avoir esté ainsi nommée, tant à cause de la beauté de son fruit, qu'à cause de sa bonne odeur. »

GRAVOUÈRE. Petit instrument de toilette. C'était une sorte de poinçon ou d'aiguille, ordinairement en ivoire, qui servait à séparer les cheveux sur le devant de la tête. Voy. le *Dictionnaire étymologique* de Ménage, au mot *Grève*. Ici, p. 15 : *Item, pour un pingne et un mirouer, une gravouère et un fourrel de cuir, acheté de Jehan le séelleur, bailliée à Huet le barbier*. Dans un compte de l'an 1395 : *Pour 6 gravouères d'yvoire blanc... pour la Royne*, 8ˢ parisis (K. reg. 41, fol. 85 v°). *Pour deux pingnes, un miroir et une gravoire, tout d'ivoire, mis en un estuy de cuir boully* (Compt. de 1404. — K. reg. 43, fol. 85). *La dame du mouton en la Tableterie, pour 11 pingnes d'ivoire garnis de petis pingnes et de gravoire : c'est assavoir, 4 pour le Roy, 1 pour monseigneur le Dauphin, 1 pour le duc d'Orléans, et 5 pour les cinq chambellans du Roy* (Compt. de 1351. — K. reg. 8, fol. 11).

GREFFE d'or, p. 306. C'est un style pour écrire sur des tablettes de cire. Voy. TABLES.

GRENEIZ. Grènetis. *Coupe d'or semée de greneiz de perreries*, p. 305.

GRÈVES. Armure de la jambe. *Pour*

faire et forger la garnison de garde-bras, avant-bras, coutes, cuissos, grèves, poulains et soulers, p. 128. Le Duchat, dans ses additions au *Dictionnaire étymologique* de Ménage, pense que le mot *grève* ne peut signifier autre chose que le gras de la jambe; et il cite Brantôme, qui, dans sa *Vie de Catherine de Médicis*, dit que cette princesse avait la jambe et la grève très-belle. Il cite encore cet autre passage, qui est plus concluant. « Combien que les juvenceaux de Venise et ces messieurs les abbez frisotttez, allargent et estirent malicieusement la soutane au dessus, afin de faire voir leur belle grève, et en repaistre les yeux aux damoiselles. »

GROS. Voy. MONNAIES.

GUERGNAS. Grenats, pierre précieuse, p. 298.

H

HABITS, p. 289. *Deux habits et deux manteaux pour le confessor*, etc.

HANAPS. De tous les vases à boire qui sont mentionnés dans les anciens comptes, et certes le nombre en est grand, le hanap est celui qui reparaît le plus souvent. Il n'en est pourtant pas plus facile de dire au juste ce que c'était, et en quoi, par exemple, il différait du cailler, de la coupe ou du gobelet. J'ai signalé, en parlant des caillers, cette singularité qui faisait qu'on s'en servait de préférence pour la nuit, tandis que le jour c'était en général dans des hanaps que l'on buvait. J'ai remarqué également que le hanap semble avoir joui d'une sorte de prérogative d'honneur, puisque le roi, à sa table, était servi d'un hanap, et ses convives seulement de caillers. Cependant, on trouve souvent ces deux sortes de vases confondus. Quoi qu'il en soit, et pour nous en tenir aux hanaps proprement dits, ils sont avec ou sans couvercle, avec ou sans pied. Le couvercle est le plus souvent surmonté d'un petit bouton nommé *frételet* ou *fruitelet*. C'était un petit fruit ou une petite fleur, ou tout autre objet exécuté en général avec beaucoup d'art et de recherche. Il y a encore, quand il est question des hanaps, un mot qui revient sans cesse, mais qu'il est bien difficile de définir, c'est le *souaige*. Du très-grand nombre d'exemples où je l'ai trouvé, j'infère qu'il faut entendre par le souaige d'un hanap toute espèce de ciselure ou de travail d'orfévrerie appliqué sur la pièce dont il est parlé, et principalement sur son pied. Quant à la matière des hanaps, on en trouve en or, en argent, en pierres fines, etc. Mais le plus souvent, dans les textes qui nous occupent, les hanaps sont d'une matière nommée *madre*, que je suppose avoir désigné quelque espèce d'agate. Ce qu'il y a de certain, c'est qu'il y avait des hanaps en pierres fines. En voici des exemples : *Pour avoir enchassé en or une pierre de jaspe, en façon d'un petit hanap, où il a fait une brodeure dentelée, garny par dessoubz de fil de guipeure dentelé, avec ung pyé et ung couvercle en manière d'une couppe, et y avoir assis deux camahieux que ledit seigneur* (le roi) *lui a fait bailler et délivrer; en l'un desquelz a une teste, et en l'autre une figure de personnage. Laquelle couppe, le Roi, nostre dit seigneur, n'a pas eu agréable, et à ceste cause, en a fait faire une sallière couverte* (Compt. de 1453. — K. reg. 59, fol. 75). Dans un autre compte, pour l'année 1412, je trouve : *Un hanap de jaspre, couvert, garni d'or et de pierrerie, — un hanap d'alebastre, couvert, garni d'argent doré* (K. reg. 258, fol. 111 et 120). Dans le même document il est bien question d'un hanap de bois, mais c'est d'un bois précieux, l'aloès. *Un hanap de lignum alloes, couvert, garni d'or* (Ibid. fol. 103 v°). Dans un inventaire de l'an 1363 : *Un hénap de madre, à un culot d'or, et à un fritelet d'or, d'un lis* (Mortem. 74, fol. 6 v°). Là même, se trouve le hanap de saint Louis. *Un hénap d'or, sans couvescle et sans souage, de très ancienne faceon, qui fut S. Loys* (Ibid. fol. 5). Le mot *hanap* semble avoir désigné quelquefois la capacité d'une coupe, sans tenir compte de sa monture. Exemple : *Item, une autre coupe qui a le hénap par fond à façon de voirre, costée par dehors et granetée par dedans* (Ibid. fol. 91). On trouve dans une ordonnance de l'Hôtel d'environ 1316, un officier chargé de la garde des hanaps. *Le mazelinier mengera à court, et aura 3ᵈ de gages ; et doit retenir et garder les hanas d'argent* (J. reg. 57, fol. 51 v°). Hénap de l'essai, p. 207. C'est le hanap dans lequel on versait, pour le goûter, le vin que devait boire le roi. Voy. p. 38, 39, 69, 169, 170, 171, 306 et 317. Voy. aussi MADRE.

HAQUENÉE, p. 199 et 263.

HARPE. A la page 248 : *Le Roy des ménesteraulx, pour une harpe achetée du commandement du Roy, 2 nobles valent 13ˢ 4ᵈ.* Il s'agit du roi Jean, alors captif en Angleterre. Parmi les instruments de musique du moyen âge, la harpe paraît avoir été l'objet d'une sorte de prédilection. C'est au moins celui que l'on trouve le plus fréquemment chez les princes. *A Colin Julienne, harpeur, pour sa peine et sallaire d'avoir mis à point la harpe de la Royne d'Angleterre qui estoit toute rompue et y avoir mis des chevilles et encordé tout de neuf, 40ˢ p.* (Compt. de l'an 1403.—K. reg. 43, fol. 93). On avait des boîtes pour les mettre. *Pour un autre coffre à mettre herpes, délivré au herpeur de la Royne* (Compt. de 1393. — K. reg. 41, fol. 19).

HAUBERGERIE. Mot formé de haubert. La ville de Chambly est appelée le haubergier dans Monstrelet, parce qu'on y fabriquait de ces cottes de mailles. Dans notre texte, ce terme est pris génériquement pour des armures et harnois de guerre de toute sorte. *Ledit Guillaume, pour une paire de petis coffres couvers, à mectre haubergerie, bannières, tunicles et autres paremens,* p. 145.

HEAUME. Casque. Le heaume enveloppait toute la tête, tandis que le bassinet ne couvrait que le crâne. Ces armures étaient garnies d'étoffes en dedans. *Pour trois pièces de cendal ynde, des petis, à fourrer une tunicle, housser veluyaux, et garnir heaumes, bacinès et autres harnois de mailles,* p. 143. — *Pour faire et forger 200 bocètes pour deux heaumes,* p. 128. — *Deux timbres de crestes, des armes dudit chevalier, à mettre sur les heaumes,* p. 184. Les crestes sont ces lambrequins ou bandes d'étoffes volantes que l'on voit sur le heaume des chevaliers. — Un compte d'Etienne de La Fontaine pour l'année 1351 nous apprend que l'on mettait les bassinets et les heaumes dans des étuis. *Pour 3 bassinières et trois heaumières de cuir de vache, délivrées par devers le Roy quant il parti de Paris pour aller devant Saint-Jehan d'Angelly, 40ˢ pièce* (K. reg. 8, fol. 11).

HELLES OU ELLES. Voy. AILES.

HÉNAP. Voy. HANAP.

HERMINE. L'hermine est un petit animal célèbre par la blancheur de sa fourrure. Comme, au contraire, l'extrémité de sa queue est noire, on utilisait ces queues en les disposant de distance en distance sur le blanc de la fourrure. A la page 53, il est question de manteaux doublés d'hermine pour des chevaliers bannerets. Pour les simples chevaliers, ils eussent été fourrés de menu-vair.

Hernois. Harnois. Ce mot s'applique à l'ensemble des armures et des accoutrements de guerre, tant pour l'homme que pour le cheval. *Pour faire et forger la garnison de deux hernois de guerre pour monseigneur le Dauphin...*, p. 127. — *Parties de deux hernois blancs pour la guerre*, p. 141. — *Pour faire cotes à plates, et garnir gardebras, avantbras, cuissos, grevètes, heaumes, bacinès et hernois de maille*, p. 142.—*Pour six pièces de camoquas blans, à faire deux hernois de cheval, c'est assavoir : collière, crupière, bannière, pannoncel et tunicle*, p. 144. On faisait des harnois de cheval en cuir bouilli. *Ung harnois de cuir boully pour ung cheval, contenant trois pièces* (Compte de 1453. — K. reg. 328, fol. 81 v°).

Heures (livre d') de Philippe le Long, p. 15.

Hopelande., et plus souvent houppelande. Vêtement de dessus commun aux deux sexes. Je crois pouvoir affirmer que ce n'est guère qu'à partir du règne du roi Jean que le nom de ce vêtement apparaît dans les textes. Encore ne le trouvons-nous ici que dans un compte de 1359, qui nous donne des houppelandes fourrées de menu-vair et d'autres fourrées de petit-gris (voy. p. 207, 209 et 210). Mais dès la seconde moitié du XIVᵉ siècle et dans tout le cours du XVᵉ la houppelande est peut-être de tous les habillements celui dont le nom revient le plus fréquemment. C'était un vêtement qui avait des manches et un collet, et qui se fermait par des boutons ou des lacets. Il y en avait de longues et de courtes. Par exemple, dans un compte de 1391 : *Longue houppelande de veloux figuré, ouvré à papegaux, brodée sur le costé et manches senestres de chappelés fais de branches de genestes.* — *Courte houppelande de veloux noir, brodée tout au long à branches de genestes, et y a fleurs et cosses d'orfaverie pendans ; de la quelle le collet est rachié de fin or de Chippre* (K reg. 22, fol 55). J'observerai en passant, que dans les nombreux exemples de broderies de houppelandes que j'ai vus, celle des manches n'est jamais appliquée que sur la manche gauche, ce qui me fait supposer qu'on portait par-dessus un manteau ou tout autre vêtement qui laissait passer le bras gauche, Il y avait un troisième genre de houppelandes que l'on appelait bâtardes. *Houppelande bastarde de satin noir, decoppée par dessoubs à grans ondes, et brodée au long d'icelle houppelande de grans branches de genestes.* — *Houppelande bastarde, de drap noir de damas noir, décoppée par dessoubz à grands lambeaux* (Ibid. fol. 55 et 56). Houppelandes courtes a chevaucher, dans un compte de 1392 (K. reg. 23, fol. 178). Des houppelandes à mi-cuisse, d'autres a mi-jambe (Compt. de 1396 — K. reg. 25, fol. 26 v° et 80). La houppelande s'ouvrait par devant, et pouvait se porter, ou flottante, ou boutonnée. En voici la preuve. 943 *paillettes d'argent dorées en manière de losange et un petit annelet au bout de chaque paillette, pour ycelles mettre et asseoir sur deux courtes houppelandes flottens, faictes de veloux vermeil en graine.* — *Pour une aulne de fine noire de Louvain toute preste..., pour attacher au long de* la boutonneure de deux longues houppelandes de veloux noir, et faire divises sur les coustures d'icelles (Compt. de 1387.—K. reg. 18 fol. 47 v° et 130). C'était un vêtement commode. En 1389, j'ai trouvé une houppelande faite pour la grossesse de la reine. *Pour la façon d'une large houppelande pour la grossesse de ladicte dame, faite de trois aulnes d'escarlate vermeille* (K. reg. 20, fol. 140). On faisait des houppelandes en drap, en soie, en velours et même en cuir, en cuir de chamois par exemple. On les fourrait de toutes sortes de fourrures, de menu-vair, de petit-gris, de bièvre, qui est une sorte de loutre. Souvent, elles étaient couvertes des plus riches broderies. Enfin, on peut dire que ça été l'habit à la mode depuis le roi Jean jusqu'à Charles VII.

Houce ou hosse. Housse. Ce mot se prend ici, ou bien dans sa signification actuelle (par exemple la housse du char de la reine, p. 55), ou pour désigner un vêtement. La housse vêtement était une sorte de robe longue plus ample que le surcot, qui avait des ailes, ou des espèces de manches ouvertes et pendantes et de plus un appendice nommé languettes. Dans le compte de Geoffroi de Fleuri, la housse est le plus souvent réunie dans un même article à la cotte hardie ; ce qui indique qu'on la portait souvent à cheval ; cependant on la trouve aussi faisant partie de ce qu'on nommait *une robe*, c'est-à-dire un habillement complet. Par exemple, à la page 12, il est question de deux housses pour le roi Philippe le Long, l'une ayant employé pour sa fourrure 312 ventres de menu vair et l'autre 292, l'une et l'autre avec des manches de 64 ventres. Il est à remarquer que les surcots faisant partie des mêmes *robes*, n'en contenaient que 226 chaque. Donc la housse était plus grande que le surcot. Au reste, il est essentiel, dans la matière dont nous nous occupons, de ne pas perdre un seul instant de vue la date des textes, attendu que les prix et les contenances changent considérablement. En voici un exemple frappant. On vient de voir pour Philippe le Long, une housse de 312 ventres de menu-vair avec des ailes de 64, tandis que, sous le roi Jean, le même vêtement a pris tant d'ampleur, qu'il faut pour le corps de la housse 400 ventres, 96 pour les ailes et 6 pour les languettes, appendice, au reste, dont il n'est pas question du temps de Philippe le Long (voy. p. 97). Nous avons dit plus haut qu'il y avait des housses servant pour monter à cheval. C'est ce qu'on appelait : *housses à chevaucher*. En voici un exemple : *Pour une aulne ruban large de soye noire pour mectre en la housse à chevaucher pour le Roy..., pour icelle attacher à la selle* (Compt. de 1463. — K. reg. 59, fol. 88 v°). Il me reste maintenant à donner un exemple du mot housse pris pour couverture ou enveloppe de coffres et peut-être de meubles : *Pour deux housses de cordouen vermeil pour couvrir deux des coffres de ladicte dame* (la reine) *pour son atour* (Compt. de 1393. — K. reg. 41, fol. 28). C'est de cette dernière signification qu'on a tiré le verbe housser dans le sens de *garnir*.

Housser. Synonyme de garnir. *Pour 2 aunes de veluyau vert, à housser gardebras, avant bras, etc.*, p. 143.

Hucheaux. Huches, coffres. *Pour deux hucheaux à mectre les torches en ladicte fruicterie*, p. 122.

I

Ierre, lierre. Broderie faite de feuillage d'ierre, p. 16.

Inde (couleur). C'est le bleu de ciel. *Lors prent li air son mantel inde,* est-il dit dans le *Roman de la Rose.* On observera qu'il n'y a guère dans nos comptes que les soieries, et plus particulièrement les cendaux qui soient teints en cette couleur. Quant aux toiles peintes de couleur inde, elles servaient pour l'envers des tentures. On trouve des velours *indes,* mais peu ou point de samits, et jamais de drap de laine. Le bleu pour les draps s'appelle presque toujours *pers.* Ceux qu'on disait *pers azurés* devaient correspondre aux soies *indes.* On trouve pour les étoffes de soie une couleur appelée *paonnace,* qui rappelait le plumage du paon ; c'était par conséquent une nuance vive du bleu tirant un peu sur le violet.

Instruments. A la page 241 *Le roy des menestereulx, qui du commandement du Roy ala à Chicestre veoir certains instrumens dont le Roy avait oi parler.* On ne peut pas douter qu'il ne s'agisse d'instruments de musique. A la page 248, on voit le même personnage acheter une harpe, du commandement du roi.

Iraingne. C'est une espèce de drap, sans doute fort léger, comme l'indique ce nom d' *raingne* par lequel on le comparait a une toile d'araignée. *Pour 8 aunes d'iraingne de Louviers.., pour faire un couvertoir fourré de gris,* p. 155. Cette étoffe se fabriquait aussi à Malines. Il est même plus fréquemment fait mention des iraignes de Malines que d'autres. Iraignes de Neufchatel, iraignes de Rouen, dans un compte de 1396. En général, les iraignes avaient 5 quartiers de large.

J

Jartières. Jarretières. *Pour faire et forger unes jartières et uns esperons, semblablement garnis et dorez,* p. 129. Ici, c'est une pièce de l'armure ou du harnois de guerre. Pour la signification ordinaire du mot, voyez Chauces.

Jaune (drap). A la page 6 : *Autres draps délivrés pour faire peremainz aus granz chevaus le Roy. — Pour 8 aunes de pers, — pour 5 aunes de jaune,* etc.

Jointes. Ce sont des plaques de métal appliquées sur des gantelets. *Item, pour faire et forger un millier et deux cens de clo au croissant, deux boucles et deux mordans et dix jointes, tout d'argent, pour une paire de gantelez,* p. 129.

Joyaux. Voy. p. 188 et 269.

Journées d'ouvriers (prix des). Voy. p. 9, 10, 11, 30 et 32.

Justes. Vases de table, comme les quartes, les hydres, les chopines, etc. *Pour refaire les charnières de trois justes, rendues à Pioche, de l'eschançonnerie,* p. 125. Elles avaient des anses. On lit dans un compte de 1410 : *Pour avoir rappareillié et mis à point une juste d'argent doré..., reffait de nuef les charnières, ressoudé l'ance d'icelle juste et le cliquet du couvercle..., et pour avoir, ladicte juste, redréciée, sablounée et nettoiée.— Deux grans justes d'argent doré, esmailleez chascune sur les couvercles à un chappel à boutons de rozes et de fleurettes d'azur parmi* (K. reg. 29, fol. 113 et 116). Justes d'argent doré, justes d'argent blanc. Voy. p. 182

K

Kamelin. Voy. Camelin.
Kamocas. Voy. Camocas.

Kanffre. Camphre, p. 212.

L

Langue de boeuf. Herbe. Voy. p. 245. On trouve dans plusieurs lettres de rémission du xive siècle, une arme qui porte ce nom.

Lannier. Le lanier est une espèce d'oiseau de proie, qui servait au vol. *Un varlet anglois qui trouva le lannier monseigneur Philippe qui était adiriez* (qui était perdu), p. 227. Le Grand d'Aussy dit, à tort, que c'était un chien de chasse.

Lanterne d'argent, p. 324.

Las d'or de Chippre. Lacets faits en fil d'or. *Jehan de Corbie, pour sa paine de brouder et estoffer lesdictes boursètes, et y faire un bon las d'or de Chippre et de soye, à les porter*, p. 133. *Jehan de Corbie, pour un las d'or de Chippre et de soye, à pendre lesdiz couteaux*, p. 140. Voy. Or de Chippre.

Lasnières. A la page 48 : *Pour 3 onces de soye pour faire les lasnières le Roy*. Il faut entendre par là les lacets qui attachaient sa robe.

Laudanon. Laudanum. A l'article des dépenses faites pour l'embaumement du corps du petit roi Jean. *Item, pour encenz et laudanon*, 5^s 6^d, p. 19.

Liaz. Lacets, p. 30.

Lectuaire. Électuaire, composition pharmaceutique. Voy. p. 213.

Légumes (graines de). Voy. p. 245.

Létices. Ce mot revient sans cesse dans les chapitres de fourrures. Je n'ai rien trouvé qui me permette d'en préciser la signification. J'observerai seulement que les létices étaient toujours employées à border, ou, comme on disait alors, à pourfiller certains vêtements. C'était sans doute des petites bandes de fourrures. On les vendait à la douzaine. Voy. p. 100, 102 et 177. Comme dans le compte de Geoffroi de Fleuri il n'est jamais question de létices, et que tous les vêtements y sont pourfillés avec des ventres de menuvair, on peut, jusqu'à un certain point, en induire que la létice était du menuvair. Il fallait qu'on fît une grande consommation de létices puisqu'on trouve des corroyeurs spéciaux pour cet article. *A Hannequin de Gamaches, marchant de pelleterie, demourant à Bruges, pour quinze timbres et demie de létisses crues que ladite dame* (la reine) *fit achacter de lui, et bailler à Estienne Bernier, courroieur de létisses*, etc. (Compt. de 1394. — K. reg. 41, fol. 49 v°). Voy. *la Notice* en tête du volume.

Lettres (port des). Voy. p. 265. En 1352, le Dauphin fit faire à un orfévre une boîte pour porter ses lettres. *Pour faire et forger la garnison d'argent pour une ceinture et une boiste à porter lettres, laquelle ceinture et boiste, mondit seigneur le Dauphin commanda à faire audit Jehan le Braillier pour Raoullet le singeteur, son messager* (Compt. de Noel 1352. — K. reg., 8 fol. 110).

Létues. Laitues, p. 245.

Lier, relier. *Pour lier les heures le Roy, et pour paindre dehors des armes de France*, p. 15.

Lièvre (gants de), p. 135.

Lissié (fourreau fait en). A la

page 66 : *Pour une renge d'espée, et pour le fourriau fait en lissié, ouvré à bestelestes.* Ce baudrier et ce fourreau d'épée étaient sans doute faits d'une sorte de travail de tapisserie.

Lit. A la page 30, dans un article concernant la reine Jeanne de Bourgogne : *Item, un couvertouer et demi d'escarlatte vermeille fourré de menuver, pour son lit à parer.* C'est ici le mot dans son acception ordinaire. Mais quelquefois il faut entendre par *lit*, seulement ce que nous appelons un lit de plume et un traversin. *Pour six coustes et six coussins neufs... C'est assavoir trois liz chacun de deux lez, et les trois autres, chacun de lé et demi. — Pour trois liz garnis de plume et de coussins* (Compt. de 1388. — K. reg. 19, fol. 89 v° et 90 v°). De là vient cette expression : *ung lit de deux lez et demi, — avec le travercier, garniz de coustiz de Can* (K. reg. 328, fol. 93). Voici, d'après une Ordonnance de l'Hôtel, de quoi se composait un lit en 1290. *Il est ordené que l'en baudera pour un lit faire, une couste, un coussin et un faissel de feurre, à ceux qui devront lit avoir de la fourrière, si comme chapellain, clerc et tèle manière de gent* (J reg. 57, fol. 16).

Litarge d'or. A la page 236 : *Litarge d'or, quatre livres*, 4ˢ. C'est le blanc de plomb. Voy. Pomet, *Hist. des drogues.*

Litière. Voyez à la page 296, le détail d'une riche litière de drap d'or, donnée par le roi à la nouvelle reine de Castille, Blanche de Bourbon.

Livres. Il est question, à la p. 15, des Heures du roi Philippe le Long et de son Missel. C'est dans un article de Martin Maalot, imagier, et il s'agit de reliure. *Item, pour lier les heures le Roy, et pour paindre dehors des armes de France*, 12ˢ. — *Item, pour la couverture de son messel, et pour paindre les dehors des armes de France; pour les fermouers d'argent, et pour pippe d'argent, esmaillée à testes d'apostres*, 4ˡ 8ˢ. C'était en 1316, immédiatement après l'avénement de Philippe le Long, qui paraît ici avoir mis quelque empressement à faire prendre a ses livres de messe leur livrée royale. Au reste, c'est la tout le catalogue de la bibliothèque de Philippe le Long dans notre texte. Celle du roi Jean est un peu plus considérable. *Jehan, le libraire, de Lincole, pour un petit sautier achete pour le Roy, et de son commandement*, p. 227. Un peu plus loin, il en paye le même prix un autre, qu'il ne prend pas. *Maistre Jehan Langlois, escrivain, pour sa painne d'un sautier que le Roy devoit acheter et ne l'acheta pas*, p. 240. Au reste le roi Jean, pendant sa captivité, fait acheter le *Roman du Renart*, qu'il paye 4ˢ 4ᵈ, celui de *Garin le Loherenc*, qu'il paye 6ˢ 8ᵈ, et enfin, celui du *Tournoiement d'Antecrist*, qu'il paye 10ˢ (p. 224 et 251). On trouve de temps en temps, dans les comptes de l'Argenterie, des détails assez curieux sur les livres et surtout sur leur reliure. Je me contenterai de signaler l'apparition d'un livre d'heures *escript en mosle*, c'est-à-dire imprimé, dans un compte de l'an 1490. *Une paire de Heures, escriptes en mosle, et ung petit livre d'oroisons, escript à la main et sur parchemin* (K. reg. 71, fol. 91). Voici un article de reliure, pour le roi Jean. *Pour une aune de velluau ouvré à or, bailliée à Jehan de Montmartre* (sic) *enlumineur, pour couvrir les ays de la bible du Roy.* Cette bible avait de plus une chemise de camocas d'outremer doublé de cendal azuré (Compt. de 1351. — K. 8, fol. 13). On trouve dans le même compte des livres achetés pour apprendre à lire aux enfants de France. *Messire Lambart, chappellain de nos joines seigneurs, pour deniers à lui paiez par le Trésor, pour achepter livres, escriptouers et autres choses, pour aprendre à nosdiz seigneurs*, 14¹. (Ibid., fol. 13 v°.)

LONGES courroies. Dans un article de ganterie : *une douzaine de longes, baillées audit connestable*, p. 175.

M

MACEYS ou MACIS, p. 206, 212, 217 et 232. C'est la deuxième écorce de la muscade. On appelait autrefois la muscade *noix muguette*.

MACTABAS et MARRAMAS. C'est le nom d'une espèce de drap d'or dont il est souvent question dans les comptes de l'Argenterie, et presque toujours pour faire des offrandes aux églises. *Et pour 18 autres draps d'or appelez marramas et mactabas, pièce 17 écus*, p. 120. C'est en 1352, et comme l'écu d'or était alors à 16ˢ p. cela les met à 13¹ 12ˢ, la pièce.

MADRE. Il est souvent question de cette matière dans les comptes de l'Argenterie. Mais rien n'indique clairement ce que c'était. On trouve des coupes et des hanaps *de madre*, des manches de couteaux *de madre*, et d'autres objets encore. J'ai trouvé dans divers documents, du madre blanc, du madre noir, et du madre jaune. Par exemple, dans un compte de 1396 . « Une couppe et quatre hanaps couvers *de madre blanc* (K. reg. 41, fol. 142). » Dans un autre compte, de l'année 1398, deux autels portatifs de madre noir, encadrés dans du bois d'Irlande : « Pour deux autels benoiz *de madre noir*, enchassillez en bort d'Illande. » (K. reg. 26, fol. 63.) Et dans un inventaire de 1328, un hanap *de madre jaune*. Maintenant, qu'est-ce que *le madre ?* Je crois que l'on a pu désigner sous ce nom différentes pierres translucides et jaspées, du genre de l'agate. On lit dans le *Dictionnaire* de Jean de Garlande : *Reparatores ciphorum clamant ciphos reparandos cum filo ereo et argenteo. Ciphos autem reparant de murrinis, sive de murris, etc.* Sur quoi le commentateur ajoute : *Murrinis dicuntur* madre : *quidam autem dicunt quod* murra, *e dicatur arbor*. Quoique les auteurs ne soient pas bien d'accord sur la matière dont étaient faits les vases appelés *murrhins*, il y a cependant lieu de croire que c'était quelque pierre précieuse, transparente et veinée, comme est l'agate, la fluorine et d'autres pierres semblables. La coupe ou le hanap de saint Louis, qui était conservé dans le trésor de l'abbaye de Saint-Denis, et qui était dite dans les anciens inventaires être *de madre*, était, d'après un témoignage moderne, en agate. C'est encore en cette matière que sont faites ces coupes élégantes que l'on conserve dans nos musées. D'ailleurs on trouve dans les anciens comptes divers vases à boire faits en jaspe, en sardoine et autres pierres précieuses. Dans le glossaire occitanien de Rochegude, le mot *madre* se traduit par *agate* et *madrin* par : *qui est d'agate*. Dans les œuvres de Bernard de Palissy, *madré* est synonyme de *jaspé*. De tout cela je suis tenté de conclure que le madre est le plus souvent de l'agate. Au reste il ne serait pas impossible qu'on ait eu au moyen âge quelque secret, pour composer artificiellement quelque pierre ressemblant à l'agate. Différentes citations de Ducange le donneraient à penser. Une surtout, où il s'agit d'un homme qui portait du *madre* à Limoges. Voici le passage : « Il avoit esté fort blécié en sa teste d'une grant pierre qui des murs de ladicte ville de Lymoges estoit cheue sur sadicte teste; et y portoit, comme l'en dit, *du madre*, ou autrement. » (J. reg. 162, pièce 212.) Voy. Ducange au mot *Mazer*. Voy. aussi CAILLIERS et HANAPS.

MAILLE. C'est un poids du marc. Il en fallait deux pour faire un esterlin. P. 38 et 69.

MALART, canard sauvage, p. 234. On lit dans une lettre de rémission de l'an 1360... *temptée de mal esprit, ait pris un oysel appellé mallart, qui povoit valoir deux solz parisis* (J. reg. 89, pièce n° 374).

MALLÈTE. Petite malle. Voy. p. 21.

MALLES. *Pour 3 malles livrées à Guillot du materaz, le jour dessus dit, deux pour le lit du Roy et l'autre pour le materaz*, p. 51. Le plus souvent, la malle ne va pas sans le bahut. *Pour deux malles fermant à clef, à tout deux bahus*, p. 145. Généralement les malles étaient doublées en drap vert. Voy. p. 29.

MANDÉ (cérémonie du). Voy. p. 242.

MANTEL. Manteau. En général, un habillement complet, ou ce qu'on appelle une *robe* dans les comptes de l'Argenterie, comprenait un manteau. Il y avait des manteaux de bien des sortes. On trouvera dans ce volume, des manteaux allemands, p. 33, des manteaux fendus sur le côté, p. 162, des manteaux pour la nuit, p. 99 et 234. Le plus communément les manteaux étaient en drap et fourrés de menuvair. Ceux qui n'avaient pas de fourrure étaient appelés manteaux *sengles*, p. 156. On appelait aussi *manteau* la quantité de fourrure nécessaire pour fourrer un manteau. *Messire Nicolas Braque, chevalier nouvel, pour fourrer un mantel d'escarlate vermeille... un mantel de gros vair*, p. 165. Voy. CLOCHES, FOND DE CUVE et BATONNET.

MANTELET, petit manteau. *Pour la façon d'un mantelet d'une cote broudée des armes de France*, p. 60. A la page 28, le mot mantelet n'indique pas un diminutif, car il s'agit, comme on le voit à la page 30, d'un grand manteau d'écarlate violette que la reine Jeanne de Bourgogne porta à son couronnement.

MANTELET DE CHAR. Ce sont les rideaux d'un char *Pour 15 aunes de pers... pour faire la houce du chair et les mantelès*, p. 55.

MANUFACTURES. Draps de Doullens, p. 80. Draps blancs de Bruxelles, p. 83, de Louvain, p. 152. Draps verts de Douai, p. 29, de Louvain, p. 151. Brunettes de Douai, p. 86. Brussequins de Bruxelles, *ibid*. Écarlattes de Bruxelles, p. 82, de Louvain, p 288. Iraignes de Louviers, p. 155. Marbrés de Bruxelles, p. 83, de Saint-Omer, p. 289 Pers de Bruxelles, p. 288, de Châlons, p. 55. Rayés de Gand, p. 83. Sanguines de Louvain, p. 87. Soucis de Douai, p. 29. — Cendaux de Paris, p. 327 Camocas d'outremer, p. 120. Draps de Lucques, p. 65, de Turquie, de Venise, *ibid*. Chigatons de Lucques, p. 328. Draps d'argent de Damas, p. 326. Draps d'or de Paris, p. 57, de Damas, p. 103, de Lucques, p. 295 Draps d'ortrait d'outremer, p. 326, d'or de Chippre, p. 158. Soie de Paris, p. 327, de Lucques, *ibid*. — Toiles de Compiègne, p. 94. Toiles de Morigni, p. 93. Toiles de Reims, p. 94. — Serges d'Allemagne, p. 329.

Marbrés. Les marbrés étaient des draps tissus avec des laines de diverses couleurs, et qui, par conséquent étaient jaspés ou marbrés. On comprend qu'il y en avait de bien des nuances. Nous en donnons la liste plus haut, p. 333 et 334. Nous remarquerons seulement ici que les *marbrés* sont les draps le plus souvent nommés dans notre texte, et qu'ils sont, après les écarlates, les plus chers et les plus estimés. Ceux qu'on appelait *marbrés en graine* étaient teints avec la graine d'écarlate (voy. Graine). Il y en avait aussi de teints avec la garance. *Pour 11 aunes de 2 marbrez lons de Boixelles, l'un de graine, et l'autre de garence*, p. 87. Il n'est pas hors de propos d'observer que dans la distinction que l'on établissait entre les draps pleins et les draps rayés, les marbrés appartenaient à la première classe. *Pour 3 aunes d'un roié, et 3 aunes d'un plain marbré de S. Omer* (K. reg. 8, fol. 16). *Un marbré de 24 aunes*, p. 27.

Marc d'argent. En 1316, on en trouve à 70^s et à 4^l 5^s, p. 39. A 100^s, à 110^s et à 76^s, p. 69, à 4^l, p. 70. En 1352, on en trouve à 4^l 16^s ou 8 écus de 12^s, p. 81 et 169, à 9 écus de 16^s, p. 170. Ces prix sont en parisis.

Marc d'or. En 1316, on le trouve a 40^l tournois, p. 5. Voyez à la page 123, différents prix du marc d'or, non pas aux monnaies, mais pour l'orfévrerie.

Marchepieds, p. 19.

Mastic, p. 213. Le mastic ou encens de Perse, est une sorte de gomme aromatique qui découle de l'arbre appelé lentisque.

Materaz, matheras, matras. Matelas. Voyez a la page 186, un matraz et son coussin, qui répond à notre traversin, en samit doublé de toile vermeille; le matelas rempli de coton et le traversin de duvet. Il y avait un homme spécialement chargé de ce qui concernait la literie du roi et qu'on nommait *du materaz*. « Pour 3 malles livrées à Guillot *du materaz*, le jour dessus dit, deux pour le lit le Roy, et l'autre pour le materaz, » p. 51. A la page 58, on trouve un matras du char, qui était en fourrure. *Pour un pourpre, délivré à Adenet de la Granche, pour faire le matenaz* (lis. : materaz) *du char*.

Merié (un), c'est-à-dire *mêlé*, un drap tissu de laines de diverses couleurs. *Pour demi drap d'un fin merlé en grainne*, p. 250. Voy. Marbrés.

Miel. Miel blanc et miel rosat, à la page 246. La différence de prix est grande. Le miel blanc est à 2^d la livre, et le miel rosat a 16^d. Miel blanc à 1^d la livre, p. 215.

Mierre. Myrrhe, résine aromatique. *Pour 4 onces d'estorat, calmitte et mierre*, p. 19. C'est dans un article relatif à l'embaumement du petit roi Jean. Il en est encore question a la page 228, mais c'est pour offrande à l'église.

Mirabolains. Petits fruits de l'Inde de la grosseur d'une prune de mirabelle. *Mirabolain Kéheli. — Mirabolain judici. — Mirabolain Amblion. — Mirabolain Bylency*, p. 236. Pomet, dans son *Histoire des drogues*, distingue les Mirabolans en Mirabolans Indiens, Chèpules, Belleris et Emblis.

Mirouer. Miroir. A la page 15 : *Item, un pingne, un mirouer, une gravouère et un fourrel de cuir, achete de Jehan le séelleur, baillié à Huet le barbier.* Assurément je serais fort embarrassé s'il me fallait dire en quelle matière était ce miroir. Ce qu'il y a de bien certain, c'est que ce n'était pas une glace. A la vérité on trouve bien des miroirs de *cristallin*, mais ce n'est qu'au xvɪᵉ siècle. Dans les comptes du xɪvᵉ et du xvᵉ, il n'est jamais question que de miroirs d'argent ou d'acier, ou même d'ivoire, je ne m'explique pas ce dernier cas. Pas plus, au reste, que les miroirs *à lunette : Un miroir a deux lunètes, d'argent doré ouvré à l'ouvraige de Damas.* — *Un petit mirouer à deux lunètes d'argent dore fait en manière d'une pirouète* (Compt. de 1412, fol. 40 v°). Je trouve dans un compte de 1398, un miroir servant de couvercle à une salière. *Un miroir d'argent doré .. qui estoit dessus le couvercle d'une salière* (K. reg 26, fol. 37 v°). A ce propos je rappellerai ici deux passages curieux du *Roman de la Rose*, où il est question de miroirs ardents et de miroirs physiques.

Autre mireor sunt qui ardent
Les choses, quant eus les regardent,
Qui les set à droit compasser
Por les rais ensemble amasser.
. . . .
Autre font diverses ymages
Aparoir en divers estages,
Droites, bèlongues et enverses,
Par composicions diverses ;
Et d'une en font-ils plusors nestre
Cil qui des mirouers sunt mestre,
Et font quatre iex en une teste.

Quant aux miroirs ardents, j'en trouve mentionné un dans un compte de 1535. *Pour un grand mirouer ardant, excellent, enchassé en boys de noyer, façon de Millan,* 9ˡ *tournois* (K. reg. 91, fol. 60 v°).

Mɪᴛᴀɪɴɴᴇs. Mitaines. A la page 21. *Aus mestres et aus clers des comptes, pour 4 aunes de marbré pour faire mitainnes pour eulz.* Voici la définition du mot dans Savary (Dict. du commerce). « Espèce de gant à l'usage des femmes, qui n'a qu'un pouce et point de doigts, à la place desquels est une petite pate ronde et volante qui recouvre seulement le dessus des doigts. » Mais comme il ajoute que ces mitaines sont de nouvelle invention, sa définition ne peut s'appliquer à notre passage. Peut-être était-ce des gants dont les doigts n'étoient pas séparés? Dans un compte de 1487. *Pour six paires de mitaines de layne..., pour servir audit seigneur* (le roi). —(K. reg. 70, fol. 209 v°). Dans un autre compte, de l'an 1595. *Mitaynes de gorges de regnardz fort belles* (K. reg. 148, fol. 139).

Moɪsᴏɴ, mesure. Il est souvent questiondans les comptes de l'Argenterie de draps de *la grant moison* et de draps de *la court moison*. Plusieurs villes manufacturières de France demandèrent que leurs draps fussent assujétis à être de la longueur de ceux de Bruxelles, ou, comme on disait, *de la moison de Bruxelles*.

Mᴏɴɴᴀɪᴇs. On trouvera dans ce volume des écus, des florins, des gros, des moutons, des nobles et des royaux. Dans le compte de Geoffroi de Fleuri, qui est de l'année 1316, il n'est question que de livres, sous et deniers. Mais dans celui d'Etienne de La Fontaine, qui est de l'année 1352, il est question, en outre, d'écus, savoir : des écus d'or à 12ˢ (p. 81), d'autres à 14ˢ (p. 133), d'autres à 16ˢ (p. 81), d'autres enfin à 17ˢ (p. 172 et 181). Dans ces deux comptes, on compte en monnaie parisis. Quant au troisième document, c'est-à-dire au journal du roi Jean pour l'année 1359, document qui donne beaucoup de détails sur les monnaies, je ne puis dire en quelle sorte de monnaie les sommes sont évaluées. Elles n'y sont accompagnées d'aucune désignation, si ce n'est a la page 203, où il s'en trouve une en tournois. Cependant je doute fort qu'on ait compté en tournois dans le journal de 1359, attendu que tous les prix y sont environ quatre fois plus bas que dans le compte d'Etienne de La Fontaine. Peut-être étaient-ils payés avec une monnaie anglaise quatre fois plus forte que la monnaie de France. C'est du moins le seul moyen d'expliquer cette énorme différence de prix qui se trouve dans dux comptes d'époques si rapprochées. Quoi qu'il en soit de cette conjecture, voici les monnaies qu'on y trouve. Des écus Philippe, dont le prix n'est pas donné (p. 202), d'autres écus à 3^s 4^d (p. 259). Une monnaie appelée Gros, dont les treize valaient 4^s 4^d (p. 217). Des moutons d'or à 4^s (p. 235), d'autres à 47^d (p. 200). Des moutons de France, des moutons de Flandre, des moutons de Brabant, sans prix marqué (p. 202). Des nobles à 6^s 8^d (p. 217). Enfin, des royaux à 3^s (p 271).

Mordant, mordent. C'est l'ardillon d'une boucle. *Une grant boucle d'or avec un mordant, pour la gorgerète,* p. 128, *pour une grant ceinture d'or pour dame.., parmi le çaint a une longue boucle et lonc mordant,* p. 169.

Mors de chappes. Agraphes, p. 295.

Moufles. Sorte de grands gants sans séparation pour les doigts : *pour deux paire de grandes moufles de cerf, fourrées de blanchet, baillés audit connestable,* p. 174. Dans un autre compte d'Étienne de La Fontaine : *Une grans moufle de cerf, fourrez de renart,* 60^s (K. 8 fol. 23 v°). Voy. Savary, *Dict. du commerce* au mot *mitaine.*

Moutons, voy. **monnaies.**

Musc. A la page 19. *Pour demie-once de musc,* 30^s. Il s'agit de l'embaumement du petit roi Jean.

N

Nachiz. Espèce de drap d'or. *Pour un nachiz, dont le champ est de soie ardant semé de rosètes d'or, délivré à Jehan le Bourguignon, pour faire une chappe à la Royne* (Jeanne de Bourgogne, femme de Philippe le Long), *qu'elle vesti quant elle revint du sacre, à l'entrée de Paris,* 28^l, p. 58. Dans un fragment de compte d'Etienne de La Fontaine, de l'an 1350 : *Pour 2 pièces de drap d'or naciz de Luques pour offrir quand il fut à Rheims* (c'est le roi Jean). 70 écus, à 15^s parisis par écu, 52^l 10^s parisis (Bibl. nat. mss. Fontanieu, vol. 78. — Copie moderne).

Naques. C'est une espèce de drap d'or. *Pour 5 naques vermeus, délivrez audict Jehan, pour faire cote, seurcot et mantel à la Roine,* 11^l 10^s *pour pièce,* p. 57.

Neelle, p. 246 Epice. C'est peut-être la nielle ou nigelle romaine dont parle Pomet dans son *Histoire des drogues.* Ici, p. 246.

Nef. Vaisseau. A la p. 254 · *Les ouvriers de la grant nef du roy d'Angleterre, que le Roy* (Jean) *ala veoir en venant d'esbatre aux champs.*

Nefs de table. On sait que la nef était la pièce essentielle et le principal luxe de l'argenterie de table au moyen âge. Elle servait à contenir ce nombre infini d'épices et de conserves dont on faisait alors un si grand usage dans les repas. Sa forme primitive avait dû être celle d'un petit vaisseau, d'où lui est venu son nom. Les petites s'appelaient *navettes.* Mais on trouve dans les comptes qui nous restent, des nefs de toutes les formes. On y voit aussi que le luxe en ce genre avait été poussé jusqu'à ses dernières limites. Dans notre volume, la description de ces sortes d'objets n'est ni bien détaillée, ni bien riche, mais l'on trouvera amplement à se dédommager si l'on veut parcourir les autres comptes de l'Argenterie qui nous restent. Ici il est question, à la page 126, d'une réparation faite à *la belle nef du Roy qui estoit rompue et froissée.* On ne la décrit pas, mais il se pourrait que ce fût celle que je trouve dans un inventaire de 1379. *La grant nef qui fut du roy Jean, à deux chasteaux aux deux boutz et à tournelles tout autour, pesant* 70 *marcs ou environ* (mss. Mortem. 74, fol. 86 v°). C'est la, assurément, une pièce d'argenterie d'un poids considérable. En voici deux autres moins riches, mais pourtant encore d'un poids fort honnête *Pour une nef d'argent, à parer, pesant* 30 *mars* 4 *onces.* — *Pour une autre nef d'argent vérriée, pour touz les jours, pesant* 25 *mars* 2 *onces,* p. 184.

NOBLES. Voy. MONNAIES.

NOIZ MUGUEITES. A la page 219 : *Noiz mugueites, demie livre,* 12^d. C'est la muscade, et il en est question dans ce sens dans le *Ménagier de Paris.* Cependant, je trouve dans divers comptes du XIVe siècle des vases faits en noix muguettes, ce qu'il me semble difficile d'appliquer à une graine aussi petite que la muscade. Par exemple, dans un inventaire de l'an 1363, on lit : *Un pot d'argent, qui a le ventre d'une noiz muguete, et est garny de plusieurs grenas* (mss. Mortem. 74, fol. 14). Ce pourrait bien être là des noix de cocos, d'autant plus qu'on trouve des objets semblables à celui dont nous venons de parler, faits en noix d'Inde. *Deux poz de noiz d'Inde, l'un plus grand que l'autre, garniz d'argent dorez* (Mortem. 76, fol. 17 v°).

NOTTREZ (connins). *Ledit fol, pour fourrer un couvertoir pour son lit, une penne de connins nottrez,* 100^s *parisis,* p. 160. C'est ici une fourrure de peaux de lapins. Mais que signifie sa qualité de *nottrez ?* c'est ce que je ne saurais dire. C'est la même difficulté que pour les tapis *nottrez* dont parle le *Livre des Métiers* qu'on a voulu expliquer, mais d'une manière peu satisfaisante, par le pronom *nostres* ou *nôtres,* en disant que c'était des tapis fabriqués chez nous, par opposition aux tapis sarrasinois.

O

OBOLE. C'est la moitié du denier.

OBSÈQUES de Louis X, p. 17. Du petit roi Jean, p. 18. De Geoffroi de Varennes, chambellan du roi Jean, p. 183.

OILE. Huile. *Item, oîle laurin, un quarteron,* 2^d, p. 207. C'est de l'huile de laurier. A la p. 212, huile d'olive a 2^d la livre.

OR DE CHIPPRE. C'est du fil d'or, ou plutôt ce qu'on appelle en termes techniques de l'or filé ou du filé d'or. Ce qu'on appelle proprement fil d'or ou *or trait,* se fait avec un petit lingot d'argent qui n'est doré qu'à sa superficie, et que les tireurs d'or amènent à n'avoir plus que la finesse d'un cheveu en le faisant passer successivement par des trous de filière qui vont toujours en diminuant de grosseur. On aplatit ce fil de métal entre deux cylindres d'acier poli; c'est ce qu'on appelle de *l'or en lame,* qui est propre à être filé sur la soie ou employé seul. Quand il est filé ou enroulé sur la soie, c'est ce qu'on appelle *or filé* ou *filé d'or.* C'est la l'or de Chippre. Il y avait aussi de l'*argent de Chippre* obtenu par le même procédé. *L'or trait* peut s'employer en boutons, crépines, cordons, etc. *L'or en lame* peut s'employer dans la trame de certaines étoffes, que l'on dit alors *tremées d'or*. Enfin, *l'or filé* ou *filé d'or*, sert a faire des draps d'or ou des broderies. Dans les comptes de l'Argenterie, l'or de Chippre sert surtout pour les broderies.

ORFROIS. En latin *aurifrigium*, ou mieux *auriphrygium*. On entend par ce mot toute espèce de riches galons ou franges d'or telles qu'on les voit, par exemple, aux bords des chapes d'église. Comme ce genre de travail se fit d'abord en Phrygie, il en tira son nom. L'orfrois peut encore s'entendre aussi de toute espèce de broderie faite avec des perles ou des pierres précieuses. Tel est le cas ici : *Pour 4 orfrois de perles pris celui jour par ledit Toutain, pour orfraser ladite robe*, p. 13, c'est-à-dire pour la broder de perles à ses extrémités.

ORGUES. Il en est plusieurs fois question dans le Journal de la dépense du roi Jean en Angleterre, et même de leur réparation (voy. p. 214, 221 et 240).

ORILLIER. Oreiller de velours vermeil, brodé de perles, p. 325

P

PAELLE. Ce mot s'applique suivant les cas à divers vaisseaux de métal, soit d'argent, de cuivre, de fer ou d'étain, et qui étaient destinés à divers usages, comme casseroles, poêlons, chaudrons, etc. *Pour une paelle à piez laver*, p. 36. Dans une lettre de rémission de l'an 1382. *Ouquel hostel estoit adont la femme dudit Pictey qui baingnoit un enfant en une paelle... laissa ledit enfant en ladicte poille* (J. reg. 121, pièce 136). Dans un compte de 1395 : *Pour avoir appareillié une paelle de fer à quoy l'en porte feu* (K. reg. 41, fol. 89 v°). Dans un inventaire de l'an 1453. *Une paelle coulleresse, — une autre paelle percée, à frise poisson, — trois paelles d'acier et deux léchiefrictes* (K. reg. 328, fol. 97 v° et 98). *Paielle d'argent blanc à faire la bouillie de madame Ysabel de France* (Compt. de 1391. — K. reg. 22, fol. 78).

PAIN-BÉNOIT. Pain bénit, p. 233.

PANE, PENNE. Fourrure. Dans notre texte, le mot *fourreure* s'applique à la quantité de fourrures nécessaires pour un habillement, et le mot *pane* à la fourrure ou à la peau elle-même. Par exemple : *Un couvertoir qui fu fourré et deffourré, et appareilliée la pane*, p. 8. J'ai trouvé dans d'anciens comptes le mot *pesne* s'appliquant à des toiles. Je signalerai ici, à la p. 248, l'expression bizarre de *Panne de bougie*. Voy. FOURRURES.

PANIERS. *Pour 2 paniers à espices... pour un bahu à mestre sur les dix panniers*, p. 51. *Pour une paire de penniers fermans à clef, à tout le bahu... pour mectre et garder la cire et autres choses neccessaires en ladicte fruicterie*, p. 122. Où il faut remarquer qu'il n'y a qu'un bahut pour deux paniers, singularité dont je ne puis rendre compte. Voy. BAHUS.

PANNONCEAUX. Petits drapeaux. *Pour un cendal jaune, des fors, à armoier les bannières et pannonceaux*, p. 144. *Et pour faire panonciaus à trompeurs*. C'est le petit drapeau qui pendait à une trompette. Quand un lieu quelconque, une abbaye, par exemple, était sous la sauvegarde royale, on y plantait les pannonceaux du roi.

PAONNACE (couleur). Haute nuance de bleu violet, rappelant la couleur du plumage du paon. Escarlate paonnace, p. 87. Veluiau paonnace, p. 157.

PAPIER. On en trouve à 7 et à 9^d le cahier (p. 227 et 208). Du papier à envelopper à 2^d. *Deux quaiers de papier à rompre, pour l'espicier*, 4^d, p. 219.

PARCHEMIN, p. 247.

PAREMENS DE CHEVAUX. Il faut entendre par là ces grandes housses, ou, pour mieux dire, ces longues robes sous lesquelles disparaissaient presque entièrement les chevaux lorsqu'ils étaient harnachés pour les tournois ou pour les fêtes. Voy. les pages 6, 145 et 183.

PAREPAINS. Voy. COUSTIAUS.

PATENOSTRES. Chapelet, p 271.

PELICE. Pelisse, sorte de vêtement en fourrure, comme l'indique l'étymologie du mot. La pelisse semble avoir été l'accompagnement obligé de l'espèce de robe qu'on nommait *cotte*, de même que le chaperon accompagnait les manteaux et les chapes. On trouvera, dans un article relatif au costume de la reine Jeanne de Bourgogne, à son sacre : *Pour le matin du sacre, une cote vermeille et une pelice de griz couverte de cendal*, p. 30. *Un cendal et demi vermeil... pour faire l'envers de ladite cote, et pour couvrir une pelice de griz*, p. 57. On voit par ces deux exemples que la fourrure était cachée sous la soie.

PELIÇON, PLIÇON. Pellisson. Ce mot se prend dans trois acceptions différentes. Tantôt il signifie un vêtement fait avec une étoffe quelconque doublée de fourrure. *Un peliçon de cendal vermeil, fourré de menuvair*, p. 10. Ce vêtement me paraît avoir été pour les hommes ce que la pelisse était pour les femmes. Seulement il avait des manches (voy. p. 57), tandis qu'on n'en trouve pas aux pelisses. Dans d'autres cas, le peliçon est en fourrure, mais recouvert par-dessus d'une etoffe. *Un pelicon de griz couvert de cendal*, p. 31. Enfin, il faut encore entendre par là une certaine quantité de fourrure. *Pour un pelicon de griz pour fourrer une cote hardie*, p. 43.

PENTACOL. Sorte de bijou qui se pendait au col. Voy. p. 306 et 307.

PENTHÈRE en émail. Sur les clous d'une armure, p. 128.

PERLES. C'est quelque chose de prodigieux que l'énorme quantité de perles dont il est question dans les comptes de l'Argenterie. Les menues perles, ce qu'on appelle *semence de perles*, se vendaient à l'once, les belles et les grosses à la pièce. Quant à la provenance, on trouve des perles d'Ecosse et des perles d'Orient. Quelquefois même, mais bien plus rarement des perles de Compiègne. Je suppose qu'il faut entendre par là des perles vendues aux foires de Compiègne. Voy. aux p. 26, 132 et 139. Voy. aussi aux mots ORFROIS, TROCHES et COQUILLES DE PERLES.

PERRECIL. Du persil, p. 245.

PERS (un). Pour dire un drap pers, c'est-à-dire bleu foncé. Au reste, le mot *pers* peut s'appliquer à bien des nuances du bleu. Ici, par exemple, on trouvera à la p. 149 du pers clair et à la p. 154 du pers azuré. Pers de Louvain, p. 21. Pers de Châlons, p. 37 et 55. On sait que c'était l'une des couleurs de la ville de Paris. Les *Grandes Chroniques*, en parlant du meurtre des conseillers du dauphin, qui eut lieu le 22 février 1358, disent que le prévôt de Paris, Etienne Marcel (le même, pour le dire en passant, que l'on voit figurer comme simple marchand de drap dans le compte d'Etienne de La Fontaine), donna au dauphin son chaperon qui était moitié rouge et moitié pers. « Et luy bailla ledit prévost son chapperon qui estoit des chapperons de la Ville parti de rouge et de pers, le pers a destre. »

PICIÈRE. Partie d'un harnois. A la p. 144, dix-sept aunes de velours blanc sont employées, *pour faire un autre hernois de cheval, c'est assavoir, flancherie, picière, bannière et pannoncel.* Pessières, p. 14.

PIERRE D'ALEXANDRIE. A la p. 217, dans un article d'épices. *Pour une unce de pière d'Alixandre,* 16^d. Pomet, dans son *Histoire des drogues*, parle de la pierre judaique ou pierre de Syrie. C'est peut-être la même chose.

PIGNONS. C'est l'amande qui se trouve dans les pommes de pin. Ici on trouvera des pignons à 6 et à 10^d la livre (p. 219, 220 et 221) Pignons triés (p. 246). Parmi les épices dont il est question dans les comptes de l'hôtel, à l'article chambre, figure presque toujours le *pignolat*.

PIJONS. Pigeons. *Un varlet anglois qui présenta au Roy deux paire de pijons blans,* p. 217.

PIMART, p. 148. C'est l'oiseau nommé *Pivert*.

PINGNE. Peigne, p. 15. Je trouve dans un compte de l'an 1395, la mention de petits peignes pour relever les cheveux sur les tempes. *Livré pour la Royne un grant pigne et un petit à templières, d'yvoire blanc* (K. reg. 41, fol. 85 v°).

PINTES D'ARGENT, p. 310. Il y avait aussi des chopines d'argent. C'étaient des vases pour la table, qui servaient aussi de mesure pour les liquides.

PIPERIS ALBI. C'est le poivre ordinaire. *Piperis albi, deux livres,* 4^s (p. 236). *Piperis long, trois livres,* 15^s (ibid). C'est le poivre long

PIPPE A LIVRES. C'est la petite tige de métal destinée à tenir les signets d'un livre. *Pour la couverture de son messel... pour les fermouers d'argent, et pour une pippe d'argent esmaillée à testes d'apostres,* p. 15.

PLATES. Sorte d'armure composée de plaques de fer rattachées entre elles par des clous et des charnières. Voy. a la p. 128. On disait aussi *cottes à plates*.

PLATS D'ARGENT. Voy. p. 182. Il y en avait qui servaient pour les ablutions qui se faisaient aux repas.

PLON. Plomb. *Pour une livre de ocier, et une livre de rout plon pour messire Girart* (p. 218) *Rout, ruptus*. C'est sans doute du plomb en grenaille. Ce Girart était peintre.

POICTEVINE ou picte. C'est la moitié de l'obole ou le quart du denier.

POILLE de drap d'or, p. 183.

POINDRE. Coudre, de *pungere*, percer. De là le mot *coutepointe*.— *Pour 3 livres de soye de plusieurs couleurs, à poindre et ouvrer ladicte chambre,* p. 185. *Pour 18 aunes de fine toille de Rains... pour faire neuf aunes de doublez à vestir, poins à coton entre deux toilles,* p. 96.

POIRES offertes au roi, p. 216.

POIS de fust. Poids en bois. On s'en servait pour peser l'or. Voy. p. 225.

POPPRES. Sorte de fourrure de qualité inférieure, sans doute ainsi nommée à cause de sa couleur? *En laquelle il a une fourreure de gros ver et une fourreure de poppres,* p. 64. *Pour Jehannot, clerc de la chapelle, une foureure de poppres et un chaperon de gros veir, que li Rois li donna quant il fu ordenez à prestre,* p. 25. On disait aussi, mais plus rarement, *pourpre*. Voy. p. 58.

POT A AUMOSNE. *Pour un pot à aumosne, pesant 25 mars 2 onces d'argent,* p 181. Le pot à au-

mosne était un vase dans lequel on mettait le reste des repas pour être distribué aux pauvres. Voyez, à ce sujet, une note curieuse de M. Pichon, dans le *Ménagier de Paris* (t. II, p. 115).

POT-A-EAU d'argent, p. 312 et 313.

POULAINS. Sorte de chaussure. *Pour faire et forger une paire de coutes et poulains, tous poinçonnez de feuillages nervez et esmaillez de ses armes*, p. 129.

POURFILLER. Border. *Pour 3 onces de menues perles, à pourfiller les fleurs de lis du chanfrain*, p. 143. C'est-à-dire border de perles les contours de ces fleurs de lis. Un grand nombre de vêtements étaient ainsi pourfillés ou bordés avec des fourrures. C'était presque toujours une sorte de fourrure à part qu'on employait à cet usage. On la nommait *létice*. Voyez ce mot. Quelquefois, mais plus rarement, on pourfillait avec de l'hermine.

POURPRE, p. 245. Pourpier, herbe potagère.

POURPRE. Voy. POPPRES.

POURTRAIRE. Dessiner, découper. *Pour pourtraire les pappegaus, papeillons et treffles par deux fois, l'une fois sus taille, et l'autre foys pour faire l'armoierie*, p. 60. Il s'agit de la décoration d'une chambre pour la reine Jeanne de Bourgogne, lors de son couronnement à Reims, en 1316. Ces perroquets étaient brodés aux armes de France, et les papillons aux armes de Bourgogne. Ils avaient été *pourtraits* par deux fois; *sus taille*, c'est-à-dire qu'on les avait découpés d'abord en toile, et qu'on avait fait *l'armoierie* ensuite.

PSALLIÈRE d'argent, p. 183. Lisez *salière*.

Q

QUAMAHIEU ou CAMAHIEU. C'est le nom donné aux camées. Les orfèvres l'ont conservé longtemps. A la page 66 *Pour 1 autre fermail d'or garni de rubiz et d'esmeraudes, et 1 quamahieu, 1 milieu, 8ˡ.* C'est bien ainsi qu'il y a dans l'original, mais il faut lire : *et 1 quamahieu ou ou au milieu.*

QUAMELIN. Voy. CAMELIN.

QUAMOCAU. Voy. CAMOCAS.

QUARREAUX, QUARRIAUS Carreaux ou coussins. Il y en avait un assez grand nombre dans ce qu'on appelait une *chambre*. — *Pour la façon de 15 quarriaus de duvet pour deux chambres*, p. 10. *Ledit Edouart, pour pièce et demie de samit vert, baillié audit Thomas, pour couvrir les 6 petits quarreaux de ladicte chambre, les deux grans quarreaux de l'oratoire et celui des nappes*, p. 109. On appelait *carreau des nappes* celui qu'on mettait sur le siége du roi quand il s'asseyait à table. *Un quarreau de nappes pour seoir, à table, le Roy* (Compt. de 1410. — K. reg. 29, fol. 135 v°). Le duvet formant les carreaux était contenu dans une taie, laquelle était recouverte d'une toile, et par-dessus la toile, d'une étoffe de soie qui était le plus souvent du samit. Voy. p. 113 et passim.

QUILLES. A la page 225. *Pour une petite table pour maistre Jehan le fol, pour 4 chaières, 2 formes et 11 quilles, achetées du commandement du Roy.*

R

RATAZ. Sorte de draps d'or. Voy. p. 58.

RAYÉS (draps). A la page 7 : *trente aunes de rayé de Douay*. Dans notre texte ce mot est plus souvent écris *royés* ou *roiés*. On trouve dans plusieurs ordonnances sur la draperie, les draps partagés en deux classes, celle des draps pleins et celle des draps rayés. La ville de Gand semble avoir excellé dans la fabrication des derniers. Voy. p. 149 et 150. On trouvera aux pages 150 et 156, des rayés chassis et des rayés treillés, qui paraissent avoir été des draps d'une fabrication savante. Au reste, il entrait quelquefois de la soie dans ces sortes de draps. *Pour un royé vermeil de Gant, à une roye de soie tannée*, p. 154. *Pour 2 autres draps, c'est assavoir un roié et un plain* (K. reg. 8, fol. 16).

RELIQUES. A la page 240 : *Pour un annelet d'or pour le Roy, à saphir, pour mettre reliques*. Plus communément c'était au col que l'on portait les reliques. *Un petit reliquière d'or pour porter au col, ouquel a d'un des costez une croix que Monseigneur a fait faire d'un balay, etc.* (Inventaire de Jean, duc de Berri. — K. reg. 258, fol. 32 v°). Voici un cas bizarre, celui d'une relique enchâssée dans une salière. *Une pièce du chief saint Denis, qui souloit estre une salière de cristal garnie d'argent* (ibid., fol. 25). Voy. SAPHIR.

RENGE à espée. Baudrier. *Pour une aune de samit... pour faire fourriaus et renges à espées*, p. 48. Voy. aussi p. 66. On lit dans un Inventaire des biens de la reine Clémence de Hongrie, de l'an 1328 : *Item, 2 renges d'espée, l'une vert, l'autre vermeille*.

ROBES. Au XIVe siècle, ce mot s'entend, non pas d'un seul vêtement, mais d'un habillement complet, dont chaque pièce était appelée *garnement*. On trouve dans les comptes de l'Argenterie de cette époque des *robes* de deux, de trois, de quatre, de cinq, et enfin de six garnements. Dans un compte de 1407, une *robe royale* de quatre garnements comprend une housse, un surcot clos, un surcot ouvert et un chaperon. Une autre semblable, mais de six garnements, comprenait de plus une garnache, et un manteau à parer (K. reg. 29, fol. 28 v'). C'était le plus communément aux grandes fêtes qu'avait lieu la livraison des *robes*, tant pour la personne du roi que pour les gens de sa suite. De la les expressions de *robes de Paques, robes de la Pentecôte*, etc. On trouvera encore dans notre volume celle de *robe des samedis*, pour le roi seulement. C'est de ces livraisons d'habits, faites à des époques fixes, que nous est venu notre mot de *livrée*. Les robes reçues à d'autres époques sont désignées dans notre texte par l'expression de *robes hors livrée*. Autrefois on disait *être des robes* de tel personnage. Par exemple, que tel chevalier était des robes du roi de Navarre. A partir de la seconde moitié du XVe siècle, on trouve le mot *robe* employé dans son acception ordinaire. Dans un compte de 1458 : *Deux aunes escarlate vermeille... pour faire audit seigneur une robe courte à chevaucher* (K. reg. 51, fol. 4). *A la Royne... deux robes, l'une d'escarlate fourrée de gris, et l'autre de fin drap noir, fourrée de menuver à grans paremens d'ermynes* (Compt. de 1464. — K. reg. 59, fol. 120). Enfin on trouve dans une ordonnance de l'Hôtel du XIVe siècle le mot *robe*, employé au pluriel, pour désigner un ensemble d'étoffes et de fourrures. « *Les robes monseigneur, c'est assavoir draps et fourrures, seront achetées par la main d'un des mestres et par un des chambellans* » (J. reg. 57, fol. 35). Voyez les pages 8, 10, 23, 28,

30, 31 et généralement les chapitres intitulés : *draps de laine, draps d'or et de soie, pennes et fourrures.*

ROBES-LINGES. Ce sont de chemises. Voyez ici, aux pages 227 et 228. On lit dans un compte de 1458 : *Pour la façon de 18 robes-linges faictes de 41 aunes de bien fine toille de Holande... et délivrées à Raolin de Pigny, sommelier de corps du roy, pour sa livrée ordinaire de cette présente année* (K. reg. 51, fol. 57 v°).

ROCHET, vêtement sacerdotal en forme de surplis, mais à manches étroites comme l'aube. Voy. p. 296.

ROIÉS, ROYÉS. Voy. RAYÉS (draps).

ROUSSET. Sorte de drap commun, qui devait être une nuance du tanné. *Pour 5 aunes de rousset et sept quartiers pour faire huit paire de chauces*, p. 233.

ROYAUX, voy. MONNAIES.

ROYES de char. A la page 55, il est question des *royes* du char de la reine. *Pour 3 aunes et demie de vert... pour faire les royes dudit cheir.* Qu'est-ce que ces *royes* d'un char? Rien ne l'indique ici. Mais d'après un autre passage, il paraît que c'était des espèces de bourrelets que l'on clouait à l'intérieur d'une voiture quelconque pour retenir les étoffes dont elle était tendue intérieurement. *Pour 7 quartiers d'un marbré brun de graine, à faire royes cousues doubles pour mettre dessoubz les cloux en ladicte litière,* p. 297.

RUBAN DE SOIE. Voy. p. 9 et 208.

RUBARBE. La rhubarbe, p. 213.

RUBIS, p 26, 168 et 169. Il est souvent question dans les comptes de l'Argenterie de rubis d'Alexandrie et de rubis balais, ou simplement *balais*. Dans un Inventaire des meubles de Jean, duc de Berri, pour l'année 1414, je trouve deux rubis qui méritent d'être cités. *Ung gros ruby, lequel monseigneur appelle le Roy des rubis, en un annel d'or, que monseigneur de Bourgoigne donna à Monseigneur, ou mois de juillet, l'an mil IIII^c et XIII, et fu de Loys Gradenigo, marchant de Venise. — Ung gros balay quarré appellé le balay de David, lequel a esté recouvré de Constantin de Nicolas par la main Bureau Dampmartin, auquel Constantin, mondit seigneur l'avoit fait bailler en gage de la somme de VII^m IX^c XLII^ll x^s* (K. reg. 258, fol. 15 et 16 v°, 2e compte). On trouve encore dans un Inventaire des biens de la reine Clémence de Hongrie, de l'an 1328, la mention d'un très-beau rubis balais qui fut vendu à une compagnie de banquiers italiens. *Item, un doit* (une bague) *où est le gros balloy Madame, présié* 1000^l *parisis, vendu à la compagnie des Bardes ledit pris.*

S

SAC pour couler la lessive. *Pour une aune de grosse toile à faire un sac pour coler lixive*, p. 229.

SAMBUE, p. 55. Sorte de selle à l'usage des femmes. *Mannos et mulas cum sambucis muliebribus prospexit* dans Orderic Vital. Il en est question dans le *Roman de la Rose.*

Comme roine fust venue
Et chevauchast à grant sambue.

Borel, dans son *Trésor des Antiquitez gauloises*, cite ces deux vers tirés du *Roman de Merlin.*

Un palefrois bien enselez
D'une moult riche sambué.

Des nombreuses citations de DuCange (au mot *Sabuta*) je reproduirai celle d'un compte d'Étienne de La Fontaine de l'an 1350, que nous n'avons plus, et qui prouve que la sambue était une véritable selle. *Pour 3 sembues, l'une d'escarlate azurée, armoiée de Navarre et d'Evreux, l'autre à arçons azurez, semez de perles, etc.* A quoi j'ajouterai deux exemples tirés d'un Compte du connétable d'Eu, pour l'an 1339, qui prouvent que la sambue était un genre de selle fort compliqué et fort riche. *Une selle de la taille d'Alemaigne, garnie en manière de sambue, les arçons, devant et derrière, de veluel inde, semé d'estrilles de loimerie dorées à fleur, et tout l'entrechamp semé de dez carrez, les bordeures et les auves, d'un souage d'orfaverie ferée en souage de croisètes dorées, et le siège, de cendail vermeil gamboisié* (rembourre) *et pourfillée d'or; garnie du surplus, 30¹ p. — Pour une sambue à parer, toute de soye, les couvertouers, devant et derrière, d'argent doré ferée en tas de menues fleurs enfrétez, et ou milieu des dictes arconnières, un compas de 8 serpens, les corps d'argent, les elles esmaillées le fons d'argent esmaillees d'azur, et sus le fons, une dame d'ivuire, garniz de souaige tout doré à fleur, et les pans doublez de 2 veluelz brodez, forez de cendal inde; pour le lorrain et tout le demourant 140¹ p.* (Compt. de Raoul, comte d'Eu. — Trésor des Chartes, reg. coté J., fol. 5 et 6 v°). Le mot *sambue* s'appliquait encore a un instrument de musique dont il est parlé dans le livre *Des propriétés des choses.* — *Sambux est un instrument qui est fait de branches de seus* (de sureau) *qui sont creuses par dedens et vuides quant la mouelle en est ostée* (ms. de la Bibl. nat., n° 6869, fol. 329). Cette seconde et bien différente acception du mot a trompé Valbonnais (voy. *l'Hist. du Dauphiné*, t. II, p. 288).

SAMIT. Étoffe de soie, se rapprochant beaucoup du satin. Ducange définit le samit *pannus holosericus* (au mot *exametum*). Nicot, cité par Ménage, dit que c'est une espèce de drap demi-soie qui ressemble au satin, mais qui est plus étroit et de plus de durée (*Dict. étymol. de Ménage*). Savary, dans son *Dictionnaire du commerce*, dit que c'est une étoffe très-riche lamée ou tramée de lames d'or... Il parle aussi de samits tout de soie. Quoi qu'il en soit de ces divergences d'opinions, le samit dont il est question dans notre volume me paraît être une étoffe entièrement de soie, plus forte et plus estimée que le cendal Philippe le Long et sa femme, Jeanne de Bourgogne, portaient à leur sacre des robes ou *cotes* de samit doublées de cendal (voy. les p. 47 et 10 d'une part, et 57 de l'autre). Ce qui me fait penser que le samit était une étoffe forte, c'est qu'on en recouvrait le plus souvent les carreaux ou coussins des chambres, objets nécessairement exposés à fatiguer (voy. p. 109 et 185). J'observerai que le samit des robes du sacre est appelé *samit d'estive*, c'est-à-dire d'été ou de saison. Probablement qu'il était d'un tissu plus léger que celui qui servait pour meubles. Le *samit vermeil en graine* de la page 185, est un samit teint en graine d'écarlate. Samit employé à faire des *renges* à épées, c'est-à-dire des baudriers, p. 48

SANDALI. Santal. C'est un bois des Indes employé en médecine et par les parfumeurs. Il y en a de citrin, de blanc et de rouge. *Item, une once de sandali blanc*, p. 212.

SANGUINE. Sorte de drap qui prenait, comme presque tous les autres, son nom de sa couleur. Sanguine de Louvain, a la p. 87. Quoiqu'on ne trouve que cette mention de la sanguine dans nolre texte, c'était cependant un drap très-employé à notre époque. Il en est question à tous moments dans les autres comptes d'Etienne de La Fontaine. Les sanguines rentraient dans la classe des écarlates.

Saphirs. Voyez un saphir monté en bague, à la p. 26, et trois saphirs mis à un fermail, à la p. 169. Dans un inventaire des meubles du duc de Normandie de l'an 1363, il est parlé du *grand saphir du comte de Tanquarville* (Mortem. 74, fol. 30 v°). Dans un inventaire de Charles VI, de l'an 1412, il est question de *saphirs du puy* (K. reg. 258, fol. 41 v° et 45).

Sarges. Serges. On les employait principalement à faire des rideaux de fenêtres. On en tendait aussi devant les portes. Voy. p. 50 et 114. On en faisait encore des couvertures de lit, mais pour des lits communs. On ne trouvera dans notre volume, comme provenance, que des serges de Reims, mais dans d'autres comptes il y en a de bien d'autres fabriques. La serge est une étoffe croisée de laine. Cependant j'ai trouvé dans un inventaire des biens d'un evêque de Langres, de l'an 1395, des serges où il entrait du fil. *Item, duas sargias lane et fili, unam piolatam, seu diversis coloribus ornatam, et aliam de marbreto* (Arch. nat. carton coté. — K. 504). A la p. 328 : *Sarge de tapisserie semée de feuillage de vigne*. Je pense qu'ici le mot *sarge* doit s'entendre de l'emploi, et non pas de l'étoffe, c'est-à-dire qu'il s'agit d'un tapis qui servait au même usage qu'une serge, pour tendre a une porte, par exemple, ou pour mettre sur un lit.

Saudre ou sandre? p. 212.

Sautouers, pièce d'un harnois. A la p. 144 : *Pour six livres de soye de plusieurs couleurs... pour faire laz, tissus et aguilettes aus diz harnois, faire sautouers et couyères et tresses à garnir la selle.*

Scamonea, p. 212. Scammonée. C'est le suc de la racine d'une plante grimpante fort commune dans les environs d'Alep. C'est un purgatif.

Sèches. Poisson. On le mangeait frais et salé. Voy. le *Ménagier de Paris*. Ici, p. 239 : *Pour porter l'uille et les sèches à l'ostel du Roy*.

Selle, p. 250.

Selles aisées. Chaises percées, p. 45. On disait aussi selles nécessaires, p. 111.

Sengle. De *singulus*. Ce qui est simple, ce qui n'est pas doublé. *Gants sengles, cottes sengles,* gants et cottes qui ne sont pas doublés.

Sengle de cheval, p. 239.

Sérapin, p. 236. On trouve dans l'*Histoire des drogues,* de Pomet, une *gomme séraphin,* provenant de Perse, et qui était employée dans la composition de la thériaque.

Seurceintes. A la p. 14 : *Pour 2 seurceintes de cuir, ferrées d'argent*. Ce mot désigne peut-être une ceinture qui se mettait sur un vêtement de dessus?

Seurcot, surcot. C'est là le vêtement dont il est le plus souvent fait mention dans nos comptes. C'était une espèce de robe longue, commune aux hommes et aux femmes. Au reste, il y en avait de deux sortes, le surcot clos et le surcot ouvert. Le surcot clos se mettait par-dessous. Il avait des manches, et de plus il devait descendre plus bas que le surcot ouvert; le surcot ouvert était fendu par les côtés. Dans ce qu'on appelle une *robe* dans nos comptes, c'est-à-dire un habillement complet, il entre toujours deux surcots, quelquefois même trois, mais c'est rare. Or, comme les surcots étaient toujours doublés de fourrures, on a peine à s'expliquer comment on pouvait s'habiller aussi chaudement. On trouvera, p. 52, des surcots délivrés aux cinquante-quatre sergents d'armes du roi, chaque surcot de 3 aunes et demie de drap. On remarquera, à la p. 97, un surcot blanc *pour les samedis* pour le roi Jean. A la p. 145, un riche surcot de velours et de broderie pour le dauphin, ayant coûté plus de 660¹ parisis. Voyez encore les p. 10, 11, 33, 104 et 145. Seurcos à chevaucher, p. 87. Dans un compte de 1389, on trouve pour la reine Isabeau de Bavière un surcot de drap d'or ayant des manches, des tours de bras, des amigaux et des mancherons (K. reg. 20, fol. 67).

SEURPLIS. Surplis. De fine toile de Compiègne, p. 94.

SEURTAIL. Ce qui est taillé par-dessus et comme *sur taillé*, ce qui est mis par application. A la p. 49, il est question d'une chambre tendue en cendal : *Qui fu faite de cendaus indes, le plain, et le seurtail de cendaus jaunes, dont l'en fist les fleurs.* Il s'agit de fleurs de lis. Voy. à la p. 47, où il faut relever une faute du texte, et lire 9 *pièces de cendaus jaunes* au lieu de 8 *pièces de cendaus indes.* Voy. encore, p. 185.

SIÈGE. Synonyme de dais. *Pour 4 draps d'or dont l'en fist un siège là où elle disna* (la reine) *le jour de son sacre,* p. 58.

SOFRIATI, sorte d'épice, p. 213.

SOIE. Soie à 4ˢ l'once, en 1316 (p. 9), soie vermeille, soie ardente (p. 187). On trouve quelquefois ce mot écrit *saie.*

SOLLERS Souliers. *Pour vingt quatre paires de sollers,* 4ˢ p. *pour paire,* p 140. On disait aussi *uns sollers* pour dire une paire de souliers. Dans les comptes de l'Argenterie, tout ce qui concerne la chaussure se trouve dans les chapitres intitulés *chaucemente.* Il est quelquefois question de souliers d'un autre genre et fort riches, dans les chapitres de broderie. En voici un exemple : *Pierre de Landes, pour 50, que rubis, que esmeraudes petites, baillées audit Jehan le Braillier, pour mettre en 50 chastons d'or; lesquielx chastons furent baillés audit Nicholas Waquier pour mettre en sollers de broudeure qu'il fist pour le roi (Jean) à la feste de l'Estoile* (K. reg. 8, fol. 6). On voulut en faire d'aussi riches pour le Dauphin, mais les perles et les pierreries manquaient dans les garnisons de l'Argenterie. *Estienne Castel, armeurier de monseigneur le Dauphin, pour uns soulers de broudeure, fais et ouvrez à oceaus, dedens lesquielz oceaus avoit personnages en manière d'anges, fais d'or de Chippre à 2 broches, le mielx et le plus richement que l'en povoit pour ce qu'il n'y a perles ne autre pierrerie dont il fussent cointiz, delivrez et baillez à monseigneur le Dauphin la veille de la feste de l'Estoile à Saint-Ouyn; pour or de Chippre, soie, pourtraiture et peine de faire et ouvrer yceuls sollers de la devise que dit est,* 16 *escus à* 36ˢ *l'escu,* 28¹ 16ˢ p. (ibid., fol. 13 v°).

SOMMES. Sorte de coffres qui se mettaient sur des sommiers ou bêtes de somme. *Pour 2 sommes garnies de cuir,* p. 145. Voy. SOMMIERS.

SOMMIERS. Chevaux qui portaient des coffres nommés *sommes.* On appelait sommelier celui qui avait le soin de ces coffres et de ces chevaux. Il y avait dans la maison de nos rois, ou dans ce qu'on appelait l'Hôtel, des sommeliers du corps qui avaient la garde des coffres où se mettaient les habillements du roi, des sommeliers du commun, pour les gens de sa maison, des sommeliers des armures, de l'échançonnerie, de la fruiterie, de la chapelle, etc. Ordinairement on étendait des tapis sur les sommiers ainsi chargés de leurs sommes ou coffres. Dans un compte de 1398 : *Un tapiz azur, semé de fleurs de lis, contenant 2 aunes et demie de long et 2 aunes de lé... pour mettre sur le sommier qui porte les joyaux et aournemens de la petite messe dudit seigneur* (K. reg. 26, fol. 29 v°). Voy. p. 17, 51 et 180.

SONNETTES DE FAUCONS. A la p. 219 : *Pierre le Mercier, pour une douzaine de sonnètes pour les faucons monseigneur Philippe.* Dans d'autres comptes, il est souvent question de petits anneaux d'argent destinés à attacher ces oiseaux. On les nommait *vervelles*. On trouve aussi des godets d'argent. *12 godès d'argent doré, esmaillés aux armes de France... pour les autours dudit seigneur* (Comp. de 1398. — K. reg. 26, fol. 42 v°).

SOUAGE OU SOUAIGE. Ce mot qui revient sans cesse dans les articles d'orfevrerie, est des plus difficiles à expliquer. Dom Carpentier qui le donne, se contente de dire qu'il signifie *une forme*. Sans doute, mais laquelle ? J'avoue que je l'ignore. Cependant, pour tâcher d'aider un peu le lecteur, je vais donner plusieurs exemples choisis dans un très-grand nombre. Je commence par des cas ou il s'agit de hanaps, et ce sont les plus fréquents. Dans un inventaire de 1399 : *Un hanap d'or, à tout son couvescle... et est le souaige de la pate de dessoubz garni de 26 perles de compte, — et est le souaige dudit hanap poinçonné à orbevoies, — dont ledit hanap est de cristal assis sur un souaige d'or. — un grand hanap doré, à couvescle, à un grant pié par manière de souaige, à bestes enlevées* (Mortem. 76, fol. 45 v°, 93 v°, 96 et 114 v°) Dans un compte de 1412 : *Un hanap d'argent blanc, couvert, ouvré par dehors à feuillages enlevez en manière de haulte taille, et martelé par dedens, duquel la bourdeure, le frételet du couvercle et le souaige du pié, sont d'or* (K. reg. 258, fol. 124 v°). Et encore, dans un autre compte de l'an 1418 : *Un hanap dont la couppe est de voirre blanc, et le souaige du pié et le couvescle de ladicte couppe, d'or tout plain* (Inventaire de Charles VI, fol. 30). On voit par tous ces exemples que le *souage* était toujours au pied du vase. Peut-être désignait-on par la un cercle bordant le pied, et qui était ouvragé. Voici un cas qui le donne à penser. *Pour une tasse d'argent... à queue ployant, verée au bort par le souage* (Compt. de 1438. — K. 51, fol. 64 v°). J'ajouterai quelques autres cas de l'emploi du mot *souage*. Dans un compte du connétable d'Eu, de l'an 1399, on lit, a propos d'une sambue ou selle de femme..... *Et les auves d'une souage d'orfaverie, férue en souage de croisètes dorées* (Trés. des Ch., reg., coté J. fol. 5). Dans un autre inventaire de l'année 1399 : *Une poire d'argent, ouvrant par le fons, à souaiges dorez. — Un ancrier d'argent, doré par les souaiges* (Mortem. 76, fol. 17 v°). Enfin, ici, dans notre texte, à la p. 128, on lit, à propos des courroies d'un bacinet : *Et est l'une garnie de cloux rons, garnis de souages, et en chascun clou une penthère esmaillée.* Ce qui se rapprocherait de l'espèce de définition que nous hasarderons de donner du *souage*; cercle ouvragé terminant une pièce quelconque d'orfévrerie

SOUCIE. C'est encore ici un drap désigné par sa couleur. *Item, pour la veille de Noel, 25 aunes et demie et un quartier de soucie de graine, 28ˢ pour aune*, p. 28. C'etait pour faire une robe pour la reine Jeanne de Bourgogne. Dans la même page on trouve des marbrés à 36ˢ l'aune et des écarlates à 50ˢ. A la page suivante, il est question de soucie de Douay. Voici un cas où il s'agit non plus d'un drap, mais d'un tapis. *Ce sunt les parties Jehannot le tapissier. Premièrement pour la chambre de la Toussains, dont le chevecier est vert, bordé d'une bordeure de soucie tout autour*, p. 17.

SOUFFLET. A la p. 229 : *Item, pour un soufflet pour la chambre du Roy.*

SPICONAR, SPICONART. *Pour demi quarteron de spiconar*, 6ᵈ, p. 213. *Spiconart, demi quarteron*, 4ᵈ, p. 219. Dans l'*Histoire des drogues*, de Pomet, il est question du spicnard ou nard Indique, comme d'une racine employée en medecine. C'est peut-être la même chose que le *spelnard* de la p. 232

STOFIZAGRE. *Jehannin l'espicier, pour une once de stofizagre*, 22ᵈ, p 217

Il me semble avoir lu quelque part que c'était un remède pour faire muer les oiseaux. Pomet, dans son *Histoire des drogues*, parle du *staphizagre*, graine d'une plante de la Provence et du Languedoc, dont on se servait pour détruire la vermine.

SUCRE. Sucre caffetin à 25ᵈ la livre (p. 215), à 18ᵈ (p. 220), à 13ᵈ (p. 246). C'est du sucre blanc. Il est dit dans une ordonnance pour les apothicaires de l'an 1353 : *Que il confiront de bon miel et de bon sucre cafetin ou sucre blanc, bon et convenable* (Ord. t. II, p. 535). Sucre casson à 15ᵈ (p. 206), à 13ᵈ (p. 212). Sucre en pain a 17ᵈ (p. 206). Sucre en plate ou en tablette, à 13ᵈ (p. 246). Sucre muscarrat, à 12ᵈ obole (p. 245). Enfin, du sucre roset vermeil, à 3ˢ la livre (p. 207). C'est le sucre rosat. On trouve une recette pour le faire, dans le *Ménagier de Paris* (t. II, p. 274).

T

TABLES (jeu de), p. 229. C'est le jeu de trictrac. Voy. TABLES BLANCHES.

TABLE A POURTRAIRE. A la p. 232 : *Franchequin l'orfèvre, pour unes tables à pourtraire, acheté pour le Roy*. Ce sont la des tablettes d'argent enduites de cire, sur lesquelles on traçait des lettres ou des traits avec un style. Voici qui le prouve : *Unes tables à pourtraire, dont les aiz sont de cor, en un estuy de cuir fermé, pendant à un laz et deux petis boutons de perles, et y a une greffe tuers d'or* (inventaire de Charles VI, fol. 55). On voit que celles-ci étaient renfermées dans un étui pour être suspendues a la ceinture, et qu'elles etaient munies d'un style en or

à torsade. C'est la, en quelque sorte, l'agenda de nos ancêtres. Je ferai une dernière citation : *Une table d'argent, à escrire en cire, esmaillée par dehors* (Mortem. 76, fol. 112). Voy. TABLES BLANCHES.

TABLES BLANCHES. A la p. 213 : *Pour 2 paires de tables blanches pour le Roy*, 2ˢ; *pour 2 greffes d'argent*, 2ˢ 5ᵈ. Ce sont des tablettes à écrire, en bois blanc. On lit dans *Le livre des propriétés des choses*. « Table est ainsy appellée pour ce qu'elle tient; et est un nom qui a plusieurs significations, car aucunefois il signifie la table où on mangue, qui tient les vins et les viandes et ce que on met dessus; aucunefois elle signifie le tablier où on joue aux tables, qui ploie à deux parties et paint de diverses couleurs ; et aucunefois elle signifie les tables où on escript, qui sont de fust, couverte de cire verte ou de cire rouge ou noire. » (Bibliothèque nationale, ancien fonds français, n° 6869, fol. 265.)

TABLIAUX, tableaux. De S. George, de la Madeleine, de l'Assomption Notre-Dame. Voy. p. 323. Dans tous les chapitres d'orfévrerie il est question de ces sortes de *tableaux* qui étaient de petits bas-reliefs en or ou en argent. Le roi Jean mettait au chevet de son lit un tableau de ce genre. *Hue Pourcel, guainier, pour un coffret couvert de cuir boully armoié de France, fermant à clef, pour mettre et porter uns tableaux que le Roy met à son chevais*, 6^l. *Pour un autre estui plus petit... à mettre ses tableaux d'ivoire* (K. reg. 8, fol. 13 v°).

TABLIERS. Petites tables à jeu. *Pour 2 tabliers de fust garnis de tables et d'eschez*, p. 135. *Pour un tablier qu'il a fait faire du commandement du Roy*, 5^s. *Item, pour un jeu de tables*, 12^d, p. 229.

TAFFETAT. Taffetas. *Pour 4 aunes de taffetat vert*, p. 35, dans le compte de Geoffroi de Fleuri, de l'an 1316. C'est la seule mention de taffetas qui se trouve dans notre volume. On peut la regarder comme une exception. Voy CENDAL.

TAIES, TAYES. Ce mot signifie, comme aujourd'hui, l'enveloppe d'un lit de plume, d'un oreiller ou d'un coussin. *Pour deux taies, l'une à couste et autre à coissin, — pour entaier la couste*, p. 30. *Pour les taies de six petiz quaireaux*, p. 110. Cependant il est bon de remarquer que *la taie* signifie l'étoffe dont l'enveloppe est faite plutôt que l'enveloppe elle-même, laquelle, au contraire de nous, s'appelait *coutil*. *Deux autres petites taies à faire les coutils des deux auilliers à gesir* (K. reg. 8, fol. 3). Voy. COUTIL.

TANNÉ. Drap de la couleur que l'on appelle fauve en teinture, et qui est l'une des cinq couleurs primitives ou matrices. Cette couleur, facile à obtenir et très-solide, était fort usitée au XIVe siècle. Tanné claret, p. 86. Tenné à 14^s l'aune, p. 37. Il y avait des *tannés en graine*, c'est-à-dire ayant reçu ce qu'on appelle en teinture un bain de graine d'écarlate. *Pour 8 aunes de deux draps divers tannez en grainne*, p. 208.

TAPIS. Généralement les tapis servaient à tendre les murailles; on en mettait aussi au pied des lits et sur le dos des sommiers. Ils se vendaient à l'aune. Voy. p. 16, 17, 61, 110, 113 et 180. Il est souvent question des *compas*, c'est-à-dire des compartiments des tapis.

TARTAIRE. Riche étoffe qui se trouve parmi les draps d'or et de soie. Sans doute qu'elle venait de l'Asie Mineure qu'on appelait Tartarie. *Pour 2 pièces de tartaire l'une vert, et l'autre vermeille*, p. 328. Le prix en est aussi élevé que celui des *chigatons* ou *siglatons* de Lucques, autre étoffe très-riche.

TASSE. Ce mot signifiait une bourse, et l'on appelait *tassetiers* ceux qui les faisaient. *Beaudoin le tassetier, de Londres, pour 2 tasses et 2 corroies de cuir noir pour monseigneur Philippe*, p. 232. Dans une lettre de rémission de l'an 1382, on lit ces mots : *. . En la tasse ou bourse de Gobert, curé de Neuville* (J. reg 121, pièce 235). On disait aussi *tassettes.* — *Quatre bourses à mettre les seaulx du secret du Roy, de monseigneur le Dauphin, du duc d'Orliens, et du comte d'Anjou, et deux tassetes, l'une pour le chancelier de France, et l'autre pour le chancelier du duc d'Orliens* (K. 8, fol 3)

TASSE d'or *à chappellès de bestes et d'oisellez*, p. 330. Ces chapelets sont de petits chapels, c'est-a-dire des guirlandes de bêtes et d'oiseaux.

TENNÉ. Voy. TANNÉ.

TERBENTINE. Térébenthine, p. 207 et 245. C'est une gomme produite par divers arbres résineux.

TESSUS. Voy. TISSUS.

TIMBRES DE CRESTES. Lambrequins, bandes d'étoffe qui voltigeaient sur le haut des casques. *Ledit Nicolas Waquier, pour sa peine de faire lesdictes tunicles, houces, arçonnières, deux timbres de crestes, des armes dudit chevalier, à mestre sur les heaumes*, p. 184. Ce genre d'ornements est très-apparent sur les sceaux des chevaliers, surtout au XVe siècle.

TINE. C'est un baquet. *Geufroi le tonnelier, pour une petite tine pour mettre le potage de l'aumosne*, p. 247 Nous avons conservé le mot *tinette*. Quant au potage de l'aumône, c'était la viande que l'on donnait aux pauvres. Car il faut entendre ici par *potage*, ce qui est cuit dans un pot. C'était encore le sens du mot du temps de Boileau.

. . . . enfin on apporte un potage
Un coq y paraissait en superbe equipage.

TISSUS. *Pour soye et le tessu à faire un braier pour le Roy*, p. 232. On entendait par *tissus* des espèces de forts rubans ou plutôt de galons de soie, qui servaient à divers usages, mais principalement à suspendre des bourses et à supporter les fermoirs d'un livre. Le plus souvent ces sortes de galons étaient enrichis de plaques d'argent, ce qu'on appelait *ferrés d'argent*. — *Pour le petit Daufin, une aloière et un tissu ferré d'argent*, p. 43. Il y en avait aussi composés de plaques d'or. *Pour 4 tissus d'or esmailliez*, p. 66. Les tissutiers-rubaniers formaient une corporation à part.

TOILE CIRÉE. Il en est question à deux endroits de notre volume, à l'un pour un embaumement, et à l'autre pour emballer des draps d'or. Voy. p. 19 et 70.

TOILES. Il est souvent question dans les comptes du XIV[e] siècle des toiles de Morigni, des toiles de Reims, des toiles de Compiègne, et de toiles bourgeoises. Ici, l'on trouvera de la toile déliée, ou toile fine (p. 19), de la toile de Morigni, a 7[s] 6[d] l'aune (p. 143), de la toile fine de Compiègne, à 16[s] l'aune (p. 180), de la toile de Reims, à 8[s] 6[d] (p. 187), enfin de la grosse toile, a 6[d] l'aune (p. 229). A la page 207, de la toile *linée*? Dans les comptes de l'Argenterie, c'est aux chapitres intitulés *chanevacerie*, qu'il faut chercher ce qui a rapport aux toiles. Dans un compte de 1351, on trouve de la grosse toile de Lavalguion, à 6[s] l'aune (K. reg. 8, fol. 2 v°).

TOILES PEINTES. L'art de teindre les toiles n'était pas ignoré au XIVe siècle. On trouvera ici des toiles vertes, des toiles indes ou bleu-ciel, des toiles vermeilles. Ces toiles étaient employées en général à doubler les tentures et les carreaux ou coussins des chambres. Voy. p. 13, 48, 58, 109, 118 et 185.

TORCHES, p. 184.

TOUAILLES. La touaille était une sorte de toile qui se débitait à la pièce et non pas à l'aune. Les touailles se vendaient à la douzaine. Joinville parle en plusieurs endroits des touailles dont les Sarrasins se ceignaient la tête. Dans les comptes de l'Argenterie il faut toujours entendre par ce mot *des serviettes*. Il est souvent question de touailles pour la chambre du Roy, *à servir d'espices*. Ici, page 221 : *Pour réparer 2 touailles d'autel*. Ce sont encore les serviettes qui servaient à l'officiant.

DES MOTS TECHNIQUES.

Tourbe (la). Il en est question dans le *Journal* de la dépense du roi Jean en Angleterre. *Pour buche et tourbes pour ledit Tassin et les ouvriers dessus diz, despensées en faisant les besoignes dessus dictes*, p. 224.

Touret. Sorte de coiffure de femmes. Le touret était peut-être cette espèce de toque basse qu'on voit sur diverses coiffures de femmes au moyen âge. Voy. p. 293.

Tréçons a perles. *Pour 4 tréçons à pelles, pour orfraser les diz paremenz du tournoy de Compigne*, p. 14. Il s'agit là d'un petit ouvrage en perles appliqué à des galons ou à des franges. Voy. Troches et Tressons d'or.

Tresses. *Pour six livres de soye de plusieurs couleurs... pour faire las, tissus et aguilettes aus diz hernois, faire sautouers et couyères, et tresses à garnir la selle*, p. 144.

Tressons d'or. *Pour trois riches chappeaux d'or, à rubiz balais, esmeraudes et grosses perles, et une tressons d'or de 80 chastons d'esmeraudes et de rubiz d'Alixandre et de 80 grosses perles*, p 169. Voy. Troches.

Trestes. Tréteaux, p. 199.

Troches de perles. *Et à l'autre chapel a 6 grosses esmeraudes, 6 troches de perles, chascune contenant 12 perles, et en chascune troche 4 diamens et 1 rubi ou balay*, p. 168. Troches quarrées (*ibid.*) Où l'on voit que la *troche* est un petit paquet, un trousseau de perles.

Tunicle. La tunique était un vêtement de guerre qui devait avoir une grande analogie avec la jaquette et le tabart, que l'on trouve dans des comptes postérieurs au nôtre. *Cendal ynde, des petis, à fourrer une tunicle, etc.* — *Pour 2 marcs et demi d'or trait, achetés pour faire l'armoierie des tunicles*, p. 143 et 145. Il y avait une autre espèce de tunique qui était un vêtement sacerdotal. *Pour faire une chapelle de 6 garnemens c'est assavoir, chasuble, tunicle, damaticle et 3 chappes*, p. 295.

V

Valles cousturiers. Ils recevaient 18^d p. par jour, en 1316. Voy. p. 10.

Varlez crieurs de corps, pour les enterrements. Voy. p. 19 et 184.

Veluiau. Velours. Philippe le Long portait a son sacre un habillement complet de velours bleu. *Pour 5 veluiaus adsurez, délivrez audit Toutain, pour faire une robe à nostre sire le Roy, de 4 garnemenz, que il ot le jour de son sacre*, p. 48. On trouvera dans notre volume des velours indes, c'est-à-dire bleu de ciel, des velours violets, des velours paonnaz ou couleur de paon, jaunes, etc. (Voy. pages 56, 58, 64, 109, 146, 159 et 164.) Enfin du *veluiau quoquet* (p. 48 et 59). Je ne saurais dire si cette épithète s'applique a une couleur ou à un genre de fabrication. Il y avait des velours brochés d'or : *Pour 2 pièces de veluyau vert, à or*, p. 324.

Ver, p. 64. Vair, fourrure. Voy. Menuvair.

Vert (un). C'est-à-dire du drap vert. *Pour une aune et demie de vert, pour faire 3 mallètes*, p. 28. Vert gai, p. 29. Vert de Louvain, p. 151.

Violet (un), c'est-à-dire du drap violet. Violet en graine, p. 227. Violet brun en graine, p. 234. Le violet étant une nuance du rouge, il est tout simple de le trouver préparé avec de la graine d'écarlate.

Voirre, verre *pierrerie de voirre*, p. 323. Ce sont des pierres fausses.

Y

Yaue rose. *Yaue rose, trois livres, 2ˢ*, p. 254. Les eaux distillées, et principalement l'eau rose était d'un grand usage au moyen âge. Il est question dans notre volume de sucre rosat, qui était préparé avec l'eau rose.

Ybenus. On trouvera, à la p. 134, des couteaux à manches d'ébène, pour la saison du Karême. Ceux de Pâques étaient d'ivoire, et ceux de la Pentecôte, écartelés d'ivoire et d'ébène.

Ymages d'argent de Notre-Dame, de Saint-Lambert, de Saint-Jean-Baptiste, p. 309. Ce sont des statuettes.

Z

Zatony. Étoffe de soie, qui peut être le satin. Zatony ynde, p. 141. *Pour 2 pièces de zatoni pour faire l'armoierie des diz hernois, 50 escus*, p. 144. C'est un prix à peu près double de celui du cendal.

FIN DE LA TABLE DES MOTS TECHNIQUES.

TABLE DES NOMS.

A

Abbé de Grand Selve, p 203.
Adam (Hauvin), p. 242.
Agénois (le sénéchal d'), p. 203.— envoie des vins au roi Jean, prisonnier en Angleterre, p. 277.
Agliford, ville d'Angleterre, p. 271.
Alençon (le comte d'), p. 80 — (le duc d'), p. 107.
Alixandre (Vincent), serrurier, p. 188.
Allemagne (serges d'), p. 329.
Amauri, maître des comptes, p. 27.
Amiens (la ville d'), p. 9. — Présent qu'elle fait au roi Jean, prisonnier en Angleterre, p. 202. — Ses échevins. Voy. Gard (Jean du) et Piedeleu (Jehan).
Amiens (Jehan d'), mercier, p. 324.
Andresel (Jean d'), chambellan du roi Jean, p. 152, 162.
Andrieu, le mareschal, p. 180.
Andrieu (James), marchand de draps, de Londres, p 257.
Anemby (l'évêque d'), p. 222.
Angleterre (la reine d'). — Visite que lui fait le roi Jean, p. 251. — Il en reçoit un présent de venaison, p. 259.
Angleterre (vaisselle rapportée d'), p. 330.
Anice (Guillaume), maître de nef, p. 275.
Anjou (Louis, comte d'), p. 80, 104.
Anjou (maison du comte d'). Voy. Bernart (Maciot).
Anneby, ville d'Angleterre, p. 240
Anselet Serdeliaue, p. 277.
Ansselet (Laurain), p. 7.
Apothicaire. Voy. Juenne (Jacques le).
Aquitaine (le prieur d'), p. 153, 165.

Archers. Voy. Butin, Dreue (Jehan), Jehan, Hérent (Guillaume), Rabel (Tévenot), Roinaut.
Archers du roi Philippe le Long, p. 22.
Archevêque de Sens, p. 238.
Archier (Richart l'), maître de nef, p. 275.
Argentiers. Voy. la liste qui est a la fin de la notice.
Argillieres (Jehan d'), p. 37, 62.
Arméniens (religieux), p. 271.
Armeurier (l') du roi d'Angleterre. — Le roi Jean le visite, p. 255.
Armeuriers. Voy. Castel (Etienne), Tours (Nicholas de).
Arnoul (messire), p. 206, 207, 211.
Arragon (Richart d'), coffrier, p. 44, 51, 62.
Arras (la ville d'), p. 275.
Arrode (Jean), bourgeois de Paris, p. 180.
Arsiz (Jaquinot d'), clerc des offices de l'hôtel du Dauphin, p. 156, 166.
Artilleur (l'), du château de Londres. — Visite que lui fait le roi Jean, p. 255.
Artois (Charles d'), p. 118.
Artois (la comtesse d'. — Robes qu'elle donne aux filles de Philippe le Long pour le sacre, p. 31, 32.
Atyolles (madame d'), p. 63.
Aubert (Hue), drapier, p. 22.
Aubigny (monseigneur d'), p 199.
Aucerre (le comte d'), p. 240, 244, 273.
Aucerre (Jehan d'), maître des comptes, p. 188, 304.
Auchy (Girardin d'), p. 211.

AUGERON (Hugue d'), maître des comptes, p. 27.
AUGUSTINES (les) de Cantorbéry, p. 273.
AVIGNON (change fait à), p. 195. — (Joyaux portés à), p. 306. — (Vaisselle achetée à), p. 331.
AVRANCHES (Jehan d'), pelletier du roi, p. 11, 22, 33, 37, 41, 45, 53, 56, 63, 67.
AYMART GASCOIGNE (messire), chapelain du roi Jean, p. 225, 236, 241, 258.
AYMONET, barbier du roi Jean, p. 226, 229, 258.

B

BACLIER (messire Hoge), p. 263.
BAILLIS. — de BOBY, en Angleterre, p. 243. — de Flexoelle, id., p. 243. — de Londres, p. 243.
BAINCE (Robin), p. 242.
BANQUIERS. Voy. BARDES (les), FOLLO (Antoine), MALEBAILLES (les), PICART (Henry).
BARBATRE, p. 211.
BARBIERS. Voy. AYMONET, HUET, POUPART.
BARDES (Pierre des), p. 201.
BARDOUL (Foulques), chancelier du duc d'Orléans, p. 153.
BARILLIER du roi. Voy. PIOCHE.
BARRES (Pierre des), orfévre, p. 124, 172, 188.
BASIN (Guill.), marchand de pierrerie, p. 124, 139, 147.
BAUDEMENT, p. 211.
BAUDET (Robinet), valet de sommage de la chambre du roi, p. 167.
BAUDOIN (Jehan), p. 201.
BAUFFREMONT (Pierre de), p. 9, 26.
BEAUDOUIN le layetier, de Londres, p 232.
BEAUFORT (madame de), p. 63.
BEAUFORT (vaisselle de), p. 332.
BEAUSAULT (Perrot de), valet de chambre de Louis de Bourbon, p. 141.
BÉGUINE. — Jehanne des Granches, p. 296.
BEFFREMONT (Pierre de). Voy. BAUFFREMONT.
BELHOUMET TUREL, mercier et bourgeois de Paris, p. 157.
BÉLIART (Olivier), tailleur de robes, p. 149.
BELLE-ASSISE (Pierre de), épicier à Lincoln, p. 215, 227, 229, 231, 235, 236.
BÉRAUT, p. 258.
BÉRAUT, officier de l'écurie, p. 226.
BERMONDESER, près Londres, p. 255.
BERNART (Jehan), p. 289.
BERNART (Maciot), sommelier du comte d'Anjou, p. 154, 165.
BERNE (Pierre de), maître de la chambre aux deniers, p. 153, 163.
BERRI (Jean, duc de), p. 80.
BERRON (Perrot de), chevaucheur du roi, p. 39
BERTAUT, officier de la fourrière, p. 226, 258.
BERY (Adam de), p. 198, 201, 251. — Voy. BURY (Adam de).
BIAUMONT (Jehan de), seigneur de Sainte-Geneviève, maître de l'hôtel de Philippe le Long, p. 21.
BIÈVE (Jehanne de), femme de la reine, p. 63.
BILLOUART (Jean), p 73.
BLANCHE DE FRANCE, fille de Philippe le Long, p. 3. — Tombe malade, p. 43 — Son costume au sacre, p. 68.
BLANCHE DE BOURBON, reine de Castille, (dépenses pour le mariage de), p. 185. — Son tailleur, p. 290.
BLANCHET (Jehan), secrétaire du duc d'Orléans, p. 163.
BLONT (Pierre le), orfévre, p. 123.
BOBEY ou BOBY (le curé de), p. 216, 218. — (Le bailli de), p. 243.
BOBY (Jaques de), p. 276.
BOCU (Richart le), sommelier du duc d'Orléans, p. 164.

TABLE DES NOMS.

Bois (Eugnès du), femme de chambre de la reine, p. 37, 63.
Boissel (Symon), p. 262.
Bon (Guillaume le), coffrier, p. 145.
Bon-Jehan (Philippe de), sergent d'armes du roi de Sicile, p. 208.
Bordeaux (vins chargés à), pour l'Angleterre, p. 203.
Boulangers. Voy. Jehan, Sendre Halet.
Boulogne (la comtesse de), p. 99. — (Madame de), p. 171.
Bouquelande (Thomas), maître de nef, p. 275.
Bourbon (Blanche de), reine de Castille, p. 80, 287.
Bourbon (Louis, duc de), p. 80, 106.
Bourdenay (Michel de), p. 73.
Bourges (le doyen de), maître des comptes, p. 27.
Bourgeois de Paris. Voy. Arrode, Pisdoe (Guillaume). — De Londres, p. 270.
Bourgogne (la reine Jeanne de), p. 305. — Ses femmes, p. 63.
Bourgogne (Philippe, duc de), p. 80, 106.
Bourguignon (Étienne le), brodeur, p. 180.
Bourguignon (Jehan le), p. 27, 258.
Bourguignon (le), officier de l'échançonnerie, p. 226.
Boursier (Mace le), gantier du roi, p. 135, 174, 299.
Brac (sire Almaury), maître des comptes, p. 304.

Braillier (Jehan le), orfévre du roi, p. 123. — Fait valet de chambre, p. 155, 165.
Braque (Nicolas), chevalier et maître d'hôtel du roi Jean, p. 153, 154. — Trésorier de France, p. 161, 165.
Bray (Jean de), p. 201.
Brequin (Copin de), p. 211.
Breton (le). — Des nappes, p. 211.
Breton (Guillot le), p. 211.
Breuil (Tassin du), ou du Bruil, valet de chambre et tailleur du roi Jean, p. 208, 226, 229, 230, 234, 240, 248, 258.
Brise-Tanquart (Gautier), tondeur de draps, p. 251, 262.
Brodeurs. Voy. Bourguignon (Etienne le), Castel (Etienne).
Bruges (la ville de), p. 275. — (Change fait à), p. 198.
Brulle (Optinel du), sommelier du corps du roi, p. 140.
Brun (Antoine), drapier, p. 151.
Brune (Thèves de la), p. 240, 266.
Bruxelles, (draps de), p. 83. — (Brussequins de), p. 86 — (Écarlates de), p. 82. — Marbrés de), p. 83. — (Pers de), p 288.
Bucy (Symon de), p. 123.
Bury (Adam de), p. 209, 217, 237.
Butin (Adam), archer du roi, p. 22.
Buxi (Drouin de), sommelier du Dauphin, p. 157, 167.
Byèvre (Jehanne de), damoiselle de la reine, p. 37.

C

Cabol (Pierre), p. 219.
Cabuel (Guillemin), clerc de la chapelle, p. 126.
Calais (arrivée du roi Jean à), p. 275.
Calès (Jehan de), p. 211.
Caletot, p. 211.
Canelle (Guillaume), p. 209, 244, 265.
Cantorbérie (offrandes à St-Thomas de), p. 272. — Les frères prescheurs de). — Les nonnains

de Norgaite. — Les nonnains de Saint-Augustin, p. 273. — Les nonnains de Saint-Jaques, près Cantorbérie, p. 274.
Caours (Guy de), maître de la monnaie d'or, p. 5.
Cardinaux. — De Rouen, p. 264. — De Tulle, p. 193.
Castel (Estienne), armeurier et brodeur du Dauphin, p. 132, 145.
Castille (le roi de), p. 287.

CASTILLE (la reine de). Voy. BLANCHE.
CASTONNE, ville d'Angleterre, p. 214.
CAUCHE (Jehannin à la), valet de chambre du duc d'Orléans, p. 130, 164.
CAUCHOIS (Jehan le), tailleur de la reine de Castille, p. 290.
CAUVILLE (Jehan de), p. 211.
CERVELLE (Jehan), enfant de cuisine du roi, p. 167.
CHAIR (Jacques du), valet de chambre de Jean de France, p. 141.
CHALONS (l'évêque de), p. 151.
CHALONS (Thomas de), coutepointier du roi, p. 109, 185.
CHALONS (drap pers de), p. 37, 55.
CHAMBELLANC (Jehan), drapier, p. 233.
CHAMBELLANS. Voy. ANDRESEL, CLERMONT (Jehan de), COURCELLES (Jean de), GAMACHES, (Robert de), HÉRON (Adam), LOR (Regnaut de), SÉRIZ (le borgne de), VAIR (Adenet de), VARENNES (Geoffroi), VILLERVAL (Thibaut de).
CHAMBRE (Marie de la), femme de la reine, p. 37, 63.
CHAMBRE AUX DENIERS (le maître de la). Voy. BERNE (Pierre de), PÉRONNE (Guillaume de).
CHANCELIER (le), p. 151, 161, 264. Voy. FOREST (Pierre de la).
CHANCELIER du duc d'Orléans. Voy. BARDOUL.
CHANGEURS. Voy. CHAPPELU (Pierre), LAIGNY (Pierre de), MAILLART (Estienne).
CHANTELOU, p. 189.
CHANTRE de Senlis, p. 153.
CHAPELAINS. Voy. AYMART GASCOIGNE, COLLORS (Denis de), DONJON (Jean).
CHAPELIERS. Voy. KATHELOT.
CHAPELLE ROYALE (les enfants de la), p. 21. — Leur maître, p. 25.
CHAPPFLU (Pierre), changeur et bourgeois de Paris, p. 132, 169, 170, 301, 304.

CHARMOIE (maître Jehan de la), clerc des comptes, p. 304.
CHARNI (Gieffroi de), p. 169.
CHARPENTIER (Jehan le), tailleur et varlet de chambre de monseigneur Philippe, p. 267.
CHARPENTIERS. Voy. FLEURY (Jehan de), LOMBART (Denys le). — Visite du roi Jean au charpentier du château de Londres, p. 256.
CHARTRES (Jehannin de), p. 25.
CHASUBLIERS. Voy. GRANT (Jehan le), HÉMART (Jehan), MARIE (Pierre).
CHATEAU-LANDON (Camelin de), p. 22.
CHAUFFECIRE. Voy. GUILLEMIN.
CHAUVIAU (Renault), évêque de Châlons-sur-Marne, p. 161.
CHEVALIERS NOUVEAUX (draps pour), p. 7, 9, 10.
CHEVAUCHESNEL, p. 50.
CHEVAUCHEURS. Voy. BERRON, LALEMENT, LAON (Jehan de), MOLIN (Guillaume du).
CHICESTRE, ville d'Angleterre, p 241.
CHIELLE (Jehannin de), p. 25.
CHIPPRE (draps d'or de), p. 158.
CIRIERS. Voyez GILLEBERT (Jaquet).
CITÉ (Guillemin de la), espicier du Dauphin, p. 136.
CLÉMENT, clerc de la chapelle, p. 214.
CLERC (Geuffroy le), valet de chambre du duc d'Orléans, p. 164.
CLERC DES OFFICES. Voy. ARSIZ.
CLERCS (les petits), p. 7.
CLERCS DE CHAPELLE. Voy. CABURL (Guillemin), CLÉMENT, GASCOING (Hémart), JEHANNOT, JOUDOUIN, VIRY (Jehan de).
CLERCS DES COMPTES. Voy. CHARMOIE (Jehan de la), CONDÉ (Almaurry de).
CLERMONT (Jehan de), chambellan du roi Jean, p. 23, 152, 162.
CLIMENT, clerc de la chapelle, p. 211, 225, 236, 258.
CLOS (Bertrand du), trésorier du Dauphin, p 156, 166.

TABLE DES NOMS.

Cochet (Gieffrin), valet de chambre du duc d'Orléans, p. 164.
Coeffières. Voy. Jehanne, Perrenelle.
Coffriers. Voy. Arragon (Richart d'), Bon (Guillaume le), Picart (Renier le).
Coisne (Guillaume), lavandier du Dauphin, p. 157, 167.
Cok (Thomas), p. 244.
Coletot (Raoulet de), p. 189.
Colinet, garde-huche de l'eschanconnerie, p. 125.
Collin (maître), p. 25.
Collors (Denis de), chapelain du roi Jean, p. 195. — Secrétaire et chapelain, p. 225, 258.
Commandeur (le), de Prusse, p. 170.
Compans (Pierre de), drapier, p. 22.
Compiègne (la ville de), p. 8. — (mention d'un tournoi à), p. 14. — (Toiles de), p. 94.
Comptes (maîtres et clercs des). p. 21, 27.
Comtes. — d'Alençon, p. 80 — d'Anjou, p. 80. — d'Aucerre, p. 240. — d'Etampes, p. 80, 107. — d'Evreux, p. 20. — de La Marche, p. 20. — de Monméliart, p. 53. — de Nassau, p. 171. — de Ponthieu, p. 151. — de Sancerre, p. 235, 255. — de Tancarville, p. 151.
Comtesses. — d'Artois, p. 31. — de Boulogne, p. 99. — de Dreux, p. 63. — de Pembrock, p. 242.
Concierges. Voy. Spolin (Thomelin).
Condé (Almaurry de), clerc des comptes, p. 304.
Condé (Pierre de), maître des comptes, p. 27.
Connétable (le), p. 174. — (La femme du), p. 169.
Conte Jehan, enfant de cuisine du roi, p. 167.
Conte (Perrin le), p. 207.

Conte (Pierre le), p. 240.
Copin, le paintre, p. 264.
Copin, varlet de monseigneur d'Aubigny, p. 199.
Corbie (Jehan de), p. 133.
Corbière (Jehan), orfévre de Londres, p. 235, 249.
Corbueil (Ansselet de), tailleur de Philippe le Long, p. 7.
Cordouaniers. Voy. Guillaume, Loisel (Guillaume), Robert.
Cossart (Richart), p. 211, 212, 258, 265.
Cotelle, officier de l'écurie, p. 226, 258.
Coullombe (Marguerite de), damoiselle de la reine, p. 37.
Courcelles (Jehan de), chambellan du duc d'Orléans, p. 163.
Courpalay (madame de), p. 63.
Courte-Heuse (Guillaume), maître des comptes, p. 27.
Courtneuve (Pierre de la), drapier, p. 156.
Coussi (Martin de). Voy. Toussi.
Cousturiers. Voy. Guillaume, Haynaut (Symon de), Olivier, Petit (Jehan), Pijon (Jehan).
Coutellier. Voy. Fieuvillier (Thomas de).
Coutepointier. Voy. Chalons (Thomas de).
Coutiers. Voy. Perrenelle, Villiers (Pierre de).
Crieurs de corps pour obsèques, p. 19, 184.
Crieuvre (Richardin), enfant de cuisine du roi, p. 167.
Croiz (Nicholas de la), p. 36.
Crones (Garin des), écuyer du roi, p. 72.
Cuisine (la). Voy. Cervelle (Jean), Conte Jehan, Crieuvre (Richardin), Frère Pierre, Moreinbeufs (Jehannin de), Morillon (Denisot), Patriarche (le), Poissy, Raoulet le Goulu.
Curé de Bobey, en Angleterre, p. 216. — De Herthford, p. 213

D

Daincourt (la dame de), p. 199.
Dainville (Jehan de), maître d'hôtel du roi Jean, p. 196, 216, 229, 244, 258.
Damas (draps d'argent de), p. 326.
— (Draps d'or de), p. 103.
Damoiselles. Voy. Byèvre (Jehanne de), Coullombe (Marguerite de), Lille (Ysabiau de), Pressigny (Marguerite de), Viscontesse (Jehanne la), Yollent.
Dampmart (Symon de), p. 181.
Dampmartin (Monseigneur de), p. 233.
Dan-Martin (Jehan de), maître des comptes, p. 27.
Danville (Jehan de). Voy. Dainville.
Darrian (maître Yves), p. 206, 209.
—| Son sauf-conduit, p. 233, 235.
Darsis (Jacquinot). Voy. Arsiz.
Daufin (le petit). Voy. Guignes.
Daugeron (messire Hugues), p. 15.
Dauphin (le), p. 99.
Dauphine (la), p. 157, 164.
Dauphin (maison du). Voy. Arsiz (Jaquinot d'), Castel (Estienne), Coisne (Guillaume).
Denise le tapissier, p. 50, 61.
Denisot, clerc de maître Yves Darrian, p. 211.
Denys, p. 242.
Denys (Pierre), tailleur de la Dauphine, p. 179.
Derthford (les jacobines de), p. 271.

Derval (l'écuyer de monseigneur de), p. 200.
Desnechière (Agnès), p. 38.
Digon (Guiot de), valet de chambre du duc d'Orléans, p. 164.
Doger (Philippe), tapissier, p. 116, 293.
Donat (Jehan), espicier de Londres, p. 217.
Donjon (Jean), chapelain du duc d'Orléans, p. 163.
Donnet de Venice, p. 168.
Douay (la ville de), p. 275. — (Draps de), p. 7, 20, 29, 86.
Doullens (draps de), p. 80.
Douvre (la Maison-Dieu de), p. 274.
Drapiers. Voy. Andrieu, Aubert, Brun (Antoine), Chambellanc (Jehan), Compans (Pierre de), Courtneuve (Pierre de la), Dudri (James), Flamenc (Jacques le), Jehan, Hautonne (Jehan de), Hoblech (Guillaume), Marcel (Estienne), Perceval (Jehan), Saint-Benoit (Jehan de), Thomelin, Tramblay (Ysabiau de).
Dreue (Jehan), archer du roi, p. 22.
Dreux (la comtesse de), p. 63.
Dudri (James), drapier de Londres, p. 30.
Ducs. — d'Alençon, p. 107. — de Berri, p. 80. — de Bourbon, p. 80. — de Bourgogne, p. 80, 106. — de Lancastre, p. 263.

E

Échançonnerie (l'). Voy. Bourguignon (le), Colinet, Huitasse (Jehan), Pioche.
Écrivain. Voy. Langlois (Jehan).
Ecurie (l'). Voy. Béraut, Cotelle, Quentin, Rogier.
Ecuyers. Voy. Crones (Garin des), Derval, Granches (Adenet des), Houel (Guillaume), Male-Mayson (Thomas de la), Mathefelon (Andrieu de), Saint-Etienne (Gervesot de), Stanford.
Edoart, varlet, p. 250.
Enhalles Esterlins (Jehan), p. 201.

TABLE DES NOMS.

Enlumineur. Voy. Jean de Montmartre.
Eperons (faiseurs d'). Voy. Olivier.
Epiciers. Voy. Belle-Assise, Cité (Guillemin de la), Donat (Jehan), Esparnon (Simon d'), Jehannin, Kelleshulle (Jehan), La Londe, Mine (Barthelemy), Puis (Adam du), Tiébaut, Vare (Thomas).
Escuiers du déduit, p. 151.
Espagne (la reine d'), Blanche de Bourbon, p. 80.
Esparnon (Simon d'), espicier du roi, p. 19.
Essars (Jehan des), secrétaire du roi Jean, p. 153, 165.
Essars (Martin des), maître des comptes, p. 27.
Esvfillé (Jehan l'), p. 135.
Etampes (le comte d'), p. 80, 107.
Etoille (fête de l'), p. 123, 150.
Evêques. — d'Anemby, p. 222. — de Châlons, p. 151, 161. — de Lectoure, p. 204. — de Viviers, p. 37.
Evreux (Louis, comte d'), p. 20, 23.

F

Faillie (Durant de La), veneur du roi, p. 22.
Fauconnier (le sire de), p. 37.
Fauconnier. Voy. Millan (J. de).
Fauveau (Jehan), p. 256.
Femmes de chambre. Voy. Bois (Eugnès du), Chambre (Marie de la), Gallée (Jehanne de), Lambriz (Marguerite de), Lille (Marguerite de), Nautonne (Jehanne de).
Feret (Giles), mercier, p. 112, 187.
Feribry (Richard de), marinier, p. 277.
Ferron (Durant), valet des nappes du roi, p. 167.
Ferron (Jehannin), valet des nappes du roi, p. 167.
Fieuvillier (Thomas de), coutellier, p. 133, 174.
Finamour (Guillaume), p. 197.
Fisiciens. Voy. Racine (Me Guillaume), Saint-Dizier (Me Girart de).
Flamenc (Jacques le), drapier, p. 149.
Fleuri (Geoffroi de), argentier du roi Philippe le Long, p. 1 et suiv. — Ses lettres de nomination à l'office d'argentier, 73. — Ses lettres de noblesse, 75. Voy. aussi Mercerie.
Fleury (Jehan de), charpentier, p. 36. — Bourgeois de Paris, p. 170, 310.
Flexoelle (le bailli de), p. 243.
Floremont (Hoge), p. 260.
Florent (Gui), maître des comptes, p. 27.
Fol (maître Geffroy, le), p. 9
Follo (Antoine), de la compagnie des Malebailles, p. 200.
Fontaine (Denisot de la), fils d'Étienne de La Fontaine, p. 191.
Fontaine (Etienne de La), argentier du roi Jean, p. 80 et suiv. — Ses lettres de rémission, p. 191. — (Inventaire d'), p. 304.
Forest (Pierre de la), chancelier de France, p. 161.
Four (Perrin du), p. 200.
Fourciet l'oubloyer, guaite du roi, p. 162.
Fourrière (la). Voy. Bertaut, Richart, Tauton (Robin).
Fous. Voy. Jehan, Micton.
France (Jeanne de), p. 102.
France (Jehan de), messager du comte de Tancarville, p. 249.
Franchequin, l'orfévre, p. 232, 240.
François (Bernard), receveur de Nîmes, p. 198, 200.
François (maître Pierre), p 198, 221.
Franquelin, p. 211.

FRÉMANT (Bernart), trésorier de France, p. 161.
FRÈRE PIERRE, enfant de cuisine du roi, p. 167.
FRÈRES PRÊCHEURS (les) de Cantorbérie, p. 273.
FRUITERIE (la). Voy. GRÉGY (Guillemin).

G

GAINIER. Voy. POURCEL (Hue).
GALES (le prince de), p. 263. — Dîne avec le roi Jean, p. 273.
GALLÉE (Jehanne de), femme de chambre de la reine, p. 37, 63.
GAMACHES (Robert de), chambellan de Philippe le Long, p. 20.
GAMBE (Jehan), p. 243.
GAND (draps rayés de), p. 83.
GARAINNES (madame de), p. 273. — Son écuyer, p. 215.
GARD (Jean du), compagnon de l'échevinage de la ville d'Amiens, p. 202
GARINGAUT (la sœur), de Reims, p. 50.
GASCOIGNE (messire Aymart). Voy. AYMART.
GASSE (messire), p. 211.
GAULART (P.), maître des arbalétriers, p. 52.
GAUTIER (messire), p. 228, 230, 268.
GENAY (Jehan de), secrétaire du duc d'Orléans, p. 163.
GENS DU ROI (dons faits aux), p. 258.
GÉRI (Renaut de), p. 22.
GERMIGNY (vaisselle portée à), p. 330.
GERSTON, ville d'Angleterre, p. 214.
GERVFSOT, officier de Philippe, fils du roi Jean, p. 226, 258.
GEUFROY, le tonnelier, p. 247.
GEUFFROY, le sellier, de Londres, p. 212.
GIEFFROY, valet de chambre du duc d'Orléans, p. 141.
GILES LE MARESCHAL (Me), 197, 216, 226, 245, 248, 258.
GILLEBERT (Jaquet), cirier, p. 184.
GILLOT, p. 258.
GIRARDIN, varlet de Jehan le fol, p 209, 261.

GIRART (Michel), p. 206, 207, 212.
GIRART D'ORLÉANS (maistre), peintre du roi Jean, p. 225, 262, 264.
GODEFROY LE SELLIER, p. 222, 264.
GOLU (Raoulet le), p. 211.
GOUPILLET, officier de l'écurie, p. 212, 217, 226, 235, 249.
GOURDIN, p. 258.
GRANCHES (Adenet des), écuyer de la reine, p. 55.
GRANCHES (Jehanne des), béguine, p. 296.
GRANDSELVE (l'abbé de), p. 203 — Envoie des vins au roi Jean en Angleterre, p. 277.
GRAND-SILVE (l'abbé de). Voy. GRAND-SELVE.
GRANSSART (Saoule), p. 209.
GRANT (Jehan le), chasublier, p. 326.
GRANT (Thomas le), maître de nef, p 275.
GRANTAIN, ville d'Angleterre, p. 214, 242.
GRAY, p. 32, 40
GRÉGY (Guillemin), officier de la fruiterie, p. 211, 226, 258.
GRIMBAUT (Philippe), de Londres, p. 257.
GRIX (Guillaume le), sommelier du corps du Dauphin, p. 127, 141.
GUAITES DU ROI. Voy. FOURCIET, MULET (Perrinet), PAILLART (Perrinet).
GUARENCIÈRES (Pierre de), p. 21.
GUELFE LE LOMBART (sire), p. 250.
GUÈTE (Giraut), maître des comptes, p. 27.
GUIGNES VIII, dauphin Viennois, p. 4, 39, 40.
GUILLAUME (frère), le convers, p. 184.

GUILLAUME (Prince), marchand, bourgeois de Paris, p. 183.
GUILLAUME le cordouanier, p. 14.
GUILLAUME le cousturier, p. 258.
GUILLAUME le parcheminier, p. 259
GUILLAUME le pelletier, de Lincoln, p. 223.
GUILLEMIN, chauffecire, p. 211.
GUILLOT (Petit), p. 258.

H

HAINSELIN, p. 211.
HANNEQUIN, l'orfévre, p. 207, 235, 264.
HANSTIDONNE ou HANTIDONNE, ville d'Angleterre, p. 214, 243
HAUBERT (Colart), p. 211.
HAUTONNE (Jehan de), drapier, p. 208.
HAYNAUT (Symon de) couturier, p. 248.
HELBADONNE lès Cantorbérie (les nonnains de), p. 271.
HÉMART (Jehan), chasublier, p. 326.
HÉMURE (Hainche), p. 201.
HENCHELIN, p. 270.
HÉRAUMONT (Jehannin de) servant en l'hôtel du Dauphin, p. 166.
HERDESVERCH (Jehan de), bourgeois de Londres, p. 270.
HÉRENT (Guillaume), archer du roi, p. 22.
HERMITE (Chevalier anglais qui était), p. 271.
HÉRON (Adam), l'un des chambellans de Philippe le Long, p. 14, 15, 20.

HERTHFORD, ville d'Angleterre, p. 213. — Séjour qu'y fait le roi Jean, p. 234.
HESTONNE, ville d'Angleterre, p. 214.
HEYWORCH (Gautier de), prêtre, p. 229.
HOBLECH (Guillaume), drapier de Londres, p. 250.
HOIR, port de mer, p. 234.
HOLBEC (Pierre de), bourgeois de Londres, p. 257.
HORSEPELE (Richart), maître de nef, p. 275.
HOSPRINGE, ville d'Angleterre, p. 271.
HOUEL (Guillaume), écuyer de la comtesse de Pinbroch, p. 242.
HOUEL (Jean), tailleur de la duchesse d'Orléans, p. 179
HOUVRE (Nicolas), p. 276.
HUET, le barbier, p 15, 16
HUITASSE (Jean), officier de l'Echançonnerie, p. 196, 226, 232, 236, 247, 258

J

J. LE PAGE, p. 198, 199.
JACOBINES (Les), de Darthford, p. 271.
JACOBINS (Les). — Geoffroi de Varennes, chambellan du roi Jean, y fut enterré, p. 183.
JACOBINS (Les), de Darthfort, p. 271.
JACQUES, tavernier de St-Boutoul, p. 223.
JACQUES, de la Sausserie, p. 234, 236.
JAQUEMIN, le lombart, p. 15
JAQUESLAY (Robin), p. 252

JEAN (Le petit roi). — Dépenses de ses obsèques, p. 18.
JEAN (Le roi). — Dine avec le roi d'Angleterre, p. 267. — avec la reine, p. 270. — avec le prince de Galles, p 273. — Son arrivée à Calais, p 275. — Lettres de sa délivrance, p. 283.
JEANNE DE BOURGOGNE, femme de Philippe le Long. — Ses dames, p. 37. — Son exécution testamentaire, p. 170

JEANNE DE FRANCE, fille de Louis le Hutin, p. 26.
JEANNE DE FRANCE, fille du roi Jean, p. 168. — Dépense de ses noces, p. 175.
JEHAN (Maistre) l'organier, p. 239.
JEHAN, l'archier, p. 244.
JEHAN, le boulanger, p. 259.
JEHAN, le drapier, p. 248.
JEHAN, le fol (Maistre), p. 207, 220, 241, 242, 250. — Son voyage de Londres à Calais, p. 261
JEHAN, le libraire de Lincoln, p. 227.
JEHAN, le seelleur, p. 15
JEHAN DE SENLIS, p. 50, 61.
JEHANNE DE FRANCE, fille de Philippe le Long, p. 3. — Son costume au sacre, 31, 67.

JEHANNE, la coeffière, p. 16.
JEHANNI, p. 257.
JEHANNIN, l'espicier, p. 216, 226, 258.
JEHANNIN, le page, p. 258.
JEHANNOT, clerc de la chapelle du roi, p. 21, 25.
JEHANNOT, le tapissier, p. 17, 50.
JÉRUSALEM (le patriarche de), p. 27.
JORIGNY (Mons. de), p. 214.
JOUDOUIN, clerc et sommelier de la chapelle du roi Philippe le Long, p. 4, 72.
JOYAUX (Marchands de). Voy. PARC (Martin).
JUENNE (Jacques le), apothicaire, p. 73.

K

KATHELOT, la chapellière du Roy, p. 139.
KELLESHULLE (Jehan), espicier à
Saint-Boutoul, p. 200, 218, 220, 221, 222, 230, 231, 235.

L

LA BRUNE (Thèves de), p. 209.
LA LONDE (Jean de), épicier, p. 206, 207.
LA MARCHE (Jaques de), messager, p. 253.
LA PORTE (Colin de), p. 211.
LAIGNY (Pierre de), changeur et bourgeois de Paris, p. 304.
LALEMENT, chevaucheur du roi Jean, p. 233, 277.
LAMBRIZ (Marguerite de), fille de la reine, p. 35, 37.
LAMBRUIS, p. 63.
LANDES (Symon des), p. 125.
LANGLOIS (maistre Jehan), escrivain, p. 240.
LAON (Gautier de), sellier, p. 14, 17.
LAON (Jehan de), chevaucheur, p 264.
LAON (La ville de), don qu'elle fait au roi Jean, p. 201.
LAVANDIER. Voy. COISNE (Guillaume).

LAVANDIERE (Jeanne la), p. 38.
LEBLONT. Voy. BLONT.
LECLERC (Jehannin), p. 211.
LECTOURE (L'évêque de), p. 204.
LENCLASTRE (Le duc de), p. 263.
LESCRIVAIN (Robert), drapier, p. 156.
LESPICIER (Symonnet), valet de chambre de la reine, p. 39.
LESQUEVIN (Jehannin), p. 216.
LESTOIRE (L'évêque de). Voy. LECTOURE.
LEXDEN (Messire Richart), chevalier anglais, hermite près Stiborne, p. 272.
LIBRAIRE. Voy. JEHAN.
LIÉGOIS (Jehannin le), p. 270.
LILE (Colinet de), p. 211.
LILE (Raoul de), receveur de Toulouse, p. 203, 277.
LILLE (Jehan de), le jeune, orfévre de Paris, p. 300.
LILLE (Marguerite de), femme de

chambre de la reine, p. 37, 63.
LILLE (Ysabiau de), damoiselle de la reine, p. 37, 63.
LILLE (La ville de), p. 275.
LINCOLN. Maison louée à Lincoln pour le tailleur du roi, p. 224. — Les quatre ordres mendiants de Lincoln, p. 237.
LIONS du roi d'Angleterre (Le garde des), p. 253.
LODON (Le bailli de), p. 243.
LOISEL (Guillaume), cordouanier du roi, p. 140, 175.
LOMBARDO (Luchi de), de Lucques, p. 200.
LOMBART (Denys le), de Londres, charpentier, p. 245.
LOMMELIN (Vincent), de Gênes, p. 305.
LONDRES (Le vicomte de), p. 210. — Maison des gens du roi Jean, p. 233. — Jardin de cette maison, p. 245. — La Tour de Londres, p. 245 et 269. — Le Curé du château, p. 245. — Maison de la Vineterie, p. 250. — Les Cordelières de Londres, p. 256. — Les Cordeliers, ibid. — Les Augustins, p. 259. — Les Carmélites, p. 260. — Les Jacobins, ibid. — Les Frères de Saint-Antoine de Vienne de Londres, p. 260. — Les Frères croisés près du chastel de Londres, p. 260. — Les Sœurs de Saint-Nicolas de Londres, p. 260. — Les prisonniers de Neugate, p. 261. — Le Temple, ibid. — Réparations au couvent des Cordeliers, p. 263. — L'église de Saint-Pol à Londres, p. 265.
LOR (Monseigneur de), maître des comptes, p. 27.
LOR (Regnaut de), l'un des chambellans de Philippe le Long, p. 18.
LOREAIX (Guichart de), p. 203, 277.
LORMIER. Voy. RAMBOUILLET (Symon de).
LOUIS LE HUTIN. Son deuil porté, p. 13. — Ses obsèques, p. 17.
LOUVAIN (Draps de), p. 21, 151, 152. — (Ecarlates de), p. 82. — (Sanguines de), p. 87.
LOUVIERS (Iraignes de), p. 155.
LOUVRE (Le). La reine Jeanne de Bourgogne y logeait, p. 36. — (La tour du), p. 54. — (La tour de Bische-Mouche, au), p. 188.
LOUVRIER (Gautier), p. 5, 13, 34.
LOUVRIER (Richart), p. 67.
LUCQUES (Draps de), p. 65. — (Chigatons de), p. 328. — (Draps d'or de), p. 295. — (Soie de), p. 327.
LYON (Sacre du pape à), p 5

M

MAALLOT (Martin), ymagier, p. 14, 17.
MACON (Jorseran de), receveur général de la reine, p. 167.
MAÇON (Climent le), tapissier, p. 114, 174.
MAGISTER, officier du roi Jean, p. 220, 226, 231. — Varlet de maître Jehan le fol, p. 250, 258.
MAHIET, officier de la paneterie, p. 226, 258.
MAILLART (Estienne), orfévre et changeur, p. 38, 69.
MAITRE DES ARBALÉTRIERS. Voy. GAULART (P.).
MAITRE DES ENFANTS DE LA CHAPELLE ROYALE, p. 25, 160.
MAITRE DE LA MONNAIE D'OR. Voy. CAOURS (Gui de).
MAITRES DE NEFS. Voy. ANICE, ARCHIER (Richard l'), BOUQUELANDE, GRANT (Thomas le), HORSEPELE (Richart).
MAITRES DES COMPTES. Voy. AMAURI, AUCERRE (Jehan d'), AUGERON (Hugues d'), BOURGES (le doyen de), BRAC (Amauri), CONDÉ

(Pierre de), COURTE-HEUSE (Guillaume), DAN-MARTIN (Jehan de), ESSARS (Martin des), FLORENT (Gui), GUÈTE (Giraut), LOR (monseigneur de), SENLIS (Guérin de), SUELLI (monseigneur de).

MAITRES DE L'HOTEL. Voy. BEAUMONT (Jehan de), BRAQUE (Nicolas), DAINVILLE (Jehan de), OTHEBON.

MALADERIES, p. 272.

MALE-MAYSON (Thomas de la), écuyer du chambellan du roi, Renaut de Lor, p. 69.

MALEBAILLES (La compagnie des), a Londres, p. 200.

MALEGENESTE (Jehanot), veneur du roi, p. 22. — (Guillot), *ibid.*

MANTES (Gieffroy de), p. 62.

MARC (Jean de), p. 197, 201.

MARCEL (Estienne), drapier, p. 150. — Prévôt des marchands, p. 191.

MARCHANDS DE CHEVAUX, p. 267.

MARCHE (Charles, comte de la), p. 20, 22.

MARÉCHAUX. Voy. ANDRIEU, GILES.

MARGUERITE DE FRANCE, fille de Philippe le Long, p. 3. — Son costume pour le sacre, p. 32, 68.

MARIE DE BRABANT, p. 10, 45.

MARIE (Pierre), chasublier, p. 295.

MARINIERS. Voy. FERIBRY (Richart de).

MARQUEIL (Monseigneur de), p. 23.

MARRABOUT (Michelet), valet des nappes du roi, p 167.

MART (Jehan de), de Gênes, marchand de pierreries, p. 238.

MARTIN (Jehannin), p. 211.

MATHEFFLON (Andrieu de), écuyer du corps du Dauphin, p 145.

MATHERIN, p 211.

MAUDIF (Ernault de), p. 238.

MAULOE (la torge), p. 322

MEAUX (La ville de), p. 31.

MELUN (Adam de), p. 175.— (Gile de), p. 264.

MENESTRELX (Les) du roi d'Angleterre, p 263

MENESTREULX (Le roi des), p. 209, 241, 248, 249, 256, 259.

MENUEL (Guillemin), p. 211.

MERCIERS. Voy. AMIENS (Jehan d'), BELHOUMET TUREL, FÉRET (Giles), GUILLAUME (Prince), PIERRE, POTIER (Mahiet le), ROBERT, THADELIN (Edouart).

MESSAGERS. Voy. FRANCE (Jehan de), LA MARCHE (Jacques de), S. OMER.

MEUDON (Henri de), veneur du roi, p. 22.

MEULENT (Le tournoi de), p. 72.

MICTON, le fol du Dauphin, p. 150, 161.

MILAN (Jehan de), p. 258.

MILIAN (J. de), officier de Philippe, fils du roi Jean, p. 219, 226, 231, 241. — Fauconnier, p. 249.

MILLET (Jehan), varlet du comte d'Auxerre, p. 248.

MINE (Barthelemy), épicier de Londres, p. 243, 253, 256.

MOLIN (Guillaume du), chevaucheur du roi, p. 255.

MOLINS (Pierre de), p. 211.

MONMÉLIART (Le comte de), p. 53.

MONNAIE DE TOURNAI (le maitre de la), p. 200.

MONSTEREUL (Guillaume de), p. 131.

MONTESPILLOUER (Ernoul de), p. 39, 70.

MONTMARTRE (Jehan de), enlumineur du roi, p. 126.

MOREINBEUFS (Jehannin de), enfant de cuisine du roi, p. 167.

MORIGNI (Toiles de), p. 93.

MORILLON (Demsot), enfant de cuisine du roi, p. 167.

MORIN (Guillemin), sommelier du duc d'Orléans, p 164.

MOUSTEREUL (Frembourc de), p. 36.

MOUSTFREUL (Guillaume de), p. 306

MULET (Perrinet), guaite du roi, p. 162.

MURS (Julien des) maitre des enfants de la chapelle royale, p 160.

TABLE DES NOMS.

N

Namby (La damoiselle de), p. 199.
Namby (La ville de), p. 240
Namby (Wille de), p 199, 276.
Nanemby (Wille de), p. 196.
Nanterre (Jean de), sergent à verge du Châtelet, p. 21.
Nantouart (Jehan de), p. 37.
Naples (Guillaume), varlet de chambre du roi d'Angleterre, p. 275.
Nautonne (Jehanne de), femme de la reine, p. 63.
Navarre (Le roi de), p. 159
Navarre (Louis de), p. 118
Navarre (La reine de), p 177.
Navarre (Jeanne de France, reine de), p. 80.

Neelle (Madame de), p. 63.
Nefs du roi d'Angleterre (Noms de plusieurs), p. 275.
Nesso (Le comte Jehan), d'Allemagne, p. 171.
Nicole, Lincoln, p. 240.
Nisy (Robert de), p. 103, 159, 166, 176.
Nonnains (Les), de Helbadonne-les-Cantorbery, p. 271. — de Norgaite, p. 273. — de Saint-Augustin, *ibid*. — de Saint-Jacques, p. 274.
Notre-Dame de Grace (L'abbé de), derrière le château de Londres, p. 259.
Noyon (La ville de), p 239, 275.

O

Obloier, p. 226.
Ogier, secrétaire du roi, p. 192.
Olivier le cousturier, p. 157
Olivier l'esperonneur, p. 237
Orange (Jehan), sommelier du duc d'Orléans, p. 164.
Orfévres. Voy. Barres (Pierre des), Blont (Pierre le), Braillier (Jehan le), Corbière (Jehan), Franchequin, Hannequin, Lille (Jehan de), Maillart (Estienne).
Organier, organiste. Voy Jehan (maistre).

Orleans (Le duc d'), p. 80, 103.
Orléans (Le duc d'). — Son chancelier, p. 153. — Son secrétaire, p. 163.—Son sommelier, p. 164. — Ses valets, p. 130, 164. — Son chambellan, p. 163.
Orliens (Girard d'), paintre, p. 111, 117, 300.
Othebon, maître de l'hôtel de la reine de Castille, p. 293.
Outremer (Camocas d'), p. 120. — (Draps d'or trait d'), p. 326.

P

Paillart (Peirrinet), guaite du roi, p. 162.
Painbroc (La comtesse de), p. 242.
Pannebroc (L'hôtel de), à Londres, p. 263.
Panneterie (La). Voy. Mahiet, Sendré.
Pape (Vaisselle provenant du), p. 331.

Parc (Martin), de Pistoie, marchand de joyaux, p. 269.
Parcheminiers. Voy. Guillaume, Pierre, Wile.
Paris (Jean de), valet de chambre du duc d'Anjou, p. 141, 165.
Paris, p 275 — Guillaume du Molin, chevaucheur du roi, y apporte des lettres du roi Jean

au Dauphin, p. 255. — Vaisselle du roi à Paris, p. 331.
PARIS (Cendaux de), p. 327. — (Draps d'or de), p. 57. – (Soie de), p. 327.
PATRIARCHE de Jérusalem, p. 27.
PATRIARCHE (Le), enfant de cuisine du roi, p. 167.
PÉCHIÉ (J.), p. 248.
PEINTRES. Voy. COPIN, GIRART D'ORLÉANS.
PELLETIERS. Voy. AVRANCHES (Jehan d'), GUILLAUME, NISY (Robert de), PERRIN, ROQUIER (Nicolas du).
PERCEVAL (Jehan), drapier, p. 145.
PERENELLE, la coutière, p. 50, 60.
PÉRIGON (Jean), p. 207.
PÉRONNE (Guillaume), maître de la chambre aux deniers, p. 73.
PERRENELLE, la coiffière, p. 35.
PERRIN, chevalier, p. 200.
PERRIN, le pelletier, p. 208, 210, 230, 236, 261.
PERRIN LE JEUNE, valet de sommage de la chambre du roi, p. 167.
PERRINET, le veneur, p. 22.
PERROT (Jehan), p. 273.
PETIT (Jehan), couturier, valet de chambre de Philippe de France, p. 141.
PETIT-CÉLIER (Enguerrand du), trésorier de France, p. 161.
PHILIPPE LE LONG, p. 3. — Ses habits du couronnement, p. 9. — Son tailleur, p. 7.
PHILIPPE DE FRANCE, fils de Philippe le Long, p. 3, 31.
PHILIPPE, fils du roi Jean, p. 231. 235, 265. — Son tailleur, p. 267.
PHILIPPOT DE PROVINS, sommelier des espices, p. 52.
PHILIPPOT (Jannequin), p. 250.
PICART (Henry), bourgeois de Londres, p. 235. — donne à dîner au roi Jean, p. 263.
PICART (Renier le), coffrier, p. 180.
PIEDELEU (Jean), maieur de bannière d'Amiens, p. 202.
PIELLE (Jehan), bourgeois de Londres, p. 270.

PIERRE, p. 257.
PIERRE, chevalier, p. 206.
PIERRE, le mercier, p. 219.
PIERRE, le parcheminier, p. 247.
PIERRERIES (Marchands de). Voy. BASIN, MART (Jehan de).
PIERRET (Henry), bourgeois, p. 238.
PIJON (Jehan), varlet couturier, p. 276.
PIOCHE, barillier du roi Jean, p. 125. — meurt en Angleterre, p. 256.
PIQUART (Henri), p. 198.
PIQUOT (Gautier), tailleur du roi de Navarre, p. 148.
PIZDOE (Guillaume), p. 46.
POINCET, sommelier du corps du Dauphin, p. 136.
POISSY, officier de cuisine, p 216, 226, 248, 258.
POMME (Guillemette de la), marchande de toile, p. 186.
PONGRICH, ville d'Angleterre, p. 213.
PONTHIEU (Le comte de), p. 151.
PONTO (Maître Geffroy de), p. 21, 25.
POTAGE, p. 239, 241, 258.
POTIER (Mahiet le), mercier, p. 324.
POULLEGNI (Gautier de), p. 15, 49, 59.
POUPART, barbier du roi, p. 125, 156, 167.
POURCEL (Hue), gainier, p. 138, 175.
PRÉAUS (la femme maître Raoul de), p. 63.
PRESSIGNY (Marguerite de), damoiselle de la reine, p. 37, 63.
PREUILLY (Abbaye de). — Noces de Blanche de Bourbon, reine de Castille, p. 187. — (Joyaux portés à), p. 306.
PRINCE. Voy. GALES (Le prince de).
PROVINS (Colin de), p. 211.
PROVINS (Draps achetés à), p. 7, 29.
PRULLY. Voy. PREUILLY.
PRUSSE (Le commandeur de), p. 170.
PUIS (Adam du), épicier, p. 184.

Q

Quarré, p. 233.
Quabrières. Blanche de France y tombe malade, p. 43.
Quedet (Geufroy), valet de garderobe du comte d'Anjou, p. 154.
Quentin, officier de l'écurie, p. 226, 258.
Queux. Voy. Villecoc.
Quieret (Gouffroy), valet du comte d'Anjou, p. 165.

R

Rabel (Tevenot), archer du roi, p. 22.
Racine (Me Guillaume), fisicien du roi Jean, p. 218, 225, 251, 258.
Raimbout, p. 267.
Rains (Sansonnet de), p. 220.
Rambol (Guillaume), p. 262.
Rambouillet (Symon de), lormier, p 180.
Rampeur (Un homme de Douvres appelé le), p. 274.
Raoul (Maître) de Presles, p. 25.
Raoulet le Goulu, enfant de cuisine du roi, p. 167.
Raoulin, valet d'Adam de Bury, p. 248.
Raymondin, p. 160.
Receveurs. — de Nîmes. Voy. François (Bernart). — de Toulouse. Voy. Lile (Raoul de). — de la reine. Voy. Macon (Josseran de).
Recluse, à Londres, p. 263.
Regnaudin le Bourguignon, valet de chambre de la reine, p. 62.
Regnault, tailleur de monseigneur Philippe de France, p. 233.
Regnaut, p. 258.
Regnaut, tailleur de monseigneur Philippe, p. 268.
Regnaut (Thomas), valet de sommage de la chambre du roi, p. 167.
Reims. — Draps donnés à l'église de S. Nicaise, p. 54.
Reims (Toiles de), p. 94.
Reims (Vaisselle de), p. 331.
Reins (Sanxonnet de), p. 211.
Ressons (Jehannin de), sommelier des nappes du Dauphin, p. 157, 166.
Rey (Le sire de), p. 37.
Richart (Guillaume), valet de fourrière du comte d'Anjou, p. 154, 165.
Ride-ride, près Londres, p. 255.
Ristonne, ville d'Angleterre, p. 213
Roben (Guillaume), p. 276.
Robert (Antoine), de Londres, p. 270.
Robert, le cordoannier, de Lincoln, p. 236, 237.
Robert, le mercier de Lincoln, p. 227.
Robin, le saussier, p. 222.
Robinet, officier de la chambre de Philippe, fils du roi Jean, p. 226 — Varlet de garde-robe, p. 228, 258.
Rocestre, Rochester, ville d'Angleterre, p. 272.
Roger, p. 258
Rogier, officier de l'écurie, p. 226.
Rogier (Thomas), p. 219.
Roinaut (Guillemot), archer du roi, p. 22
Roistonne (le connétable de), p. 244.
Roquier (Nicolas du), valet pelletier du roi, p. 99, 159, 166. — Ses gages, p. 188.
Rouen (Le cardinal de), p. 264.
Rouen, dons à l'église de Ste-Catherine, p 120, 188.
Roy des héraux d'Artois (le), p. 275.
Royer (Jean le), secrétaire du roi Jean, p. 195, 202. — Sauf-conduit, p. 225. — Ses dépenses,

p. 228, 229. — Son voyage à Bruges, p. 233.

Royer (Jean le). — Sa maladie, p. 234.

S

Saint-Benoit (Jehan de), drapier, p. 150.
Saint-Boutoul, ville d'Angleterre, p. 200, 201, 247, 277. C'est Boston.
S. Denis — (Obsèques de Louis X, à), p. 18.
Saint-Dizier (M⁰ Girart de), phisicien du roi Jean, p. 153, 163.
S. Étienne (Gervetot de), écuyer de Philippe de France, fils du roi Jean, p 215.
S. Germain, p. 31, 32.
S. Germain l'Auxerrois (l'église de), p. 18.
Saint-Leu (madame de), p. 63.
S. Louis. — Sa châsse a Saint-Denis, p. 26.
S. Omer (Le messager de), p. 208.
S. Omer (Marbrés de), p. 289.
S. Oulf (Hémart de), secrétaire du duc d'Orléans, p. 163.
Sainte-Catherine, près le château de Londres, p. 248, 252.
Sainte-Crois (Mademoiselle de), p. 39.
Salli (Jehan de), p. 48.
Salomon (Ern.), chantre de Senlis, p. 153.
Sancerre (Comte de), p. 235, 255.
Sançon (Colin), valet de la reine, p. 35.
Sandvis (Les carmélites de), p. 273.
Saoul (Gerin), de Lucques, p. 59.
Sausserie (la). Voy. Jacques.
Saussier. Voy. Robin.
Scatisse (Pierre), trésorier de France, p. 198, 200, 264
Scofft (Pierre), p. 259.
Secrétaires. Voy. Blanchet, Collors (Denis de), Essars (Jean des), Genay (Jehan de), Ogier, Royer (Jehan le), S Oulf (Hémart de).
Sellifur, faiseur de sceaux. Voy Jehan.

Selliers. Voy. Geuffroy, Godefroy, Laon (Gautier de), Troies (Robert de).
Sendré, officier de la paneterie, p. 226.
Sendre Halet, boulanger du roi, p 245.
Sénéchaux. Voy. Agénois (Le sénéchal d').
Senestre Nicolas, p. 200.
Senlis (Guérin de), M⁰ des comptes, p. 27.
Senlis (Le chantre de), p. 163.
Sens (L'archevêque de), p. 238.
Serdeliaue (Anselet), p. 201, 211, 226, 258.
Sergents d'armes du roi (Noms des), p. 52.
Sergents d'armes, gardes du roi Jean dans la Tour de Londres, p. 270.
Sergents a verge Voy. Nanterre (Jehan de).
Sériz (Le Borgne de), chambellan de Philippe le Long, p. 20.
Serrurier. Voy. Alexandre.
Seully (Madame de), de la suite de la reine, p. 29.
Sfulli (Mademoiselle de), p. 37, 63.
Sèvre (Jehan de), p. 295.
Sommeliers. Voy. Bernart, Boçu, Brulle, Buxi, Grix (Guillaume le), Joudouin, Morin (Guillemin), Orange (Jehan), Philippot de Provins, Ressons (Jehannin de).
Sommeliers. Voy. Poincet, Thoumassin.
Sommertonne, ville d'Angleterre, p. 198, 213, 216, 237, 241, 243.
Soubertonne. Voy. Sommertonne.
Spaigne (Guillaume), de Lincoln, p. 199, 201, 259.
Spifainne (Berthelemi), p. 200
Spifame (Barthelemi), p. 186.
Spolin (Thomelin), lieutenant du

concierge de Somertonne, p. 199.
STANFORD (L'écuyer du vicomte de), p. 215.
STANFORT, ville d'Angleterre, p. 199, 214, 243. — (Le bailli de), p. 243.

STIBORNE, ville d'Angleterre, p. 271.
STODEE (Jehan), p. 201.
STRAFFORT (Les nonnains de S. Liénart de), p. 264.
SUELLI (monseigneur de), maître des comptes, p. 27.

T

TAILLEFER (Jean), p. 180.
TAILLEURS. Voy. BÉLIART, BRUEIL (Tassin du), CAUCHOIS (Jehan le), CHARPENTIER (Jehan le), CORBUFIL (Ansselet de), DENYS (Pierre), HOUEL (Jehan), PIQUOT (Gautier), REGNAULT, TOUSSI, TOUSTAIN.
TAMISE (la), p. 255.
TANCARVILLE (Le comte de), p. 151, 238, 241, 248, 249.
TAPISSIERS. Voy. DENISE, DOGER (Philippe), JEHANNOT, MAÇON (Climent le), TRAMBLAY (Jehan de).
TASSETIER. Voy. BEAUDOUIN.
TASSIN, p. 211.
TAUÇON (Robin), p. 210.
TAUTON (Robin), officier de la fourrière, p. 226, 244.
TAVERNIER. Voy. JACQUES.
TEMPLE (Joyaux du), p. 169, 188, 305.
TÉODOLIN (Édoart), p. 117.
THADELIN (Édouart), marchand de Lucques et bourgeois de Paris, p. 109, 117, 158, 185.
THÉVENIN, p. 214.
THOMAS (maître), maître des enfants de la chapelle royale, p. 160.
THOMELIN, le drapier, de Lincoln, p. 216, 223, 225, 230.
THOUMASSIN, sommelier des espices, p. 124.
TIÉBAUT, l'espissier, p. 27, 44.
TOILES (Marchande de). Voy. POMME (Guillemette de la).
TONDEURS DE DRAPS. Voy. AALÈS, BRISE-TANQUART.

TONNELIER. Voy. GEUFROI.
TORWODE (Fouke), bourgeois de Londres, p. 270.
TOURNAI (Maître et garde de la monnaie de), p. 200. — Vaisselle du roi étant à Tournay, p. 330.
TOURNAY (Gillequin de), envoyé du roi Jean, p. 222, 239, 240, 249, 251, 275.
TOURS (Nicholas de), armeurier du roi, p. 6, 13.
TOUSET (Pierre), p. 160.
TOUSSI (Martin de), tailleur et valet de chambre du Dauphin, p. 146.
TOUSTAIN, tailleur du roi Philippe le Long, p 5.
TOUTAIN (Guillaume). Voy. TOUSTAIN.
TOUZE (Geuffroi), p. 211.
TRAMBLAY (Jean du), tapissier, p. 110, 113.
TRAMBLAY (Ysabiau de), drapière, p. 5, 20, 27, 37, 40, 45, 52, 54, 63, 67.
TRÉSORIER DU DAUPHIN, p. 156, 166.
TRÉSORIERS DE FRANCE. Voy. BRAQUE (Nicolas), FRÉMANT (Bernart), PETIT-CÉLIER (Enguerrand du), SCATISSE (Pierre).
TRIMAY (Aymet), p. 199.
TROIES (Robert de), sellier, p. 296.
TROYES (Vaisselle de), p. 332.
TUELE (Le cardinal de). — Hugues Roger, évêque de Tulle, p. 195.
TUELF (Tulle?). — Vaisselle de, p. 332.
TURQUIE (draps de), p. 65.

V

Vair (Adenet de), chambellan du duc d'Orléans, p. 155, 163.
Valets. Voy. Bernart, Cauche, Copin, Edoart, Girardin, Magister, Millet (Jehan), Paris (Jehan de), Quieret (Gouffroy), Raoulin, Sançon (Colin).
Valets de chambre. Voy. Beausault, Brueil (Tassin du), Chair (Jacquet du), Charpentier (Jehan le), Clerc (Geuffroi le), Cochet (Gieffroi), Digon (Guiot de), Gieffroy, Lespicier (Symonnet), Naples (Guillaume), Petit (Jehan), Regnaudin.
Valets de garde-robe. Voy. Guedet (Geufroy), Robinet.
Valets hasteurs, p. 155.
Valets des nappes. Voy. Ferron (Durant), Marrabout (Michelet).
Valets de sommage. Voy. Regnaut (Thomas).
Valois (Charles de), p. 20.
Valois (Philippe de), p. 23.
Vallennes Voy. Varennes.
Vannes (Gaucher de), argentier, p. 304.
Vare (Thomas), espicier, p. 214.
Varennes (Geffroi de), chambellan du roi, p. 80. — Dépenses pour ses obsèques, p. 183.
Velon (Symon le), p. 27.
Veneur (Jehan le), p. 22.

Veneurs du roi. Voy. Faillie (Durant), Malegeneste (Jehannot), Meudon (Henri de), Perrinet.
Veneurs du roi Philippe le Long, p. 22.
Venise (draps de), p. 65.
Ver (Adenet de). Voy. Vair (Adenet de).
Ver (Adam de), chambellan du duc d'Orléans, p. 163.
Vié ou Viel (frère Jehan), confesseur de la reine Jeanne de Bourgogne, p. 37, 63.
Vienne (monseigneur de), p. 23.
Viez-Orge (Guillemin), envoyé du roi Jean, p. 270, 275.
Villerval (Thibaut de), chambellan du duc d'Orléans, p. 163.
Villiers (Pierre de), coutier, p. 110, 113, 186.
Vincennes, p. 190.
Vindezor (Séjour du roi Jean à), p. 216.
Vint-soulz (Jean), crieur de corps, p. 184.
Viry (Jean de), clerc de la chapelle du roi, p. 121.
Viscontesse (Jehanne la), damoiselle de la reine, p. 37, 63.
Vivier en Brie (le), p. 188. — (Joyaux portés au), p. 306.
Viviers (L'évêque de), p. 37.

W

Wace (Lite), marchand de chevaux, p. 267.
Walue (Jehan), huissier de la reine d'Angleterre, p. 249.
Weles (Jehan), p. 212.
Westmoutier, Westminster, p. 251, 267.

Wile, parcheminier de Lincoln, p. 221, 228.
Willecoc, p. 201. — Villecoc, le queux des Anglois, p. 230. — portier des Anglois, p. 251.
Winchelese (Les Cordeliers de), p. 274. — (Les Jacobins), p. 274.

X

Xandrin ou Xendrin, enfant trouvé, p. 156, 166

Y

YMAGIERS. Voy. MAALLOT (Martin).

YOLLENT, damoiselle de la reine, p. 35, 37, 63, 65.

YSABEL DE FRANCE, fille de Philippe le Long, p. 3. — Son costume pour le sacre, p. 31, 67.

Z

ZACARIE (Benoît), p. 200.

FIN DE LA TABLE DES NOMS.

TABLE DES CHAPITRES.

	Pages.
Notice sur les Comptes de l'Argenterie........	i
Liste des Argentiers...............................	lvi

COMPTE DE GEOFFROI DE FLEURI.

Avertissement..	1
Première Partie. Recette......................	4
Deuxième Partie. Dépenses ordinaires.................	5
Section I. § i. Dépenses pour le Roi...............	ibid.
Art. 1er. Draps...........................	ibid.
Art. 2. Tonte de draps.....................	6
Art. 3. Façons de robes....................	ibid.
Art. 4. Fourrures.........................	11
Art. 5. Mercerie..........................	13
Art. 6. Coiffes............................	16
Art. 7. Tapisserie.........................	17
§ ii. Obsèques de Louis X.....................	ibid.
§ iii. Obsèques du petit roi Jean................	18
§ iv. Dons du Roi............................	20
Art. 1er. Draps...........................	ibid.
Art. 2. Fourrures.........................	22
Art 3. Mercerie...........................	26
Section II. § i. Dépenses de la Reine.............	27
Art. 1er. Draps...........................	ibid.
Art. 2. Tonte de draps.....................	28
Art. 3. Façons de robes....................	29
Art. 4. Fourrures.........................	33
Art. 5. Mercerie..........................	34
Art. 6. Coiffes............................	35
Art. 7. Tapisserie.........................	36

TABLE DES CHAPITRES.

§ II. Dons de la Reine........................ 37
    Art. 1er. Draps............................. ibid.
    Art. 2. Fourrures........................... ibid.
    Art. 3. Orfévrerie.......................... 38
    Art. 4. Mercerie............................ 39

§ III. Dépenses des enfants de France............. 40
    Art. 1er. Draps............................. ibid.
    Art. 2. Fourrures........................... 41
    Art. 3. Mercerie............................ 44
    Art. 4. Coffres............................. ibid.

TROISIÈME PARTIE. Dépenses du sacre................ 45

Section I. § I. Dépenses du sacre pour le Roi......... ibid.
    Art. 1er. Draps............................. ibid.
    Art. 2. Fourrures........................... ibid.
    Art. 3. Mercerie............................ 46
    Art. 4. Chambre............................ 48

§ II. Dons du sacre pour le Roi.................. 52
    Art 1er. Draps............................. ibid.
    Art. 2. Fourrures........................... 53
    Art. 3. Mercerie............................ 54

Section II. § I. Dépenses du sacre pour la Reine....... ibid.
    Art. 1er. Draps............................. ibid.
    Art. 2. Fourrures........................... 56
    Art. 3. Mercerie............................ 57
    Art. 4. Tapisserie.......................... 60

§ II. Dons du sacre pour la Reine................ 63
    Art. 1er. Draps............................. ibid.
    Art. 2. Fourrures........................... ibid.
    Art. 3. Mercerie............................ 65

§ III. Dépenses du sacre pour les enfants de France.. 67
    Art. 1er. Draps............................. ibid.
    Art. 2. Fourrures........................... ibid.
    Art. 3. Mercerie............................ 68

Section III. § I. Dépenses particulières............. 69

§ II. Dépenses communes...................... 70

TABLE DES CHAPITRES.

Pages.

Lettres de nomination de Geoffroi de Fleuri............ 73
Lettres de noblesse pour Geoffroi de Fleuri............ 75

COMPTE D'ÉTIENNE DE LA FONTAINE.

Avertissement.................................... 77
Première Partie. Recette......................... 80
Deuxième Partie. Dépense........................ 82
    Section I. § 1. Draps........................... ibid.
        Art. 1ᵉʳ. Draps pour le Roi................. ibid.
        Art. 2. Draps pour les princes.............. 85
    § ii. Tonte de draps........................... 89
    § iii. Façons de robes......................... ibid.
    § iv. Draps d'or et cendaux................... 90
        Art. 1ᵉʳ. Draps d'or et cendaux pour le Roi...... ibid.
        Art. 2. Draps d'or et cendaux pour les princes... 91
    § v. Chanevacerie............................ 93
        Art. 1ᵉʳ. Chanevacerie pour le Roi............ ibid.
        Art. 2. Chanevacerie pour les princes.......... 95
    § vi. Fourrures.............................. 96
        Art. 1ᵉʳ. Fourrures pour le Roi............... ibid.
        Art. 2. Fourrures pour les princes............ 99
    § vii. Chambres............................. 109
        Art. 1ᵉʳ. Chambre pour le Roi................ ibid.
        Art. 2. Chambre pour les princes............. 112
    § viii. Chapelle............................. 119
        Art. 1ᵉʳ. Chapelle pour le Roi................ ibid.
        Art. 2. Chapelle pour le Dauphin............. ibid.
        Art. 3. Draps d'or à faire offrandes pour le Roi... 120
        Art. 4. Draps d'or à faire offrandes pour le Dauphin.................................... 121
    § ix. Coffrerie.............................. ibid.
    § x. Orfévrerie............................. 122

TABLE DES CHAPITRES.

Pages.

- Art. 1ᵉʳ. Orfévrerie pour le Roi 122
- Art. 2. Orfévrerie pour le Dauphin 126
- Art. 3. Orfévrerie pour le duc d'Orléans 130
- Art. 4. Joyaux d'or et d'argent pour le Roi..... 131
- Art 5. Joyaux d'or et d'argent pour les princes.. *ibid.*

§ xi. Coutellerie............................. 133
- Art. 1ᵉʳ. Coutellerie pour le Roi............. *ibid.*
- Art. 2. Coutellerie pour les princes........... 134

§ xii. Coiffes et peignes....................... 135
§ xiii. Gants................................. *ibid.*
- Art. 1ᵉʳ. Ganterie pour le Roi................ *ibid.*
- Art. 2. Ganterie pour les princes............. *ibid.*

§ xiv. Communes choses...................... 138
- Art. 1ᵉʳ. Communes choses pour le Roi........ *ibid.*
- Art. 2. Communes choses pour les princes...... *ibid.*

§ xv. Chaussure............................. 140
- Art. 1ᵉʳ. Chaucemente pour le Roi............ *ibid.*
- Art. 2. Chaucemente pour les princes.......... *ibid.*

§ xvi. Harnois de guerre...................... 141
- Art. 1ᵉʳ. Harnois de guerre pour le Roi........ *ibid.*
- Art. 2. Harnois de guerre pour le Dauphin..... 142

Section II. § i. Dons de draps................... 148
- Art. 1ᵉʳ. Dons de draps pour le Roi........... *ibid.*
- Art. 2. Dons de draps pour le Dauphin........ 155

§ ii. Dons de cendaux, soie et mercerie.......... 157
§ iii. Dons de chanevacerie.................... 159
§ iv. Dons de fourrures....................... *ibid.*
- Art. 1ᵉʳ. Dons de fourrures pour le Roi........ *ibid.*
- Art. 2. Dons de fourrures pour le Dauphin..... 166

§ v. Dons de joyaux d'or et d'argent............ 167
§ vi. Dons d'orfévrerie....................... 172
§ vii. Dons de couteaux...................... 174
§ viii. Dons de ganterie....................... *ibid.*

TABLE DES CHAPITRES.

Pages.

§ ix. Dons de communes choses.................. 175
§ x Dons de chaucemente....................... ibid.
Section III. § i. Dépenses pour les noces de Jeanne de
    France.. ibid.
§ ii. Dépenses pour les obsèques de Geoffroi de Va-
    rennes.. 183
§ iii. Dépenses pour Blanche de Bourbon......... 185
Section IV. Commune dépense..................... 188

LETTRES DE RÉMISSION POUR ÉTIENNE DE LA FONTAINE........ 191
JOURNAL DE LA DÉPENSE DU ROI JEAN EN ANGLETERRE........ 193
ITINÉRAIRE DU ROI JEAN............................... 278
LETTRES DE LA DÉLIVRANCE DU ROI JEAN.................. 283
DÉPENSES DU MARIAGE DE BLANCHE DE BOURBON, REINE DE CAS-
    TILLE... 285
INVENTAIRE DU GARDE-MEUBLE DE L'ARGENTERIE............ 301
VAISSELLE DU ROI JEAN................................ 330
TABLEAU DES PRIX DANS LE COMPTE DE GEOFFROI DE FLEURI... 333
TABLEAU DES PRIX DANS LE COMPTE D'ÉTIENNE DE LA FONTAINE. 338
TABLE DES MOTS TECHNIQUES............................ 345
TABLE DES NOMS...................................... 409

FIN DE LA TABLE DES CHAPITRES.

FAUTE A CORRIGER.

A la page 191, ligne 3, *au lieu de* 22258^l 7^s 11^d p., *lisez :* 23258^l 7^s 11^d p.

Ouvrages publiés par la Société de l'Histoire de France *depuis sa fondation en* 1834; avec les nos de l'ordre dans lequel ils ont paru.

1, 2. — Bulletin de la Société de l'Histoire de France, 1834 et 1835, 2 vol. gr. in-8...	18 fr.
Bulletin de la Société, de 1837 à 1840, et 1845 à 1851, chaque année.	2 fr.
3. — L'Ystoire de li Normant, etc., 1 vol. gr. in-8. 1835.	9 fr.
4, 7, 9, 12. — Histoire ecclesiastique des Francs, par Grégoire de Tours, *texte et traduction*. 4 vol. in-8. *Le 1er vol. est épuisé;* les autres vol. chacun...	9 fr.
Le même ouvrage *texte latin;* 2 vol. gr. in-8. 1836 à 1838......	18 fr.
Le même ouvrage, *trad. française*, 2 vol. gr. in-8.......	18 fr.
5. — Lettres du Cardinal Mazarin a la Reine, etc., 1 v. gr. in-8. 1836.	9 fr.
8. — Memoires de Pierre de Fenin, 1 vol. gr. in-8. 1837...	9 fr.
11. — De la Conqueste de Constantinoble, par Villehardoin, 1 v. gr. in-8. 1838...	9 fr.
13, 22, 39. — Orderici Vitalis Historia ecclesiastica, tomes I, II et III, gr. in-8. 1838 à 1845.........................	27 fr.
16, 17. — Correspondance de l'Empereur Maximilien et de Marguerite, sa fille, 2 vol. gr. in-8. 1839..................	18 fr.
18. — Histoire des Ducs de Normandie et des Rois d'Angleterre, 1 vol. gr. in-8. 1840.....................................	9 fr.
19, 31. — Œuvres complètes d'Éginhard, 2 vol. gr. in-8. 1840 et 1843.	18 fr.
20, 32, 52. — Memoires de Philippe de Commynes, 3 vol. gr. in-8. 1840 à 1847.....................................	27 fr.
23, 30. — Lettres de Marguerite d'Angoulême, sœur de François Ier, 2 vol. gr. in-8. 1841 et 1842.....................	18 fr.
24, 37, 42, 46, 60. — Procès de Condamnation et de Réhabilitation de Jeanne d'Arc, 5 vol. gr. in-8. 1841 à 1849............	45 fr.
26, 27 — Coutumes du Beauvoisis, publiées par M. Beugnot, 2 vol. gr. in-8. 1842...	18 fr.
28. — Mémoires et Lettres de Marguerite de Valois, 1 volume gr. in-8. 1842...	9 fr.
33, 35. — Chronique latine de Guillaume de Nangis, 2 v. gr. in-8. 1843.	18 fr.
36. — Mémoires du Comte de Coligny-Saligny, etc., 1 v. gr. in-8. 1844.	9 fr.
40, 43. — Histoire des Francs, par Richer, 2 v. gr. in-8, *texte et trad.* 1845.	18 fr.
45, 49, 54. — Registres de l'Hôtel de Ville de Paris pendant la Fronde, 3 vol. gr. in-8. 1846 à 1848.......................	27 fr.
47, 50, 53, 55, 57. — Vie de saint Louis, par Le Nain de Tillemont, gr. in-8, tomes I à V. 1846 à 1849........................	45 fr.
48, 58. — Journal du Règne de Louis XV, par E. J. F. Barbier, gr. in-8, tomes I et II. *Le tome 1er est épuisé*. Le tome II.......	9 fr.
61, 63. — Bibliographie des Mazarinades, par M. Moreau, t. I et II.	18 fr.
64. — Comptes de l'Argenterie des Rois au XIVe siècle, par M. Douet-d'Arcq, 1 vol. grand in-8...........................	9 fr.
6, 10, 14, 15, 21, 25, 29, 34, 38, 41, 44, 51, 56, 59, 62. — Annuaires de la Société de l'Histoire de France, pour les années 1837 à 1842, et 1847 à 1851, in-18, chaque vol..................	2 fr.
Les années 1843 *à* 1846 *manquent.*	

SOUS PRESSE :

Vie de saint Louis, par Le Nain de Tillemont, tome VI et dernier.
Bibliographie des Mazarinades, par M. Moreau, tome III.
Journal du Règne de Louis XV, par E. J. F. Barbier, tome III.

www.ingramcontent.com/pod-product-compliance
Lightning Source LLC
Chambersburg PA
CBHW060228230426
43664CB00011B/1585